Testtheorie

Testtheorie

Inleiding in de theorie van de psychologische test en zijn toepassingen

prof. dr. P.J.D. Drenth
prof. dr. K. Sijtsma

Vierde, herziene druk

Bohn Stafleu van Loghum
Houten 2006

© 2006 Bohn Stafleu van Loghum, Houten

Alle rechten voorbehouden. Niets uit deze uitgave mag worden verveelvoudigd, opgeslagen in een geautomatiseerd gegevensbestand, of openbaar gemaakt, in enige vorm of op enige wijze, hetzij elektronisch, mechanisch, door fotokopieën, opnamen, of enig andere manier, zonder voorafgaande schriftelijke toestemming van de uitgever.

Voor zover het maken van kopieën uit deze uitgave is toegestaan op grond van artikel 16b Auteurswet 1912 j° het Besluit van 20 juni 1974, Stb. 351, zoals gewijzigd bij Besluit van 23 augustus 1985, Stb. 471 en artikel 17 Auteurswet 1912, dient men de daarvoor wettelijk verschuldigde vergoedingen te voldoen aan de Stichting Reprorecht (Postbus 3051, 2130 KB Hoofddorp). Voor het overnemen van (een) gedeelte(n) uit deze uitgave in bloemlezingen, readers en andere compilatiewerken (artikel 16 Auteurswet 1912) dient men zich tot de uitgever te wenden.

ISBN 978 90 313 4747 6
NUR 776

Ontwerp omslag: designwork-bno, Deventer
Ontwerp binnenwerk: Studio Bassa, Culemborg
Automatische opmaak: Pre Press, Zeist

Eerste druk, 1965
Tweede druk, 1975
Derde druk, 1990
Vierde druk, 2006

Bohn Stafleu van Loghum
Het Spoor 2
Postbus 246
3990 GA Houten

www.bsl.nl

Woord vooraf

Voor u ligt een boek met een lange geschiedenis. De eerste editie van de hand van de eerste auteur verscheen in 1965 en werd in 1975 gevolgd door de tweede editie. In 1990 verscheen met medewerking van de tweede auteur de derde editie. Het voorliggende boek is de vierde, opnieuw ingrijpend gewijzigde en aangepaste editie. Waar liggen de overeenkomsten en verschillen met zijn voorganger?

Eerst maar eens de overeenkomsten. Zo is de indeling van hoofdstukken gehandhaafd; er is alleen een nieuw vierde hoofdstuk bijgekomen dat handelt over de constructie van items en de kwantificering van reacties van personen op items. Daarmee staat het totale aantal hoofdstukken nu op tien. De reden voor het handhaven van deze indeling is dat de hoofdstukken een soort van procedurele volgorde weergeven van het proces van denken over tests en hun constructie. Dus, eerst een historische reflectie (hoofdstuk 1), gevolgd door een uiteenzetting over wat een test is, wat zijn eigenschappen dienen te zijn, wat meten is en hoe het proces van het ontwerpen en maken van een test verloopt (hoofdstuk 2). Vervolgens een overzicht van soorten tests, inclusief een paar concrete voorbeelden (hoofdstuk 3), en daarna een verhandeling over de bouwstenen van tests, de items, en hoe men reacties van personen op items getalsmatig kan bewerken (hoofdstuk 4). De volgende stap (hoofdstuk 5) betreft het voorleggen van een test aan personen en het toekennen van testscores, en ook hoe men die scores op een begrijpelijke manier kan weergeven.

Dan komen de meer technisch-statistische hoofdstukken aan de orde. Eerst (hoofdstuk 6) de bepaling van de betrouwbaarheid volgens de klassieke testtheorie en hiermee samenhangende onderwerpen, vervolgens (hoofdstuk 7) de bepaling van de kenmerken en de kwaliteit van de test door middel van de moderne testtheorie zoals gevat in de item-responstheorie. Dan komt het bepalen van de validiteit van tests aan bod (hoofdstuk 8) en ten slotte (hoofdstuk 9) wordt de aandacht gericht op het gebruik van tests voor advisering, bijvoorbeeld bij school- en beroepskeuzevragen, in de klinische diagnostiek en bij het nemen van praktische beslissingen over toelating of afwijzing van individuen in onderwijs- en arbeidsorganisaties. Het boek wordt in het laatste hoofdstuk (10) afgesloten met een verhandeling over enkele belangrijke ethische en maatschappelijke problemen met betrekking tot testgebruik.

Steeds is geprobeerd om voldoende diepgang te koppelen aan helderheid. Overigens is de moderne testtheorie al heel wat verder dan wat in dit boek aan de orde wordt gesteld. Moderne testtheorie zoals die in het zevende hoofdstuk wordt behandeld, wordt tegenwoordig vaak ingebed in een omvattende behandeling van statistische methoden, zodat de vergelijking van groepen (bijv. samengesteld op basis van schooltypen, onderwijsmethoden, ontwikkelingsniveau), de afhankelijkheid van testgegevens binnen deze groepen, en de relatie met andere variabelen in een theoretisch netwerk, in één onderzoeksopzet kunnen worden meegenomen. Dit zijn zeer belangrijke ontwikkelingen, maar ze veronderstellen een uitvoerige kennis, niet alleen van de toetsende statistiek maar ook van allerlei nogal gevorderde onderzoeksmethoden, die in bacheloropleidingen doorgaans niet of onvoldoende aan de orde komen. Om de geïnteresseerde student niet in de kou te laten staan, bevat dit boek een groot aantal referenties. Met behulp daarvan kan men zich nader op de hoogte stellen.

Ter ontnuchtering kan worden vastgesteld dat het gros van de tests en vragenlijsten vandaag de dag nog steeds met behulp van de klassieke testtheorie en de factoranalyse wordt geconstrueerd. Vandaar dat wij hier nog steeds veel aandacht aan besteden. Overigens moet het aantal onderzoekers dat toch steeds meer gebruik maakt van de item-responstheorie om op basis daarvan, vaak nog in combinatie met klassieke methoden, hun tests te construeren, niet worden onderschat. In een belangrijk instituut voor toetsontwikkeling als het CITO geldt de item-responstheorie al als een standaard. De verwachting is dat deze 'revolutie' zich ook verder doorzet, ook al vertoont de praktijk van de testconstructie in Nederland vooralsnog een opvallende hang naar het gebruik van de klassieke methoden.

Er is in dit boek gekozen voor een behandeling van in hoofdzaak reeds gevestigde methoden en procedures, met inbegrip van de item-responstheorie. De reden hiervoor is dat dit een lesboek is dat in het algemeen aan het begin van een studie zal worden gebruikt. Dan dient men zich, naar onze mening, te beperken tot zaken die algemeen aanvaard zijn. Ook al biedt de moderne testtheorie talloze interessante ontwikkelingen en is de verleiding groot hierover eens uit te pakken, men moet zich ook realiseren dat nogal wat van deze ontwikkelingen 'ver voor de troepen uitlopen', en dat het, los van hun vaak opvallende vernuftigheid, toch meestal nog onduidelijk is in hoeverre zij zullen stand houden, laat staan doorbreken, in de test-, toets- en vragenlijstconstructie. Een lesboek voor de beginnende student dient de lezer juist op de hoogte te stellen van de gangbare en geaccepteerde beginselen van het vak en nieuwere ontwikkelingen aan te stippen. Overigens bieden diverse universitaire opleidingen cursussen over de meer geavanceerde onderwerpen aan, en kunnen wij geïnteresseerde studenten aanraden zich vooral bij hun docenten te melden. Die kunnen hen dan zonder moeite verder helpen.

Vervolgens de verschillen ten opzichte van de vorige editie. Het eerste wat zal opvallen in vergelijking met de editie uit 1990 is het taalgebruik. Misschien is dit verschil niet zo spectaculair, maar het trof ons dat, na een aanvankelijk grote waardering van de kant van de lezers, zich in de loop van de jaren negentig een kentering in deze mening leek voor te doen. Vond men het boek aanvankelijk helder geschreven, latere generaties vonden de stijl en het taalgebruik nogal ouderwets en nodeloos ingewikkeld. In deze editie is daarom getracht om hierin verbetering te brengen door de dingen zakelijker en bondiger te formuleren, zonder overigens te vervallen in overdreven taalkundige eenvoud.

Een andere wijziging heeft betrekking op de uitleg van veelal ingewikkelde begrippen en procedures. Tot in de jaren negentig van de vorige eeuw was het aan de universiteiten nog gebruikelijk om een redenering of een bewijs niet helemaal uit te leggen en de student zelf te laten zoeken naar ontbrekende schakels en oplossingen. Een mooi voorbeeld hiervan vormen de vaak gevorderde statistiekboeken, waarin sommige afleidingen of oplossingen niet in de hoofdtekst worden behandeld maar door de lezer zelf via het maken van opgaven moeten worden gevonden. In de huidige tijd is het onderwijs veel meer gericht op het aanbieden van kant-en-klare modules, inclusief alle oplossingen, en lijkt men ernaar te streven alle onzekerheid over hoe de vork nu precies in de steel zit te vermijden door alles precies uit te leggen. Hoe men daar ook over denkt, een modern lesboek moet hiermee rekening houden. Deze editie biedt daarom meer uitleg en concrete voorbeelden dan de vorige, hoewel we niet hebben willen uitsluiten dat het maken van opgaven tot aanvullende inzichten kan leiden.

Daarmee is een derde vernieuwing genoemd. Elk hoofdstuk wordt nu afgesloten met een serie vragen en opdrachten. Het oefenen van de stof door middel van deze vragen en opdrachten is naar onze mening een goede manier om na te gaan of men de stof beheerst, maar ook om nieuwe inzichten te ontwikkelen. Waar het berekeningen betreft zijn de antwoorden te vinden op de website van de uitgever, uiteraard bij voorkeur pas te raadplegen ná het uitvoeren van de opdrachten.

Een vierde vernieuwing is de toevoeging van een verklarende appendix waarin de statistische begrippen zijn opgenomen die men in dit boek nodig heeft. Opnieuw hebben wij gemeend ons te moeten beperken tot een descriptieve behandeling van de testtheorie, ook al worden begrippen als steekproef en populatie en steekproevenverdeling niet gemeden. Onze keuze is echter ingegeven door de overtuiging dat het van het grootste belang is in dit boek studenten vertrouwd te maken met de logica, de procedures en de belangrijkste begrippen van de testtheorie. Ook al is het formele deel van de testtheorie een specialisatie van de statistiek, toch menen wij dat in een inleiding niet onnodig veel lastige zaken tegelijk de revue moeten passeren. Een vollediger begrip van de veelzijdige testtheorie kan in een later stadium van de studie zonder veel bezwaar worden verkregen in combinatie met de inmiddels opgedane kennis van de toetsende statistiek.

Een vijfde vernieuwing betreft het nieuwe hoofdstuk 4 over de constructie van items en de kwantificering van reacties op die items. In voorgaande edities vormde dit onderdeel in sterk verkorte vorm een onderdeel van hoofdstuk 3, maar het werd door ons toch te belangrijk gevonden om zo onopvallend te blijven. Wij hopen uiteraard met de uitvoerige behandeling van de vraag hoe een echte test of vragenlijst er uitziet de stof minder abstract te hebben gemaakt. Hiertoe draagt wellicht ook bij dat in hoofdstuk 3 niet alleen een overzicht van soorten tests wordt gegeven, maar dat nu ook drie echte tests bij wijze van voorbeeld meer in detail worden behandeld.

Tot slot willen wij de volgende collega's danken voor hun bijdragen aan de totstandkoming van de huidige editie van dit boek: Andries van der Ark, Luc van Baest, Samantha Bouwmeester, Hans Landsheer en Rob Meijer gaven commentaar op voorversies van diverse hoofdstukken, Wilco Emons leverde de figuren, Jos ten Berge en Frits Zegers stelden enkele opgaven bij hoofdstuk 6 en de appendix ter beschikking, en Arne Evers verschafte informatie over een aantal tests. Vele, niet genoemde collega's inspireerden ons in de afgelopen decennia tot onze huidige inzichten en standpunten. Wij blijven uiteraard zelf verantwoordelijk voor de inhoud van dit boek, inclusief eventuele onjuistheden.

Pieter J.D. Drenth
Klaas Sijtsma
Amsterdam/Bussum, voorjaar 2006

Inhoud

Woord vooraf 5

1 **Historische ontwikkeling van het testen** 15
   1.1 Periode tot het verschijnen van de Binet-Simon-test 16
   1.2 Periode tussen het verschijnen van de Binet-Simon-test en de Eerste Wereldoorlog 20
   1.3 Van het begin van de Eerste tot de Tweede Wereldoorlog 22
   1.4 Van het begin van de Tweede Wereldoorlog tot heden 28
   1.4.1 *Ontwikkelingen in de Verenigde Staten* 28
   1.4.2 *Ontwikkelingen in Europa, vooral in Nederland* 32
   Opdrachten 35

2 **Definitie, kenmerken en toepassingen van de test** 38
   2.1 Wat is een test? 38
   2.1.1 *Onderdelen van een test* 38
   2.1.2 *Eerste omschrijving* 40
   2.1.3 *Kenmerken van een test* 41
   2.2 Meten van eigenschappen door middel van tests 53
   2.2.1 *Meetniveaus en toegestane operaties* 53
   2.2.2 *Opvattingen over meten* 57
   2.2.3 *De gangbare procedure voor het meten van psychologische eigenschappen* 61
   2.3 Definitie van een test 67
   2.4 Toepassingsmogelijkheden 68
   2.4.1 *Beoordeling van individuen* 68
   2.4.2 *Beoordeling van groepen* 70

2.4.3	Beoordeling van invloed van situaties en methoden	71
Opdrachten		72

3 Indelingen, onderscheidingen en begrippen — 76

3.1	Indeling naar testgedrag	76
3.1.1	Tests voor prestatieniveau	78
3.1.2	Tests voor gedragswijze	86
3.1.3	Drie voorbeelden van tests	96
3.2	Indeling naar instructie en afneming	106
3.2.1	Individuele test en groepstest	106
3.2.2	Snelheidstest en niveautest	107
3.3	Onderscheid op basis van testvragen	109
3.3.1	Cultuurvrije en niet-cultuurvrije tests	110
3.3.2	Directe tests en indirecte tests	112
3.3.3	Vrije-antwoordentests en keuze-antwoordentests	113
Opdrachten		113

4 Constructie van items en kwantificering van reacties — 116

4.1	Van de respondent gevraagde activiteit	117
4.2	Vorm waarin het antwoord wordt gegeven	119
4.3	Itemvormen: het speciale geval van geprecodeerde items	125
4.3.1	Items voor prestatieniveautests	125
4.3.2	Items voor tests voor gedragswijze	129
4.4	Kwantificering van antwoorden	131
4.4.1	Kwantificering, diverse informatiebronnen	131
4.4.2	Itemscores	133
4.5	Beoordeling van de kwaliteit van items in vooronderzoek	136
4.5.1	Dichotome items	138
4.5.2	Polytome items	142
Opdrachten		143

5 Afneming van tests en verwerking van testgegevens — 146

5.1	Tests afnemen	146
5.2	Scoring van antwoorden	151
5.2.1	Scoring van reacties op items met open-vraagvorm	152
5.2.2	Scoring van reacties op geprecodeerde items	153
5.2.3	Toevalscorrectie	156
5.2.4	Weging van itemscores	160
5.3	Testen per computer	161
5.3.1	Technologische bijdragen en veranderingen	162

5.3.2	Wetenschappelijke bijdragen en veranderingen	166
5.3.3	Adaptief testen	169
5.4	Bewerkte scores en normen	172
5.4.1	Vergelijking met een absolute standaard	175
5.4.2	Verhoudingsnormen	176
5.4.3	Vergelijking en normen gebaseerd op een rangorde	179
5.4.4	Vergelijking en normen gebaseerd op gemiddelde en spreiding	182
	Opdrachten	187
6	**Betrouwbaarheid**	**190**
6.1	Herhaalbaarheid van metingen	190
6.2	De klassieke testtheorie	194
6.2.1	Betrouwbare score en meetfout	194
6.2.2	Betrouwbaarheid van testscores en de standaardmeetfout	202
6.2.3	Belangrijke onderscheidingen	204
6.3	Bepaling van de betrouwbaarheid	205
6.3.1	Parallelvormmethode	206
6.3.2	Test-hertestmethode	210
6.3.3	Splitsingsmethode	212
6.3.4	Interne-consistentiemethode	215
6.4	Speciale onderwerpen	226
6.4.1	Nauwkeurigheid van metingen	226
6.4.2	Betrouwbaarheid en testlengte	235
6.4.3	Betrouwbaarheid en validiteit	238
6.4.4	Betrouwbaarheid van verschilscores	241
6.4.5	Betrouwbaarheid en spreiding van scores	243
6.4.6	Betrouwbaarheid van heterogene tests	244
6.4.7	Generaliseerbaarheid van metingen	245
6.5	Tot besluit	247
	Opdrachten	248
7	**Nieuwe ontwikkelingen in testtheorie en testconstructie**	**253**
7.1	Principes en begrippen van de item-responstheorie	256
7.2	Enkele modellen uit de item-responstheorie	262
7.2.1	Het Rasch-model	263
7.2.2	Modellen met respectievelijk twee en drie itemparameters	273
7.2.3	De modellen volgens Mokken	278
7.2.4	De onderlinge relaties van de item-responsmodellen	285
7.3	Meten met item-responsmodellen	287
7.3.1	Betekenis en gebruik van metrische schalen	288

	7.3.2	Nauwkeurigheid van de meting	291
	7.4	Praktisch gebruik van de item-responstheorie	294
	7.4.1	De itembank en equivalering van scores en kenmerken van items	294
	7.4.2	Testconstructie op basis van een itembank	299
	7.4.3	Adaptieve tests	302
	7.4.4	Vraagonzuiverheid	306
	7.4.5	Afwijkende patronen van itemscores	312
	7.5	Tot besluit enkele speciale onderwerpen	317
	7.5.1	Item-responstheorie voor polytoom gescoorde items	318
	7.5.2	Vergelijking klassieke testtheorie en item-responstheorie	320
	7.5.3	Rol van item-responstheorie in psychologische theorievorming	322
	Opdrachten		323
8	**Validiteit en betekenis**		**328**
	8.1	Het begrip validiteit	329
	8.2	Enkele andere onderscheidingen in validiteit	334
	8.2.1	Vier belangrijke soorten validiteit	334
	8.2.2	Andere onderscheidingen in het begrip validiteit	338
	8.3	Predictieve validiteit	341
	8.3.1	Nadere bepaling van het criteriumbegrip	343
	8.3.2	Opzet van een test of testbatterij met predictieve validiteit	346
	8.3.3	Differentiatie in het criteriumonderzoek	359
	8.3.4	Validiteitsgeneralisatie	363
	8.3.5	Beperkingen van predictieve validiteit	368
	8.4	Betekenis en begripsvaliditeit	370
	8.4.1	Begripsvalidering	370
	8.4.2	Betekenisanalyse: op zoek naar de betekenis	376
	8.4.3	Alternatieve verklaringen	383
	8.5	Nogmaals betrouwbaarheid en validiteit	388
	Opdrachten		392
9	**De bijdrage van de test in het beslissingsproces**		**396**
	9.1	Taxonomie van beslissingen	398
	9.2	Enkelvoudig selectie- c.q. afwijzingsmodel	402
	9.2.1	Het gebruik van een enkele test	403
	9.2.2	Het gelijktijdig gebruik van diverse tests	413
	9.2.3	Selectie in een of meer fasen	415
	9.3	Plaatsingsbeslissingen	419
	9.3.1	Plaatsing en niveauverschillen	419
	9.3.2	Plaatsing en kwalitatieve verschillen	423

9.4	Individuele beslissingen	426
9.5	Open vraag	429
9.6	Tot besluit	433
	Opdrachten	433

10 Ethiek van het testen — **437**

10.1	Levensbeschouwelijke en menselijke bezwaren	440
10.2	Technische en methodologische bezwaren	445
10.3	Misbruik	449
10.3.1	*Schending van vertrouwen*	449
10.3.2	*Misleiding*	450
10.3.3	*Binnendringen in het priveleven*	451
10.3.4	*Discriminatie*	453
10.4	Tot besluit	459
	Opdrachten	459

Appendix	462
Eenvoudige statistische begrippen	462
Opdrachten	469
Literatuur	474
Register	497

1 Historische ontwikkeling van het testen

De testdiagnostiek is als wetenschappelijke discipline in de twintigste eeuw tot bloei gekomen. Dit betekent niet dat vóór 1900 geen onderzoek werd gedaan dat verwantschap vertoonde met het hedendaagse testonderzoek, noch dat van dit soort procedures geen gebruik werd gemaakt. Zelfs in de oudheid zijn voorbeelden te vinden van vormen van testonderzoek. Reeds vóór 2000 v. Chr. liet een Chinese keizer zijn dienaren eens per drie jaar onderzoeken met een soort van vorderingentoets, op basis waarvan zij werden gepromoveerd of ontslagen. Ook werd in China vóór het jaar 1000 v. Chr. geselecteerd op 'testscores' in boogschieten, muziek, paardrijden, schrijven, rekenen en sociale etiquette (zie Du Bois, 1970).

In het Oude Testament (Rechters 7, De Nieuwe Bijbelvertaling, 2004) is een voorbeeld te vinden van selectie met behulp van een persoonlijkheidstest. Gideon reduceert zijn 32.000 man sterke leger eerst op basis van een soort zelfbeoordeling, waarbij hij de 'angstigen' laat vertrekken (vs 3). Vervolgens reduceert hij de omvang verder door middel van de volgende 'test voor gedragswijze': hij liet hen water drinken uit een beek, en keek of ze 'het water oplikten met hun tong', dan wel 'op hun knieën gingen liggen om te drinken' (vs 5). De eerste groep werd aangenomen, de tweede niet. Volgens theologische verklaringen gaat het hier wel degelijk om een karakterologische onderscheiding. 'Aangenomen mag worden dat God door dit eenvoudige middel de wakkeren en de meest toegewijden uit de tienduizenden dapperen heeft geschift' (Goslinga, 1933, p. 129).

In de middeleeuwen en de nieuwere tijd komt men herhaaldelijk pogingen tegen om intellectuele of karaktereigenschappen te beschrijven en te meten met behulp van zuiver fysieke kenmerken van gelaat (Lombroso), schedel (Gall) of lichaam (Huter) en zelfs buitenaardse determinanten (astrologie) [zie Kouwer (1963) voor een uitvoerig overzicht van de geschiedenis van de persoonlijkheidsdiagnostiek]. De meeste school- en academische examens geschiedden vroeger mondeling, hoewel ze aan sommige universiteiten, zoals die van Bologna en Leuven, reeds in de middeleeuwen een sterk formeel karakter hadden. In de orde der jezuïeten werden al aan het einde van de zestiende eeuw schriftelijke examens afgenomen, zowel voor toelatings- als evaluatiedoeleinden.

In het begin van de twintigste eeuw begint pas een meer wetenschappelijke aandacht voor de test te ontstaan. Daarbij gaat het niet meer om een goede intuïtieve greep of een 'common-sense'-oordeel op basis waarvan inzicht in mensen wordt verkregen en eventueel beslissingen worden genomen, maar om een systematische bestudering en ook een empirische fundering van het instrument dat voor die oordeelsvorming wordt gebruikt.

In de ontwikkeling vanaf de eerste aarzelende en vaak weinig succesvolle pogingen tot heden kan men vier perioden onderscheiden, waarbij een nieuwe periode telkens wordt ingeluid door een voor de ontwikkeling van het testen belangrijke gebeurtenis: het verschijnen van de Binet-Simon-test, de Eerste Wereldoorlog en de Tweede Wereldoorlog. In de volgende paragrafen geven we een kort overzicht van deze vier perioden. Vervolgens bespreken we in het kort de ontwikkeling van het testen in Nederland.

1.1 Periode tot het verschijnen van de Binet-Simon-test

Aan de eerste waardevolle intelligentietest, de Binet-Simon-test, waarvan de eerste versie verscheen in 1905, gingen diverse ontwikkelingen vooraf.

De eerste stimulans kwam vanuit de *psychiatrie* in Frankrijk en Duitsland. Nadat de arts Pinel reeds in 1794 de krankzinnigen van hun ketenen en uit hun strafkerkers had bevrijd door te verdedigen dat deze mensen niet misdadig maar ziek waren, ontstond er in de Franse medische wereld een sterke interesse in de geestelijke abnormaliteit en zwakzinnigheid. In 1838 schreef Esquirol een driedelig werk over geestesziekten, waarin hij de nadruk legde op het onderscheid tussen krankzinnigheid en zwakzinnigheid. Idiotie was volgens hem geen ziekte, maar een gebrek aan intellectuele vaardigheden om zich dezelfde kennis eigen te maken als andere personen van gelijke leeftijd in gelijke omstandigheden.

Ongeveer tegelijkertijd probeerde een andere Franse arts, Séguin, met enig succes zwakzinnige kinderen te trainen. Hij emigreerde in 1848

naar de Verenigde Staten, waar zijn methode pas echt goed ingang vond. De training had voornamelijk betrekking op de motorische en sensorische functies. Het is dan ook niet verwonderlijk dat de 'test' die Séguin ontwikkelde op deze motorische en sensorische functies betrekking had. Het ging hier om een type test dat later 'performance test' zou gaan heten. Deze test is bekend als het Séguin Form Board, waarvan later diverse aanpassingen werden gepubliceerd (Kouwer, 1957, pp. 76-77). In psychiatrische kringen in Frankrijk bleef aandacht voor de geestelijke onvolwaardigheid bestaan. Bekende namen zijn Charcot, Janet en Ribot, en uiteindelijk Alfred Binet, die reeds in zijn jonge jaren geboeid was door het verschijnsel zwakzinnigheid.
Ook in Duitsland hielden zich in de tweede helft van de negentiende eeuw psychiaters bezig met het onderzoek van diverse geestelijke vermogens. In 1885 werd reeds door Rieger een voorstel gedaan voor een algemeen toepasbare methode voor het intelligentieonderzoek. Ook Kraepelin begon omstreeks dezelfde tijd met zijn pogingen tot diagnose van krankzinnigheid. In 1897 probeerde Ebbinghaus psychische vermoeidheid te meten met een test waarin onvolledige zinnen moesten worden aangevuld, maar die in werkelijkheid functioneerde als een intelligentietest. In datzelfde jaar deed Ziehen het voorstel om de evaluatie van de antwoorden niet reeds vooraf te verrichten, maar deze te laten afhangen van de prestaties van de geteste personen. Zo ontstond in de psychiatrie vanuit de belangstelling voor de geestelijke onvolwaardigheid een behoefte aan methoden om de verschillen tussen geesteszieken en de verschillende gradaties in zwakzinnigheid te bepalen.

Een tweede ontwikkelingslijn loopt via de *experimentele psychologie*, die voornamelijk in Duitsland werd beoefend. Opvallend is echter dat de experimentele psychologie naast een stimulerende ook een remmende werking op de testpsychologie heeft uitgeoefend. De stimulans lag in de waarde die werd gehecht aan de exacte beschrijving van experimenteercondities, de rigoureuze controle van de variabelen en de nauwkeurige verwerking van de uitkomsten. In dat laatste nu ligt, ironisch genoeg, tevens de remmende invloed van de experimentele psychologie op de testpsychologie. De experimentator vond de verschillen tussen de proefpersonen eerder vervelend dan boeiend. Hij schreef ze toe aan fouten, inherent aan het experimenteerproces, in plaats van aan werkelijke verschillen in vaardigheid tussen de proefpersonen. Dit laatste is nu net datgene waar het bij testen om gaat. In 1879 stichtte Wundt in Leipzig zijn experimentele laboratorium, en dat was de start van het systematische experimentele onderzoek op grootscheepse wijze. Met enorme grondigheid, volledigheid en ook spitsvondigheid werden talloze functies van de mens onderzocht, maar ook in dit werk bleven twee obstakels voor de ontwikkeling van het testen bestaan. Ten eerste was het doel van het onderzoek de generaliseerbaarheid van de wetten en samenhangen terwijl, zoals we al opmerkten, afwijkingen en verschillen werden beschouwd als experimenteerfouten. Ten tweede bleef het onderzoek beperkt tot de primaire sensorische en motorische functies, en werden de hogere en meer complexe cognitieve en intellectuele processen goeddeels buiten beschouwing gelaten.

Toch ging men op een zeker moment anders aankijken tegen individuele verschillen. Tegen de zin van Wundt promoveerde bij hem een Amerikaanse experimentator, McKeen Cattell, op individuele verschillen in reactietijd. Juist het aspect van de individuele verschillen, dat door de experimentele psychologie altijd zo stiefmoederlijk was behandeld, vormde het onderwerp van dit proefschrift.

In 1890 publiceerde Cattell een artikel in het tijdschrift *Mind* waarin voor de eerste maal het woord 'test' werd gebruikt, en waarin hij een reeks van deze mentale (lees: psychofysische) tests besprak en voor verder onderzoek aanbeval. De 'individuele verschillen' bleken een vruchtbaar onderwerp voor verder onderzoek te vormen. Terug in de Verenigde Staten stichtte Cattell een laboratorium voor experimentele psychologie en testpsychologie. Op een tentoonstelling in Chicago in 1893 liet een collega van hem, Jastrow, de bezoekers zich onderwerpen aan een serie tests, waarbij ze hun resultaten konden vergelijken met algemene normen. In 1893 werd er binnen de American Psychological Association een commissie ingesteld, met als taak het registreren van tests en het formuleren van hun gebruiksmogelijkheden. Dat de samenhang met allerlei praktische criteria als school- en opleidingsresultaten laag bleek te zijn, was teleurstellend, maar de eerste stappen op de weg van het systematische onderzoek van individuele verschillen waren gezet.

De belangstelling van Cattell voor individuele verschillen kan worden teruggevoerd op de derde lijn, die van de genetica, die naast de psychiatrie en de experimentele psychologie van invloed is geweest op de ontwikkeling van het testen. Reeds vanaf 1882 verrichtte de Engelse bioloog Galton allerlei antropometrische onderzoekingen. Daarbij interesseerden hem behalve de lichamelijke, ook de sensorische en geestelijke functies. In 1859 had Darwin in het boek *The origin of species* het probleem van de erfelijkheid van lichamelijke eigenschappen op originele wijze aan de orde gesteld. Zijn neef Galton was ook geïnteresseerd in de erfelijkheid van psychische eigenschappen, en probeerde aan te tonen dat deze aan dezelfde wetten onderhevig waren als de lichamelijke eigenschappen. In zijn wijze van onderzoeken kwamen drie elementen voor, die alle een pijler van het wetenschappelijk testonderzoek zouden gaan vormen.

Het eerste element was de wenselijkheid van het onderzoek van individuele verschillen. Toen Cattell in 1882 gastcolleges gaf aan de universiteit van Cambridge werd door het contact met Galton zijn interesse in dit onderwerp zo sterk gewekt, dat hij er een groot deel van zijn latere werk aan wijdde.

Het tweede element bestond uit de noodzaak van systematisering van de onderzoekstechnieken. Deze traditie uit de experimentele psychologie werd door Galton sterk bevorderd. Zonder een sterke standaardisatie van de condities van het onderzoek en een gedisciplineerd gebruik van de onderzoeksinstrumenten zijn de verkregen resultaten onvergelijkbaar en de conclusies niet generaliseerbaar.

Als derde element geldt de poging van Galton om de resultaten van zijn onderzoeken uit te drukken in termen van afwijkingen van het gemiddelde. Het 'normatieve' denken en het weergeven van onderzoeksresultaten in statistische termen, gebaseerd op principes van de waarschijnlijkheidsrekening, bleken geheel nieuwe dimensies te openen voor zowel de theoretische ontwikkeling als de praktische toepassing van de test. Een jongere collega van Galton, Pearson, werd door deze verwerkingsmogelijkheden geïnspireerd en heeft vervolgens zeer veel betekend voor de statistiek en indirect voor de testpsychologie. Aan Pearson danken wij de correlatiecoëfficiënt, het begrip rangcorrelatie, de multipele correlatie, de factoranalyse en verscheidene andere nuttige statistische technieken (zie voor een uitvoerig historisch overzicht Stigler, 1986).

Deze eerste periode, de aanloop tot de ontwikkeling van de testtheorie, werd dus gekenmerkt door de behoefte van de psychiatrie aan diagnosemogelijkheden met betrekking tot aard en niveau van geestelijke afwijkingen, de traditie van de experimentele psychologie betreffende de gestandaardiseerde onderzoeksprocedure, en de interesse van de genetica in verschillen tussen mensen. Van psychologisch testen op grote schaal was echter nog geen sprake. De interesse hierin was incidenteel en voornamelijk theoretisch gericht, en het onderzoek vond plaats in de laboratoria. Onderzoeksresultaten werden nog weinig toegepast en de spaarzame pogingen hiertoe leidden tot teleurstellende resultaten. Voor een groot deel is dit te verklaren uit de keuze van de vermogens en functies die men door middel van de test trachtte te meten. Deze waren hoofdzakelijk van psychofysische aard. Sensorische en motorische vermogens en functies, en eventueel geheugenprocessen, werden uitvoerig onderzocht, maar onderzoek gericht op meer complexe intelligentiefuncties werd nog nauwelijks gedaan. Hierin kwam verandering door het werk van Binet, die met zijn publicatie van de Binet-Simon-test (Binet & Simon, 1905) een nieuwe periode inluidde.

1.2 Periode tussen het verschijnen van de Binet-Simon-test en de Eerste Wereldoorlog

In 1904 kreeg Binet, die directeur was van het eerste laboratorium voor fysiologische psychologie aan de Sorbonne, van het ministerie van Onderwijszaken het verzoek om een onderzoek in te stellen naar de mogelijkheid tot differentiatie tussen luie en incapabele kinderen. Door het nogal grote aantal mislukkingen op de Parijse scholen zag de overheid zich genoodzaakt tot selectieve maatregelen, waarvoor men in staat diende te zijn een onderscheid te maken tussen kinderen die niet konden en kinderen die niet wilden. De gebruikelijke serie 'tests' was niet in staat dit onderscheid te maken. Alle pogingen faalden, totdat Binet en zijn medewerker Simon dertig opgaven samenstelden die niet een beroep deden op de veronderstelde basisfuncties van het intelligente functioneren, de psychofysische eigenschappen, maar een steekproef vormden uit de verschillende complexe opgaven waarvoor het kind zich in het dagelijks leven en de schoolpraktijk gesteld zag. De opgaven hadden weliswaar alle een sterk verbaal karakter, maar bestreken toch een grote variëteit van problemen, zoals het benoemen van objecten, het aanvullen van onvolledige zinnen en het begrijpen van verhaaltjes. De test werd beproefd op een vijftigtal normale en enkele zwakzinnige kinderen en voor de opgaven werd een volgorde van moeilijkheid bepaald. Daarmee was de eerste intelligentietest die ook daadwerkelijk een praktische functie had, gereed.
Waarin was Binets benadering nieuw? Ten eerste lag dit in de accentuering van complexe in plaats van eenvoudige mentale processen. Binet richtte de aandacht op begrip, geheugen, het oplossen van problemen, en verbeeldingskracht. Ten tweede was het empirische uitgangspunt nieuw. Binet was bereid zijn ideeën, omgezet in testopgaven, te toetsen aan de empirie. Opgaven die niet naar behoren functioneerden werden verwijderd of gewijzigd. Ten derde stelde Binet voor een totaalscore te gebruiken om het intelligentieniveau weer te geven.
Reeds voordat in 1908 een tweede en in 1911 een derde versie van de

test verscheen, waarin telkens het aantal opgaven werd vergroot, een aantal minder goede opgaven werd vervangen en de schaal waarop werd gemeten werd doorgetrokken naar hogere leeftijden, was de faam van de Binet-Simon-test gevestigd. In diverse landen werd de test overgenomen. Het begrip 'mentale leeftijd', dat Binet bij zijn tweede testversie introduceerde, en waarmee een indicatie van de geestelijke groei werd verkregen, bleek een vruchtbaar en praktisch nuttig begrip.

Claparède (1924) bouwde voort op de ideeën van Binet en een groot deel van de activiteiten in zijn in 1912 gestichte Jean-Jacques Rousseau Instituut was gewijd aan de ontwikkeling en toepassing van tests. Bobertag (1911) vertaalde de Binet-Simon-test in het Duits en Stern (1911) stelde voor de mentale leeftijd te vergelijken met de werkelijke leeftijd van het kind. Goddard vertaalde tezelfdertijd de test in het Engels. Deze vertaling werd later door Burt (1921) voor het Verenigd Koninkrijk aangepast, maar had daarvoor reeds een grote betekenis gekregen door de bewerking door de Amerikaanse psycholoog Terman (1916).
Terman – hoogleraar aan de universiteit van Stanford (Californië, Verenigde Staten) – besteedde een groot deel van zijn werkzame leven aan de Amerikaanse versies van deze test, sindsdien algemeen bekend onder de naam 'Stanford-Binet'. Reeds bij de eerste versie van 1916 was aan twee zeer belangrijke testtechnische eisen voldaan: er werden standaardinstructies geformuleerd, zodat vergelijkbaarheid van testscores mogelijk werd, en er werden normen geconstrueerd, gebaseerd op een representatieve steekproef. Ook nam Terman het idee van Stern (1911) over om de mentale leeftijd, die werd bepaald op basis van de testprestatie, te delen door de chronologische leeftijd, en dit getal – ter vermijding van breuken – te vermenigvuldigen met honderd. Aldus verkreeg men een, ook bij verschillende leeftijden, vergelijkbare, en – dankzij de begrijpelijkheid ook voor de leek – praktische indicatie van het intelligentieniveau van het onderzochte kind.

Het werk van Binet was in praktisch opzicht van grote betekenis, maar theoretisch was dit veel minder het geval. Door het accent op de eindproducten en de samenhang met schoolprestaties en beoordelingen van intelligentie was de praktijk wel gediend, maar de theoretische vraag naar de samenstellende elementen in de intelligentie niet. Op basis van zijn theoretische onderzoekingen kwam de Engelse onderzoeker Spearman (1904) tot de conclusie dat in alle tests twee intelligentiefactoren een rol speelden: een algemene (g-)factor en een specifieke (s-)factor. Hiermee had hij zijn bekende twee-factorentheorie geformuleerd, die later door de Amerikaan Thurstone met diens multi-factorentheorie zou worden bestreden. Intelligentie was volgens Spearman de gemeenschappelijke factor die men kan extraheren uit een willekeurige serie van 'intelligentietests'. Doordat Binet steeds had gestreefd naar een breed scala van opgaven had hij daarmee dus onbewust een test voor de g-factor geconstrueerd.

Ook op het gebied van de meting van opleidingsvordering van leerlingen werden in deze periode de eerste stappen gezet, bijvoorbeeld door E.L. Thorndike in de Verenigde Staten en Burt in Engeland. Met behulp van 'educational achievement tests' kon men achtergebleven leerlingen als zodanig herkennen en de prestaties van verschillende scholen vergelijken.

In deze periode boekte de intelligentiemeting grote vooruitgang door uit te gaan van of voort te bouwen op de ideeën van Binet en Simon. Ook werd een eerste poging gewaagd om de beoordeling van schoolprestaties te objectiveren. Het testen op grote schaal, waarvoor klassikaal af te nemen tests nodig waren, vond echter nog niet plaats. Van valideringsonderzoek, waarin de samenhang van testuitslagen met latere prestaties wordt onderzocht en waarbij men op basis daarvan tests selecteert en weegt, was vóór de Eerste Wereldoorlog zeker nog geen sprake.

1.3 Van het begin van de Eerste tot de Tweede Wereldoorlog

Door het uitbreken van de Eerste Wereldoorlog kwam de ontwikkeling van het testen in een stroomversnelling. De reden was de noodzaak om grote groepen mensen te selecteren voor functies en opleidingen van sterk uiteenlopende inhoud en zeer verschillend niveau. Met succes werden zowel in Duitsland als in Engeland en Frankrijk tests toegepast bij de selectie van bijvoorbeeld chauffeurs, piloten en vliegtuigherkenners. Voor het eerst werd de psychologie regelmatig toegepast buiten het laboratorium en ging de testpsychologie min of meer routinematig functioneren bij de beslissingsproblematiek van selectie en plaatsing. De Eerste Wereldoorlog is in Europa een aanleiding geweest tot de erkenning van de psychologische test als een instrument dat een positieve bijdrage kan leveren in velerlei beslissingssituaties. De echte doorbraak volgde toen in 1917 ook de Verenigde Staten in de oorlog werden betrokken, en de incidentele pogingen van de eerste 'bedrijfspsycholoog' Münsterberg (1914) om te komen tot een rationele selectieprocedure met behulp van collectieve tests hun waarde gingen bewijzen.

Het gebruik van individuele testprocedures was te tijdrovend vanwege de enorme omvang van de selectieproblematiek. De noodzaak om snel en efficiënt te testen leidde tot de ontwikkeling van de groepsgewijs af te nemen schriftelijke test. De uit deze noodzaak ontstane schriftelijke test, de Army Alpha, bevatte verschillende soorten opdrachten, zoals rekenopgaven, denksommen en het aangeven van woordbetekenissen. In vrij korte tijd kon men het intelligentieniveau van grote groepen proefpersonen bepalen. De betrouwbaarheid van de test bleek bevredigend te zijn en het voorspellend vermogen ten aanzien van allerlei opleidingscriteria bleek het gebruik te rechtvaardigen. Na het succes van de Army Alpha groeide de test gedurende de jaren twintig en dertig van een incidenteel gebruikt instrument tot een veel toegepast en gewaardeerd hulpmiddel bij vele soorten beslissingen.

Na de Eerste Wereldoorlog liepen de testontwikkeling in Amerika en die in Europa sterk uiteen. In Europa bleef, mede door het daar heersende filosofische klimaat, gedomineerd door Gestaltpsychologie, personalisme en fenomenologie, de individuele diagnostiek populair. Door dit filosofische klimaat werd de wijze waarop de proefpersoon de taak verricht, zoals dit tot uiting komt in zijn of haar werkinstelling en houding tegenover de eigen prestatie, minstens even belangrijk gevonden als de prestatie zelf. Naarmate de interesse in deze kwalitatieve aspecten van werk toenam, werden meer speciaal hierop gerichte observatietests ontwikkeld. Deze individuele observatietest werd bijzonder populair (Baumgarten, 1928; Bühler & Hetzer, 1932; Hetzer, 1937). Overigens werd daarnaast nog steeds het intelligentieniveau bepaald.

In Amerika kwam daarentegen, eveneens vanuit een filosofische, vooral behavioristisch-positivistische achtergrond, maar vooral vanuit een praktische behoefte, het accent steeds sterker te liggen op de kwantitatief verwerkbare groepstests. Behalve de eerder beschreven aanleiding van grote aantallen te nemen selectie- en plaatsingsbeslissingen, waren ook andere factoren verantwoordelijk voor de populariteit van deze vorm van testen. Een toenemend aantal immigranten uit vele landen van herkomst moest op zo rationeel mogelijke wijze in de maatschappij worden opgenomen en geïntegreerd. Zij dienden hiertoe aan een vergelijkend onderzoek te worden onderworpen. Bovendien stimuleerde de in Amerika sterk gepropageerde gedachte van gelijke kansen voor iedereen de behoefte aan dergelijke op grote schaal bruikbare instrumenten. Ten slotte vereiste de toenemende specialisatie, differentiatie en vertechnisering van het productieproces een sterke rationalisering van de selectie- en plaatsingsprocedure.

De vele immigranten plaatsten de onderzoekers nog voor een ander probleem. Hoe kon ooit sprake zijn van een eerlijke vergelijking als de testopgaven in een taal (Engels) waren geformuleerd die de onderzochte nauwelijks beheerste, en als bovendien de inhoud van de vragen een sterk verbaal karakter had, waarbij wederom een beroep werd gedaan op de kennis van het Engels? Er ontstond derhalve behoefte aan tests die minder afhankelijk waren van taal en cultuur.

Reeds vóór de Eerste Wereldoorlog had de Amerikaanse psycholoog Knox geëxperimenteerd met opgaven die niet-verbaal van aard waren en een zogenaamd 'performance'-karakter hadden. In 1917 publiceerden Pintner en Paterson een volledig niet-verbale intelligentietest. Naast de reeds genoemde Army Alpha werd nu in 1918 een tweede schriftelijke groepstest samengesteld, de Army Bèta, die pantomimisch kon worden geïnstrueerd en geen beroep deed op enige taalkennis of verbale vaardigheid. Dergelijke niet-verbale tests speelden een grote rol bij het algemeen vergelijkend onderzoek tussen bevolkingsgroepen, al was hun betrouwbaarheid vaak geringer dan die van de verbale tests. Bovendien vormden ze later ook het startpunt voor het onderzoek naar verschillen tussen volken, en met name die tussen de ontwikkelingsgebieden en de westerse cultuur (Porteus, 1933). Ook vonden deze tests een meer specifiek toepassingsterrein in het intelligentieonderzoek van gehandicapten, zoals motorisch of perceptueel gestoorden (Drever & Collins, 1936; Snijders-Oomen, 1943).

Overigens is het niet zo dat in de Verenigde Staten de individuele test geheel door de schriftelijke test werd verdrongen. De individuele test nam er relatief een minder belangrijke positie in dan in Europa, maar het aantal individuele testbatterijen dat in deze periode verscheen, is niettemin indrukwekkend. De belangrijkste waren wellicht de Terman Merrill (de versie uit 1937 van de Stanford-Binet), en de Wechsler series (WAIS, WISC; zie de publicaties van Wechsler, 1949; 1955a, b). Het aantal individuele tests overtrof nog verre het aantal in Europa, waar het testen als zodanig een duidelijk minder hoge vlucht had genomen.

Engeland nam in de tegenstelling Verenigde Staten versus Europa min of meer een tussenpositie in. Ballard (1920, 1924) propageerde in enkele publicaties aan het begin van de jaren twintig het gebruik van groepstests, en in 1938 verscheen de veelgebruikte Progressive Matrices van de hand van Raven. Een grote bloei als in Amerika onderging de ontwikkeling en het gebruik van dit soort tests echter niet. Wel was er, in tegenstelling tot andere landen in Europa, veel aandacht voor de objectieve evaluatie van schoolprestaties. Evenals in Amerika, waar deze gedachte nog veel sterker leefde, streefde men ernaar om bij de beoordeling van schoolvorderingen de subjectieve impressie van het onderwijzend personeel zo veel mogelijk te vervangen door objectieve methoden. Het 'vrije-antwoordenexamen' maakte plaats voor vragen van het meerkeuzetype ('multiple choice'). Voorts ging de constructie en ijking van deze schoolvorderingentests over van de docent naar de specialist. Deze ontwikkelingen beperkten zich tot Amerika en Engeland.

Het gebruik van de test ging vaak vooraf aan de theorie, in plaats van dat men te werk ging volgens de gewenste omgekeerde volgorde. Wel stimuleerde Thurstone (1931) de aandacht voor de kritische evaluatie van de test zelf. Hij was van mening dat de resultaten van een test betrouwbare testscores dienen op te leveren, en als men met een test gedrag buiten de testsituatie probeert te voorspellen – ook wel criteriumgedrag genoemd – dient de relatie tussen test en criterium van tevoren te zijn aangetoond. Hierdoor ging de statistiek een belangrijke rol spelen in de testpsychologie en werd de kwantificeerbaarheid van de testprestatie een noodzakelijke voorwaarde voor nuttig testgebruik. Een belangrijke invloed werd uitgeoefend door statistiekboeken als die van Kelly (1923) en Guilford (1936), en door Thurstone's (1931, 1935) publicaties over factoranalyse. Ditzelfde geldt voor het in 1935 door Horst en Thurstone gestarte tijdschrift *Psychometrika*, en het vanaf 1941 verschijnende tijdschrift *Educational and Psychological Measurement*. Naast de formeel-statistische ontwikkeling werd door Kelly (1928), Thurstone (1935), Guilford (1936), Thomson (1938) en Holzinger en Harman (1941) ook aan het onderzoek naar de intelligentiestructuur een nieuwe dimensie toegevoegd. Zij introduceerden naast de reeds door Spearman gesignaleerde algemene en specifieke factoren de zogenaamde groepsfactoren. Intelligentie werd door hen opgevat als een complex geheel van groepsfactoren. Een dergelijke groepsfactor is een voor sommige – niet voor alle – tests gemeenschappelijke factor. Deze structurele opvatting van de intelligentie, met de mogelijkheid van op empirisch onderzoek gebaseerde analyse van profielen van testprestaties per intelligentiefactor in plaats van de vaststelling van een algemene totaalscore, opende geheel nieuwe perspectieven voor selectie, diagnose, beroepskeuze en counseling. De door Thurstone (1938) geïdentificeerde factoren 'verbal comprehension', 'word fluency', 'number facility', 'spacial visualization', 'associative memory', 'perceptual speed', en 'reasoning' zijn nu nog steeds belangrijke onderscheidingen in de intelligentietheorie en spelen een belangrijke rol in diverse testbatterijen voor intelligentie.

Ten slotte besteden we een enkel woord aan het ontstaan en de ontwikkeling van de persoonlijkheidstest. Drie afzonderlijke methoden kunnen met betrekking tot het testen van de persoonlijkheid worden onderscheiden.

Ten eerste noemen we de vooral in West-Europa populaire methode van de observatie. Observatietests waren bedoeld om inzicht te geven in de kwalitatieve aspecten van de prestatie. Van deze observatietests was het via een beoordeling van de werkwijze nog slechts een kleine stap naar tests voor observatie van het voor de proefpersoon typerende gedrag zelf. Bij het gebruik van de observatieproef als persoonlijkheidstest was van betrouwbare en objectieve of gestandaardiseerde meting nauwelijks sprake, en de persoonlijkheidsbeelden ontstonden voornamelijk langs impressionistische, intuïtieve weg.

Ten tweede werden in deze periode de eerste persoonlijkheidsvragenlijsten samengesteld. Reeds in de Eerste Wereldoorlog ontstond een behoefte aan een meer systematische vorm van verzameling van gegevens over anamnese en ziektegeschiedenissen dan mogelijk was met behulp van het gebruikelijke interview. De eerste persoonlijkheidsvragenlijsten die in dit verband werden geconstrueerd, waren eigenlijk niets anders dan gestandaardiseerde, op schrift gestelde, psychiatrische interviews. Deze vragenlijsten waren voorlopers van latere veelgebruikte persoonlijkheidsvragenlijsten. Niet alleen de persoonlijkheid als zodanig, maar ook allerlei specifieke terreinen, zoals dat van de interesses, de waarden en de attitudes leken vervolgens gemakkelijk toegankelijk door middel van vragenlijsten.

De derde methode van persoonlijkheidsdiagnostiek ligt in de toepassing van de 'projectietests', waarop wij in hoofdstuk 3 uitvoeriger ingaan. In projectietests wordt een stimulus (bijv. een plaat, een inktvlek of een onvolledige zin) aangeboden waarop de persoon vrij mag reageren al naargelang de betekenis die deze stimulus voor hem of haar heeft of de associaties die hij oproept. Verondersteld wordt dat de onderzochte in zijn of haar reacties iets van zichzelf openbaart. De psycholoog interpreteert deze reacties. Dit kan leiden tot een persoonsbeschrijving, een beoordeling van een persoonskenmerk of de diagnose van een ziektebeeld. Deze vorm van testen, die vooral gebruikt werd voor de identificatie van onbewuste motieven en behoeften en die daarbij vaak teruggrijpt op dieptepsychologische interpretaties en klinisch psychologische of symbolische duidingen, werd sterk beïnvloed door de psychoanalyse. In deze wijze van testinterpretatie werd een sterke nadruk gelegd op de inleving in de proefpersoon en op het invoelend begrijpen van diens emotionele beleven. Een zeer bekende projectietest werd voorgesteld door Rorschach (1921) (de 'inktvlekkentest'). Een andere bekende test is de Thematic Apperception Test (TAT), waarbij afbeeldingen van situaties door de respondent moeten worden geïnterpreteerd (Morgan & Murray, 1935).

De ontwikkeling van de testtheorie en het testgebruik tussen beide wereldoorlogen kan als volgt worden samengevat.
Ten eerste namen de ontwikkeling en het gebruik van tests stormachtig toe. Daarbij bleef de theoretische verantwoording op basis van psychologische inzichten en ook de methodologische verantwoording vaak in gebreke of zelfs geheel achterwege.
Ten tweede bestond er een accentverschil tussen continentaal Europa en de Verenigde Staten. In de Amerikaanse benadering stond centraal het bepalen van de kansen van de onderzochte op een positief resultaat in de te voorspellen situatie – bijvoorbeeld de prestaties op school of in beroep, of de resultaten van een therapie. Deze kansen werden afgeleid uit het behoren tot een 'klasse' van personen die in eerder onderzoek waren getest en van wie de resultaten bekend waren. De objectieve test werd dus gebruikt om te bepalen tot welke klasse iemand behoorde en speelde in dit proces een centrale rol. Deze methode is in feite dezelfde als die van de actuarische wetenschap (die zich bezighoudt met het bepalen van kansen in de context van verzekeringsrisico's), reden waarom men in dit verband ook wel spreekt van de actuarische methode van voorspellen of beschrijven (zie bijv. Wiggins, 1973).
In Europa stond daartegenover de meer fenomenologische of intuïtieve methode. Het ging hierbij om de totaliteit van de persoon van de onderzochte, om diens beleven, structuur en dynamiek. De test is dan hooguit een meer of minder nuttig instrument in de handen van de psycholoog, die daarnaast beschikt over zijn observatie, zijn gesprek, zijn menselijk contact en zijn intuïtie. De test had hier dus eerder een ondergeschikte rol. Het trekken van conclusies over de persoon vond dan ook niet plaats in kwantitatieve termen of in termen van kansen, maar eerder in de vorm van een beschrijvende analyse met een vaak sterk literair karakter.

1.4 Van het begin van de Tweede Wereldoorlog tot heden

1.4.1 ONTWIKKELINGEN IN DE VERENIGDE STATEN

De Tweede Wereldoorlog luidde in Engeland en vooral de Verenigde Staten voor de testtheorie een periode in waarin een expansie plaatsvond op alle terreinen van het testen. Het aantal beschikbare tests nam snel toe, en er vond een sterke kritische bezinning plaats op de methodologische grondslagen van het testgebruik.

De gunstige resultaten van het gebruik van tests in oorlogstijd wekten in Engeland een blijvende belangstelling voor het testonderzoek (Vernon, 1950). Bij de overheid bleef het bijvoorbeeld van hoog tot laag gebruikelijk dat men werd onderzocht op eventuele geschiktheid voor de gevraagde functie. Ook in de schoolkeuze werd het psychologisch testonderzoek hoe langer hoe meer geïntegreerd, vooral sinds met de Education Act van 1944 een meer formele toelatingspolitiek voor de verschillende scholen voor vervolgonderwijs werd geïntroduceerd.

In Amerika werden gedurende de oorlogsjaren met succes de meest vooraanstaande psychologen op het terrein van selectie, testontwikkeling en psychiatrisch-medische keuring ingeschakeld bij de gigantische taak waarvoor de keurings- en selectiediensten van de krijgsmacht zich geplaatst zagen. Deze samenwerking leidde tot een enorme toename van het aantal selectie- en diagnostische tests, tot een sterke professionalisering van het selectie- en plaatsingsbeleid en tot een constructieve en kritische bezinning op de psychologische principes van het testonderzoek (zie o.a. Stouffer e.a., 1950).

Meer dan 9.000.000 personen werden onderzocht met de Army General Classification Test (AGCT) en hun gegevens vormden een uitstekende bron voor genuanceerde normerings- en valideringsresultaten (zie resp. de hoofdstukken 5 en 8). Behalve het algemene intelligentieniveau werd ook de structuur van vaardigheden bepaald met hiervoor speciaal ontwikkelde differentiële testbatterijen. Daarnaast werden speciale tests ontwikkeld ter bepaling van uiteenlopende specifieke functies en vaardigheden. Schoolvorderingentests maakten voorts een vergelijking van de resultaten van de vooropleidingen mogelijk, terwijl opleidings- en kennistests werden gebruikt om zowel de toekomstige prestaties van de kandidaat te voorspellen als de opleidingsprogramma's zelf te evalueren. Individuele en groepsobservatietests werden toegepast bij de samenstelling van groepen en bemanningen, voor de bepaling van leiderschapskwaliteiten en bij de psychiatrische keuring. Persoonlijkheidsvragenlijsten en de biografische vragenlijsten werden gebruikt voor de identificatie van potentiële psychiatrische patiënten en de selectie voor bijvoorbeeld functies waarin een sterk beroep werd gedaan op stressbestendigheid. Deze ontwikkeling zette zich in de Verenigde Staten na de oorlog in een nauwelijks verminderd tempo voort.

In 1947 werd de Educational Testing Service (ETS) opgericht. De bedoeling van deze non-profitorganisatie, met een groot aantal psychologen, onderwijskundigen, statistici en psychometrici (statistici die zich bezighouden met testtheorie) in dienst, is tegemoet te komen aan de behoeften van het Amerikaanse onderwijs- en opleidingsveld wat betreft de toelating tot en de evaluatie van het onderwijs. Voor de ontwikkeling van de testtheorie is van groot belang dat het beleid binnen ETS niet uitsluitend gericht is op toegepast onderzoek en testconstructie, maar veel ruimte laat voor fundamenteel psychometrisch onderzoek. Naast ETS is in de Verenigde Staten een groot aantal 'test agencies' werkzaam, zoals American College Testing (ACT; Iowa City, Iowa) en CTB/McGraw-Hill (Monterey, California; van oorsprong California Testing Bureau). Sommige bestrijken een breed toepassingsveld, terwijl andere zich hebben gespecialiseerd in bijvoorbeeld de selectie van studenten voor geneeskunde- en rechtenopleidingen en de evaluatie van de daar geleverde prestaties. De oprichting van het Nederlandse CITO, waarover straks meer, was geïnspireerd door het voorbeeld van ETS.

Over tests en testonderzoek en ook de psychometrie loopt de communicatie via vele tijdschriften. Zoals voor tal van wetenschapsgebieden geldt ligt ook hier het zwaartepunt in de Verenigde Staten. De voornaamste Amerikaanse tijdschriften zijn: *Applied Measurement in Education, Applied Psychological Measurement, Educational and Psychological Measurement, Journal of Applied Psychology, Journal of Consulting and Clinical Psychology, Journal of Educational Measurement, Journal of Educational and Behavioral Statistics, Journal of Mathematical Psychology, Multivariate Behavioral Research, Personnel Psychology, Psychological Assessment, Psychological Methods,* en *Psychometrika*. Deze tijdschriften zijn in diverse Nederlandse universiteitsbibliotheken in te zien.
De uitgeverijen die zich geheel of gedeeltelijk bezighouden met het uitgeven van tests zijn in aantal sterk toegenomen. Handboeken die een bespreking wijden aan bestaande tests zijn in zeer korte tijd niet meer actueel. Buros publiceert al vanaf 1938 om de drie of vier jaar een *Mental Measurements Yearbook*, waarin alle, voornamelijk in het Angelsaksische taalgebied bekende tests, worden samengevat en door on-

afhankelijke deskundigen beoordeeld. Veel van deze informatie is tegenwoordig via internet beschikbaar.

Handboeken over tests en de toepassing ervan brengen niet alleen veel inhoudelijke informatie over tests bijeen, maar bieden tevens een meer of minder uitgebreide behandeling van de wetenschappelijke testtheorie.

We noemen een kleine selectie van boeken op inleidend niveau, die een breed terrein bestrijken en als introductie kunnen dienen. Dit zijn de boeken van Anastasi (1961, 1988), Cronbach (1961, 1984), Allen en Yen (1979), Crocker en Algina (1986), Janda (1998), Murphy en Davidshofer (1998) en Embretson en Reise (2000).

Boeken – aanvankelijk alleen door Amerikaanse auteurs geschreven, maar later ook door Europese – die dieper graven en derhalve meer kennis van statistiek en psychometrie vragen, zijn die van Guilford (1936, 1954), Gulliksen (1950), Lord en Novick (1968), Fischer (1974; in het Duits), Nunnally (1978; de nieuwere editie is van Nunnally & Bernstein, 1994), Lord (1980a), Hulin, Drasgow en Parsons (1983), Hambleton en Swaminathan (1985), Baker (1992; de nieuwere editie is van Baker & Kim, 2004), Van der Linden en Hambleton (1997a) en Boomsma, Van Duijn en Snijders (2001). De oudere onder deze boeken zijn niet meer regulier in de handel, maar wel in diverse universiteitsbibliotheken in te zien.

Vele, vaak technisch-statistische boeken concentreren zich op gespecialiseerde onderwerpen. We noemen de boeken van Cronbach, Gleser, Nanda en Rajaratnam (1972) en Brennan (2001) over generaliseerbaarheidstheorie, Holland en Wainer (1993) over vraagonzuiverheid, Fischer en Molenaar (1995) over het Rasch-model, Mokken (1971) en Sijtsma en Molenaar (2002) over niet-parametrische testtheorie, Kolen en Brennan (1995) over equivaleren, en Wainer (1990) en Van der Linden en Glas (2000) over adaptief testen. Deze onderwerpen komen in dit boek aan de orde in de hoofdstukken 6 en 7.

Ook op het meer toegepaste terrein van de selectiepsychologie staat, zeker in de jaren na de oorlog, de testtheorie centraal. In 1949 stelde R.L. Thorndike zijn inzichten, opgedaan bij de selectie in de Amerikaanse luchtmacht, op schrift in het boek *Personnel Selection*, dat lange tijd het belangrijkste boek over selectie was. In 1948 werd door Lawshe een selectiehandboek geschreven onder de titel *Principles of Personnel Testing*, waarvan in 1966 een uitgebreide en sterk verbeterde tweede editie (van Lawshe & Balma) verscheen. Ook het in 1965 gepubliceerde *Personnel Testing* van Guion (recentere versie uit 1998), en het in 1966 verschenen *Personnel Testing and Placement* van Dunnette geven een goede en informatieve behandeling van de klassieke Amerikaanse benadering van het selectieproces. Later werd selectie gezien als meer dan toegepaste testpsychologie. Zo pogen Cronbach en Gleser (1957, 1965) de selectiesituatie te zien als een beslissingssituatie, en daar een beslissings-theoretisch raamwerk voor te ontwerpen. Van recenter datum zijn de boeken van Anderson en Herriot (1997), Schmitt en Chan (1998), Campbell en Knapp (2001), Evers, Anderson, en Voskuijl (2005), en Smith en Smith (2005).

Belangrijke stimulerende en bijsturende invloeden zijn zeker ook uitgegaan van het in 1954 door een Testcommissie van de American Psychological Association gepubliceerde *Technical recommendations for psychological tests and diagnostic techniques*. Hiervan zijn later regelmatig revisies verschenen.

Vanuit 'educational measurement' (onderwijskundig meten) werd een belangrijke invloed uitgeoefend op de testtheorie en de acceptatie van testtheoretische principes. Belangrijke boeken zijn hier die van Lindquist (1951), Cronbach (1964), Aiken (1971), Thorndike (1971a) en Nunnally (1972). Minder theoretisch en meer gericht op de praktijk van de schooltoetsconstructie waren de boeken van Adkins (1961) en Ebel (1965). Diverse van de modernere boeken zijn hierboven reeds in de opsomming van handboeken over testtheorie en psychometrie genoemd. Overigens zijn de theoretische onderbouwingen van de psychometrie en het onderwijskundig meten steeds meer hand in hand gegaan. Dit heeft vooral plaatsgevonden in de vorm van de vele ontwikkelingen op het terrein van de moderne testtheorie of de itemresponstheorie (hoofdstuk 7). Dit neemt niet weg dat sommige toepassingen van theorie en testpraktijk typisch psychologisch of typisch onderwijskundig kunnen worden genoemd, zonder dat zij elkaar overigens uitsluiten.

Een volgende belangrijke invloed op de testtheorie is afkomstig uit de schaaltheorie. Belangrijke boeken op het terrein van schaal- en beoordelingsmodellen zijn die van Torgerson (1958) en Coombs (1964). Veel praktischer was het reeds eerder gepubliceerde boek van Edwards (1957). Ook de uit de schaaltheorie voortkomende invloeden, zoals het meten van voorkeuren voor bepaalde stimuli via ontvouwings- en preferentiemodellen, hebben blijvende invloed gehad op de psychometrie (maar minder op de psychologische test). De scalogramanalyse van Guttman (1950), die vooral werd ontwikkeld voor het meten van attitudes, is een ander voorbeeld van blijvende invloed op de psychometrie.

De genoemde ontwikkelingen lijken de typering 'expansie' voor de naoorlogse periode inderdaad te rechtvaardigen. Duidelijk wordt hierin ook dat in Amerika met de sterke groei van het aantal tests een diepgaande bezinning op de theoretische achtergronden gepaard ging.

Een andere oorzaak van de versnelde testontwikkeling en testresearch is de ontwikkeling en uitbouw van de verwerking van testgegevens per computer. Momenteel wordt de computer niet alleen gebruikt voor rekenkundige bewerkingen maar ook voor het geautomatiseerde testen per computer. Deze elektronische vorm van testen vervangt dan de gebruikelijke 'paper-and-pencil'-tests, maar ook tests waarin de opdrachten bijvoorbeeld bestaan uit een spel met blokken of het sorteren van geometrische of andere figuren, zoals die vaak in intelligentietestbatterijen worden aangetroffen (zie ook de hoofdstukken 3 en 4). In deze laatste gevallen gaat een test enigszins lijken op een computerspelletje ('game'). Ook worden computers gebruikt voor de constructie en het onderhoud van itembanken (dit zijn grote verzamelingen van items, waaruit vele testversies kunnen worden samengesteld; hoofdstuk 7) en adaptief testen (dit is het aanbieden van testversies die zo veel mogelijk op het niveau van de onderzochte zijn afgestemd; hoofdstukken 5 en 7).

1.4.2 ONTWIKKELINGEN IN EUROPA, VOORAL IN NEDERLAND

De ontwikkeling van de testtheorie en de testconstructie in Europa heeft lange tijd in de schaduw gestaan van de ontwikkeling in de Verenigde Staten en, in mindere mate, Engeland. Nog steeds is de testtheorie alsmede het gebruik van tests in grote delen van Europa nauwelijks tot ontwikkeling gekomen. Vooral sinds de jaren zestig en zeventig van de vorige eeuw is daarin in landen als Duitsland, Oostenrijk, Nederland en België en de Scandinavische landen verandering gekomen. Momenteel is er in West-Europa zelfs sprake van een bloeiende testtheorie en -praktijk. Van groot belang voor de ontwikkeling van de testtheorie in West-Europa zijn de boeken van Rasch (1960) en Fischer (1974) geweest, en daarna in het Duitstalige gebied die van Spada (1976), Rudinger, Chaselon, Zimmermann en Henning (1985), Kubinger (1988), Rost (1988, 1996) en Steyer en Eid (2001). Van wat oudere datum, maar in hun tijd invloedrijk, zijn de boeken van Meili (1951) en Lienert (1961). Van de Europese tijdschriften die regelmatig publiceren over testtheorie, testconstructie en testgebruik, noemen we *British Journal of Mathematical and Statistical Psychology*, *Diagnostica*, *European Journal of Psychological Assessment*, *Psychologische Beiträge*, *Zeitschrift für experimentelle und angewandte Psychologie* en *Quality & Quantity*.

De ontwikkeling van de testtheorie en het testgebruik in Nederland werd in de jaren veertig en vijftig van de twintigste eeuw nog in sterke mate gekenmerkt – geremd zelfs – door de oriëntatie van de psychologie op de intuïtie van de psycholoog, het 'verstehen' en de ontmoeting met de cliënt (zie bijv. Dehue, 1990). Binnen deze oriëntatie was nauwelijks ruimte voor een objectieve, kwantitatieve benadering, die op dat moment in de Verenigde Staten gemeengoed was. Als er tests werden gebruikt, dan waren dit vaak observatietests of projectieve tests. Psychologen die in de jaren vijftig een belangrijke invloed hadden op de stimulering van het testgebruik en, meer algemeen, de ontwikkeling van de Nederlandse psychologie als wetenschap naar min of meer Amerikaans model, waren Kouwer (1957), De Groot (1961) en Van de Geer (1961); zie Van der Heijden en Sijtsma (1996) voor een uitvoeriger behandeling van deze periode.

Een eveneens belangrijke impuls in de richting van wetenschappelijk verantwoord testgebruik ging uit van Van der Giessen (1957), die een dissertatie schreef over voorspellingen in de psychologie. Deze studie werd later door vele anderen gevolgd. In Kouwers (1963) *Het spel van de persoonlijkheid*, en nog veel pregnanter in Linschotens (1964) *Idolen van de psycholoog* werd afgerekend met de vele vooroordelen en schijnargumenten die op het terrein van de persoonlijkheidsdiagnostiek de ronde deden. In 1961 publiceerde Van de Geer een monografie waarin de gevaren van het intuïtieve interpreteren van testprestaties uit de doeken werd gedaan. In 1965 verscheen de eerste druk van Drenths *De Psychologische Test* (Drenth, 1965a), de voorloper van het voorliggende boek, waarin een krachtig pleidooi werd gevoerd voor een systematisch empirisch-wetenschappelijk testgebruik.

Ten behoeve van een betere communicatie en ter bevordering van het testonderzoek stelde het Nederlands Instituut van Psychologen in 1959 een Test Research Commissie (tegenwoordig Commissie Testaangelegenheden Nederland, COTAN) in, met als belangrijkste taak de publicatie van een overzicht van in Nederland bestaande en in gebruik zijnde tests alsmede documentatie van het onderzoek hiermee verricht. De eerste publicatie verscheen in 1961, gevolgd door diverse bijgewerkte publicaties. De meest recente *Documentatie van Tests en Testresearch in Nederland* is die van Evers, Van Vliet-Mulder en Groot (2000a, b). Het zou te ver voeren om een overzicht van in Nederland ontwikkelde of bewerkte tests te geven. In de *Documentatie van Tests en Testresearch in Nederland* worden 457 psychologische tests en vragenlijsten besproken. Het aantal dat in omloop is en daadwerkelijk wordt gebruikt is nog veel groter, maar uit het feit dat zij niet door de COTAN worden besproken, kan vaak worden afgeleid dat hun psychometrische kwaliteiten tekortschieten of dat zij nog in ontwikkeling zijn (zie ook hoofdstuk 10).

Tot slot noemen we de ontwikkeling in Nederland van de schoolvorderingentests. Deze tests worden in Engeland en nog veel meer in de Verenigde Staten zeer veel gebruikt. Tot in de jaren zestig van de vorige eeuw was dat in ons land nauwelijks het geval. De beoordeling van schoolprestaties, veelal door middel van proefwerken, werd overgelaten aan het onderwijzend personeel. Van de toelatingsexamens en de landelijke eindexamens kon zeker niet gezegd worden dat ze het karakter hadden van een goede schoolvorderingentest: daarbij dient van tevoren een kwalitatieve, maar zeker ook een kwantitatieve analyse van de bruikbaarheid van de opgaven te zijn gemaakt. Het 'essay-examen' was en is eigenlijk nog steeds sterk in zwang.
In de jaren zeventig deed de testtheorie haar intrede bij de beoordeling van school- en opleidingsprestaties. We refereren aan Mellenbergh (1971) en Sandbergen (1973) en verder aan een groot aantal publicaties op het terrein van de constructie van studietoetsen en daarmee verwante problematiek dat in de jaren zeventig en tachtig verscheen in het *Nederlands Tijdschrift voor de Psychologie* en het *Tijdschrift voor Onderwijsresearch*. Een van de belangrijkste stimulansen was het werk van De Groot en zijn medewerkers (1967) in samenwerking met het Nutsseminarium voor Pedagogiek ter constructie van de 'Amsterdamse schooltoetsen'. Ook hebben de vaak prikkelende opinies van De Groot, bijvoorbeeld in zijn boek *Vijven en zessen* (1966) deze vorm van evaluatie van schoolprestaties bevorderd. Realisatie van een van zijn voorstellen, de oprichting van een landelijk centraal instituut voor toetsontwikkeling naar model van de Amerikaanse ETS, vond plaats in de vorm van de oprichting van het CITO, het Centraal Instituut voor ToetsOntwikkeling, te Arnhem. Dit instituut verzorgt in Nederland op grote schaal de toetsconstructie, niet alleen voor het basisonderwijs, maar ook voor allerlei vormen van voortgezet algemeen en beroepsonderwijs; niet voor het academisch onderwijs.

Handboeken als *Algemene Psychodiagnostiek I* van De Zeeuw (1971, en de recente versie van De Zeeuw, Dekker & Resing, 2004), *Studietoetsen* van De Groot en Van Naerssen (1977), *Testleer en testconstructie* van Van den Brink en Mellenbergh (1998) en de voorgaande edities van het onderhavige boek sinds 1965, hebben algemeen ingang gevonden. Verder verdienen vermelding het boek *Statistical models in psychological and educational testing* (De Gruijter & Van der Kamp, 1984) en *Psychometrie in de praktijk* (Eggen & Sanders, 1993).

Aanvankelijk werden de meeste wetenschappelijke bevindingen op het gebied van testtheorie en testconstructie gepubliceerd in de Nederlandse vaktijdschriften en in hoofdstukken van bundels en boeken. We noemden reeds het *Nederlands Tijdschrift voor de Psychologie* en het *Tijdschrift voor Onderwijsresearch*. De aanvankelijk belangrijke rol van deze tijdschriften op deze terreinen is heden ten dage echter uitgespeeld, als gevolg van het universitaire beleid om onderzoekers vrijwel alleen nog te beoordelen op publicaties in internationale tijdschriften, in de praktijk vooral de Amerikaanse. Overigens is dit beleid uitstekend gebleken om de goede kwaliteit van de Nederlandse psychometrie internationaal zichtbaarder te maken dan voorheen. Dit heeft ertoe geleid dat de Nederlandse psychometrie zoals die aan de universiteiten en het CITO wordt beoefend, internationaal een prominente plaats inneemt (Van der Heijden & Sijtsma, 1996).

Hierbij speelde een rol dat, na een aanvankelijke versnippering van het onderzoek, de universitaire onderzoeksactiviteiten sedert 1987 gebundeld zijn in het Interuniversitair Onderzoeksinstituut voor Psychometrie en Sociometrie (IOPS). Het IOPS is een samenwerkingsverband van zeven Nederlandse universiteiten en een Belgische. De taken van het IOPS zijn vooral het bundelen van het promotieonderzoek in de psychometrie en de sociometrie via de aanbieding van gespecialiseerde cursussen en het verzorgen van congressen, en tevens het aan een breder publiek van onderzoekers aanbieden van postdoctorale cursussen over vernieuwende onderwerpen in de statistiek en de psychometrie.

We sluiten dit hoofdstuk af met de constatering dat de testtheorie, de testconstructie en het testgebruik in Nederland vanaf de jaren zestig van de twintigste eeuw een hoge vlucht hebben genomen. Daarmee heeft de psychologische test definitief een wetenschappelijk verdedigbare plaats veroverd in de Nederlandse psychologie.

Opdrachten

1 Aan het begin van dit hoofdstuk worden enkele voorbeelden genoemd van beoordeling in de Chinese en bijbelse oudheid. Waarin ligt volgens u de overeenkomst met het psychologisch testen?

2 Welke drie hoofdinvloeden op de ontwikkeling van de psychologische test zijn te onderscheiden?

3 Hoe was de Duitse experimentele psychologie op positieve wijze van invloed op de ontwikkeling van het testen? En wat waren twee negatieve invloeden?

4 Hoe denkt u dat het komt dat de eerste Amerikaanse tests (einde negentiende eeuw) een geringe samenhang vertoonden met praktische criteria, zoals school- en opleidingsresultaten?

5 Op welke drie wijzen had Galton invloed op de testpsychologie?

6 Waarin was de intelligentietest van Binet anders dan alle voorgaande tests?

7 Was Binet een belangrijk theoreticus? Motiveer uw antwoord.

8 Welk type intelligentie, in termen van intelligentietheorieën, mat de Binet-Simon-test?

9 Welke twee testtechnische vernieuwingen werden door Terman met de Stanford-Binet-test geïntroduceerd? Legt u eens uit waarom deze twee vernieuwingen belangrijk waren.

10 Geef een schets van de toestand van de testpsychologie in de periode voorafgaand aan de Eerste Wereldoorlog.

11 Op welke filosofische traditie was het testen in Europa in de periode tussen de twee wereldoorlogen gebaseerd? En op welke traditie de Amerikaanse?

12 Waarom waren groepstests zo populair in de Verenigde Staten?

13 Het testen van grote aantallen immigranten werkte de ontwikkeling van een nieuw soort test in de hand. Wat was het kenmerk van deze soort?

14 Wat was tussen beide wereldoorlogen de rol van Engeland in de ontwikkeling van tests?

15 Welk doel diende de belangstelling voor de statistiek ten behoeve van de testevaluatie?

16 Waaruit kwam de persoonlijkheidsvragenlijst voort?

17 Wat is een projectietest?

18 Noem een kenmerkende ontwikkeling van de testpsychologie in de Verenigde Staten sinds de Tweede Wereldoorlog.

19 Waardoor werd aanvankelijk de ontwikkeling van testgebruik en testtheorie in Nederland geremd?

20 Hoe komt het dat Nederlandse psychometrici tegenwoordig niet veel meer publiceren in Nederlandse tijdschriften? Wat is hiervan het gevolg geweest voor de internationale positie van de Nederlandse psychometrie?

Definitie, kenmerken en toepassingen van de test

2

In dit hoofdstuk wordt de definitie gegeven van de psychologische test. Door de test tegenover de voorwetenschappelijke oordeelsvorming te plaatsen, kunnen enkele kenmerken van een goede test worden geformuleerd. Ook wordt de relatie tussen testen en meten behandeld, komen de belangrijkste meetniveaus aan de orde en worden opvattingen over het meten van psychologische eigenschappen behandeld. Dit resulteert in een stellingname over meten in de psychologie en, hieruit voortvloeiend, eisen aan de constructie van tests. Dit hoofdstuk wordt besloten met een kort overzicht van de toepassingsmogelijkheden van de test.

2.1 Wat is een test?

2.1.1 ONDERDELEN VAN EEN TEST

In het algemeen komt men in een verantwoorde en gepubliceerde test de volgende onderdelen tegen.

Testmateriaal. Het testmateriaal varieert sterk met de soort van de test. Voor een schriftelijke intelligentietest bestaat het testmateriaal bijvoorbeeld uit een testboekje met opgaven die ter oplossing worden voorgelegd. Bij een individuele prestatietest kan dit materiaal bestaan uit bouwstenen, legpuzzels of tekenpapier. Soms ook kan het bestaan uit platen, foto's of onvolledige zinnen, waar de onderzochte respectievelijk over moet vertellen, uit moet kiezen, of een zinvol einde voor moet bedenken. In een enkel geval is er geen materiaal in strikte zin, bijvoorbeeld wanneer de test bestaat uit een vrije discussie, die een groepje personen moet voeren over een onderwerp dat relevant is voor het te beoordelen gedrag. De presentatie van de test per computer komt in hoofdstuk 5 aan de orde.

Testformulieren. Op de testformulieren worden de antwoorden, reacties of gedragsgegevens verzameld, die vervolgens het materiaal vormen waaruit de psychologische interpretatie of conclusies worden afgeleid. Bij de schriftelijke vaardigheidstests zijn het vaak aparte antwoordformulieren, terwijl soms ook de opgave- en de antwoordbladen zijn samengevoegd tot één formulier. Bij persoonlijkheidsvragenlijsten zijn de vragen en antwoordmogelijkheden meestal op één formulier opgenomen. Bij observatietests en projectieve technieken dienen deze formulieren voornamelijk voor de registratie van observatiegegevens en duidingen, of soms ook voor het aangeven van duidingscategorieën. Hierbij wordt het 'antwoordformulier' niet door de respondent ingevuld, maar door de proefleider die zijn gegevens uit het geobserveerde gedrag of uit de mondelinge communicatie van de onderzochte afleidt.

Testhandleiding. De testhandleiding varieert van een uitvoerig boekwerk tot beknopte richtlijnen. Van een goede handleiding mag men verwachten dat daarin de volgende vier onderwerpen aan de orde komen.

1 Een exacte *testinstructie*. Deze instructie bevat een bespreking van de testprocedure, de condities voor een goede testsituatie, de woordelijke aanwijzingen en de uitleg, de proefopgaven die aan de eigenlijke test voorafgaan, de volgorde van de opgaven, de toegestane responstijden, waarschuwingen op bepaalde momenten tijdens de testsessie, wat de proefleider mag antwoorden op vragen, kortom al datgene wat betrekking heeft op de gang van zaken tijdens het testonderzoek.

2 De *verwerkingsprocedure*. De verwerkingsprocedure bestaat voornamelijk uit de richtlijnen voor de toekenning van numerieke scores aan de antwoorden of de reacties op de opgaven. Men dient daarvoor te beschikken over de sleutels van de opgaven. Dit zijn de aanwijzingen voor de vraag welke antwoorden juist of onjuist zijn of indicatief of contra-indicatief zijn voor een bepaald verschijnsel, en hoe deze antwoorden van scores te voorzien. Aan een goed antwoord zou bijvoorbeeld de score 1 en aan een fout antwoord de score 0 kunnen worden toegekend. Ook moet men weten hoe de niet beantwoorde opgaven moeten worden beoordeeld.

3 De *normtabellen*. Vrijwel altijd wordt de testprestatie, uitgedrukt in een numerieke testscore (bijv. vergelijkbaar met een tentamencijfer), gewaardeerd en geïnterpreteerd tegen de achtergrond van de prestaties van anderen. In voor dit doel geconstrueerde normtabellen kan de score worden vergeleken met de prestaties van meer of minder representatieve normgroepen. Deze mogelijkheid tot ver-

gelijking vormt een voorwaarde voor een nadere interpretatie en evaluatie van de testprestatie of het testgedrag.
4 De handleiding dient een bespreking te bevatten van de wetenschappelijke kwaliteiten van de test. Het gaat hierbij om gegevens die een indicatie geven van de betrouwbaarheid van de test (de vraag in hoeverre de testprestatie herhaalbaar is), een bespreking van de testbetekenis (de vraag welke psychologische eigenschap de test meet) en de vraag voor welke voorspellingen de test gebruikt kan worden. In de hoofdstukken 6 (Betrouwbaarheid) en 8 (Validiteit) gaan we uitvoeriger op deze begrippen in. Hier volstaan we met de opmerking dat veel van het empirisch onderzoek dat aan de publicatie van een test voorafgaat, betrekking heeft op de bepaling van de betrouwbaarheid en de betekenis, en dat een goede handleiding een neerslag bevat van dit onderzoek.

2.1.2 EERSTE OMSCHRIJVING

De bedoeling van het testonderzoek is het doen van een uitspraak die een voorspelling, classificatie of beschrijving met betrekking tot het onderzochte individu behelst. Ook al wordt dat niet altijd expliciet in de conclusie geformuleerd, impliciet gaat het daarbij vrijwel altijd om een vergelijking met andere mensen. Een uitspraak over iemands intelligentie, agressiviteit of neuroticisme heeft alleen zin als de onderzochte ten aanzien van die eigenschap wordt vergeleken met anderen. Hierbij kan gedacht worden aan een kleine, selecte groep, die in dezelfde omstandigheden verkeert als de onderzochte of – het andere uiterste – aan een totale, landelijke populatie. De aard en de grootte van de vergelijkingsgroep hebben belangrijke gevolgen voor de draagwijdte van de conclusie over de geteste persoon. Wel geldt in alle genoemde gevallen dat de uitspraak impliciet betrokken is op de referentiegroep.

Lang niet alle middelen die ons in staat stellen een uitspraak te doen over iemand in vergelijking met anderen, kunnen tests worden genoemd. Bij een test denken we aan een systematisch onderzoek van apart voor het testdoel geselecteerde gedragingen. Deze gedragingen zijn gekozen omdat zij een typerende steekproef vormen uit een geheel van gedragingen, die men niet allemaal in één enkele testsessie kan onderzoeken.

Hiermee zijn we gekomen tot een omschrijving van de psychologische test als 'een systematisch onderzoek van gedrag met behulp van speciaal geselecteerde vragen of opgaven, met de bedoeling inzicht te krijgen in een psychologisch kenmerk van de onderzochte in vergelijking met anderen'.

De vraag die wij vervolgens beantwoorden is, of het wel nodig is een test te gebruiken terwijl er in de dagelijkse praktijk zoveel andere methoden bestaan die een bijdrage leveren tot het inzicht in de eigenschappen van een persoon. In de volgende paragraaf gaan we nader in op deze vraag en laten we tevens zien in welke opzichten de psychologische test zich onderscheidt van het voorwetenschappelijk oordeel.

2.1.3 KENMERKEN VAN EEN TEST

Iedereen kent uit zijn of haar omgeving en ervaring tal van juiste oordelen en rake typeringen, zonder dat deze op een test, of zelfs op enig psychologisch onderzoek zijn gebaseerd. Bij de beschikbaarheid van voldoende juiste informatie is het dan ook niet altijd nodig een test te gebruiken bij de oordeelsvorming over het menselijk gedrag. Indien de psychologische test wel een juister beeld oplevert dan het voorwetenschappelijk oordeel, of een verbetering en aanvulling hierop kan betekenen en de kosten of ethische bezwaren niet onoverkomelijk zijn, is het gebruik ervan gerechtvaardigd. Dat de psychologische test hiertoe vaak in staat is, kan blijken uit zes kenmerken waarop een goede test in de meeste gevallen in het voordeel is ten opzichte van het voorwetenschappelijk oordeel.

Efficiëntie

In het dagelijks leven doen zich talrijke situaties voor die aanwijzingen verschaffen voor het schatten van bijvoorbeeld de intelligentie. Voorbeelden zijn indrukken uit antwoorden en reacties op ingewikkelde praktische problemen, zowel van technische als sociale aard, gedragingen en prestaties op school, de mate van belezenheid en de handigheid in het oplossen van bijvoorbeeld kruiswoordpuzzels of cryptogrammen. Wil men informatie uit dergelijke situaties gebruiken om iemands intelligentie te beoordelen, dan is het probleem echter dat men moet wachten tot deze situaties zich voordoen. Voor de beoordeling van intelligentie komt daar nog de moeilijkheid bij dat deze situaties typerend zijn voor het alledaagse contact tussen mensen waarin meestal juist niet de schatting van de intelligentie vooropstaat. Intelligentie is in dit contact eerder een soort 'bijproduct' en komt daardoor meestal niet volledig tot haar recht. De schatting van de intelligentie is dan ook steeds inexact en vooral arbitrair.

Hiertegenover staat de intelligentietest, die speciaal is samengesteld om een schatting van de intelligentie te verkrijgen. Men is niet afhankelijk van het min of meer toevallig beschikbaar zijn van gelegenheden waarin intelligent gedrag zich voordoet. De testconstructeur heeft een verzameling van opgaven geselecteerd of geconstrueerd, die alle optimaal een appèl doen op het intelligente reageren. Vervolgens creëert de testpsycholoog een testsituatie, waarin bijkomstigheden en storende invloeden zo veel mogelijk worden geweerd.

Standaardisatie

Standaardisatie is één van de noodzakelijke voorwaarden voor de vergelijkbaarheid van testprestaties. Om iets verstandigs over een testprestatie te kunnen zeggen, dient deze vergelijkbaar te zijn met de prestaties van anderen. Ook het voorwetenschappelijk oordeel draagt deze notie van het vergelijken expliciet of impliciet in zich. Een conclusie dat iemand een behoorlijke intelligentie heeft, impliceert altijd een vergelijking met andere normale Nederlanders, met andere gymnasiumleerlingen, met de andere verpleegden in een inrichting voor zwakzinnigen of met de andere sollicitanten naar een functie.

Wil men de onderzochte ter vergelijking naast anderen plaatsen, dan moet men de betrokkenen in gelijke omstandigheden hebben zien opereren. De situatie waarin we de onderzochte bezig zien, en waarin deze een prestatie levert op basis waarvan bijvoorbeeld een conclusie over het intelligentieniveau wordt getrokken, moet vergelijkbaar zijn met de situatie waarin de referentiegroep heeft verkeerd. Het beste bereikt men dit door die situatie te standaardiseren. Van een dergelijke standaardsituatie is in het voorwetenschappelijk oordeel nauwelijks sprake. De ene persoon wordt intelligent bevonden omdat hij bepaalde, overigens niet moeilijke, opdrachten snel kan oplossen, een andere minder intelligent omdat hij veel moeilijkere opdrachten niet zo snel oplost. De een presteert 'goed' in een klas met matig begaafde kinderen, de ander 'minder goed' in een intellectueel hoogstaande klas.

Bij een goede test wordt de vergelijkbaarheid van prestaties bereikt door de condities en invloeden die op de testprestatie kunnen inwerken zo veel mogelijk te standaardiseren. De gelijkschakeling van de procedure van afneming, van testmateriaal, instructie en oefenvoorbeelden, van tijdlimieten en verwerkingsregels staat borg voor een zo goed mogelijke vergelijkbaarheid van testprestaties. Dit is ook een belangrijke reden voor de wenselijkheid van een uitvoerige handleiding waarin al deze aspecten gedetailleerd ter sprake komen.

De standaardisatie-eis is een norm waaraan een test meer of minder kan beantwoorden. Bij volledige afwezigheid van enige standaardisatie in de testsituatie is niet meer sprake van een 'test', maar voor het overige houdt deze eis een ideaal in waarnaar men bij testconstructie en testafneming zo veel mogelijk dient te streven.

Normering

De eis van vergelijkbaarheid van testprestaties houdt nog een tweede consequentie in. Wil men de intelligentie van persoon A vergelijken met die van persoon B met behulp van welke indicatie dan ook (bijv. belezenheid, schoolprestatie, testprestatie), dan moet men in elk geval de afstand tussen A en B zo exact mogelijk schatten. Exactheid stelt de beoordelaar in staat ook kleinere verschillen vast te stellen.
Natuurlijk bestaat er in de voorwetenschappelijke beoordeling wel degelijk een notie van 'meer of minder'. Een paar maal doubleren is 'duidelijk' bedenkelijker dan het diploma in het vereiste aantal jaren behalen, de ene gezichtsuitdrukking vindt men 'veel' intelligenter dan de andere en alleen al het noemen van de eigenschap 'belezenheid' impliceert een onuitgesproken kwalificatie 'grotere belezenheid dan de gemiddelde burger'.
Van een exacte vergelijking is in deze voorbeelden echter geen sprake en daar ligt nu juist de moeilijkheid. Het gaat nu niet over de vraag of bijvoorbeeld belezenheid een correcte indicatie voor intelligentie is, maar over de onzuiverheid van de voorwetenschappelijke vergelijking en de onnauwkeurigheid van de voorwetenschappelijke schatting van 'hoe veel bedenkelijker', 'hoe veel intelligenter' en 'hoe veel grotere belezenheid'. Bij grote verschillen zijn er niet zo veel problemen, maar voor de vaststelling van kleinere verschillen is een gevoeliger instrument nodig dat niet uitgaat van de grove maatstaven die in het lekenoordeel worden gebruikt. Dit geldt ook voor een zo exact mogelijke weergave van de verschillen. Indien er veel van afhangt, bijvoorbeeld de toelating tot een school, de promotie tot chef, de selectie voor een functie of het toekennen van prijzen, schiet de praktijkbeoordeling meestal te kort.

De genormeerde psychologische test is veel beter in staat aan deze eisen te beantwoorden dan de praktijkbeoordeling. In het normeringsonderzoek is op zijn minst een rangorde vastgesteld van zeer goede tot zeer slechte prestaties, zodat iemands prestatie door middel van een plaatsbepaling in deze rangorde kan worden beoordeeld. Hierbij is men gebonden aan de groep proefpersonen waarop deze normen worden vastgesteld. Als deze groep bijvoorbeeld slechts een paar VWO-klassen betreft, is de generaliseerbaarheid van de norm uiteraard geringer dan wanneer de normering heeft plaatsgevonden op basis van een representatieve steekproef uit de gehele Nederlandse populatie van VWO-leerlingen.

Het vaststellen van een rangorde (van bijv. laag naar hoog) is de eenvoudigste vorm van normering. Vaak kunnen de afstanden tussen testscores in de normering worden opgenomen. We geven een voorbeeld met behulp van de gegevens in figuur 2.1. Hierin is een discrete verdeling te zien van de testscores van 100 respondenten. De twee respondenten met de rangscores 1 en 2 hebben de twee laagste testscores van respectievelijk 1 en 3, terwijl de twee respondenten met rangscores 50 en 51 beiden een testscore gelijk aan 9 hebben. De rangscores geven in dit voorbeeld dus geen uitsluitsel over het grotere verschil in de staarten van de verdeling, maar de testscores wel.

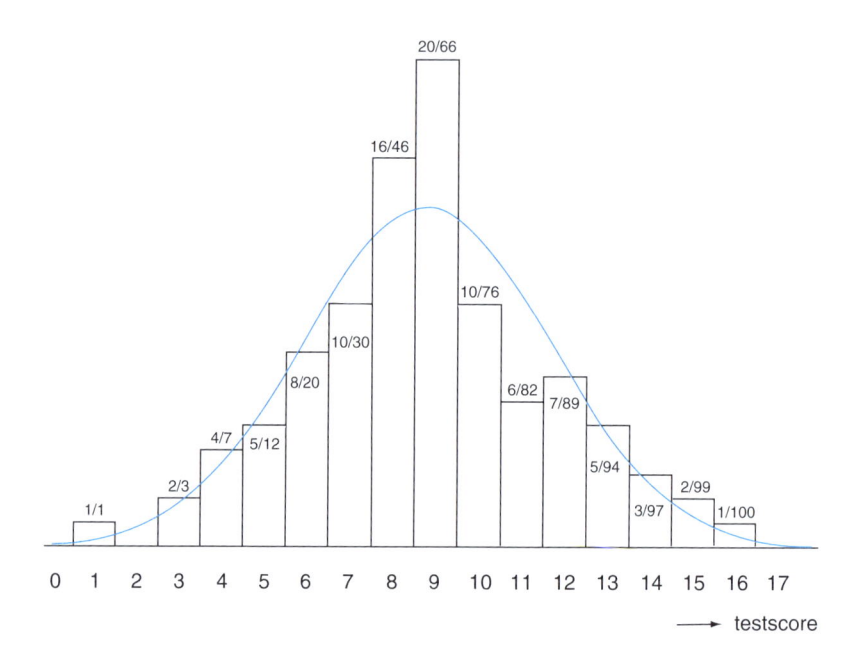

Figuur 2.1 *Discrete verdeling van de testscores van 100 respondenten en een benadering via een normaalverdeling. Notatie '8/20' betekent hier dat 8 personen een testscore 6 hebben en 20 personen een testscore van hooguit 6 (cumulatief aantal).*

Men zou vervolgens deze discrete verdeling kunnen benaderen met een normaalverdeling (zie figuur 2.1). Daartoe dient eerst te worden vastgesteld of dit wel redelijk is. Hiervoor staan statistische toetsen ter beschikking (bijv. de Kolmogorov-Smirnov-toets, die in de meeste statistiekboeken genoemd wordt). Is de benadering redelijk, dan zou men vervolgens een geschikt gemiddelde (bijv. 100) en een geschikte standaarddeviatie (bijv. 15) kunnen kiezen en de schaal van de testscores kunnen omzetten naar die onder de normaalverdeling met dat gemiddelde en die spreiding. Daarmee verandert wel de schaal, maar blijven de personen dezelfde rangorde houden. De twee personen met testscore 9 krijgen dan dezelfde, aan deze normaalverdeling gerelateerde score, maar de twee personen in de linker staart krijgen 'scores' die, bij de gegevens in dit voorbeeld, verder uit elkaar liggen dan de testscores in de discrete verdeling.

De benadering met een normaalverdeling doet men doorgaans als de steekproef uit een normaal verdeelde populatie afkomstig is, en men steekproeffouten wil 'gladstrijken'. Het kiezen van nieuwe verdelingskenmerken, zoals gemiddelde en spreiding, doet men om een 'handige' schaal te verkrijgen. Bij intelligentiemeting heeft zo'n schaal bijvoorbeeld gemiddelde 100 en standaarddeviatie 15. Los van het omzetten naar een normaalverdeling, noemen we een studietoets waarbij men het aantal goede antwoorden zou kunnen omzetten naar een schaal tussen 0 en 10, omdat we dit in het Nederlandse onderwijs zo gewend zijn.

De beschikbaarheid van normen is meestal een noodzakelijke voorwaarde voor het gebruik van een test. In een enkel geval kan men volstaan met een ongenormeerde test, bijvoorbeeld in experimenteel onderzoek waarin een relatie wordt nagegaan tussen een test (bijv. voor ruimtelijk inzicht) en een andere variabele (bijv. de reactietijd op een patroonherkenningstaak), of in situaties waarin slechts binnen de onderzochte groep beslissingen moeten worden genomen, zodat een rangorde volstaat. Een voorbeeld van een dergelijke situatie is de selectie van de beste tien kandidaten of de beste tien procent van de kandidaten voor een opleiding. Voor het overige zijn normen noodzakelijk voor de interpretatie en de beoordeling van de testprestatie. De beschikbaarheid van normen is nodig bij het gebruik van alle soorten tests, dus ook bij observatietests en projectieve technieken. Wanneer in een fantasieverhaal naar aanleiding van de eerste plaat van de Thematic Apperception Test (TAT; Murray 1935, 1943), waarop een jongen staat afgebeeld die peinzend voor zijn viool is gezeten, van een duidelijke agressie jegens de ouders sprake is, dan moeten we toch op zijn minst weten of die reactie vaker wordt aangetroffen, en liefst hoe vaak. Als iedereen zo op deze plaat reageert, zegt de individuele reactie niet veel. Als iemand op de vijfde plaat van de Rorschach-test een vleermuis ziet, doet men er goed aan zich te realiseren dat vrijwel iedereen dit ziet. Dan is het niet-zien van deze vleermuis een veel belangrijkere diagnostische indicatie.

Objectiviteit
Wij vatten objectiviteit op als de onafhankelijkheid van storende invloeden vanuit de persoon van de waarnemer, beoordelaar of interpretator. Voor de testinterpretatie houdt dit in dat men mag aannemen dat het proces van het registreren en verwerken van het testgedrag van de onderzochte tot score, beoordelingscategorie of classificatie, vrij is van aan de testleider gebonden invloeden. Bij objectiviteit is het resultaat van het onderzoek onafhankelijk van de persoon van degene die de gegevens verzamelt of uitwerkt.

Deze opvatting heeft twee gevolgen. Ten eerste moet het bij het objectieve testonderzoek voor de onderzochte niet uitmaken wie de beoordelaar is. De objectiviteit waarborgt in alle gevallen een gelijke registratie en een gelijke beoordeling van zijn prestaties. Ten tweede impliceert objectiviteit openheid en reproduceerbaarheid van de test- en evaluatieprocedure. De privé-introspecties en de subjectieve, aan de persoon van de testleider gebonden methoden van observeren, registreren en interpreteren zijn niet objectief, en het is vrijwel uitgesloten dat een ander op deze wijze tot dezelfde resultaten komt. Binnen de creatieve, hypothesevormende activiteiten van de psycholoog is er voor deze methoden zeker ruimte, maar het objectieve testonderzoek vereist controleerbaarheid, repliceerbaarheid en mogelijkheden tot verificatie van de gedachtegang.

De omschrijving van de objectiviteit als onafhankelijkheid van de specifieke beoordelaar, dus als intersubjectiviteitsprincipe, suggereert tevens een methode om in praktische situaties de mate van de objectiviteit te bepalen. Indien men verschillende mensen onafhankelijk van elkaar een registratie en codering van hetzelfde testgedrag laat verrichten, kan de mate waarin zij overeenstemmen als indicatie worden gebruikt voor de mate van de objectiviteit. Onafhankelijkheid van de beoordelaars betekent dat zij niet overleggen of zelfs maar weet hebben van elkaars oordelen. De mate van overeenstemming van hun resultaten, uit te drukken in de interbeoordelaarsbetrouwbaarheid, geeft dan de mate van objectiviteit van de procedure aan. Welke statistische maat men hiervoor gebruikt, hangt vooral af van de soort gegevens die de beoordelaars produceren.

Indien twee onafhankelijk van elkaar werkende beoordelaars beiden een rangorde produceren, kan de interbeoordelaarsbetrouwbaarheid worden uitgedrukt in een rangcorrelatie. Men kan hiervoor Spearmans rangcorrelatie of Kendalls tau gebruiken. Beide zijn te vinden in vrijwel ieder inleidend statistiekboek. Ook bestaan er statistische methoden waarmee men de overeenstemming tussen grotere aantallen onafhankelijke beoordelaars kan kwantificeren. Een voorbeeld is Kendalls 'coefficient of concordance', W, voor de overeenstemming tussen grotere aantallen beoordelaars die dezelfde stimuli – objecten maar ook personen – hebben geordend naar dezelfde eigenschap – bijvoorbeeld, spionageromans naar de spanning van het verhaal, of personen naar de mate waarin zij tot samenwerking bereid zijn (zie bijv. Siegel, 1956, pp. 229-238). Indien de beoordelingen niet alleen een rangorde vormen, maar de afstanden tussen de plaatsen in die rangorde betekenis hebben, kan de product-momentcorrelatie de mate van overeenstemming uitdrukken.

Ook kan een beoordeling inhouden dat bijvoorbeeld kinderen worden ingedeeld in de categorieën 'dyslectisch', 'concentratiestoornis' en 'normaal'. Er is dan geen sprake van een rangordening, laat staan dat er een afstand tussen deze categorieën bestaat. Wat we hier zouden willen weten, is de mate waarin twee of meer onafhankelijke beoordelaars tot dezelfde indeling komen. Bij wijze van voorbeeld behandelen we hier het geval van twee beoordelaars.

De beoordelaars zijn twee ontwikkelingspsychologen, die veertig kinderen beoordelen op de drie categorieën die we zojuist noemden. Voor hun beoordeling gebruiken zij een checklist. Dit is een formulier waarop kenmerken zijn aangegeven die indicatief zijn voor dyslexie en concentratiestoornis (zie ook hoofdstuk 5). De beoordelaars moeten de checklist per kind invullen, en 'aanvinken' of een bepaald kenmerk aanwezig is. Als de lijst is ingevuld, moeten zij vervolgens een scoringsschema volgen dat leidt tot een totaaloordeel, op basis waarvan een kind in een van de categorieën wordt ingedeeld. Als we ervan uitgaan dat het combineren van de oordelen verder geen problemen oplevert, dan zit het subjectieve element van de procedure dus in het oordeel of een kind een kenmerk wel of niet heeft. We willen nu weten in welke mate de beoordelaars met de checklist en de daarbij geboden instructie in staat zijn om kinderen op dezelfde wijze te classificeren. Zeg, de veertig kinderen zijn door beoordelaars A en B als volgt ingedeeld, waarbij D = dyslectisch, C = concentratiestoornis en N = normaal.

		beoordelaar B			
		D	C	N	f_A
beoordelaar A	D	8	3	1	12
	C	4	7	5	16
	N	0	2	10	12
	f_B	12	12	16	40

We gaan ervan uit dat overeenkomst blijkt uit de diagonaalfrequenties: bij acht kinderen is men het erover eens dat ze dyslectisch zijn, bij zeven dat ze last hebben van concentratiestoornissen, en bij tien dat ze normaal zijn, in de zin dat ze geen van beide problemen laten zien. A en B zijn het dus 25 keer met elkaar eens, ofwel, in 25/40 x 100 = 62.5% van de gevallen. Men zou ook kunnen zeggen dat de kans dat A en B het bij een aselect gekozen kind met elkaar eens zijn 0.625 is. Deze kans noemen we P_0 ('o' van overeenstemming).

Vervolgens gaan we ervan uit dat A en B ieder de gevraagde diagnoses op hun eigen manier stellen, en dat dit tot uiting komt in de verdelingen van kinderen over de categorieën D, C en N. In de tabel geeft de kolom onder f_A de frequentieverdeling (f) van beoordelaar A: 12, 16, 12; en de rij achter f_B die van beoordelaar B: 12, 12, 16. Als we er nu van uitgaan dat deze beoordelaars dergelijke groepen van kinderen – representatieve steekproeven – altijd volgens deze verhoudingen indelen, dan kunnen we uitrekenen hoe groot hun overeenstemming zou zijn als er geen samenhang zou zijn terwijl ze wel hun persoonlijke frequentieverdelingen aanhouden. We noemen dit statistische onafhankelijkheid, hetgeen erop neerkomt dat de aantallen in de tabel alleen afhangen van de verdelingen van A en B:

Het aantal kinderen waarover men het, bij onafhankelijkheid van de oordelen maar met gebruikmaking van de persoonlijke frequentieverdelingen, eens is dat zij dyslectisch zijn, is 12 x 12/40 = 3.6; het aantal met een concentratiestoornis is 16 x 12/40 = 4.8; en het aantal dat normaal is, is 12 x 16 = 4.8. In totaal is men het dus nog steeds in

$$\frac{3.6 + 4.8 + 4.8}{40} \times 100 = 33\%$$

van de gevallen met elkaar eens, en dat komt doordat de wijze waarop A en B ieder apart oordelen sowieso maakt dat zij in een aantal gevallen tot hetzelfde oordeel moeten komen. De kans dat ze het aldus met elkaar eens zijn, is dus 0.33; we noemen dit de toevalskans en geven het aan met P_t ('t' van toeval).

De mate van overeenstemming tussen A en B vinden we door P_0 en P_t te vergelijken: 0.625 − 0.33 = 0.295. De vergelijking kan nog worden verbeterd door dit verschil af te zetten tegen het maximale verschil dat men bij deze twee beoordelaars – dus, gegeven hun frequentieverdelingen – zou kunnen vinden: 1 − 0.33 = 0.67; het quotiënt, dat bekend staat als Cohens kappa, is dan 0.295/0.67 = 0.44 (afgerond). De formule is

$$kappa = \frac{P_o - P_t}{1 - P_t},$$

en neemt waarden aan die liggen tussen een negatieve ondergrens – negatief als de waargenomen overeenstemming nog slechter is dan je volgens statistische onafhankelijkheid zou verwachten; hier dus minder dan 13 diagnoses – en het maximum 1. De hier gevonden waarde van kappa = 0.44 wordt gezien als 'middelmatige' overeenstemming. Er bestaan diverse uitbreidingen van Cohens kappa, bijvoorbeeld naar de situatie met drie of meer onafhankelijke beoordelaars.

Het voorbeeld maakt duidelijk dat tests – hier een checklist – niet zonder meer beantwoorden aan de eis van objectiviteit. Volledige objectiviteit is een ideaal dat meer of minder verwezenlijkt wordt. Sommige tests, zoals de schriftelijke tests met twee of meer antwoordmogelijkheden per vraag waaruit de onderzochte slechts een keuze hoeft te maken, voldoen vrijwel geheel aan deze eis. De gekozen antwoorden kunnen door een computer worden verwerkt, zodat fouten vrijwel zijn uitgesloten. Ook als de verwerking door mensen gebeurt, zullen zij, op toevallige fouten na, tot dezelfde resultaten komen. Heel anders ligt dit bij weinig objectieve 'tests', zoals een opstel of een essay, waaruit via een subjectieve en vaak moeilijk na te volgen gedachtegang een beoordeling voor zoiets als 'stijl' tevoorschijn moet komen. Ook observatietests, waarbij de proefleider aan het eind van de proef een beoordeling moet geven van handigheid, inzicht, flexibiliteit of frustratietolerantie, lijden vaak aan een gebrek aan objectiviteit, hetgeen dan blijkt uit een vergelijking van de resultaten van twee onafhankelijke beoordelaars. Gegevens uit projectietests worden gewoonlijk op een dusdanige wijze verwerkt, dat van een open en voor anderen toegankelijk interpretatieproces niet veel te bespeuren is. Het is dan ook niet verwonderlijk dat de interbeoordelaarsbetrouwbaarheid bij deze vorm van testverwerking gewoonlijk bijzonder laag is. Toch is het mogelijk om bij observatietests en projectietests een verantwoorde mate van objectiviteit te bereiken. Dit bereikt men door zich bij de oordeelsvorming zo veel mogelijk te baseren op het direct waarneembare gedrag. De subjectiviteit van het oordeel neemt toe naarmate men zich meer richt op verklaring en interpretatie dan op beschrijving van gedrag. Omdat het bij observatie- en projectietests veelal wel om verklaring en interpretatie gaat – dus om gevolgtrekkingen die verder van het observeerbare gedrag afstaan – is het de vraag of deze tests wel als volwaardige tests bestempeld kunnen worden. We zullen later zien dat deze tests vaak voor andere doelen, zoals het krijgen van ideeën en het creëren van hypothesen, kunnen worden ingezet (hoofdstuk 9).

Hoe groter de inbreng van de beoordelaar in het proces van verwerken van testgegevens, hoe groter de kans op een subjectieve beïnvloeding van dit proces. Zo zal men bij observatietests moeten trachten zich te houden aan registratie in plaats van evaluatie van gedrag. Eveneens zal een codering van controleerbare aspecten van projectieve duidingen, hetzij van formele, hetzij van inhoudelijke aard, tot een grotere objectiviteit leiden dan een meer klinisch-diagnostische verwerking. Wat mensen echter weerhoudt van een streven naar grotere objectiviteit, is dat een niet-objectieve verwerking een veel grotere relevantie lijkt te hebben. Het aantal woorden in een TAT-verhaal is veel objectiever vast te leggen dan de mate van agressie die uit het verhaal spreekt, maar hoe oneindig veel relevanter lijkt het laatste.
Indien men verder wil gaan dan de objectief controleerbare gedragsaspecten, zal een exact voorgeschreven verwerkingsprocedure de objectiviteit bevorderen. Een in duidelijke fasen ontlede interpretatieprocedure en een zorgvuldig omschreven en eventueel met voorbeelden geïllustreerde reeks van aanwijzingen zal de subjectieve beïnvloeding reduceren; een reden te meer om – vooral bij tests waar dit gevaar groot is – een volledige en nauwkeurige behandeling van de scorings- en verwerkingsprocedure in de handleiding te verlangen.
Terecht spreekt De Groot (1961) met betrekking tot de objectiviteit van een grondhouding van de wetenschapsbeoefenaar. Een analyse is objectief, en het object, het onderwerp van studie, wordt recht gedaan, wanneer geen 'vreemde' invloeden, geen andere kenmerken dan die welke tot het object zelf behoren een rol spelen. Bij een echt objectieve verwerking van testgegevens zijn geen andere 'belangen' van invloed: belangen van de maatschappij, van een organisatie, van een groep of van een persoon – de persoon van de onderzoeker niet in de laatste plaats.

Betrouwbaarheid
Aangezien hoofdstuk 6 volledig aan de problematiek van de betrouwbaarheid is gewijd, gaan wij hier niet diep op dit, overigens zeer belangrijke, kenmerk in.

Stel, van een groep kinderen wordt de lichaamslengte gemeten. We kunnen de kinderen dan op basis hiervan in een rangorde opstellen. Wanneer men kort daarna nogmaals dezelfde metingen verricht, zal men hoogstens zeer kleine verschillen met de eerste meting krijgen en naar alle waarschijnlijkheid zal de rangorde op basis van de tweede meting overeenstemmen met de eerste rangorde. Hooguit kan er in de rangorde een wisseling van posities ontstaan indien, bijvoorbeeld, twee kinderen elkaar in lengte nauwelijks ontlopen, en dit kleine verschil op de meetlat niet goed meer is af te lezen. Met behulp van dit voorbeeld kan goed geïllustreerd worden wat we met het begrip betrouwbaarheid bedoelen. Doordat we tussen die twee metingen bijzonder weinig verschillen vinden, zeggen we dat de meting betrouwbaar is. Door de rangordes met elkaar te vergelijken en bijvoorbeeld uit te drukken in een rangcorrelatie, beschikken we tevens over een kwantitatieve maat voor deze betrouwbaarheid.

Evenals de fysische eigenschap 'lengte' kunnen psychologische eigenschappen gemeten worden. We kunnen met een intelligentietest een groep kinderen testen en ze vervolgens op basis van hun testscores ordenen naar intelligentie. Als we daarna onafhankelijk van de eerste afneming nogmaals dezelfde test voorleggen aan dezelfde kinderen – we gaan er voor het gemak van uit dat de kinderen zich niets meer herinneren van de eerste test – en de resultaten hiervan met die van de eerste testsessie vergelijken, dan zullen de verschillen hoogstwaarschijnlijk groter zijn dan bij de meting van lengte. De rangordes van kinderen naar intelligentie zullen onderling een geringere overeenstemming vertonen dan de rangordes naar lichaamslengte en derhalve een lagere rangcorrelatie te zien geven. De intelligentiemeting is dan dus onbetrouwbaarder dan de lengtemeting.

We gaan er in de voorbeelden steeds van uit dat de meting en de herhaling ervan onder dezelfde condities plaatsvinden: dezelfde testsituatie, instructie en proefleider, hetzelfde tijdstip van de dag, enzovoort. Voor zover iemand niet tweemaal dezelfde score behaalt, is dat aan toeval – per definitie oncontroleerbaar – te wijten. In tegenstelling tot bijvoorbeeld fluctuaties in de testsituatie en de instructie, zijn deze toevalsinvloeden niet door standaardisatie van de testsituatie te ondervangen. Bij de meting van lichaamslengte kan men zich voorstellen dat iemand de tweede keer niet zo recht staat als de eerste keer. Want wat is precies 'rechtop staan' en in hoeverre kan iemand zelf bepalen of hij rechtop staat? De verschillen tussen de eerste en de tweede meting zullen echter klein zijn. Bij psychologische metingen ligt dat anders. We mogen ervan uitgaan dat de fluctuaties in prestaties en gedrag in reactie op testvragen en -opgaven groter en complexer van aard zijn. Daarmee worden de verschillen tussen beide metingen ook groter.

Met de bepaling van de betrouwbaarheid gaan in de psychologie problemen gepaard waarvan men in de fysica veel minder last heeft. De problemen komen er kort gezegd op neer dat het niet eenvoudig en vaak zelfs onmogelijk is om twee onafhankelijke metingen te verkrijgen. Personen zullen zich bij de tweede meting herinneren wat ze de eerste keer hebben geantwoord, of leren tijdens en na de eerste testafneming, zodat bij de tweede afneming systematisch anders (beter) wordt gereageerd. In hoofdstuk 6 komen we uitgebreid op deze problemen terug.

De reden waarom een hoge betrouwbaarheid vereist is, is dat het niet zou mogen uitmaken wanneer iemand getest wordt. Iemands testprestatie moet niet in belangrijke mate bepaald worden door het toevallige moment waarop hij getest wordt, en de meetresultaten moeten dus in beginsel herhaalbaar zijn.

Validiteit

De validiteit en de psychologische betekenis van de test vormen het belangrijkste kenmerk. Hieraan is hoofdstuk 8 geheel gewijd. Laten we nog eens kijken naar het praktijkoordeel over intelligentie, dat bijvoorbeeld uitgaat van de volgende indicaties: reacties op praktische problemen, schoolprestaties, belezenheid en vaardigheid in het oplossen van puzzels. De vraag naar de validiteit betreft de kwestie of deze indicaties de juiste zijn, dus of men hierin inderdaad een manifestatie van de intelligentie mag veronderstellen. Een kritische lezer zal misschien al lang enkele alternatieve verklaringen voor deze 'intelligentiematen' hebben bedacht, bijvoorbeeld, dat handigheid in het oplossen van praktische problemen misschien minder indicatief is dan het kunnen oplossen van abstracte en theoretische problemen, dat schoolprestaties minstens evenzeer ambitie en ijver als intelligentie kunnen weerspiegelen, dat de belezenheid door niets anders wordt gestimuleerd dan de wens in gezelschap te kunnen meepraten, en dat de puzzelaar door een jarenlange ervaring en volharding langzamerhand de foefjes en de kneepjes van deze hobby heeft geleerd. Deze verklaringen zijn niet de enige alternatieven, maar waar het om gaat is dat telkens een heel andere uitleg – een alternatieve hypothese – te bedenken is ter verklaring van het 'testgedrag'.

Van een goede test is de psychologische betekenis bekend. Men weet naar welke eigenschap van de persoon de test verwijst, en alternatieve verklaringen zoals zojuist werden genoemd, zijn in wetenschappelijk onderzoek voldoende weerlegd. Er is dus geen (sterk) verschil van mening mogelijk over de interpretatie en de betekenis van de testprestatie.

De betekenis van de testprestatie kan soms een enkelvoudige persoonlijkheidstrek of vaardigheid betreffen en soms ook met een psychologisch begrip uit een meer omvattende theorie samenvallen, maar steeds moet deze betekenis empirisch geverifieerd zijn. Dit betekent dat de bloemrijke, fenomenologische beschrijvingen of het gebruik van allerlei speculatieve begrippen en neologistische 'verklaringen' van het testgedrag, die in de praktijk nogal eens de plaats van deze empirische betekenisanalyse innemen, moeten worden afgewezen. Dit soort interpretaties maken een wetenschappelijke benadering van het testgedrag en het gebruik van de test onmogelijk.

Het vastgesteld hebben van de psychologische betekenis van de test biedt echter nog geen vrijbrief voor het ongecontroleerde gebruik van de test voor allerlei praktische doeleinden. Integendeel, aangezien deze betekenis nooit samenvalt met een praktisch criterium, zoals slagen of zakken, succes in een bepaald beroep, of al of niet gunstig reageren op een bepaalde therapie, kan de betekenis hoogstens een suggestie geven voor een mogelijke samenhang tussen test en criterium. Het praktisch voorspellend gebruik van de test moet vervolgens altijd gebaseerd zijn op empirisch onderzoek, waarin een veronderstelde samenhang is aangetoond.

2.2 Meten van eigenschappen door middel van tests

In het spraakgebruik, zowel binnen als buiten de psychologie, worden de termen meten en testen vaak door elkaar gebruikt. Door middel van een test zouden we allerlei eigenschappen kunnen 'meten'. Begripsmatig wordt dan niet veel onderscheid gemaakt tussen een test en een meetlat. We gaan in deze paragraaf nader in op het gebruik van de test als 'meetlat' voor psychologische eigenschappen.

2.2.1 MEETNIVEAUS EN TOEGESTANE OPERATIES

In de opvatting van Stevens (1951) is er sprake van meten zodra getallen volgens een consistente procedure aan objecten worden toegekend. Dit leidt tot vier bekende meetniveaus, waarvan we er enkele al even zijn tegengekomen in de verhandeling over de overeenstemming van beoordelaars.

Nominale schaal

Als we personen of objecten volgens een bepaald principe verdelen in groepen en we kennen aan die groepen een getal ter identificatie toe, dan is dit volgens Stevens een vorm van meten. Voorbeelden zijn het toekennen van rugnummers aan voetballers (de keeper krijgt nummer 1, de vrije verdediger nummer 2, enz.), het onderscheiden van mannen en vrouwen met de getallen 0 en 1, en het onderscheiden van de groepen 'dyslexie' (1), 'concentratiestoornis' (2), en 'normaal' (3). Alleen al categorisering en naamgeving is volgens deze opvatting een vorm van meten. Dit eerste niveau van meten vindt plaats op de nominale schaal. De gewone rekenkundige operaties mogen niet op deze schaal worden uitgevoerd. Immers, het optellen van de rugnummers van voetballers en het delen van de som door elf levert geen 'gemiddelde voetballer' op, en is in deze context evident een absurde operatie. Andere, aan het nominale meetniveau aangepaste berekeningen zijn wel mogelijk, zoals het berekenen van Cohens kappa om vast te stellen in hoeverre verschillende beoordelaars het eens zijn over een diagnose van kinderen in diverse categorieën. Aangezien getallen hier alleen dienen om categorieën of objecten te onderscheiden, maakt het in principe niet uit welke getallen men kiest, zolang ze de categorieën of de objecten kunnen onderscheiden.

Ordinale schaal

Een ordinale schaal bevat meer informatie dan een nominale schaal, en heeft in deze zin een hoger niveau. Een ordinale schaal wordt gekenmerkt door het begrip rangorde. Daarbij is er altijd sprake van 'meer of minder', bijvoorbeeld, meer of minder warm, meer of minder intelligent, meer of minder voorkeur voor de kleur groen, en meer of minder aangepast. Weliswaar mag men ook bij de rangordeschaal niet alle rekenkundige bewerkingen uitvoeren, maar wel is het mogelijk een rangorde naar intelligentie te vergelijken met een rangorde naar inkomen van de vader, en de overeenstemming van de rangordes uit te drukken in een rangcorrelatie. Getallen worden hier gebruikt om categorieën of objecten te ordenen. De keuze van de getallen is derhalve vrij zolang zij de juiste ordening blijven weerspiegelen.

Intervalschaal

De intervalschaal heeft weer een hoger niveau dan de ordinale schaal. Op de intervalschaal zijn niet alleen de verschillende posities geordend van minder naar meer, maar hebben bovendien de afstanden tussen de verschillende posities betekenis. Dit houdt in dat op de intervalschaal eenheden worden aangegeven. Verder heeft de intervalschaal geen absoluut maar een arbitrair nulpunt. Bekende voorbeelden van intervalschalen zijn de temperatuurschalen van Celsius en Fahrenheit. De temperatuur wordt in eenheden – graden Celsius of Fahrenheit – uitgedrukt. Op de Celsiusschaal is het smeltpunt van ijs het arbitraire nulpunt. Dit is het punt ten opzichte waarvan men zich als het ware oriënteert. De Fahrenheitschaal kent als nulpunt de laagste temperatuur die aan het begin van de achttiende eeuw, toen de schaal werd ingevoerd, meetbaar was. Dit is de temperatuur in een mengsel van ijs, water en keukenzout. Het resulterende nulpunt komt overeen met −17.8 graden Celsius, zoals we dadelijk zullen zien.

Typisch voor de intervalschaal is dat de verhouding van de afstanden tussen de meetwaarden van vaste paren van objecten constant blijft als men het nulpunt van de schaal over een afstand a zou verschuiven en de eenheid met een factor b zou vermenigvuldigen (a en b zijn getallen). Neem het volgende voorbeeld. Stel, C staat voor scores in graden Celsius, en we nemen drie objecten genummerd 1, 2 en 3, met temperaturen van $C_1 = 5$, $C_2 = 10$ en $C_3 = 20$ graden. Dan is de verhouding van de afstanden tussen C_3 en C_2, en C_2 en C_1: $(20 − 10)/(10 − 5) = 2$. We vermenigvuldigen nu alle waarden C met een factor b en tellen er een constante a bij op; dit levert een alternatieve temperatuurschaal T, waarvoor geldt dat $T = a + bC$ (dit heet een lineaire transformatie; zie de appendix). Kies bijvoorbeeld $a = 5$ en $b = 2$, dan vinden we voor de drie objecten $T_1 = 15$, $T_2 = 25$, en $T_3 = 45$. Verder vinden we opnieuw de verhouding $(45 − 25)/(25 − 15) = 2$, wat dus kenmerkend is voor een intervalschaal. De formule $T = a + bC$ geeft aan wat de *toegestane* transformaties zijn.

De Celsiusschaal en de Fahrenheitschaal zijn eveneens lineair gerelateerd en dus zijn uitspraken over de verhouding van de afstanden tussen de meetwaarden van vaste paren van objecten op de ene schaal ook geldig op de andere schaal. Laat F de meetwaarden aangeven op de Fahrenheitschaal, dan is de relatie met de Celsiusschaal gegeven door $F = 32 + 9/5C$ (dus met $a = 32$ en $b = 9/5$; zie ook opdracht 10 van de appendix). Op de Fahrenheitschaal hebben de eerder genoemde drie objecten dus meetwaarden van $F_1 = 41$, $F_2 = 50$ en $F_3 = 68$, terwijl hun onderlinge verhouding weer $(68 − 50)/(50 − 41) = 2$ is. De formule laat verder zien dat invullen van $C = 0$ resulteert in $F = 32$. Door de formule te herschrijven naar C, dus door C in F uit te drukken, kan worden gevonden dat het nulpunt van de Fahrenheitschaal ligt bij $C = −17.8$ (zie opdracht 20).

Wat is de betekenis van het delen van twee temperaturen – dus niet van afstanden – op elkaar? Neem de twee meetwaarden $C_1 = 5$ en $C_2 = 10$ uit het voorbeeld. De verhouding van de tweede en de eerste meetwaarde is gelijk aan 2. Dit wil zeggen dat het tweede object tweemaal zo warm is als het eerste, gerekend echter ten opzichte van het smeltpunt van water, dus het arbitraire nulpunt van de schaal. Op de Fahrenheitschaal is de verhouding van dezelfde twee objecten 50/41, maar nu gerekend ten opzichte van het nulpunt van de Fahrenheitschaal. Deze verhoudingen zijn dus gebonden aan de specifieke schaal en hebben daarbuiten verder geen betekenis. Zij geven bijvoorbeeld niet aan dat 10 graden Celsius staat voor tweemaal zoveel energie als 5 graden.

Men gaat er gewoonlijk nogal gemakkelijk van uit dat ook *testscores* op intervalniveau worden gemeten, terwijl dit doorgaans niet door empirisch onderzoek kan worden ondersteund. Dit is een opvallende zaak, waar we vooral in hoofdstuk 7 nog op terug zullen komen. Desalniettemin is het handig om intervaleigenschappen te veronderstellen, aangezien daarmee bewerkingen als optellen en aftrekken van scores – en daarna het berekenen van gemiddelde, variantie, en correlatie – binnen bereik komen. Wat betreft de *interpretatie* van verschillen gaat men vaak minder ver. Grote en kleine verschillen worden wel onderscheiden, maar niet alle verschillen tussen testscores worden even serieus genomen. Wat de interpretatie betreft zit men dus gewoonlijk ergens tussen de ordinale schaal en de intervalschaal in.

In de fase waarin men de eigenschappen van een intervalschaal nog moet vaststellen, is men vrij in de keuze van eenheid en nulpunt. Heeft men echter eenmaal gekozen voor bijvoorbeeld de Celsiusschaal, dan liggen de meetwaarden zelf vast. Om verwarring te voorkomen is het handig om een eenmaal gekozen schaal verder te handhaven en niet de vrijheid van de keuze van eenheid en nulpunt te pas en te onpas te benutten. Dit geldt ook voor testscores. We noemden bijvoorbeeld al voor de intelligentieschaal de keuze van een gemiddelde van 100 en een standaarddeviatie van 15. Is dit voor een bepaalde test eenmaal gebeurd en zijn zowel psycholoog als onderzochte daaraan gewend geraakt, dan is het beter er niet zomaar van af te wijken.

Verhoudingsschaal

Het vierde, bekende meetniveau is de verhoudingsschaal, in het Engels de 'ratio scale'. Niet alleen heeft deze schaal eenheden waarmee afstanden kunnen worden aangegeven, zoals bij de intervalschaal, maar bovendien is het nulpunt absoluut. Hierdoor zijn alle rekenkundige bewerkingen toegestaan. De lengte, het gewicht en het volume zijn eigenschappen die op een dergelijke verhoudingsschaal te meten zijn. Bijvoorbeeld, een stok van 80 cm is tweemaal zolang als een stok van 40 cm, en 0 cm is het absolute begin van de meetlat. Als meetwaarden op de X-schaal zijn uitgedrukt, dan zijn voor verhoudingsschalen transformaties van het type $Y = bX$ toegestaan. Dus, als we de lengte van twee stokken van respectievelijk 80 cm en 40 cm omzetten in decimeters, dan geldt nog steeds dat de stok van 8 dm tweemaal zo lang is als de stok van 4 dm.

De genoemde vier schalen zijn de hoofdsoorten. Zij geven aan welke numerieke transformaties er zijn toegestaan met de schaalwaarden. Toegestaan zijn die transformaties, die de betekenis van de vergelijking van meetwaarden intact laten. Meten we op een nominale schaal, dan is elke schaal in principe goed zolang de conclusie blijft dat Jan onderwijs heeft gehad volgens rekenmethode A en Marieke volgens methode B. Evenzo moet elke alternatieve ordinale schaal tot de conclusie leiden dat Linda een grotere taalvaardigheid heeft dan Kees; elke intervalschaal dat het verschil in intelligentie tussen Freek en Evert tweemaal zo groot is als dat tussen Evert en Karel; en elke verhoudingsschaal dat de drempelwaarde voor waarneming van geluid bij Martha anderhalf keer zo hoog is als bij Jeannette. Slechts weinig metingen in de psychologie vinden plaats op een verhoudingsschaal. Overigens vergen de meeste toepassingen van de psychologie hoogstens een intervalschaal en is een ordinale schaal vaak al voldoende. Natuurlijk zijn er verschillende tussensoorten denkbaar en ook voorgesteld. In dit boek (hoofdstuk 7) is ook de verschilschaal van belang. Hierop zijn transformaties van het type $Y = a + X$ toegestaan: scores op de X-schaal mogen met een constante a worden vermeerderd of verminderd (a negatief), zonder dat uitspraken over de vergelijking van personen worden beïnvloed.

2.2.2 OPVATTINGEN OVER METEN

Het adequaat kunnen meten van eigenschappen is cruciaal voor iedere empirische wetenschap. De psychologie heeft lang geworsteld met het begrip 'meten' en het meetbaar maken van eigenschappen, en lange tijd leek het alsof dat men er niet uit zou komen (Michell, 1990). In de negentiende eeuw stond de fysica model voor het meten in de psychologie (Stigler, 1986). Dit leidde ertoe dat men een eigenschap als 'lengte' en de meting van lengte als het ideaal voor psychologische eigenschappen en hun meting zag. Het verleidelijke van dit ideaal is dat de lengte van voorwerpen eenvoudig kan worden gerepresenteerd in getallen, die bij elkaar opgeteld heel mooi het additieve karakter van lengte weergeven – leg twee stokken met de uiteinden tegen elkaar, en de lengte van de resulterende 'stok' is precies de samenvoeging van de twee aparte stokken. Niet alleen bleek dit ideaal uiteindelijk te hoog gegrepen, maar deze opvatting van lengte ging er ook aan voorbij dat heel veel fysische eigenschappen, net als psychologische, niet direct observeerbaar zijn. Dat geldt al voor een schijnbaar eenvoudige eigenschap als temperatuur: giet men twee even volle bekers met water van respectievelijk 20 en 30 graden Celsius bij elkaar, dan is het resultaat niet water van 50 graden. Wel kan men bijvoorbeeld door met de hand te voelen waarnemen dat water in de ene beker warmer is dan in de andere, maar dan hebben we het inmiddels over een psychofysiologische sensatie en niet meer over fysica. Ook voor die psychofysiologische sensatie geldt dat de analogie met lengte niet gemakkelijk opgaat.

Dus, de meting van lengte is geen goed 'model' voor de meting van de meeste andere eigenschappen, fysische noch psychologische. Wat in de fysica echter veel beter lukt dan in de psychologie, is via experimenten de relaties tussen objecten met betrekking tot een eigenschap met een zeer grote mate van exactheid en repliceerbaarheid te verhelderen, zodat men voor die eigenschap vervolgens een bruikbare schaal kan kiezen. Hoeveelheden radioactiviteit en elektrische weerstand zijn niet waarneembaar als respectievelijk eenheden Becquerel en Ohm. Deze schalen zijn het resultaat van krachtige theorievorming en experimenten. In de psychologie zijn theorieën en begrippen bijna altijd abstracter en vooral diffuser gedefinieerd, en in experimenten is het gedrag van proefpersonen minder goed te manipuleren. Het gevolg is vaak dat hooguit zwakke of matig positieve (of negatieve) verbanden worden gevonden tussen tellingen van aantallen goede antwoorden of aantallen adequate reacties, die vaak ook nog gebrekkig repliceerbaar zijn. De resultaten van dit onderzoek zijn niet dwingend, en er volgen hooguit arbitraire schalen uit. Het bestaan van bijvoorbeeld diverse intelligentietheorieën naast elkaar, zonder dat cruciale experimenten in staat zijn de ene theorie ten gunste van de andere te verwerpen, en de beschikbaarheid van minstens zovele tests voor de meting van intelligentie, is begrijpelijk in het licht van deze stand van zaken.

De opvatting van meten zoals door Stevens voorgesteld (paragraaf 2.2.1), is in zekere zin een vlucht uit deze realiteit: zij gaat er volledig aan voorbij dat een verifieerbare theorie over relaties tussen eigenschappen ten grondslag moet liggen aan een meetprocedure. Door een meting gelijk te stellen aan de uitkomst van een consistente procedure van het toekennen van getallen aan objecten, is het in feite de procedure zelf – in ons geval, de test – die bepaalt dat er sprake is van een meting. Waarop die test dan is gebaseerd, doet er niet meer toe. Zo kwam Boring (1945) uiteindelijk tot zijn opmerkelijke uitspraak dat intelligentie datgene is wat de test meet. Testconstructie dreigt zo tot pure technologie te verworden, losgezongen van psychologische theorievorming.

Via deze opvatting van meten, ook wel bekend als het operationalisme, raakte het meten in de psychologie in het slop, want van theorievorming en kennisvorming was nauwelijks nog sprake. Toch werd het operationalisme door de psychologie wel degelijk omarmd, want men was zodoende verlost van het zeer lastige probleem van het meten volgens 'fysisch model'. De oplossing geboden door het operationalisme leek echter erg op de ontkenning van het meetprobleem.

Ofschoon er sindsdien wel degelijk verder is nagedacht over het meten van psychologische eigenschappen (bijv. de benadering die bekend is als 'representational measurement'; zie Borsboom, 2005, hoofdstuk 4), en het meten en de testtheorie zeker niet zijn blijven steken in het operationalisme, lijkt het er toch op dat deze stroming uiteindelijk bij sommigen de opvatting heeft gevestigd dat de constructie van tests een technologische aangelegenheid is, een kwestie van receptuur, zonder noemenswaardige wetenschappelijke bijdrage. Deze zienswijze is onjuist, want het meetbaar maken van psychologische eigenschappen via tests en vragenlijsten, en het onderzoek naar de betekenis van testscores leveren juist een wetenschappelijke bijdrage van eminent belang aan de ontwikkeling van de psychologie. De beschikbaarheid van valide meetinstrumenten waarmee onderzoekers hun gegevens verzamelen, vergroot de kans op een zinvolle toetsing van theorieën en het verwerpen van onjuiste theorieën.

Voorbeelden zijn het onderzoek van Janssen en Van der Maas (1997) naar de cognitieve oplossingsstrategieën bij de balanstaak (waarbij de vraag is of een balans in evenwicht is of naar links of rechts helt) en het onderzoek van Bouwmeester (2005) naar de ontwikkeling van transitief redeneren. We lichten het laatste onderzoek bij wijze van voorbeeld nader toe. De kern van transitief redeneren is dat men, gegeven dat bekend is dat bijvoorbeeld stok A langer is dan stok B en de laatste weer langer dan stok C, zelf de conclusie kan trekken dat A langer is dan C. Het kunnen afleiden van dergelijke logische relaties uit beschikbare kennis is voor de cognitieve ontwikkeling van kinderen evident belangrijk en komt ook in het dagelijkse leven voortdurend van pas. Bijvoorbeeld, als een brood bij winkel A goedkoper is dan bij winkel B, bij C duurder dan bij B en bij D evenveel kost als bij B, dan is A dus het goedkoopst. Jonge kinderen kunnen deze conclusies nog niet trekken, maar in de loop van de ontwikkeling lukt dit steeds beter. Om nu te onderzoeken hoe deze ontwikkeling zich voltrekt en met welke belangrijke ontwikkelingspsychologische variabelen zij samenhangt, ontwikkelde Bouwmeester eerst een zowel inhoudelijk-theoretisch als psychometrisch goede computertest. Vervolgens gebruikte zij deze test en een hierop gebaseerde tweede test om belangrijke cognitieve en ontwikkelingspsychologische hypothesen over transitief redeneren te toetsen. Belangrijk in deze context is te weten dat er over transitief redeneren drie concurrerende theorieën bestaan, de theorie van Piaget (bijv. Piaget, Inhelder & Szeminska, 1948), de informatieverwerkingstheorie (bijv. Trabasso, Riley & Wilson, 1975) en de 'fuzzy trace'-theorie (bijv. Brainerd & Kingma, 1984; Brainerd & Reyna, 1990). Een belangrijk resultaat van Bouwmeesters werk was dat zij, dankzij uitvoerig en grondig psychometrisch werk dat resulteerde in valide meetinstrumenten (zie ook hoofdstuk 3), in staat bleek om evidentie tegen de theorie van Piaget en de informatieverwerkingstheorie en voor de 'fuzzy trace'-theorie te verzamelen. Dergelijk cruciaal onderzoek is in de psychologie van het grootste belang en wordt bevorderd door het gebruik van valide meetinstrumenten.

Het belang van betrouwbare en valide meting kan moeilijk worden overschat. De wetenschap kan niet zonder. In dit kader wijzen we eveneens op de rol van meten in andere, uiterst succesvolle wetenschapsgebieden. Zo spoorde de Leidse fysicus en Nobelprijswinnaar Heike Kamerlingh Onnes in zijn oratie, in 1882, zijn vakgenoten aan 'door meten tot weten' te geraken (wat later, tot de dag van vandaag, geparafraseerd als 'meten is weten', te pas en te onpas werd en wordt gebruikt) (zie Van Delft, 2005). Om de precieze vorm van de aarde op te meten, reisde de Delftse ingenieur Felix Andries Vening Meinesz tussen 1923 en 1939 bijna tweehonderdduizend kilometer mee met duikboten van de Nederlandse en de Amerikaanse marine. Tijdens deze reizen verrichtte hij talloze metingen aan de zwaartekracht van de aarde met door hemzelf ontworpen meetapparatuur. Dit monnikenwerk leidde tot vondsten over de afgeplatheid van de aarde, lokale afwijkingen van de zwaartekracht, en het drijven der continenten. In 1962 won hij voor zijn werk de Vetlesenprijs, het equivalent van de Nobelprijs voor aard- en ruimteonderzoekers. Een mooi voorbeeld uit de geneeskunde is de ontwikkeling aan het begin van de twintigste eeuw van de snaargalvanometer door Willem Einthoven, waarmee de elektrische activiteit van het hart kon worden gemeten. Einthoven besteedde een zeer groot deel van zijn carrière aan de ontwikkeling van deze meetprocedure, wat hem in 1924 de Nobelprijs voor geneeskunde opleverde (Willink, 1998).

Behalve in wetenschappelijk psychologisch onderzoek spelen tests en vragenlijsten een onmisbare rol in het werk van veel in de praktijk werkzame psychologen. Hierin zijn zij de diagnostische instrumenten bij uitstek. Het is dus evident dat men aan de ontwikkeling van goede meetinstrumenten niet gauw teveel aandacht kan besteden.

Terug nu naar Stevens. Ondanks de kritiek die mogelijk is op het operationalisme, is zijn indeling in schaaltypen buitengewoon bruikbaar, want het wijst ons erop dat men weliswaar alles met getallen kan doen, maar dat het de betekenis van de getallen is, die bepaalt welke bewerkingen op die getallen zijn toegestaan. Een ordinale schaal laat alleen toe dat men met ongelijkheidsrestricties werkt; dus 14 is minder dan 17 en 17 minder dan 20, maar de verschillen $17 - 14 = 3$ en $20 - 17 = 3$ staan niet voor gelijke afstanden. Bovendien dwingen de verschillende schaaltypen ons ertoe goed na te denken over welke bewerkingen we wel en welke niet met meetwaarden of testscores kunnen verantwoorden. Zo is het meetniveau van testscores meestal hoger dan het nominale ('de testprestaties van Jan en Piet zijn verschillend'), maar is de verhoudingsschaal vaak te hoog gegrepen ('Jan is tweemaal zo intelligent als Piet'). Daarentegen is een ordening naar intelligentie ('Jan is intelligenter dan Piet') of zelfs van de grootte van verschillen in intelligentie ('Piet is weinig intelligenter dan Suzanne, maar Kees is duidelijk veel intelligenter') niet omstreden.

2.2.3 DE GANGBARE PROCEDURE VOOR HET METEN VAN PSYCHOLOGISCHE EIGENSCHAPPEN

We gaan er in dit boek van uit dat psychologische eigenschappen ondersteund worden door theorieën. Voorbeelden van dergelijke eigenschappen zijn intelligentie, transitief redeneren, neuroticisme, en extraversie. Dit zijn alle eigenschappen die niet samenvallen met de operaties die men moet verrichten om ze te meten. Daarom kan de procedure die men ontwerpt om ze te meten niet samenvallen met deze eigenschappen; evenmin leidt een willekeurige, maar wel consistente procedure om getallen aan objecten toe te kennen, vanzelf tot een meetresultaat. Intelligentie is in deze opvatting dus niet datgene wat de test meet, maar de test is een meer of minder geslaagde poging om van deze eigenschap een goede schatting te maken.

Het toekennen van 'scores' (getalswaarden) aan een prestatie op een intelligentietest of het vaststellen van de hoeveelheid indicaties van agressie of frustratie in een projectietest is in deze opvatting nog geen 'meten'. Het gaat hier om het direct constateren van respectievelijk het aantal items 'goed' of het aantal als 'agressief' te coderen reacties. In feite is er dus sprake van alleen een telling. Men kan pas van meten spreken als vanuit dit 'getelde aantal' een conclusie volgt over de eigenschap in kwestie.

De stappen die we kunnen onderscheiden om te komen tot een meting, zijn de volgende.

Identificatie van de te meten eigenschap

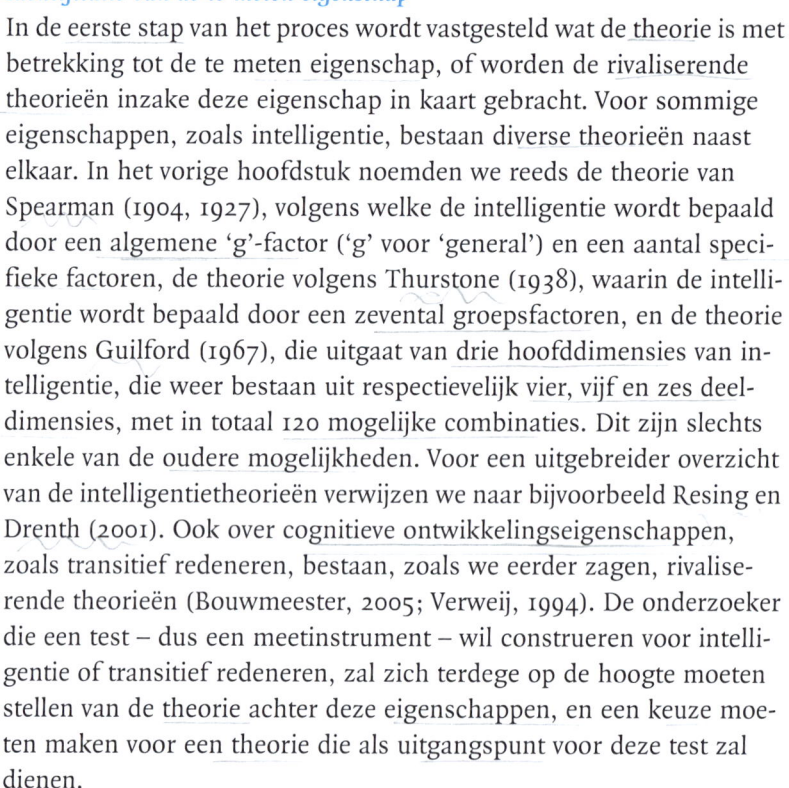

In de eerste stap van het proces wordt vastgesteld wat de theorie is met betrekking tot de te meten eigenschap, of worden de rivaliserende theorieën inzake deze eigenschap in kaart gebracht. Voor sommige eigenschappen, zoals intelligentie, bestaan diverse theorieën naast elkaar. In het vorige hoofdstuk noemden we reeds de theorie van Spearman (1904, 1927), volgens welke de intelligentie wordt bepaald door een algemene 'g'-factor ('g' voor 'general') en een aantal specifieke factoren, de theorie volgens Thurstone (1938), waarin de intelligentie wordt bepaald door een zevental groepsfactoren, en de theorie volgens Guilford (1967), die uitgaat van drie hoofddimensies van intelligentie, die weer bestaan uit respectievelijk vier, vijf en zes deeldimensies, met in totaal 120 mogelijke combinaties. Dit zijn slechts enkele van de oudere mogelijkheden. Voor een uitgebreider overzicht van de intelligentietheorieën verwijzen we naar bijvoorbeeld Resing en Drenth (2001). Ook over cognitieve ontwikkelingseigenschappen, zoals transitief redeneren, bestaan, zoals we eerder zagen, rivaliserende theorieën (Bouwmeester, 2005; Verweij, 1994). De onderzoeker die een test – dus een meetinstrument – wil construeren voor intelligentie of transitief redeneren, zal zich terdege op de hoogte moeten stellen van de theorie achter deze eigenschappen, en een keuze moeten maken voor een theorie die als uitgangspunt voor deze test zal dienen.

Probleem bij de identificatie van de eigenschap en de keuze van de theoretische uitgangspunten voor de testconstructie is overigens dat met betrekking tot vele psychologische eigenschappen de theorievorming maar matig is ontwikkeld, terwijl voor andere eigenschappen geldt dat de status van deze theorieën onduidelijk of zelfs dubieus is. Eigenschappen met een beperkte theorievorming zijn bijvoorbeeld creativiteit, leiderschap en sociale intelligentie. Dergelijke eigenschappen worden vaak beschreven in algemene en nogal abstracte termen. Zo wordt creativiteit omschreven als de capaciteit om voor problemen onconventionele maar effectieve oplossingen te vinden, die leiden tot nieuwe inzichten in de problematiek. Vervolgens is het lastig om in cognitieve termen de betekenis vast te stellen van termen als 'onconventioneel' en 'effectief', waardoor het moeilijk wordt om gedrag te herkennen dat als zodanig kan worden gekarakteriseerd. Vaak vindt men bijvoorbeeld dat scores op creativiteittests zeer sterk samenhangen met scores op intelligentietests, zodat moet worden geconcludeerd dat beide eigenschappen empirisch niet zijn te onderscheiden.

Hiermee is niet gezegd dat het bij creativiteit om een zinloos begrip zou gaan. Afgezien van definitieproblemen, lijkt eveneens een rol te spelen dat creativiteit zich maar zelden manifesteert in waarneembaar gedrag. Eenvoudig gezegd, een creatief mens is maar af en toe creatief terwijl hij wel veel vaker bijvoorbeeld intelligent gedrag laat zien. Als creativiteit dus al een zinvolle psychologische eigenschap is, dan gaat het op gedragsniveau om een zeldzaam fenomeen. Iets dergelijks geldt ook voor leiderschap. De meeste mensen laten gedurende grote delen van de dag wel iets zien van hun verbale vaardigheid, maar niet van hun leiderschapscapaciteiten. Bovendien is het lastig om voor creativiteit en leiderschap proeven te bedenken, waarmee in gecontroleerde situaties het bedoelde gedrag wordt opgeroepen. Voor intelligentie en verbale vaardigheid is dit eenvoudiger.

Het grootste probleem vormt wel de categorie van eigenschappen met een theoretisch onduidelijke of dubieuze status. Vele eigenschappen lijken zomaar op te komen en even gemakkelijk weer te verdwijnen, meer of minder bepaald door de waan van de dag, terwijl van een theoretische onderbouwing, geschraagd door grondig empirisch onderzoek, geen sprake is. Zonder deze onderbouwing is een zinvolle meting onmogelijk. Bij testconstructie ontstaat dan iets – een test – wat inderdaad het begrip definieert, zonder dat er sprake was van een goed onderbouwde theorie die de constructie van de test stuurde. De eigenschap valt dan inderdaad samen met datgene wat de test meet. Valideringsonderzoek geeft vervolgens geen uitsluitsel over wat de test meet, en ook blijkt de voorspellende waarde gering of afwezig.

Operationalisering van de eigenschap
De term operationalisering dient scherp te worden onderscheiden van de eerder genoemde operationalistische opvatting van meten. Met operationalisering van een eigenschap wordt bedoeld de specificatie van de operaties die nodig zijn om de eigenschap te meten (De Groot,

1961). Het is duidelijk dat psychologische eigenschappen niet direct waarneembaar zijn in het gedrag, en dat de operaties die nodig zijn om de eigenschap te meten niet met deze eigenschap samenvallen, maar er altijd minstens één niveau van zijn verwijderd. Er is altijd nog een logische stap nodig van de meetoperaties naar de eigenschap zelf. De eigenschappen zijn door deze operaties nooit volledig 'te pakken te krijgen' (bijv. Lazarsfeld, 1950). In deze zin zijn psychologische eigenschappen hypothetische begrippen (De Groot, 1961), en hebben zij een 'surplus'-betekenis die de operationalisering te boven gaat.

De operationalisering vereist ten eerste dat een domein van gedragingen wordt gedefinieerd die typisch zijn voor de bedoelde eigenschap. Wanneer het hypothetische begrip theoretisch goed is gefundeerd, zal de definitie van dit gedragsdomein eenvoudiger en minder omstreden zijn. We zagen al dat het probleem van veel psychologische eigenschappen nu juist is dat hun theoretische fundering onvoldoende is. Gevolg is dat ook het gedragsdomein moeilijk is af te bakenen.

De tweede stap is, gegeven een welomschreven gedragsdomein, het hierop afstemmen van een domein van stimuli die aan proefpersonen kunnen worden gepresenteerd om reacties uit te lokken die een indicatie geven van de bedoelde eigenschap. In de testtheorie heten zulke stimuli *items*. Voorbeelden van items zijn (zie ook hoofdstuk 4 dat hier helemaal aan gewijd is):

- *Uitspraken*, bijvoorbeeld, over het eigen gedrag in relatie tot de eigen persoonlijkheid. Aangenomen wordt dat de reacties op dergelijke uitspraken – zoals 'ik ben graag alleen' – iets zeggen over de beoogde persoonlijkheidstrek. Dergelijke uitspraken vindt men in persoonlijkheidsvragenlijsten.
- *Taken*, zoals doolhoven waarin de juiste route naar een figuurtje moet worden gevonden, bouwstenen die dienen om geometrische figuren na te maken, en tekeningen van abstracte figuren die in gedachten driedimensionaal dienen te worden geroteerd naar één van bijvoorbeeld vier gegeven posities. Dergelijke taken zijn typerend voor intelligentietests.
- *Vragen*, bijvoorbeeld over de vaderlandse geschiedenis, rekenproblemen, of een tekst die men heeft gelezen. Dergelijke vragen komen voor in studietoetsen, maar ook in vaardigheidstests.

Een test bestaat uit een representatieve steekproef van items uit het itemdomein.

Onderzoek en kwantificering van reacties

De reacties van personen op de items geven informatie over de eigenschap waarover de test wordt geacht uitsluitsel te geven. Deze reacties zijn in eerste instantie kwalitatief; personen formuleren hun antwoorden verbaal, dus in woorden, of zij laten bepaalde gedragingen zien, die door de proefleider worden geregistreerd. De stap naar getallen – de kwantificering van de antwoorden – wordt nu als volgt genomen.

We gaan ervan uit dat bij een item het ene antwoord een hoger niveau aangeeft op een achterliggende eigenschap dan het andere antwoord. Zo is een juist antwoord op een vraag over geschiedenis een aanwijzing voor een hoger kennisniveau dan een fout antwoord, een oplossing van een doolhofprobleem met maar weinig foute 'afslagen' in de doolhof tijdens de oplossing een aanwijzing voor een groter analytisch vermogen dan een oplossing met veel fouten, en een aangekruiste antwoordcategorie 'van toepassing' op de stelling 'ik ben graag alleen' een indicatie van een hoger niveau van introversie dan de categorie 'niet van toepassing'. De kwantificering bestaat er nu in dat aan de reacties in de hogere categorie een hogere numerieke waarde – een score – wordt toegekend. Aangenomen wordt dat een hogere score betekent dat de geteste persoon een hogere positie op de eigenschap heeft dan wanneer hij een lagere score had gehad. Cruciaal is hier nu dat het gaat om een hypothese, die bij nadere toetsing juist maar ook onjuist kan blijken te zijn. Dit wordt bepaald met behulp van een statistisch testmodel.
In de fase van de constructie van een test worden kwantitatieve gegevens – de scores op de items – verzameld door de proefversie van de test voor te leggen aan een steekproef van proefpersonen. Deze itemscores worden geanalyseerd met behulp van een of meer testmodellen (zoals behandeld in de hoofdstukken 6 en 7). Dit zijn statistische modellen waarin is gespecificeerd aan welke eisen de gegevens dienen te voldoen, wil er sprake zijn van een meting. Een voorbeeld van zo'n eis is dat, als we ervan uitgaan dat alle items voor hun beantwoording een beroep doen op dezelfde psychologische eigenschap, de gegevens op een bepaalde wiskundige manier gerepresenteerd kunnen worden, bijvoorbeeld, dat de items alle positief correleren en wel in dezelfde mate. Vindt men inderdaad in de testgegevens dat alle correlaties tussen itemscores positief zijn en ongeveer even groot, dan wordt dit gezien als een ondersteuning van de hypothese dat de items gezamenlijk een en dezelfde eigenschap meten. Vindt men echter een sterke variatie in deze correlaties of zelfs dat sommige negatief zijn, dan wordt dit gezien als een verwerping van de hypothese dat de items dezelfde eigenschap meten. Kennelijk liggen er diverse eigenschappen ten grondslag aan de reacties op de items of is de verhouding waarin

deze eigenschappen een rol spelen niet bij alle items dezelfde. Deze uitkomst werpt dan een ander licht op de eigenschap in kwestie of op de operationalisering ervan.

Terugkoppeling naar de theorie
De uitkomsten van de statistische analyses hebben repercussies voor de theorie over de te meten eigenschap. Blijkt de uitkomst inderdaad aan te geven dat de test de bedoelde eigenschap meet en dat verder aan een aantal technische eisen voor een geslaagde meting is voldaan, dan heeft men niet alleen een goed meetinstrument in handen, maar is er aanvullende evidentie gevonden voor de theorie van de achterliggende eigenschap. Deze theorie bestaat doorgaans uit het nomologisch netwerk, een theorie ter verklaring van de waarneembare verschijnselen waarbinnen de gemeten eigenschap een plaats heeft. Empirisch onderzoek is de sleutel tot verdere theorieontwikkeling en succesvolle meting. Ook een niet-succesvolle of anders dan verwacht verlopen testconstructie draagt bij aan theorievorming. Er kan aanleiding in gevonden worden om de theorie te herzien of te kiezen voor een van de rivaliserende theorieën over een eigenschap. Wel moet dan duidelijk zijn dat de operationalisering geslaagd was. Zo kan bij een nadere analyse van de items blijken dat zij eerder een beroep deden op taalvaardigheid dan op rekenvaardigheid, terwijl het de testconstructeur om dat laatste te doen was.
Verdedigd kan worden dat het bij het psychologisch testen altijd om hypothetische begrippen gaat. Het testgedrag zelf heeft geen intrinsieke waarde. Praktisch niet, want het gaat immers meestal om voorspellingen van ander gedrag, en theoretisch ook niet, aangezien men niet aan wetenschapsontwikkeling doet als men zich uitsluitend met operationele begrippen bezighoudt. Een begrip dat geheel door de test wordt gedefinieerd, is wetenschappelijk gezien vruchteloos.

De zojuist beschreven procedure voor het meten van psychologische eigenschappen sluit goed aan bij de statistische methoden die doorgaans worden gebruikt om tests te construeren en hun meeteigenschappen vast te stellen. Dit zijn de klassieke testtheorie met haar nadruk op betrouwbaarheid (hoofdstuk 6) en de item-responstheorie met haar nadruk op hoe de testprestatie tot stand komt (hoofdstuk 7). Niet behandeld wordt een derde, belangrijke opvatting over meten. Dit is de benadering van het 'representational measurement', die we al kort aanstipten.

Eenvoudig gezegd gaat representational measurement ervan uit dat er alleen sprake kan zijn van meting, indien de formele relaties tussen meetwaarden – in dit boek, testscores – overeenkomen met de relaties die er in de empirie bestaan tussen de 'objecten' waarover die meetwaarden iets zeggen. Concreet wordt bedoeld dat als Jan een hogere testscore heeft dan Piet op een test die pretendeert ruimtelijk inzicht te meten, dat er dan in de empirie een aantoonbare relatie moet bestaan tussen het ruimtelijk inzicht van Jan en Piet, zodanig dat we kunnen concluderen dat Jan hierop een hoger niveau heeft dan Piet. Het probleem van deze benadering is dat wordt verondersteld dat ruimtelijk inzicht en de relatie tussen Jan en Piet 'direct' waarneembaar zijn, dus onafhankelijk van de test die we gebruiken om de meting uit te voeren. Een dergelijke directe waarneembaarheid van eigenschappen en relaties wordt in de psychologie zelden aangetroffen. Daar gaat men er juist van uit dat ruimtelijk inzicht evenals vele andere eigenschappen een hypothetisch begrip is, en dus per definitie niet direct waarneembaar. Representational measurement en het meten van psychologische, hypothetische eigenschappen laten zich dus niet goed verenigen, reden waarom we er in dit boek verder geen aandacht aan besteden.

Toch is representational measurement van groot belang voor het denken over meten in de psychologie en heeft het tot zeer belangrijke inzichten geleid. Het is ook behoorlijk ingewikkeld. Wie er meer over wil weten, en niet terugdeinst voor wiskundige teksten, kan terecht bij Suppes en Zinnes (1963), Coombs (1964), en Krantz, Luce, Suppes en Tversky (1971). Een eenvoudiger inleiding wordt gegeven door Michell (1990) en een kritische, wetenschapsfilosofische behandeling door Borsboom (2005).

2.3 Definitie van een test

De tot nu toe besproken onderwerpen vatten we samen in de definitie van een test. Deze definitie luidt: 'Een test is een systematische classificatie- of meetprocedure, waarbij het mogelijk is een uitspraak te doen over één of meer empirisch-theoretisch gefundeerde eigenschappen van de onderzochte of over specifiek niet-testgedrag, door uit te gaan van een objectieve verwerking van reacties van hem/haar, in vergelijking tot die van anderen, op een aantal gestandaardiseerde, zorgvuldig gekozen stimuli'.

2.4 Toepassingsmogelijkheden

Tot slot noemen we de toepassingsmogelijkheden van de psychologische test.
We onderscheiden drie toepassingen: het doen van uitspraken over een individu, groepen van mensen, en situaties en methoden.

2.4.1 BEOORDELING VAN INDIVIDUEN

Het gebruik van de test voor de beoordeling van individuen wordt gerechtvaardigd door de mogelijkheid om dankzij het testonderzoek met grotere nauwkeurigheid en meer kans op succes een uitspraak te doen over het gedrag van de onderzochte. Deze uitspraken vinden plaats in zeer uiteenlopende situaties, die telkens de soort en de gebruikswijze van de meest geschikte tests bepalen.

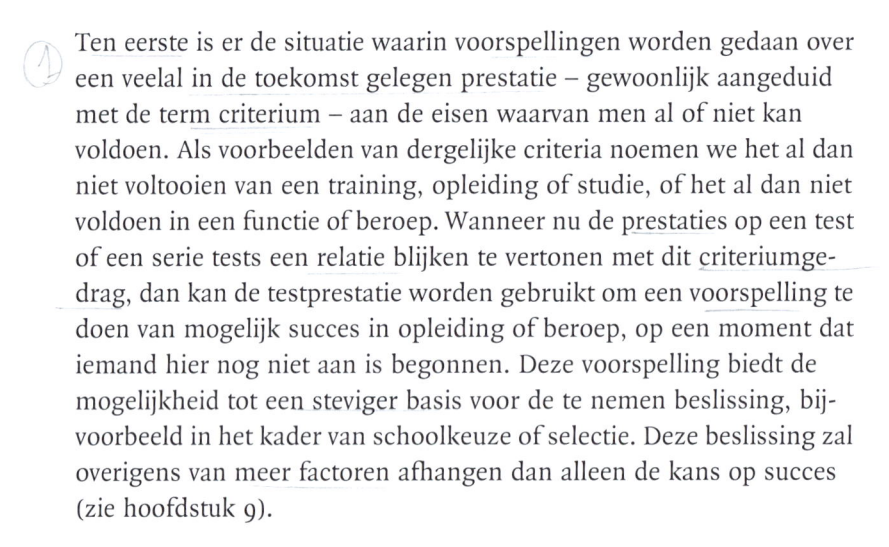

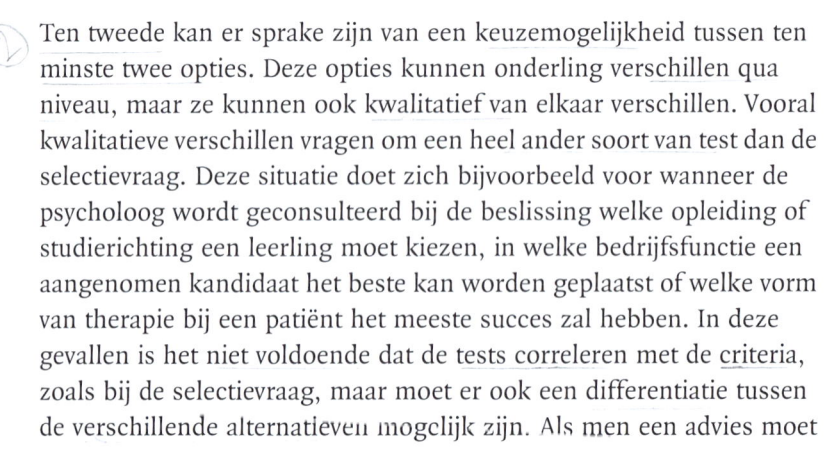

Ten eerste is er de situatie waarin voorspellingen worden gedaan over een veelal in de toekomst gelegen prestatie – gewoonlijk aangeduid met de term criterium – aan de eisen waarvan men al of niet kan voldoen. Als voorbeelden van dergelijke criteria noemen we het al dan niet voltooien van een training, opleiding of studie, of het al dan niet voldoen in een functie of beroep. Wanneer nu de prestaties op een test of een serie tests een relatie blijken te vertonen met dit criteriumgedrag, dan kan de testprestatie worden gebruikt om een voorspelling te doen van mogelijk succes in opleiding of beroep, op een moment dat iemand hier nog niet aan is begonnen. Deze voorspelling biedt de mogelijkheid tot een steviger basis voor de te nemen beslissing, bijvoorbeeld in het kader van schoolkeuze of selectie. Deze beslissing zal overigens van meer factoren afhangen dan alleen de kans op succes (zie hoofdstuk 9).

Ten tweede kan er sprake zijn van een keuzemogelijkheid tussen ten minste twee opties. Deze opties kunnen onderling verschillen qua niveau, maar ze kunnen ook kwalitatief van elkaar verschillen. Vooral kwalitatieve verschillen vragen om een heel ander soort van test dan de selectievraag. Deze situatie doet zich bijvoorbeeld voor wanneer de psycholoog wordt geconsulteerd bij de beslissing welke opleiding of studierichting een leerling moet kiezen, in welke bedrijfsfunctie een aangenomen kandidaat het beste kan worden geplaatst of welke vorm van therapie bij een patiënt het meeste succes zal hebben. In deze gevallen is het niet voldoende dat de tests correleren met de criteria, zoals bij de selectievraag, maar moet er ook een differentiatie tussen de verschillende alternatieven mogelijk zijn. Als men een advies moet geven over de keuze tussen de diverse profielen in het vwo, dan zal een algemene intelligentietest, die met studieresultaten binnen de diverse profielen hoog correleert, geen uitsluitsel kunnen geven over de beste keuze. Indien echter een testserie wordt gebruikt die bestaat uit diverse specifieke tests, die verschillend samenhangen met de vaardigheden die door de diverse profielen worden vereist, dan kan een differentiële analyse van de testresultaten een goede basis vormen voor het gevraagde advies.

Ten derde noemen we het geval dat men wil weten wat de zwakke en sterke kanten van een kandidaat zijn, of in welke gebieden een cliënt meer of minder is geïnteresseerd. Nu gaat het om de onderlinge vergelijking van de testscores van dezelfde persoon. De scores worden dan ook slechts op elkaar en niet op een externe norm betrokken. Men noemt dit soort scores 'ipsatieve scores'. Het gaat dan dus niet om de absolute hoogte van de scores, maar om hun onderlinge verhouding.

Ten vierde kan zich de situatie voordoen dat een individueel onderzoek wordt verricht om de resultaten te vergelijken met die welke dezelfde persoon op een eerder moment behaalde of op een later tijdstip zal behalen. Een dergelijke interne vergelijking wordt uitgevoerd in het longitudinale onderzoek. Men wil weten hoe een persoon zich ontwikkelt met het oog op een bepaalde eigenschap of gedragswijze. Heeft een werknemer beter leren communiceren door een cursus sociale vaardigheden? Is een patiënt na een behandeling minder gestoord dan ervoor? Is iemands houding tegenover de Europese eenwording veranderd gedurende een politieke campagne? Dergelijke vragen maken een interne, longitudinale vergelijking noodzakelijk.

De vijfde situatie betreft die waarin gevraagd wordt om een beschrijving van een onderzochte. Deze vraag doet zich bijvoorbeeld voor in de hypothesevormende fase van een individueel onderzoek, waarbij een diagnostisch team een psycholoog verzoekt om van een patiënt een subjectieve beschrijving te geven, waarin zo veel mogelijk facetten van het gedrag aan bod komen. Het gaat dan om interne rapportage. Ook wordt soms een externe rapportage gevraagd, bijvoorbeeld in het geval dat ouders zich tot een psycholoog wenden met de vraag om een verklarende beschrijving van het gedrag van hun kind in aanvulling op of in plaats van een mondelinge bespreking. Het rapport beperkt zich dan veelal niet tot de resultaten van het testonderzoek. Pedagogische adviezen en algemeen psychologische verklaringen geven zo'n rapport een breder karakter dan louter een beschrijving op basis van een testonderzoek.

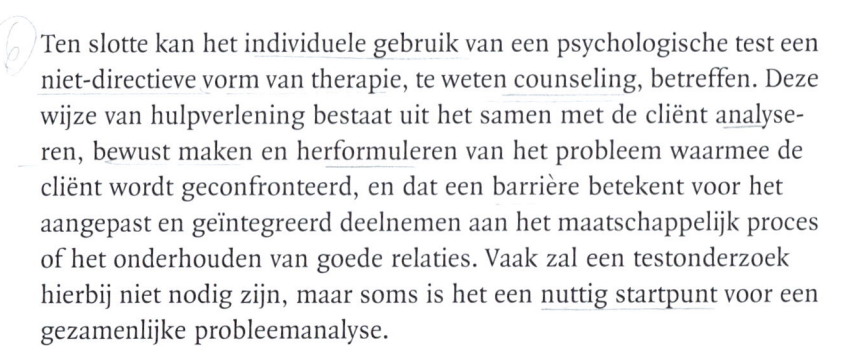

Ten slotte kan het individuele gebruik van een psychologische test een niet-directieve vorm van therapie, te weten counseling, betreffen. Deze wijze van hulpverlening bestaat uit het samen met de cliënt analyseren, bewust maken en herformuleren van het probleem waarmee de cliënt wordt geconfronteerd, en dat een barrière betekent voor het aangepast en geïntegreerd deelnemen aan het maatschappelijk proces of het onderhouden van goede relaties. Vaak zal een testonderzoek hierbij niet nodig zijn, maar soms is het een nuttig startpunt voor een gezamenlijke probleemanalyse.

2.4.2 BEOORDELING VAN GROEPEN

Een tweede toepassingsterrein van de psychologische test is dat van het onderzoek van verschillen tussen groepen. Gedacht kan worden aan onderzoek naar intelligentieverschillen tussen bevolkingsgroepen, verschillen in cognitieve ontwikkeling tussen leeftijdsgroepen, en verschillen in rekenvaardigheid en taalvaardigheid tussen leerlingen van diverse schooltypen; of aan onderzoek waarin verschillen in intelligentiefactoren, technisch inzicht, persoonlijkheidskenmerken en motorische vaardigheden tussen etnische groepen of tussen mannen en vrouwen nader worden bestudeerd. Een voorbeeld van onderzoek naar intelligentieverschillen tussen etnische bevolkingsgroepen wordt gerapporteerd door Te Nijenhuis (1997) en van onderzoek naar verschillen in persoonlijkheidskenmerken tussen deze bevolkingsgroepen door Van Leest (1997).

Onderzoek naar groepsverschillen in intelligentie, persoonlijkheid en andere psychologische kenmerken vormt het centrale thema in de psychologische subdiscipline 'cross-culturele psychologie'. Hierin wordt vooral het accent gelegd op verschillen tussen etnische en culturele populaties. Dit soort onderzoek heeft een rijke hoeveelheid gegevens en inzichten in de culturele afhankelijkheid van persoonlijkheid en intelligentie opgeleverd. Het testonderzoek heeft hierbij een zeer voorname rol gespeeld; zie voor een overzicht Berry, Poortinga, Segal en Dasen (1992).

Bij de hier bedoelde toepassing gaat het in eerste instantie om de grootte van het verschil tussen de groepen met betrekking tot de bestudeerde eigenschap. Individueel onderzoek, zoals in paragraaf 2.4.1 besproken, is overigens ook altijd gebaseerd op verschillen tussen groepen. Het duidelijkst is dit zichtbaar in de normering van een test (hoofdstuk 5). Het onderzoek naar groepsverschillen – de groepen zijn bijvoorbeeld gevormd op basis van leeftijd of sekse – maakt het mogelijk om in het individuele testonderzoek een vergelijking van het individu met de voor hem relevante normgroep uit te voeren en een zinvolle uitspraak te doen. Maar ook verder grijpt individuele diagnostiek altijd terug op onderzoek naar groepsverschillen. Als een patiënt op basis van een testindicatie wordt ingedeeld in een bepaalde ziektecategorie, dan is dat omdat in het verleden is aangetoond dat voor de groep patiënten met deze testindicatie dit ziektebeeld het meest waarschijnlijk is.

2.4.3 BEOORDELING VAN INVLOED VAN SITUATIES EN METHODEN

Behalve een noodzakelijke voorwaarde voor de individuele diagnostiek, is het onderzoek van groepsverschillen ook nodig in het kader van de beoordeling van methoden (bijv. behandeling, opleiding of beïnvloeding) en van situaties (bijv. stress of participatief leiderschap). Voor de vraag of de ene procedure in het algemeen effectiever is dan een andere zal men een groep proefpersonen aan de ene procedure en een andere, vergelijkbare groep proefpersonen aan de andere procedure moeten onderwerpen. Uit het testonderzoek naar de invloed van de procedure op de prestaties, attitudes of gedrag, zal moeten blijken of er een verschil bestaat dat groot genoeg is om een conclusie over het verschil tussen beide procedures te rechtvaardigen. Ook hier is dus het startpunt het groepsonderzoek en zijn niet de groepsverschillen zelf interessant, maar gaat het om de conclusies inzake de verschillende experimentele of empirische variabelen op basis waarvan die verschillende groepen zijn onderscheiden.

Een duidelijk voorbeeld van testgebruik met het oog op de evaluatie van processen of methoden ligt op het terrein van de schoolvorderingentoetsen. Dit type toets kan uiteraard worden gebruikt voor de bepaling van het kennisniveau van het individuele kind. Een belangrijke functie van schooltoetsen is echter ook die van terugkoppeling naar de docent. Door bestudering van de resultaten van zijn klas, liefst in vergelijking met die van andere klassen, krijgt de docent inzicht in zijn eigen functioneren.

Het begrip 'averechtse diagnostiek' (Hofstee, 1969) sluit hierbij aan. Bedoeld wordt dat wanneer een test met een criterium correleert, men van deze correlatie niet alleen gebruik kan maken door voorspellingen te doen over de kansen op criteriumsucces, maar dat deze correlatie evenzeer een licht werpt op het criterium zelf. Bijvoorbeeld, in een testonderzoek in Indonesië bleek dat vooral redeneertests en probleemoplossingtests de studieprestaties in sociale wetenschappen en geneeskunde voorspellen, terwijl de meer op schoolse kennis en concentratie gerichte tests de prestaties in farmacie en de lerarenopleiding voorspellen (Drenth, 1977). Dit soort gegevens is interessanter voor een analyse van inhoud en vormgeving van de studierichtingen in kwestie dan voor selectiedoeleinden.

Opdrachten

1 Noem zo veel mogelijk voorbeelden van testmateriaal, in aanvulling op een schriftelijke test of toets die uit een serie vragen of opgaven bestaat.

2 Wat is de functie van normen en normtabellen?

3 Waarom is de beoordeling van personen met betrekking tot een psychologische eigenschap op basis van gedrag dat in het dagelijks functioneren wordt getoond, niet efficiënt?

4 Waarom is standaardisatie van de testprocedure belangrijk?

5 Hoe kan standaardisatie worden vergeleken met experimentele controle?

6 Beschrijf de opzet van een normeringsonderzoek. Houd bijvoorbeeld rekening met de doelstelling van de test, beschrijving van de populatie, steekproeftrekking, en statistische analyse van de onderzoeksgegevens.

7 Wanneer is een test objectief?

8 Om de overeenstemming tussen de ordeningen van testscores geproduceerd door twee onafhankelijke beoordelaars te bepalen, gebruikt men wel Spearmans rangcorrelatie. Zoek deze overeenstemmingsmaat op in uw statistiekboek, en bereken de rangcorrelatie tussen de volgende scores. Beoordelaar A heeft tien personen scores gegeven op sociale intelligentie: 14, 9, 8, 14, 16, 15, 18, 14, 10, 8; beoordelaar B heeft ook scores gegeven (personen in dezelfde volgorde): 16, 8, 8, 14, 18, 17, 13, 15, 12, 6.

9 Stel, twee klinisch psychologen – A een B – hebben met behulp van een checklist 32 patiënten beoordeeld op de mate van 'onaangepastheid'. De resulterende scores worden gebruikt voor een

oordeel over geschiktheid voor behandeling volgens therapie x, y, of z. Ook kan de conclusie zijn dat iemand niet behandelbaar (NB) is. Gegeven is de bijbehorende frequentietabel:

		psycholoog B				
		x	y	z	NB	f_A
psycholoog A	x	4	2	1	1	8
	y	1	3	0	3	7
	z	1	0	6	1	8
	NB	0	1	0	8	9
	f_B	6	6	7	13	32

Bereken Cohens kappa, en interpreteer de uitkomst.

10 Hoe kan de objectiviteit van sterk subjectieve beoordelingsprocedures – een projectietest, maar ook de beoordeling van een opstel als onderdeel van een taaltoets – worden verbeterd?

11 Hoe komt het dat fysische metingen in het algemeen betrouwbaarder zijn dan psychologische metingen?

12 Wat wordt verstaan onder de validiteit van een test?

13 Als de getalswaarden die aan personen zijn toegekend alleen dienen om aan te geven tot welke groep iemand behoort, wat is dan het schaaltype van deze getallen?

14 Stel, ik tel testscores bij elkaar op. Van welke schaaltypen ga ik dan zeker *niet* uit?

15 Als patiënt A volgens een test tweemaal zo rigide is als patiënt B, wat is dan het veronderstelde schaaltype van deze testscores?

16 Geeft u eens commentaar op uitspraken van het type als gedaan in opdracht 15.

17 Als een testprestatie aanleiding geeft tot de uitspraak dat de rekenvaardigheid van een leerling erop vooruit is gegaan, wat is dan het minimaal veronderstelde schaaltype van de testscore?

18 Wat wordt bedoeld met de uitspraak dat het nulpunt van een intervalschaal arbitrair is?

19 Wat wordt bedoeld met een absoluut nulpunt?

20 Geef de formule waarmee u graden Fahrenheit omzet in graden Celsius.

21 Het begrip 'meten' wordt vaak uitgelegd met behulp van de fysische eigenschap 'lengte'. Waarom is dit een ongelukkige keuze? Hoe zou dit voorbeeld op een constructieve wijze kunnen worden gebruikt?

22 Wat wordt bedoeld met de uitspraak dat intelligentie datgene is wat de test meet? Uit welke theoretische stroming op het gebied van het meten vloeit deze opvatting voort?

23 Wat is het gevolg geweest van de acceptatie van opvattingen volgens het operationalisme voor het meten van psychologische eigenschappen?

24 Bespreek problemen bij het baseren van een test op een achterliggende psychologische theorie.

25 Wat wordt verstaan onder de operationalisering van een psychologisch begrip?

26 Noem de psychologische veronderstelling die ten grondslag ligt aan het toekennen van numerieke getallen – scores – aan de reacties van personen op de items uit een test.

27 Wat is de rol van de statistiek in de constructie van een test? Hoe kan de statistiek dienstbaar zijn bij het onderzoek naar de praktische geldigheid van de psychologische veronderstelling die wordt bedoeld in opdracht 26?

28 Wat is 'representational measurement'?

29 Noem enkele situaties waarin tests worden toegepast op de beoordeling van individuen.

30 Leeg uit waarom individueel testonderzoek altijd gebaseerd is op onderzoek naar groepsverschillen.

31 Noem een concreet voorbeeld waarin een testonderzoek tot doel heeft een methode te evalueren.

Indelingen, onderscheidingen en begrippen

Met het geven van een indeling van tests streven we twee doelstellingen na. Ten eerste krijgt de lezer een systematisch overzicht van beschikbare soorten van tests en testmethodieken. Ten tweede biedt het overzicht een mogelijkheid om diverse, veelgebruikte begrippen uit de testpsychologie op een meer coherente wijze aan de orde te stellen dan door middel van een dorre opsomming van termen en hun betekenis.

Vooral met het oog op de tweede doelstelling behandelen we in dit hoofdstuk twee indelingen. De eerste, en tevens belangrijkste, is die waarin tests worden gerubriceerd op basis van het gedrag van de onderzochte persoon. Ook worden drie concrete tests behandeld. Dit zijn een algemene intelligentietest, een computertest voor het ontwikkelingsbegrip transitief redeneren, en een persoonlijkheidsvragenlijst. Deze voorbeelden geven vooral inzicht in de structuur van tests. De tweede indeling gaat uit van de verschillende manieren van testinstructie en testafneming.

Tests kunnen ook worden ingedeeld naar de soort van testvragen of -opdrachten waaruit ze bestaan. Hoewel het op zichzelf niet zo relevant is of een test uit open vragen bestaat of uit meerkeuzevragen, is het onderwerp 'constructie van vragen en opdrachten' – de bouwstenen waaruit tests en vragenlijsten bestaan – zó belangrijk dat dit een apart hoofdstuk rechtvaardigt (hoofdstuk 4).

3.1 Indeling naar testgedrag

Vrijwel alle testhandboeken en testoverzichten gaan uit van de indeling van tests op basis van het testgedrag. Andere indelingen zijn eveneens mogelijk. Zo kan worden uitgegaan van het gebruiksdoel of de meetpretentie van de test (Visser, 1973). Een voorbeeld van een gebruiksdoel is het op basis van de testscore voorspellen in hoeverre leerlingen geschikt zijn voor bepaalde typen vervolgonderwijs. De meetpretentie kan zijn dat daarbij nauwkeurig onderscheid wordt gemaakt in niveaus van kennis en inzicht, maar dat hierbij niet primair algemene intelligentie wordt gemeten. Een indeling van tests op basis van gebruiksdoel en meetpretentie heeft het nadeel dat ten aanzien van dezelfde test in verschillende gebruikssituaties geheel verschillende doelen en dus meetpretenties bestaan. Ook mist deze indeling de aansluiting met gangbare indelingen (zie bijv. Evers e.a., 2000a, b). Overigens is een indeling op basis van gedrag ook niet helemaal zonder problemen. Zo is niet altijd ondubbelzinnig aan te geven in welke categorie een psychologische eigenschap thuishoort. In de volgende systematiek hebben we getracht een zo logisch mogelijke indeling te geven, met telkens een korte omschrijving van de eigenschap in kwestie. Vergelijking met andere indelingen wordt niet nagestreefd.

Het belangrijkste onderscheid dat uitgaat van het geteste gedrag, is dat tussen tests voor prestatieniveau en tests voor gedragswijze.
Bij tests voor prestatieniveau wordt van de onderzochte persoon een maximale prestatie gevraagd. Testvragen worden goed of fout beantwoord en er is een duidelijke norm voor wat 'goed' en wat 'fout' is. Door verwerking van de goede en foute, en eventueel overgeslagen en onvoltooide opgaven, wordt een score berekend – bijvoorbeeld, het aantal goed opgeloste opgaven – die een bepaalde afstand van een ondubbelzinnig vast te stellen maximum verwijderd ligt – het maximaal aantal goed opgeloste opgaven. Tests die in deze categorie vallen meten bijvoorbeeld intelligentie, cognitieve capaciteiten, en kennis en inzicht.
Bij tests voor gedragswijze daarentegen is niet een vooraf bekende 'goed/fout'-sleutel beschikbaar. Het gaat nu vooral om de vraag hoe iemand iets doet of op welke wijze de prestatie of reactie plaatsvindt. Het gedrag of de prestatie zijn niet van belang in hun verhouding tot een maximale prestatie. Tests in deze categorie meten bijvoorbeeld persoonlijkheidstrekken, voorkeuren, houdingen en opinies.
Aangezien bij tests voor gedragswijze geen sprake is van een 'test' in de betekenis van 'proeve van bekwaamheid' of 'beproeving', spreekt men in deze context vaak van 'vragenlijst'. In dit boek gebruiken wij de term 'test' in de betekenis van zowel 'proeve van bekwaamheid' als 'vragenlijst'. Waar nodig zullen we het onderscheid overigens expliciet maken.

3.1.1 TESTS VOOR PRESTATIENIVEAU

Figuur 3.1 geeft een overzicht van de soorten tests die gericht zijn op het bepalen van de maximale prestatie.

```
tests voor prestatieniveau
├── enkelvoudige algemene niveautests
│   ├── individuele ontwikkelingstests
│   ├── individuele intelligentietests voor volwassenen
│   └── algemene collectieve intelligentietests
├── veelvoudige algemene niveautests
│   ├── testbatterijen voor intelligentiefactoren
│   └── testbatterijen voor geschiktheden
├── speciale niveautests
│   ├── tests voor speciale intelligentiefactoren
│   ├── tests voor speciale geschiktheden
│   └── tests voor speciale niet-intelligentiefactoren
└── vorderingentests
```

Figuur 3.1 *Indeling van tests voor prestatieniveau.*

Enkelvoudige algemene niveautests

De grootste en belangrijkste groep tests wordt gevormd door de enkelvoudige algemene niveautests ('general ability tests'), die leiden tot een enkele indicatie van de intelligentie. Volgens de gangbare opvatting en de gebruikelijke wijze van meting is intelligentie een complex begrip, waarbinnen diverse dimensies of aspecten zijn te onderscheiden. Wanneer deze differentiatie in eerste instantie niet het oogmerk is van het testgebruik, maar het vooral gaat om een algemene niveaubepaling van de intelligentie, spreken we van enkelvoudige algemene niveautests.

Binnen deze categorie kunnen drie deelcategorieën worden onderscheiden: de individuele ontwikkelingstests, de individuele intelligentietests voor volwassenen, en de algemene collectieve intelligentietests. De eerste twee van deze drie worden door een proefleider aan een enkel individu voorgelegd. De derde soort wordt aan alle individuen in een groep gelijktijdig voorgelegd. Op de voor- en nadelen van individuele en collectieve tests komen we in de volgende paragraaf terug.

Individuele ontwikkelingstest

Bij ontwikkelingstests wordt de intelligentietestscore meestal vergeleken met de testprestaties van leeftijdgenoten. Voor het Nederlandse taalgebied zijn de meest bekende tests de Nederlandse aanpassing van de Wechsler Intelligence Scale for Children (WISC; Van Haassen e.a., 1986) en de revisie van de Amsterdamse KinderIntelligentieTest, de RAKIT (Bleichrodt, Drenth, Resing, & Zaal, 1987). De RAKIT wordt later in dit hoofdstuk (paragraaf 3.1.3) gedetailleerd besproken. Ook noemen we in deze categorie de intelligentietest voor visueel gehandicapte kinderen (Dekker, 1987; Dekker, Drenth & Zaal, 1989). Deze test is gebaseerd op het model van Thurstone met zeven intelligentiefactoren. De batterij bestaat uit diverse verbale en haptische deeltests, waarvan enkele zijn ontleend aan de WISC en de RAKIT. Evenals bij de WISC en RAKIT worden er scores op de deeltests bepaald, die vervolgens worden gecombineerd tot een algemene intelligentiescore. De meeste oudere intelligentietests voor kinderen hebben de bedoeling de intelligentiescore te vergelijken met de chronologische leeftijd, om te bepalen of de intellectuele ontwikkeling sneller of langzamer dan 'normaal' (geïndiceerd door de chronologische leeftijd) heeft plaatsgevonden. Dit soort tests is gericht op de jonge leeftijd, waarin de intelligentie zich het snelst ontwikkelt. De intelligentie verandert daarna – zij het langzamer dan voorheen en na een bepaalde leeftijd zelfs in omgekeerde richting – gedurende het hele leven. Daarom hebben bijvoorbeeld de Wechsler Adult Intelligence Scale (WAIS; Wechsler, 1955a; Stinissen, Willems, Coetsier & Hulsman, 1970) en de Groninger IntelligentieTest (GIT; Snijders & Verhage, 1962; Luteijn & Van der Ploeg, 1983) intelligentienormen voor alle leeftijden inclusief de ouderdom. Wel is het voor vele psychologische en pedagogische beslissingen over kinderen van groot belang te weten hoe de mentale groei zich verhoudt tot de leeftijd. Dit geldt vooral voor de zeer jonge leeftijdsgroepen.

Individuele intelligentietest voor volwassenen

De individuele intelligentietest voor volwassenen is gericht op het vaststellen van het intelligentieniveau wanneer de intelligentie min of meer als volgroeid kan worden beschouwd. Met betrekking tot de laatste jaren van de puberteit kan zowel van ontwikkelingstest als van intelligentietest worden gesproken. Boven de leeftijd van ongeveer 15 à 17 jaar heeft de intelligentie de neiging zich te stabiliseren. De van oudsher bekendste voorbeelden uit deze categorie van tests zijn de Terman-Merill (Terman, 1960) en de WAIS. In Nederland is de GIT een goed voorbeeld.

Collectieve algemene intelligentietest

De collectieve intelligentietests, die meestal schriftelijk zijn, kunnen groepsgewijs worden afgenomen wanneer het testen grootschalig is en efficiëntie belangrijk. Soms worden items die verschillende eigenschappen meten dooreen gemengd en als zodanig voorgelegd, soms worden ze op a priori of empirische gronden gegroepeerd. Het gaat bij deze tests om een indicatie van het algemene intelligentieniveau.
De meeste collectieve algemene intelligentietests zijn breed en gevarieerd samengesteld. Meestal zijn daarbij de relevante aspecten van de intelligentie zo veel mogelijk in de items of in de subtests vertegenwoordigd, en heeft de testconstructeur gestreefd naar een breed scala van aspecten van de intelligentie.

Er bestaan bijzonder weinig collectieve intelligentietests bedoeld voor de leeftijd voorafgaand aan de basisschoolleeftijd. Vandaar dat de collectieve kinderintelligentietests omschreven worden met de term 'algemene collectieve schoolintelligentietests'. Nederlandse voorbeelden zijn het Groninger Afsluitingsonderzoek Lager Onderwijs (GALO; Kouwer & Kema, 1957-1958; GALO Handleiding, 1981) en de Nederlandse DifferentiatieTestserie (NDT; Van Weeren, 1965; Van Hoorn, Meijer & Oostdam, 2003).

Verder noemen we de collectieve niet-verbale intelligentietests, die wat betreft het intelligentiedomein beperkter zijn dan de collectieve algemene intelligentietests, omdat geen gebruik wordt gemaakt van verbaal materiaal. Soms wordt ook de instructie niet verbaal, maar pantomimisch gegeven. Voor sommige doeleinden, zoals het testen van niet-geletterden, van populaties die met betrekking tot taal en cultuur zeer heterogeen van aard zijn, of van personen die perceptueel gehandicapt zijn, kan deze niet-verbale testbatterij de enige of beste mogelijkheid van onderzoek vormen. Als voorbeelden kunnen worden genoemd de (gedeelten uit de) testbatterijen die in cross-cultureel onderzoek of onderzoek in ontwikkelingslanden worden gebruikt (zie voor Nederlands onderzoek Bali, Drenth, Van der Flier & Young, 1984; Bleichrodt, 1989; Drenth, Van der Flier & Omari, 1983).

Veelvoudige algemene niveautests

Bij de volgende groep van tests, de veelvoudige algemene niveautests, gaat het juist wel om een nadere differentiatie en niet alleen, of soms helemaal niet, om het algemene intelligentieniveau. Tests voor differentieel gebruik moeten aan andere voorwaarden voldoen dan de enkelvoudige algemene niveautests en de laatste kunnen dus niet ook voor differentieel gebruik worden ingezet. De belangrijkste voorwaarde voor veelvoudig algemene niveautests is dat de deeltests afzonderlijk gezien voldoende betrouwbaar en tevens onderling voldoende onafhankelijk zijn. Deze eisen hebben tevens te maken met de betrouwbaarheid van verschilscores. Wij komen hierop in hoofdstuk 6 terug.

We gaan uit van twee typen van veelvoudige algemene niveautests: testbatterijen voor intelligentiefactoren, en testbatterijen voor geschiktheden.

Testbatterijen voor intelligentiefactoren

Het doel is hier dat elke deeltest een homogene dimensie van intelligentie meet. In de jaren dertig van de vorige eeuw was een strijd gaande tussen voornamelijk Thurstone in Amerika en de (volgelingen van) Spearman in Engeland. De vraag was: bevat de intelligentie een algemene factor (g-factor) of gaat het uitsluitend om een complex van groeps- en/of specifieke factoren (s-factoren)?

Zeer bekend zijn de factoren geworden die Thurstone isoleerde binnen de intelligentiestructuur: 'verbal comprehension', 'word fluency', 'number facility', 'spacial visualization', 'associative memory', 'perceptual speed' en 'reasoning'. De door hem samengestelde testbatterij Primary Mental Abilities (PMA; Thurstone, 1938) tracht vier van deze factoren 'zuiver' te meten. Ook andere auteurs van testbatterijen voor intelligentiefactoren ('multiple ability tests') gaan uit van alle of enkele van Thurstone's factoren. In Nederland is Drenth's testserie voor hoger niveau – Test voor Niet-Verbale Abstractie (TNVA; Drenth, 1965b; zie ook Drenth & Hoolwerf, 1977; Tellegen, Zegers & Liebrand, 1999), Verbale Aanleg Testserie (VAT '69; Drenth & Van Wieringen, 1969) en de Numerieke Aanlegtest (NAT '70; Drenth & Hoolwerf, 1970) – een voorbeeld van een testserie waarin de factoren aansluiten bij Thurstone's indeling: gemeten worden een redeneerfactor, verschillende verbale factoren en een numerieke factor (Drenth, Van Wieringen & Hoolwerf, 2001).

Het meest uitgewerkte alternatief voor Thurstone's factoren is het systeem van intelligentiefactoren volgens Guilford (1967). Guilford bouwde voort op de onderzoekingen die in de Tweede Wereldoorlog bij de Amerikaanse luchtmacht werden gedaan en waarin tests werden ontwikkeld die zijn samengevoegd in de 'French Kit' (French, 1954). Hierin is een grote hoeveelheid, merendeels experimentele, tests opgenomen voor een grote variëteit van intellectuele taken. Door herhaalde analyse van deze en soortgelijke tests leidde Guilford een factoranalytische structuur van de intelligentie af, die aanvankelijk een empirisch karakter had (afgeleid uit de tests), maar allengs een meer theoretisch karakter kreeg. De resulterende 'structure of intellect'-theorie is wellicht het beste op te vatten als een heuristisch model. Het zou te ver voeren om het door Guilford voorgestelde intelligentiemodel, alsmede door anderen gepresenteerde intelligentietheorieën en -opvattingen, hier te bespreken. Guilford (1967) biedt een gedetailleerd overzicht.

Testbatterijen voor geschiktheden

Bij het woord 'geschiktheden' in de benaming 'testbatterijen voor geschiktheden' ('multiple aptitude tests') wordt meer gerefereerd aan een maatschappelijke taak of een schooltaak en minder aan de structurele opbouw van de intelligentie, waarin men van al of niet zuivere 'abilities' uitgaat. De testbatterij voor geschiktheden pretendeert de vermogens te meten die iemand in staat stellen zich voor een maatschappelijke taak of schooleisen te bekwamen. Geschiktheid in deze zin is dus vooral 'leergeschiktheid'. De 'leerfactoren' vallen meestal niet samen met de 'intelligentiefactoren'. Sommige eigenschappen vallen zelfs geheel buiten het terrein van de intelligentie, zoals motorische vaardigheden en snelheid van eenvoudig denkwerk. Tests voor deze eigenschappen zal men in een batterij voor intelligentiefactoren niet aantreffen. In een batterij voor geschiktheden zullen ze vaak wel zijn opgenomen, omdat vele maatschappelijke taken snelheid vereisen, zoals bij administratieve controle en typewerk, en motorische vaardigheid, zoals bij manuele functies. Een speciale vermelding verdient nog de categorie van leerpotentieeltests, bestaande uit speciale leertaken met betrekking tot (meestal bestaande) intelligentietests, die extra informatie opleveren boven de gebruikelijke intelligentiescores (zie bijv. Resing, 1990; voor een overzicht zie Hamers, Sijtsma & Ruijssenaars, 1993).

Soms zijn de geschiktheidsfactoren samengesteld uit diverse intelligentiefactoren. Technisch-mechanisch inzicht bestaat bijvoorbeeld uit 'reasoning', ruimtelijk inzicht en soms numerieke vaardigheid. In een testbatterij voor geschiktheden zijn deze eigenschappen in één technisch-inzichttest samengevoegd om zo een efficiënte benadering van deze voor vele opleidingen en beroepen belangrijke capaciteit mogelijk te maken. De Differential Aptitude Testbattery (DAT), sinds 1959 in een Nederlandse vertaling en ijking beschikbaar (Evers & Lucassen, 1991; Fokkema & Dirkzwager, 1962, 1968; De Wit & Compaan, 2005), is een goed voorbeeld van een testbatterij voor leergeschiktheden. De General Aptitude Test Battery (GATB; Van der Flier & Boomsma-Suerink, 1994) richt zich vooral op een veelheid aan maatschappelijke functies. Daarom bevat deze testbatterij ook enkele tests voor motorische vaardigheden.

Speciale niveautests

Speciale niveautests zijn toegespitst op een bepaald segment van de begaafdheid: een intelligentieaspect, een geschiktheid of een vaardigheid die gewoonlijk niet tot de intelligentie wordt gerekend, maar die toch zo belangrijk is dat de constructie van een aparte test ervoor de moeite loont. Overigens is hier de vraag relevant wanneer een eigenschap onder intelligentie valt. Dit hangt ervan af welke theorie over intelligentie men aanvaardt, en derhalve met de breedte van het gekozen intelligentiebegrip. Zo valt een intelligentieaspect als 'geheugen' niet binnen elke intelligentietheorie. Diverse onderzoeken hebben overigens duidelijk gemaakt dat het geheugen een complex terrein vormt, dat niet met een enkele test kan worden bestreken. We onderscheiden tests voor speciale intelligentiefactoren, tests voor speciale geschiktheden, en tests voor speciale niet-intelligentiefactoren.

Tests voor speciale intelligentiefactoren

Bij tests voor speciale intelligentiefactoren gaat het om tests die uitsluitend eigenschappen als ruimtelijk inzicht, woordkennis of numerieke vaardigheid meten. Hiervan is een groot aantal beschikbaar. Een wat aparte plaats wordt ingenomen door de redeneertests of abstractietests, die gericht zijn op het aspect ('verbal', 'abstract' of 'general') 'reasoning'. Voor dit redeneeraspect zijn vele tests ontworpen, zoals Ravens Progressive Matrices (1938; zie ook Raven, Court & Raven, 1979) en Drenths Test voor Niet-Verbale Abstractie (1965b). Ook de test voor transitief redeneren (Bouwmeester, 2005), die we in paragraaf 3.1.3 in meer detail bespreken, valt in deze categorie.

Guilford (en eerder, French) heeft in zijn intelligentiemodel tevens wat meer ongewone, maar praktisch gezien wel degelijk belangrijke intelligentieaspecten binnen het gezichtsveld van de testpsychologie gebracht.

Een voorbeeld is het 'divergente denken', dat in meer gangbaar taalgebruik vaak wordt aangeduid met creativiteit. Taken voor divergent denken verlangen van de respondenten oplossingen te bedenken voor een probleem waarvoor vele oplossingen mogelijk zijn, en dat als probleem nogal ongewoon is. Enkele voorbeelden zijn: hoe kun je een stuk gereedschap of speelgoed verbeteren? Waarvoor kun je een krant gebruiken? De antwoorden worden meestal beoordeeld op drie aspecten: hoeveelheid oplossingen, aantal verschillende principes en originaliteit.

Een andere ontwikkeling is die in de 'behavioral' dimensie van Guilford, voorheen wel sociale intelligentie genoemd. Onderzoek heeft echter laten zien dat sociale intelligentie in het algemeen slecht te onderscheiden is van andere intelligentiefacetten. Een eigenschap waarvoor het nog moeilijker bleek te zijn om tests te construeren die van de normale intelligentietests voldoende onafhankelijk waren, is 'kritisch denken'. Eigenlijk is geen van de pogingen om hiervoor een speciale test te construeren geslaagd te noemen.

Tests voor speciale geschiktheden

Onder de tests voor speciale geschiktheden ('special aptitude tests') vallen allereerst de tests voor leergeschiktheden. Hieronder kunnen worden gerekend de tests die zich richten op factoren die men leercondities zou kunnen noemen, zoals geheugentests, tempotests en concentratietests. Voorbeelden van dergelijke tests zijn de Grünbaumtest, de Bourdon-Wiersma-test en Snelheid en Nauwkeurigheid uit de DAT (Evers & Lucassen, 1991). Voorts vallen hieronder tests die gericht zijn op specifieke leergeschiktheden, zoals tests voor technische aanleg en tests voor technische en mechanische geschiktheid. Tests voor werkgeschiktheden zijn, zoals de benaming suggereert, gericht op typische vaardigheden die nodig zijn voor bepaalde maatschappelijke functies of taken, zoals administratieve vaardigheden en geschiktheid als piloot of chauffeur.

Tests voor speciale niet-intelligentiefactoren

Een laatste groep tests die onder de speciale niveautests valt, wordt gevormd door de tests voor speciale niet-intelligentiefactoren. Het gaat hier om capaciteiten of vaardigheden waarvan de meting met het oog op een maatschappelijke functie of in het kader van de klinische diagnostiek van belang kan zijn. Ten eerste noemen we de motoriektests, waaronder tests voor reactiesnelheid, lichaamsbeheersing en coördinatie, op basis waarvan een gedifferentieerd beeld van de motoriek kan worden gevormd (Fleishman, 1953, 1954, 1956; Both, 1967). Ten tweede noemen we de artisticke tests, die zich overigens meestal beperken tot de bepaling van het esthetisch oordeel (Meier, 1929-1963). Ten derde zijn er de sensorische tests. Een grote variëteit aan perceptuele taken is met allerhande instrumenten testbaar gemaakt. Gehoorscherpte, tolerantie voor lawaai, ver- of bijziendheid, retinale resolutie, accommodatie, diepte zien, kleurendiscriminatie en helderheidsonderscheid zijn voor de ontwikkeling van experimentele instrumenten en tests toegankelijk gebleken. We voegen eraan toe dat, althans in Nederland, vele van deze metingen buiten het terrein van de psycholoog zijn gebleven en in medische handen liggen. Het gevolg daarvan is dat bij dit soort tests vaak weinig aandacht wordt geschonken aan psychometrische vereisten, zoals betrouwbaarheid en validiteit.

Vorderingentests

Met vorderingentests tracht men te meten in hoeverre de onderzochte het doel van een opleiding heeft bereikt. Een vorderingentest is niet hetzelfde als een kennistest, omdat het verkrijgen van kennis lang niet altijd uitsluitend, en soms zelfs helemaal niet, het doel van een opleiding is. Bij sommige opleidingen kan het bijvoorbeeld gaan om het bijbrengen van manuele of sociale vaardigheden. Men zou binnen de categorie van vorderingentests onderscheid kunnen maken tussen de specifiek op de schoolvorderingen gerichte kennistest ('achievement test') en de algemeen op vaardigheden buiten de directe cognitieve sfeer en kennis georiënteerde vaardigheidstest ('proficiency test').
De kennistest is in feite vergelijkbaar met het in Nederland bekende proefwerk en schriftelijke examen. De antwoorden op vragen over een kennisgebied worden verondersteld een indicatie te geven van de mate waarin de leerling de stof beheerst. In een goede kennistest zijn de vragen op zeer zorgvuldige wijze geselecteerd, geformuleerd en – dit is een zeer belangrijk onderscheid met het proefwerk of het examen – in voorafgaand onderzoek op hun psychometrische kenmerken en hun bijdrage tot het doel van het onderzoek onderzocht. Voorbeelden in Nederland zijn de jaarlijks opnieuw geconstrueerde en landelijk gebruikte CITO-toetsen. Door die zorgvuldige vormgeving en toetsing is een kennistest doorgaans een objectiever en zuiverder beoordelingsinstrument dan het populaire examen.

Als in de opleiding ook andere doeleinden dan kennisvermeerdering worden nagestreefd, zal de vorderingentest andere eigenschappen hebben. Deze doeleinden zijn bijvoorbeeld het ontwikkelen van begrip, principes kunnen toepassen, een vreemde taal kunnen spreken, een diagnose kunnen stellen, sociaal sensitief zijn of goed kunnen koken. Uit deze opsomming is duidelijk dat de overgang van kennistest naar vaardigheidstest vloeiend is. Strikt genomen zijn de tests voor 'reading comprehension' (begrijpend lezen), 'listening comprehension' (begrijpend luisteren) en 'arithmetic' (rekenvaardigheid) ook vaardigheidstests. Men test hiermee immers niet uitsluitend inhoudelijke kennis, zoals met een test van kennis van jaartallen of Franse woorden, maar een vaardigheid in het gebruiken van principes.

3.1.2 TESTS VOOR GEDRAGSWIJZE

Het meten van gedragswijzen kent in vergelijking met het meten van prestatieniveaus drie specifieke problemen.

Ten eerste zijn metingen van het prestatieniveau vaak zonder veel moeite te generaliseren van een kunstmatige testsituatie naar het praktische of maatschappelijke functioneren. Tussen test en praktijk zullen bijvoorbeeld intelligentie, handvaardigheid of gezichtsscherpte niet veel variëren. Heel anders ligt dit bij gedragswijzen. Het is geen grote kunst om in een testsituatie aangepast, beleefd en inschikkelijk te lijken, maar de vraag is of iemand dat gedrag in het dagelijks leven ook daadwerkelijk vertoont. Het eenvoudige idee achter de niveautest – de onderzochte wordt in een gestandaardiseerde situatie gebracht, zijn prestatie wordt vergeleken met een norm, en deze prestatie wordt representatief geacht voor niet-testsituaties – is niet zonder meer overdraagbaar naar het onderzoek van gedragswijzen.

Ten tweede beschikken we bij de prestatietests vaak over een objectief criterium waarmee de testprestaties kunnen worden vergeleken, zoals diploma's, productie of een objectief meetbare prestatie. In het persoonlijkheidsonderzoek daarentegen zijn er weinig objectieve gegevens die als criterium kunnen dienen, en is men meestal aangewezen op een beoordelingsprocedure. Deze beoordelingen lijden helaas veelal aan een gebrek aan objectiviteit en betrouwbaarheid (Drenth, 1989).

Ten derde zijn persoonlijkheidstrekken in vergelijking met capaciteiten vaak minder stabiel, minder over situaties generaliseerbaar en minder gelijkmatig van invloed op gedrag. Het onderzoek van de persoonlijkheid is echter psychologisch en praktisch wel degelijk van groot belang. Er is dan ook een veelheid aan tests ontwikkeld om persoonlijkheidstrekken te meten. Figuur 3.2 geeft een systematische ordening van tests voor gedragswijze. In deze paragraaf geven we een korte bespreking van deze categorieën en noemen telkens enkele voorbeelden van veel gebruikte tests.

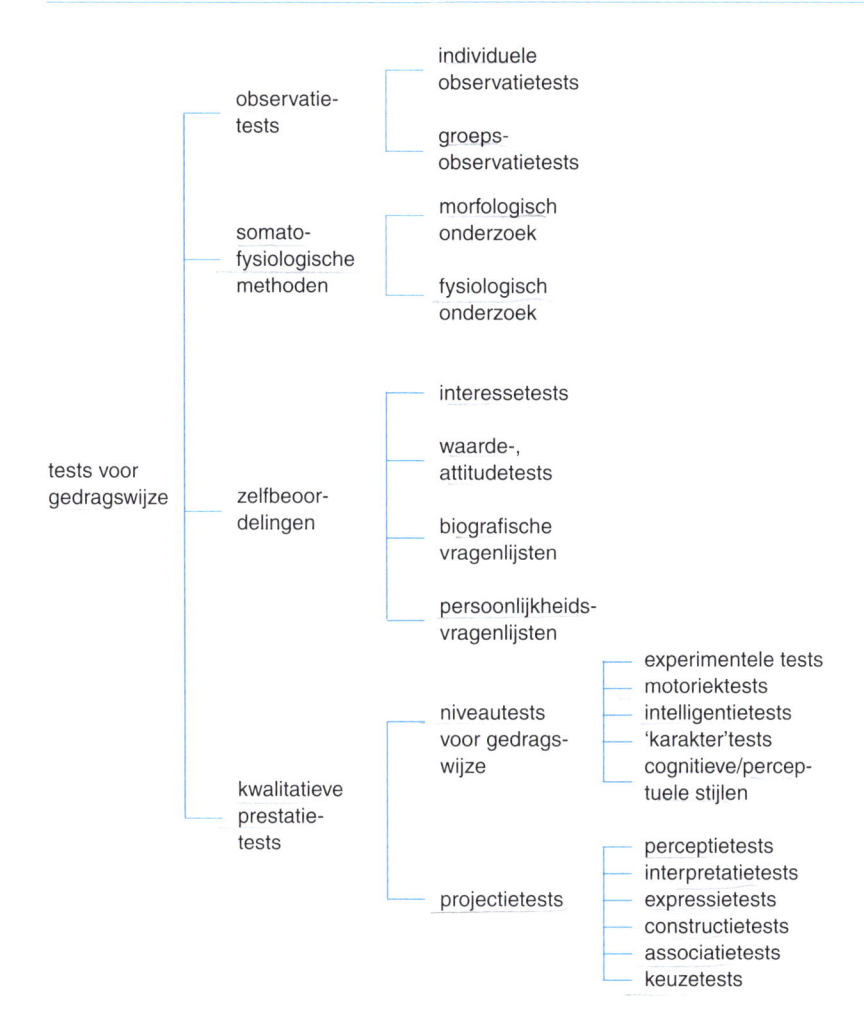

```
tests voor          observatie-      ├─ individuele observatietests
gedragswijze        tests            └─ groepsobservatietests

                    somato-          ├─ morfologisch onderzoek
                    fysiologische    
                    methoden         └─ fysiologisch onderzoek

                    zelfbeoor-       ├─ interessetests
                    delingen         ├─ waarde-, attitudetests
                                     ├─ biografische vragenlijsten
                                     └─ persoonlijkheidsvragenlijsten

                    kwalitatieve     ├─ niveautests    ├─ experimentele tests
                    prestatie-          voor gedrags-  ├─ motoriektests
                    tests               wijze          ├─ intelligentietests
                                                       ├─ 'karakter'tests
                                                       └─ cognitieve/perceptuele stijlen

                                     └─ projectietests ├─ perceptietests
                                                       ├─ interpretatietests
                                                       ├─ expressietests
                                                       ├─ constructietests
                                                       ├─ associatietests
                                                       └─ keuzetests
```

Figuur 3.2 *Indeling van tests voor gedragswijze.*

Observatietests

In tegenstelling tot de andere tests voor gedragswijze komt bij observatietests de informatie steeds van een onafhankelijke beoordelaar die de onderzochte observeert. De gegevens zijn dus indirect, en zij vormen de basis van het interpretatieproces van de psycholoog. Bij de andere tests gaat de psycholoog uit van directe en op zichzelf ondubbelzinnige gegevens: een score, een patroon van reacties of verschafte informatie. De aanvangsgegevens bij de observatietests zijn echter zelf het resultaat van een informatieverwerkingsproces. We onderscheiden twee groepen observatietests: individuele observatietests en groepsobservatietests.

Individuele observatietests

Bij de individuele observatietests wordt slechts één respondent geobserveerd. Deze persoon wordt onderworpen aan een opdracht die zo veel mogelijk uiteenlopende gedragingen en reacties kan oproepen. Niet alleen het werkgedrag, maar ook de houding van de onderzochte, de mimiek, het uiterlijke gedrag en het sociale contact vormen aspecten waarop de beoordelaar let. De interpretaties kunnen betrekking hebben op prestatieniveau, motoriek, maar ook op werkinstelling, reactie op frustraties en houding tegenover de eigen prestatie.

De rol van de observator kan variëren van een volledige betrokkenheid bij en deelname aan het proces of het gesprek tot die van een neutrale toeschouwer, waarbij de geobserveerde zich overigens meestal wel degelijk bewust is van de aanwezigheid van de observerende testleider. Het mogelijke effect hiervan op het gedrag kan worden verminderd of zelfs uitgesloten door het gebruik van een 'one-way screen', een raam dat slechts in één richting doorzichtig is, en van waarachter de observator de onderzochte waarneemt.

Groepsobservatietests

Bij groepsobservatietests gaat het om de beoordeling van een groep mensen, die gezamenlijk een opdracht verrichten. Dit kan zijn het houden van een groepsdiscussie over een vrij of opgegeven onderwerp, maar ook een meer gestructureerde opdracht onder toewijzing van verschillende rollen, zoals het maken van een stadsplattegrond. Van verschillende van dit soort tests wordt gebruik gemaakt in zogenaamde 'assessment centers' voor de selectie van managers (Finkle, 1976; Jansen, 1991).

In eerste instantie denkt men bij groepsobservatietests aan een groep onderzochte personen die een taak uitvoert en een observator die de gedragingen en prestaties registreert en interpreteert. Een andere wijze van gegevensverzameling is die waarbij de deelnemers elkaar beoordelen ('peer rating' of 'buddy rating') en de psycholoog deze beoordelingen nader verwerkt. Als voorbeeld noemen we het samenstellen van een sociogram. Daarbij vraagt men ieder groepslid aan te geven welke groepsleden hem of haar sympathiek zijn, een leidinggevende rol spelen, enzovoort. Op basis van deze keuzes wordt een patroon van relaties en interacties zichtbaar, dat voor de diagnostiek van zowel individueel als groepsgedrag informatief kan zijn.

Somato-fysiologische methoden

Tot de somato-fysiologische methoden behoren alle procedures die door de meting van lichamelijke kenmerken of processen een indicatie trachten te geven van de psychologische kwaliteiten van de onderzochte. Een voorwaarde voor de juistheid van deze methodiek is dat er een samenhang bestaat tussen fysieke of fysiologische aspecten en gedragskenmerken. We onderscheiden twee soorten van somato-fysiologische methoden: morfologische methoden en fysiologische methoden.

Morfologische methoden

Reeds heel oud zijn de morfologische methoden, waarbij zuiver somatische kenmerken worden onderzocht als mogelijke indicaties voor persoonlijkheidskenmerken (zie ook hoofdstuk 1, Galton). Dit kan betrekking hebben op het hele lichaam of alleen het hoofd of het gezicht (Frijda, 1967). Voor een uitvoerige behandeling van de morfologische methoden in het persoonlijkheidsonderzoek verwijzen wij naar Kouwer (1963). Testtechnisch gezien geldt dat morfologische metingen weliswaar betrouwbaar kunnen zijn, maar dat de validiteit zeer gering is.

Fysiologische methoden

Vervolgens onderscheiden we de fysiologische methoden. Hiertoe zijn te rekenen:
- biochemische indices: voor de registratie van hormonale en andere biochemische processen; ook DNA-sequenties voor de meting van erfelijkheid vallen hieronder;
- elektro-encefalogram (EEG): voor de meting van spanningsverschillen en -schommelingen in het verloop hiervan in de hersenen;
- andere 'brain scanners', voor de bestudering van vooral disfunctionerende hersenfuncties; hieronder vallen CAT-scans (computerized axial tomography), MRI-scans (magnetic resonance imaging), PET-scans (positron emission tomography) en squids (super conducting quantum interference devices);
- elektrocardiogram (ECG), met name de voor de psychofysiologie belangrijke frequentie en regelmaat in de hartslag;
- metingen van bloeddruk en bloedvolume;
- registratie van oogbewegingen, oogposities en pupildiameter;
- meting van elektrodermale verschijnselen, zoals de 'skin conductance', de 'galvanic skin response' en de 'skin potential reflex'.

Deze fysiologische maten hebben relaties met een veelheid van psychologische variabelen die voor het persoonlijkheidsonderzoek van belang zijn, zoals emotionele activering, aandacht en perceptie, vigilantie, angst, gevoeligheid voor stress en impulsiviteit (zie bijv. Van Doornen, 1988; Orlebeke, 1988). Soms zijn de verbanden slechts vastgesteld en vooralsnog onverklaard gebleven. Soms ook zijn er wel degelijk theoretische verklaringen geleverd voor een gevonden samenhang. Zowel dankzij de zich sterk uitbreidende medisch-biologische inzichten als door de ontwikkeling van geavanceerde apparatuur gaat het hier om een gebied dat ook voor de verdere ontwikkeling van de gedragsdiagnostiek van grote betekenis zal zijn.

Zelfbeoordelingen

Zelfbeoordelingen hebben meestal de vorm van vragenlijsten. Zelfbeoordelingen zijn lange tijd gewantrouwd omdat de respondent onvoldoende objectief zou zijn om zijn eigen functioneren te beoordelen. Indien de antwoorden van de respondent op zichzelf serieus zouden worden genomen en zouden worden gebruikt voor een psychologische analyse, lijkt dit wantrouwen terecht.

Er is echter ook een ander gebruik van zelfbeoordelingen mogelijk, dat is gebaseerd op empirisch vergelijkingsonderzoek en dat doorgaans leidt tot meer valide conclusies. Als uit empirisch onderzoek een bepaald patroon in de instemmingen en ontkenningen op de vragen wordt gevonden, dan mag men aannemen dat hieraan een gemeenschappelijke instelling of attitude ten grondslag ligt. Hiervan uitgaande kan men verdere analyses baseren op de wijze van beantwoorden in plaats van op de inhoud van de antwoorden. Men kan dan onderzoeken of bij bepaalde groepen personen (ziektebeelden) systematisch een typerend patroon van antwoorden wordt aangetroffen, of bijvoorbeeld of succesvolle leiders de vragen systematisch anders beantwoorden dan niet-succesvolle leiders. Op die manier wordt dan getracht in deze wijze van beantwoorden een systematiek of een relatie met criteria te ontdekken, zonder dat aan iedere vraag apart een psychologische interpretatie wordt verbonden. Dat zelfbeschrijving, op deze wijze bekeken, een waardevolle methode blijkt te zijn, is in theoretisch onderzoek en door praktische ervaring genoegzaam bevestigd.

Typen tests gebaseerd op zelfbeschrijvingen zijn: interessetests, waarde- en attitudetests, biografische vragenlijsten, en persoonlijkheidsvragenlijsten.

Interessetests

Interessetests hebben betrekking op het gebied van de interesses – meestal beroepsinteresses – en dienen om de beslissing voor school- of beroepskeuze te ondersteunen. Voor Nederlandse interessetests verwijzen we naar Evers (1992) en Evers, Lucassen, en Wiegersma (1999).

Waarde- en attitudetests

De attitudetest die bekend is als California-F-Scale (Adorno, Frenkel-Brunswik, Levinson & Sanford, 1950) wordt gebruikt om na te gaan in hoeverre iemand dogmatisch conservatief en bevooroordeeld staat tegenover diverse politieke, culturele en sociale verschijnselen. De Schaal voor Interpersoonlijke Waarden (Drenth & Kranendonk, 1973), een Nederlandse bewerking van Gordons Survey of Interpersonal Values, meet zes waarden: sociale steun, erkenning, altruïsme, conformiteit, onafhankelijkheid, en leiderschap.

Biografische vragenlijsten

Biografische vragenlijsten zijn gesystematiseerde, schriftelijk afgenomen anamneses. De te voorspellen criteria zijn vaak nogal specifiek, terwijl het aantal biografische gegevens meestal groot is en bovendien een complexe structuur heeft. Om die redenen zijn er niet veel standaardlijsten geconstrueerd, maar wordt voor het merendeel van de programma's waarin deze gegevens gebruikt worden, een specifieke vragenlijst samengesteld (zie Buiten, 1970; Owers, 1976).

Persoonlijkheidsvragenlijsten

Persoonlijkheidsvragenlijsten zijn gericht op een ruime keuze en een rijke variëteit aan aspecten van de persoonlijkheid. Het gaat hierbij om de persoonlijkheid in engere zin. Trekken als neuroticisme, extraversie en motivatie tot prestatie, komen direct voort uit de persoonlijkheidstheorie of uit de persoonlijkheidsdiagnostiek. De vragen zijn meestal eenvoudig: de respondent moet aangeven in hoeverre een bepaalde uitspraak, bijvoorbeeld 'ik bloos vaak in gezelschap' op hem van toepassing is, of in welke mate hij een vraag als 'houdt u van ontmoetingen met vreemde mensen?' instemmend of ontkennend zou willen beantwoorden.

Persoonlijkheidsvragenlijsten kunnen op drie manieren worden geconstrueerd.

Ten eerste kunnen vragenlijsten zuiver empirisch zijn samengesteld op basis van hun relatie met een relevant geacht criterium. Soms wordt op deze wijze een lijst geconstrueerd die een enkele trek of enkele zeer nauw gerelateerde trekken meet. Zo meet de Prestatie-Motivatie-Test (PMT; Hermans, 1976) prestatiemotief, negatieve faalangst en positieve faalangst. De Minnesota Multiphasic Personality Inventory (MMPI; Hathaway & McKinley, 1951) meet daarentegen een grote variëteit aan kenmerken, zoals hypochondrie, hysterie, psychopathie, paranoia en schizofrenie.

Ten tweede kunnen vragenlijsten zijn ontstaan uit een grote hoeveelheid persoonlijkheidsitems, die met behulp van statistische methoden, zoals factoranalyse en clusteranalyse, zijn gegroepeerd. Op deze wijze zijn schalen ontstaan als de 16 Personality Factors (16 PF) van Cattell (1956-1957) en de Guilford-Zimmerman Temperament Survey (Guilford & Zimmerman, 1949).

Ten derde kunnen vragenlijsten primair zijn gebaseerd op een theorie omtrent de persoonlijkheid of het temperament. Voorbeelden hiervan zijn de Amsterdamse Biografische Vragenlijst van Wilde (1962), de psychotismeschalen van Van Kampen (1977), de temperamentschalen van Feij (1978) en de Angstvragenlijst van Van Heck (1981). In paragraaf 3.1.3 bespreken we bij wijze van voorbeeld de NEO-PI-R Personality Inventory (waarbij NEO staat voor 'Neuroticism', 'Extraversion' en 'Openness to experience', PI voor 'personality inventory' en R voor 'revised') en de NEO-FFI Five Factor Inventory voor de meting van de Big Five persoonlijkheidstrekken: neuroticisme, extraversie, openheid, altruïsme en consciëntieusheid (Costa & McCrae, 1992; Nederlandse bewerking van Hoekstra, Ormel & Fruyt, 1996).

Voor zelfbeoordeling waarbij de persoonlijkheid in engere zin wordt gemeten, zijn er ook methoden die geen gebruik maken van vragenlijsten. Wij bespreken hiervan een drietal.

Ten eerste zijn er de Osgood-schalen, ook bekend als de methode van de 'semantische differentiaal' (Osgood, Suci & Tannenbaum, 1957). Hierbij wordt de onderzochte gevraagd een serie eigenschappen, gebeurtenissen of objecten te beoordelen op een aantal bipolaire dimensies, zoals 'mooi/lelijk', 'glad/ruw' en 'sterk/zwak'. Door middel van factoranalytische bewerking stelden Osgood e.a. (1957) vast dat deze veelheid van polariteiten in feite met behulp van drie dimensies kan worden beschreven: evaluatie ('goed/slecht'), activiteit ('actief/passief') en potentie ('sterk/zwak'). Ook bleek dat deze dimensies niet sterk cultuurgebonden zijn. Door de respondenten diverse verschijnselen te laten beoordelen en die beoordelingen over te brengen op deze drie betekenisdimensies, kan men een indruk krijgen van hun beleving van deze verschijnselen. Aldus kan een verhelderend inzicht ontstaan in de vraag hoe de onderzochte staat tegenover concepten als huwelijk, liefde, rechtvaardigheid, zijn beroep en zichzelf.

Ten tweede noemen we de Role Construct Repertoire van Kelly (1963), ook wel kortweg de Rep-test genoemd. Uitgegaan wordt van de veronderstelling dat de ontwikkeling van de persoonlijkheid bestaat uit de ontwikkeling van een serie 'constructs' – abstracties in de intermenselijke relaties – en dat ieder mens een unieke serie 'constructs' heeft. De Rep-test is gericht op een exploratie van deze voor het gedrag relevante sociale begrippen en connotaties. Men laat in de Rep-test standaardpersonen (bijv. uzelf, vader, leraar) beoordelen op een 'checklist' met adjectieven (bijv. 'intelligent', 'betrouwbaar'). Op deze wijze ontstaat een beeld van de persoonlijke betekenis van deze adjectieven die op hun beurt de bouwstenen vormen van de 'constructs', en dus van de persoonlijkheid.

Ten derde vermelden we de Q-technique of Q-sort, als test uitgewerkt door Block (1961). Men vraagt de onderzochte een serie uitspraken te sorteren in, bijvoorbeeld, negen stapeltjes, van gelijke grootte of in aantallen die de normaalverdeling volgen. Het sorteren kan geschieden op basis van gelijkenis met bijvoorbeeld zichzelf ('self-sort'), een ideaal ('ideal-sort') of de gemiddelde mens ('average-sort'). Men interpreteert niet alleen absolute scores, maar vooral afwijkingen, zoals tussen het waargenomen zelfbeeld en het ideale zelfbeeld. Van de afwijkingsscores wordt verondersteld dat ze bruikbaar zijn voor de diagnostiek van de persoonlijkheid.

Kwalitatieve prestatietests

Bij een kwalitatieve prestatietest krijgt de onderzochte een opdracht waarvan de vervulling een prestatie lijkt, zoals bij de opdrachten uit niveautests. Het gaat nu echter niet om de vraag of de opdracht goed of fout wordt uitgevoerd, maar om de wijze waarop deze wordt uitgevoerd, hetgeen dan informatief zou zijn met het oog op een bepaalde persoonlijkheidstrek of een klinisch syndroom. De score geeft een indicatie van de trek of het syndroom, en niet van de juistheid van de oplossing. De onderzochte heeft geen idee omtrent de bedoeling van de test. Dit zou zijn prestaties en reacties meer onbevangen en minder sociaal beïnvloed en dus 'eerlijker' maken.

Binnen deze categorie kan onderscheid worden gemaakt tussen twee soorten kwalitatieve prestatietests: niveautests voor gedragswijze en projectieve technieken. Het verschil tussen deze twee soorten tests is dat het bij niveautests voor gedragswijze gaat om een prestatie die beoordeeld wordt met een norm voor wat 'goed' en 'fout' is. Het betreft hier, formeel gezien, een echte niveautest. De score voor de prestatie verwijst echter naar een persoonlijkheidstrek of een klinisch-diagnostische categorie en minder naar een capaciteit of vaardigheid. Bij de projectietests is er niet meer sprake van een niveauscore die voor de persoonlijkheidsdiagnostiek wordt gebruikt, maar werkt de psycholoog met coderings- en interpretatiecategorieën, die uitgaan van kwalitatieve kenmerken van de reacties op de testopgaven.

Op basis van het type opdracht onderscheiden we vijf categorieën niveautests voor gedragswijze: experimentele tests, motoriektests, intelligentietests voor klinisch of diagnostisch gebruik, karaktertests, en cognitieve of perceptuele stijlen.

Niveautests voor gedragswijze

Experimentele tests. Experimentele tests vinden hun oorsprong in het experimentele laboratorium. Allerlei taken en prestaties die in het verleden zijn onderzocht, blijken ook voor persoonlijkheidsdiagnostiek waardevol. Voorbeelden zijn het onderzoek naar verschillen in sensorische drempels (signaaldetectie, pijn), mate van conditioneerbaarheid, oplettendheid, verschijnselen bij perceptuele taken zoals nachtzien, figurale na-effecten, positieve of negatieve tijdfouten en reactietijden. Diverse van deze maten vertonen een samenhang met indicaties voor persoonlijkheidstrekken, zoals extraversie en introversie, suggestibiliteit, neuroticisme en psychopathie.

Motoriektests. Ook diverse motorische verschijnselen vertonen een verband met persoonlijkheidsaspecten. Tot deze categorie behoren tests als 'tapping' (met de vingers trommelen), coördinatieproeven, motorische reacties en onvrijwillige rustpauzes bij vingervlugheidstaken.

Intelligentietests voor klinisch of diagnostisch gebruik. De derde categorie wordt gevormd door intelligentietests waarvan de totaalscores of een profiel van scores van belang zijn voor de klinische of persoonlijkheidsdiagnostiek. Als voorbeeld noemen we de intelligentietests die gebruikt worden voor de diagnostiek van disfuncties in de hersenen en hersenbeschadigingen, zoals de Bender Gestalt Test (Bender, 1938) en de Goldstein-Scheerer-testserie (Goldstein & Scheerer, 1945). Ook de vele intelligentietests die gebruikt worden in de neuropsychologie kunnen in dit verband worden genoemd (Bouma, 1988; Licht, 1988; Mulder, 1997; Van Strien, 1988).

Karaktertests. Met karaktertests wordt geprobeerd het karakter, de zedelijke aspecten of de wilskracht te meten. Een voorbeeld zijn de volhardingstests, waarbij wordt nagegaan hoe lang men onder condities van ongemak en zelfs pijn een taak kan volhouden. Niet alleen zijn deze tests vaak onbetrouwbaar, maar wat ze meten varieert sterk met de tijd en het zedelijke 'klimaat'. Kennelijk richten ze zich op minder relevante en consistente aspecten van de persoon dan de 'persoonlijkheidstests', waarmee stabiele persoonlijkheidstrekken worden gemeten (Kouwer, 1963).

Cognitieve of perceptuele stijlen. Een cognitieve stijl is een formele procesvariabele, die van persoon tot persoon verschilt en betrekking heeft op de wijze waarop informatie door de persoon wordt georganiseerd. Van perceptuele stijl spreekt men in het geval van waarnemingsgegevens, die subjectief en selectief worden opgenomen en verwerkt. Men kan denken aan het begrip veldafhankelijkheid, geoperationaliseerd als een compositiescore van drie tests: Rod and Frame Test (RFT), Embedded Figures Test (EFT) en Body Adjustment Test (BAT) (Witkin, 1949; zie ook Hettema, 1966).

Projectietests

Ten slotte gaan we kort in op de in de psychologie controversiële categorie van de projectietests of projectiemethoden. In deze tests wordt een ambigue opdracht gepresenteerd, waarop de onderzochte vrij mag reageren. In zijn reactie, structurering en inhoudelijke zingeving van deze veelal polyvalente stimuli laat de onderzochte, naar wordt aangenomen, iets zien van zijn perceptie, motieven en drijfveren. Dit stelt de psycholoog in staat zich volgens interpretatiecodes een beeld van de persoonlijkheid van de onderzochte te vormen. We noemen er zes: perceptietests, interpretatietests, expressietests, constructietests, associatietests en keuzetests.

Perceptietests. Bekende voorbeelden van perceptietests zijn de Rorschach-test van Rorschach (1921) of de Holtzman Inkblot Test van Holtzman (1958). De onderzochte reageert op vaag gestructureerde of geheel ongestructureerde inktvlekken. Elke zingeving en duiding van deze vlekken is een persoonlijke toevoeging aan het op zichzelf 'nietszeggende' materiaal, en wordt dan door de psycholoog voor interpretatieve doeleinden gebruikt.

Interpretatietests. Bekende voorbeelden van interpretatietests zijn de Thematic Apperception Test (TAT) van Murray (1935, 1943; Lievens, 1975) en de Vier-Platen-Test van D.J. van Lennep (1948). Het stimulusmateriaal is hierbij, in tegenstelling tot de perceptietests, op zichzelf meer of minder duidelijk. De onderzochte moet echter vanuit zijn persoonlijke interpretatie, verbeelding of fantasie de afgebeelde situaties verklaren of interpreteren of, als het om meer dan één plaat gaat, met elkaar in een zinvol verband brengen.

Van de *expressietests* noemen we hier de boomtest (J.E. van Lennep, 1958) of de grafologie, van de speeltests of *constructietests* de Scenotest (Von Staabs, 1951), van de *associatietests* de zinaanvullingstest (Rotter,

1951) en de frustratietest van Rosenzweig (1945), en van de keuzetests de Szonditest (Szondi, 1947). Om redenen die in hoofdstuk 9 aan de orde komen, kan nu reeds gesteld worden dat de projectietests psychometrisch gezien een dubieuze categorie vormen. Vandaar dat we afzien van een meer uitgebreide behandeling.

3.1.3 DRIE VOORBEELDEN VAN TESTS

We behandelen in deze paragraaf drie psychologische tests: een testbatterij voor algemene intelligentie, een computertest voor het ontwikkelingsbegrip transitief redeneren, en een brede persoonlijkheidsvragenlijst. Met deze bespreking beogen we uiteraard geen volledigheid, maar proberen we de lezer enig inzicht te geven in hoe een goede test er uit kan zien.

RAKIT – algemene intelligentie

De revisie van de Amsterdamse KinderIntelligentieTest (RAKIT; Bleichrodt e.a., 1984; 1987) bestaat uit twaalf deeltests, die tezamen een meting van de algemene intelligentie van kinderen in de leeftijd van vier tot en met elf jaar mogelijk maken. Er bestaat een lange en een korte versie van de test. De korte versie volstaat om een globale indruk te krijgen van de intelligentie van een kind, terwijl de lange versie een meer gedifferentieerd beeld toelaat. De test sluit aan bij de traditie van Thurstone, die uitgaat van zeven intelligentiefactoren, en Guilford, die uitgaat van drie dimensies met respectievelijk vier, vijf en zes deelaspecten, wat een totaal van 120 facetten oplevert. Door de COTAN (Evers e.a., 2000a, pp. 472-473) wordt de RAKIT in alle categorieën beoordeeld als een goede test. Een dergelijke beoordeling is maar weinig Nederlandse tests gegeven.

Aangezien het reproduceren van voorbeelditems van gepubliceerde tests niet is toegestaan, volstaan we hier met een karakterisering van de deeltests van de RAKIT (tabellen 3.1 en 3.2), die de lezer enig inzicht kan geven in de verschijning en de kenmerken van deze test. Daarbij hebben we niet de verwachting dat de lezer alle technische termen onmiddellijk zal herkennen. Het gaat ons er vooral om dat men een idee krijgt van wat een intelligentietest is, terwijl de nadere details in de bronnen kunnen worden gevonden.

Men ziet in de tabellen een grote variëteit in de gemeten eigenschappen en de gebruikte items. Ook valt op dat het aantal items sterk over deeltests kan variëren. Dit hangt samen met de voor de beantwoording van een item benodigde tijd en vaak ook met het aantal items dat nodig is om voldoende betrouwbaarheid van de testscore op de deel-

Tabel 3.1	De twaalf deeltests van de RAKIT en per deeltest de door die test gemeten eigenschap	
nr.	naam	gemeten eigenschap
1	figuur herkennen	perceptuele coherentie onvolledige plaatjes
2	exclusie	inductief redeneren; herkennen van regels en overeenkomsten in figuren, op basis van regels uitsluiting uit klassen
3	geheugenspan	geheugencapaciteit voor rijen van figuren
4	woordbetekenis	passieve woordenschat
5	doolhoven	visueel-motorische vaardigheden; perceptuele organisatie, efficiëntie, snelheid en nauwkeurigheid
6	analogieën	inductief redeneren; betekenisregels, overeenkomsten tussen woordparen
7	kwantiteit	conservatie van kwantiteiten (bijv. lengte, volume, gewicht)
8	schijven	visueel ruimtelijk-motorisch; patroonherkenning, matching, snelheid
9	namen leren	associatief geheugen, 'paired associates' (zinvolle figuur, onzinwoord)
10	verborgen figuren	visuele analyse, patronen, distractie
11	ideeënproductie	verbale divergente productie
12	vertelplaat	woordenrijkdom, coherent vertellen, logische samenhang

test te verkrijgen. Soms staan dergelijke vereisten met elkaar op gespannen voet, omdat er een grens is aan de tijd waarin vooral jonge kinderen zich op de taken kunnen concentreren.

De zes kenmerken van een test (hoofdstuk 2) laten we nu de revue passeren. Zo kunnen deze kenmerken, waarvan de behandeling in hoofdstuk 2 noodzakelijk theoretisch bleef, worden geïllustreerd aan echte tests en vragenlijsten, terwijl we tegelijk de RAKIT nader kunnen karakteriseren. Overigens merken we op dat deze kenmerken niet geheel samenvallen met de kwaliteitseisen die bijvoorbeeld door de COTAN (Evers e.a., 2000a, b) aan het praktisch gebruik van tests worden gesteld. Het gaat hier eerder om algemene kenmerken van tests, die deze laatste onderscheiden van het voorwetenschappelijk oordeel.
- *Efficiëntie.* Door aan kinderen een groot aantal taken aan te bieden die voor hun oplossing een beroep doen op diverse belangrijke aspecten van intelligentie, kan in enkele uren een vrij volledig beeld worden verkregen van het complexe intelligentiebegrip. Zou men

Tabel 3.2	Het aantal items per deeltest van de RAKIT en een beschrijving van de items per deeltest		
nr.	naam	aantal items	item
1	figuur herkennen	50	onvolledige tekeningen van alledaagse objecten (bijv. schoen, bal); wat is het?
2	exclusie	50	vierkeuze-items; kies de figuur die afwijkt van de andere
3	geheugenspan	2 × 18	2-7 figuren, 5 seconden zichtbaar, daarna met blokjes naleggen (volgorde)
4	woordbetekenis	60	vierkeuze-items: kind hoort woord en kiest uit vier gegeven alternatieven
5	doolhoven	14	reliëffiguur; met spatel door gangen van begin tot eind; score is benodigde tijd
6	analogieën	30	vierkeuze-items; woorden, a:b = c:d; d kiezen uit vier alternatieven
7	kwantiteit	65	meerkeuze-items; vergelijkingen in aantal, volume, naar aanleiding van afbeeldingen
8	schijven	1	pennenbord; schijven met 2, 3 of 4 gaatjes over pennen leggen; score is benodigde tijd
9	namen leren	12	tekeningen van dieren; naam wordt genoemd, daarna associëren
10	verborgen figuren	45	complexe tekening; bevat een 'verborgen' figuur die overeenkomt met één van zes geboden alternatieven
11	ideeënproductie	5	binnen tijdlimiet zo veel mogelijk woorden, objecten, situaties noemen (bijv. wat kun je allemaal opeten?)
12	vertelplaat	2	vertel zo goed mogelijk wat op de plaat staat of kan gebeuren

ten behoeve van een dergelijk beeld zijn aangewezen op de observatie van iemands gedrag 'in vivo', dan zou het vele dagen duren voordat men een gelijkwaardig volledig beeld had, overigens nog afgezien van de praktische onmogelijkheid van zo'n aanpak.
– *Standaardisatie*. De RAKIT wordt individueel aan kinderen voorgelegd. Dit duurt zo'n 2 à 2½ uur. De proefleider dient zich nauwgezet aan de zeer gedetailleerde richtlijnen te houden. De handleiding (Bleichrodt e.a., 1987) bevat vele aanwijzingen die betrekking hebben op de procedure voorafgaand aan en tijdens het daadwerkelijke testen. De aanwijzingen betreffen de inrichting van de testsituatie, het gedrag van de testleider, de interactie met het kind, het anticiperen op verwachte en onverwachte reacties van het kind, en de scoring van de reacties op de opdrachten. Benadrukt wordt dat

het zich niet houden aan deze aanwijzingen de testprestaties nadelig kan beïnvloeden en daardoor de vergelijking met normtabellen zinloos kan maken. Naast algemene instructies zijn er gedetailleerde instructies per deeltest.

- *Normering.* De RAKIT is genormeerd op basis van zeven leeftijdsgroepen, variërend van ongeveer $4\frac{1}{2}$ tot ongeveer 11 jaar. Bij de normering waren enkele duizenden proefpersonen betrokken. De groepen zijn samengesteld op basis van regio, urbanisatiegraad, schoolgrootte, leeftijd en sekse. De ruwe testscores zijn omgezet naar een gemakkelijk te interpreteren schaal (zie hoofdstuk 5 voor een behandeling van dergelijke transformaties). Ook zijn er scores beschikbaar voor de algemene intelligentie, die de prestaties op de twaalf deeltests samenvatten. De interpretatie van de individuele testprestatie op de RAKIT en zijn deeltests volgt uit de vergelijking met de voor de desbetreffende persoon relevante verdeling van getransformeerde testscores.
- *Objectiviteit.* De RAKIT is in het algemeen een objectieve test, maar soms speelt subjectieve beoordeling wel een rol. Een voorbeeld van subjectieve beoordeling geeft de deeltest 'Vertelplaat'. Hier krijgt het kind een afbeelding van een situatie aangeboden en wordt het gevraagd hierop te reageren ('vertel me zo veel mogelijk over deze plaat'). Beoordeeld wordt of het kind in staat is een volledig verhaal te vertellen. Hiertoe dient de testleider punten toe te kennen naar aanleiding van de eenheden (de objecten die op de plaat te zien zijn) die door het kind worden genoemd, de relaties tussen die eenheden (bijv.: de man plukt een appel) en de plot van het verhaal. De uiteindelijke testscore komt tot stand nadat de testleider een welomschreven maar complexe scoringsprocedure heeft doorlopen; hierbij is niet uitgesloten dat verschillende beoordelaars tot verschillende testscores komen.
- *Betrouwbaarheid.* De betrouwbaarheid van de testscore wordt per deeltest gegeven voor drie leeftijdsgroepen. Deze uitsplitsing naar leeftijd is nodig omdat intelligentieaspecten zich ontwikkelen met de vorderende leeftijd en het niet vanzelfsprekend is dat een test die betrouwbaar is voor jongere kinderen ook betrouwbaar is voor wat oudere kinderen (zie ook de *Normering*). Een test die in een jongere groep voldoende betrouwbare spreiding in de testscores vertoont, hoeft dit in een oudere groep niet te doen omdat de items daar alle te gemakkelijk zijn, waardoor iedereen een behoorlijk hoge testscore behaalt. In dit laatste geval kunnen kinderen niet betrouwbaar van elkaar worden onderscheiden. Aangezien de bedoeling van elk meetinstrument is om objecten – hier kindcren – betrouwbaar van

elkaar te onderscheiden met betrekking tot een eigenschap – hier een intelligentieaspect – zou de test in de oudere groep dus falen. Overigens zijn de deeltests van de RAKIT in alle leeftijdsgroepen redelijk tot voldoende betrouwbaar (variërend van 0.7 tot 0.9 op een schaal van 0 tot 1; zie hoofdstuk 6). De totaalscore op de gehele RAKIT is zelfs zeer betrouwbaar: in de drie leeftijdsgroepen respectievelijk 0.94, 0.94 en 0.95.

- *Validiteit*. De samenhang van de testscores op de RAKIT-deeltests met diverse externe variabelen is onderzocht om te kunnen vaststellen wat de betekenis is van deze tests. Ook is vastgesteld dat de RAKIT een aantal relevante criteria, zoals prestaties op lees- en rekentoetsen van het CITO en vervolgonderwijs na de basisschool, behoorlijk goed kan voorspellen.

Test voor transitief redeneren – specifieke test

Bouwmeester (2005) ontwierp een computertest voor de ontwikkelingseigenschap transitief redeneren. Van transitief redeneren is sprake bij het type probleem dat getoond wordt in figuur 3.3. Stel, aan een kind wordt op het scherm van een computer een doos getoond met drie compartimenten, waarvan er twee geopend zijn. Hierin zijn twee stokken zichtbaar (linker doos; de andere twee dozen zijn niet zichtbaar), waarbij zichtbaar is dat de linker stok langer is dan de middelste (in werkelijkheid hebben de stokken verschillende kleuren en worden zij door middel hiervan aangeduid). Vervolgens wordt alleen de middelste doos getoond. Nu is voor het kind zichtbaar dat de middelste stok langer is dan de rechter. Ten slotte wordt de geheel gesloten rechter doos getoond, waarbij pijlen naar de linker en de rechter stok wijzen. Niet zichtbaar is welke van deze twee stokken langer is. Het kind wordt nu naar die nog onbekende lengterelatie gevraagd. Er is sprake van transitief redeneren als het kind in staat is om uit de twee bekende relaties – de premissen – af te leiden dat de linker stok langer is dan de rechter.

Het kunnen afleiden van transitieve relaties is van groot belang in het onderwijs maar ook in het dagelijks leven. Voorbeelden zijn uiteraard het rekenonderwijs op de basisschool en later het onderwijs in wiskunde, biologie, natuurkunde en scheikunde, maar ook het kunnen bepalen van de winkel waar een bepaald product het goedkoopste is, het land waar men volgend jaar bij voorkeur met vakantie naar toe zou willen, en de middelbare school waar iemand het liefst het vervolgonderwijs zou volgen. Duidelijk is dat aan dergelijke oordelen vaak een heel complex van conclusies op basis van transitieve redeneringen ten grondslag ligt, waarbij vele verschillende aspecten in het geding

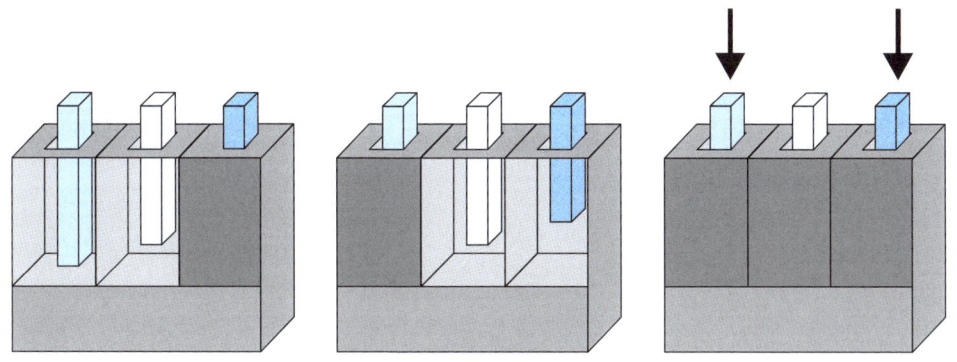

Figuur 3.3 *Voorbeeld van een taak voor transitief redeneren.*

kunnen zijn. Ook is duidelijk dat men zonder dit type redeneringen eigenlijk geen rationele beslissingen kan nemen.

De test voor transitief redeneren bestaat uit zestien taken, die via het computerscherm één voor één aan het kind worden voorgelegd. Per taak worden eerst de premissen getoond. Het kind geeft per premisse aan welke stok het langst is of dat ze even lang zijn. Dit gebeurt door een 'knop' op het scherm aan te raken. Nadat de premissen aldus zijn gepasseerd, wordt gevraagd naar de relatie tussen twee stokken die nog niet als premissenpaar waren gepresenteerd, en waarvan de onderlinge lengterelatie uit de premissen is af te leiden. Deze stokken worden eveneens getoond, maar zonder dat hun lengterelatie zichtbaar is. Opnieuw wordt door het aanraken van het scherm het antwoord kenbaar gemaakt: de rode stok is langer dan de gele, de gele stok is langer dan de rode, of de twee stokken zijn even lang.
Acht taken hebben betrekking op het vergelijken van de lengte van stokken, waarbij het aantal stokken en de relaties tussen stokken – gelijkheid en/of ongelijkheid – over taken kunnen variëren. Ook kan de wijze van aanbieden variëren: steeds is slechts één premisse zichtbaar of ze zijn alle tegelijk zichtbaar. Op dezelfde wijze is variatie aangebracht in het type objecten en hun onderlinge relatie. Naast stokken die een lengterelatie hebben, worden acht taken aangeboden die afbeeldingen van dieren betreffen, die in leeftijd kunnen variëren. De vraag die moet worden beantwoord, is bijvoorbeeld of de olifant ouder is dan het nijlpaard of andersom, of dat ze even oud zijn.

De zes kenmerken van een test (hoofdstuk 2) laten we nu de revue passeren.
– *Efficiëntie*. De test voor transitief redeneren confronteert kinderen in

een testsituatie met zestien taken die voor hun oplossing transitief redeneren vereisen. Deze zestien taken zijn op drie wijzen gevarieerd – het formaat van de taak (aantal objecten en relatie; vier formaten), wijze van aanbieding van premissen (opeenvolgend zichtbaar of gelijktijdig zichtbaar) en de inhoud van de taak (formeel of verbaal; corresponderend met respectievelijk lengte van stokken en leeftijd van dieren). Deze variatie zorgt ervoor dat diverse relevante aspecten van transitief redeneren in korte tijd aan bod komen.

- *Standaardisatie.* De test wordt door een getrainde proefleider aan individuele kinderen voorgelegd. Kinderen krijgen uitleg en doen enkele proeftaken, zodat de proefleider kan vaststellen of zij begrijpen wat van hen wordt verlangd en om te wennen aan de taak en de computer. De proefleider reageert op vragen en opmerkingen van kinderen tijdens het testen op een vooraf goed doordachte wijze, die erop gericht is de voortgang van de testprocedure te bevorderen zonder daadwerkelijk het oplossingsproces te sturen. De testtijd is ongeveer een half uur, met variaties die afhangen van de leeftijd van het kind.
- *Normering.* De test voor transitief redeneren is tot nu toe alleen in wetenschappelijk onderzoek gebruikt. De steekproef ten behoeve van de testconstructie bestond uit 615 kinderen, die gelijkmatig over de groepen 2 tot 6 van de basisschool waren verdeeld. De steekproef is afkomstig van zes basisscholen in de regio Leiden. De leerlingen komen uit de sociaal-economische middenklasse. Vanwege de wetenschappelijke doelstelling van de test zijn er geen normen voor individuele diagnostiek beschikbaar.
- *Objectiviteit.* De reacties van de kinderen op de premissen en de taken worden via het aanraken van 'knoppen' op het scherm door de computer geregistreerd. De uitleg die kinderen geven wordt door de proefleider via gestandaardiseerde vragen verkregen en op een formulier met geprecodeerde categorieën genoteerd. Uit onderzoek van Verweij (1994) bleek dat de overeenstemming tussen getrainde beoordelaars met betrekking tot de aldus verzamelde informatie bij een vergelijkbare test voor transitief redeneren, waarbij de getoonde objecten echte stokken, gewichten en schijven waren, voldoende hoog was.
- *Betrouwbaarheid.* De betrouwbaarheid van de somscore op de items was 0.83. Voor onderzoeksdoeleinden is dit voldoende hoog.
- *Validiteit.* De literatuur over transitief redeneren volgens de opvattingen van Piaget stelt dat er twee vaardigheden in het spel zijn, maar Bouwmeester en Sijtsma (2004) vonden aanwijzingen voor

slechts één vaardigheid. Hooguit is er naast transitief redeneren bij de verbale taken nog enige verbale vaardigheid van belang, maar dit is niet dominant. Bouwmeester, Sijtsma en Vermunt (2004) onderzochten de relatie tussen leeftijd, gebruikte oplossingsstrategieën en de taakkenmerken (formaat, wijze van aanbieding van de premissen en inhoud van de taak). Bouwmeester (2005) onderzocht ontwikkelingssprongen in transitief redeneren. Bij elkaar geeft dit onderzoek een behoorlijk nauwkeurig beeld van wat de test meet.

NEO – meting van de Big-Five persoonlijkheidsstructuur

De NEO-PI-R is een persoonlijkheidsvragenlijst die de vijf dominante persoonlijkheidskenmerken meet. Van oorsprong gaat het om een Amerikaanse test (Costa & McCrae, 1992), die door Hoekstra e.a. (1996) geschikt is gemaakt voor gebruik in de Nederlandse en Vlaamse populaties. De vijf dominante persoonlijkheidskenmerken staan tezamen bekend als de Big Five (Goldberg, 1990; Hofstee, De Raad & Goldberg, 1992; zie De Raad & Perugini, 2002, voor een uitvoerig overzicht van vragenlijsten voor meting van de Big Five, waaronder de NEO-vragenlijsten). Het gaat om de volgende vijf.
- Neuroticisme: emotionele labiliteit die wordt gecontrasteerd met emotionele stabiliteit. Angst speelt hierbij een dominante rol.
- Extraversie: staat in contrast met introversie. Het gaat hier om respectievelijk naar buiten en naar binnen gerichte energie, aandacht en oriëntatie.
- Openheid: het openstaan voor ervaringen, intellectuele nieuwsgierigheid, voorkeur voor variatie en esthetiek. Dit vormt een contrast met voorkeur voor conventionaliteit en geslotenheid.
- Altruïsme: het individu is georiënteerd op de ervaringen, doelen en belangen van anderen, en is hulpvaardig en gericht op samenwerken. Dit staat tegenover egocentrisme en competitie met anderen.
- Consciëntieusheid: het individu is goed georganiseerd, volhardend en ambitieus, alsmede betrouwbaar in de zin van gewetensvol handelend.

De NEO-persoonlijkheidsvragenlijst wordt gebruikt in het kader van de behandeling van patiënten, selectie van personen voor arbeidsplaatsen, en de beoordeling van geschiktheid voor training en opleiding. Ook wordt deze vragenlijst veel gebruikt in wetenschappelijk onderzoek.

Van de NEO persoonlijkheidsvragenlijst bestaat een korte en een lange versie. In de korte versie (NEO-FFI) wordt elk van de vijf belangrijke persoonlijkheidseigenschappen met 12 items gemeten. In de lange versie (NEO-PI-R) worden 48 items per eigenschap gebruikt, waarbij steeds onderscheid wordt gemaakt naar zes facetten per eigenschap. Elk facet wordt door acht items gemeten. Het totale aantal items in de NEO-PI-R persoonlijkheidsvragenlijst is dus 240. Met de korte versie kan men een relatief summier beeld van de persoonlijkheid verkrijgen, de lange versie geeft een zeer genuanceerd beeld van 30 facetten. De doelstelling van het onderzoek zal bepalen welke de aangewezen versie is.

Bij wijze van voorbeeld noemen we de zes facetten voor de eigenschap Neuroticisme (NEO-PI-R). Dit zijn achtereenvolgens:
- angst: de mate waarin men bang, zorgelijk, nerveus, gespannen en schrikachtig is;
- ergernis: de mate waarin men frustratie, boosheid en haat ervaart;
- depressie: de mate waarin men gevoelens van schuld, verdriet, hopeloosheid en eenzaamheid ervaart;
- schaamte: de mate waarin men verlegen is en gevoelig voor spot en beoordeling door anderen;
- impulsiviteit: de mate waarin men zijn verlangens en gevoelens slecht beheerst;
- kwetsbaarheid: de mate waarin men spanning en stress slecht beheerst.

Alle items bestaan elk uit een korte uitspraak in de ik-vorm, die betrekking heeft op een kenmerk van een facet van de bedoelde eigenschap. De respondent geeft per item op een geordende schaal aan in hoeverre hij het met de uitspraak eens is, variërend van 'mee eens' tot 'mee oneens'. Een fictief voorbeeld is 'Ik kan mijzelf niet goed opjutten om taken op tijd af te krijgen', waarbij de antwoordmogelijkheden zijn: 'helemaal oneens', 'oneens', 'neutraal', 'eens', en 'helemaal eens'. Afhankelijk van het gekozen antwoord krijgt een respondent 1, 2, 3, 4 of 5 punten, waarbij een hoger aantal betekent dat de positie op de schaal van de eigenschap hoger is.

Ten slotte lopen we voor de NEO-persoonlijkheidsvragenlijst de zes kenmerken van een test langs:
- *Efficiëntie.* Aan respondenten wordt gevraagd zich een voorstelling te maken van een groot aantal situaties en bij zichzelf na te gaan hoe zij in de beschreven situaties typisch reageren. Hiermee kan in korte tijd uit het verslag van de respondent zelf een indruk worden verkregen van de vijf belangrijkste persoonlijkheidstrekken. Zo wordt voorkomen dat de psycholoog iemand langdurig zou moeten observeren totdat hij voldoende evidentie meent te hebben verkregen om conclusies te kunnen trekken over diens persoonlijkheid.

- *Standaardisatie.* De tests kunnen zowel individueel als groepsgewijs worden gemaakt. De NEO-FFI kan in 10 à 15 minuten worden ingevuld en de NEO-PI-R in 40 à 50 minuten.
- *Normering.* Per persoonlijkheidstrek wordt een deeltestscore berekend door de itemscores bij elkaar op te tellen. Deze totaalscore wordt geacht een goede samenvatting te geven van de antwoorden op de items en de itemscores zo te vervangen. Een totaalscore als 'Jan heeft een neuroticismescore van 34' zegt op zich nog niet of dit duidt op een hoog, laag of ander niveau van neuroticisme. Om tot een interpretatie te komen, wordt aangenomen dat de totaalscores voor neuroticisme normaal verdeeld zijn en nagegaan waar een gegeven totaalscore onder de normaalverdeling ligt. Zo kan blijken dat een totaalscore van 34 in het midden van de normaalverdeling ligt. Op een schaal van 1 tot en met 9, getalswaarden die corresponderen met gelijke intervallen onder de normaalverdeling, heeft Jan dan een score van 5. Dergelijke scores staan bekend als stanines (zie voor de technische details hoofdstuk 5). Dergelijke normen zijn vastgesteld voor diverse deelpopulaties. Zo kan Jan vergeleken worden met alle andere mannen, maar ook met leeftijdgenoten. Normen zijn vastgesteld door diverse steekproeven. In totaal zijn enkele duizenden proefpersonen bij de normering betrokken geweest.
- *Objectiviteit.* De scoring van de items van de NEO-persoonlijkheidsvragenlijst is objectief, omdat door de testconstructeur is vastgesteld hoeveel punten voor een bepaald antwoord op een item dienen te worden toegekend. Indien men zich aan dit scoringsvoorschrift houdt, komt elke psycholoog derhalve tot dezelfde conclusies.
- *Betrouwbaarheid.* Van de vele resultaten noemen we er enkele voor de verkorte versie van de NEO-persoonlijkheidsvragenlijst. De betrouwbaarheid van de vijf belangrijke persoonlijkheidstrekken (gemeten met 12 items per trek) is bepaald voor bijvoorbeeld populaties bestaande uit de gehele bevolking, ouderen en werknemers. De betrouwbaarheid varieert in deze groepen van 0.57 (Openheid, ouderen) tot 0.88 (Neuroticisme, werknemers). Dit duidt op een nogal sterke variatie. Zie Hoekstra e.a. (1996) voor meer informatie. De COTAN (Evers e.a., 2000a, b) beoordeelt de betrouwbaarheid in het algemeen als voldoende (maximaal is 'goed').
- *Validiteit.* Van elk van de 'Big Five'-trekken is de samenhang onderzocht met variabelen die respectievelijk het psychisch, sociaal en lichamelijk functioneren representeren. Zo werd gevonden dat een hogere score voor Neuroticisme samenhangt met heviger indirecte agressie, sterkere sociale isolatie, zwakker sociaal functioneren en

een negatievere beleving van de eigen gezondheid. Dit zijn enkele van de valideringsgegevens, die tezamen een beeld geven van de betekenis van de vragenlijsten. De COTAN (Evers e.a., 2000a, b) is van mening dat in voldoende mate is aangetoond wat de betekenis is van de testscores, maar stelt ook vast dat nog onvoldoende onderzoek heeft plaatsgevonden naar de voorspellende waarde van de test.

3.2 Indeling naar instructie en afneming

Tests kunnen ook worden onderscheiden naar de wijze waarop zij worden geïnstrueerd en afgenomen. De twee belangrijkste criteria zijn die tussen de individuele en de groepstest, die al kort ter sprake kwam, en die tussen de snelheidstest en de niveautest.

3.2.1 INDIVIDUELE TEST EN GROEPSTEST

Bij de individuele test is er sprake van een individuele relatie tussen de testleider en de onderzochte. De vragen of opdrachten worden stuk voor stuk door de testleider geformuleerd en ook de reacties en prestaties worden meestal door de testleider vastgelegd. Bij de groepstest bestaat de activiteit van de testleider slechts uit het geven van de collectieve instructie voor een hele groep proefpersonen tegelijk, het surveilleren, het geven van aanwijzingen tijdens het afnemen van de test, en het inzamelen van de voltooide testopgaven.

Het is duidelijk dat een groepstest efficiënter is dan een individuele test. Vele personen tegelijk worden getest, wat een behoorlijke besparing aan tijd en geld betekent. De groepen mogen niet te groot zijn, omdat dan het afkijken en de ordehandhaving een probleem kunnen gaan vormen. Het optimale aantal per groep hangt af van de aard van de test, het doel van het onderzoek en de leeftijd van de onderzochten. Bij patiënten en jongere kinderen en ook in ontwikkelingslanden, waar men niet gewend is aan een 'schoolse sfeer', is het groepsgewijs testen veel moeilijker te realiseren; bij kinderen jonger dan een jaar of vijf is het zelfs vrijwel onmogelijk.

In Europa is de individuele wijze van testen nogal populair. Afgezien van de geringe efficiëntie heeft individueel testen zeker voordelen. Ten eerste is er de mogelijkheid de onderzochte te stimuleren als de indruk ontstaat dat hij zijn best niet doet. Deze situatie doet zich bij kinderen en ook bij klinische patiënten nogal eens voor. Ten tweede kan men beter nagaan of de onderzochte de opgave heeft begrepen. Vooral wanneer proefpersonen moeilijk lezen levert een groepstest bezwaren op. Ten derde biedt de individuele test meer mogelijkheden om de onderzochte te observeren en allerlei kwalitatieve gegevens over diens gedrag en prestatie te verzamelen.

Bij de individuele afneming krijgt men meer informatie, maar dit is niet altijd noodzakelijk. Het kan zelfs bezwaarlijk zijn omdat deze informatie niet op een gestandaardiseerde wijze wordt verkregen. Men loopt dan het gevaar dat allerlei toevallige gedragingen en reacties serieus worden genomen. Uit nogal wat empirisch onderzoek is gebleken dat het meenemen van dit soort van subjectieve informatie in het oordeel niet tot betere voorspellingen leidt (en soms zelfs tot slechtere) in vergelijking met de voorspelling op basis van de testuitslagen alleen (zie Van Dam, 1996; Mischel, 1968). Het verzamelen van deze extra gegevens leidt voor het merendeel slechts tot hypothetische conclusies, die nader onderzoek behoeven. Dergelijke gegevens kúnnen dus een goede aanvulling op de test zijn, maar vaak zijn zij overbodig en zelfs hinderlijk.

Meestal worden de groepstests schriftelijk gepresenteerd ('paper-and-pencil-test') en worden de antwoorden door de onderzochten op de testformulieren zelf of op aparte antwoordformulieren ingevuld. Een andere mogelijkheid is dat de vragen of opdrachten via een beeldscherm worden gepresenteerd en dat de respondent zijn antwoorden via een toetsenbord direct in de computer invoert (zie hoofdstuk 5). Ook een individuele test kan schriftelijk of via de computer worden voorgelegd. Hiertegenover staat enerzijds de mondelinge test ('oral test'), waarin de onderzochte zelf de antwoorden noemt op de gestelde vragen, en anderzijds de verrichtingstest ('performance test'), waarbij de onderzochte een handeling of werkzaamheid uitvoert.

3.2.2 SNELHEIDSTEST EN NIVEAUTEST

In de tegenstelling tussen snelheidstest en niveautest, vaker aangeduid met de Engelse benaming 'speed test' versus 'power test', kan men iets van de oude tegenstelling tussen kwantiteit en kwaliteit terugvinden.

Bij een snelheidstest gaat het om de vraag hoe snel de onderzochte kan werken. Dit wordt bepaald door het aantal opgaven dat in een vaste tijd kan worden beantwoord. Een snelheidstest bezit doorgaans de volgende kenmerken. Ten eerste is het aantal opgaven zo groot, dat vrijwel niemand ze alle in de toegestane testtijd kan maken. Ten tweede hebben alle opgaven ongeveer dezelfde moeilijkheidsgraad. Ten derde zijn, om het snelheidskenmerk als zodanig zuiverder naar voren te laten komen, de opgaven vaak gemakkelijk zodat er nauwe-

lijks fouten worden gemaakt. Als er al fouten worden gemaakt, wordt er bij de scoring meestal geen rekening mee gehouden.
De prestatieniveautest daarentegen kenmerkt zich door opgaven die variëren in moeilijkheidsgraad. Meestal worden deze opgaven in volgorde van oplopende moeilijkheid aan de respondenten voorgelegd. De gemakkelijkste opgaven kunnen door vrijwel iedereen in de onderzochte groep worden beantwoord en de moeilijkste opgaven door vrijwel niemand. Bovendien wordt voor het oplossen ruim de tijd gegeven. In de praktijk is de toegestane tijd natuurlijk wel begrensd, maar voor vrijwel alle personen voldoende om de test zonder hinderlijk gevoelde tijdsdruk te voltooien. De prestatie wordt beoordeeld op basis van het aantal correct opgeloste opgaven.

Een interessante vraag is of tests, onder verschillende condities van snelheids- of niveaubepaling, toch dezelfde eigenschap kunnen meten.
Op basis van de dagelijkse ervaring zou men verwachten, dat in de echte snelheidstests kwantiteit en kwaliteit negatief samenhangen. Aangezien de opgaven gemakkelijk zijn en oplossingsvaardigheid dus geen belangrijke rol speelt, kan men verwachten dat een grotere snelheid met een grotere slordigheid gepaard gaat. De prestaties onder beperkte en onbeperkte tijdcondities in een niveautest correleren echter wel positief: naarmate iemand vaardiger is, of meer inzicht heeft, kan hij de vragen en opdrachten sneller en beter uitvoeren. Dit houdt in dat onder verschillende tijdcondities naar verwachting dezelfde personen hoog of laag scoren. Bevestiging van deze veronderstelling werd gevonden in een onderzoek met de Test voor Niet-Verbale Abstractie (Drenth, 1965b), waarin een correlatie van 0.90 werd gevonden tussen prestaties in een beperkte (20 minuten) en een veel langere (45 minuten) testtijd.
Wat betreft de verhouding tussen snelheid en niveau kwam Meili (1951, p. 307) tot de volgende twee hypothesen: de snelheid waarmee gemakkelijke opgaven worden opgelost geeft geen aanwijzing voor het vermogen moeilijke opgaven op te lossen; snelheid waarmee moeilijke opgaven worden beantwoord is wel een aanwijzing voor het vermogen om deze problemen op te lossen als zodanig, maar niet voor de snelheid waarmee eenvoudiger taken worden verricht. Een gedeeltelijke bevestiging van deze hypothesen werd gevonden door Defares, Kema en Van der Werff (1962). Zij vonden dat de snelheid van het routinematige werk geheel losstond van enerzijds de intelligentie en anderzijds de snelheid van werken bij moeilijke opdrachten. Wel cor-

releerde deze tweede soort snelheid, zij het niet erg hoog, met het niveau van de intelligentieprestaties.

Van der Ven (1976) bespreekt een model waarmee de correlatiepatronen tussen precisie- en snelheidsscores, behaald op niveautests met een tijdlimiet (zie ook Van der Ven, 1971), kunnen worden verklaard. De precisiescore is de proportie van goede antwoorden gebaseerd op het aantal goede en foute antwoorden samen, en de snelheidsscore is het aantal geprobeerde items. Er werd van uitgegaan dat snelheid en precisie onafhankelijk zijn. Met behulp van dit model slaagde Van der Ven erin om de correlatiepatronen tussen beide soorten van scores voor de subtests van twee testbatterijen [GATB (Van der Flier & Boomsma-Suerink, 1994) en ISI (Van Boxtel, Snijders & Welten, 1980)] te verklaren.
Het model van Van der Ven werd bekritiseerd door Van den Wollenberg (1983, 1985). Als alternatief voor de precisiescores stelde hij de persoonsscore uit het Rasch-model (hoofdstuk 7) voor. Verder vond hij dat snelheid en precisie niet geheel onafhankelijk zijn en ook dat deze eigenschappen niet de enige zijn die ten grondslag liggen aan de testprestatie. Voor nader onderzoek op het gebied van snelheid en precisie als determinanten van testprestaties verwijzen we naar Pieters en Van der Ven (1982).

Voor de bepaling van bijvoorbeeld iemands woordenschat, kennisniveau, en sensorische of artistieke vaardigheden is het snelheidselement niet belangrijk. Bij eigenschappen waarbij snelheid wel een belangrijk element is, is het de vraag in welke mate het snelheidskarakter in de test moet worden geaccentueerd. Dit is een empirische kwestie, afhankelijk van wat men wil meten of wat men wil voorspellen. Algemene uitspraken hierover vallen niet goed te geven. Voor de constructie van tests is deze kwestie overigens van groot belang, aangezien de wijze van bepaling van de betrouwbaarheid en ook de vraag naar de betekenis van de test direct samenhangen met de vraag naar de optimale praktische uitvoering – niet of wel een tijdlimiet, en in het laatste geval, welke tijdlimiet.

3.3 Onderscheid op basis van testvragen

Verschillende benamingen en onderscheidingen gaan uit van de testvragen. We behandelen hier cultuurvrije en niet-cultuurvrije tests, en directe en indirecte tests. Onderscheidingen op basis van de vraagvorm – meerkeuze of open en andere mogelijkheden – komen in hoofdstuk 4 uitvoerig aan de orde.

3.3.1 CULTUURVRIJE EN NIET-CULTUURVRIJE TESTS

Het onderscheid tussen cultuurvrije en niet-cultuurvrije tests is eerder gradueel dan absoluut. Een vorderingentoets waarin de kennis van een juist beëindigde cursus boekhouden wordt getoetst is bij uitstek cultuurbepaald, omdat de inhoud en context van de opleiding maximaal invloed hebben op hetgeen getoetst wordt. Bij het andere uiterste kan worden gedacht aan testopgaven en een testvorm die zo goed als geen appèl doen op condities die door cultuur en onderwijs worden bepaald. Van de laatste soort tests zou gebruik moeten worden gemaakt in het onderzoek naar verschillen in psychologische eigenschappen tussen volken en culturen, het onderzoek binnen populaties die bestaan uit mensen met uiteenlopende etnologische en linguïstische achtergrond, en het onderzoek van analfabeten en personen zonder enige opleiding.

Als het mogelijk zou zijn cultuurvrije tests te construeren, zou daarmee een belangrijk middel beschikbaar komen, niet alleen voor theoretisch onderzoek, maar ook voor 'eerlijk' beleid, bijvoorbeeld met betrekking tot toelating en selectie (Drenth, 1977; 1988a). Uitvoerige ervaring met het testen van cultureel uiteenlopende populaties rechtvaardigt echter de conclusie dat zuivere cultuurvrije tests niet bestaan en ook dat het zinloos is de constructie van dergelijke tests na te streven. Iedere prestatieniveautest meet het resultaat van de inwerking van de omgeving op datgene wat de persoon aan potentieel heeft meegekregen. Een test kan onmogelijk alleen iemands potentieel meten, omdat dit potentieel altijd onder invloed van de fysieke en sociale omgeving tot ontwikkeling is gekomen. Zogenaamde cultuurvrije tests kunnen deze pretentie dus niet waarmaken (Drenth, 1983; Vernon, 1969). Ervaringen met als cultuurvrij aangediende tests, zoals de Raven Progressive Matrices en de Cattell Culture Free Test onderstrepen dit standpunt (Burke, 1958; Dague, 1972).

Vaak wordt verondersteld dat cultuurvrije tests non-verbaal dienen te zijn; verbaliteit wordt bij uitstek gezien als cultuurbepaald. Dit laatste is waar, maar ook non-verbale tests zijn cultuurbepaald. Zo verwijzen afbeeldingen en tekeningen veelal naar een schoolse context, die op zich weer sterk gebonden is aan een specifieke cultuur. Ook is de ontwikkeling van niet-verbale vaardigheden aan culturele invloeden onderhevig. Bovendien zullen vele oplossingen, ook met betrekking

tot niet-verbale opdrachten, toch via verbaal-cognitieve processen verlopen, en dus afhankelijk zijn van taal, en dus van cultuur.
Men kan zich zelfs de vraag stellen of de verwijdering van de aan de cultuur gebonden elementen uit de test niet tevens de belangrijkste kenmerken van het begrip intelligentie elimineren. Dit geldt in ieder geval voor het element taal, dat in de meeste culturen immers het meest voor de hand liggende communicatiemedium is met behulp waarvan begrippen en relaties en het oplossen van problemen worden aangeleerd. Volgens Ortar (1972) is dit een van de belangrijkste redenen waarom niet-verbale tests vaak zo laag correleren met allerlei relevante maatschappelijke criteria, waarop intelligentie wel een grote invloed heeft (zoals opleiding, carrière en beroep).

Een betere benadering is wellicht om in plaats van het complexe begrip cultuur begrippen te gebruiken die nauwkeuriger omschreven kunnen worden en beter passen binnen de testtheorie. We illustreren deze gedachtengang aan de hand van het begrip 'skill', dat afkomstig is uit de experimentele en de ontwikkelingspsychologie, en dat in dit verband is uitgewerkt door Van der Flier (1972).
Het reageren op de items in een test via een bepaalde actie (bijv. aanwijzen of op een knop drukken) of het beantwoorden of invullen van vragen vereist in het algemeen, behalve de beoogde eigenschappen, vaardigheden of 'skills' die men niet wil meten. Sommige van deze 'skills' zijn hoofdzakelijk fysiologisch bepaald, zoals het kunnen horen van een instructie en het kunnen zien van de opgaven. Andere worden in sterkere mate beïnvloed door culturele en andere omgevingsvariabelen, zoals kunnen lezen, schrijven en werken met getallen. Om uitspraken te kunnen doen over de capaciteiten van degenen die worden getest, is het noodzakelijk om ervan uit te gaan of ervoor te zorgen dat de vereiste 'skills' volledig worden beheerst, zodat ze geen variatie in testscores veroorzaken. Iedereen dient dus dezelfde startpositie te hebben. Er zijn drie manieren waarop de invloed van verschillen in 'skills' kan worden teruggebracht.
Ten eerste kunnen individuele verschillen in 'skills' zelf worden gereduceerd, bijvoorbeeld door de instructie uit te breiden en meer oefenopgaven te geven; zie in dit verband ook de bespreking van de computertest voor transitief redeneren (paragraaf 3.1.3). Dit is overigens niet een 'cultuurvrije' test, maar het voorbeeld maakt wel duidelijk dat er extra zorg wordt besteed aan het 'wegwerken' van mogelijke, voor de meting van transitief redeneren irrelevante verschillen in computer 'skills' vóór aanvang van de test.
Ten tweede kan de interpretatie van de testscores worden beperkt tot

het gedeelte van de populatie dat de vereiste 'skills' bezit. Bijvoorbeeld, wanneer het voor de oplossing van een item in een intelligentietest noodzakelijk is om verschillende kleuren te onderscheiden, zou men vooraf een test voor kleurenblindheid kunnen voorleggen. Zo kan de groep die geen onderscheid tussen kleuren kan maken en waarvan de testscore dus niet als 'zuivere' indicatie van intelligentie kan worden opgevat van beoordeling worden uitgesloten. In veel gevallen zal het mogelijk zijn om ten aanzien van de groep die moet worden getest aan te nemen dat bepaalde 'skills' door iedereen zodanig worden beheerst dat er geen individuele verschillen in bestaan. Zo kan men van VWO-leerlingen veilig aannemen dat zij zo goed kunnen lezen en schrijven dat hierin geen individuele verschillen optreden die hinderlijk zijn bij het interpreteren van de testprestaties.

Ten derde kan de invloed van verschillen in 'skills' worden verminderd door het ontwikkelen van 'skill-reduced' tests. Een goed voorbeeld is de Design Construction Test van Ord (1968), waarin door verandering van testmateriaal het aantal vereiste 'skills' sterk werd verminderd. Ook de SON (Snijders & Snijders-Oomen, 1958; de nieuwere versie is de SON-R, $5\frac{1}{2}$-17, niet-verbale intelligentietest; Snijders, Tellegen & Laros, 1988) kan als een 'skill-reduced' test worden beschouwd. In beide gevallen gaat het erom de groep te vergroten waarbinnen uit de testscores conclusies over de te meten capaciteit kunnen worden getrokken.

3.3.2 DIRECTE TESTS EN INDIRECTE TESTS

Als de betekenis van de test, datgene wat men wil meten of voorspellen, aan de onderzochte bekend is, spreken we van een directe test, en als dit niet het geval is van een indirecte test (Campbell, 1957).

Onder de categorie van indirecte tests vallen vrijwel alle projectiemethoden, omdat de onderzochte hierbij geen of een onjuist idee heeft van wat de psycholoog uit de antwoorden of reacties afleidt. Zo wordt de Rorschach-test vaak gepresenteerd als een 'fantasietest', en de boomtest als een 'tekentest'. Ook in het sociaal-psychologisch onderzoek en vooral het marktonderzoek wordt de indirecte methode graag gebruikt. Plaatjes interpreteren, associaties en zinaanvullingen vormen een belangrijk onderdeel van het consumentenpsychologisch onderzoek (Engel, Blackwell & Miniard, 1990; Oppenheim, 1966). Ook vragenlijsten kunnen in een indirecte vorm gegoten zijn. De vragen 'wat denkt u dat de meeste mensen tegen katholieken, gereformeerden ... hebben?' of 'wat voor type mensen rijdt graag in een BMW?' zijn indirecter en wellicht meer valide dan de vragen: 'wat hebt u tegen

katholieken, gereformeerden ... ?' en 'wat vindt u van een BMW?', hoewel beide vraagvormen hetzelfde beogen.
In dit licht bezien zijn ook de meeste zelfbeoordelingen en persoonlijkheidsvragenlijsten indirect. Dit geldt sterker naarmate de zuiver inhoudelijke interpretatiewijze meer wordt losgelaten. De onderzochte heeft er geen weet van op welke wijze de antwoorden worden gewogen en gecombineerd en welke interpretaties met betrekking tot persoonlijkheid, interesse of attitude aan de antwoorden worden verbonden.

Veel tests zijn van de directe soort. De onderzochte begrijpt het doel van de test en dit is in overeenstemming met de bedoeling van de testleider. Vele prestatieniveautests, vrijwel alle vorderingentests, biografische informatielijsten, opinievragenlijsten en attitudetests zijn direct.

3.3.3 VRIJE-ANTWOORDENTESTS EN KEUZE-ANTWOORDENTESTS

Indien items de vrije-antwoordenvorm hebben moet de onderzochte zelf het antwoord bedenken en formuleren. Bij de keuze-antwoordenvorm wordt de onderzochte verzocht een keuze te maken uit vooraf door de testconstructeur geformuleerde antwoordmogelijkheden. Andere termen zijn open versus gesloten vragen en ongecodeerde versus geprecodeerde vragen. De term 'vraag' is in het laatste geval nogal ongelukkig; bedoeld wordt het antwoord. Aangezien hoofdstuk 4 uitvoerig ingaat op de mogelijke typen van items en vraagvormen, laten we dit onderwerp hier verder rusten.

Opdrachten

1 a Wat is een test voor prestatieniveau?
   b Wat is een test voor gedragswijze?

2 Wat is een enkelvoudige algemene niveautest ('general ability test')?

3 Wat zijn veelvoudige algemene niveautests? Waarin verschillen deze tests van enkelvoudige algemene niveautests?

4 Waaraan moeten we denken bij het woord 'geschiktheid' in een testbatterij voor geschiktheden ('multiple aptitude test')?

5 Wat is de relatie tussen geschiktheidsfactoren en intelligentiefactoren?

6 Noem de drie specifieke problemen van het meten van gedragswijzen in vergelijking met het meten van prestatieniveaus.

7 Bij observatietests worden indirecte gegevens verzameld. In welk opzicht zijn de gegevens indirect?

8 Men neemt de antwoorden van onderzochten bij zelfbeoordeling doorgaans serieus. Hoe wordt ermee omgegaan bij de evaluatie van de persoonlijkheid?

9 Wat is de methode van de semantische differentiaal?

10 Wat geeft de score op een kwalitatieve prestatietest aan?

11 Leg uit waarom het gebruik van een test voor jonge kinderen problemen oplevert als hij wordt gebruikt in een oudere groep waarvoor de items alle te gemakkelijk zijn (zie behandeling RAKIT).

12 Waarom zijn de eisen aan de betrouwbaarheid van een test die wordt gebruikt in wetenschappelijk onderzoek minder streng dan die voor een test die wordt gebruikt voor individuele diagnostiek?

13 Noem een voordeel en een nadeel van de groepstest.

14 Noem drie voordelen van de individuele test.

15 Noem een gevaar van de grotere hoeveelheid informatie die men kan verkrijgen via de individuele wijze van testen in de context van beoordeling van de persoonlijkheid.

16 Geef aan hoe snelheid en nauwkeurigheid van werken met elkaar samenhangen.

17 Is snelheid van werken bij veel tests van belang? Licht het antwoord toe.

18 Zijn er tests die volledig cultuurvrij zijn? En zijn er tests die volledig cultuurbepaald zijn? Licht uw antwoorden toe.

19 Wat wordt bedoeld met 'skills' in de context van testen?

20 Leg uit hoe de invloed van 'skills' op de testprestatie kan worden verminderd.

21 Wat wordt verstaan onder een indirecte test?

22 Noem enkele typen tests die als direct kunnen worden gekenschetst.

Constructie van items en kwantificering van reacties

4

In dit hoofdstuk bespreken we de bouwstenen van tests en vragenlijsten, in het algemeen aangeduid met de term 'items'. We bespreken diverse varianten van veel voorkomende items, die we onderscheiden naar:
- van de respondent gevraagde activiteit, waarin we onderscheiden:
  - theoretische opdrachten, zoals het vinden van de weg door een doolhof of het maken van rekenopdrachten;
  - stellingen over de eigen persoonlijkheid of significante anderen, waarvan de respondent aangeeft in hoeverre deze van toepassing zijn;
  - vragen, bijvoorbeeld over euthanasie en politieke voorkeur, waarvan de respondent aangeeft in hoeverre hij het ermee eens is;
  - praktijkproeven, zoals het leiden van een discussie en het regelen van treinverkeer in een simulator;
- de vorm waarin het antwoord wordt gegeven, waarin vooral van belang zijn:
  - open vragen; naar aanleiding van open vragen of opdrachten dient de respondent zelf het antwoord te formuleren of een activiteit uit te voeren;
  - gesloten vragen; bij gesloten vragen dient de respondent te kiezen uit een doorgaans beperkt aantal keuzemogelijkheden die door de testconstructeur zijn geformuleerd;
- de uiterlijke verschijningsvorm van het item, waarvoor vele mogelijkheden bestaan, die in dit boek alle wel aan de orde komen, onder andere:
  - meerkeuzevragen voor meting van het prestatieniveau;
  - de 'rating scale' voor de meting van gedragswijzen.

Vervolgens bespreken we in dit hoofdstuk hoe de reacties op de items uit een test omgezet worden in getallen – itemscores – die de basis vormen voor de statistische analyse van test- en vragenlijstgegevens. Ten slotte geven we aan hoe in een vooronderzoek ('pilot study') met een kleine steekproef van respondenten kan worden nagegaan of de gebruikte items in beginsel geschikt zijn voor de test of de vragenlijst.

4.1 Van de respondent gevraagde activiteit

Psychologische tests en vragenlijsten – waaronder ook studietoetsen, wat kennis- en inzichttests zijn – bestaan uit basiselementen die items worden genoemd. De items zijn de stimuli waarop de respondenten reageren. Uit hun reacties – het observeerbare gedrag – proberen we het niveau van de geteste persoon af te leiden op een niet-observeerbare psychologische eigenschap die verondersteld wordt ten grondslag te liggen aan deze reacties.
Door middel van items wordt respondenten gevraagd activiteiten te verrichten, op basis waarvan een psychologische eigenschap wordt beoordeeld. Voorbeelden zijn de volgende.

Theoretische opdrachten. Bekende opdrachten zijn: 'vind de weg door de doolhof', 'maak met de blokken deze figuur na', en 'draai deze figuur in gedachten naar een opgegeven positie'. Deze opdrachten zijn bekend uit intelligentietests. Verder kan gedacht worden aan rekenopdrachten en taalvraagstukken, zoals die op school worden voorgelegd. Een ander voorbeeld betreft theoretische verkeersproblemen, zoals bij velen bekend uit het theoretisch rijexamen. Met behulp van theoretische opdrachten – opdrachten die een theoretisch probleem betreffen – worden vaak cognitieve capaciteiten en vaardigheden gemeten. Bij capaciteiten denkt men doorgaans aan mentale vermogens met een duidelijk erfelijke component. Het zijn dan ook relatief stabiele kenmerken van een persoon. Zo zijn bijvoorbeeld de capaciteiten die ten grondslag liggen aan bovengenoemde intelligentieproblemen, respectievelijk visueel-motorische vaardigheden, geheugenspan en ruimtelijk inzicht (zie tabel 3.2 over de RAKIT). Aan vaardigheden ligt weliswaar ook een erfelijke component ten grondslag, maar vaardigheden zijn voor een belangrijk deel te leren. Daardoor zijn ze meer door oefening te beïnvloeden dan capaciteiten. Gedacht kan worden aan allerlei aspecten van taal- en rekenvaardigheid, zoals op school geleerd, maar ook aan de items uit een theoretisch verkeersexamen. Antwoorden op opdrachten zijn goed of fout, of soms gedeeltelijk goed of fout.

Stellingen. Voorbeelden van stellingen zijn: 'ik ben in gezelschappen maar weinig aan het woord', uit een persoonlijkheidsvragenlijst voor introversie, en 'bij het nemen van een beslissing vraag ik mij eerst af hoe mijn vader dit had aangepakt', uit een lijst waarmee de houding ten opzichte van autoriteitsfiguren wordt bepaald. De onderzochte dient aan te geven of hij het wel of niet met de stelling eens is (twee mogelijkheden) of in hoeverre hij het ermee eens is (drie of meer gradaties). Met stellingen worden niet alleen persoonlijkheidstrekken gemeten, maar ook opinies, houdingen en voorkeuren. Voorbeelden zijn: 'vrijwillige euthanasie dient gelegaliseerd te worden' en 'voor de zwaarste misdaden dient de doodstraf weer ingevoerd te worden'. Opinies en houdingen zijn klassen van eigenschappen die vooral van belang zijn in sociologisch en politicologisch onderzoek, maar ook in psychologisch wetenschappelijk onderzoek kan de meting van houdingen een belangrijke rol spelen. Men kan denken aan de houding ten opzichte van het eigen lichaam of de eigen gezondheid in klinisch psychologisch en gezondheidspsychologisch onderzoek of aan de houding ten opzichte van het werk of de werkomstandigheden in het arbeidspsychologisch onderzoek. Opvallend in deze voorbeelden is dat de antwoorden niet goed of fout zijn, maar de positie van de respondent op de schaal van de veronderstelde eigenschap aangeven.

Vragen. Twee voorbeelden van vragen zijn: 'bent u voorstander van de legalisering van vrijwillige euthanasie?' en 'op welke politieke partij gaat u bij de eerstkomende Kamerverkiezingen stemmen?' Met behulp van vragen worden vaak opinies, houdingen en voorkeuren gemeten. Voorkeuren zijn van belang voor marktonderzoek, maar eveneens voor het psychologisch onderzoek van beslissingen. De antwoorden van respondenten op vragen bieden informatie over dergelijke eigenschappen. Antwoorden zijn hier niet goed of fout, maar geven een standpunt of een houding aan.

Praktijkproeven. Een sollicitant voor een administratieve functie krijgt bijvoorbeeld de opdracht om een op cassetteband ingesproken tekst uit te typen. De bedoeling is de typevaardigheid te bepalen. Iemand die solliciteert naar de functie van verkeersleider bij de Nederlandse Spoorwegen krijgt de opdracht om in een simulator het treinverkeer van en naar Utrecht Centraal Station te regelen. De bedoeling is om na te gaan of iemand complexe situaties snel kan overzien. Het gaat in deze voorbeelden om de meting van capaciteiten en vaardigheden door middel van een arbeidsproef. In dit kader kan ook gedacht worden aan het praktische rijexamen ter bepaling van de rijvaardigheid. Als laatste voorbeeld iemand die solliciteert naar een managementfunctie, en die tezamen met andere sollicitanten en wellicht andere personen in een spelsituatie een praktisch probleem krijgt op te lossen. Daarbij registreert de psycholoog eigenschappen als geneigdheid tot samenwerken of competitie, leiderschap, organisatievermogen, passiviteit en sociale intelligentie. Interessant is hier dat de psycholoog de reacties van de sollicitant registreert en interpreteert, een situatie die zich ook vaak in klinische situaties voordoet. Bij dit soort opdrachten kunnen reacties diverse vormen aannemen. Bij de typeproef, het bedienen van de simulator en het rijexamen zijn zij vaak te classificeren als goed of fout (of gedeeltelijk goed of fout) en bij de spelsituatie als adequaat of niet adequaat.

Behalve de genoemde typen activiteiten zijn nog diverse andere mogelijk. Denk aan de projectietests (hoofdstuk 3) die doorgaans dienen om de persoonlijkheid in kaart te brengen en die van uiteenlopende stimuli gebruik maken, zoals inktvlekken, verhaaltjes die niet af zijn en suggestieve tekeningen. Wat hier aan activiteit gevraagd wordt is vaak een juist zo 'vrij' mogelijke reactie.

4.2 Vorm waarin het antwoord wordt gegeven

De reacties van respondenten op items kunnen grofweg in twee categorieën worden onderscheiden. Ten eerste is er de mogelijkheid dat de respondent geheel zelf bepaalt hoe hij reageert. Dit betekent dat de respondent het antwoord formuleert of een bepaalde handeling uitvoert. Ten tweede is er de mogelijkheid dat een respondent kiest uit een beperkt aantal door de testconstructeur geformuleerde reacties. De eerste antwoordvorm correspondeert met de open vraagvorm of opdracht of de essayvorm. De tweede mogelijkheid correspondeert met de gesloten vraagvorm, ook wel geprecodeerde vraagvorm, multiple-choicevraagvorm of meerkeuzevraagvorm genoemd. We gaan in op de voor- en nadelen van beide vraagvormen.
Vaak wordt gedacht dat de open vraagvorm superieur is aan de meerkeuzevraagvorm. De gedachte hierachter is dat open vragen aan de respondent de mogelijkheid bieden om te laten zien wat hij weet of kan, om creatief te zijn, om blijk te geven van meer dan alleen de direct gevraagde kennis en van diepere inzichten. De meerkeuzevraag daarentegen vraagt slechts om een keuze uit een gegeven aantal opties en zou primair een beroep doen op het geheugen – en dan vooral herkenning – en daarmee op kennis, maar niet op inzicht en creativiteit. Dit laatste wordt als een nadeel ervaren.

De antwoorden op open vragen bieden vaak meer informatie dan de reacties op meerkeuzevragen. Het volgende verzonnen voorbeeld kan dit wellicht goed illustreren. Het gaat om een item waarmee een aspect van introversie wordt gemeten.

> *Vraag*: Hoe gedraagt u zich in gezelschappen? Bent u veel aan het woord of juist niet?
> *Antwoord*: Ik ga ervan uit dat vooral vergaderingen en dergelijke worden bedoeld. Ik probeer juist goed op te letten wat er gezegd wordt. Ik denk ook dat dit belangrijker is dan steeds zelf aan het woord te willen zijn.

De onderzoeker dient nu het antwoord van de respondent te interpreteren en te categoriseren. Hierbij doen zich de volgende problemen voor.

Ten eerste is het beoordelen en categoriseren van de antwoorden op open vragen voor de onderzoeker een tijdrovende aangelegenheid. Ook voor de respondent geldt dat de beantwoording van alle vragen vaak veel tijd kost. Dit is vooral een praktisch bezwaar.

Ten tweede begrijpen respondenten niet altijd wat er met een vraag bedoeld wordt. Toch geven zij meestal wel een antwoord. Dit kan vele redenen hebben: men wil niet dom worden gevonden, niet lastig zijn, graag meewerken en aardig zijn voor de proefleider. In deze gevallen is de respondent zich er nog van bewust dat hij de vraag niet begrijpt, maar sommige respondenten hebben in het geheel niet in de gaten dat zij de vraag verkeerd interpreteren en vervolgens een antwoord geven op een vraag die niet door de onderzoeker is gesteld. Bij vragen over houdingen, opinies of persoonlijkheidstrekken kan ook nog een rol spelen dat respondenten emotioneel betrokken zijn bij de kwestie die wordt onderzocht, waardoor hun het gevraagde eigenlijk ontgaat en zij vooral reageren op allerlei bijkomstigheden die hen persoonlijk raken.
Door deze oorzaken zijn de antwoorden soms niet relevant voor de meting van de bedoelde eigenschap. In het voorbeeld is dit introversie. De respondent gaat er op eigen gezag van uit dat de vraag betrekking heeft op vergaderingen, maar niet op verjaardagsfeestjes of andere sociale aangelegenheden waarin hij zich in gezelschap bevindt. Overigens maakt de vraag dit niet duidelijk, en dat is weer een bezwaar

tegen de vraag zelf. We komen hier nog op terug. Verder geeft de respondent aan dat zijn antwoord in sterke mate wordt ingegeven door wat hij denkt over hoe mensen zich tijdens vergaderingen dienen te gedragen ('Ik denk ook dat dit belangrijker is dan steeds zelf aan het woord te willen zijn'). Daarmee wordt echter niet duidelijk hoe hij zich zelf gedraagt.

Het probleem is nu dat de onderzoeker alleen beschikt over dit schriftelijke antwoord en dat hij vervolgens op zijn eigen oordeel over de relevantie van dit antwoord voor de te meten eigenschap moet afgaan. Overigens is soms wel duidelijk dat een respondent de vraag anders heeft geïnterpreteerd dan de bedoeling was en dat het antwoord derhalve niet classificeerbaar is met betrekking tot de te meten eigenschap. De geschetste situatie is zeer herkenbaar voor leraren en docenten. Zij weten uit ervaring dat leerlingen maar al te vaak de vraag anders interpreteren dan de bedoeling was, en vervolgens antwoorden op een niet-gestelde vraag. Ook dan geldt vaak dat de vraag op zich al vaag is en daardoor de problemen mede veroorzaakt.

Ten derde zijn niet alle respondenten even goed in staat om hun gedachten op papier te zetten. Ook als men dat wel kan is het nog maar de vraag of het antwoord ondubbelzinnig is en of het taalgebruik en de taalbeheersing dusdanig zijn dat iemand anders de betekenis kan vaststellen. Ook zijn niet alle handschriften duidelijk en goed leesbaar. Net als bij het tweede punt speelt ook hier de interpretatie van de antwoorden door de onderzoeker een belangrijke rol, en is duidelijk dat deze er vaak naast kan zitten.

Vanwege deze drie redenen zal de onderzoeker genoodzaakt zijn om diverse antwoorden uit het onderzoek buiten beschouwing te laten. Eigenlijk is het juist de grote vrijheid van de respondent bij het beantwoorden van de vragen die de onderzoeker hier parten speelt. Doordat de respondent kan laten zien wat hij allemaal weet of van allerlei zaken vindt, zijn de antwoorden voor de onderzoeker gezien de vraagstelling van het onderzoek niet altijd relevant.

Een alternatief voor de open vraagvorm is de gesloten vraagvorm. De introversievraag uit het voorbeeld zou als volgt geformuleerd kunnen worden:

Ik ben in gezelschappen maar weinig aan het woord

van
toepassing
☐ ☐ ☐ ☐ ☐
niet van
toepassing

De respondent wordt gevraagd om in het vakje dat zijn positie het beste weergeeft, een kruisje te zetten. Dit type item heet 'rating scale'-item, vanwege de geordende schaal waarop de respondent zichzelf dient te beoordelen. De respondent moet hier kiezen uit een vijftal mogelijkheden; vandaar dat dit een gesloten vraagvorm is. In vergelijking met de open vraag kan hierover het volgende worden geconstateerd.
Ten eerste gaan de beantwoording door de respondent en de categorisering van de antwoorden door de onderzoeker zeer snel. Hierdoor kan een groter aantal vragen worden gesteld. Meer vragen betekent meer informatie en dus een hogere betrouwbaarheid (hoofdstuk 6). Bovendien betekent meer vragen een betere dekking van de bedoelde eigenschap en daarmee een betere validiteit (hoofdstuk 8). Ten tweede krijgt de respondent geen gelegenheid om op voor het onderzoek irrelevante zaken in te gaan en is de kans op het verkeerd begrijpen van de stelling kleiner. Overigens kunnen verschillende respondenten zich bij de term 'gezelschappen' nog steeds sterk uiteenlopende situaties voorstellen. Dit is een lastig probleem. Maakt men de stelling te concreet ('Ik ben in vergaderingen maar weinig aan het woord'), dan is de vraag niet relevant voor respondenten die niet of nauwelijks vergaderingen bijwonen. Een zekere mate van veralgemenisering is dus wel nodig, maar introduceert vervolgens het probleem van de dubbelzinnige betekenis. Dit is een algemeen dilemma bij de constructie van items, dat moeilijk is te omzeilen. Ten derde speelt de interpretatie van het antwoord door de onderzoeker geen rol.

Wij willen niet de indruk wekken dat open vragen altijd inferieur zijn aan meerkeuzevragen. Ons betoog dient vooral om vooroordelen over open en gesloten vragen te bestrijden. Voor een effectieve open vraag geldt dat de vraag kort en helder moet zijn en dat de instructie aan de respondent duidelijk moet maken dat antwoorden kort dienen te zijn. Bijvoorbeeld: een antwoord mag hoogstens twintig woorden bevatten (geen lange betogen) of alleen enkele steekwoorden. De volgende vraag uit een studietoets kan zowel open (met goede instructie) als gesloten worden gesteld.

Voorbeeld van een item voor de meting van kennis van de testtheorie, eerst in open vraagvorm en daarna in meerkeuzevorm:

Wat is de belangrijkste eis die aan een psychologische test gesteld wordt?
Antwoord: ....

Het belangrijkste kenmerk van een psychologische test is:
a hoge betrouwbaarheid
b goede validiteit
c hoge utiliteit
d onpartijdigheid

Open vragen of opdrachten verdienen soms zelfs de voorkeur boven meerkeuzevragen. Voor de meting van creatieve taalvaardigheid kan men de respondenten beter een opstel laten schrijven. Schriftelijke uitdrukkingsvaardigheid in het Engels kan beter worden vastgesteld door een brief te laten schrijven. In intelligentietests wordt eveneens vaak gebruik gemaakt van open vragen en opdrachten. Zo wordt van kinderen gevraagd aan te geven hoe je bij een figuurtje in een doolhof kunt komen, hoe je een tekening door middel van een puzzel kunt reconstrueren en wat de betekenis is van allerlei zaken uit het dagelijks leven.

Omdat bij open vragen altijd de subjectiviteit van de beoordeling van de reactie een rol speelt en deze subjectiviteit ook bij een goede voorbereiding door de onderzoeker nooit geheel kan worden uitgesloten, moet in de fase van de testconstructie de categorisering van de reacties door ten minste twee beoordelaars geschieden. Deze beoordelaars dienen onafhankelijk van elkaar te werken. Nadat zij hun werk hebben gedaan dient te worden vastgesteld in hoeverre zij tot dezelfde indelingen zijn gekomen. Is hun overeenstemming gering dan moet toch voor een andere vraagvorm worden gekozen. De vaststelling van de overeenstemming tussen onafhankelijke beoordelaars werd summier behandeld in hoofdstuk 2.

We sluiten af met enkele nadelen of vermeende nadelen van gesloten vragen – met name meerkeuzevragen – in de context van studietoetsen.

Het eerste nadeel is praktisch. Een test bestaande uit meerkeuzevragen vereist een uitvoerig vooronderzoek. Ten eerste is het bedenken van meerkeuzevragen lastig. De moeilijkheid zit vooral in het bedenken van de onjuiste antwoordmogelijkheden: die moeten enige aantrekkingskracht hebben, vooral voor respondenten die het juiste antwoord niet weten. Deze alternatieven mogen dus niet zo onwaarschijnlijk zijn dat iedereen, ongeacht kennisniveau, ze op voorhand wegstreept, waardoor het juiste antwoord vanzelf overblijft. Ten tweede is het inschatten van de moeilijkheidsgraad van dit type items lastig. Eigenlijk zou men zowel deze moeilijkheidsgraad als de 'attractiviteit' van de onjuiste alternatieve antwoorden in een vooronderzoek moeten vaststellen. Hier komen we op terug in paragraaf 4.5.1. Overigens geldt ook voor een open-antwoordentest dat veel aandacht dient te worden besteed aan het formuleren van de vragen, zoals uit het voorgaande al bleek. Het praktische voordeel van meerkeuzevragen zit in de geringe tijd die besteed hoeft te worden aan correctie en toekennen van scores. Bij meerkeuze-items kan dit door een computer gebeuren, terwijl open vragen altijd door de onderzoeker zelf dienen te worden beoordeeld.

Het tweede bezwaar tegen meerkeuzevragen is de kans dat respondenten door louter te raden vele goede antwoorden kunnen krijgen. Daar kan echter op diverse manieren mee rekening worden gehouden. Ten eerste noemen we als voorbeeld de Test voor Niet-Verbale Abstractie (Drenth, 1965b). Hierin moet men per item twee antwoorden kiezen uit zes, en pas als de twee goede oplossingen zijn gekozen wordt het antwoord goedgekeurd. De kans op goed raden is dan maar klein, namelijk 1/15 (zie de opdrachten). Ten tweede bestaan er methoden om een correctie toe te passen voor deze 'goedgegokte' antwoorden (zie hoofdstuk 5, waar ook op nadelen van deze correcties wordt gewezen). Dit neemt echter niet weg dat, als men de raadkans heel klein of praktisch nul wil houden, of als men het vanuit didactisch oogpunt ongewenst vindt dat respondenten raden, een open vraag dan meer geschikt is.

Het derde en meest principiële bezwaar dat tegen meerkeuzevragen wordt ingebracht is dat er, in tegenstelling tot open vragen, slechts eenvoudige cognitieve vaardigheden mee zouden kunnen worden gemeten. Hiermee komen we ook terug op een vermeend voordeel van open vragen, als zouden deze een beroep doen op andere, vooral hogere mentale processen zoals begrip en inzicht, evaluatie, voorstellingsvermogen, stijlgevoel en creativiteit. De meerkeuzevragen zouden slechts geschikt zijn voor meting van kennis en 'weetjes', die bovendien niet via een reproductieproces maar via een herkenningsproces gemeten worden.

De vraag of de twee vraagvormen inderdaad iets verschillends meten is een empirische kwestie. Mellenbergh (1971) analyseerde zeventig empirische studies, waarin de twee vraagvormen werden vergeleken. Zijn conclusie was dat het in vele gevallen mogelijk is met meerkeuzevragen hetzelfde te meten als met open vragen, mits de meerkeuzevragen goed geconstrueerd zijn. Ook de 'hogere' functies uit bijvoorbeeld het hiërarchische systeem van onderwijskundige doeleinden volgens Bloom (1956), zoals begrip, toepassing, analyse, synthese en evaluatie, blijken wel degelijk toegankelijk te zijn voor meerkeuzevragen.

Overigens moeten de mogelijkheden tot het meten van de hogere functies via open vragen niet worden overschat. Ten eerste is er het eerder genoemde probleem van de onbetrouwbaarheid van de beoordeling. Mellenbergh noemt een aantal onderzoeken waarin de correlatie tussen twee onafhankelijke beoordelingen van antwoorden op open vragen werd vastgesteld. Bij wis- en natuurkundevakken zijn die correlaties vrij hoog (0.8 à 0.9), maar bij vakken als wijsbegeerte en talen vrij laag (0.4 à 0.6). Ten tweede komt het concluderen uit de open vragen tot allerlei hogere mentale functies en kwaliteiten in feite vaak neer op een subjectief en oncontroleerbaar fantaseren. Misschien is dit ook wel de hoofdoorzaak van het empirische gegeven dat meerkeuzevragen in het algemeen betere voorspellers zijn dan open vragen (Mellenbergh, in De Groot & Van Naerssen, 1977, p. 6).

4.3 Itemvormen: het speciale geval van geprecodeerde items

We behandelen hier alleen geprecodeerde items. We onderscheiden conform hoofdstuk 3 items voor prestatieniveautests en tests voor gedragswijze.

4.3.1 ITEMS VOOR PRESTATIENIVEAUTESTS

In prestatieniveautests, zoals studietoetsen en intelligentietests, wordt vaak gebruik gemaakt van meerkeuze-items. Een meerkeuze-item bestaat uit een uitspraak, een bewering, een vraag of een probleemstelling, gevolgd door twee of meer antwoorden waaruit de respondent dient te kiezen. Het aantal opties is vrijwel nooit groter dan vijf.

Doorgaans is één oplossing goed en zijn de andere fout. Een voorbeeld van een meerkeuze-item, met één goed antwoord, voor de meting van kennis van de testtheorie is:

> Bij een test die gebruikt wordt voor selectie en plaatsing is vooral van belang de
> a predictieve validiteit
> b inhoudsvaliditeit
> c constructvaliditeit
> d face validity

Het eerste deel van het item bestaat hier uit een uitspraak die moet worden aangevuld met een van de gegeven opties. De uitspraak (minus de antwoorden) wordt de stam genoemd. De antwoordmogelijkheden onderscheiden we in de gesleutelde respons ('keyed response') ofwel het goede antwoord, en de afleiders ofwel de foute antwoorden. De variatie binnen de meerkeuze-antwoordenvorm is groot. Wij onderscheiden meerkeuze-items op basis van drie principes: kiezen, rangschikken en toeschrijven. Deze drie principes laten wij kort de revue passeren.

Kiezen

De eenvoudigste vorm van kiezen is de tweekeuzevorm: ja/nee, juist/onjuist, eens/oneens. Twee voorbeelden:

Als gas 3 maal zoveel wordt samengeperst, wordt de druk 9 maal zo groot	juist / onjuist
De doodstraf zou weer moeten worden ingevoerd	eens / oneens

Varianten op meerkeuze-items met meer dan twee antwoordmogelijkheden zijn:
(In)correcte-antwoordvorm. Slechts een van de antwoorden is het juiste of het onjuiste. Voorbeelden zijn:

Wat is de correcte spelling?
a onmidelijk, b onmiddelijk, c onmidellijk, d onmiddellijk.

Welke staat behoort niet tot de Verenigde Staten?
a New Mexico, b Washington, c Ontario, d Kentucky.

Meest/minst juiste-antwoordvorm. De respondent moet uit vier meer of minder plausibele antwoorden het meest juiste kiezen. Een voorbeeld is:

Welke van de volgende vier woorden ligt qua betekenis het dichtste bij het woord licentiaat?
a patent, b doctoraalexamen, c doctorsbul, d vergunning.

Verschillende-antwoordenvorm. Uit een aantal antwoordmogelijkheden dient de respondent een of meer antwoorden te kiezen die een juist antwoord zijn op de gestelde vraag. Soms is dit aantal wel, soms ook niet gefixeerd. Men kan de respondent bijvoorbeeld vragen om uit twaalf mogelijke oplossingen voor een praktisch probleem, zoals het fileprobleem op de Nederlandse wegen, die drie of vier aan te strepen die volgens hem de meest effectieve zijn. Men kan het te kiezen aantal echter ook vrij laten en vragen de volgens hem effectieve oplossingen aan te geven.

Complexe vormen. Naast de genoemde vormen zijn er nog allerlei meer complexe vormen in gebruik of te bedenken. Een voorbeeld is de gecombineerde-antwoordenvorm. Men doet daarbij een uitspraak, waarin twee stellingen (a en b) zijn opgenomen die door een conjunctie (c) zijn verbonden. De onderzochte kan 'a' kiezen indien volgens hem alleen de eerste stelling juist is, 'a en b' indien hij beide stellingen onderschrijft maar de conjunctie niet, 'b' indien hij alleen de tweede stelling onderschrijft, en 'a en b en c' indien de hele uitspraak volgens hem juist is inclusief de beide stellingen.

Een voorbeeld van een gecombineerde-antwoordenvorm is:

HCl lost Na_2SO_3 op (a) hoewel (c) HCl een sterker zuur is dan Na_2SO_3 (b).

In dit geval is stelling a juist, evenals stelling b, terwijl de conjunctie onjuist is. Het juiste antwoord is: a en b.

Rangschikking

Bij rangschikking moet de respondent de keuzemogelijkheden plaatsen in volgorde van juistheid, toepasbaarheid of voorkeur. Als voorbeeld noemen we:

> Rangschik naar uw voorkeur de volgende liefhebberijen:
> lezen, wandelen, knutselen, postzegels verzamelen, sporten, televisie kijken

Het voordeel van een rangschikking is dat veel informatie wordt verkregen. Ook zijn er vele vragen, vooral bij de meting van interesses en motieven, waarbij een rangorde meer adequaat is dan een verplichte of een vrije keuze. Het gaat daarbij immers veelal om een vloeiende overgang van sterk naar zwak en iedere indeling 'wel/niet' zou een geforceerd en arbitrair karakter hebben.

Toeschrijving

Ten slotte bespreken we het principe van de toeschrijving. Deze methode is het meest bekend onder de Engelse benaming 'matching'. Uit een rij namen, gebeurtenissen of feiten, en een rij eigenschappen, jaartallen of oorzaken, moet telkens de juiste combinatie worden gemaakt. Het beste kan dit worden verduidelijkt met een voorbeeld:

> Maak de juiste vijf combinaties:
>
> | | |
> |---|---|
> | 1 bloedcirculatie | a Pasteur |
> | 2 erfelijkheid | b Freud |
> | 3 evolutie | c Mendel |
> | 4 hondsdolheid | d Darwin |
> | 5 psychiatrie | e Harvey |

Het voordeel van deze methode is dat door de compacte vraagvorm veel informatie door middel van een opgave wordt verzameld. Er zijn echter ook bezwaren. De voornaamste is dat de keuzes niet onafhankelijk van elkaar geschieden. Hoe minder onzekere combinaties overblijven, hoe meer kans op juistheid men heeft bij raden. De laatste combinatie hoeft men helemaal niet te kennen; die blijft eenvoudigweg over. Dit bezwaar is te ondervangen door – in dit voorbeeld – de rij van namen bijvoorbeeld te verdubbelen, zodat niet iedere naam in een combinatie gebruikt kan worden. Er blijft natuurlijk een kans bestaan dat men door te gissen tot goede combinaties komt, maar die kans is dan wel kleiner.

4.3.2 ITEMS VOOR TESTS VOOR GEDRAGSWIJZE

In tests voor gedragswijze (persoonlijkheidsvragenlijsten en attitudetests) is een item vaak een uitspraak waarbij de respondent, door op een gegeven schaal een kruisje te zetten, kan aangeven in welke mate hij het met de uitspraak eens is. Een voorbeeld is het volgende item voor de meting van extraversie:

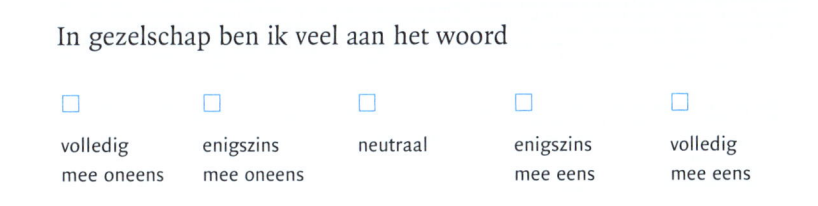

In gezelschap ben ik veel aan het woord

☐ ☐ ☐ ☐ ☐

volledig   enigszins   neutraal   enigszins   volledig
mee oneens mee oneens   mee eens   mee eens

De presentatievorm van dergelijke items kan sterk variëren. Zo kan gekozen worden voor alleen het benoemen van de twee uiterste hokjes, maar ook voor een ander aantal keuzemogelijkheden, bijvoorbeeld, twee, drie, vier, zes, zeven, enzovoort. Enkele belangrijke aanwijzingen en overwegingen bij dergelijke keuzes zijn:
- Zorg ervoor dat de presentatievorm en de instructie zodanig zijn dat de respondent niet in de verleiding komt om een kruisje tussen twee keuzemogelijkheden te zetten. Dat zou iemand kunnen doen omdat hij ergens een zeer genuanceerde mening over heeft of omdat hij twijfelt en maar niet kan kiezen. Hoe realistisch dit ook kan zijn, de onderzoeker heeft niets aan dergelijke keuzes en kan achteraf niet vaststellen wat nu het gekozen antwoord was.
- Het meest bekend zijn de items met vijf antwoordmogelijkheden, ook wel Likert-items genoemd (Likert, 1932). Dit aantal kan worden gevarieerd, en een belangrijke keuze is dan die tussen een even of een oneven aantal. Een voordeel van een even aantal antwoordmogelijkheden is dat de respondent gedwongen wordt om kleur te bekennen, omdat er geen 'neutrale' middencategorie is. Zo wordt

vermeden dat iemand die niet zo goed durft te kiezen steeds zijn toevlucht neemt tot het veilige of neutrale midden, terwijl hij misschien wel een voorkeur heeft. Evengoed kan echter worden beargumenteerd dat respondenten een neutrale categorie moeten kunnen aankruisen als zij echt geen voorkeur hebben. Dit is dan een pleidooi voor een oneven aantal antwoordcategorieën. Zo wordt vermeden dat iemand een voorkeur moet uitspreken die hij niet heeft. Voor dit dilemma bij de constructie van items bestaat geen definitieve oplossing. In de praktijk kiezen testconstructeurs meestal voor de liberale oplossing, dus een oneven aantal opties.

- Soms wordt wel eens gedacht dat een zeer groot aantal keuzemogelijkheden beter is dan een kleiner aantal omdat de respondent dan een meer genuanceerde mening kan geven. In de praktijk blijkt dit niet te werken omdat mensen doorgaans niet of nauwelijks in staat zijn om meer dan zeven nuanceringen te onderscheiden. De keuze tussen, bijvoorbeeld, een dertiende en een veertiende categorie op een geordende schaal heeft dan geen betekenis meer. Bij een volgende gelegenheid zou dezelfde respondent net zo goed een andere keuze kunnen maken.
- Een andere keuze betreft de verbale aanduiding van de opties. Ook hiervoor zijn geen eensluidende adviezen te geven. Het gebruik maken van beschrijvingen van de schaalposities, zoals in het voorbeeld is gedaan, wordt wel eens bekritiseerd omdat verschillende respondenten deze aanduidingen weer verschillend kunnen interpreteren. Weglaten van de aanduidingen (eventueel op die van de twee extremen na) is een alternatieve mogelijkheid. Dan wordt de typering van de tussenliggende opties echter volledig aan de respondent overgelaten, hetgeen de ongewenste invloed van verschillen in interpretatie alleen maar groter maakt. Wel is het soms lastig om goede 'labels' te bedenken – termen als 'enigszins mee eens' of 'gedeeltelijk van toepassing' zijn nogal gekunsteld – en het resultaat is nogal eens onbevredigend.

Een bespreking van eisen waaraan studietoetsitems behoren te voldoen geven De Groot en Van Naerssen (1977). Roid en Haladyna (1982) geven een overzicht van vele itemvormen, en bespreken tevens diverse methoden voor de systematische constructie van allerlei typen items. Voor de constructie van attitude- en opinievragen verwijzen we naar Sudman en Bradburn (1982). Haladyna (1994) behandelt de constructie en de kwaliteitsbeoordeling van vele soorten meerkeuze-items.

4.4 Kwantificering van antwoorden

4.4.1 KWANTIFICERING, DIVERSE INFORMATIEBRONNEN

De reacties van respondenten zijn in eerste instantie kwalitatief van aard: het zijn, bijvoorbeeld, door de respondent zelf geformuleerde antwoorden op vragen, gedrag dat door een psycholoog nader is geïnterpreteerd en gecategoriseerd, handelingen die nodig zijn voor het bedienen van een simulator waarmee het treinverkeer wordt geregeld, een omcirkeld keuzealternatief, een streepje op een optisch leesbaar formulier, of een kruisje op een 'rating scale'. Met deze kwalitatieve reacties is het moeilijk om systematisch onderzoek te doen naar de kwaliteit van de items en van de test of vragenlijst als geheel. Bovendien dienen aan personen meetwaarden te worden toegekend en op basis van kwalitatieve reacties is ook dat niet goed te realiseren.

Om dit laatste te kunnen bereiken, dienen de kwalitatieve reacties op de items in getallen te worden omgezet (zie ook hoofdstuk 2). Deze getallen moeten een indicatie geven van de psychologische werkelijkheid met betrekking tot de te meten eigenschap. Dit betekent dat iemand met een score van '3' op een 'rating scale' een hogere positie dient in te nemen op de eigenschap dan iemand anders met een score van '2'. Evenzo dient een score van '1' (goed antwoord) op een item voor ruimtelijk inzicht te betekenen dat van een hoger niveau sprake is dan bij een score van '0' (fout antwoord). Als op deze zinvolle wijze itemscores aan kwalitatieve reacties worden toegekend, kan vervolgens door middel van statistische berekeningen op deze scores worden vastgesteld of er een voor een meting gewenste systematiek in het gedrag aanwezig is. Is dit inderdaad het geval, dan heeft de test goede meeteigenschappen (zie de hoofdstukken 6, 7 en 8). Is dit niet het geval, dan hebben de items reacties aan de respondenten ontlokt die geen zinvolle indicatie vormen van de te meten eigenschap. We gaan in de volgende hoofdstukken in op de complexe vraag wat goede eigenschappen van een test en vragenlijst zijn en hoe die dienen te worden vastgesteld. Vooralsnog concentreren wij ons hier op individuele items.

Sommige stromingen in de psychologie verzetten zich tegen kwantificering in het algemeen. Zo zijn sommige gebruikers van projectietests ervan overtuigd dat kwantificering van gedrag zou leiden tot een onaanvaardbare reductie van de betekenis en de relevantie van de reacties van een respondent. Juist de details en subtiliteiten van ie mands gedrag zouden de aanwijzingen geven voor een zinvolle diagnose van iemands persoonlijkheid. In sommige gevallen is dat wellicht waar, maar net als in het geval van open vragen kan hier tegenover worden gesteld dat de rijkdom van de informatie – het kwalitatieve, ongereduceerde gedrag – ons nu net het zicht dreigt te ontnemen op wat we eigenlijk willen weten. Het gaat dan bijna altijd om de constante en systematische kenmerken van iemands gedrag en juist niet om rijke details en toevalligheden.

Bijvoorbeeld: om te kunnen bepalen of iemand geschikt is voor een bepaalde therapie hoeven we iemands persoonlijkheid waarschijnlijk niet tot in alle details te doorgronden. Wel is het van groot belang dat de voor de beslissing relevante en constante kenmerken van zijn of haar gedrag in ogenschouw worden genomen. Dergelijke informatie kan worden ontleend aan gesprekken met de patiënt, diens voorgeschiedenis, diagnoses gesteld door andere psychologen, maar ook de kwantitatieve scores op een of meer persoonlijkheidstests, en wellicht ook nog op andere tests. De stabiele en blijvende kenmerken van iemands gedrag dienen dan de basis voor de beslissing te vormen (zie ook hoofdstuk 9).

Ook voor de beslissing over het meest geschikte vervolgonderwijs na de basisschool is het niet nodig om alles over de betrokken leerling te weten. Relevante informatie is die omtrent de schoolprestaties in groep 8, het oordeel van de huidige leerkracht en wellicht die van de vorige leerkrachten over de cognitieve vermogens, de indruk van de motivatie en de sociale vaardigheden van de leerling, en natuurlijk ook testprestaties, bijvoorbeeld behaald op de CITO Eindtoets Basisonderwijs. We hoeven dan niet alle aspecten van iemands achtjarige basisschoolloopbaan te doorgronden, we moeten wel op de hoogte zijn van de stabiele en systematische kenmerken van het gedrag die van belang zijn voor de voorspelling van het succes in het vervolgonderwijs.

We stellen hier met nadruk dat alle informatiebronnen – waaronder tests – die voor een beslissing worden gebruikt, aan dezelfde kwaliteitseisen dienen te voldoen. Blijkt uit onderzoek dat de voorspellende waarde (hoofdstuk 8) van een test onder de maat is, dan moet deze niet langer worden gebruikt. Een mogelijkheid is hem te vervangen door een andere, voor het doel meer geschikte test. Ook kan blijken dat de klinische diagnoses die door diverse psychologen van bepaalde stoornissen zijn gesteld maar weinig overeenkomsten vertonen. In dat geval lijkt het verstandig deze meer kwalitatieve informatiebronnen buiten het beslissingsproces te houden.

Gegeven de meestal beperkte doelstelling van een psychologisch onderzoek – ook van school- en beroepskeuzeadviezen – is het dus gewenst om diverse informatiebronnen te gebruiken. Voor testinformatie geldt dat de reacties van personen zo veel mogelijk gekwantificeerd dienen te worden. Daarmee komt dan een heel arsenaal aan statistische technieken ter beschikking waarmee systematiek en samenhang in de getallen, en daarmee in het gedrag, aan het licht kunnen worden gebracht.

4.4.2 ITEMSCORES

Kwantificering van kwalitatieve reacties op items gaat als volgt. De veronderstelling is dat de antwoordcategorieën van een item geordend kunnen worden op een continuüm dat staat voor de psychologische eigenschap die met de test wordt gemeten. Bij studietoetsitems worden de categorieën naar oplopend kennisniveau geordend op een continuüm dat niveaus van kennis over een bepaald vak representeert, en bij items uit een vragenlijst voor de attitude jegens euthanasie worden de categorieën geordend op een continuüm dat niveaus van deze attitude representeert. Aan de categorieën worden vervolgens getallen toegekend. Het laagste getal wordt toegekend aan de categorie met de laagste positie, enzovoort, en het hoogste getal aan de categorie met de hoogste positie.

Als voorbeeld geven we een item voor de meting van algemene kennis.

De hoofdstad van Uruguay is
a La Paz
b Lima
c Montevideo
d Santiago

Dit item heeft twee antwoordcategorieën: goed en fout. Zo'n item wordt een dichotoom item genoemd, wat betekent dat het twee alternatieve antwoordcategorieën heeft. Volgens bovenstaande redenering krijgt de respondent voor het goede antwoord meer punten dan voor de foute antwoorden omdat de keuze voor het goede antwoord betekent dat hij meer kennis heeft dan iemand die een fout antwoord heeft gekozen. Bij dergelijke kennisitems gaat het vaak om respectievelijk 1 punt en 0 punten.

Een ander voorbeeld komt uit een test waarin de items bestaan uit uitspraken die waar of onwaar zijn en waarvan de respondent moet aangeven wat de juiste optie is:

Het soortelijk gewicht van kwik is kleiner dan dat van lood.
ja / nee

Hier wordt aan het antwoord 'nee' 1 punt toegekend en aan het antwoord 'ja' 0 punten.
Een voorbeeld van een item voor de meting van de attitude tegenover euthanasie is:

De beslissing over vrijwillige euthanasie is een zaak van de betrokkene alleen.

mee oneens ☐ ☐ ☐ ☐ ☐ mee eens

Dit attitude-item heeft vijf antwoordcategorieën, die geordend zijn van relatief laag naar relatief hoog op het attitudecontinuüm. Items met ten minste drie antwoordcategorieën worden polytome items genoemd. Gegeven de ordening van de categorieën worden, bijvoorbeeld, 1, 2, 3, 4 en 5 punten toegekend. De richting van het continuüm is afhankelijk van de formulering van de stam van het item. Een voorbeeld hiervan is het volgende item voor de meting van de attitude tegenover euthanasie:

Vrijwillige euthanasie mag niet worden gelegaliseerd.

mee oneens ☐ ☐ ☐ ☐ ☐ mee eens

Wie hier het kruisje helemaal links zet, krijgt vijf punten, enzovoort. Sommige formuleringen leiden tot items waarbij geen ondubbelzinnige toekenning van getallen mogelijk is. Een voorbeeld is wederom een item voor de meting van de attitude jegens euthanasie:

Euthanasie is alleen verantwoord wanneer er sprake is van een concrete doodsverwachting.

mee oneens ☐ ☐ ☐ ☐ ☐ mee eens

Aangezien naar verwachting zowel uitgesproken voor- als tegenstanders van vrijwillige euthanasie het om zeer verschillende redenen met deze uitspraak oneens zijn, is het niet mogelijk om de antwoordcategorieën op een unieke manier te ordenen en in overeenstemming daarmee getallen toe te kennen. Er zijn overigens wel statistische methoden waarmee de gegevens die met dergelijke items zijn verzameld, kunnen worden geanalyseerd, maar zij vallen buiten het bestek van dit boek (zie bijv. Coombs, 1964; Hoijtink, 1990; Post, 1992).

De aan de antwoordcategorieën op de items toegekende getallen worden scores genoemd. Alleen de ordening van de itemscores is van belang, want deze ordening weerspiegelt de veronderstelde ordening van de antwoordcategorieën op het psychologisch continuüm. Dit houdt in dat we bij dichotome items in plaats van scores 0,1 in principe ook scores 1,2 of 0,2 of zelfs 4,10 mogen toekennen (zie ook hoofdstuk 2), alleen is dit in de praktijk zeer ongewoon. Evenzo is bij polytome items elke keuze van scores toegestaan zolang de ordening dezelfde blijft, maar ook hier kiest men vaak voor scores 0, ..., 4 of 1, ..., 5 (in het geval van Likert-items).

Een andere 'restrictie' – wellicht eerder een dringend advies – is dat alle items uit dezelfde test dezelfde scores krijgen toegekend. Op deze wijze wordt voorkomen dat bij statistische analyses items verschillend worden gewogen. Bij gelijke scoring zijn de items getalsmatig gelijkwaardig: een score in de hoogste categorie levert bij elk item bijvoorbeeld vijf punten op en niet bij het ene vijf en bij het andere tien punten.
Indien men toch zou besluiten om items verschillend te wegen, zou dit naar onze mening gerechtvaardigd moeten worden door een psychologische theorie over de eigenschap die met de test wordt gemeten. Zo'n theorie zou dan het relatieve belang van diverse, voor de eigenschap relevante gedragingen moeten aangeven, en daarmee het relatieve belang van de items die deze gedragingen oproepen. Weging zou gebaseerd moeten zijn op een categorisering van kerngedragingen en meer marginale of minder typische gedragingen voor de eigenschap in

kwestie. Dergelijke gedetailleerde theorieën zijn er doorgaans niet. Het gevolg is dat weging niet goed gemotiveerd kan worden.

Wat men wel eens ziet, is dat gewichten voor items via statistische analyses uit de gegevens worden afgeleid. Men kent bijvoorbeeld een hoger gewicht toe naarmate het item in kwestie hoger correleert met de somscore (dit is de som van de itemscores; zie hoofdstuk 6) van de andere items in de test. Het argument is dat een dergelijke hogere correlatie betekent dat het item meer gemeen heeft met de andere items en daarom dus beter in de test past. Dit wordt dan tot uitdrukking gebracht in een groter gewicht. Dit gewicht kan bijvoorbeeld gelijk zijn aan deze correlatie. Hoewel door de gegevens ondersteund, heeft deze statistische werkwijze als nadeel dat het begrip van dergelijke resultaten in termen van wat er nu psychologisch aan de hand is, een 'ad-hoc'geval is, en dat een ondersteunende theorie hierbij ontbreekt. In plaats van dit statistisch wegen van items bepleiten wij een meer theoretische fundering en daarop gebaseerde operationalisering van de te meten psychologische eigenschappen.

4.5 Beoordeling van de kwaliteit van items in vooronderzoek

Een testconstructie-onderzoek kent ruwweg twee fasen waarin empirisch onderzoek wordt gedaan naar de kwaliteit van de items. Eerst is er het vooronderzoek waarbij in een kleine steekproef de reacties van proefpersonen op de eerste versie van de items worden geanalyseerd. De steekproefgrootte ligt, zeg, tussen de 20 en 100 proefpersonen.
Deze steekproef hoeft niet altijd representatief te zijn. Als de testconstructeur bijvoorbeeld verwacht dat een specifieke deelgroep wel eens problemen zou kunnen hebben met het soort taken of het begrijpen van de vragen, dan is het verstandig om het onderzoek juist op deze deelgroep te richten, en deze groep dus overmatig te representeren in de steekproef.
Dit vooronderzoek dient als grove zeef om de items te identificeren die beslist niet goed functioneren. Op mogelijke redenen voor dit slechte functioneren gaan we dadelijk in. Slecht functionerende items kunnen verwijderd of vervangen worden. Aangezien in het vooronderzoek altijd wel items uit de voorlopige testversie worden verwijderd moet deze versie dus meer items bevatten dan de definitieve test, zodat men er voldoende overhoudt.
Daarna vindt het hoofdonderzoek plaats bij een grote, representatieve steekproef. De steekproefgrootte is nu ruwweg 500 tot 2000 proefpersonen, afhankelijk van het doel van het onderzoek en de moge-

lijkheden om een grote steekproef te verzamelen. Dat dergelijke steekproeven vaak groot zijn, heeft ermee te maken dat de populatie vaak in diverse interessante deelgroepen valt op te splitsen, waarvoor aparte normen (hoofdstukken 2, 3 en 5) dienen te worden opgesteld. Men kan bijvoorbeeld denken aan leeftijds- en niveaugroepen (voor intelligentietests) of een differentiatie op basis van functiegroepen (voor beroepskeuzetests of tests voor personeelsselectie). Alle deelgroepen behoren op zichzelf groot genoeg te zijn om normverdelingen van testscores voldoende nauwkeurig te kunnen schatten. Meestal zijn dan wel minimaal enkele honderden proefpersonen per deelgroep vereist.

De steekproef dient nu wel de gehele populatie te representeren; vandaar de nadruk op de representativiteit van de steekproef. Ook als sommige deelgroepen van nature kleiner zijn dan andere, verdient het aanbeveling om uit elke groep een even grote steekproef te nemen. De reden is dat we ook in kleine groepen een voldoende nauwkeurige schatting van de normverdeling van de testscores willen hebben. Het trekken van ongeveer even grote deelsteekproeven gaat als volgt. Stel, het aantal allochtonen in een populatie is veel kleiner (bijv. 10%) dan het aantal autochtonen, en men wil voor beide groepen de verdeling van scores op een test voor woordkennis bepalen. Een aselecte (toevallige) steekproef van 500 proefpersonen bevat naar verwachting 50 allochtonen. Dat is te weinig om nauwkeurig een normverdeling te kunnen schatten. Het is dan beter om eerst in de populatie vast te stellen wie allochtoon is en wie niet, en vervolgens uit beide groepen een steekproef van bijvoorbeeld 250 personen te trekken. De deelgroepen noemt men strata, de aldus verkregen steekproef een gestratificeerde steekproef.

In het hoofdonderzoek vallen soms opnieuw items uit de test weg, maar nu toch minder dan in het vooronderzoek, als dit althans goed heeft plaatsgehad. Het hoofddoel van dit onderzoek is de kwaliteit van de gehele test vast te stellen in verband met het gebruik ervan in de beoogde populatie. Zo kan worden vastgesteld of de testprestaties voldoende nauwkeurig gemeten worden (betrouwbaarheid, in hoofdstuk 6, en testinformatiefunctie, in hoofdstuk 7) en of de test datgene meet wat hij beoogt te meten dan wel datgene voorspelt wat hij beoogt te voorspellen (validiteit, hoofdstuk 8). Verder worden de testprestaties voor de gehele steekproef en voor de relevante deelgroepen weergegeven in frequentieverdelingen waarmee de prestaties van individuen vergeleken kunnen worden (normen, hoofdstuk 5).

Het vooronderzoek wordt hier besproken, de uiteindelijke evaluatie en selectie van items ten behoeve van testconstructie met het oog op bijvoorbeeld het optimaliseren van de betrouwbaarheid van de testscore in hoofdstuk 6 (zie verder de hoofdstukken 7 en 8 voor eisen waaraan items moeten voldoen). We gaan eerst in op vooronderzoek van dichotome items, daarna op vooronderzoek van polytome items.

4.5.1 DICHOTOME ITEMS

We beginnen met een voorbeeld van een meerkeuze-item voor de meting van kennis van de psychologie:

Archetypen spelen een belangrijke rol in de psychoanalyse volgens
a Adler
b Freud
c Jung

De frequentieverdeling van de reacties op dit item kan informatief zijn bij de beoordeling van de kwaliteit van het item. Vaak kijken we niet naar de frequenties maar naar de relatieve frequenties. Stel, de steekproefgrootte is 112 en de frequenties op de antwoorden a, b en c zijn respectievelijk 23, 18 en 71, dan zijn de relatieve frequenties $23/112 = 0.21$, $18/112 = 0.16$ en $71/112 = 0.63$. Aangezien antwoord c hier het goede antwoord is, zijn de antwoorden a en b de afleiders. De relatieve frequentie op het goede antwoord wordt de p-waarde van het item genoemd, en de relatieve frequenties op de afleiders de a-waarden.

Een item uit een studietoets heeft goed gefunctioneerd indien de meeste respondenten het goede alternatief hebben gekozen en de afleiders door de overige respondenten ongeveer even vaak werden gekozen. De achterliggende gedachte is dat bij een goede inzet van docent en studenten de meeste studenten in staat zouden moeten zijn om de meeste items goed te beantwoorden. Voor degenen die de stof onvoldoende beheersen moeten de afleiders ongeveer even aantrekkelijk zijn. De verdeling 0.21 (omdat het om de eerste afleider gaat, zeg, de a_1-waarde), 0.16 (a_2-waarde), 0.63 (p-waarde) duidt er dus op dat het item goed heeft gefunctioneerd, want de a-waarden verschillen maar weinig. Overigens volgt uit een dergelijke frequentieverdeling niet het definitieve bewijs dat het item goed functioneert, maar de verdeling is wel informatief. Aanvullende evidentie wordt op andere manieren verkregen; die worden later besproken.

Wat kan men bij andere gevonden verdelingen nu concluderen over de kwaliteit van het item? De volgende tabel geeft vier mogelijke relatieve frequentieverdelingen voor items met drie antwoordmogelijkheden:

alternatief	relatieve frequentieverdeling			
	I	II	III	IV
a	.21	.33	.03	.10
b	.16	.33	.03	.60
c	.61	.33	.94	.30

We gaan ervan uit dat antwoord c het correcte is (zie ook opdracht 26). Verdeling I hebben we al besproken. Verdeling II zou gevonden worden als iedereen uit de onderzochte groep naar het goede antwoord gegist zou hebben. Immers, als iemand blind gist heeft elk antwoord dezelfde kans van $1/3$ om te worden gekozen. In een groep van respondenten ontstaat dan een uniforme verdeling, zoals verdeling II (in een uniforme verdeling komen alle waarden even vaak voor). Ook hier geldt dat een verdeling II niet het onomstotelijke bewijs levert dat iedereen gegist heeft. Het is ook mogelijk dat sommige respondenten het antwoord wel wisten en dat anderen, die soms wel en soms niet beschikten over gedeeltelijke kennis, over de drie antwoordmogelijkheden verspreid werden, zodanig dat dit in verdeling II resulteerde.
Om te weten of er daadwerkelijk grootschalig is gegist, hebben we dus aanvullende evidentie nodig. Dergelijke evidentie kan worden verkregen uit de correlaties van het item met de andere items in de test. Als er daadwerkelijk door iedereen is gegist, dan zijn de scores op het item volledig bepaald door toeval en de correlaties van het item met de andere items nul. Verder dient de inhoud van het item nog eens te worden geïnspecteerd. Mogelijk is het item veel te moeilijk, zodat iedereen wel moest gissen, of is het slecht geformuleerd, waardoor niemand het begreep en iedereen dus maar wat invulde (wat neerkomt op gissen).
Verdeling III kan erop duiden dat het item te gemakkelijk is of dat er iets triviaals wordt gevraagd. In het geval van een studietoets kan deze verdeling ook betekenen dat de stof gewoon goed bestudeerd en begrepen is. Een interessante mogelijkheid is dat de afleiders niet plausibel zijn. Iemand die de stof niet of nauwelijks heeft bestudeerd of iemand wiens kennis zeer beperkt is, komt tot het goede antwoord

door de afleiders weg te strepen zonder dat hij het goede antwoord hoeft te kennen. Een voorbeeld van een dergelijk item voor de meting van algemene kennis is:

De hoofdstad van Portugal is
a Lissabon
b Rotterdam
c Amsterdam

Dit voorbeeld is natuurlijk wel wat overdreven, maar het maakt het probleem erg duidelijk. Zelfs als een Nederlandse leerling nog nooit van Lissabon heeft gehoord zal hij vrijwel zeker het goede antwoord geven.
Verdeling IV kan vele oorzaken hebben. Zo kan een van de afleiders een valstrik bevatten, waar de meeste personen intrappen. Een minder triviale hoofdstedenvraag dan de vorige uit een algemene kennistest is:

De hoofdstad van Brazilië is
a Sao Paulo
b Rio de Janeiro
c Brasilia

Door de naamsbekendheid zouden velen ten onrechte kunnen denken dat antwoord b goed is. Overigens kan men hier natuurlijk beargumenteren dat het juist van een hoog kennisniveau getuigt als men op dit moeilijke item het goede antwoord geeft. Daaruit volgt dan dat dit een goed item is, want het maakt scherp onderscheid tussen mensen die heel veel weten en de anderen. Tegen dit argument is niet zoveel in te brengen, behalve dat het bij dergelijke items vaak om 'weetjes' gaat die niet al te representatief zijn voor wat men beoogt te meten. Maar het blijft toch een beetje een kwestie van beoordeling.

Een ander voorbeeld betreft een vraag over testtheorie:

Het idee van wat bekend is geworden als scalogramanalyse werd
voor het eerst gepubliceerd door
a Guttman
b Thurstone
c Coombs
d Walker

Veel respondenten (in dit geval moeten dit wel testpsychologen zijn) zullen hier antwoord a kiezen omdat Guttman vooral bekend is geworden door de scalogramanalyse. Antwoord b of c wordt door een enkeling gekozen omdat het hier ook om in de testtheorie vrij bekende namen gaat. Antwoord d is echter het juiste, en dat terwijl de genoemde persoon een binnen de testtheorie volstrekt onbekende figuur is. Het getuigt misschien wel van grote belezenheid of van een voorliefde voor historische feitjes dat iemand d aankruist, maar iemand die het juiste antwoord niet weet, is daarmee echter nog geen slechte testpsycholoog. Het niet op de hoogte zijn van de curiositeiten in een vak houdt niet in dat iemand niet goed met de methoden en technieken overweg kan.

Een alternatieve verklaring van verdeling IV is dat de bewuste afleider wel eens juist zou kunnen zijn. Een voorbeeld van een item voor de meting van rekenvaardigheid is:

Vereenvoudig $\frac{12}{10}$

a $1\frac{2}{10}$

b $1\frac{1}{10}$

c $1\frac{1}{5}$

d $2\frac{1}{10}$

De afspraak bij vereenvoudigen is dat de vereenvoudiging zo ver mogelijk wordt doorgevoerd. Antwoord c is dus goed, maar helemaal fout is antwoord a ook weer niet. Beargumenteerd kan worden dat wie a kiest in elk geval beschikt over partiële kennis.

Een ander voorbeeld is een item voor de meting van kennis van de testtheorie:

Een belangrijke psychometrische kwaliteit van een test is de
a betrouwbaarheid
b validiteit
c beschikbaarheid van normen

Hier is de formulering van de stam zodanig dat geen van de antwoorden als onjuist kan worden aangemerkt. Ze zijn alle belangrijk.

4.5.2 POLYTOME ITEMS

De beoordeling van de kwaliteit van polytome items kan als volgt verlopen. We gaan uit van items met vijf geordende antwoordcategorieën met de scores 0, 1, 2, 3, 4. Ook nu kunnen we weer de relatieve frequentieverdeling van de scores bekijken. Een voorbeeld is:

relatieve frequentie- verdeling			itemscore		
	0	1	2	3	4
I	0.1	0.1	0.2	0.5	0.1
II	0.00	0.00	0.05	0.05	0.90

Stel dat het hier gaat om een positief geformuleerde stelling over euthanasie. Frequentieverdeling I geeft aan dat de meeste respondenten gematigd positief op deze stelling reageren. Verder worden alle antwoordcategorieën benut. Er zijn dus ook uitgesproken voor- en tegenstanders van wat in de stelling wordt beweerd en ook zijn er respondenten die geen mening hebben. De conclusie op basis van deze gegevens is dat het item goed functioneert omdat er een goede spreiding van respondenten over de categorieën plaatsvindt.

Het gemiddelde op een polytoom item kunnen we, bij de bovenstaande gegevens, berekenen als een gewogen som van de itemscores. Hiertoe berekenen we per item de som van de itemscores (resp. 0, 1, 2, 3, 4) waarbij elke score wordt gewogen met de relatieve frequentie (resp. 0.1, 0.1, 0.2, 0.5, 0.1):

$$0.1 \times 0 + 0.1 \times 1 + 0.2 \times 2 + 0.5 \times 3 + 0.1 \times 4 = 2.4.$$

De gemiddelde score ligt dus boven de waarde van de neutrale categorie, vandaar dat de interpretatie is dat de reactie in het algemeen positief is.

Frequentieverdeling II is uitgesproken scheef en wel zodanig dat niemand een lage score behaalt en vrijwel iedereen de hoogste score. We veronderstellen dat het item was: 'Bij de uitvoering van euthanasie moet een arts betrokken zijn die de medische verantwoordelijkheid draagt'. Gegeven dat het item positief geformuleerd is, betekent dit resultaat dat vrijwel iedereen volledig instemt met de stelling. Vanuit testtheoretisch oogpunt is dat een vervelend resultaat omdat een test bedoeld is om onderscheid te maken tussen personen. Items waarop personen zich niet van elkaar onderscheiden kunnen voor dit doel dus niet gebruikt worden en het item zou dan ook uit de test moeten worden verwijderd. We zeggen wel dat een dergelijk item te populair is in de betreffende populatie; dit betekent dat vrijwel iedereen ermee instemt. Bij prestatieniveautests zouden we zeggen dat het item te gemakkelijk is. Evenzo kunnen we te maken hebben met items die te impopulair of te moeilijk zijn. Natuurlijk is een dergelijke verdeling wel degelijk interessant als het gaat om een opinieonderzoek rond de politieke besluitvorming of wetgeving inzake euthanasie. Dit item geeft dan aan waar in deze populatie ongeveer de ondergrens ligt wat betreft het niveau van de attitude jegens euthanasie.

Opdrachten

1 In paragraaf 4.1 worden diverse voorbeelden van items genoemd, die worden onderscheiden naar de van de respondent gevraagde activiteit. Bedenk er zelf nog een die daar niet wordt genoemd.

2 Waarom denken sommige mensen dat open vragen superieur zijn aan gesloten vragen?

3 Noem drie bezwaren tegen open vragen.

4 Wat is een 'rating scale'-item? Geef zelf een voorbeeld.

5 Bedenk ten minste drie eigenschappen die beter met open vragen gemeten kunnen worden.

6 Zijn er groepen personen die maar beter niet met meerkeuzevragen onderzocht kunnen worden?

7   Noem een praktisch nadeel van meerkeuzevragen.

8   Geef commentaar op het vermeende bezwaar tegen meerkeuzevragen dat zij slechts geschikt zijn om eenvoudige cognitieve eigenschappen en kennis mee te meten.

9   Leg uit hoe de auteurs tot een raadkans van 1/15 komen voor items uit de Test voor Niet-Verbale Abstractie, waarin 2 van de 6 keuzemogelijkheden goed zijn en het antwoord pas wordt goedgekeurd als de respondent beide antwoorden heeft gekozen.

10 Leg uit dat meerkeuze-items niet alleen maar herkenning van de geleerde stof vragen.

11 Leg uit waarom open vragen niet automatisch een beroep doen op de hogere mentale functies.

12 Wat wordt verstaan onder de stam van een meerkeuze-item?

13 Noem een bezwaar van een item dat gebaseerd is op het principe van 'matching'.

14 Noem voor- en nadelen van een even aantal geordende antwoordcategorieën op een 'rating scale'.

15 Waarom is het aantal geordende antwoordcategorieën op een 'rating scale' vrijwel nooit groter dan zeven?

16 Noem voor- en nadelen van naamgeving aan de antwoordcategorieën op een 'rating scale'.

17 Leg uit waarom kwalitatieve reacties op de items uit een test of vragenlijst zo moeilijk te verwerken zijn tot een eindconclusie over de gemeten eigenschap.

18 Wat is het algemene principe van de toekenning van scores aan de reacties op een item?

19 Waarom is het volgens de auteurs niet zo erg dat bij kwantificering van gedrag informatie over de onderzochte verloren gaat?

20 Waarop dient de verschillende weging van items in een test gebaseerd te zijn?

21 Hoe staan de auteurs tegenover verschillende weging van items die is gebaseerd op de statistische analyse van de itemscores?

22 Waarom hoeft de steekproef in het vooronderzoek van een testconstructieonderzoek niet per se representatief te zijn voor de populatie waarvoor de test bestemd is? Wanneer is dit vaak zelfs ongewenst?

23 Waarom moet een steekproef in een testconstructieonderzoek liefst ten minste 500 proefpersonen bevatten?

24 Wat is een gestratificeerde steekproef?

25 Wat zijn de p-waarde en de a-waarden van een meerkeuze-item?

26 Bereken bij deze tabel de p-waarden en de a-waarden (antwoord c is het juiste) in vier verschillende groepen, genummerd I, II, III en IV.

alternatief	frequentieverdelingen			
	I	II	III	IV
a	18	34	11	27
b	14	38	8	156
c	57	31	123	57

27 Waarom dienen de afleiders van een meerkeuze-item plausibel te zijn?

28 Stel, een van de onjuiste antwoorden van een meerkeuze-item is als gedeeltelijk juist te verdedigen. Hoe zou men dit in de scoring van het item tot uiting kunnen laten komen?

Afneming van tests en verwerking van testgegevens 5

In dit hoofdstuk komen de volgende onderwerpen aan de orde:
- het afnemen van tests aan de onderzochte;
- conventionele vormen van testafneming en testen per computer;
- het proces dat ligt tussen het geven van antwoorden door de respondent en de uiteindelijke scores die op basis van deze antwoorden worden toegekend;
- diverse scoringsmogelijkheden, de verwerking van deze scores en de verschillende normsystemen.

5.1 Tests afnemen

Een test afnemen mag op het eerste gezicht een tamelijk eenvoudig onderwerp lijken, maar in werkelijkheid gaat het om een complex en veelzijdig proces.
Ten eerste kan de testsituatie variëren van zakelijk neutraal tot een vorm van onderzoek die zowel van de proefpersoon als van de proefleider een hoge mate van persoonlijke inzet vereist. Bij de eerste mogelijkheid kan men denken aan een schriftelijke test, waarbij de proefpersoon een instructie krijgt en vervolgens de test alleen en zonder hulp maakt. Voorbeelden zijn een persoonlijkheidstest of een schriftelijk tentamen. Bij de tweede mogelijkheid kan gedacht worden aan een rollenspel, dat deel uitmaakt van een assessment-center (bijv. Jansen, 1991), waarin zowel proefleider als proefpersonen een actieve rol spelen. Een ander voorbeeld is de test voor leerpotentieel, waarbij het testen en de training van cognitieve vaardigheden elkaar herhaaldelijk afwisselen (zie bijv. Hamers & Resing, 1993; Hamers, Sijtsma & Ruijssenaars, 1993; Resing, 1990).
Ten tweede verschillen de onderzochten in motivatie, samenwerking, onbevangenheid en andere eigenschappen die de relatie met de test-

leider beïnvloeden. Een apart probleem vormt daarbij de testervaring, ofwel de 'test-wiseness'. Er zijn vele boeken in de handel die proefpersonen voorbereiden op de testsituatie en die zelfs tal van oudere items – opgaven, vragen, taken – als oefenmateriaal aanbieden. Ook zijn er bureaus die het als hun taak zien mensen voor te bereiden op het 'ondergaan' van een psychologische test. Evenmin vormen proefleiders een constante factor in de testsituatie. Ze kunnen variëren in training, ervaring, inzicht, sensitiviteit en bereidheid tot contact.
Ten slotte bestaat er een grote variëteit in instructietechniek en hoeveelheid oefening die voor het afnemen van een test nodig zijn. Sommige tests zijn al na een korte kennisname van de instructie door de proefleider af te nemen: tentamens, maar ook tests voor capaciteiten, zoals inductief redeneren (dit is het kunnen herkennen van een algemene regel in een beperkt aantal geometrische figuren of alledaagse afbeeldingen en het vervolgens kunnen toepassen van die regel op nieuwe figuren of afbeeldingen), en tests voor vaardigheden, zoals woordenschat en algemene kennis. Daarnaast zijn er tests die een lange training vragen voordat ze adequaat kunnen worden gebruikt. Uit de handleiding van bijvoorbeeld de RAKIT (hoofdstuk 3) wordt duidelijk dat een verantwoord gebruik van deze test alleen mogelijk is na een grondige voorbereiding van de proefleider.

In hoofdstuk 2 werd als belangrijk kenmerk van de test genoemd de standaardisatie van het afnemen. Alleen in een gestandaardiseerde testsituatie kunnen de waargenomen verschillen in testgedrag tussen de proefpersonen echt worden toegeschreven aan henzelf. Een instructie die niet voor alle proefpersonen gelijk is, een testleider die de regels en testtijden niet uniform toepast, en uiteenlopende condities van proefpersonen, zoals verwachtingen, gemoedsgesteldheid en vermoeidheid, vormen alle bronnen van verschillen in testprestaties die in principe losstaan van de persoonlijkheidstrek of de capaciteit die de test meet. We gaan nu nader in op enkele aspecten van deze standaardisatie.

De objectieve testsituatie
Standaardisatie betekent dat de onderzochten in maximaal gelijke omstandigheden worden getest. Om te beginnen betekent dit een goed uitgewerkte instructie en de eis aan de proefleider zich hier tijdens het daadwerkelijke testen zo goed mogelijk aan te houden. Het betekent ook het weren van opvallende of specifieke omgevingsinvloeden. Iedere sterke afwijking in temperatuur, lawaai, helderheid van licht en lichtval, ventilatie en schrijfcondities (papier, potloden,

schrijftafels, schrijfhouding) kan gemakkelijk een ongewenste invloed op de testprestatie hebben. Storingen tijdens de testafneming, bijvoorbeeld veroorzaakt door mensen die luid praten, binnenkomen of de zaal verlaten, moeten worden voorkomen. Afkijken (spieken) kan worden voorkomen door goed te surveilleren. Bij schriftelijke groepstests en grote aantallen proefpersonen vraagt dit de nodige aandacht.

Diverse van de hier genoemde condities zijn vooral van belang voor groepstests. Een apart geval vormen daarbij nog tests met een snelheidskarakter, omdat hier opperste concentratie in combinatie met snelheid van werken is geboden. Lawaai tijdens de testafneming kan dan funest zijn voor iemands prestatie. Standaardisatie van testcondities is echter wel degelijk ook een belangrijke voorwaarde bij het afnemen van individuele tests, zowel bij schriftelijke als mondelinge of via een beeldscherm aangeboden opgaven.

Gedrag van de proefpersoon
Behalve de testomstandigheden zou men ook de situatie waarin de onderzochte verkeert zo veel mogelijk constant willen houden. Dit laatste is veel moeilijker dan het eerste. Op hun prestaties en hun gedragswijzen kunnen proefpersonen, al of niet bedoeld, een zeer duidelijke invloed uitoefenen. Iemand die vermoeid is kan daardoor bijvoorbeeld onbedoeld een slechtere prestatie leveren. Bij tests voor gedragswijze loert het gevaar dat iemand zich afvraagt wat de proefleider van hem verwacht en zich daarnaar gaat gedragen, en dus die verwachting probeert in te lossen (bijv. bij de meting van de neiging tot agressie: 'de proefleider wil natuurlijk weten of ik agressie afkeur'). Een andere mogelijkheid is dat iemand een vragenlijst invult zoals hij denkt dat anderen dit zouden doen of zoals hij denkt dat de sociale omgeving dat zou waarderen (dit staat bekend als sociale wenselijkheid; zie ook hoofdstuk 8).

Sommige factoren zijn tot op zekere hoogte controleerbaar. Men kan zorgen dat de onderzochte lichamelijk of geestelijk niet te zeer vermoeid is, men mag personen in een sterk emotioneel opgewonden toestand niet testen, men kan door middel van een duidelijke instructie en enkele oefenvoorbeelden erop toezien dat de te onderzoeken personen de opdracht goed hebben begrepen en men kan zorgen dat zij geen weet hebben van de inhoud van de test zodat de een niet bevoorrecht is boven de ander. Dit laatste lijkt gemakkelijker dan het is. Ook zonder kennis van de testvragen zelf, kan men door voorgaande ervaringen of trainingen een zekere vertrouwdheid met het testen hebben, die bevorderlijk kan zijn voor latere testprestaties. Ook kan de verwachting omtrent moeilijkheid, eigen resultaten en gevolgen daarvan een belangrijke invloed hebben op de testprestatie. Personen reageren voorts heel verschillend op stimulansen zoals prijzen, goedkeuren, belonen en op negatieve prikkels zoals afkeuren, waarschuwen en verwijten. Diverse van dergelijke reacties van de proefleider zullen weinig bevorderlijk zijn voor de standaardisatie van het onderzoek. Veel zal afhangen van de deskundigheid van de proefleider. Hij zal optimaal moeten stimuleren zonder de uitslagen door overdreven stimulering te flatteren. Het beste gebeurt dit in een normale, natuurlijke relatie tussen proefleider en proefpersoon.

Moeilijker te controleren is de motivatie van de onderzochte. Bekend is dat motivatie de testprestatie beïnvloedt. De testleider kan gedeeltelijk greep krijgen op deze motivatie door te streven naar een ongedwongen relatie met de onderzochte. Wanneer de bedoeling van het testen zo goed mogelijk is uitgelegd en wanneer de testleider weet te bewerkstelligen dat de proefpersoon zich optimaal inspant zonder krampachtig te worden, levert de test de beste resultaten op. Soms wordt het doel van het onderzoek niet door de onderzochte erkend en is hij daarom niet gemotiveerd om tot goede prestaties te komen. Bekend zijn de pogingen om afgekeurd te worden voor militaire dienst (toen er nog dienstplicht bestond) door de test met opzet slecht te maken.
Ook bij persoonlijkheidstests kan men door een gebrek aan motivatie met opzet het testonderzoek saboteren door lukraak of nonchalant te antwoorden. Hier speelt echter tevens het eerder gesignaleerde probleem dat de onderzochte zich vrijwel altijd een idee vormt over de bedoeling van de test en hoe de resultaten door de psycholoog zullen worden geïnterpreteerd. De onderzochte zal vrijwel altijd zijn antwoorden meer of minder kleuren naar deze veronderstelde bedoeling, die wel degelijk kan afwijken van het werkelijke doel.
Ook de angst voor de gevolgen van een slechte testprestatie, zoals teleurstelling bij de onderwijzer of ouders, niet toegelaten worden tot een opleiding, een felbegeerde functie mislopen, of angst voor prestigeverlies, kan van invloed zijn op de testresultaten. Naarmate de gevolgen van het testen voor de onderzochte belangrijker zijn, zal die angst sterker zijn en een sterkere, vaak negatieve, invloed hebben op de testresultaten. Testangst ('state anxiety') kan worden onderscheiden van de meer stabiele persoonlijkheidstrek 'angstigheid' ('trait anxiety'), waarvoor dergelijke situatie-invloeden minder gelden. Er wordt wel onderscheid gemaakt in 'positieve' faalangst, die bevorde-

rend werkt op de prestatie, en 'negatieve' faalangst, die de prestatie stoort (Hermans, 1976). Negatieve faalangst is een vorm van angst, maar positieve faalangst is eerder een vorm van extraversie of impulsiviteit (Feij, 1974). Vaak wordt verondersteld (bijv. Anastasi, 1961) dat een geringe mate van angst bevorderlijk, en een zeer sterke angst schadelijk is voor de testprestatie.

Gedrag van de proefleider
Problemen met de standaardisatie van het gedrag van de testleider spelen vooral bij de individuele test, omdat vooral hier sprake is van een wisselwerking tussen testleider en proefpersoon. De variatie in gedrag van de testleider kan overigens gemakkelijker worden gecontroleerd dan die van de onderzochte. Van de testleider kan worden verlangd dat hij voldoende algemene ervaring heeft in het testen en de test in kwestie goed beheerst. Ook moet de testleider in sommige gevallen beslissingen kunnen nemen op basis van eigen psychologisch inzicht. In het algemeen moet de testleider ernaar streven de testinstructie zo goed mogelijk te kennen en naar de letter te volgen. Minder eenvoudig ligt het bij psychologische mechanismen zoals vooroordelen, sympathieën en antipathieën, blijvende invloed van een – ook onjuiste – eerste indruk, in latere testresultaten willen terugvinden wat men aanvankelijk reeds vermoedde, de tendens om 'ideaaltypen' te ontdekken – de 'echte' pycnicus, de 'echte' gevoelsarme psychopaat – en de poging om populaire, maar empirisch niet ondersteunde theorieën te bevestigen. Dergelijke mechanismen kunnen het oordeel vertroebelen zonder dat de testleider zich dit altijd realiseert. De testpsycholoog doet er goed aan zich voortdurend van deze mechanismen bewust te zijn, en zich te dwingen tot strikte zelfcontrole en zelfcorrectie. Andere factoren zijn lastiger te controleren, zoals de beïnvloeding van de beeldvorming door het uiterlijk, de sekse en de leeftijd van de onderzochte. Daarnaast zijn er ook allerlei, soms zeer subtiele, fysieke en persoonskenmerken van de testleider zelf, die een vaak moeilijk te bepalen invloed hebben op het testgedrag van de onderzochte.

Hoe kan men dergelijke problemen zo goed mogelijk ondervangen? Dat hangt af van het belang van het testonderzoek. Gaat het 'slechts' om het genereren van hypothesen of om het vinden van wegen waarlangs verder onderzoek nuttig zou kunnen zijn, dan mag men best langs klinisch-intuïtieve weg de genoemde elementen van de testsituatie in de evaluatie verwerken. Men dient zich er daarbij wel van bewust te zijn dat de subjectieve impressies en ideeën geen waarheidsgarantie bezitten, ook al wekken ze bij de psycholoog vaak een gevoel van juistheid.

Voorspellende of classificerende uitspraken, die van groot belang zijn voor het individu of voor een selecterende organisatie (zoals bedrijf, overheid en opleiding), vereisen een steviger basis dan de klinisch-intuïtieve benadering. Een zo groot mogelijke vergelijkbaarheid en objectiviteit kunnen dan het beste worden bereikt door in de testsituatie met het individu een zo normaal mogelijke relatie op te bouwen met een positieve, stimulerende en vriendelijke 'toon'. Men zal daarna in de verwerking en berekening van de testscore 'doen alsof' de genoemde invloeden uit de interactiesfeer genegeerd kunnen worden. Hoogstens zou men, om aan de voorzichtige kant te blijven, bij de interpretatie van de objectief vastgestelde scores enigszins rekening kunnen houden met eventuele ongewenste invloeden.

Om de mogelijkheid van vergelijkend onderzoek en het doen van wetenschappelijke uitspraken te behouden, dient niet de subjectieve evaluatie als uitgangspunt voor de testinterpretatie te worden genomen, maar bewandelen we liever de hierboven aangeduide weg van het 'doen alsof'. Bij een dergelijke objectieve benadering abstraheren we uiteraard van de werkelijkheid. Voor het behoud van het principe van de uitwisselbaarheid offeren we iets op van het unieke van de persoon en de situatie, maar reduceren we daarbij tevens de onbetrouwbaarheid. Zoals gezegd neemt de vergelijkbaarheid daarmee toe. Zo wordt het testonderzoek uitgetild boven het niveau van het verzamelen van anekdotes.

5.2 Scoring van antwoorden

Naarmate het scoringsproces meer gebaseerd is op de subjectieve oordeelsvorming, geven de scores een grotere foutenmarge te zien. De lezer zal zich dit nog wel herinneren uit de middelbareschooltijd toen bij het terugontvangen van de tekstsamenvattingen of proefvertalingen discussies ontstonden over randgevallen, waarin niet helemaal duidelijk was wat er nu precies goed en fout was. De beoordeling van essays en teksten was subjectiever en meer 'voor discussie vatbaar' dan die van een repetitie scheikunde of algebra. Wij maken hier onderscheid tussen scoring van reacties op items met open-vraagvorm en geprecodeerde items (zie hoofdstuk 4).

5.2.1 SCORING VAN REACTIES OP ITEMS MET OPEN-VRAAGVORM

De reacties op items met een open-vraagvorm kunnen zowel verbaal als niet-verbaal zijn. Voorbeelden van de laatste vorm treffen we aan in intelligentietests. In de subtest Doolhoven van de RAKIT (hoofdstuk 3) wordt bijvoorbeeld aan kinderen gevraagd om in een reliëf van een doolhof de weg aan te geven naar een eindpunt. De proefleider stelt vast in welke mate een taak correct of snel genoeg is uitgevoerd, of hoeveel fouten er tijdens het oplossingsproces zijn gemaakt. Een ander voorbeeld is het rollenspel, dat deel uitmaakt van een assessment-center. Deelnemers worden hierbij door de testleider beoordeeld op eigenschappen als initiatief nemen, samenwerking en competitiviteit (zie bijv. Zaal, 1998).

Bij de scoring van de reacties op items met een open-vraagvorm – verbaal en niet-verbaal – dreigen de gevaren van subjectiviteit en een lage overeenstemming tussen beoordelaars. Deze gevaren kunnen worden gereduceerd door een zo goed mogelijk coderingssysteem te gebruiken. Dit is een stelsels van regels en voorschriften, dat zowel volledig als duidelijk en ondubbelzinnig is. Zonder betrouwbare gegevens, dus gegevens waarvoor een sterke overeenstemming tussen beoordelaars bestaat, is het onmogelijk tot zinvolle uitspraken en voorspellingen te komen. Ook leiden dergelijke onbetrouwbare gegevens tot een lage validiteit.

Een voorbeeld van een nuttig coderingssysteem bij het beoordelen van de uitvoering van taken door proefpersonen, is de 'checklist'. In figuur 5.1 wordt een voorbeeld gegeven van een checklist die gebruikt kan worden om het gedrag van kinderen in een kinderdagverblijf systematisch in kaart te brengen. Overigens gaat de pretentie van deze lijst al wat verder dan die van de pure checklist – eigenlijk een soort boodschappenlijst waarmee wordt bijgehouden welke eigenschappen wel en welke niet aanwezig zijn – omdat per gedraging ook een aanduiding van de frequentie wordt gevraagd (zoals op een 'rating scale') en het verder duidelijk is dat die gedragingen indicaties zijn van achterliggende constructen. Daarmee lijkt de lijst al meer op een 'inventory' of persoonlijkheidsvragenlijst. Het voordeel van zo'n lijst is dat de beoordelaars houvast hebben, en dat alle proefpersonen op dezelfde gedragsaspecten beoordeeld worden.

Om de standaardisatie verder te verbeteren, dienen beoordelaars vooraf goed geïnstrueerd te worden en de gelegenheid te krijgen om te oefenen. Dit alles verhoogt de overeenstemming tussen hun oordelen. Overigens is het goed zich te realiseren dat een hoge overeenstem-

gedrag	frequentie				
	steeds	vaak	soms	zelden	nooit
stilzitten	......	......	......	......	......
aandacht leidster vragen	......	......	......	......	......
praten	......	......	......	......	......
met anderen spelen	......	......	......	......	......
ruzie maken	......	......	......	......	......
huilen	......	......	......	......	......
alleen spelen	......	......	......	......	......
met speelgoed spelen	......	......	......	......	......
anderen afwijzen	......	......	......	......	......
lachen	......	......	......	......	......
aandacht kinderen vragen	......	......	......	......	......
pesten	......	......	......	......	......
zingen	......	......	......	......	......
spelletjes met anderen doen	......	......	......	......	......
lezen	......	......	......	......	......
andere kinderen slaan	......	......	......	......	......
enzovoort	......	......	......	......	......

Figuur 5.1 *Voorbeeld van een checklist.*

ming niet automatisch leidt tot een goede validiteit. Twee beoordelaars kunnen met behulp van een checklist weliswaar tot dezelfde conclusies komen over het gedrag, maar of dat gedrag kenmerkend is voor de eigenschap die men wil meten, is een andere kwestie. De overeenstemming tussen beoordelaars is wel een noodzakelijke, maar niet voldoende voorwaarde voor validiteit (zie ook hoofdstuk 6). In figuur 5.1 is het bijvoorbeeld nog maar de vraag of bepaalde gedragingen als indicaties gebruikt kunnen worden van algemenere gedragsproblemen, of hierbij groepen van items onderscheiden dienen te worden die verschillende deelaspecten meten, en hoe de 'ratings' van beoordelaars in scores dienen te worden omgezet. In dit opzicht is een checklist dus te beschouwen als een 'test' en dienen hieraan dezelfde kwaliteitseisen te worden gesteld.

5.2.2 SCORING VAN REACTIES OP GEPRECODEERDE ITEMS

De voornaamste zorg bij de scoring van meerkeuzevragen betreft de nauwkeurigheid en de efficiëntie. Dit betekent dat het correctiesysteem zo weinig mogelijk fouten mag toestaan, terwijl de tijd en kosten per gecorrigeerd formulier minimaal dienen te zijn. Er zijn drie mogelijkheden: 'handscoring', 'zelfscoring' en machinale scoring.

Het meest bewerkelijk is de methode van de *handscoring*. Correctoren tellen het aantal goed en het aantal fout gemaakte, en indien dat noodzakelijk is, ook het aantal overgeslagen en het aantal onvoltooide opgaven. Ter vergelijking maken ze daarbij gebruik van een correct ingevuld voorbeeld of van een transparante sleutel waarop de goede antwoorden staan aangegeven en die over het te scoren antwoordformulier wordt gelegd (een voorbeeld hiervan is de scoring van de NEO persoonlijkheidsvragenlijst; zie hoofdstuk 3). Ook kan bijvoorbeeld een kartonnen sleutel worden gebruikt, die op de plaatsen van de juiste antwoorden is geperforeerd. Om daarbij tevens de drie andere antwoordcategorieën te kunnen scoren (fout, overgeslagen, niet af) is naast de goed-sleutel vaak ook een aanvullende fout-sleutel beschikbaar.

De voornaamste problemen bij handscoring, vooral bij grotere aantallen testformulieren, vormen de tijdsduur en (de correctie van) gemaakte fouten. De factor tijd gaat nog zwaarder wegen omdat het, juist in verband met het tweede bezwaar, geboden is deze scoring tweemaal uit te voeren. Vooral bij grotere aantallen te testen personen is deze methode dan ook niet zo geschikt.

De nogal verouderde methode van *zelfscoring* kent verschillende versies. De meest voorkomende vorm is die waarbij onder het antwoordformulier een tweede vel wordt geplaatst, waarop een serie cirkeltjes of vierkantjes zodanig is aangebracht, dat deze precies vallen onder plaatsen waar telkens het goede antwoord op het antwoordformulier moet worden aangestreept. Dit laatste is dan meestal een letter of cijfer, behorende bij de juiste keuze. Via een doordrukprocedé wordt op deze wijze de scoring door de proefpersoon direct op dit formulier geregistreerd. Wat de corrector slechts te doen staat, is het optellen van de markeringen in de cirkeltjes of vierkantjes.

De methode van zelfscoring leidt tot een aanzienlijk snellere en efficiëntere verwerking dan de methode van de handcorrectie. Van de concrete kosten en situatie-eisen zal afhangen of deze grotere efficiëntie opweegt tegen de relatief duurdere uitvoering van het testmateriaal.

De snelste methode van verwerking is uiteraard de *machinescoring*. Op speciale antwoordformulieren (figuur 5.2) wordt door de onderzochte met een potloodstreepje aangegeven wat volgens hem de juiste antwoorden zijn. Deze antwoorden worden vervolgens machinaal geregistreerd en verwerkt.

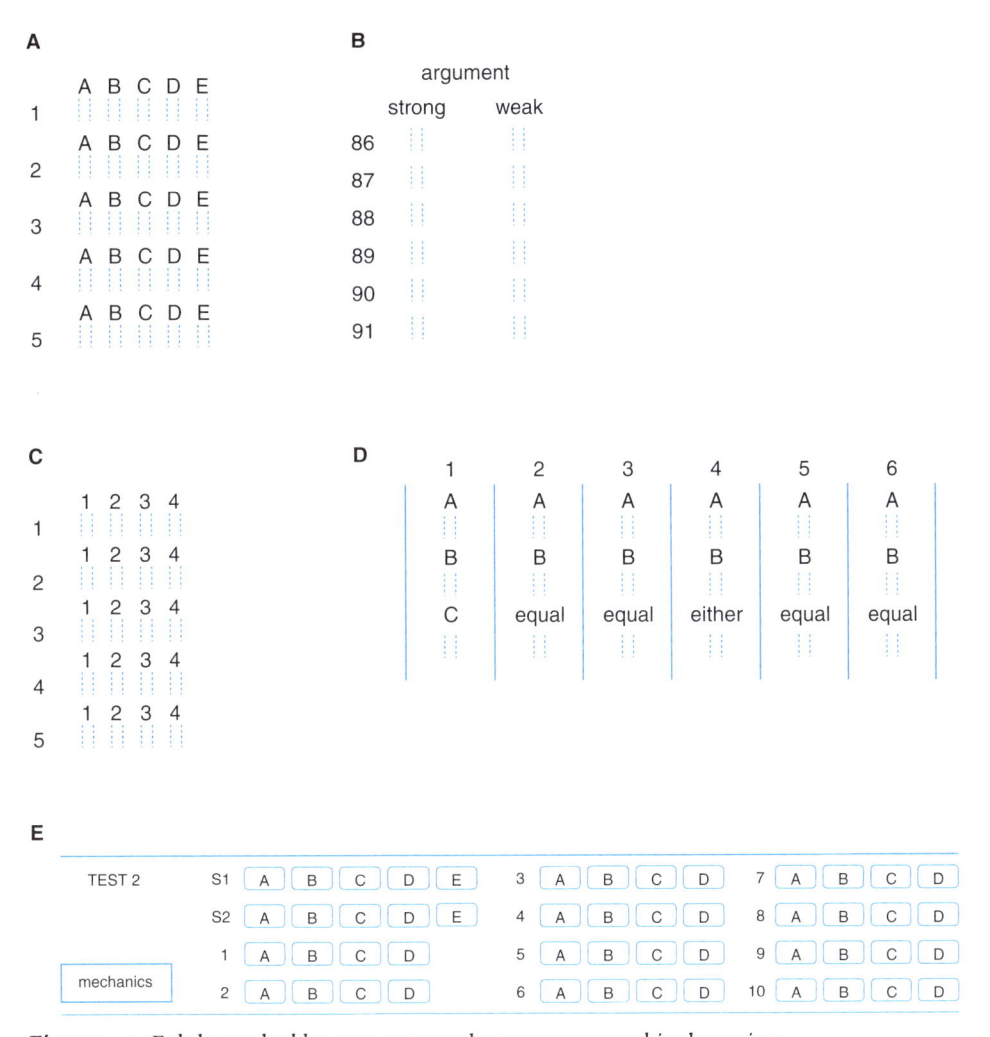

Figuur 5.2 Enkele voorbeelden van antwoordvormen voor machinale scoring.

Ook kunnen proefpersonen de items via een beeldscherm, aangesloten op een computer, één voor één gepresenteerd krijgen en vervolgens hun antwoorden met behulp van een toetsenbord rechtstreeks in de computer invoeren. De computer codeert antwoorden onmiddellijk als goed of fout, en voert tevens allerlei berekeningen uit. Zo kan de testscore worden berekend en vergeleken met een normverdeling, zodat de psycholoog, en eventueel de onderzochte, onmiddellijke terugkoppeling ontvangt. Verder kunnen de testgegevens aan een reeds opgeslagen gegevensbestand worden toegevoegd, zodat een voortdurende controle op kwaliteitskenmerken van de test mogelijk wordt. De computer kan dus naast de informatie per onderzochte tegelijkertijd ook allerlei indicaties geven over de test zelf en over de onderzochte groep als geheel. Verdelingen, spreidingen, rangordes, betrouwbaarheden, itembeoordelingen, al deze gegevens kunnen zonder veel moeite als routine beschikbaar komen. Van diverse tests zijn tegenwoordig computerversies beschikbaar. Daarmee is ook de scoring geautomatiseerd.

5.2.3 TOEVALSCORRECTIE

Al eerder werd gewezen op een mogelijk bezwaar tegen meerkeuzevragen voor prestatieniveau, dat de onderzochte door te raden een hogere score kan krijgen. Hiervoor zijn in de literatuur diverse correcties voorgesteld, die achteraf dienen te worden uitgevoerd. De eenvoudigste methode bespreken we hier.

Stel, het aantal antwoordmogelijkheden per item wordt met A aangegeven. Bij een vierkeuze-item geldt $A = 4$. Indien iemand blind gist naar het goede antwoord, is de kans op succes $1/A$, en in het voorbeeld is dit gelijk aan $1/4$. De kans op een fout antwoord is dus $(A-1)/A$, dus in het voorbeeld $3/4$. Tegenover elk goed geraden antwoord staan dus naar verwachting $A-1$ (in het voorbeeld 3) fout geraden antwoorden.

We gaan er nu van uit, dat er bij het beantwoorden van meerkeuzeitems twee toestanden kunnen worden onderscheiden waarin de onderzochte zich bevindt: hij weet met volledige zekerheid wat het goede antwoord is en geeft dat antwoord, of hij heeft geen idee en gist blind met succeskans $1/A$. Bij deze twee toestanden horen *drie* soorten antwoorden: goede antwoorden die het gevolg zijn van kennis, goede antwoorden die het gevolg zijn van blind gissen, en foute antwoorden die het gevolg zijn van gissen. Een deel van het totale aantal goede antwoorden, aangegeven met X, is dus door kennis en een ander deel door gissen tot stand gekomen. We willen nu weten wat het aantal goede antwoorden is dat door louter kennis tot stand is gekomen. Dit aantal geven we aan met X_c, waarbij de c staat voor 'corrected'. Verder veronderstellen we dat de test uit k items bestaat.

We vinden X_c als volgt. Als bijvoorbeeld $A = 4$, en iemand heeft 6 items fout beantwoord, dan zijn dit dus alle fout gegiste items. De kans op fout gissen is $3/4$. Dan weten we ook dat naar verwachting $1/4$ deel van de items waarop is gegist goed is beantwoord. Dat zijn dan 2 items, ofwel $1/3$ deel van 6. In het algemene geval is dit $1/(A-1)$ deel van het aantal fout beantwoorde items. De formule voor de berekening van X_c verkrijgen we dan als volgt.

We nemen het totale aantal goed, X, en trekken daar het deel vanaf dat door gissen goed was: dit is het aantal fout, $k-X$, gedeeld door $A-1$:

$$X_c = X - \frac{k-X}{A-1}.$$ [5.1]

Bij bijvoorbeeld $k = 32$, $A = 4$ en $X_{Jan} = 23$ (dus, Jan heeft 23 goede antwoorden gegeven), vinden we, door invullen in formule [5.1], dat $X_{c(Jan)} = 20$. Stel dat $X_{Els} = 24$, dan vinden we voor haar, $X_{c(Els)} = 21.33$. Deze decimale uitkomst geeft nog eens aan dat we werken met kansen en dus met verwachte waarden. Iemand die tien keer gist met een succeskans van $1/4$, heeft naar verwachting 2.5 maal succes, maar in werkelijkheid gist hij/zij natuurlijk 0, 1, 2, 3, 4, 5 maal (enz.) goed, met kansen gegeven door de binomiale verdeling (zie de opdrachten).

Op hetzelfde principe is een correctie gebaseerd waarbij een respondent voor niet-beantwoorde items alsnog punten ontvangt. Indien we het aantal 'fout' aangeven met X_f, dan geldt dat $k - X - X_f$ items onbeantwoord zijn gebleven. Naar verwachting zouden bij blind gissen hiervan $(1/A)(k - X - X_f)$ items goed zijn beantwoord. Dit aantal wordt opgeteld bij het aantal 'goed':

$$X_c = X + \frac{k - X - X_f}{A}.$$ [5.2]

Bij beide correctieformules [5.1] en [5.2] maken we een viertal kritische kanttekeningen.
Ten eerste gaan deze formules uit van de lang niet altijd reële vooronderstelling dat er een scherp onderscheid bestaat tussen wel en niet weten. In de beantwoording zou dit betekenen dat of met volledige zekerheid het goede antwoord wordt gegeven of blind wordt gegist. Dit is echter een zwart-witvoorstelling van zaken, die voorbijgaat aan de mogelijkheid van partiële kennis. Dit houdt in dat de proefpersoon wel iets weet, maar niet genoeg om met zekerheid het goede antwoord te geven. Door partiële kennis kan een reële giskans groter of kleiner zijn dan de theoretische, blinde giskans. Een voorbeeld is dat respondenten, ook al weten ze het juiste antwoord niet, sommige afleiders toch als onjuist kunnen wegstrepen doordat ze wel weten dat deze niet juist kunnen zijn. In dit geval geeft formule [5.1] een ondercorrectie: omdat bij sommige items de giskans groter is dan $1/A$,

had X_c eigenlijk lager moeten uitvallen. Daarentegen zijn er onjuiste antwoorden die zo verleidelijk en suggestief zijn, dat de niet-weter te snel tot deze keuze zal besluiten. In dit geval is de kans op het goede antwoord kleiner dan 1/A en leidt formule [5.1] tot een overcorrectie. Formule [5.1] geldt dus alleen voor die gevallen waarbij partiële kennis niet bestaat. Die situatie doet zich in werkelijkheid bijzonder weinig voor. Hetzelfde geldt ook voor formule [5.2].

Ten tweede is het goed mogelijk dat iemand een fout antwoord geeft op basis van een verkeerd inzicht of onjuiste informatie. Er is dan niet gegist. Om voor het foute antwoord dan ook nog een straf te moeten ondergaan doordat punten van het aantal goede antwoorden worden afgetrokken, zoals in formule [5.1], kan als onrechtvaardig worden gezien.

Een derde bezwaar is dat de voor toeval gecorrigeerde testscores, X_c, een grotere variantie hebben dan de ongecorrigeerde testscores, X. Dit kan een ongewenste invloed hebben op andere berekeningen, zoals we zo dadelijk zullen zien. Om na te kunnen gaan dat X_c een grotere variantie heeft dan X, herschrijven we formule [5.1], zodat zichtbaar wordt dat X_c een lineaire functie is van X, dus een functie van het type $X_c = a + bX$, met $b > 0$:

$$X_c = -\frac{k}{A-1} + \frac{A}{A-1}X. \qquad [5.3]$$

Hierin is

$$a = -\frac{k}{A-1} \text{ en } b = \frac{A}{A-1}.$$

Toepassing van formule [A.15] (zie de appendix) voor de variantie van een lineaire transformatie laat zien dat de variantie van X_c een factor

$$b^2 = \left(\frac{A}{A-1}\right)^2$$

zo groot is als de variantie van X. Zo kan worden nagegaan dat de gecorrigeerde testscore, X_c, die is gebaseerd op tweekeuze-items (A = 2), na correctie een viermaal zo grote variantie heeft als de ongecorrigeerde testscore, X. De standaarddeviatie is dus tweemaal zo groot. Het ongewenste effect hiervan op andere berekeningen wordt, bijvoorbeeld, zichtbaar als men de gecorrigeerde testscore optelt bij de testscores op andere tests, zoals wel gebeurt bij de deeltests van intelligentietestbatterijen, om een schatting van de algemene intelligentie te maken. De test met scores X_c krijgt dan een tweemaal zo groot gewicht, zonder dat eigenschappen die dit zouden kunnen rechtvaardigen, zoals de betrouwbaarheid en de validiteit van de meting, zijn toegenomen.

Het vierde bezwaar tegen het praktisch gebruik van de giscorrectieformule [5.1] heeft eveneens te maken met de lineaire relatie tussen X_c en X, dus van het type $X_c = a + bX$, met $b > 0$. Bij een lineaire relatie geldt dat de correlatie tussen X_c en X gelijk is aan 1: dus, $r(X_c, X) = 1$ (zie de opdrachten). Dit resultaat heeft de volgende belangrijke consequenties:

1 De ordening van personen volgens X_c is dezelfde als die volgens X. Ook geldt nog eens dat, als Jan en Piet tweemaal zover uiteen lagen op de schaal van X als Jan en Els, deze verhouding blijft bestaan op de schaal van X_c. De giscorrectie heeft voor de onderlinge ordening en de onderlinge verhouding van verschillen tussen meetwaarden dus geen gevolgen; er verandert niets. Wel geldt dat sommige personen ten gevolge van de giscorrectie onder een aftestgrens kunnen vallen, en daardoor bijvoorbeeld zakken voor het tentamen, terwijl dit op basis van de ongecorrigeerde testscore X niet was gebeurd. Voor het individu kan de giscorrectie dus wel degelijk gevolgen hebben. De remedie is natuurlijk het aanpassen van de aftestgrens.

2 De correlatie van de ongecorrigeerde testscore X en een andere testscore Y is identiek aan de correlatie tussen X_c en Y; zie ook formule [A.18] in de appendix. Dit resultaat impliceert, bijvoorbeeld, dat men met beide scores even goed een criteriumscore Y voorspelt (zie ook hoofdstuk 8). De gecorrigeerde score is hiervoor dus niet geschikter dan de ongecorrigeerde score.

3 De nauwkeurigheid of betrouwbaarheid van X en X_c is gelijk (zie ook hoofdstuk 6). In de opdrachten bij dit hoofdstuk komt aan de orde waarom de meeste van de hier besproken resultaten niet gelden voor formule [5.2] (hint: dit heeft natuurlijk alles te maken met de vraag of in formule [5.2] de relatie tussen X_c en X wel lineair is).

We hebben de giscorrectie volgens formule [5.1] behandeld omdat zij erg bekend is en in de literatuur veel wordt besproken. De meeste van de genoemde bezwaren zijn echter zo steekhoudend, dat de conclusie wel moet zijn dat men de correctieformule maar beter niet kan gebruiken. Hoewel het op didactische gronden weerstanden kan oproepen, lijkt het toch het beste, zeker bij schoolvorderingentoetsingen en tentamens, de leerlingen en de studenten het advies te geven om alle vragen, ook die waarvan ze het antwoord niet weten, te beantwoorden. Gissen is voor een respondent altijd rendabeler dan het antwoord open laten. Een positief bijeffect is dat hiermee een voor alle onderzochten uniforme antwoordstrategie wordt bevorderd, zodat verschillen in scores in elk geval niet aan verschillende strategieën (bijv. onzekerheid en de bereidheid om risico's te lopen) kunnen worden toegeschreven.

Indien iedereen deze strategie volgt, is giscorrectie op individueel niveau overbodig geworden. De onderlinge rangorde van de proefpersonen verandert niet door met gecorrigeerde scores te werken. Waar men natuurlijk wel rekening mee moet houden, is dát er gegist wordt en dat hierdoor, bij een gewenst minimaal kennispercentage, te veel personen boven de aftestgrens komen. Bij het nemen van, bijvoorbeeld, zak-slaagbeslissingen kan de aftestgrens dan ook beter worden aangepast. Bijvoorbeeld: bij $k = 32$ (en $A = 4$) zou iemand die niets weet, door blind te gissen naar verwachting 8 vragen goed beantwoorden. Het is dan raadzaam om dit aantal als ondergrens van de beoordelingsschaal te nemen. Bij een gewenst kennispercentage van 60 procent zou de aftestgrens dan zijn: $8 + 0.6 \times (32 - 8) = 22.4$, waarna afronding dient plaats te vinden. Helemaal niet corrigeren zou tot een aftestgrens van 19.2 leiden, hetgeen duidelijk onjuist is als men uitgaat van 60 procent echte kennis.

Andere, alternatieve scoringsprocedures worden bijvoorbeeld besproken door De Groot en Van Naerssen (1977). Zij kwamen tot de conclusie dat, wanneer bij alle respondenten de optimale antwoordstrategie bekend is – bij scoring volgens de giscorrectieformule is dat: raad indien je het juiste antwoord niet weet –, de betrouwbaarheid en de validiteit van de testscore bij dit soort correcties niet noemenswaardig toenemen boven het niveau van dat van de ongecorrigeerde testscore, X. De meest aangewezen scoringsmethode voor meerkeuzevragen is in de praktijk dus eenvoudig het tellen van het aantal goede antwoorden.

5.2.4 WEGING VAN ITEMSCORES

Een laatste vraag die zich nog bij het toekennen van scores aan items voordoet, is of gewichten moeten worden toegekend aan de afzonderlijke items, of dat ze alle even zwaar moeten worden gewogen (zie ook hoofdstuk 4). Het is verleidelijk de items die de eigenschap beter lijken te meten, zwaarder te wegen dan de items die dit minder goed doen. Hiervoor zijn diverse methoden voorgesteld. Gebleken is echter dat weging van items maar weinig invloed heeft op de betrouwbaarheid en de validiteit van de testscore. Indien men ontevreden is over betrouwbaarheid en validiteit, zijn betere strategieën dan weging de volgende.

1 Meer items in de test opnemen. Dit vergroot meestal de betrouwbaarheid van de testscore (hoofdstuk 6). Intuïtief is dit te begrijpen doordat men met een groter aantal items per persoon meer informatie verzamelt over diens niveau. Dit leidt tot meer zekerheid over dat niveau en, dus, tot een hogere betrouwbaarheid.
2 Beter nadenken over de inhoud van de items. Door ernaar te streven dat de items de relevante deelaspecten van de te meten eigenschap beter representeren, wordt de validiteit van de test bevorderd (hoofdstuk 8). Hierdoor neemt ook de praktische bruikbaarheid van de test voor de beoogde toepassingen toe. Een test die op een representatieve wijze het totale introversiebegrip dekt, is beter bruikbaar in de klinische diagnostiek dan een test die slechts enkele aspecten van introversie in kaart brengt.

Het differentieel wegen van items leidt dus niet of nauwelijks tot meer informatie over iemands niveau of een betere representatie van de te meten eigenschap.

5.3 Testen per computer

Al eerder (hoofdstuk 3) wezen wij op de mogelijkheid om een test per computer aan personen voor te leggen en de reacties rechtstreeks door de computer te laten registreren. Bij testen per computer zit de onderzochte tegenover een beeldscherm en een toetsenbord of een ander bedieningspaneel (met bijvoorbeeld slechts enkele knoppen of tiptoetsen, of een 'muis'). Op het scherm verschijnen achtereenvolgens de stimuli of items en de onderzochte maakt per stimulus de reactie kenbaar via het toetsenbord, waarna de volgende stimulus op het beeldscherm verschijnt. De respons wordt door de computer direct gecodeerd. Na afloop van de testsessie volgt op het scherm bijvoorbeeld de testscore, eventueel tezamen met andere informatie die nuttig is voor de verdere diagnostiek, zoals scores op deeltests of op afzonderlijke items, alsmede normen voor de interpretatie van de scores. Veel tests kunnen tegenwoordig per computer worden voorgelegd. Een voorbeeld is de NEO-persoonlijkheidsvragenlijst (hoofdstuk 3).

We staan hier kort stil bij gebruiksmogelijkheden van computers bij het afnemen van tests en het coderen van antwoorden, en de problemen die zich hierbij kunnen voordoen. Daarbij maken we onderscheid tussen de technologische en de wetenschappelijke bijdrage die de computer aan de testpraktijk kan leveren (zie ook Hunt & Pellegrino, 1985). Technologische bijdragen betreffen zaken als afneming, opslag en registratie van items, het vastleggen van technische testgegevens en psychologische rapportage. Wetenschappelijke bijdragen hebben vooral betrekking op inhoudelijk psychologische veranderingen of psychometrische veranderingen, die veroorzaakt worden door, dan wel samengaan met, het gebruik van een computer.

5.3.1 TECHNOLOGISCHE BIJDRAGEN EN VERANDERINGEN

Het testen per computer leidt tot een aantal administratieve veranderingen. Zowel het coderen van door respondenten gegeven reacties als het opslaan ervan in een gegevensbestand verlopen geheel geautomatiseerd. Ook de mogelijkheid van een vrijwel ogenblikkelijke terugkoppeling van resultaten naar onderzochte en psycholoog, en het beschikbaar komen van gegevens voor het psychologisch rapport (normering en interpretatie; zie bijv. Hofer & Green, 1985; en Koning, 1983), betekenen een behoorlijke winst aan tijd en informatie in vergelijking met conventionele testprocedures.

Het veranderen, toevoegen of verwijderen van items uit een test of studietoets is vanuit administratief oogpunt erg eenvoudig als de test in de computer is opgeslagen. In vergelijking met de niet-geautomatiseerde testvormen is het nu niet meer nodig om testformulieren geheel te herzien en reeds ver vóór het tijdstip van afneming opnieuw te laten drukken of anderszins te laten vervaardigen. Wel dient men zich te realiseren dat dergelijke veranderingen in een test betekenen dat de betrouwbaarheid en validiteit van de testscores kunnen veranderen. Dit vereist nieuw psychometrisch onderzoek om de kwaliteit van de gewijzigde test vast te stellen.

In tegenstelling tot de standaardtest biedt de computer de mogelijkheid om een grote verzameling items, ofwel een itembank, aan te leggen en op te slaan (bijv. Millman & Arter, 1984). Vooral in het onderwijs kan dit zeer nuttig zijn. Een voorbeeld is een denkbeeldige itembank voor het tentamen in het vak Testtheorie. De docent slaat dan de items van de tentamens die hij in de loop der jaren construeert op in een database, die hiervoor speciaal geschikt is gemaakt en die ook de mogelijkheid biedt om de items gemakkelijk te kunnen terugvinden. Zo kan zonder veel moeite een bank van 500 à 1000 studietoetsitems ontstaan, die vervolgens opnieuw kunnen worden gebruikt. Dit hergebruik kan dan worden gebaseerd op up-to-date gehouden psychometrische en inhoudelijke gegevens over de items.

Laten we uitgaan van meerkeuze-items. Behalve het item zelf, worden in de itembank per item de psychometrische gegevens over de moeilijkheid van het item – doorgaans de p-waarde – en de kwaliteit van de afleiders – in de vorm van een frequentieverdeling – opgeslagen. Ook worden administratieve gegevens opgeslagen, bijvoorbeeld, wanneer het item eerder is gebruikt, hoe vaak het is gebruikt, en eventueel in combinatie met welke andere items over hetzelfde of aanverwante onderwerpen het is gebruikt. Dit is belangrijke informatie, omdat de docent zal willen voorkomen dat het ene tentamen veel moeilijker of gemakkelijker uitvalt dan het andere, of dat hetzelfde item zowel in het eerste tentamen als het herhalingstentamen voor gedeeltelijk dezelfde studenten terechtkomt. Verder worden gegevens opgenomen over het onderwerp van het item en het deel van het kennisdomein waarop het betrekking heeft. Ook kan worden geregistreerd of het item kennis of inzicht vraagt, of het gaat om een rekenitem of een inhoudelijke vraag, en of een definitie of een eigenschap wordt gevraagd.

Per tentamen kan de docent met de computer uit deze itembank op basis van de eigenschappen van het item een gestratificeerde steekproef trekken en het resultaat eventueel door verwijdering of toevoeging van items naar wens vervolmaken. De resulterende toets kan per computer worden afgenomen – wat overigens in het geval van studietoetsen (nog) niet vaak gebeurt –, of gedrukt en vervolgens vermenigvuldigd. In het laatste geval geschiedt het afnemen schriftelijk.

Nitko en Hsu (1984) bespreken een concreet voorbeeld van een geautomatiseerd systeem voor instructie en toetsafneming dat geschikt is voor gebruik door leerkrachten op scholen. Het systeem bestaat uit drie componenten. Ten eerste is er een bestand waarin gegevens zijn opgeslagen over leerlingen en groepen (klassen) van leerlingen. Naast demografische gegevens gaat het vooral om gegevens over prestaties en voortgang in bepaalde vaardigheden, capaciteiten en leerstofgebieden, zoals weergegeven in testscores en itemscores. Ten tweede is er een onderdeel dat vooral bestemd is voor itemanalyse. De leerkracht kan dit onderdeel gebruiken om het onderwijs te verbeteren, om individuele items te veranderen en te verbeteren en om items te selecteren voor opname in een studietoets. Ten derde biedt het systeem de mogelijkheid om zelf een itembank te creëren en een bestaande itembank te manipuleren. De drie componenten van het systeem kunnen onderling gegevens uitwisselen. Het systeem biedt niet de mogelijkheid om ook daadwerkelijk per computer te testen.

Een interessante gebruiksmogelijkheid van computers op het terrein van studietoetsen is 'on-line testing' (Baker, 1984): de leerling of student bepaalt zelf het moment waarop hij de studiestof naar zijn idee voldoende beheerst en vraagt de computer om een toets. De computer selecteert uit de itembank een studietoets, presenteert deze aan de student, codeert de reacties, levert een eindbeoordeling aan de student en slaat de toetsgegevens centraal op. De docent komt er in directe zin niet meer aan te pas. Een gevaar bij deze vorm van toetsen is overigens de beveiliging. Hoe voorkomt men dat items gemakkelijk bekend raken, doordat respondenten ze bijvoorbeeld van het scherm overschrijven of in een grafisch rekenapparaat of een telefoon opslaan en mee naar buiten nemen? Hoe voorkomt men dat iemand voor een ander de toets maakt door gebruik te maken van diens identificatiegegevens? Dit alles vereist de nodige surveillance, en dat is, gegeven de min of meer continue beschikbaarheid van het systeem, een kostbare zaak.

Een andere toepassing in het onderwijs is het *diagnostisch* toetsen per computer (McArthur & Choppin, 1984). Nieuw is hier de ontwikkeling van 'cognitive skills diagnostics' (bijv. DiBello, Stout & Roussos, 1995; Draney, Pirolli & Wilson, 1995; Junker & Sijtsma, 2001; Tatsuoka, 1995). Dit is het door middel van een verzameling van goed gekozen items schatten van de mate van beheersing van deelvaardigheden die nodig zijn om dergelijke items op te lossen. De bedoeling is vervolgens om via aanvullend, gericht onderwijs eventuele deficiënties bij leerlingen te verhelpen. Als voorbeeld kan men denken aan wiskundige problemen die bestaan uit een aantal deelproblemen, die men alle moet beheersen om het hoofdprobleem te kunnen oplossen. Een diagnostische toets kan dan zo zijn samengesteld, dat elk van de vaardigheden die nodig zijn om de deelproblemen op te lossen voldoende zijn gerepresenteerd, zodat de prestaties op deze deelproblemen afzonderlijk kunnen worden vastgesteld of geschat uit een statistisch model. Overigens staat deze vorm van toetsen op dit moment nog in de kinderschoenen, en is nog niet te voorzien in hoeverre hij zal worden doorgezet.

Een laatste technologische verandering betreft de vorm van de items, de wijze waarop respondenten kunnen reageren, het type van gegevens dat wordt verzameld, en de scoring van items. Wat betreft de vorm van items kan men in de context van het testen van visueel-ruimtelijke vaardigheden denken aan het presenteren van bewegende beelden via een beeldscherm (Baker, 1984), zodat kan worden onderzocht hoe respondenten reageren op beweging. Ook kunnen tabellen en grafieken, visuele beelden (video, film, animatie) en auditieve fragmenten worden gebruikt. Zo kan men respondenten vragen om in een tabel of een grafiek bepaalde informatie op te zoeken en 'aan te klikken'. Bij 'visuele beelden' kan gedacht worden aan filmfragmenten waarin een beroepsbeoefenaar, bijvoorbeeld een maatschappelijk werker, in een bepaalde situatie met een cliënt verkeert en waarbij de respondent – in dit geval een student maatschappelijk werk – gevraagd wordt wat de adequate, professionele reactie van de maatschappelijk werker moet zijn. Deze opzet vormde de basis van een instrument om sociaal-communicatieve vaardigheden te meten, dat via het internet voor studenten van een HBO-instelling beschikbaar was (Bakx, Sijtsma, Van der Sanden & Taconis, 2002). Bij auditieve fragmenten kan men denken aan voorgelezen teksten in items over tekstbegrip, aan ritmen, maatsoorten en muziek in items over kennis en inzicht in muziek, en aan historische radiofragmenten in items over geschiedenis.

De wijze waarop respondenten reageren kan een 'conventionele' reactie zijn, zoals een gegeven optie aanklikken of een antwoord intypen. Een andere mogelijkheid, die kenmerkender is voor een computer, is dat respondenten tekstfragmenten en lijnstukken uit geometrische figuren naar nieuwe locaties 'slepen' en ze daar invoegen. Daarna wordt getoond hoe respectievelijk de tekst en de figuur eruitzien, zonder overigens prijs te geven of de gekozen oplossingen juist zijn. Op deze wijze ontstaat een nieuw type items, door de computer gestuurd en niet of nauwelijks op een conventionele wijze te realiseren. Tests gaan op deze manier in zekere zin lijken op een 'computer game'. Parshall, Davey, en Pashley (2000) geven een overzicht van de vele mogelijkheden voor nieuwe itemvormen.

Wat betreft de te verzamelen gegevens komen ook reactietijden (bijv. Van de Vijver, 1987) in aanmerking naast 'goed/fout'-scores en dergelijke. Daarmee is het mogelijk om op itemniveau onderscheid te maken tussen de bekende variabelen snelheid en nauwkeurigheid. Hunt en Pellegrino (1985) wijzen op deze mogelijkheid in verband met het meten van verbale vaardigheden. Nagegaan kan worden hoe snel een persoon een woord uit zijn geheugen kan ophalen naast de meer gebruikelijke vaststelling of het woord in kwestie wel of niet deel uitmaakt van zijn vocabulaire.

De automatische scoring van reacties is alleen bij meerkeuze-items probleemloos. Bij de meeste andere soorten reacties, zoals ingetypte teksten en ook andere (zie hierboven), is het probleem vaak dat de computer moet beschikken over een volledige verzameling van kritische kenmerken van zowel goede als foute antwoorden. Juist die volledigheid is lastig te realiseren. Bijvoorbeeld, als men bij een bepaalde taak verschillende typen fouten wil kunnen herkennen om er verschillende scores aan toe te kennen – de ene fout is bijvoorbeeld minder ernstig dan de andere – dan is het maar de vraag of de testconstructeur gemakkelijk over een volledig diagnostisch systeem kan beschikken, laat staan of zoiets voor de beoogde toepassing wel bestaat. Het probleem is dat respondenten op zeer gevarieerde wijze goede antwoorden kunnen formuleren en op een nog veel meer gevarieerde wijze foute antwoorden, en het aan programma's 'leren' van al die patronen is buitengewoon lastig.

Met het bespreken van nieuwe typen items, reacties van personen, testgegevens, en scoring van items wordt duidelijk dat technologische vernieuwingen gevolgen kunnen hebben die van wetenschappelijk belang zijn. Door nieuwe itemvormen te gebruiken en nieuwe gegevens te verzamelen is het wellicht mogelijk om psychologische begrippen te meten die iets toevoegen aan het domein van begrippen dat met behulp van de gebruikelijke testmethoden wordt onderzocht.

5.3.2 WETENSCHAPPELIJKE BIJDRAGEN EN VERANDERINGEN

In het overzichtsartikel van Hunt en Pellegrino (1985) komt de bijdrage die de computer kan leveren aan de meting van intelligentiecomponenten aan de orde. Gewezen wordt vooral op de mogelijkheden op het gebied van het meten van individuele verschillen in ruimtelijk-visueel redeneren, geheugen en aandacht. Ook het bepalen van individuele verschillen in leerpotentieel, dat we aan het begin van dit hoofdstuk kort aanstipten, zou wellicht beter mogelijk zijn met behulp van computergestuurde testprocedures. Dit zijn alle kenmerken die met behulp van conventionele testmethoden, dus zonder de hulp van computers, moeilijk meetbaar zijn.

Ter illustratie gaan wij kort in op de meting van individuele verschillen in aandacht. Uitgegaan wordt van het principe dat aandacht een 'krachtbron' is, naar analogie van bijvoorbeeld elektriciteit, waaruit een persoon kan putten bij de uitvoering van taken. Individuele verschillen in aandachtpotentieel komen wellicht niet tot uiting bij de uitvoering van een enkele taak, maar wel als personen twee taken tegelijk of afwisselend moeten uitvoeren. Testscores kunnen hier zowel reactietijden als aantallen fouten zijn. Men kan denken aan een situatie waarin personen via beide oren signalen gepresenteerd krijgen en zich afwisselend moeten concentreren op één van beide stimulusbronnen en reageren op deze stimuli. Daarbij kunnen fouten worden gemaakt en tevens kost het wisselen van de aandacht een bepaalde hoeveelheid tijd. Hunt en Pellegrino (1985) zien mogelijkheden voor dergelijke tests – uiteraard computergestuurd – vooral in toepassingen waarin snelle beslissingen zijn vereist. Voorbeelden zijn de bediening van complexe machines, of toepassingen in het trein- en vliegverkeer. Bij de meting van aandacht kunnen kanttekeningen worden gemaakt. Zo lijkt aandacht bij sommige individuen een nogal instabiele eigenschap te zijn. Ook zijn individuele verschillen in vaardigheid bij de uitvoering van een taak en individuele verschillen in aandacht niet steeds gemakkelijk te scheiden. Dit is een complicerende factor in het onderzoek naar individuele verschillen in aandacht.

Behalve bijdragen die de computer kan leveren, zijn er ook problemen die juist ontstaan door het gebruik van computers bij het testen van personen. Hofer en Green (1985) noemen twee factoren die het gevolg zijn van het testen per computer en waarbij personen of groepen verschillen kunnen vertonen: testangst en ervaring met computers. De auteurs veronderstellen dat dergelijke verschillen, althans gedeeltelijk, zullen verdwijnen als respondenten voldoende gelegenheid krijgen om voorafgaand aan de testsessie te oefenen en zo aan het medium te wennen. Door de recent bij grote groepen, vooral van jonge en middelbare generaties, snel toegenomen ervaring met computers en 'computer games' zijn deze factoren tegenwoordig waarschijnlijk minder van belang dan nog maar kort geleden. Blijft overeind dat voorafgaand aan het testen wel degelijk verschillen in 'computer skills' kunnen bestaan, die invloed kunnen hebben op de testprestaties. Dit is enigszins vergelijkbaar met de verschillen in taalbeheersing die een rol spelen bij vele testprestaties, ook als het primaire doel van de test niet het meten van juist deze taalbeheersing is. Voorbeelden hiervan zijn rekentests die gebruik maken van redactiesommen en opinievragenlijsten die zich bedienen van diverse politieke termen. Proefpersonen dienen vooraf voldoende gelegenheid te krijgen om 'computer skills' te oefenen en tests met een duidelijk verbale component behoren eenvoudig van taal te zijn.

Aanvankelijk werd veel onderzoek gedaan naar invloeden van conventionele en computergestuurde tests op het testgedrag van respondenten; zie Hofer en Green (1985) voor een overzicht. Hoffman en Lundberg (1976) onderzochten bij een vorderingentoets de invloed van het afnemen respectievelijk per computer en schriftelijk op onder andere de toetsscore. Drie itemvormen werden onderzocht: 'goed/fout', meerkeuze met een goed antwoord en ten slotte matching van antwoorden (zie hoofdstuk 4). Er werden verschillen tussen beide testmethoden gevonden voor de matching-items: afneming per computer leverde een lagere toetsscore en ook een geringer aantal veranderingen of pogingen voordat studenten tot het definitieve antwoord kwamen. Voor de andere twee, veel gebruikte, itemvormen werden echter geen verschillen gevonden. Ook Biskin en Kolotkin (1977) vonden slechts geringe verschillen bij hun onderzoek naar invloeden van computergestuurd en conventioneel testen met persoonlijkheidsvragenlijsten.

Uit dit soort onderzoek concludeerden Hofer en Green dat zowel voor persoonlijkheidstests als capaciteitentests de verschillen in testprestatie onder computergestuurde en conventionele condities meestal niet groot zullen zijn. Ook Van de Vijver (1987) kwam tot deze algemene conclusie. De verschillen die soms worden gevonden zijn volgens hem echter toch dusdanig dat de normen die behoren bij een conventionele test niet zonder nader onderzoek mogen worden overgenomen voor de computergestuurde testversie [zie ook Bartram & Bayliss (1984); Van de Vijver en Harsveld (1994) rapporteren een onderzoek waarin de computerversie en de schriftelijke versie van de GATB (hoofdstuk 3) werden vergeleken]. De eerder genoemde mogelijkheid tot oefenen van 'computer skills' voorafgaand aan de testsessie zal de verschillen naar verwachting verder verkleinen, evenals de verregaande integratie van computers in het tegenwoordige onderwijs en de beschikbaarheid van computers thuis. Het toegenomen vertrouwen in het testen per computer en de toegenomen technologie op dit terrein zijn bijvoorbeeld zichtbaar bij het CITO, dat steeds meer overgaat op toetsen per computer. Ook is de verwachting dat het landelijk eindexamen VWO langzaam maar zeker – eerst voor een klein aantal scholen en een beperkt aantal vakken, later voor meer scholen en vakken – zal verschuiven van schriftelijk naar computergestuurd.

Er zijn echter verschillen tussen beide presentatievormen die voorlopig nog als gegeven moeten worden beschouwd. Het is bijvoorbeeld onmogelijk om items van computergestuurde tests over te slaan zonder een toets in te drukken ('passive omitting', zie Green, 1988). Dit kan leiden tot enigszins andere verdelingen van itemscores dan bij conventionele tests. Verder is het vaak niet mogelijk om terug te gaan naar eerder beantwoorde items of de beantwoording van een item nog even uit te stellen. Veel invloed op de testprestatie lijken deze factoren overigens niet te hebben (Green, 1988).
Ten slotte verschillen de presentatie en vormgeving van conventioneel

gepresenteerde items nogal van de presentatie op het beeldscherm. Mead en Drasgow (1993) vonden in een omvangrijk onderzoek, waarin computerversies en conventionele versies van 123 tests voor cognitieve vaardigheden werden vergeleken, geen aanwijzingen dat de testvorm een belangrijke invloed had op de testprestatie en de psychologische betekenis van de testprestatie. Dergelijke verschillen vonden zij daarentegen wel bij 36 snelheidstests (zie ook Green, 1988). Als verklaring hiervoor voerden zij verschillen in benodigde vaardigheden in motoriek en coördinatie aan, maar spraken tevens de verwachting uit dat afneming per computer door voortschrijdende technologische vernieuwing steeds meer zal gaan lijken op schriftelijke afneming. Daardoor zullen verschillen in testbetekenis ook verdwijnen.

5.3.3 ADAPTIEF TESTEN

We bespreken ten slotte een belangrijke bijdrage van de computer aan de psychometrie. Dit betreft het adaptief testen, ook wel testen op maat genoemd (zie bijv. Van der Linden, 1983; Van der Linden & Glas, 2000; Meijer & Nering, 1999; Wainer, 1990; Weiss, 1985). Kort gezegd komt adaptief testen erop neer dat iedere respondent een test krijgt voorgelegd die op zijn of haar niveau is toegesneden. Een respondent met geringe vaardigheid krijgt dus een gemakkelijke test voorgelegd en een respondent met een behoorlijke vaardigheid een moeilijke test. Het idee is dat bijvoorbeeld de respondent met geringe vaardigheid items van een gemiddelde of hoge moeilijkheidsgraad niet aan zal kunnen en dus voortdurend faalt. Dat is niet alleen frustrerend voor de respondent, maar het levert bovendien weinig informatie over diens niveau, behalve dat het onder het niveau van de gepresenteerde items ligt. Dit is meettechnisch gezien niet zinvol.

Door de respondent items voor te leggen die wat moeilijkheid betreft bij zijn niveau passen, zal hij sommige wel en andere niet oplossen, en dit biedt juist wel informatie over zijn niveau. Verder zal de test dan vanuit het gezichtspunt van de respondent gemiddeld moeilijk zijn; de items zijn voor hem niet te moeilijk en niet te gemakkelijk en de test is dus veel minder frustrerend. Overigens dient men hier niet de denkfout te maken dat iemand met geringe vaardigheid in het voordeel zou zijn omdat hij alleen maar gemakkelijke items krijgt voorgelegd. Toegepast op een studietoets kan adaptief testen betekenen dat iemand die zich slecht heeft voorbereid alleen gemakkelijke items krijgt voorgelegd, waardoor vervolgens heel nauwkeurig kan worden vastgesteld dat deze persoon het cijfer 3 heeft behaald en is gezakt.

Om achteraf de scores van verschillende respondenten vergelijkbaar te maken – ze hebben immers verschillende tests gemaakt – is het handig dat de volledige verzameling items, opgeslagen in een itembank, voldoet aan de eisen van de item-responstheorie. Dit is een statistische theorie over de analyse van itemscores die in hoofdstuk 7 aan de orde komt. We komen daar terug op adaptief testen en volstaan hier met een korte omschrijving, waarbij we adaptief testen tegenover de klassieke standaardtest stellen.

De klassieke wijze van testen houdt in dat een standaardtest – voor iedereen gelijk – wordt voorgelegd aan de respondenten. Hiertegenover stelt Van der Linden (1983) het 'moderne complex' van itembank en item-responstheorie. De itembank vervangt de standaardtest en de item-responstheorie komt in plaats van de klassieke testtheorie (hoofdstuk 6). Adaptief testen is mogelijk binnen dit moderne complex en veronderstelt verder de beschikbaarheid van computers. Waarom zijn adaptieve tests superieur aan standaardtests? Binnen de item-responstheorie kan worden aangetoond dat de meting van een eigenschap van een persoon met een bepaald item de grootste nauwkeurigheid heeft als de moeilijkheid van het item en het niveau van de persoon op de psychologische eigenschap, beide gemeten op dezelfde schaal, samenvallen. Als dit het geval is, dan is de subjectieve kans op een positief antwoord op het item gelijk aan 0.5. Het item heeft voor de respondent dus een middelmatige moeilijkheid, want vanuit de persoon gezien is de kans op een goed antwoord even groot als de kans op een fout antwoord. Wil men de rekenvaardigheid van Jan zo nauwkeurig mogelijk meten, dan is het dus zaak Jan items voor te leggen die wat moeilijkheid betreft bij zijn rekenniveau passen. Op zichzelf ligt in deze uitspraak een cirkelredenering besloten, want als we het niveau van Jan niet kennen, hoe moeten we hem dan items voorleggen die op zijn niveau zijn afgestemd?
Dit gaat als volgt. Om te beginnen krijgt de respondent per computer één item of een paar items gepresenteerd die in de populatie een gemiddelde moeilijkheid hebben. Op basis van de itemscores maakt de computer een eerste, nog erg onnauwkeurige, schatting van de meetwaarde van de persoon. Het volgende item wordt nu zo gekozen dat zijn moeilijkheid samenvalt met deze meetwaarde. Een volgende schatting wordt gebaseerd op de scores op de startitems en het nieuwe item. Dit resulteert in iets grotere nauwkeurigheid, omdat de test inmiddels een extra item bevat. In het algemeen geldt dat een groter aantal items tot een grotere nauwkeurigheid van de meting leidt (hoofdstuk 6). Op basis van deze tweede, dus iets nauwkeuriger,

schatting wordt uit de itembank het volgende item gekozen. Dit gaat zo door, totdat een meetwaarde is geschat die een bevredigende nauwkeurigheid heeft. De testsessie is dan teneinde.

Deze stapsgewijze bepaling van iemands meetwaarde heeft de volgende kenmerken. Ten eerste komt de schatting van iemands meetwaarde bij iedere stap dichterbij de gezochte waarde. De keuze van het volgende item is derhalve ook steeds gelukkiger in de zin dat de moeilijkheid van het item en de meetwaarde van de onderzochte steeds beter overeenkomen. Ten tweede is de schatting van de meetwaarde nauwkeuriger naarmate meer items zijn gepresenteerd. Als men maar lang genoeg door zou gaan, zou de nauwkeurigheid zelfs perfect kunnen worden, zodat er geen twijfel meer zou bestaan over iemands niveau. Om praktische redenen kan echter maar een beperkt aantal items aan personen worden voorgelegd. Dit hoeft echter geen bezwaar te zijn. Denk weer aan een studietoets. Eigenlijk is het daarbij vooral van belang te weten of iemand de stof voldoende of onvoldoende beheerst. Iemand die ver boven de aftestgrens zit, krijgt al heel gauw alleen nog maar moeilijke items voorgelegd, zodat dan ook duidelijk is dat hij is geslaagd. Alleen als het heel belangrijk is te weten of hij een 8 of een 9 moet hebben, zou men nog enkele items extra kunnen voorleggen.

Het is duidelijk dat adaptief testen per computer niet efficiënt kan plaatsvinden zonder een itembank. De computer moet immers items kunnen kiezen uit een grote verzameling met gevarieerde moeilijkheid. Weiss (1985) geeft aan dat itembanken ten behoeve van adaptief testen uit ten minste 150 à 200 items moeten bestaan.

Een belangrijke eigenschap van metingen in de context van de itemresponstheorie is dat zij gecorrigeerd kunnen worden voor het moeilijkheidsniveau van de test (hoofdstuk 7). Dat is de reden waarom de meetwaarden van verschillende personen kunnen worden vergeleken ondanks het feit dat zij tests van uiteenlopend moeilijkheidsniveau hebben gemaakt. Daarbij geldt wel als randconditie dat de itembank in zijn geheel voldoet aan de eisen van de item-responstheorie.

Waar liggen nu de verschillen met de klassieke benadering van testen? In de klassieke benadering krijgt iedereen dezelfde test gepresenteerd. Vanuit het oogpunt van een zo groot mogelijke nauwkeurigheid van de meting krijgt men hier dus meestal geen optimaal geschikte items voorgelegd. Vele items uit een standaardtest zullen een subjectieve succeskans hebben die sterk van 0.5 afwijkt. Voor personen met extreem hoge of lage meetwaarden is een standaardtest zelfs een ronduit slecht meetinstrument, want de meting is dan relatief zeer onnauwkeurig. Adaptief testen lost dergelijke problemen op. Iemand met een hoge meetwaarde krijgt items voorgelegd die in de populatie moeilijk zijn. Door de overeenkomst van deze hoge moeilijkheid met de hoge meetwaarde van de persoon zijn ze voor de meting van deze persoon juist zeer geschikt.

Weiss (1985) geeft als vuistregel dat een adaptieve test met een lengte die ongeveer de helft is van de lengte van een standaardtest, ongeveer met dezelfde nauwkeurigheid meet als een standaardtest. Voor de meer technische aspecten van de constructie en de beoordeling van adaptieve tests verwijzen we naar Green, Bock, Humphreys, Linn en Reckase (1984), Wainer (1990) en Van der Linden en Glas (2000). Weiss en Kingsbury (1984) noemen drie toepassingen van adaptief testen binnen onderwijsevaluatie: het bepalen of iemand geslaagd is, of iemands prestatie binnen de grenzen van een specifiek interval ligt, en of iemand in een specifiek leerstofgebied voortgang heeft geboekt. In hoofdstuk 7 komen we terug op de meer technische aspecten van adaptief testen.

De ontwikkelingen die we in deze paragraaf hebben beschreven, zijn vooral waar te nemen binnen de Amerikaanse testtheorie en -praktijk. De ontwikkeling van een adaptief testsysteem – itembank, software, maar ook de inrichting van speciale testruimtes met aansluiting op het computersysteem – is een kostbare aangelegenheid. Toepassingen in Nederland beperken zich vooralsnog tot het grootschalige toetsen van het CITO. Met de snelle ontwikkeling van het internet komt echter het testen-op-afstand binnen bereik: de respondent kan de test, die via het internet is aangeleverd, onder toezicht op school maken en de resultaten worden via het internet weer teruggekoppeld naar de testende instantie. Vooralsnog baren zaken als beveiliging van gegevens, zowel van de test als de onderzochte, nog wel de nodige zorgen.

5.4 Bewerkte scores en normen

Tot dusver hebben we ons gericht op het vaststellen van de score zelf. Het toekennen van betekenis aan scores komt nu aan de orde.
De testuitslag wordt eerst uitgedrukt in een basisscore, die bekend staat als de ruwe score. De ruwe score kan staan voor zeer verschillende zaken: het aantal goede antwoorden, het aantal foute antwoorden, het aantal 'ja'-antwoorden in een vragenlijst, de som van de

scores op de 'rating scales' van een attutudelijst, het aantal 'bewegingsantwoorden' in de Rorschach-test, of het aantal mislukte pogingen op een handvaardigheidstest. De ruwe score is de eerste testscore die wordt berekend – meestal door telling zoals de voorbeelden aangeven – en die nog geen verdere bewerking heeft ondergaan.
Om nu alvast de ruwe score en enkele bewerkte scores te kunnen definiëren, lopen we vooruit op de notatie die in hoofdstuk 6 wordt ingevoerd. We gaan ervan uit dat een test k items bevat. Dat kunnen er slechts vijf zijn ($k = 5$), zoals in de Ideeënproductietest van de RAKIT (hoofdstuk 3), maar ook 80 ($k = 80$), zoals in de deeltest Rekenvaardigheid van de Numerieke Aanleg Test (Drenth & Hoolwerf, 1970). Items krijgen een identificatienummer, dat we aangeven met g, zodat $g = 1, ..., k$. De score op een item geven we aan met X_g. Voor foute antwoorden krijgt iemand een itemscore 0 en voor goede een score 1, zodat $X_g = 0, 1$. Op rating scales worden geordende scores toegekend, zodat bijvoorbeeld $X_g = 0, ..., 4$. De ruwe score is nu gedefinieerd als (zie ook de appendix, formule A.1),

$$X = \sum_{g=1}^{k} X_g.$$ [5.4]

De ruwe score heeft op zichzelf meestal weinig betekenis. Als iemand zegt op een examen slechts vijf foute antwoorden te hebben gegeven, dan zegt dat alleen maar iets als men ook weet van hoeveel opgaven, of voor hoeveel fouten een punt werd afgetrokken, of 'is dat goed of slecht gezien je leeftijd of opleiding?' Ook interessant zijn de vragen 'hoe hebben de anderen het gemaakt?' en 'waren er veel die een betere prestatie leverden?'
Met de genoemde vragen kunnen de drie soorten bewerkte scores worden geïllustreerd. Het eerste type is gebaseerd op een vergelijking met een absolute standaard. Het tweede type is gebaseerd op een deling door bijvoorbeeld leeftijd of schoolklas. Het derde type score is gebaseerd op de relatieve positie in een referentiegroep. Deze drie soorten vergelijkingen komen in deze paragraaf nader aan de orde.

Vooraf maken we nog een opmerking over het verschil tussen een bewerkte score en een norm. Niet iedere bewerkte score heeft een normkarakter. *Onder een norm verstaan we een referentiekader voor de evaluatie van de ruwe scores dat is gebaseerd op de kenmerken van de verdeling van de ruwe scores in een populatie. Deze kenmerken worden geschat op basis van een representatieve steekproef.*

Diverse bewerkingen zijn onafhankelijk van de prestaties van anderen; zo kan men een aantal-goed-score omzetten in een rapportcijfer. Afhankelijkheid van de scores van anderen is echter een voorwaarde om te kunnen spreken van testnormen. Sommige afhankelijke bewerkingen blijven beperkt tot de toevallige groep waartoe de onderzochte behoort (zoals klas, examenkandidaten, sollicitanten) en ook dan is er nog geen sprake van normen, hoewel het hier al gaat om een vergelijking met anderen.

Het gebruik van normen voor de beoordeling van een concrete testscore houdt de vergelijking in van deze score met de scoreverdeling van de referentiepopulatie. De beoordeling van het individu vindt plaats tegen de populatie waartoe hij behoort, en niet van die van de groep die men toevallig onderzoekt en waarvan hij deel uitmaakt. De kenmerken van deze groep, zoals het gemiddelde en de spreiding van de testscores, hebben dan geen invloed op de beoordeling van het individu. Een voorbeeld hiervan is een onderzoek van een leerling in een bepaalde klas van de basisschool, waarbij de referentiegroep de populatie van Nederlandse basisschoolleerlingen van groep acht is. Zeer bekend is de CITO Eindtoets Basisonderwijs. De uitslag van deze toets geeft aan waar het betreffende kind staat in de populatie in Nederland, maar niet in zijn klas. Het gebruik van normen voor de waardering van iemands testprestatie overstijgt de kenmerken van de groep waartoe hij behoort. Zo is een leerling bij gebruik van een genormeerde test niet meer afhankelijk van het niveau van zijn klas. Een vergelijking met de kenmerken van de klas zou kunnen leiden tot overschatting of onderschatting van iemands testprestatie ten opzichte van de populatie. Tevens hoeft men niet de resultaten van de hele klas te verwerken om de leerling individueel te kunnen beoordelen.

Niet altijd is het nodig of zelfs gewenst normen te berekenen of te gebruiken. Vaak kan worden volstaan met een eenvoudiger vorm van bewerkte scores. Soms hoeft men slechts de plaats in de rangschikking binnen de onderzochte groep te weten, bijvoorbeeld in het geval dat de drie besten van een groep van sollicitanten moeten worden uitgezocht. Een ander type bewerkte score is het percentage goede antwoorden. Bij bijvoorbeeld een lager percentage dan 80 in een taaksimulatie mag men niet zelfstandig werken omdat de kans op fouten te groot is. Ook in deze twee gevallen is de ruwe score zinloos. Deze ruwe score moet in het eerste geval worden omgezet in een rangnummer en in het tweede geval in een percentage. Dergelijke bewerkingen leveren echter nog geen normen op.

Er zijn gevallen waarin men zich kan beperken tot ruwe scores. Als men voor onderzoeksdoeleinden geïnteresseerd is in de samenhang tussen testscores en criteriumscores, is een omzetting in bewerkte scores niet noodzakelijk. Het berekenen van bijvoorbeeld de correlatie tussen de ruwe testscores en schoolcijfers is afdoende om de vraag naar de samenhang te beantwoorden.

De overgang van een vergelijking binnen een onderzochte groep naar het gebruik van normen is vloeiend. Naarmate de onderzochte groep groter is en meer de kenmerken van een relevante populatie weerspiegelt, krijgen de vergelijkingen meer het karakter van vergelijkingen met een norm. Twee zaken zijn hier belangrijk.
Ten eerste is het van belang bij normeringsonderzoek de specifieke kenmerken van de onderzochte normgroep te vermelden. Uit deze kenmerken kan men immers afleiden of men te maken heeft met een geschikte normsteekproef. Te vaak worden in testhandleidingen helaas slechts globale gegevens als 'vwo-leerlingen, n = 260' vermeld.
Ten tweede dient men normen niet al te absoluut te zien. Met een verandering in de populatie veranderen de daarop gebaseerde normen eveneens; vandaar de eis van geregelde normrevisie van tests. Dat geldt zeker voor tests die nogal tijdgevoelig zijn. Dit probleem geldt al heel sterk voor testvertalingen. Maar al te gemakkelijk neemt men met een test ook normgegevens uit het oorspronkelijke taalgebied over. Zonder nader onderzoek is dit onverantwoord; meestal verliezen normen bij een testvertaling hun waarde.

5.4.1 VERGELIJKING MET EEN ABSOLUTE STANDAARD

Bij de vergelijking van een testscore met een absolute standaard wordt de testprestatie beoordeeld zonder die van anderen hierbij te betrekken. De vraag is dan hoe goed de prestatie is in vergelijking met een absolute maatstaf of norm, en niet wat de prestatie is in vergelijking met de klas, leeftijdgenoten of de Nederlandse populatie. Deze maatstaf kan subjectief en arbitrair zijn, zoals, bijvoorbeeld, de 'een fout, een halve punt'-regeling bij repetitiebeoordelingen, maar kan ook gebaseerd zijn op een grondige onderwijskundige of psychologische analyse van het te meten domein van kennis, inzicht of vaardigheden. Vooral binnen de onderwijskunde heeft deze absolute normering veel aandacht gekregen. De Engelse term is 'criterion-referenced measurement'. Het vergelijken van een testprestatie met een normverdeling heet 'norm-referenced measurement'. De Nederlandse termen zijn, respectievelijk, absoluut en normatief meten.

Van oudsher is het meten in de psychologie gericht geweest op het maximaliseren van verschillen tussen de onderzochten, om zo een betrouwbare onderlinge vergelijking mogelijk te maken. In de onderwijskundige context bezien is het de vraag of dit wel een goede benadering is. Daar dient men wellicht veeleer te beoordelen in welke mate de leerlingen een bepaald onderwijskundig doel hebben bereikt en, als dit niet het geval is, hoe ver zij nog van dit doel verwijderd zijn gebleven of, anders gezegd, hoeveel kennis en inzicht of vaardigheid zij hebben verworven. Het antwoord op deze vraag is voor iedere leerling onafhankelijk van wat de medeleerlingen presteren. Indien het echter primair gaat om een vergelijking tussen de onderzochten, dus om het constateren van verschillen, dan is een normering waarbij deze onderlinge verschillen worden gemaximaliseerd meer aangewezen.

Bij absolute normering is een analyse van de doelen van het proces dat men bij de onderzochte wil evalueren – een leerproces, een aanpassingsproces of een training – essentieel, evenals de vraag of de mate waarin die doelen zijn verwezenlijkt op een betrouwbare manier te meten valt. Is dit laatste niet het geval, dan krijgt absoluut meten een sterk arbitrair karakter en is de rechtvaardiging van deze vorm van meten discutabel.

5.4.2 VERHOUDINGSNORMEN

Verhoudingsnormen hebben vooral historische betekenis. Bij deze vorm van scorebewerking worden testscores gedeeld door een andere variabele (leeftijd, klasse) en daardoor onafhankelijk gemaakt van die variabele. Het bekendste voorbeeld is het intelligentiequotiënt (IQ). Wij illustreren de gedachtegang bij dergelijke normen met behulp van een bespreking van het begrip IQ. Het IQ was oorspronkelijk de belangrijkste indicatie voor het intelligentieniveau. De meeste intelligentietests bedienen zich van deze wijze van scoring, daarin voorgegaan door de Stanford-Binet (hoofdstuk 1). Het IQ werd berekend als het quotiënt van de door de test bepaalde mentale leeftijd (ML) en de chronologische leeftijd (CL), dat vervolgens met 100 werd vermenigvuldigd teneinde met afgeronde gehele getallen te kunnen werken. De formule is:

$$IQ = \frac{ML}{CL} \times 100. \qquad [5.5]$$

De berekening van de mentale leeftijd kan worden verduidelijkt met behulp van het voorbeeld in figuur 5.3.

In deze figuur, waarin een plusteken een goed opgeloste en een min-

leeftijd	items			
	1	2	3	4
6	+	+	+	+
7	+	+	+	+
8	+	+	+	+
9	+	+	+	+
10	−	−	−	−

Figuur 5.3 Ideale testprestaties van een kind met een ML van negen jaar.

teken een fout of niet-beantwoorde vraag aangeeft, wordt een testprestatie getoond van een kind met een mentale leeftijd van negen jaar. Men heeft geen vragen gesteld beneden het niveau van zesjarigen, veronderstellend dat het kind beneden dat niveau alle vragen goed kan beantwoorden. Is het kind in werkelijkheid tien jaar, dan is zijn IQ volgens formule [5.5] gelijk aan 90.

Een ideaal beeld als in figuur 5.3 wordt in werkelijkheid niet vaak aangetroffen. Het onderzochte kind zal beginnen eens een opgave te missen, waarna dit vervolgens steeds vaker gebeurt, en pas langzamerhand komt het op het punt waarop geen enkele opgave meer goed wordt beantwoord; zie figuur 5.4 voor een realistischer voorbeeld. De laatste leeftijd waarop nog geen fouten worden gemaakt heet de basale leeftijd. Verder telt iedere goed beantwoorde opgave voor $1/4$ jaar, zodat de mentale leeftijd wordt: $6 + \frac{12}{4} = 9$. Als dit kind nu in werkelijkheid $10\,1/2$ jaar oud is, wordt het IQ volgens formule [5.5]: $\frac{9}{10.5} \times 100 = 85.7$, of afgerond, 86.

leeftijd	items			
	1	2	3	4
6	+	+	+	+
7	+	−	+	+
8	+	+	−	+
9	−	+	+	+
10	+	−	+	−
11	+	−	−	−
12	−	−	+	−
13	−	−	−	−

Figuur 5.4 Realistische testprestaties van een kind met een ML van negen jaar.

Bij het IQ-begrip maken we enkele kritische kanttekeningen.
1 Het eerste punt betreft de vergelijking van mentale en chronologische leeftijd. Formule [5.5] suggereert dat ML en CL vergelijkbare grootheden zijn. Uit het voorgaande voorbeeld blijkt evenwel dat het bij ML gaat om een testscore, gebaseerd op het aantal goed gemaakte opgaven. Een leeftijdsmaat in strikte zin is het derhalve niet. De noemer in formule [5.5], CL, is dan in feite de verwachte testprestatie op basis van de leeftijd van de onderzochte. Die verwachting is gebaseerd op de gemiddelde score die zijn leeftijdgenoten behalen. Het gaat dus bij het IQ om een vergelijking met testprestaties van anderen.
2 Lange tijd vonden psychologen het IQ-begrip belangrijk omdat men ervan uitging dat het constant was. Het IQ vertoont echter bij de ontwikkeling van de intelligentie nogal wat schommelingen. Intelligentietests bevatten tal van vragen waarvan de beantwoording evenzeer van vorming en scholing als van intelligentie afhankelijk is. Ook wordt de psychologische groei beïnvloed door allerlei lichamelijke en fysiologische factoren. Belangrijk is hier dat er nogal wat verschillen tussen kinderen bestaan in de sterkte en de periodiciteit van deze invloeden op de ontwikkeling van de intelligentie, waardoor deze voor een bepaald individu vrijwel nooit parallel loopt aan de gemiddelde intelligentiegroei. Verder zijn wijzigingen in leermogelijkheden en motivatie, alsmede emotionele bereidheid bij kinderen om hiervan gebruik te maken, verantwoordelijk voor belangrijke schommelingen in hun relatieve positie ten opzichte van leeftijdgenoten, en dus in hun IQ.
3 In normale gevallen blijft men bij het berekenen van het IQ boven de hoogste leeftijd waar beneden de test nog discrimineert, steeds delen door deze topleeftijd. Dit is in de regel 15, 16 of 17 jaar. Op hogere leeftijden lopen de prestaties in vele intellectuele functies echter terug. Het is dus duidelijk dat oudere mensen in het nadeel zijn doordat in hun IQ-ratio de noemer gelijk en maximaal blijft.
4 Ten vierde voldoen niet veel tests waarbij IQ-scores gebruikt worden aan de eis van een evenredig toenemende spreiding bij hogere leeftijden. Een jaar achterstand op zesjarige leeftijd is immers tweemaal zo 'erg' als een jaar achterstand bij twaalf jaar. Om een gelijk IQ te houden zou men dus op twaalfjarige leeftijd even gemakkelijk twee jaar, als op zesjarige leeftijd één jaar achterstand in de mentale leeftijd moeten kunnen oplopen. Wanneer men deelt door een steeds grotere noemer (toenemende leeftijd), moet spreiding van de prestaties op hogere leeftijden steeds groter worden om de breuk constant te houden.

Aan het klassieke IQ-begrip kleven dus nogal wat bezwaren. In de modernere intelligentietests worden meestal andere bewerkte scores gebruikt. Wel is het zinvol te weten of het kind in zijn ontwikkeling van de intelligentie voor of achter is. Dit kan men afleiden uit een vergelijking van zijn leeftijd met die van de categorie kinderen die dezelfde testprestatie leveren. Op deze wijze wordt intelligentie een ontwikkelingsbegrip.

5.4.3 VERGELIJKING EN NORMEN GEBASEERD OP EEN RANGORDE

De eenvoudigste vorm van vergelijking van testprestaties tussen individuen is de rangordening. Deze bewerkte score is het rangnummer: een score 1 voor de eerste positie, een score 2 voor de tweede positie, enzovoort. Deze rangordening leidt niet tot een norm, want de rangscores zijn direct gebonden aan de specifieke groep en de groepsgrootte. Dit is dan meteen de zwakte van rangscores. Voor een snelle aanduiding van een prestatie in vergelijking met anderen in dezelfde groep kunnen rangscores nuttig zijn. Zonder kennis van de groepsgrootte en ook buiten de bewuste groep hebben ze geen betekenis.

Kennis van de groepsgrootte is niet vereist bij percentielscores, een zeer populaire vorm van scorebewerking. Percentielen zijn die 99 punten, die een frequentieverdeling verdelen in 100 groepen van gelijke grootte. Een bepaald (bijv. 37e, 80e) percentiel is dat punt op de schaal waar beneden evenzoveel procent (37, 80) van de verdeling is gelegen. De bekendste percentielen zijn P_{50}, ofwel de mediaan (zie de appendix), en P_{25} en P_{75}, respectievelijk het eerste en het derde kwartiel (Q_1 en Q_3). Wanneer iemand een ruwe score haalt waarbij een percentielscore van 87 hoort, zegt men ook wel dat zijn percentiele rang 87 is.

Hoe worden percentielscores berekend als een relatief grote groep van respondenten dezelfde ruwe score heeft en dus diverse percentielen beslaat? Men kan niet zeggen dat binnen deze groep de ene persoon een hogere of lagere percentielscore heeft dan een ander. De percentielscore wordt nu berekend door middel van lineaire interpolatie. Stel dat 28% van de respondenten een ruwe score heeft van 61 of lager en dat 34% een ruwe score heeft van 62 of lager. Dan heeft 6% een ruwe score gelijk aan 62 en de percentielscore die hierbij hoort is te berekenen als: $28 + 0.5(34 - 28) = 31$.
Percentielscores zijn onafhankelijk van de groepsgrootte. Wel blijven

percentielscores afhankelijk van het niveau, de spreiding en andere kenmerken van de groep. Dit laatste bezwaar bestaat niet bij het gebruik van percentiele normen, waarbij een schatting wordt gemaakt van de verdeling in de populatie en de resultaten dus vervolgens los staan van de concrete groep. De cumulatieve frequenties zijn dan verbonden door een vloeiende curve die er meestal uitziet als een cumulatieve normaalverdeling en waarbij onregelmatigheden in de steekproef zijn 'gladgestreken'. Op de X-as staan de ruwe scores en op de Y-as de percentielscores. Uit deze grafische weergave leest men dan af welke percentielscore hoort bij een bepaalde ruwe score.

Percentielscores worden veel gebruikt. De redenen zijn de eenvoudige en snelle berekening, de gemakkelijke toepasbaarheid en de inzichtelijkheid, ook voor de niet-deskundige. Ze hebben echter ook nadelen, omdat de schaal van percentielscores ordinaal is. Ten eerste mogen met percentielscores geen gemiddelden en varianties worden berekend. De relatie met andere variabelen dient in een rangcorrelatie te worden uitgedrukt. In de praktijk trekt men zich overigens van dit bezwaar niet veel aan. Het maakt waarschijnlijk ook niet veel uit. De fouten die op deze wijze worden gemaakt zijn van veel geringere orde dan de steekproeffouten en de meetfouten in de gegevens zelf. Ten tweede heeft het geen zin om de frequentieverdelingen van percentiele en ruwe scores te vergelijken. Alle frequentieverdelingen van percentielscores zijn gelijk en wel rechthoekig van vorm (figuur 5.5), ongeacht de vorm van de verdeling van de ruwe scores.

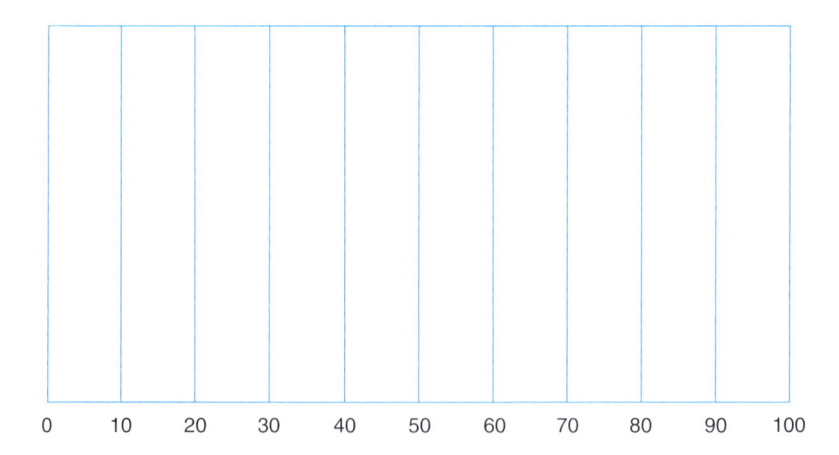

Figuur 5.5 *Frequentieverdeling van percentielscores.*

De onvergelijkbaarheid van percentiele en ruwe score-eenheden is ook duidelijk in figuur 5.6, waarin naast een normale frequentieverdeling gebaseerd op ruwe scores ook de verdeling van percentielscores is weergegeven. De afstand tussen P_{10} en P_{20} is, in ruwe score-eenheden uitgedrukt, groter dan die tussen P_{40} en P_{50}. Dit is het gevolg van de minder sterke concentratie van scores die ver van het midden van een normaalverdeling afliggen in vergelijking tot de scores in de buurt van dit midden. De verschillen tussen percentielscores in relatie tot de ruwe scores worden rond de mediaan dus overschat en die aan de uiteinden onderschat.

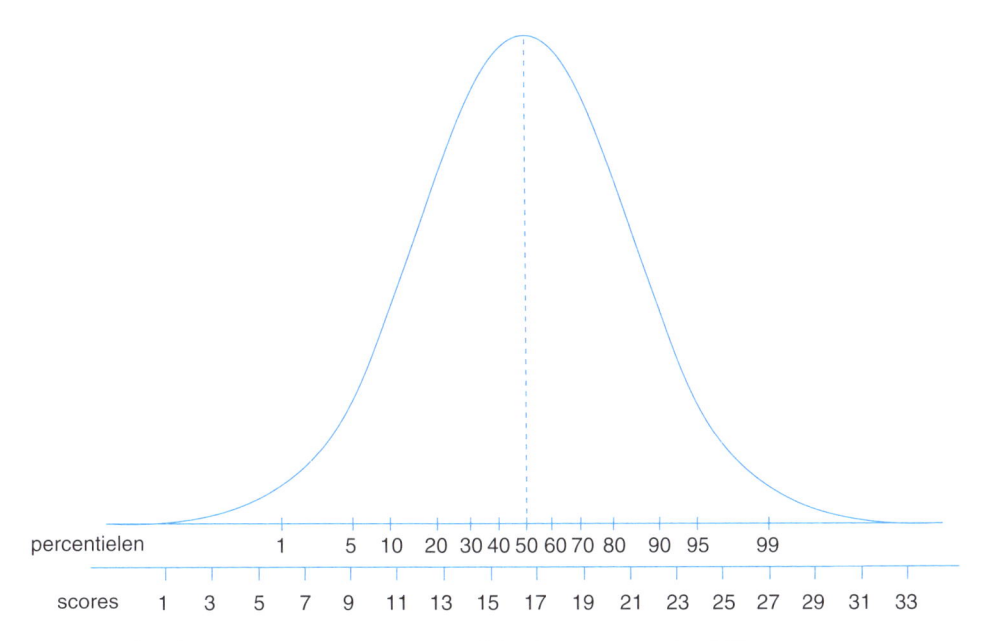

Figuur 5.6 *Relatie van ruwe scores en percentielen in een normaalverdeling.*

Verwant aan percentielen zijn decielen die de frequentieverdeling in tien gelijke groepen verdelen, en vigintielen die de verdeling in twintig gelijke groepen verdelen. Indien men een snelle indicatie wil hebben van de relatieve positie van de onderzochte in een groep of in de populatie, dan zijn rangordescores en -normen goed bruikbaar. Voor wetenschappelijk onderzoek hebben dergelijke bewerkte scores meestal te veel tekortkomingen.

5.4.4 VERGELIJKING EN NORMEN GEBASEERD OP GEMIDDELDE EN SPREIDING

Indien ruwe scores worden omgerekend in standaardscore-eenheden, spreken we van standaardscores (zie appendix, formule [A.10]). Gaat het om een representatie van een populatie, dan spreken we van standaardnormen. Standaardscores en standaardnormen kennen niet de bezwaren van percentiele normen, de ordinale schaal en de onvergelijkbaarheid met ruwe score-eenheden.

Standaardscores of z-scores

Om standaardscores of z-scores te verkrijgen, worden de ruwe scores, X, uitgedrukt in het aantal standaarddeviatie-eenheden dat zij van het gemiddelde verwijderd liggen, volgens de formule:

$$z_X = \frac{X - \bar{X}}{S_X}. \qquad [5.6]$$

Hierin is z_X de standaardscore, $\bar{X}$ het gemiddelde, en S_X de standaarddeviatie (zie de appendix, formule [A.10]). Ruwe scores die onder het gemiddelde liggen corresponderen met negatieve standaardscores en ruwe scores die boven het gemiddelde liggen met positieve standaardscores. Soms vindt men negatieve of kleine getallen lastig, en stelt men het gemiddelde van de getransformeerde scores op 100 of 50 en de spreiding op 20 of 10. Dit kan door middel van lineaire transformaties (zie de appendix).

Standaardscores behouden, op gemiddelde en standaarddeviatie na, dezelfde verdelingskenmerken als de ruwe scores, X. Een ernstig en veel voorkomend misverstand is dat z-scores automatisch normaal verdeeld zouden zijn. Om te zien dat dit niet zo is, moeten we ons realiseren wat er precies gebeurt bij de transformatie volgens formule [5.6].

Laten we aannemen dat de verdeling van X licht scheef naar links is (figuur 5.7a). Eerst wordt van de ruwe scores hun gemiddelde afgetrokken. Dit levert de afwijkingsscoreversie van X op, dus $X - \bar{X}$. Als we aannemen dat dit gemiddelde positief is, dan verschuiven we de verdeling van X over een afstand van $\bar{X}$ naar links; zie figuur 5.7b. Vervolgens delen we alle afwijkingsscores door de standaarddeviatie van X, S_X. Als $S_X > 1$, dan komen alle afwijkingsscores dichter bij elkaar te liggen. Bijvoorbeeld, als $S_X = 2$, dan wordt de afstand tussen de scores gehalveerd (figuur 5.7c, ononderbroken curve). Geldt dat $0 < S_X < 1$, dan wordt de verdeling juist breder; bijvoorbeeld, als $S_X = 1/3$, dan is de verdeling van z_X driemaal zo breed als die van X (figuur 5.7c, gestreepte curve).

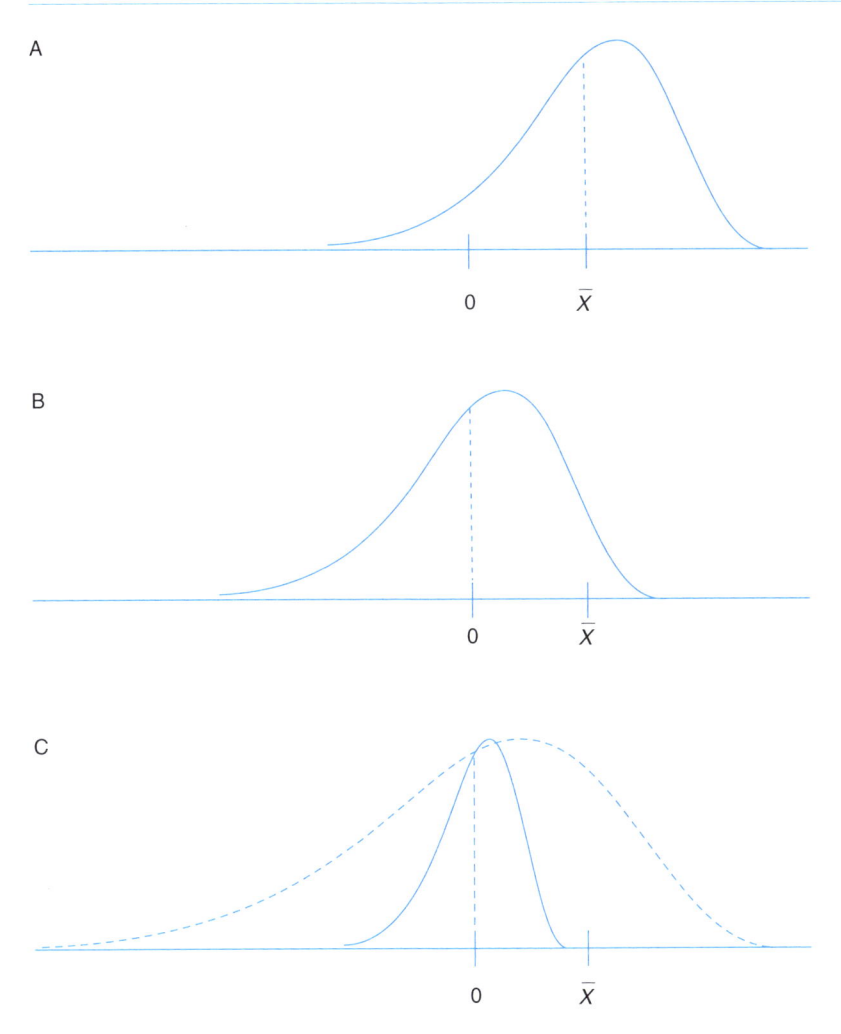

Figuur 5.7 *Verdeling van ruwe score X, licht scheef naar links (A); nadat van alle scores het gemiddelde $\bar{X}$ is afgetrokken (B); en nadat vervolgens alle scores door $S_X = 2$ zijn gedeeld (ononderbroken curve) of door $S_X = 1/3$ (gestreepte curve).*

Het cruciale punt is hier dat omzetten in z-scores slechts twee dingen betekent: de verdeling van X wordt verschoven en de afstand tussen de scores wordt met een constante factor veranderd. Een scheve verdeling van X levert dus opnieuw een scheve verdeling van z_X, en een tweetoppige verdeling van X een tweetoppige verdeling van z_X! Dus, een niet-normale verdeling blijft niet-normaal.

Genormaliseerde standaardscores

Genormaliseerde standaardscores worden verkregen uit niet-lineaire transformaties, die de verdeling van X zodanig vervormen dat wel een normaalverdeling ontstaat. Dat betekent dat sommige van de oorspronkelijke score-eenheden worden 'uitgerekt' en andere 'ineengedrukt' teneinde een verdeling te krijgen waarin 34% van de groep valt tussen $\bar{X}$ en $(\bar{X} + 1S_X)$ evenals tussen $\bar{X}$ en $(\bar{X} - 1S_X)$ en 14% tussen $(\bar{X} + 1S_X)$ en $(\bar{X} + 2S_X)$ evenals tussen $(\bar{X} - 1S_X)$ en $(\bar{X} - 2S_X)$, enzovoort. Deze percentages zijn afgeleid uit de eigenschappen van de normaalverdeling en zijn dus voor alle genormaliseerde verdelingen gelijk (zie de tabel voor de normaalverdeling, afgedrukt in de meeste statistiekboeken).

De constructie van deze genormaliseerde standaardscores vindt plaats conform de hier genoemde gedachtegang. Men zoekt uit welke ruwe scores juist die percentages markeren, die behoren bij de standaardscore-eenheden in een normaalverdeling. Deze ruwe scores worden dan omgezet in genormaliseerde standaardscores. Zie voor een precieze handleiding voor de transformatie in bijvoorbeeld T-scores, Spitz (1968, 13.6).

Deze normalisering suggereert dus een normaalverdeling, ook al gold dit voor de ruwe scores bij lange na niet. Indien X bijvoorbeeld duidelijk tweetoppig verdeeld was, is de normalisering van deze verdeling een kunstmatige ingreep, die vaak nauwelijks gerechtvaardigd kan worden. Een uitzondering is het geval, dat men uit eerder onderzoek met dezelfde test in een grote, representatieve steekproef weet dat de testscores bij benadering normaal verdeeld zijn. Dan dient de normalisering dus alleen om steekproefonregelmatigheden 'glad te strijken'. In vele gevallen is normalisering echter een probleem omdat de werkelijkheid te zeer geweld wordt aangedaan. Beweerd wordt wel eens dat de intelligentie normaal verdeeld moet zijn, evenals lengte en gewicht van mensen. Bij een hypothetisch begrip (hoofdstuk 2) als intelligentie ligt de situatie echter anders dan bij de direct meetbare eigenschappen lengte en gewicht. Een hypothetische eigenschap kan men nooit op haar kenmerken onderzoeken onafhankelijk van de manier waarop zij gemeten wordt. Dit betekent dat de vorm van de intelligentieverdeling niet is los te denken van de test waarmee die intelligentie wordt gemeten. Te gemakkelijke items zullen een scheefheid van de scoreverdeling naar links veroorzaken, en te moeilijke items een scheefheid naar rechts (zie de opdrachten). Door enkele kunstmatige ingrepen (invoegen of weglaten van items) is de verdeling wel normaal verdeeld te maken, maar dat is geen bewijs dat de intelligentie dat ook is.

Deze omzetting in genormaliseerde standaardscores vindt haar rechtvaardiging hooguit in het gemak en de bruikbaarheid. De testscores behoeven geen verdere uitleg, het is niet nodig vooronderstellingen te vermelden, de scores zijn met die van andere tests zonder meer vergelijkbaar, enzovoort. Doordat bij gebruik van deze scores een intervalschaal wordt verondersteld (met gelijke eenheden), onderscheiden zich deze standaardscores – dus ook de lineaire – ten gunste van de andere categorieën van bewerkte scores. Dit gemak is echter niet altijd een sterk argument voor deze transformatie.

Overige standaardscores

Tot de categorie van genormaliseerde standaardscores behoren de volgende, meest voorkomende vormen.

T-scores. Bij omzetting van ruwe scores X naar T-scores wordt een gemiddelde aangenomen van 50 en een spreiding van 10. De verdeling ligt dus praktisch tussen 20 en 80, aangezien in een normaalverdeling slechts 0.27% buiten de grenzen van $(\bar{X} \pm 3S_X)$ valt. Veel tests zijn op deze wijze genormeerd, mede in navolging van het advies van de American Psychological Association.

Stanines. Deze scorevorm is ontwikkeld in de US Air Force tijdens de Tweede Wereldoorlog teneinde zo veel mogelijk testinformatie te kunnen gebruiken die nog in een kolom van een IBM-ponskaart kon worden verwerkt (dit waren de papieren informatiedragers die men tot in de jaren tachtig van de vorige eeuw gebruikte om informatie in computers in te voeren). Het woord is gevormd van 'sta'ndard score van 'nine' eenheden. De stanines komen niet, zoals T-scores, exact overeen met een bepaalde ruwe score, maar vertegenwoordigen een breedte van $\frac{1}{2}S_X$. Het midden van de vijfde stanine komt overeen met het gemiddelde van de verdeling. De toekenning van de stanines aan de verschillende verdelingssegmenten geschiedt volgens tabel 5.1, die op de normaalverdeling is gebaseerd.

Tabel 5.1 Percentages onder de normaalverdeling en hiermee corresponderende stanines

					percentage				
	4	7	12	17	20	17	12	7	4
stanine	1	2	3	4	5	6	7	8	9

Deviatie-IQ. Dit woord is in zoverre misleidend dat van een quotiënt geen sprake is. Het gaat hier om standaardnormen met een gemiddelde van 100. In plaats van de oorspronkelijke vergelijking van mentale leeftijd en chronologische leeftijd worden de testprestaties per leeftijdsklasse verwerkt tot genormaliseerde standaardscores. In het concrete diagnostische onderzoek wordt dan de testprestatie van de proefpersoon geplaatst tegen de achtergrond van de tot diens leeftijd behorende normaalverdeling. De scores in de WAIS zijn op deze manier per leeftijd genormeerd met een gemiddelde van 100 en een spreiding van 15.

Tot slot geeft figuur 5.8 een overzicht van diverse bewerkte scores, zoals die in dit hoofdstuk zijn behandeld. Deze figuur biedt de mogelijkheid de diverse scores onderling snel te vergelijken.

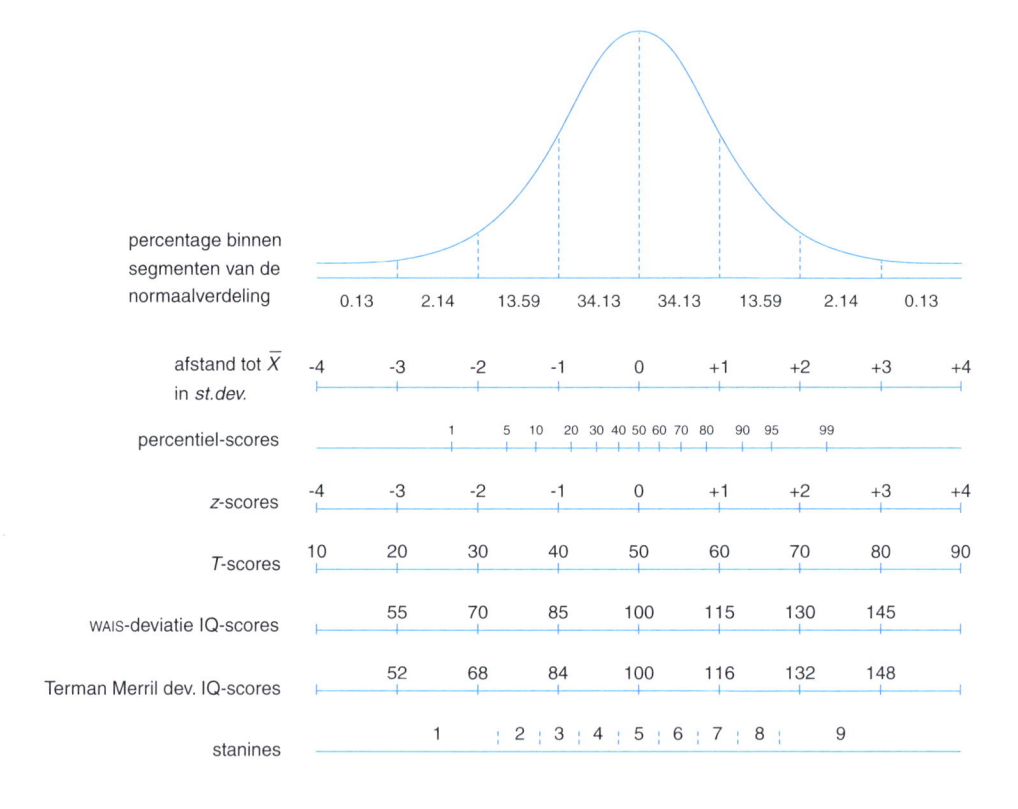

Figuur 5.8 *Vergelijking van verschillende bewerkte scores en normen.*

Opdrachten

1 Welke rol kan de klinisch-intuïtieve interpretatie spelen in de verwerking van testgegevens?

2 Wat is een 'checklist'?

3 Noem de drie manieren waarop de reacties op geprecodeerde items gescoord kunnen worden.

4 De giscorrectieformule [5.1] wordt uitgelegd voor vierkeuze-items. Doe deze uitleg eens helemaal over voor driekeuze-items.

5 Leg uit wat het verschil is tussen de twee toestanden waarin personen zich kunnen bevinden als zij gissen naar het goede antwoord en de drie typen antwoorden die dit kan opleveren.

6 Leg uit waarom onder het model voor giscorrectie (formule [5.1]) het aantal goed gegiste antwoorden een binomiale verdeling volgt.

7 Wat wordt verstaan onder partiële kennis?

8 Hoe kan partiële kennis de giscorrectie in formule [5.1] beïnvloeden?

9 Geef aan hoe formule [5.3] uit formule [5.1] kan worden verkregen.

10 Beantwoord de volgende vragen.
   a Met welke factor neemt de variantie van de gecorrigeerde testscores gebaseerd op driekeuze-items toe ten opzichte van de ongecorrigeerde testscore?
   b Hoe zit dit bij vierkeuze-items? En bij vijfkeuze-items?
   c Welke trend valt te zien in de resultaten bij de vragen a en b?

11 Wat is het bezwaar tegen het toenemen van de variantie van de testscore als gevolg van giscorrectie?

12 In de tekst wordt gesteld dat de voor gissen gecorrigeerde testscore, X_c, en de ongecorrigeerde testscore, X, perfect correleren: dus, $r(X_c, X) = 1$. Bewijs dit door gebruik te maken van de formules [A.16] en [A.17] in de appendix.

13 Laat zien dat de relatie tussen de correctie voor niet-beantwoorde items (waarbij een respondent voor niet-beantwoorde items alsnog punten ontvangt) en het aantal goed beantwoorde items (formule [5.2]) een functie van twee grootheden is.

14 Leg kort uit waarom de auteurs uiteindelijk van mening zijn dat giscorrectie niet zo'n goed idee is.

15 Wat is 'on-line testing'? Wat is de zwakke plek van deze methode?

16 Hoe kunnen technologische veranderingen als gevolg van het testen per computer ook wetenschappelijke verandering tot gevolg hebben?

17 Welke conclusie trekken de auteurs uit het onderzoek dat is gedaan naar de invloed van de wijze van testen, via 'paper and pencil' of de computer, op de testprestatie?

18 Wat is de kern van adaptief testen?

19 Hoe verschilt adaptief testen van testen met behulp van de klassieke standaardtest?

20 Wat wordt bedoeld als wordt gezegd dat vanuit de geteste persoon gezien de kans op het goed maken van een item 0.5 is?

21 Leg uit dat het bij adaptief testen niet 'oneerlijk' is dat de ene persoon veel gemakkelijker items krijgt voorgelegd dan de andere.

22 Wanneer stopt de computer bij adaptief testen met het aanbieden van items?

23 Wat is nu nog de belangrijkste hindernis bij het testen via het internet?

24 Wat is een ruwe score?

25 Wat is het verschil tussen een bewerkte score en een normscore?

26 Zijn voor een zinvol testgebruik normen altijd noodzakelijk? Licht het antwoord toe.

27 In welk type testtoepassing kan men volstaan met ruwe scores?

28 Bespreek de bezwaren tegen het IQ-begrip.

29 Wat zijn percentielscores?

30 Stel, de scores op een test zijn normaal verdeeld met een gemiddelde gelijk aan 10 en een variantie gelijk aan 9. Bereken met behulp van uw statistiekboek de percentielscores van iemand met een testscore van 12 en iemand anders met een testscore van 6.

31 Leg uit hoe het komt dat een verschil tussen percentielscores die corresponderen met testscores rond het midden van de normaalverdeling anders geïnterpreteerd moet worden dan een even groot verschil dat verder van het midden afligt.

32 Laat zien dat z-scores een lineaire transformatie zijn van de ruwe scores.

33 Laat zien dat z-scores een gemiddelde gelijk aan 0 en een standaarddeviatie gelijk aan 1 hebben.

34 Zijn z-scores normaal verdeeld? Verklaar het antwoord.

35 Welk percentage van de normaalverdeling ligt tussen $\bar{X}$ en $(\bar{X} + 3S_X)$?

36 Beredeneer wat het effect is van onevenredig veel gemakkelijke items op de verdeling van de ruwe scores op een intelligentietest.

37 Wat is een nadeel van genormaliseerde standaardscores?

Betrouwbaarheid 6

Het begrip betrouwbaarheid speelt in de testtheorie een centrale rol. We verstaan onder de betrouwbaarheid de mate van herhaalbaarheid van metingen. De vraag naar de herhaalbaarheid kan als volgt worden geformuleerd. Wanneer een test onder gelijkblijvende condities diverse malen aan dezelfde persoon wordt voorgelegd, in hoeverre varieert de verkregen testscore dan over deze testsessies? Een hoog betrouwbare testscore varieert maar weinig over verschillende onafhankelijke testafnemingen. We verwachten bijvoorbeeld dat iemands intelligentie zoals gemeten met een intelligentietest vandaag even hoog is als morgen. Bij sterke fluctuatie zou iemands testscore meer een functie zijn van het toevallige moment van meting dan van eigenschappen van de persoon zelf.

Bij het formuleren van betrouwbaarheid als de mate van herhaalbaarheid van de meting, dringen zich onmiddellijk twee vragen op. De eerste is of men dezelfde persoon eigenlijk wel zinvol diverse malen dezelfde test kan voorleggen. De tweede is wat men zich moet voorstellen bij gelijkblijvende condities tijdens opeenvolgende testsessies. We stellen beide vragen in de volgende paragraaf aan de orde.

6.1 Herhaalbaarheid van metingen

Zijn metingen van psychologische eigenschappen van een bepaald persoon wel zinvol herhaalbaar? Het antwoord is ontkennend. Zodra men zich probeert voor te stellen wat er dan gebeurt, is het duidelijk dat het herhaaldelijk voorleggen van dezelfde test op den duur – en misschien al heel snel – steeds dezelfde testscore zal opleveren, omdat de persoon zich zal herinneren wat hij de vorige keer heeft geantwoord. Een andere mogelijkheid is dat de testscore over afnemingen hoger wordt, doordat de persoon tijdens het beantwoorden van de items bijleert. In het geval van bijvoorbeeld een test voor numerieke vaardigheid is het voor te stellen dat iemand deze vaardigheid verbetert door de numerieke problemen in de test aan te pakken. Door de test te maken, krijgt men dus oefening in het oplossen van specifieke typen van problemen, waardoor de te meten vaardigheid en daarmee de testscore verbetert. Na verloop van tijd zal de testscore weer stabiliseren, net als bij het genoemde geheugeneffect. Overigens is dit een geconstrueerd voorbeeld en niet een empirisch aangetoond verschijnsel. Men kan zich ook voorstellen dat iemand zichzelf tijdens het testen verkeerde trucjes aanleert, waardoor de testprestatie niet verbetert of mettertijd zelfs verslechtert.

Het punt is dat een zinvolle herhaalbaarheid van metingen in hoge mate wordt bemoeilijkt door geheugeneffecten en leerprocessen, die zich al bij de tweede afneming van een test onmiddellijk zullen doen gelden. In de praktijk is het dus niet of nauwelijks zinvol om een test vaker dan eens aan dezelfde personen voor te leggen om een indruk te krijgen van de herhaalbaarheid of betrouwbaarheid van de testscore. Herhaalbaarheid van metingen moeten we ons derhalve hypothetisch voorstellen, als een gedachte-experiment. Daarbij komt dan de tweede, hierboven gestelde vraag aan de orde: wat moeten we verstaan onder het afnemen van tests onder gelijkblijvende condities?

Onder deze gelijkblijvende condities vallen doorgaans allerlei kenmerken van de testomgeving en testprocedure. Als voorbeelden noemen we de items waaruit de test is samengesteld, de instructie, de ruimte waarin de test wordt voorgelegd, de temperatuur en belichting in deze ruimte, het schrijfgerei en het tijdstip van afneming. Voorts geldt die eis van gelijkblijvendheid ook voor psychologische eigenschappen van de persoon, die voor de meting relevant zijn. De term relevant refereert hier aan alle eigenschappen die invloed hebben op de testprestatie. We geven enkele voorbeelden.

Ten eerste nemen we nogmaals de test voor numerieke vaardigheid. De bedoeling van deze test is uiteraard de eigenschap numerieke vaardigheid bij personen te meten. We zagen al dat deze eigenschap over herhaalde metingen beschouwd een systematische invloed op de testprestatie heeft. Naast bedoelde eigenschappen meten tests ook onbedoelde eigenschappen. Wanneer de items de vorm hebben van redactiesommen, kunnen ze onbedoeld een beroep doen op bijvoorbeeld woordbegrip naast numerieke vaardigheid. Dit valt nauwelijks te vermijden. Het gevolg is dat ook de eigenschap woordbegrip over herhaalde metingen een systematische invloed heeft op de testprestatie. De betrouwbaarheid van de testscore wordt zowel door de bedoelde eigenschap numerieke vaardigheid als door de onbedoelde eigenschap woordbegrip bepaald, want het gaat om de mate waarin de meting herhaalbaar is, dus inclusief alle niet-bedoelde effecten.

Ten tweede nemen we als voorbeeld een test die de persoonlijkheidstrek rigiditeit bedoelt te meten. Behalve dat de items in deze test een beroep doen op rigiditeit, kunnen sommige items een emotionele of agressieve reactie oproepen. Ook kan woordbegrip bij enkele items een rol spelen. Over herhaalde afnemingen van de test wordt de stabiliteit in de testprestatie dus in ieder geval bepaald door de stabiliteit van rigiditeit, emotionaliteit, agressiviteit en woordbegrip. Dat de eerste eigenschap een bedoelde invloed heeft op de testprestatie en de andere drie een onbedoelde invloed, doet hier opnieuw niet ter zake. Het gaat ons er in dit hoofdstuk om in hoeverre resultaten van metingen herhaalbaar zijn, niet waardoor ze worden veroorzaakt. Dat laatste is overigens wel heel belangrijk; het komt in hoofdstuk 8 aan de orde.

Overigens laat het gedachte-experiment de mogelijkheid open dat personen van afneming tot afneming veranderen op een of meer relevante eigenschappen. Voorwaarde in verband met de onafhankelijkheid van deze afnemingen is wel dat deze veranderlijkheid kenmerkend is voor de eigenschap zelf. Men kan bijvoorbeeld denken aan veranderlijke (instabiele) eigenschappen zoals motivatie, emotionaliteit en stemming. De veranderlijkheid mag dus niet het gevolg zijn van de testprocedure, die aanleiding zou geven tot verandering door oefening, bijvoorbeeld doordat er wordt geleerd. Is dat inderdaad wel het geval, dan zijn de testafnemingen niet meer onafhankelijk van elkaar. Iemand die aan de tweede afneming deelneemt, heeft meer geleerd dan iemand die aan de eerste afneming deelneemt. Een hogere score is dus het gevolg van het eerder hebben deelgenomen.

Onder gelijkblijvende condities vallen verder meestal nog allerlei lichamelijke en fysiologische processen, zoals motoriek en waarneming. We zien hier verder af van een zo omvangrijk mogelijke opsomming van condities, en concentreren ons op de vraag hoe het komt dat testscores (in een hypothetisch gedachte-experiment) bij herhaalde afnemingen onder gelijkblijvende condities toch fluctueren.

Het antwoord op deze vraag is nogal abstract. In feite gaat men ervan uit dat er invloeden op de testprestatie werkzaam zijn, die op een onvoorspelbare of toevallige wijze variëren over herhaalde afnemingen van de test. Verder kunnen deze invloeden op de testprestatie voor de geteste persoon nadelig maar ook voordelig zijn, zodat zij de score verlagen of verhogen (op een prestatieniveautest). Over een groot aantal herhaalde metingen bij dezelfde persoon heffen voordelen en nadelen elkaar echter op. Wanneer dat niet zo zou zijn, dan zouden deze invloeden immers tezamen toch een zekere stabiliteit in de testprestatie veroorzaken en daarmee zouden hun effecten niet geheel onvoorspelbaar of toevallig zijn.

Wat kan men zich inhoudelijk voorstellen bij factoren die ten grondslag liggen aan toevallige invloeden op het testgedrag? Een mogelijkheid is een black-out die de testprestatie van een respondent tijdens een specifieke testsessie nadelig beïnvloedt. Het tegengestelde effect kan ontstaan doordat iemand een helder moment heeft. Andere mogelijkheden zijn een plotselinge hoestbui of ander lichamelijk ongemak, een laag overkomend vliegtuig, tijdelijk concentratieverlies, slaperigheid, fluctuaties in het 'arousal'-niveau en zich plotseling opdringende gedachten die niets met de test te maken hebben.

Sommige van deze voorbeelden zijn misschien wat vaag (bijv. wat is precies een helder moment?), en het is bij alle voorbeelden onduidelijk hoe en in welke mate zij de testprestatie beïnvloeden. Alle factoren die ten grondslag liggen aan de toevallige invloeden op het testgedrag hebben echter gemeen dat ze gebonden zijn aan een specifieke testsessie. Indien voor een respondent daarentegen geldt dat hij altijd aan concentratieverlies lijdt, dan gaat daar over herhaalde metingen een invloed van uit die de testprestatie over het algemeen nadelig zal beïnvloeden. Anders gezegd: wanneer iemand last heeft van chronisch concentratieverlies, dan zal de gemiddelde testscore op bijvoorbeeld een studietoets over een groot aantal herhaalde metingen lager zijn dan wanneer hij er geen last van zou hebben. Het gaat hier dus niet meer om een onvoorspelbaar of toevallig optredend fenomeen, maar om een eigenschap van de persoon die mede de stabiliteit in de testprestatie bepaalt.

Het gedachte-experiment van herhaalde metingen kunnen we als volgt samenvatten. Herhaalbaarheid van metingen kan worden beoordeeld indien we een persoon vele malen dezelfde test onder gelijkblijvende condities kunnen voorleggen. Daarbij geldt dan dat de testprestaties bij verschillende afnemingen onafhankelijk van elkaar zijn; de persoon leert niet van afneming tot afneming en herinnert zich niets van vorige afnemingen. Bij iedere testsessie wordt als het ware weer opnieuw begonnen. De testsituatie is onveranderd gebleven en steeds zijn alle voor de meting relevante eigenschappen van de persoon van invloed op diens testprestatie. In deze situatie zijn er bij verschillende afnemingen factoren werkzaam die de testprestatie op onvoorspelbare wijze beïnvloeden.

De klassieke testtheorie houdt zich bezig met het in kaart brengen van de relatieve inbreng van de over afnemingen onvoorspelbare invloeden op de testprestatie en de over afnemingen systematisch werkzame eigenschappen van personen en testsituatie. Hoe de klassieke testtheorie daarbij de klippen van de praktische onmogelijkheid van onafhankelijke herhaalde metingen omzeilt, komt later in dit hoofdstuk uitvoerig aan de orde. We zullen in dit hoofdstuk de behandeling van de betrouwbaarheidsbepaling koppelen aan het gedachte-experiment van herhaalde metingen. Dergelijke herhaalde metingen zullen we verder aanduiden met *onafhankelijke replicaties*.

6.2 De klassieke testtheorie

De klassieke testtheorie stamt reeds uit het begin van de vorige eeuw (Spearman, 1904, 1910). Het heeft echter lang geduurd voordat de theorie min of meer was afgerond. De eerste doorwrochte uitwerking werd gegeven door Gulliksen (1950), terwijl een definitieve formulering van het klassieke model werd gepubliceerd door Novick (1966) en Lord en Novick (1968). Sinds de laatste publicatie is er aan de grondvesten van de klassieke testtheorie niet meer serieus getornd en hebben theoretici hun aandacht grotendeels verlegd naar een nieuwe klasse van testmodellen. Deze klasse wordt meestal aangeduid met de naam item-responstheorie en komt in hoofdstuk 7 uitgebreid aan de orde. Voordat we de definities en vooronderstellingen van de klassieke testtheorie behandelen, bespreken we enkele belangrijke onderscheidingen.

6.2.1 BETROUWBARE SCORE EN MEETFOUT

In de vorige paragraaf kwam aan de orde dat bij onafhankelijke replicaties van een meting factoren gebonden zowel aan persoon als aan testsituatie zorg dragen voor een bepaalde mate van stabiliteit in iemands testscore. Andere factoren zijn gebonden aan een specifieke, eenmalige testsessie waardoor hun invloed op de testscore over onafhankelijke replicaties onvoorspelbaar is. In de klassieke testtheorie wordt iemands in een specifieke testsessie geobserveerde testscore naar analogie van het zojuist gemaakte onderscheid opgesplitst in een constant of systematisch deel en een toevallig of niet-systematisch deel. Dit onderscheid wordt als volgt geformaliseerd. De geobserveerde testscore van persoon i ($i = 1, ..., n$) behaald tijdens replicatie j ($j = 1, ..., q$) van een specifieke test geven we aan met X_{ij}. De opsplitsing van X_{ij} in een systematisch deel T en een toevallig deel E wordt geschreven als

$$X_{ij} = T_i + E_{ij}. \qquad [6.1]$$

De systematische scorecomponent T_i is over onafhankelijke replicaties een constante; vandaar dat we het subscript j weglaten. We definiëren de scorecomponent T_i als de gemiddelde, geobserveerde score die persoon i heeft behaald over een zeer groot aantal onafhankelijke replicaties van de test. Stel, dat er q van dergelijke replicaties zijn, dan wordt T_i dus gedefinieerd als

$$T_i = \frac{1}{q} \sum_{j=1}^{q} X_{ij} \qquad [6.2]$$

Het toevallige deel E_{ij} in formule [6.1] varieert over replicaties daarentegen op een onvoorspelbare wijze, zodat j hier als subscript wel is toegevoegd. Dit toevallige deel wordt gedefinieerd als

$$E_{ij} = X_{ij} - T_i. \qquad [6.3]$$

Dit is het deel van observeerbare testscore X_{ij} waarin deze in replicatie j verschilt van T_i.

Het symbool T staat voor het Engelse 'true score'. In navolging van Hofstee (1966) prefereren we de Nederlandse term betrouwbare score, waarmee wordt aangegeven dat het betrouwbare of systematische deel van de geobserveerde score wordt beoogd. Als bezwaar tegen de term 'true score' en de letterlijke vertaling ware score voeren we hier aan dat zij nogal snel aanleiding kunnen geven tot een 'platonische' opvatting over datgene waar het symbool T voor staat. Daarmee bedoelen we dat de term 'true' lijkt te refereren aan iets wat buiten de concrete testsituatie bestaat (in ontologische zin), in plaats van aan een gemiddelde, representatieve testprestatie.

In definitie [6.2] komt direct tot uiting dat T_i gebonden is aan een specifieke test en een specifieke testsituatie, en dat T_i verder niet verwijst naar een of andere ware, buiten de test bestaande situatie. De definitie van T_i als gemiddelde testscore over een groot aantal denkbeeldige, onafhankelijke replicaties zou onrealistisch kunnen aandoen, omdat men immers in werkelijkheid nooit de beschikking heeft over q onafhankelijke replicaties; niet eens over twee. Wij wijzen er echter op dat de oudere termen en definities aanleiding hebben gegeven tot allerlei problemen en quasi-problemen. Lumsden (1976) geeft een verhandeling over de hierboven aangeduide platonische 'true score'-opvatting en laat zien dat deze opvatting vruchteloos is.

In feite geeft de definitie van T als gemiddelde testprestatie over een groot aantal onafhankelijke replicaties een nuchtere indicatie van wat iemand gemiddeld presteert (capaciteiten) of aan gedrag laat zien (persoonlijkheidstrekken). Deze definitie van T zou ook kunnen worden toegepast op bijvoorbeeld sportprestaties. Men kan bijvoorbeeld de gemiddelde tijd van een atleet op de achthonderd meter hardlopen, behaald in q wedstrijden onder identieke condities, opvatten als een betrouwbare aanduiding van zijn of haar niveau, ontdaan van de toevalligheden die bij een enkele wedstrijd een rol kunnen spelen. In dat laatste geval kan men denken aan de gedoodverfde winnaar die faalde doordat hij of zij die dag niet tegen de stress bestand bleek, en de 'outsider' die won doordat 'alles meezat'. In diverse takken van sport is men juist erg geïnteresseerd in dergelijke uitschieters, vooral die naar boven ('wereldrecords'). In het maatschappelijke leven daarentegen ligt dat anders. Zo wil men liever niet iemand voor een baan aannemen die achteraf niet geschikt blijkt te zijn, doordat in de selectieprocedure zijn testprestatie die dag door toeval hoog uitviel. Evenmin wil men een geschikte leerling voor vervolgonderwijs afwijzen die door stress een ongewoon zwakke toetsprestatie leverde.

De aan test en testsituatie gebonden definitie van de betrouwbare score zou de indruk kunnen wekken dat wij ervan uitgaan dat een score op de test in psychologisch opzicht verder betekenisloos is. Dat is nadrukkelijk niet het geval. Indien de test volgens doordachte psychologische principes tot stand gekomen is, bijvoorbeeld vanuit een theorie over intelligentie, rigiditeit of neuroticisme, dan zal de testscore ongetwijfeld samenhangen met andere belangrijk geachte psychologische variabelen, en dit geeft de test bestaansgrond. Uit de samenhang met andere psychologische variabelen wordt de betekenis van de testscore duidelijk en zal het mogelijk zijn met behulp van de testscore buiten de directe testsituatie liggend gedrag te voorspellen. We gaan hierop in hoofdstuk 8 verder in.

Het belangrijke voordeel van de wiskundige definitie van T in [6.2] is dat, tezamen met de definities in [6.1] en [6.3], een formulering van de klassieke testtheorie kan worden gegeven die helder en logisch consistent is. Uit die formulering zijn dan vervolgens allerlei praktisch bruikbare resultaten af te leiden.

We gaan ten slotte nog kort in op de definitie van E_{ij} in [6.3]. Scorecomponent E_{ij} staat voor het toevallige deel in de score van persoon i op replicatie j. Het symbool E is de afkorting van 'error' en wordt in het Nederlands meestal aangeduid met meetfout. Gegeven de definities in [6.1] en [6.2] is de definitie van de meetfout tautologisch, dus gebaseerd op een cirkelredenering: de meetfout op replicatie j is dat deel van de geobserveerde testscore dat resteert wanneer de betrouwbare score ervan afgetrokken wordt. Ook hier dus geen referentie aan

inhoudelijke, buiten de test en de testsituatie bestaande oorzaken van meetfouten.
Vanaf hier is het raadzaam om geregeld de appendix te raadplegen, waarin enkele basisbegrippen uit de beschrijvende statistiek worden behandeld.

Eigenschappen van betrouwbare score en meetfout voor een individu

Uit de definities van betrouwbare score en meetfout zijn twee eigenschappen af te leiden van de verdeling van meetfouten voor persoon i over de q onafhankelijke replicaties van een specifieke test.
Ten eerste het gemiddelde $\bar{E}_i$:

$$\bar{E}_i = \frac{1}{q} \sum_{j=1}^{q} (X_{ij} - T_i) = 0. \qquad [6.4]$$

Dat de gemiddelde meetfout gelijk is aan nul sluit aan bij de eerder gegeven omschrijving van de meetfout als het toevallige of onvoorspelbare deel van de testscore over onafhankelijke replicaties. Positieve en negatieve invloeden vallen uiteindelijk tegen elkaar weg.
Ten tweede de standaarddeviatie, $S(E_i)$:

$$S(E_i) = \sqrt{\frac{1}{q} \sum_{j=1}^{q} (X_{ij} - T_i)^2}. \qquad [6.5]$$

Deze standaarddeviatie staat bekend als de standaardmeetfout van persoon i. Wanneer we voor T_i volgens de definitie in formule [6.2] schrijven $T_i = \bar{X}_i$, dan zien we dat [6.5] kan worden geschreven als

$$S(E_i) = S(X_i). \qquad [6.6]$$

Voor een specifieke persoon i geldt over onafhankelijke replicaties dus dat de spreiding van de meetfouten gelijk is aan de spreiding van de geobserveerde scores.
Voor praktisch testgebruik gaat men er meestal van uit dat de standaardmeetfout identiek is voor alle personen. Deze vooronderstelling is niet altijd realistisch. Bijvoorbeeld, voor een kennistest die bestaat uit meerkeuze-items zal gelden dat de meting van personen die weinig weten (personen met een lage betrouwbare score T) een grotere standaardmeetfout heeft dan de meting van personen die veel weten (personen met een hoge T-waarde). De verklaring is dat personen die weinig weten meer gissen naar goede antwoorden dan personen die veel weten. Mensen die weinig weten hebben door veel te gissen dus grotere meetfouten dan mensen die veel weten, en hieruit leiden we af

dat de 'persoonsgebonden' standaardmeetfout afneemt bij een toenemende waarde van T.

Een les hieruit is overigens dat een goede voorbereiding op een studietoets dus niet alleen het verwachte cijfer verhoogt – op zich is dat een open deur – maar ook de invloed van het toeval reduceert. Men heeft het 'lot' dus meer in eigen hand dan mensen die weinig studeren. We zien vooralsnog af van dergelijke nuanceringen, maar komen er in hoofdstuk 7 bij de behandeling van de item-responstheorie op terug.

De standaardmeetfout [6.5] van psychologische metingen (testscores) is in veel gevallen aanzienlijk. Ter vergelijking gaan we kort in op de standaardmeetfout van fysische metingen. De meting van tijd en lengte kan bijvoorbeeld geschieden met een vrijwel verwaarloosbare 'standaardmeetfout'. De meting van een psychologische eigenschap zoals intelligentie gaat daarentegen gepaard met een tamelijk grote standaardmeetfout. In figuur 6.1 zijn de standaardmeetfouten van metingen bij twee individuen weergegeven, eenmaal met betrekking tot een psychologische eigenschap (zie figuur 6.1A) en eenmaal met betrekking tot een fysische eigenschap (zie figuur 6.1B). In beide figuren geeft de grote verdelingscurve de verdeling weer van de meetwaarden in een populatie van individuen, en de kleinere curven geven voor twee personen (genummerd 1 en 2) de verdeling weer van hun meetwaarden verkregen over een groot aantal onafhankelijke replicaties. De gemiddelden van de kleine verdelingen zijn de betrouwbare scores, T_1 en T_2, en de standaarddeviaties zijn de standaardmeetfouten, $S(E_1)$ en $S(E_2)$ (deze zijn niet in de figuren getekend). Zoals gezegd gaat men er voor praktisch testgebruik van uit dat $S(E_1) = S(E_2) = S(E)$ (formule [6.5]), waarbij het ontbreken van een subscript in het laatste lid aangeeft dat de standaardmeetfout voor iedere persoon dezelfde is.

De reden dat de standaardmeetfout voor psychologische metingen relatief groot is (zie figuur 6.1A), moet worden gezocht in de onderliggende psychologische processen, die met behulp van een test niet zo nauwkeurig kunnen worden beschreven als vele fysische processen met de daartoe geschikte meetapparatuur. Dit geldt bijvoorbeeld ook voor de reactietijden in een psychologisch experiment met betrekking tot snelheid van informatieverwerking. Ofschoon de tijden zelf zeer betrouwbaar te meten zijn, zal men over onafhankelijke replicaties van een meting bij dezelfde persoon toch een grotere standaardmeetfout in de tijden te zien krijgen dan in een meting van tijd op zich. Deze grotere standaardmeetfout is het gevolg van allerlei factoren van persoon en experimentele situatie, die niet (kunnen) worden gecontro-

A

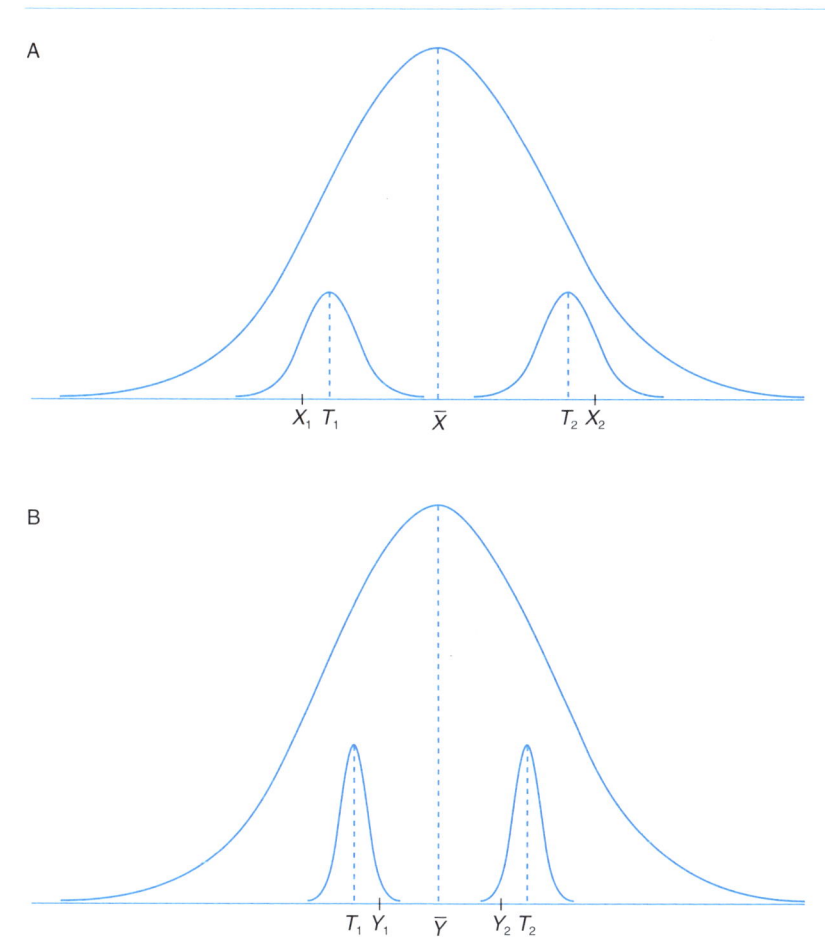

$X_1\ T_1 \qquad \bar{X} \qquad T_2\ X_2$

B

$T_1\ Y_1 \qquad \bar{Y} \qquad Y_2\ T_2$

Figuur 6.1 *Verdelingen van meetwaarden in een populatie (grote verdelingen) en van de individuen 1 en 2 (kleine verdelingen): resultaten van een psychologische test (A) en een fysische meting (B).*

leerd en die een van meting tot meting onvoorspelbare invloed hebben op de reactietijd (geobserveerde score).

Eigenschappen van betrouwbare score en meetfout in de populatie

We stappen nu af van de situatie waarin we een persoon en een groot aantal onafhankelijke maar empirisch niet te realiseren replicaties beschouwen, en gaan over naar het geval van een populatie van personen waarbij van ieder individu één testscore beschikbaar is. Voor een willekeurige persoon i luidt het klassieke testmodel nu

$$X_i = T_i + E_i. \qquad [6.7]$$

Het subscript voor replicaties komt in formule [6.7] uiteraard niet voor. We maken nu twee vooronderstellingen over meetfouten. De eerste vooronderstelling is dat de gemiddelde meetfout in een populatie van n personen gelijk is aan nul:

$$\bar{E} = \frac{1}{n}\sum_{i=1}^{n} E_i = 0. \qquad [6.8]$$

De meetfouten van een populatie van personen vallen dus tegen elkaar weg. In een populatie komen positieve en negatieve meetfouten (geluk en pech) in dezelfde mate voor.

De tweede vooronderstelling is dat in een populatie van personen de meetfouten op een test met geen enkele andere variabele correleren, tenzij ze er zelf deel van uitmaken. Laat Y een willekeurige variabele zijn, waarvan E geen deel uitmaakt, bijvoorbeeld de score op een andere test, die ook aan de proefpersonen is voorgelegd. Dan zegt de tweede vooronderstelling dus dat de meetfout op de test nul correleert met Y. Dus:

$$r(E, Y) = 0. \qquad [6.9]$$

De toevoeging dat E geen deel uitmaakt van score Y lijkt in eerste instantie misschien wat merkwaardig, maar als dit wel het geval is, zoals bij $X = T + E$, dan volgt dat

$$r(E, X) > 0, \qquad [6.10]$$

indien de meetfouten niet allemaal nul zijn (zie de opdrachten). Als alle meetfouten toch gelijk zijn aan nul, dan is $r(E, X) = 0/0$ en derhalve niet gedefinieerd (zie de opdrachten). Verder geldt dat de meetfout en de betrouwbare score nul correleren, wat een speciaal geval van [6.9] is:

$$r(E, T) = 0. \qquad [6.11]$$

Dit laatste resultaat volgt uit de definities van meetfout en betrouwbare score als, respectievelijk, het toevallige en systematische deel van de testscore.

Voordat we de betrouwbaarheid van een testscore definiëren, leiden we eerst nog twee eigenschappen af die betrekking hebben op, respectievelijk, het gemiddelde en de variantie van de geobserveerde score. Ten eerste het gemiddelde van de geobserveerde score. Wanneer we gebruik maken van de eigenschap van meetfouten in een groep van n personen dat hun gemiddelde gelijk is aan nul (zie [6.8]), dan is af te leiden (zie ook de opdrachten) dat

$$\bar{X} = \frac{1}{n}\sum_{i=1}^{n}(T_i + E_i) = \bar{T}.$$ [6.12]

Volgens formule [6.12] geldt dus dat in de populatie de gemiddelde geobserveerde score en de gemiddelde betrouwbare score gelijk zijn. Ten tweede de variantie van de geobserveerde scores. We schrijven het klassieke testmodel in formule [6.7] in termen van afwijkingsscores of deviatiescores (zie de appendix) door eerst van beide leden het gemiddelde $\bar{X}$ af te trekken:

$$X_i - \bar{X} = T_i + E_i - \bar{X}.$$

We geven afwijkingsscores aan met de symbolen x, t en e. Wanneer we vervolgens gebruik maken van de eigenschappen [6.8] en [6.12], dan luidt het klassieke model in afwijkingsscorevorm:

$$x_i = t_i + e_i.$$ [6.13]

Linker- en rechterlid worden vervolgens gekwadrateerd, het kwadraat ter rechterzijde wordt uitgewerkt en vervolgens wordt gesommeerd over personen. Het resultaat van deze bewerkingen is

$$\sum_{i=1}^{n}x_i^2 = \sum_{i=1}^{n}t_i^2 + \sum_{i=1}^{n}e_i^2 + 2\sum_{i=1}^{n}t_i e_i.$$

Laat nu S^2 de variantie aangeven en $S(T, E)$ de covariantie van de variabelen T en E. Delen van de vier somtermen door n levert dan

$$S^2(X) = S^2(T) + S^2(E) + 2S(T, E).$$

Uit formule [6.11] weten we al dat $r(T, E) = 0$, en de vraag is nu of de covariantie tussen T en E gelijk is aan 0, want dan zou die term vervallen. Daartoe nemen we eerst de correlatie tussen T en E, die gelijk is aan

$$r(T, E) = \frac{S(T, E)}{S(T)S(E)}.$$

Nu weten we dus uit formule [6.11] dat de correlatie 0 is, en door de covariantie te schrijven als

$$S(T, E) = r(T, E)S(T)S(E).$$

volgt dat deze ook gelijk aan 0 is. De variantie van de testscore, X, is dus:

$$S^2(X) = S^2(T) + S^2(E).$$ [6.14]

Ofwel, de variantie van de geobserveerde score is gelijk aan de som van de variantie van de betrouwbare score en de variantie van de meetfout.

6.2.2 BETROUWBAARHEID VAN TESTSCORES EN DE STANDAARDMEETFOUT

Definitie van betrouwbaarheid

De betrouwbaarheid van de testscore gemeten in een populatie van personen (aangeduid met $r_{XX'}$) wordt gedefinieerd als de verhouding van de varianties van betrouwbare score en geobserveerde score:

$$r_{XX'} = \frac{S^2(T)}{S^2(X)}. \qquad [6.15]$$

De betrouwbaarheid is dus de proportie van de variantie van de testscores, X, die systematisch is.

Acceptabele waarden van de betrouwbaarheid

Wat wordt gezien als een acceptabele waarde van de betrouwbaarheid van een testscore? Eerst bekijken we de extreme waarden die de betrouwbaarheid kan aannemen.

In formule [6.15] is te zien dat $r_{XX'}$ het quotiënt is van twee varianties. We gaan ervan uit dat de variantie van X altijd groter is dan 0 – niet iedereen heeft dezelfde testscore – want anders zouden we door 0 delen, en dat mag niet. Hiervan uitgaande, en van een niet-negatieve variantie van T, is de betrouwbaarheid dan dus ook niet-negatief.

De minimumwaarde van $r_{XX'}$ is gelijk aan 0 als de teller in [6.15] gelijk is aan 0: $S^2(T) = 0$. Dan hebben alle personen dus dezelfde betrouwbare score. Voor zover er variatie is in hun geobserveerde testscores, X, is dat aan meetfouten te wijten. De test meet dus geen enkel betrouwbaar verschil en is als meetinstrument mislukt.

De maximumwaarde vinden we met behulp van [6.14]. Daaruit valt af te leiden dat als de variantie van de meetfouten, $S^2(E)$, gelijk is aan 0, dat dan $S^2(T) = S^2(X)$. In dat geval geldt dat de betrouwbaarheid gelijk is aan 1. Dit is de maximumwaarde. Deze maximumwaarde doet zich dus voor als $S^2(E) = 0$, hetgeen betekent dat iedereen dezelfde meetfout heeft. Omdat niet alleen de variantie van E gelijk is aan 0, maar we uit eigenschap [6.8] weten dat de gemiddelde meetfout ook gelijk is aan 0, volgt hieruit dat de meetfout van individuen ook gelijk is aan 0. Dit betekent dus dat we iedereen zonder meetfouten meten, zodat $X = T$. Met andere woorden, als $r_{XX'} = 1$, dan is de meting foutenvrij en is de testscore dus gelijk aan de betrouwbare score. Resumerend: de betrouwbaarheid ligt tussen 0 en 1:

$$0 \leq r_{XX'} \leq 1.$$

De waarde 0 betekent dat verschillen tussen testscores puur aan toeval zijn te wijten. De test 'werkt' dus niet. De waarde 1 betekent dat verschillen tussen testscores foutenvrij en dus puur systematisch zijn. De test heeft dan een perfecte nauwkeurigheid. De werkelijkheid ligt tussen deze extremen in.

Er zijn twee belangrijke praktische situaties te onderscheiden. Indien men de test gebruikt in wetenschappelijk onderzoek, gaat het om uitspraken over groepen. Men wil bijvoorbeeld de rekenvaardigheid van jongens en meisjes vergelijken of de testgegevens van pathologische en gezonde groepen in verband brengen met hun voorgeschiedenis. Dan staan de individuele testprestaties niet centraal, maar schat men respectievelijk groepsgemiddelden en correlaties. De nauwkeurigheid van die schattingen wordt vooral bepaald door het aantal waarnemingen in de steekproef en minder dominant door de betrouwbaarheid van de gebruikte testscores. Als vuistregel zou men bijvoorbeeld $r_{XX'} > 0.7$ kunnen aanhouden. Bij een lagere betrouwbaarheid bestaan testscores voor een groot deel uit meetfouten, waardoor het lastig wordt om nog verschillen in gemiddelden of correlaties ongelijk nul te vinden.

Indien de test voor individuele diagnostiek wordt gebruikt en er dus beslissingen over individuen op het spel staan, dient de betrouwbaarheid hoog te zijn. Vaak vindt men $r_{XX'} > 0.9$ acceptabel, maar er bestaat geen 'harde' ondergrens. Een belangrijke reden voor het ontbreken hiervan is dat het er uiteindelijk om gaat of individuele testscores significant van elkaar verschillen of van een afkapgrens (bijv. onvoldoende/voldoende, afwijzen/aannemen) en daarvoor biedt een eenvoudige minimumeis voor de betrouwbaarheid nog geen garantie. Meer inzicht in deze problematiek wordt geboden in paragraaf 6.4.1, die handelt over de nauwkeurigheid van metingen. Een belangrijke rol wordt hierbij gespeeld door de standaardmeetfout, die we in de navolgende deelparagraaf behandelen.

Standaardmeetfout van de testscore
De standaardmeetfout van de testscore kan afgeleid worden uit de formules [6.14] en [6.15]. Eerst schrijven we [6.15] als

$$r_{XX'} = \frac{S^2(X) - S^2(E)}{S^2(X)} = 1 - \frac{S^2(E)}{S^2(X)}.$$

Vervolgens herschrijven we dit resultaat naar $S^2(E)$:

$S^2(E) = S^2(X)[1 - r_{XX'}]$.

Ten slotte wordt de vierkantswortel uit beide leden getrokken, waarna de standaardmeetfout resulteert:

$S(E) = S(X)\sqrt{1 - r_{XX'}}$. [6.16]

Interpretatie en gebruik van de standaardmeetfout komen in paragraaf 6.4.1 aan de orde.

De betrouwbaarheid [6.15] en de standaardmeetfout [6.16] spelen in de klassieke testtheorie een centrale rol. Zij worden gebruikt om een schatting te krijgen van de nauwkeurigheid van een meting met behulp van een specifieke test in een specifieke populatie. Een andere formulering is dat zij gebruikt worden om een indruk te krijgen van de mate waarin de testscores bij een onafhankelijke replicatie van de meting anders zouden kunnen uitvallen.

Een praktisch probleem bij de schatting van de betrouwbaarheid volgens [6.15] en de standaardmeetfout volgens [6.16] is dat beide formules twee onbekenden bevatten. Een schatting van [6.15] en [6.16] is dus in een concreet geval niet zonder meer mogelijk. In de volgende paragraaf zullen we enkele methoden bespreken die zijn voorgesteld om toch een schatting te verkrijgen van de betrouwbaarheid [6.15] en daarmee van de standaardmeetfout [6.16]. Alvorens deze methoden te bespreken, gaan we kort in op een belangrijk onderscheid.

6.2.3 BELANGRIJKE ONDERSCHEIDINGEN

Tot nu toe heeft het onderscheid tussen betrouwbare score en meetfout centraal gestaan. In de vorige paragraaf is echter ook gesproken over bedoelde en onbedoelde factoren die een testprestatie beïnvloeden. Voor een goed begrip van de testtheorie is het van groot belang om deze twee onderscheidingen uiteen te houden. Naar analogie van de opsplitsing van de geobserveerde score in een betrouwbaar of systematisch deel en een toevallig of niet-systematisch deel, zou men de testscore ook opgesplitst kunnen denken in een bedoeld en een onbedoeld deel. We halen nogmaals het voorbeeld aan van de test voor rigiditeit, die behalve rigiditeit ook emotionaliteit, agressiviteit en woordbegrip meet. De rigiditeitstrek bepaalt de *bedoelde scorecomponent*. Emotionaliteit, agressiviteit en woordbegrip bepalen gedeeltelijk de *onbedoelde scorecomponent*; deze scorecomponent bevat tevens de meetfout. (Meetfouten zijn uiteraard altijd onbedoeld.)

Uit het voorbeeld valt af te leiden dat de onbedoelde scorecomponent – dus inclusief de meetfout – niet samenvalt met de meetfout alleen en dat de bedoelde scorecomponent niet samenvalt met de betrouwbare score. In de praktijk zullen altijd ongelijkheden gelden: er bestaat geen zuivere test voor rigiditeit, evenmin als er een zuivere meting van intelligentie bestaat.

Het is van groot belang in te zien dat een test met een hoge betrouwbaarheid niet noodzakelijk in belangrijke mate datgene meet wat men bedoelt te meten. Een studietoets die bedoeld is om kennis van de testtheorie te meten, kan door een zeer ingewikkelde formulering van de items ontaarden in een woordkennis- of intelligentietest. De toetsscore kan desalniettemin zeer betrouwbaar zijn, alleen meet de toets nu vooral woordkennis of intelligentie, en dat was niet de bedoeling.

De vraag in hoeverre een test de bedoelde eigenschap meet, komt in hoofdstuk 8 in de paragraaf over begripsvaliditeit uitgebreid aan de orde. In het huidige hoofdstuk houden we ons alleen bezig met het onderscheid tussen betrouwbare score en meetfout.

6.3 Bepaling van de betrouwbaarheid

Er zijn twee benaderingen voor het schatten van de betrouwbaarheid. De eerste is gebaseerd op twee testafnemingen en de tweede op een enkele testafneming.

Binnen de eerste benadering behandelen we twee mogelijkheden. De eerste mogelijkheid maakt gebruik van twee verschillende tests. Deze tests zijn echter equivalent of inwisselbaar en spelen daarmee de rol van onafhankelijke replicaties. Equivalentie of inwisselbaarheid is wiskundig gedefinieerd. Indien twee tests aan deze definitie voldoen, worden ze paralleltests genoemd. De correlatie tussen parallelle tests wordt de paralleltestbetrouwbaarheid genoemd. De tweede mogelijkheid is gebaseerd op twee afnemingen van dezelfde test. Hier speelt de test bij de tweede afneming zelf de rol van onafhankelijke replicatie. De correlatie tussen de twee testscores wordt de test-hertestbetrouwbaarheid genoemd.

Ook binnen de tweede benadering van betrouwbaarheidsschatting behandelen we twee varianten. De eerste variant is gebaseerd op de splitsing van de test in twee halve tests, waarbij iedere helft evenveel items bevat. Deze halve tests spelen de rol van parallelle (zij het slechts halve) tests. Hiervoor wordt vervolgens via een wiskundige ingreep gecorrigeerd, en het resultaat hiervan is een schatting van de paralleltestbetrouwbaarheid. Deze methode wordt de splitsingsmethode genoemd. De tweede methode is gebaseerd op de covarianties tussen alle individuele items en leidt tot een ondergrens van de betrouwbaarheid. Dit is de interne-consistentiemethode.

In figuur 6.2 worden de twee benaderingen en de twee varianten per benadering schematisch weergegeven. Nu volgt in vier subparagrafen een bespreking van de vier varianten.

herhaalde meting
— paralleltest (parallelvormmethode)
— dezelfde test (test-hertestmethode)

eenmalige meting
— twee helften (splitsingsmethode)
— items (interne-consistentiemethode)

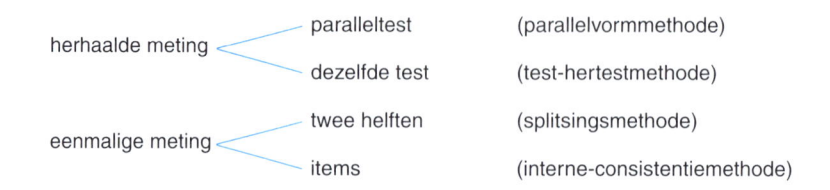

Figuur 6.2 *Overzicht van vier verschillende methoden van betrouwbaarheidsschatting.*

6.3.1 PARALLELVORMMETHODE

Aangezien onafhankelijke replicaties van een testprocedure in werkelijkheid niet bestaan, is er aanvankelijk gezocht naar een realistische benadering van deze ideale situatie. In plaats van twee onafhankelijke replicaties van dezelfde test, neemt men twee inwisselbare maar niet-identieke tests en legt deze voor aan een groep proefpersonen. De vraag is uiteraard wat we verstaan onder inwisselbare maar niet-identieke tests. De term 'inwisselbare' tests vervangen we door de technische term 'parallelle' tests en we definiëren wiskundig wat daaronder wordt verstaan. We laten zien dat uit de definitie van parallelle tests volgt dat de correlatie tussen scores die zijn behaald op twee parallelle tests gelijk is aan de betrouwbaarheid van de afzonderlijke testscores. We gaan uit van twee tests, genummerd I en II, en geven de ruwe scores op deze tests aan als X_I en X_{II}. De scores van persoon i op deze tests geven we aan als X_{iI} en X_{iII}. In navolging van Lord en Novick (1968, p. 48) noemen we twee tests parallel als voor iedere persoon i (i = 1, ..., n) uit een specifieke populatie geldt dat

$$T_{iI} = T_{iII}, \qquad [6.17]$$

en in de populatie (dus de hele groep van personen) dat

$$S^2(X_I) = S^2(X_{II}). \qquad [6.18]$$

In formule [6.18] is de variantie genomen over n personen die tezamen de populatie vormen. De eerste vooronderstelling, uitgedrukt in formule [6.17], houdt in dat een bepaalde persoon i op twee paralleltests identieke betrouwbare scores heeft. De twee testversies geven dus per individu hetzelfde prestatie- of gedragsniveau aan, terwijl er per test wel variatie over individuen is. De tweede vooronderstelling [6.18] betekent dat de spreiding van de ruwe score in de populatie op beide tests gelijk is. Omwille van de volledigheid wijzen wij erop dat Lord en Novick (1968, p. 49) in geval van de vooronderstellingen [6.17] en [6.18] spreken van pseudo-parallellie. Daarnaast definiëren zij nog een strengere vorm van parallellie. Dit onderscheid is voor ons betoog verder niet van belang en we vatten ten behoeve van de eenvoud de eigenschappen [6.17] en [6.18] tezamen op als de definitie van parallelle tests.

We laten nu zien dat uit de eigenschappen [6.17] en [6.18] volgt dat de correlatie tussen X_I en X_{II} gelijk is aan de betrouwbaarheid van zowel X_I als X_{II} apart. Daartoe schrijven we de correlatie tussen X_I en X_{II} uit en maken verder gebruik van eigenschap [6.18]. Er wordt in de formules steeds gesommeerd over n personen. Verder maken we gebruik van afwijkingsscores. De correlatie tussen X_I en X_{II} wordt nu geschreven als:

$$r(X_I, X_{II}) = \frac{S(X_I, X_{II})}{S(X_I)S(X_{II})} = \frac{\frac{1}{n}\sum x_I x_{II}}{S^2(X)} =$$

$$= \frac{\frac{1}{n}\sum (t_I + e_I)(t_{II} + e_{II})}{S^2(X)}.$$

We maken nu gebruik van eigenschap [6.17] waaruit voor afwijkingsscores van de betrouwbare scores volgt dat $t_{iI} = t_{iII}$, en van eigenschap [6.9] die impliceert dat de covariantie van de meetfout met andere variabelen gelijk is aan 0:

$$r(X_I, X_{II}) = \frac{\frac{1}{n}\sum t^2 + \frac{1}{n}\sum t_I e_{II} + \frac{1}{n}\sum e_I t_{II} + \frac{1}{n}\sum e_I e_{II}}{S^2(X)} =$$

$$= \frac{S^2(T) + S(T_I, E_{II}) + S(E_I, T_{II}) + S(E_I, E_{II})}{S^2(X)} =$$

$$= \frac{S^2(T)}{S^2(X)} = r_{XX'}.$$

We hebben zojuist dus aangetoond dat voor twee paralleltests I en II geldt dat

$$r(X_I, X_{II}) = r_{XX'}. \qquad [6.19]$$

De betrouwbaarheid kan dus gedefinieerd worden als de correlatie (r) tussen twee parallelle testscores (X en X′).

In de praktijk kan de betrouwbaarheid van een testscore dus worden bepaald door van de test een parallelversie te construeren en voor beide tests in een bepaalde steekproef de scores te verzamelen. De correlatie tussen deze scores geeft een schatting van de betrouwbaarheid van de afzonderlijke testscores in deze groep; ze zijn immers inwisselbaar.

Dit procedé lijkt eenvoudig, maar in de praktijk van de testconstructie is het niet eenvoudig om twee parallelversies te maken. De items in de tests moeten immers wel gelijkwaardig zijn maar mogen niet identiek zijn. Bij sommige rekentests en tests voor de meting van specifieke intelligentiefactoren is dat misschien nog wel voor te stellen. Bijvoorbeeld, als in de ene test de opgave '27 + 38 = ..' wordt gebruikt, kan in de parallelversie '28 + 37 = ..' worden opgenomen. Deze opgaven zijn waarschijnlijk even moeilijk en vereisen dezelfde capaciteiten en vaardigheden. Bij vele andere tests (bijv. persoonlijkheidsvragenlijsten en attitudetests) is het construeren van gelijkwaardige items erg lastig en vaak zelfs onmogelijk.

Wanneer men desalniettemin twee testversies maakt waarvan de bedoeling is dat ze parallel zijn, dan valt achteraf als volgt te controleren of men daarin is geslaagd.

Of twee testversies voldoen aan eigenschap [6.17] van gelijke betrouwbare scores is niet direct te controleren, aangezien betrouwbare scores niet observeerbaar zijn. Wel volgt direct uit eigenschap [6.17] dat in een populatie van n personen (zie ook opdracht 12a) geldt dat

$\overline{T}_I = \overline{T}_{II}.$

Verder hebben we in formule [6.12] laten zien dat de gemiddelde betrouwbare score op een test gelijk is aan de gemiddelde geobserveerde score, waaruit onmiddellijk volgt dat

$\overline{X}_I = \overline{X}_{II}.$ [6.20]

Eigenschap [6.20] gaat over geobserveerde testscores en is dus wel empirisch controleerbaar. Dit geldt eveneens voor eigenschap [6.18], die inhoudt dat in geval van parallelle tests de variantie van de geobserveerde scores identiek is.

Een derde, empirisch controleerbare eigenschap van parallelle tests kan als volgt worden afgeleid. We bewijzen dat de correlaties van X_I en X_{II} met een willekeurige variabele Y gelijk zijn (Zegers & Ten Berge, 1982), dus dat

$r(X_I, Y) = r(X_{II}, Y),$ [6.21]

Eerst schrijven we de correlatie tussen X_I en Y uit:

$$r(X_I, Y) = \frac{S(X_I, Y)}{S(X_I)S(Y)}.$$ [6.22]

De teller kan als volgt worden herschreven:

$$S(X_I, Y) = \frac{1}{n}\sum x_I y = \frac{1}{n}\sum (t_I + e_I)y =$$

$$= \frac{1}{n}\sum t_I y + \frac{1}{n}\sum e_I y = S(T_I, Y) + S(E_I, Y).$$

Uit eigenschap [6.17] van gelijke betrouwbare scores op paralleltests volgt dat we in de eerste covariantieterm, $S(T_I,Y)$, de betrouwbare score T_I door T_{II} mogen vervangen. Verder volgt uit eigenschap [6.9] dat meetfouten nul correleren met andere variabelen waar ze zelf niet in zitten, en dat de tweede covariantieterm, $S(E_I,Y)$, gelijk is aan o. Dit geldt ook nog als we E_I vervangen door E_{II}. Na substitutie verkrijgen we het volgende resultaat:

$$S(X_I, Y) = S(T_{II}, Y) + S(E_{II}, Y) = S(X_{II}, Y).$$ [6.23]

Ten slotte vervangen we in de noemer van [6.22] $S(X_I)$ door $S(X_{II})$, hetgeen volgens eigenschap [6.18] van parallelle tests is toegestaan, waarna het gewenste resultaat [6.21] volgt.

De eigenschap van parallelle tests dat ze met iedere willekeurige variabele Y dezelfde correlatie hebben, verschaft de testconstructeur een belangrijk middel om te controleren of zijn testversies al dan niet aan de eis van parallellie voldoen.

De resultaten voor het onderzoek naar de parallellie van testversies kunnen nu als volgt worden samengevat.
Indien twee testversies, I en II, parallel zijn, dan moeten de volgende drie eigenschappen gelden voor de ruwe scores X_I en X_{II}:

1 $\overline{X}_I = \overline{X}_{II}$; [6.20]

2 $S^2(X_I) = S^2(X_{II})$; [6.18]

3 $r(X_I, Y) = r(X_{II}, Y)$, [6.21]

waarbij Y een willekeurige variabele is. Van deze eigenschappen is de laatste veruit de belangrijkste (Zegers & Ten Berge, 1982). Aan de eerste twee is eenvoudig te voldoen door de testscores te standaardiseren.
Eigenschap 3 kan overigens maar voor een beperkt aantal variabelen Y

worden onderzocht. Om praktische redenen kunnen immers niet alle mogelijke variabelen Y (bijv. de scores op andere interessante tests) binnen een groep personen worden gemeten. Ofschoon het onderzoek naar parallellie dus in de praktijk onvolledig blijft, is het bezwaar hiervan toch gering. Als X_I en X_{II} dezelfde correlaties hebben met, bijvoorbeeld, vijf onderling laag correlerende variabelen (Y_1, ..., Y_5), dan volgen hieruit zoveel restricties voor andere correlaties dat de correlatie tussen T_I en T_{II} wel hoog moet zijn.

Zoals gezegd, is het moeilijk om daadwerkelijk paralleltests te construeren. In de praktijk zullen testversies die bedoeld zijn als parallelversies dan ook niet precies parallel zijn. Het gevolg is dat in de populatie de correlatie tussen de resulterende scores op beide versies kleiner is dan wanneer beide versies wel parallel zouden zijn. Het bewijs van deze stelling is vrij eenvoudig te leveren, maar om technische uitweidingen hier verder te vermijden laten we dat achterwege.

6.3.2 TEST-HERTESTMETHODE

De test-hertestmethode kan worden beschouwd als een regelrechte poging om het ideaal van onafhankelijke replicaties te realiseren. Daarbij doen zich in de praktijk alle problemen gelden die wij in paragraaf 6.1 bij de bespreking van de herhaalbaarheid van metingen reeds hebben genoemd.

De procedure volgens welke de test-hertestmethode wordt uitgevoerd komt er eenvoudig op neer dat dezelfde test met een behoorlijke tussentijd tweemaal aan dezelfde groep van personen wordt voorgelegd. De correlatie tussen beide verkregen ruwe scores is in de populatie gelijk aan de betrouwbaarheid van de test, mits beide afnemingen als onafhankelijke replicaties kunnen worden beschouwd. Indien we de ruwe scores, verkregen op tijdstippen 1 en 2, aanduiden als X_1 en X_2, dan geldt

$$r(X_1, X_2) = r_{XX'}. \qquad [6.24]$$

Aangezien X_1 en X_2 onafhankelijke replicaties zijn, verschillen ze alleen wat betreft de meetfout en in technische zin zijn het dus parallelle metingen. Het bewijs van [6.24] is derhalve identiek aan het bewijs van [6.19].

De test-hertestmethode levert resultaten op die afwijken van die van de parallelvormmethode in die gevallen waarin er gedurende het tijdsinterval een verandering plaatsvindt met betrekking tot de eigenschap die door de test wordt gemeten. Bij zich weinig wijzigende eigenschappen (zoals vermogens in de perceptuele of motorische sfeer) evenals de meer stabiele intellectuele capaciteiten of persoonlijkheidstrekken, geeft de test-hertestmethode een goede indruk van de betrouwbaarheid volgens de parallelvormmethode. Zodra er veranderingen optreden in de gemeten eigenschap is dat echter niet meer het geval.

De test-hertestmethode mag handig lijken, maar er zijn toch diverse redenen aan te voeren waarom $r(X_1,X_2)$ soms geen goede bepaling van de betrouwbaarheid geeft. Ten eerste kunnen er allerlei veranderingen in de gemeten eigenschap hebben plaatsgevonden naar aanleiding van de eerste testafneming. De test kan een duidelijk leereffect hebben gehad, zodat de onderzochte van zijn oefening kan profiteren bij de tweede afneming, iets wat vooral bij inzichtopgaven een rol kan spelen. Ten tweede kan het geheugen een belangrijke invloed hebben op de testprestatie. Dit kan vooral gebeuren bij opgaven die op de een of andere wijze opvallen, korte tests en een kort interval tussen de beide afnemingen (Thorndike, 1949). Ten slotte kan het gebeuren dat een persoonlijkheidsvragenlijst of een attitudetest door het stellen van de vragen alleen al de onderzochte aan het denken zet en mede daardoor een stimulans betekent tot een meer gearticuleerde kijk op bijvoorbeeld zichzelf of een ander, of tot een instellings- of attitudeverandering.

Wanneer leereffecten voor alle mensen even sterk zouden zijn, dan zou men, bij een adequaat samengestelde test, bij iedereen eenzelfde verandering van testscores kunnen verwachten. Daardoor zou de correlatie $r(X_1,X_2)$ niet beïnvloed worden. Het probleem is echter dat personen verschillen in de mate waarin zij leren.

Een praktisch probleem doet zich nog voor bij de bepaling van de grootte van het tijdsinterval. Sommige problemen worden geringer naarmate het interval korter is (zoals uitval van proefpersonen uit het onderzoek door bijvoorbeeld verhuizing, ziekte of weigering verder nog mee te doen), terwijl andere effecten zich weer duidelijker manifesteren bij een kortere tussenliggende periode (zoals herinnering en beïnvloeding). In de regel wordt de beschikbare groep proefpersonen kleiner naarmate het interval groter is. Bovendien zal deze uitval vaak niet aselect zijn. Als voorbeeld noemen we een test die bedoeld is om een of andere vorm van neuroticisme te meten. Naarmate het tijdsverschil groter is zullen vooral personen uit de proefgroep verdwijnen die gekenmerkt worden door extreme scores. Bijvoorbeeld personen met lage scores omdat hun ziektebeeld tijdens het interval verbetert en zij uit de behandeling verdwijnen, en personen met hoge scores omdat bij een aantal van hen het ziektebeeld dermate verslechtert dat zij een andere behandelingswijze krijgen toegewezen. De uiteindelijk bepaalde betrouwbaarheid is kenmerkend voor de geselecteerde groep maar niet voor de oorspronkelijk beoogde populatie.

Uit het voorgaande betoog valt op te maken dat X_1 en X_2 vaak niet als onafhankelijke replicaties kunnen worden beschouwd. Derhalve zal $r(X_1,X_2)$ in veel gevallen te laag of te hoog uitvallen. Een goed voorbeeld van een te hoge schatting wordt verkregen in het geval van een sterk geheugeneffect. De tweede score X_2 is dan een vrijwel perfecte kopie van X_1, met als gevolg dat $r(X_1,X_2)$ bijzonder hoog is en zelfs de waarde 1 kan benaderen.

Wat de test-hertestmethode de onderzoeker wel kan vertellen, is in hoeverre de testprestatie over een bepaalde periode stabiel blijft, dus met inbegrip van alle krachten die tussentijds van invloed zijn op de testprestatie. De correlatie tussen beide aldus verkregen testscores geeft dan een indruk van de stabiliteit van de testscore. Dit wordt vaak betrouwbaarheid genoemd, en wordt wel gesteld dat het hier gaat om een ander soort betrouwbaarheid dan de betrouwbaarheid volgens de paralleltestmethode. Wij zijn van mening dat een dergelijk onderscheid in soorten betrouwbaarheid alleen maar verwarring wekt, en houden ons aan de definitie van betrouwbaarheid als de mate van herhaalbaarheid onder exact dezelfde omstandigheden. De zojuist genoemde stabiliteit is ook nuttig, maar geeft antwoord op een andere vraag: hoe stabiel is de testprestatie over een bepaalde periode, waarin de omstandigheden vrij mogen veranderen?

6.3.3 SPLITSINGSMETHODE

De splitsingsmethode volstaat met het afnemen van één test. Deze methode kan worden opgevat als een efficiënte variant van de parallelvormmethode. De grotere efficiëntie wordt bewerkstelligd door het gebruik van twee halve paralleltests in plaats van twee hele tests. De procedure verloopt als volgt. Een test wordt gesplitst in twee helften met evenveel items, die in het ideale geval parallel zijn. De gehele test wordt vervolgens voorgelegd aan de respondenten, en achteraf wordt per testhelft een ruwe score bepaald. Bestond de gehele test uit dertig items, dan bestaan de helften dus uit vijftien items, en per vijftiental items wordt een ruwe score bepaald. Indien de beide scores werkelijk parallel zijn, dan is hun correlatie in de populatie gelijk aan de betrouwbaarheid van de scores op een halve test. Omdat de betrouwbaarheid ook afhangt van het aantal items in een test, wordt vervolgens een correctie uitgevoerd op de verkregen betrouwbaarheid ten einde de betrouwbaarheid van de gehele test te kunnen bepalen.

We gaan nu eerst in op deze correctie en bespreken daarna hoe men een test het beste in tweeën kan splitsen. Om de betrouwbaarheid van de score op de gehele test te bepalen op basis van de betrouwbaarheid van de score op een halve test, moeten we weten wat de invloed is van testlengte op betrouwbaarheid. We behandelen eerst het algemene geval van een test die verlengd of ingekort wordt, dus los van het geval van de splitsingsmethode, en gebruiken de volgende notatie. Laat $r_{XX'}$ de betrouwbaarheid zijn van de score op de test, en r_{KK} de betrouwbaarheid van de score op de verlengde of verkorte test. In r_{KK} stelt index K de verlengingsfactor (of verkortingsfactor) voor; K is het quotiënt van het aantal items in de verlengde (verkorte) test en het aantal items in de oorspronkelijke test. Gegeven $r_{XX'}$ en K, kan r_{KK} worden bepaald met behulp van de Spearman-Brown-formule, die we hier zonder afleiding presenteren:

$$r_{KK} = \frac{Kr_{XX'}}{1 + (K-1)r_{XX'}}. \qquad [6.25]$$

De Spearman-Brown-formule biedt de mogelijkheid om de betrouwbaarheid van de gehele test via de splitsingsmethode te bepalen. Immers, we kennen al de betrouwbaarheid van de testscores gebaseerd op een halve test. Die noemen we nu $r_{XX'}$. Wat we willen weten is de betrouwbaarheid van de testscore op de gehele test, die tweemaal (K = 2) zo lang is; dus, r_{22}. De Spearman-Brown-formule is dan

$$r_{22} = \frac{2r_{XX'}}{1 + r_{XX'}}. \qquad [6.26]$$

Stel, de betrouwbaarheid van de testscore op de halve test is 0.70; dan is de betrouwbaarheid van de gehele test volgens formule [6.26] gelijk aan 0.82. Dit is de betrouwbaarheid volgens de splitsingsmethode.

We komen verderop in dit hoofdstuk terug op de Spearman-Brown-formule [6.25] in het kader van de bespreking van testverlenging of -verkorting. Wel is het op deze plaats van belang te weten dat de Spearman-Brown-formule veronderstelt dat de testdelen – in ons geval helften – parallel zijn. Alleen dan leidt de methode tot een goede schatting van de betrouwbaarheid in formule [6.15]. We zagen echter al dat echte tests en dus ook testhelften daarentegen zelden parallel zijn. De splitsing van een test in twee helften zal dus in het gros van de gevallen het ideaal van zuivere parallellie slechts benaderen. Ook hier geldt dat de mate waarin men erin is geslaagd om twee parallelle helften te construeren, kan worden onderzocht met behulp van de eigenschappen [6.18], [6.20] en [6.21]. Enkele vuistregels voor het vormen van testhelften die parallellie enigszins benaderen zijn wel te geven.

Ten eerste kan men de (prestatie)test beter niet splitsen in een gemakkelijke en een moeilijke helft (en evenmin een test voor gedragswijze in populaire en impopulaire items). Het gevaar bestaat dat gemakkelijke items een beroep doen op gedeeltelijk andere eigenschappen dan moeilijke items. Een evenwichtige spreiding van gemakkelijke en moeilijke items over beide testhelften is dan ook het beste.

Ten tweede is een splitsing in een eerste en een tweede testhelft, naar de volgorde waarin de items worden voorgelegd (en ervan uitgaande dat de items niet naar oplopende moeilijkheid worden voorgelegd), ook niet aan te raden. De mogelijke effecten van oefening, verveling of vermoeidheid zullen zich met name in de tweede helft manifesteren. Een selectie van items volgens even en oneven rangnummers lijkt dit probleem nagenoeg op te lossen.

Ten derde is het altijd aan te raden om in verschillende versies items te kiezen die inhoudelijk veel op elkaar lijken. Heterogeniteit qua inhoud zal vaak betekenen dat voor de beantwoording van verschillende items ook een beroep op verschillende eigenschappen wordt gedaan. Overigens speelt hier uiteraard het probleem dat de keuze van items beperkt is en dat ze allemaal ingedeeld moeten worden. Ook als items op basis van hun inhoud niet redelijkerwijs met andere gepaard kunnen worden, zal dit uiteindelijk toch moeten, omdat we geen items kunnen weglaten.

Deze vuistregels leiden dus niet automatisch tot parallelle testhelften en garanderen evenmin dat de testhelften in de buurt komen van parallellie. Men doet er echter goed aan de testhelften weloverwogen samen te stellen, zodat in ieder geval zo gunstig mogelijke condities worden geschapen voor de inwisselbaarheid van de helften.

Duidelijk zal zijn geworden dat het samenstellen van twee 'parallelle' testhelften een in hoge mate arbitraire aangelegenheid is. Vaak zullen diverse mogelijkheden als even aanvaardbaar worden beschouwd en is het vervolgens lastig om een keuze te maken. De oplossing die zich dan opdringt, is voor elk van deze mogelijkheden de betrouwbaarheid volgens de splitsingsmethode te schatten, en hiervan vervolgens het gemiddelde te nemen als de uiteindelijke schatting van de betrouwbaarheid. Heeft men eenmaal deze optie aanvaard, dan is het natuurlijk ook mogelijk om voor alle indelingen van de test in twee helften de betrouwbaarheid te schatten en hiervan het gemiddelde nemen. Overigens hoeft men deze exercitie niet daadwerkelijk uit te voeren, want door Cronbach (1951) is aangetoond dat een eenvoudige methode om de betrouwbaarheid te bepalen, die bekend staat onder de naam Cronbachs alfa en die in de volgende deelparagraaf wordt behandeld, precies gelijk is aan de gemiddelde splitsingsbetrouwbaarheid, berekend over alle mogelijke splitsingen van een test in twee helften. Het belang van dit resultaat kan moeilijk worden onderschat, want het ontslaat de onderzoeker van de meestal vruchteloze pogingen om parallelle testhelften te vormen.

6.3.4 INTERNE-CONSISTENTIEMETHODE

De tweede methode van betrouwbaarheidsbepaling die uitgaat van een enkele testafneming is de methode van de interne consistentie. Cronbachs alfa, die we in het voorgaande noemden als vervanging van de splitsingsmethode, behoort tot deze groep van methoden. Zij zijn gebaseerd op de inwisselbaarheid van de individuele items in een test. In plaats van op individuele items kan Cronbachs alfa ook gebaseerd zijn op groepjes items, die dan 'inwisselbaar' dienen te zijn; we gaan op deze subtiliteit verder niet in. Inwisselbaarheid is hier overigens minder streng gedefinieerd dan parallellie.

De procedure waarop de methode is gebaseerd, is uiterst eenvoudig. De test wordt eenmalig voorgelegd aan een representatieve groep respondenten. De scores op de items vormen de basis voor de berekeningen. Alle covarianties tussen de items worden berekend, alsmede de variantie van de ruwe score X. Tezamen met het aantal items, k, worden deze resultaten ingevuld in een van de vele coëfficiënten van interne consistentie. Deze coëfficiënten worden dan gebruikt als schattingen van de betrouwbaarheid $r_{XX'}$.

De bekendste coëfficiënt van interne consistentie is de alfacoëfficiënt (Cronbach, 1951). Door Guttman (1945) werd deze coëfficiënt al eerder gepresenteerd onder de naam λ_2. Kuder en Richardson (1937) presenteerden de coëfficiënt in een vorm die alleen geschikt is voor dichotoom gescoorde items. Zowel de λ_2-coëfficiënt als de variant van Kuder en Richardson op alfa komen verderop in deze paragraaf aan de orde. Aangezien de alfacoëfficiënt zeer vaak wordt gebruikt om de betrouwbaarheid te schatten, gaan we er in het navolgende uitgebreid op in. Een bijkomende reden om er veel aandacht aan te besteden, is dat er enkele hardnekkige misverstanden over deze coëfficiënt de ronde doen, die we hier tevens zullen bestrijden.

Alfa is een ondergrens voor de betrouwbaarheid

Allereerst tonen we aan dat alfa een ondergrens is voor de betrouwbaarheid, ofwel dat in de populatie geldt dat

$$r_{XX'} \geq alfa. \qquad [6.27]$$

Dit is een buitengewoon belangrijk resultaat. Als we bijvoorbeeld in een grote steekproef vinden dat alfa = 0.85, dan weten we volgens formule [6.27] dat de echte betrouwbaarheid, $r_{XX'}$, groter is. Ook is bekend dat, als alle items in hoofdzaak dezelfde eigenschap meten, alfa en de betrouwbaarheid elkaar weinig ontlopen. Aangezien alfa een formule is die men eenvoudig invult om het resultaat te verkrijgen, hoeft men dus geen ingewikkelde en nogal kansloze procedures te volgen (bijv. constructie van parallelle tests, dezelfde test tweemaal afnemen) om een goede schatting van de betrouwbaarheid te verkrijgen. Het is om deze reden dat alfa veruit de populairste methode is om de betrouwbaarheid van een testscore te schatten.

Vanwege het grote belang dat alfa voor de testtheorie heeft, volgen we met enkele wijzigingen het bewijs van stelling [6.27], zoals gepresenteerd door Novick en Lewis (1967). We dagen de lezer uit om dit nogal lange bewijs te volgen.

We gaan bij het bewijs van [6.27] uit van een ruwe score X en itemscores Y_g ($g = 1, ..., k$). Naast g wordt ook h als itemindex gebruikt. Gegeven deze notatie geldt voor de totaalscore of ruwe score dat (zie ook de appendix, formule [A.1]):

$$X = \sum_{g=1}^{k} Y_g. \qquad [6.28]$$

Verder associëren we met ieder item een betrouwbare score T_g ($g = 1, ..., k$), zodat

$$T = \sum_{g=1}^{k} T_g. \qquad [6.29]$$

We volgen nu een betoogtrant waarvan de lezer niet meteen zal zien dat deze leidt tot het bewijs dat alfa een ondergrens is voor de betrouwbaarheid, zoals in [6.27] wordt beweerd. Het eindresultaat is echter precies dit bewijs, en het geduld van de lezer wordt dus beloond. We beginnen met gebruik te maken van het gegeven dat de variantie van elke variabele groter dan of gelijk aan 0 is. Immers, de variantie van een willekeurige variabele (bijv. X) is gelijk aan

$$S^2(X) = \frac{1}{n} \sum (X - \bar{X})^2,$$

ofwel, is het gemiddelde van n gekwadrateerde afwijkingsscores. Dit betekent dat ook de variantie van het verschil van twee variabelen, zoals twee betrouwbare scores op de items g en h, T_g en T_h, niet-negatief is:

$$S^2(T_g - T_h) \geq 0.$$

Dit is ons vertrekpunt voor het bewijs. Verder is af te leiden – wat we hier overigens achterwege laten om een overdaad aan formules te vermijden – dat (zie de appendix, formule [A.20] voor de variantie van lineaire combinaties),

$$S^2(T_g - T_h) = S^2(T_g) + S^2(T_h) - 2S(T_g, T_h).$$

Aangezien de linkerkant niet-negatief is, volgt uit de gelijkheid dat ook de rechterkant niet-negatief is, en dat we kunnen schrijven dat,

$$S^2(T_g) + S^2(T_h) \geq 2S(T_g, T_h).$$

Deze ongelijkheid geldt voor twee items, g en h, waarvan we verder niets weten, en is dus waar voor elk willekeurig paar items. Als we deze ongelijkheid nu voor alle mogelijke paren van twee verschillende items opschrijven, en we sommeren alle linkerleden apart en evenzo alle rechterleden, dan resulteert dit in een ongelijkheid van twee sommen. We geven een dergelijke sommatie van paren van items aan met de notatie $\sum\sum_{g \neq h}$. Dit betekent: tel op over de item-paren waarvoor $g \neq h$. Dus, (g = 1, h = 2), (g = 1, h = 3), (g = 1, h = 4), ..., (g = 1, h = k) [maar niet over paar (g = h = 1)]; vervolgens over (g = 2, h = 1), (g = 2, h = 3), (g = 2, h = 4), ..., (g = 2, h = k) [maar niet over paar (g = h = 2)]; enzovoort, tot en met het laatste paar (g = k, h = k − 1). De aangegeven sommatie resulteert dan in

$$\sum\sum_{g \neq h} [S^2(T_g) + S^2(T_h)] \geq 2 \sum\sum_{g \neq h} S(T_g, T_h). \qquad [6.30]$$

Eerste tussenstap. Om het linkerlid van [6.30] te kunnen herschrijven, maken we eerst een tussenstap die niet uit het voorgaande valt af te leiden, maar apart wordt afgeleid zodat we er later gebruik van kunnen maken. Hierbij nemen we de som van alle combinaties van $[S^2(T_g) + S^2(T_h)]$, waarbij g en h nu ook gelijk mogen zijn (dus ook g = h). Daarbij geldt dat dezelfde variantieterm k-maal in beide sommaties voorkomt, dus 2k-maal in totaal:

$$\sum_g \sum_h [S^2(T_g) + S^2(T_h)] =$$
$$= \sum_g \sum_h S^2(T_g) + \sum_g \sum_h S^2(T_h) = \quad [6.31]$$
$$= \sum_g kS^2(T_g) + \sum_h kS^2(T_h) = 2k \sum_g S^2(T_g).$$

Tweede tussenstap. We herschrijven vervolgens dezelfde som nog op een andere manier, ook weer met het oog op later gebruik. Daarbij splitsen we de som $\sum_g \sum_h$ in twee sommen, een waarvoor $g = h$ (g en h refereren aan hetzelfde item) en een ander waarvoor $g \neq h$ (g en h refereren aan verschillende items):

$$\sum_g \sum_h [S^2(T_g) + S^2(T_h)] =$$
$$= \sum \sum_{g=h} [S^2(T_g) + S^2(T_h)] + \sum \sum_{g \neq h} [S^2(T_g) + S^2(T_h)] = \quad [6.32]$$
$$= 2 \sum_g S^2(T_g) + \sum \sum_{g \neq h} [S^2(T_g) + S^2(T_h)].$$

Terug naar formule [6.30]. Met behulp van [6.31] en [6.32] herschrijven we het linkerlid van [6.30]. Merk op dat het linkerlid van [6.30] ook geheel rechtsonder in [6.32] staat. Aangezien [6.31] en [6.32] gelijk zijn, mogen we dus schrijven

$$\sum \sum_{g \neq h} [S^2(T_g) + S^2(T_h)] =$$
$$= 2k \sum_g S^2(T_g) - 2 \sum_g S^2(T_g) =$$
$$= 2(k-1) \sum_g S^2(T_g).$$

Vervanging van het linkerlid van [6.30] door dit resultaat, gevolgd door deling van beide kanten van [6.30] door $2(k-1)$, levert

$$\sum_g S^2(T_g) \geq \frac{\sum \sum_{g \neq h} S(T_g, T_h)}{k-1}. \quad [6.33]$$

We maken nu gebruik van een formule die geldt voor de variantie van een som van variabelen als in [6.29]. De formule wordt hier zonder afleiding gegeven (zie ook de appendix, formule [A.20]):

$$S^2(T) = \sum_g S^2(T_g) + \sum \sum_{g \neq h} S(T_g, T_h). \quad [6.34]$$

De som van de varianties van de betrouwbare scores op de items in het rechterlid is gelijk aan het linkerlid van [6.33]. Als we derhalve het rechterlid van ongelijkheid [6.33] in [6.34] invullen, ontstaat de ongelijkheid

$$S^2(T) \geq \frac{\sum\sum_{g\neq h} S(T_g, T_h)}{k-1} + \sum\sum_{g\neq h} S(T_g, T_h) =$$

$$= \frac{k}{k-1} \sum\sum_{g\neq h} S(T_g, T_h).$$ [6.35]

We maken nu nog een tussenstap en tonen aan dat de covariantie tussen de betrouwbare scores op twee items, T_g en T_h (in formule [6.35]), geschreven kan worden als een gemiddeld product van afwijkingsscores (zie ook de appendix, formule [A.11]). Dit gemiddelde wordt berekend over personen, dus

$$S(T_g, T_h) = \frac{1}{n} \sum (T_g - \bar{T}_g)(T_h - \bar{T}_h) = \frac{1}{n} \sum t_g t_h.$$

Vervolgens maken we gebruik van het resultaat dat meetfouten nul correleren met variabelen waar ze zelf niet in zitten (volgens formule [6.9]), zodat deze covariantie gelijk is aan

$$S(T_g, T_h) = \frac{1}{n} \sum t_g t_h = \frac{1}{n} \sum (y_g - e_g)(y_h - e_h) =$$

$$= \frac{1}{n} \sum y_g y_h = S(Y_g, Y_h).$$

Invullen van dit resultaat in formule [6.35], gevolgd door de deling van beide leden in [6.35] door $S^2(X)$ levert

$$\frac{S^2(T)}{S^2(X)} \geq \frac{k}{k-1} \frac{\sum\sum_{g\neq h} S(Y_g, Y_h)}{S^2(X)}.$$ [6.36]

Het linkerlid is de betrouwbaarheid zoals gedefinieerd in [6.15]. Het rechterlid is de alfacoëfficiënt:

$$\text{alfa} = \frac{k}{k-1} \frac{\sum\sum_{g\neq h} S(Y_g, Y_h)}{S^2(X)}.$$ [6.37]

Met het resultaat in formule [6.36] is bewezen dat alfa een ondergrens is voor de betrouwbaarheid. Anders gezegd, in de populatie kan alfa nooit groter zijn dan de betrouwbaarheid.

Novick en Lewis (1967) laten zien onder welke condities alfa gelijk is aan de betrouwbaarheid. Zij bewijzen dat de ongelijkheid in formule [6.36] een gelijkheid is indien de items voldoen aan een equivalentie-eis die minder streng is dan parallellie. Zonder nu verder op hun bewijsvoering en de definitie van deze equivalentie-eis in te gaan, kan worden gesteld dat het onwaarschijnlijk is dat itemscores in de praktijk aan deze eis zullen voldoen. Hieruit volgt dat in de praktijk alfa in de populatie altijd een ondergrens levert van de betrouwbaarheid.

Alfa als ondergrens in relatie tot populatie en steekproef

Alfa is in de populatie dus een ondergrens voor de betrouwbaarheid, maar in de praktijk wordt alfa geschat met behulp van de steekproefgegevens, en is die schatting aan een zekere mate van onnauwkeurigheid onderhevig. Dit betekent dat zij zowel hoger als lager kan uitvallen dan de alfawaarde in de populatie. In het geval van overschatting is de vraag wat we dan nog hebben aan de wetenschap dat alfa in de populatie een ondergrens voor de betrouwbaarheid is. Het antwoord op deze vraag hangt af van de omvang van de steekproef. Een grote, representatieve steekproef lijkt veel op de populatie, en een schatting van alfa benadert de populatiewaarde van alfa behoorlijk goed. We gaan er dan bij die gegevens van uit dat alfa inderdaad een ondergrens voor de betrouwbaarheid is. Groot betekent, bij wijze van vuistregel, minstens vijfhonderd proefpersonen. Kleinere steekproeven, bestaande uit hooguit enkele honderden proefpersonen, wijken door toeval vaak sterk van de populatie af, waardoor het heel goed mogelijk is dat de waarde van alfa zo onnauwkeurig is geschat dat zij zelfs groter uitvalt dan de betrouwbaarheid.

Figuur 6.3 toont voor populatiewaarden van alfa en $r_{XX'}$ twee steekproevenverdelingen van alfa voor respectievelijk een grote en een kleine steekproef (resp. figuur 6.3A en 6.3B), zodanig dat aan [6.27] is voldaan (hier: alfa $< r_{XX'}$). Men moet zich bij een steekproevenverdeling het volgende voorstellen. Als we – denkbeeldig – een groot aantal steekproeven van dezelfde grootte n trekken uit dezelfde populatie, aan elke steekproef de test voorleggen en gegevens verzamelen, en in elke steekproef alfa berekenen, dan levert dit een verdeling van alfawaarden op. Dat er fluctuatie in die waarden zit, komt door de toevallige verschillen tussen de steekproeven. Hoe kleiner de steekproefgrootte, n, hoe meer de steekproeven door toeval van elkaar verschillen en hoe groter de fluctuatie in alfa. Juist in kleinere steekproeven kan door toeval een steekproefwaarde van alfa dus gemakkelijker boven de populatiebetrouwbaarheid $r_{XX'}$ uitkomen. Dit is wat de steekproevenverdeling voor de kleinere n in figuur 6.3B laat zien. Het gekleurde gebied onder de verdeling geeft de proportie van schattingen van alfa dat groter is dan $r_{XX'}$, en deze proportie is aanzienlijk groter dan die in figuur 6.3A.

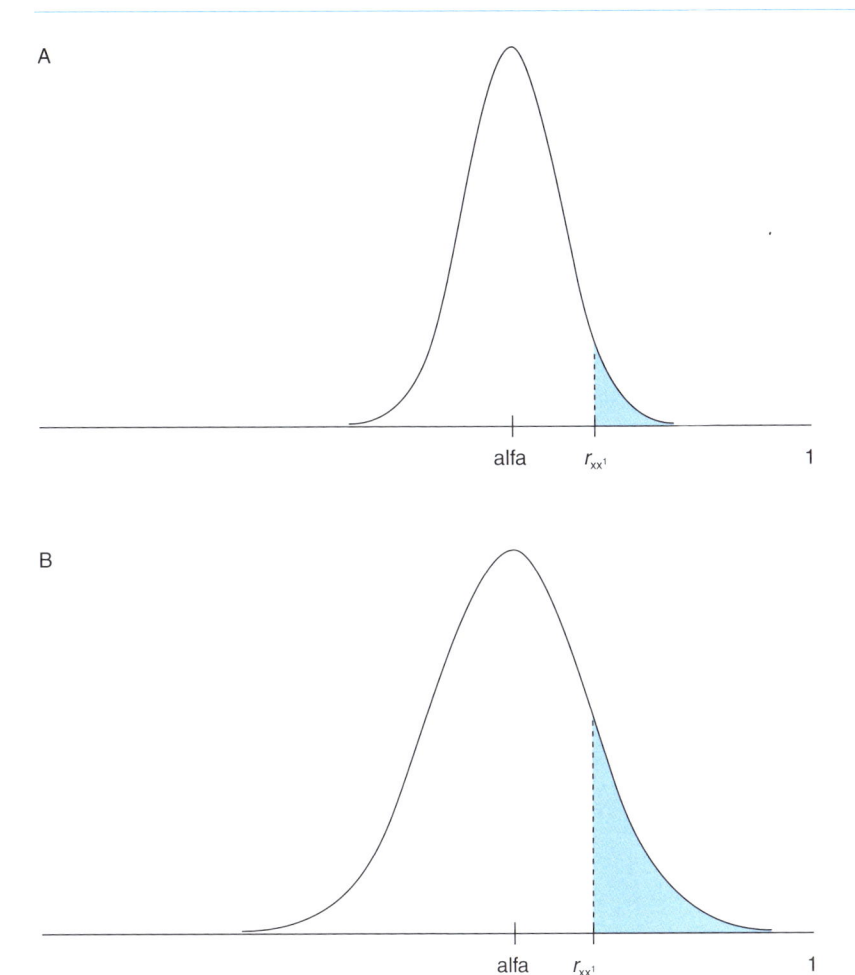

Figuur 6.3 *Steekproevenverdeling van Cronbachs alfa bij grote (A) en kleine (B) steekproeven.*

Overigens geldt voor elke statistische grootheid: hoe kleiner de steekproef, des te onnauwkeuriger deze grootheid de populatiewaarde schat. Een alfa van 0.67 die is gevonden in een steekproef van slechts $n = 57$ proefpersonen, zou dus in een andere steekproef van deze omvang veel groter of kleiner kunnen uitvallen, en het is lang niet zeker of hij daarbij steeds onder de waarde van de betrouwbaarheid blijft.

De eigenschap in formule [6.27] lijkt dus maar beperkt bruikbaar. Men dient zich echter te realiseren dat de constructie van een goede test of vragenlijst grote steekproeven vereist. De redenen hiervoor zijn dat er vele statistische berekeningen met voldoende nauwkeurigheid dienen te worden uitgevoerd, en dat vaak diverse deelgroepen voldoende gerepresenteerd moeten zijn omdat voor elke deelgroep normen bepaald moeten worden. Grote steekproeven geven veel informatie over de populatie en dus is ook een eigenschap zoals in formule [6.27] veel beter bruikbaar.

Interpretatie en gebruik van alfa

Alternatieve formules. Voordat we ingaan op de interpretatie van alfa, presenteren we de formule in een vorm die veel wordt gebruikt:

$$\text{alfa} = \frac{k}{k-1}\left(1 - \frac{\sum_{g} S^2(Y_g)}{S^2(X)}\right).$$

Een andere, bekende vorm is die volgens Kuder en Richardson (1937). Deze formule staat bekend als KR20 en is gelijk aan alfa voor het geval alle items dichotoom gescoord zijn. Laat p_g in een populatie de proportie van goede antwoorden op item g voorstellen en $q_g = 1 - p_g$, de proportie van foute antwoorden. Het product $p_g q_g$ is de variantie van een dichotome itemscore met waarden 1 en 0 (zie de appendix, formule [A.7]). Met behulp van deze notatie is KR20 gedefinieerd als:

$$\text{KR20} = \frac{k}{k-1}\left(1 - \frac{\sum_{g} p_g q_g}{S^2(X)}\right). \qquad [6.38]$$

Berekening van alfa. Formule [6.37] maakt duidelijk dat we, om alfa te berekenen, de testlengte k, alle covarianties tussen de items en de variantie van de testscore moeten kennen en invullen. De covarianties en de variantie zijn uit de testgegevens te berekenen, terwijl het aantal items eenvoudig geteld kan worden.

De covarianties tussen de itemscores noemen we inter-item-covarianties. Bij k items zijn er daar $\frac{1}{2}k(k-1)$ van. In de teller van alfa (formule [6.37]) worden alle covarianties tweemaal geteld. De inter-item-covarianties zijn samen met de varianties van de itemscores overzichtelijk in de variantie-covariantiematrix te ordenen. Een voorbeeld van zo'n matrix geven we voor $k = 4$:

	item 1	item 2	item 3	item 4
item 1	S_1^2	S_{12}	S_{13}	S_{14}
item 2	S_{21}	S_2^2	S_{23}	S_{24}
item 3	S_{31}	S_{32}	S_3^2	S_{34}
item 4	S_{41}	S_{42}	S_{43}	S_4^2

De lezer kan zelf nagaan (zie opdracht 15) dat in deze tabel precies alle covarianties staan die ook in de teller van alfa staan. Door ze op te tellen, wordt deze teller dus verkregen.

De variantie van de testscore, gedefinieerd als de som van de itemscores, kan op twee manieren worden berekend. Ten eerste kan testscore X worden ingevuld in formule [A.5] voor de variantie. Ten tweede kan formule [A.20] voor de variantie van een somvariabele worden gebruikt. Toegepast op de variantie-covariantiematrix houdt dit in dat eerst de vier varianties van de items worden opgeteld (de termen op de hoofddiagonaal van de matrix, van linksboven naar rechtsonder), waarna bij dit resultaat de som van alle inter-item-covarianties wordt opgeteld. De totale optelling komt neer op het optellen van alle getallen in de variantie-covariantiematrix. De som is de variantie van testscore X.

Selectie van items ter verhoging van alfa. We gaan ervan uit dat we alleen items in de uiteindelijke test of vragenlijst opnemen die positief bijdragen aan de betrouwbaarheid. Items die dat niet doen of de betrouwbaarheid zelfs verlagen, weren we uit de test (zie opdracht 15). De vraag is nu welke items we het beste kunnen kiezen. Het antwoord is uit formule [6.37] voor alfa af te lezen. Voor een vast aantal items is het eerste quotiënt $k/(k-1)$ een constant getal, terwijl het tweede quotiënt toeneemt met de som van de inter-item-covarianties. We kijken dus naar het tweede quotiënt. We dienen dus items te selecteren waarvan de covarianties met de andere $k-1$-items groot positief zijn. Nu zijn er per item $k-1$ inter-item-covarianties, waarvan de waarden sterk kunnen fluctueren. De vraag wanneer een item voldoende aan alfa bijdraagt om geselecteerd te worden, is dan lastig te beantwoorden. Derhalve beoordeelt men items meestal op hun correlatie met de somscore op de andere $k-1$-items. Deze correlatie staat bekend als de item-restcorrelatie.

Aangetoond kan worden dat de item-restcorrelatie van item g de informatie in de $k-1$ afzonderlijke covarianties van dit item met de andere items handig samenvat. Per item berekent en interpreteert men dus één item-restcorrelatie in plaats van k − 1 inter-item-covarianties. Dit is uiteraard veel efficiënter. In de praktijk van de testconstructie gebruikt men de item-restcorrelaties.

De mythe van de interne consistentie. Novick en Lewis (1967) wijzen erop dat vele onderzoekers alfa gebruiken als maat voor de interne consistentie van een test en minder vaak als ondergrens voor de betrouwbaarheid. Een andere term die wel eens in plaats van interne consistentie wordt gebruikt, is homogeniteit. Met beide termen wordt bedoeld dat alfa tot uiting zou brengen in hoeverre de items in een test dezelfde eigenschap meten. Dus als alfa hoog is, zouden de items hetzelfde meten, en als alfa laag is niet.

Deze opvatting is om ten minste twee redenen nogal ongelukkig. Ten eerste is alfa in veel gevallen een toenemende functie van het aantal items in de test. Laten we voor het gemak aannemen dat alfa precies gelijk is aan de betrouwbaarheid. Als we de betrouwbaarheid schrijven in de gedaante van de Spearman-Brown-formule [6.25], dan is aantoonbaar dat de betrouwbaarheid bij testverlenging nadert tot 1; de maximaal mogelijke waarde. We vatten daartoe $r_{XX'}$ op als de betrouwbaarheid van een itemscore en gaan ervan uit dat alle itemscores parallel zijn. Dan geldt verder dat $K = k$, dus dat de verlengingsfactor gelijk is aan het aantal items. Formule [6.25] kan dan worden geschreven als

$$r_{kk} = \frac{kr_{XX'}}{1 + (k-1)r_{XX'}} = \frac{r_{XX'}}{\frac{1}{k} + \frac{k-1}{k}r_{XX'}}.$$

Als we k laten naderen tot oneindig, dan nadert $1/k$ tot 0 en $(k-1)/k$ tot 1. Het resultaat is dat r_{kk} nadert tot 1.

Uit dit resultaat volgt dat elke testscore in theorie perfect betrouwbaar kan zijn, mits er heel veel items worden gebruikt. In alledaagse taal: als je maar lang genoeg doorgaat met het verzamelen van informatie over iemands niveau op een eigenschap, weet je het op den duur precies. Als we iemand tweehonderd vragen voorleggen over het vak testtheorie in plaats van twintig, dan hebben we meer zekerheid over het precieze tentamencijfer. Als we nog meer vragen voorleggen, krijgen we nog meer zekerheid over het niveau. Een hoge betrouwbaarheid heeft dus alles te maken met de nauwkeurigheid van een meting, maar niet met wat de test meet. Dit laatste is echter vaak wat men met de termen interne consistentie en homogeniteit bedoelt, maar het is niet wat alfa als ondergrens van de betrouwbaarheid aangeeft. Interne consistentie zou onafhankelijk moeten zijn van het aantal items (Cronbach, 1951). Een item gaat immers niet, om een ander voorbeeld te noemen, in sterkere mate intelligentie meten naarmate er meer andere items in de test aanwezig zijn.

Ten tweede kan alfa een hoge waarde hebben terwijl de test inhoudelijk in sterke mate heterogeen is. We denken daarbij vooral aan een test die kan worden opgedeeld in een aantal deelgroepen van items, die elk een andere eigenschap meten. Binnen een specifieke deelgroep correleren de items hoog doordat ze dezelfde eigenschap meten, maar items uit verschillende deelgroepen correleren laag. Een voorbeeld van een dergelijke test wordt gegeven door Sijtsma (1983). Een breukrekentest bestaande uit veertig items had een alfa van 0.91 voor de testscore op alle veertig items. Nadere inspectie van de onderzoeksgegevens wees uit dat de test moest worden opgedeeld in vijf inhoudelijk homogene deeltests. Deze tests hadden alfacoëfficiënten gelijk aan 0.47 (acht items), 0.79 (vier items), 0.89 (vijf items), 0.73 (negen items) en 0.78 (acht items). Opgevat als maat voor interne consistentie of homogeniteit zou die waarde van 0.91 dus aangeven dat de items alle ongeveer hetzelfde meten. Dat was evident niet het geval, maar dat is ook niet wat alfa aangeeft.

Alfa is een ondergrens voor de betrouwbaarheid en daarmee is alles over alfa gezegd. Dit wil niet zeggen dat alfa onbelangrijk zou zijn. Integendeel, alfa is de belangrijkste methode om de brouwbaarheid te schatten. Indien men echter een indruk wil hebben van de interne consistentie van een test, in de betekenis van de samenstelling naar de deelvaardigheden of de deelaspecten van een vaardigheid of trek, dan staan daartoe technieken als factoranalyse ten dienste. Een andere mogelijkheid is dat men een testmodel gebruikt uit de klasse der itemresponsmodellen (zie hoofdstuk 7).

Alternatieven voor alfa

Ten slotte bespreken we kort enkele alternatieven voor alfa. Ten eerste noemen we de lambda$_2$-coëfficiënt volgens Guttman (1945). Bij de presentatie van deze coëfficiënt wordt de covariantie tussen twee items g en h, $S(Y_g, Y_h)$, afgekort als S_{gh}. De formule van lambda$_2$ luidt (Ten Berge & Zegers, 1978):

$$\text{lambda}_2 = \frac{\sum\sum_{g \neq h} S_{gh} + \sqrt{\frac{k}{k-1} \sum\sum_{g \neq h} S_{gh}^2}}{S^2(X)}. \qquad [6.39]$$

Samen met de alfacoëfficiënt maakt lambda$_2$ deel uit van een oneindig lange reeks ondergrenzen voor de betrouwbaarheid van een test. Deze reeks is gepresenteerd door Ten Berge en Zegers (1978). De coëfficiënten in deze reeks worden mucoëfficiënten genoemd en zijn genummerd te beginnen bij nul: mu_0, mu_1, mu_2, enzovoort. Een kenmerk van de mu-reeks is dat de coëfficiënten kunnen worden geordend naar oplopende grootte, waarbij de nummering correspondeert met hun plaats in deze ordening:

$$mu_0 \leq mu_1 \leq mu_2 \leq mu_3 \leq \ldots \leq r_{XX'}. \qquad [6.40]$$

In deze reeks is mu_0 identiek aan alfa, zodat alfa de laagste ondergrens is. Verder is mu_1 gelijk aan $lambda_2$. In de populatie ligt $lambda_2$ dus minstens zo dicht bij de betrouwbaarheid als alfa. Vanuit dit oogpunt zou men dus in de praktijk beter $lambda_2$ kunnen berekenen om de betrouwbaarheid te schatten. Ten Berge en Zegers (1978) raden zelfs aan om mu_2 of mu_3 te berekenen indien de test bestaat uit slechts enkele items. We laten deze formules vanwege hun relatief grote complexiteit hier verder achterwege. Verder adviseren Ten Berge en Zegers om in het algemeen mu_1 (Guttmans $lambda_2$) te berekenen als ondergrens voor de betrouwbaarheid.

Gegeven de eenvoud van formule [6.39] alsmede de ouderdom ervan (sinds 1945) is het eigenlijk vreemd dat $lambda_2$ veel minder vaak wordt gerapporteerd dan alfa. Dit is nog moeilijker te begrijpen als men bedenkt dat zowel alfa als $lambda_2$ door het statistisch softwarepakket SPSS worden uitgerekend. Het lijkt erop dat hier door gewoonte een praktijk is ontstaan die nadelig is voor onderzoekers. We vermelden nog dat alle mucoëfficiënten gelijk zijn aan de betrouwbaarheid indien de items in de test voldoen aan dezelfde equivalentie-eis die geldt voor gelijkheid van alfa aan $r_{XX'}$. Aangezien deze equivalentie-eis in de praktijk te streng is, zal daar gelden dat de mucoëfficiënten strikt kleiner zijn dan de betrouwbaarheid.

Het probleem van het vinden van de hoogste ondergrens voor de betrouwbaarheid is overigens opgelost door Jackson en Agunwamba (1977). Een rekenprocedure voor deze ondergrens wordt gepresenteerd door Ten Berge, Snijders en Zegers (1981). Vanwege de complexiteit van dit onderwerp laten we de bespreking van deze hoogste ondergrens hier verder achterwege.

6.4 Speciale onderwerpen

6.4.1 NAUWKEURIGHEID VAN METINGEN

Stel, de betrouwbaarheid van een test is 0.9. Wat zegt dit nu over de nauwkeurigheid van iemands testscore? Dus, als ik weet dat Jan een testscore heeft van 16 en Piet een testscore van 21, is dit verschil van vijf punten dan groot genoeg om te kunnen spreken van een systematisch verschil? Of kan het aan meetfouten toegeschreven worden? We behandelen twee methoden om de betrouwbare score T te schatten. De eerste is misschien wel de bekendste, maar de tweede is nauwkeuriger en maakt, anders dan de eerste, gebruik van lineaire regressie. We behandelen lineaire regressie eerst als algemene methode om een onbekende variabele Y op basis van scores op een bekende variabele X te schatten. Later passen we deze methode toe op het specifieke probleem van het schatten van betrouwbare score T op basis van een ruwe score of testscore X.

Laat X de score op de CITO Eindtoets Basisonderwijs zijn en Y de score voor succes in het middelbaar onderwijs. Stel, in een representatieve steekproef worden bij alle leerlingen scores op zowel X als Y verzameld. Dit gebeurt bijvoorbeeld door een jaar na de CITO-toets bij dezelfde leerlingen scores te verzamelen die aangeven hoe goed ze het inmiddels op de middelbare school doen. De punten in figuur 6.4 geven per leerling de scores op X en Y weer. In toekomstig gebruik van de CITO-toets dient men natuurlijk een voorspelling van Y te geven kort nadat de toetsscores bekend zijn, terwijl Y zelf pas een jaar later bekend is. Daar kan uiteraard niet op worden gewacht.

We maken nu een model voor de relatie van X met Y, door te zoeken naar de lineaire functie die de puntenwolk in de grafiek zo goed mogelijk benadert. Deze lineaire functie staat bekend als het lineaire-regressiemodel (zie bijv. Fox, 1997; Stevens, 1992; Tabachnick & Fidell, 2001; Tatsuoka, 1971). Het kan bij nieuwe leerlingen als volgt worden gebruikt. Stel, we kennen van iemand de CITO-toetsscore X en willen de nog onbekende successcore Y voorspellen, dan kan X in het regressiemodel worden ingevuld en wordt een schatting van Y verkregen. Als we de schattingen van Y via deze lineaire functie aangeven met $\hat{Y}$, dan luidt de regressievergelijking

$$\hat{Y} = a + bX.$$

Hierin zijn a en b constanten, die geschat worden uit de gegevens in de proefgroep (zie bijv. figuur 6.4). We gaan hier verder niet in op de schatting van deze constanten, maar geven direct de regressieformule die na invulling van deze waarden resulteert (zie ook opdracht 19):

$$\hat{Y} = \frac{S(Y)}{S(X)} r(X, Y)[X - \bar{X}] + \bar{Y}. \qquad [6.41]$$

Bij praktisch gebruik van deze formule moeten $S(Y)$, $S(X)$, $r(X,Y)$, $\bar{X}$ en $\bar{Y}$ bekend zijn uit de representatieve steekproef die in voorgaand em-

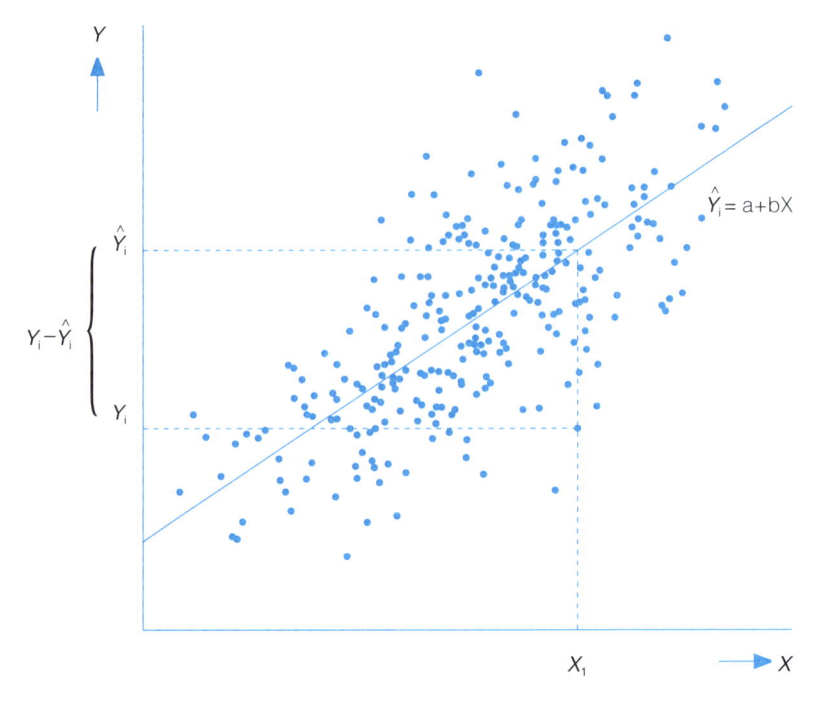

Figuur 6.4. Scores op variabelen X en Y weergegeven in het (X, Y)-vlak; lineaire-regressievergelijking $\hat{Y} = a + bX$ en residuscore $Y_i - \hat{Y}_i$.

pirisch onderzoek werd gebruikt (dit zijn de gegevens in figuur 6.4). Voor leerling i uit de populatie van leerlingen waarvoor deze waarden gelden, kan met behulp van formule [6.41] op basis van de bekende toetsscore X_i een schatting $\hat{Y}_i$ worden gemaakt van de onbekende successcore Y_i.

Indien de correlatie tussen X en Y niet perfect is (dus, $|r(X,Y)| < 1$), dan gaat de schatting van Y gepaard met een zekere mate van onnauwkeurigheid. Deze onnauwkeurigheid komt tot uiting in het verschil tussen de geobserveerde waarde, Y_i, en de geschatte waarde, $\hat{Y}_i$, dus $Y_i - \hat{Y}_i$. Dit verschil wordt aangeduid met het residu. In figuur 6.4 zijn dit de verticale afstanden van een punt tot de regressierechte. Aangetoond kan worden dat in een groep personen het gemiddelde residu, dat we aangeven met M_{res}, gelijk is aan 0 (zie opdracht 20),

$$M_{res} = \frac{1}{n}\sum_{i=1}^{n}(Y_i - \hat{Y}_i) = 0,$$

zodat de variantie van de residuen gelijk is aan het gemiddelde gekwadrateerde residu,

$$S^2(Y_i - \hat{Y}_i) = \frac{1}{n}\sum_{i=1}^{n}[(Y_i - \hat{Y}_i) - M_{res}]^2 =$$

$$= \frac{1}{n}\sum_{i=1}^{n}(Y_i - \hat{Y}_i)^2.$$

Als we in deze formule voor $\hat{Y}_i$ de regressieformule [6.41] invullen, ontstaat na enig rekenwerk (dat we overslaan):

$$S^2(Y_i - \hat{Y}_i) = S^2(Y)(1 - r_{XY}^2).$$

De vierkantswortel hieruit – dus de standaarddeviatie – wordt de standaardschattingsfout genoemd en aangeduid met $S_{Y.X}$:

$$S_{Y.X} = S(Y)\sqrt{1 - r_{XY}^2}. \quad [6.42]$$

Hierin is r_{XY} de verkorte schrijfwijze van $r(X,Y)$. Deze standaardschattingsfout geeft een indruk van de onnauwkeurigheid van de schatting van Y met behulp van X.

We verduidelijken het voorgaande betoog met behulp van een rekenvoorbeeld. Stel, een test met testscore X heeft in een specifieke populatie een gemiddelde testscore $\bar{X} = 50$ en een standaarddeviatie $S(X) = 10$. Testscore X correleert 0.60 met een schoolcijfer Y (bijv. de som van de cijfers op drie wiskundevakken) waarvoor $\bar{Y} = 20$ en $S(Y) = 3$. Nu wil men op basis van de testscore $X_i = 45$ voor persoon i het (nog onbekende) schoolcijfer Y_i voorspellen. Volgens de lineaire-regressievergelijking [6.41] vindt men $\hat{Y}_i$ door de bovengenoemde waarden in te vullen:

$$\hat{Y}_i = \frac{3}{10} 0.60 (45 - 50) + 20 = 19.1.$$

Op basis van de testscore van persoon i alsmede op basis van de kenmerken van de populatie waaruit i afkomstig is, luidt de voorspelling dat de schoolprestatie van i net onder het populatiegemiddelde ligt. De nauwkeurigheid van deze voorspelling vinden we met behulp van formule [6.42]:

$$S_{Y.X} = 3\sqrt{1 - 0.36} = 2.4.$$

Gesteld dat $\hat{Y}$ normaal verdeeld is, kan het 95%-betrouwbaarheidsinterval voor de onbekende Y_i worden berekend op basis van $\hat{Y}_i$ en $S_{Y.X}$. De ondergrens van dit interval is $19.1 - 1.96 \times 2.4 \approx 14.4$ en de bovengrens is $19.1 + 1.96 \times 2.4 \approx 23.8$. De betekenis van dit resultaat is dat bij een groot aantal onafhankelijke replicaties van de voorspelling of schatting van Y, 95% van de berekende intervallen de onbekende waarde Y bevat.

Terzijde merken we op dat men ook wel eens leest dat de betekenis van zo'n betrouwbaarheidsinterval is dat, toegepast op ons voorbeeld, de werkelijke Y-waarde in 95% van de gevallen tussen 14.4 en 23.8 zou liggen. Deze interpretatie is echter onjuist. Dit is bijvoorbeeld te begrijpen door het schatten van een betrouwbaarheidsinterval voor Y te vergelijken met het werpen van een hoefijzer (dit is de schatting van het betrouwbaarheidsinterval) om een stok (de te schatten parameter; hier Y). Voor elke afzonderlijke worp geldt dat hij raak is of mis, en de kans dat Y in een concreet betrouwbaarheidsinterval ligt is 1 (raak) of 0 (mis). In ons voorbeeld is de kans dat Y tussen 14.4 en 23.8 ligt 1 of 0. Hij ligt er wel in of niet, maar niet voor 95% wel en 5% niet. De betekenis van een 95%-betrouwbaarheidsinterval is dan dat 95% van de worpen raak is. Wie met een klein hoefijzer in 95 van de 100 pogingen raakt werpt, doet dit natuurlijk veel nauwkeuriger – dus gemiddeld dichter bij de stok – dan iemand die met een groot hoefijzer werpt. In statistische termen: grote steekproeven laten veel nauwkeuriger schattingen van een parameter toe dan kleine steekproeven.

Twee methoden om de betrouwbare score te schatten

We behandelen nu twee methoden om de betrouwbare score T te schatten. De eerste is uiterst eenvoudig en populair. De tweede beschrijft, zoals gezegd, het schatten van T met behulp van X als een lineaire-regressieprobleem.

Methode 1. De eerste schattingsmethode stelt $\hat{T}$ eenvoudig gelijk aan de geobserveerde score, X:

$$\hat{T} = X. \tag{6.43}$$

Volgens het klassieke testmodel (formule [6.7]) verschilt X alleen van T door een meetfout E, zodat T geschat kan worden door middel van X. De standaarddeviatie van de schattingsfouten is gelijk aan de standaarddeviatie van de residuen, $T - \hat{T}$. Het gemiddelde residu is gelijk aan 0, en de standaarddeviatie is een maat voor de onnauwkeurigheid van de schatting. Deze standaarddeviatie schrijven we als $S(T - \hat{T})$ en we maken gebruik van [6.43] en het klassieke testmodel in [6.7], zodat we vinden dat

$$S(T - \hat{T}) = S(T - X) = S(E). \tag{6.44}$$

Kortom, als we formule [6.43] gebruiken om de betrouwbare score te schatten, dan is de standaarddeviatie van de schattingsfouten gelijk aan de standaardmeetfout [6.16]:

$$S(E) = S(X)\sqrt{1 - r_{XX'}}. \qquad [6.16]$$

Methode 2. De tweede methode schat T op basis van X met behulp van de lineaire-regressieformule:

$$\hat{T} = a + bX.$$

Door in formule [6.41] $\hat{Y}$ te vervangen door $\hat{T}$ en voor X de ruwe score of de testscore te lezen, krijgen we voor de lineaire regressie van T op X:

$$\hat{T} = \frac{S(T)}{S(X)} r(X, T)[X - \bar{X}] + \bar{T}.$$

In de testtheorie wordt deze formule herschreven naar een andere vorm. Om dit te kunnen doen, zijn drie stappen nodig.
1 We maken gebruik van formule [6.12] ($\bar{X} = \bar{T}$) en vullen dit resultaat in de regressieformule in voor $\bar{T}$.
2 Met behulp van de definitie van de betrouwbaarheid in formule [6.15] constateren we dat het quotiënt $S(T)/S(X)$ gelijk is aan de vierkantswortel uit de betrouwbaarheid, dus $\sqrt{r_{XX'}}$.
3 We maken gebruik van het belangrijke resultaat uit de klassieke testtheorie, dat de correlatie, $r(X,T)$, gelijk is aan $\sqrt{r_{XX'}}$. Dus (zonder bewijs):

$$r(X, T) = \sqrt{r_{XX'}}. \qquad [6.45]$$

Invullen van de resultaten van deze drie stappen in de regressieformule van T op X levert

$$\hat{T} = \sqrt{r_{XX'}}\sqrt{r_{XX'}}[X - \bar{X}] + \bar{X},$$

dat nu gemakkelijk kan worden herschreven in een bekendere vorm voor deze regressie:

$$\hat{T} = r_{XX'}X + (1 - r_{XX'})\bar{X}. \qquad [6.46]$$

De standaarddeviatie van de schattingsfouten $T - \hat{T}$ is hier dus de standaardschattingsfout. Aanpassing van formule [6.42] aan het huidige regressieprobleem levert

$$S(T - \hat{T}) = S(T)\sqrt{1 - r_{XT}^2}.$$

Door formule [6.45] aan beide kanten te kwadrateren krijgen we $r_{XT}^2 = r_{XX'}$, zodat we voor de standaardschattingsfout kunnen schrijven

$$S(T - \hat{T}) = S(T)\sqrt{1 - r_{XX'}}. \qquad [6.47]$$

In formule [6.47] wordt de betrouwbaarheid $r_{XX'}$ bijvoorbeeld geschat door middel van Cronbachs alfa. Dan blijft nog staan dat we $S(T)$ moeten schatten. Dit kan door formule [6.15] voor de betrouwbaarheid te herschrijven naar $S^2(T)$, zodat

$$S^2(T) = r_{XX'}S^2(X),$$

en hieruit de vierkantswortel te trekken,

$$S(T) = \sqrt{r_{XX'}}S(X).$$

Vervolgens kan ook hier $r_{XX'}$ door middel van Cronbachs alfa worden geschat, terwijl $S(X)$ eveneens uit de testgegevens kan worden berekend. Het resultaat, $S(T)$, wordt ten slotte samen met Cronbachs alfa ingevuld in formule [6.47] en wat resulteert is de standaardschattingsfout.

Vergelijking van de standaardschattingsfout [6.47] en de standaardmeetfout [6.16] levert het volgende resultaat. Waar in formule [6.47] $S(T)$ staat, staat in formule [6.16] $S(X)$. Verder volgt uit formule [6.14] dat $S(T) \leq S(X)$ (zie ook opdracht 9f). Dit betekent dus dat de schatting van T door middel van de tweede methode nauwkeuriger is dan via de eerste methode.

Inspectie van de schattingsmethoden [6.43] en [6.46] levert in dit verband het volgende inzicht. Bij schatting van T volgens formule [6.43] wordt alleen de ruwe score gebruikt. Bij schatting volgens formule [6.46] worden naast de ruwe score ook de gemiddelde score en de betrouwbaarheid in de betreffende populatie gebruikt. Naarmate $r_{XX'}$ hoger is, krijgt de individuele testprestatie X meer gewicht. Naarmate $r_{XX'}$ kleiner is en X derhalve onbetrouwbaarder, wordt de rol van het groepskenmerk $\bar{X}$ belangrijker. Het idee is dat als men weinig van de individuele score X weet, men beter op het groepsgemiddelde kan afgaan. De tweede schatting gebruikt dus meer relevante informatie dan de eerste en is derhalve nauwkeuriger.

We presenteren ter verduidelijking van de schatting van T een rekenvoorbeeld. Stel, persoon i heeft op een test een score $X_i = 110$. In de populatie waarvoor de test geschikt is, geldt dat $\bar{X} = 100$ en $S(X) = 15$. De betrouwbaarheid bedraagt 0.84. Dan geldt volgens respectievelijk de eerste methode (formule [6.43]) en de tweede methode (formule [6.46]):

1. $\hat{T}_i = 110$;
2. $\hat{T}_i = 0.84 \times 110 + 0.16 \times 100 = 108.4$.

De standaardschattingsfouten volgens de formules [6.16] en [6.47] zijn:

1. $S(E) = 15\sqrt{0.16} = 6$;
2. $S(T - \hat{T}) \approx 13.75\sqrt{0.16} = 5.5$,

waarbij we in het tweede geval gebruik hebben gemaakt van $S(T) = \sqrt{0.84 \times 225} \approx 13.75$ (zie formule boven). De 95%-betrouwbaarheidsintervallen voor T zijn, als $\hat{T}$ normaal verdeeld is, respectievelijk:

1. $[98.24 \leq T_i \leq 121.76]$;
2. $[97.62 \leq T_i \leq 119.18]$.

Het tweede interval is korter dan het eerste: respectievelijk 23.52 en 21.58 eenheden. Uit deze resultaten is duidelijk dat de tweede methode nauwkeuriger is dan de eerste.

Vergelijking van testscores

Gegeven de lengte van de betrouwbaarheidsintervallen in het zojuist besproken voorbeeld (resp. 23.52 en 21.56 eenheden) en de standaarddeviatie van de testscores ($S(X) = 15$ punten) mag duidelijk zijn dat het in beide gevallen om nogal grote intervallen gaat. Dit betekent dat de testscores X tamelijk onnauwkeurige schattingen van T zijn. Is dit een gebruikelijk resultaat of is het voorbeeld ongelukkig gekozen? Helaas is het eerste het geval. Een betrouwbaarheid van 0.84, zoals in dit voorbeeld, lijkt misschien heel behoorlijk, maar geeft maar weinig zekerheid over de betrouwbare scores, waarom het uiteindelijk te doen is. De lezer kan zelf nagaan dat de 95%-betrouwbaarheidsintervallen bij een betrouwbaarheid van 0.90 (dat vinden testconstructeurs een goede waarde) en verder gelijkblijvende gegevens – $S(X) = 15$; let op, $S(T)$ verandert wel – nog steeds respectievelijk 18.59 en 17.64 punten lang zijn.

In de praktijk van de testconstructie verkrijgt men doorgaans een hogere betrouwbaarheid door meer items in de test op te nemen. Daardoor neemt het aantal mogelijke testscores, X, toe en wordt de schaal langer. Bijvoorbeeld, in een test met 16 fout/goed (0/1) gescoorde items loopt de schaal van 0 tot en met 16, en in een test met 64 van dergelijke items loopt de schaal van 0 tot en met 64. Hierdoor neemt de spreiding van de testscores, $S(X)$, ook toe. Dit betekent dat dezelfde personen op de langere schaal verder uiteen liggen. Als nu, ter wille van ons betoog, alle items parallel zouden zijn, dan is voor dit voorbeeld aantoonbaar dat de standaardmeetfout (formule [6.16]) tweemaal zo groot wordt (we laten het bewijs achterwege). Dan wordt ook het betrouwbaarheidinterval voor T gebaseerd op methode 1 (formule [6.43]) tweemaal zo lang.

Intuïtief is dit een vreemd resultaat, want bij een hogere betrouwbaarheid zou men juist een kleinere standaardmeetfout en een daaruit te berekenen korter betrouwbaarheidsinterval van T verwachten. Is het dan een illusie dat een hogere betrouwbaarheid tot een nauwkeuriger meting leidt? Dit kan uiteraard niet waar zijn. Maar waarin zit dan de winst van een hogere betrouwbaarheid? Die winst zit er in dat een tweemaal zo grote standaardmeetfout wordt gebruikt om testscores te vergelijken op een viermaal zo lange schaal. Betrouwbaarheidintervallen voor verschillende personen, die nu ook verder uiteen liggen, zullen op de lange schaal minder snel overlappen dan op de oorspronkelijke schaal en dus is het gemakkelijker om significante verschillen te vinden. De winst in nauwkeurigheid is niet absoluut maar relatief, in de zin dat de lengte van het betrouwbaarheidsinterval dient te worden gezien in het licht van de lengte van de schaal.

Blijft natuurlijk staan dat het betrouwbaarheidsinterval in absolute zin wel lang blijft en dat verschillen tussen testscores groot moeten zijn om significant te zijn. Moet de conclusie dan zijn dat testscores uiteindelijk te onbetrouwbaar zijn voor praktisch gebruik? Dit is niet het geval, en wel om de volgende redenen.

Ten eerste geeft ons betoog aan dat tests goede meetinstrumenten voor individuele verschillen zijn als hun standaardmeetfout [6.16] of standaardschattingsfout [6.47] gering is ten opzichte van de lengte van de schaal (en natuurlijk moet de volle schaallengte ook daadwerkelijk in de beoogde populatie worden benut). Hiervoor zijn veel items nodig. Hoeveel precies is niet zonder meer te zeggen; dat hangt ook af van de kwaliteit van de items en zaken als het aantal categorieën waarin men personen wenst te onderscheiden. Veel onderzoekers lijken zich te concentreren op de betrouwbaarheid zelf, maar we hopen duidelijk te hebben gemaakt dat de standaardmeetfout [6.16] en de standaardschattingsfout [6.47] in relatie tot de lengte van de schaal meer informatie geven over de nauwkeurigheid van de meting.

Ten tweede vereist het gebruik van tests in wetenschappelijk onderzoek een minder hoge meetnauwkeurigheid. Weliswaar dient de testscore nog steeds behoorlijk betrouwbaar te zijn, maar om bijvoorbeeld nauwkeurig verschillen tussen groepen te kunnen bepalen, is vooral de grootte van de steekproef van proefpersonen van belang. Voor individueel testgebruik worden hogere eisen gesteld dan voor gebruik in wetenschappelijk onderzoek. Daarom moeten tests die zijn bedoeld voor individueel gebruik nauwkeuriger zijn, dus meer items bevatten.

Ten derde kan het vaak geringe aantal items in een test, waardoor de schaallengte kort is en de standaardmeetfout relatief groot, bij belangrijke beslissingen over personen gecompenseerd worden door diverse testprestaties en zo mogelijk ook andere gegevens over de persoon bij de uitspraak over deze persoon te betrekken. Dit is de strategie die nader wordt uitgelegd in hoofdstuk 8, dat handelt over de validiteit van tests. Deze strategie is vooral gebaseerd op het gegeven dat criteria die voorspeld worden, zoals school- en beroepssucces maar ook geschiktheid voor een nadere behandeling, complex zijn en dus niet met een enkele test kunnen worden voorspeld. Daarnaast biedt zij dus een uitweg uit de vaak ontoereikende nauwkeurigheid van individuele testscores.

6.4.2 BETROUWBAARHEID EN TESTLENGTE

Zowel bij de behandeling van de splitsingsmethode voor het bepalen van de betrouwbaarheid als in het voorgaande kwam ter sprake dat er een verband bestaat tussen betrouwbaarheid en testlengte. Dit verband wordt uitgedrukt door de eerder vermelde Spearman-Brown-formule [6.25]:

$$r_{KK} = \frac{Kr_{XX'}}{1 + (K-1)r_{XX'}}. \qquad [6.25]$$

In deze formule is $r_{XX'}$ de betrouwbaarheid van de onverlengde (of onverkorte) test en r_{KK} van de verlengde (of verkorte) test, terwijl K de verlengingsfactor is ($K < 1$ in geval van verkorting). De formule is gebaseerd op de veronderstelling van parallelle metingen (zie ook paragraaf 6.3.3).

Het is gemakkelijk na te gaan dat r_{KK} in formule [6.25] een monotoon toenemende functie is van de verlengingsfactor K. In figuur 6.5 geven we deze functie weer voor verschillende waarden van $r_{XX'}$. Op deze figuur kunnen we enkele conclusies over testverlenging baseren. Ten eerste geldt dat de betrouwbaarheidswinst kleiner wordt naarmate

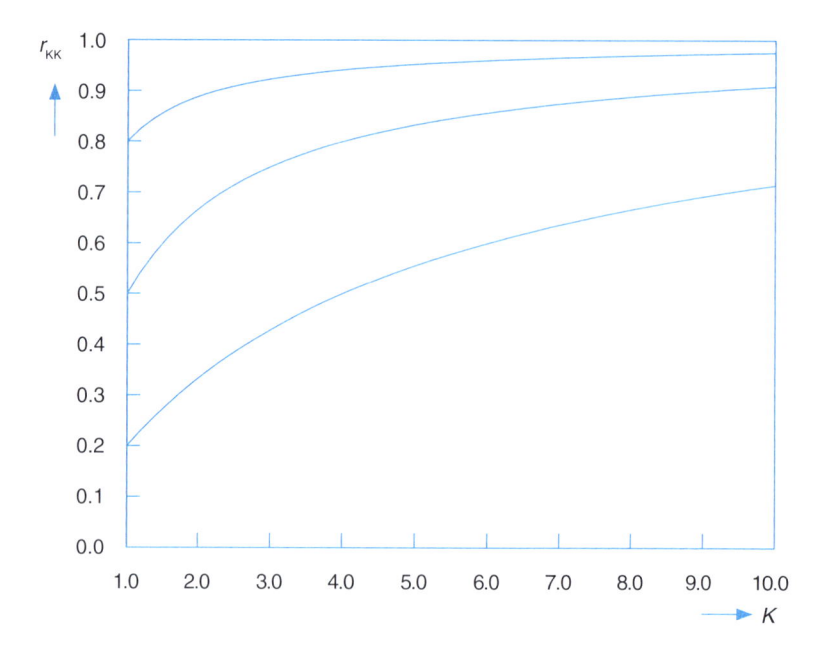

Figuur 6.5 *Betrouwbaarheid (r_{KK}) als functie van verlengingsfactor K voor drie tests met betrouwbaarheden ($r_{XX'}$) gelijk aan 0.2, 0.5 en 0.8.*

meer items aan de test worden toegevoegd. De grootste winst wordt in het begin behaald. Na het toevoegen van een aantal items (afhankelijk van de aanvangsbetrouwbaarheid, $r_{XX'}$) zal de winst niet meer de moeite van het construeren van extra items waard zijn. Terzijde wijzen we er hier op dat men altijd een test kan construeren met een perfecte betrouwbaarheid ($r_{KK} = 1$) indien K heel groot (theoretisch: oneindig) gekozen wordt; zie de uiteenzetting hierover in paragraaf 6.3.4.

Ten tweede blijkt uit figuur 6.5 dat het om praktische redenen vaak weinig zin heeft om een test met een geringe betrouwbaarheid $r_{XX'}$ te verlengen ten einde een voldoende betrouwbaarheid te bereiken. Dit lichten we toe met een rekenvoorbeeld. Stel, $r_{XX'} = 0.40$ en men stelt als eis dat de betrouwbaarheid van de verlengde test ten minste 0.80 is. We gaan ervan uit dat de oorspronkelijke test uit vijftien items bestaat. De vraag is nu met hoeveel items deze test verlengd moet worden om de gewenste betrouwbaarheid van 0.80 te behalen. De verlengingsfactor K kan het eenvoudigst worden berekend door de Spearman-Brown-formule te herschrijven naar K:

$$K = \frac{r_{KK}(1 - r_{XX'})}{r_{XX'}(1 - r_{KK})}.$$ [6.48]

Invullen van de gegevens levert het volgende resultaat:

$$K = \frac{0.80 \times 0.60}{0.40 \times 0.20} = 6,$$

wat inhoudt dat de verlengde test zesmaal zo lang dient te zijn als de oorspronkelijke test. Er moeten dus 75 items aan de oorspronkelijke vijftien items worden toegevoegd.

Het voorbeeld maakt duidelijk dat bij een lage aanvangsbetrouwbaarheid, $r_{XX'}$, vooral praktische problemen de testverlenging in de weg staan. Ten eerste is het de vraag of men gemakkelijk negentig verschillende items voor de meting van dezelfde eigenschap kan construeren. Bij persoonlijkheidsmeting is dat vaak niet het geval zonder dat men met de nieuwe items in herhaling vervalt. Ten tweede is de test na verlenging erg lang geworden. Het afnemen van een lange test kost meestal veel tijd en is bovendien voor de respondent vermoeiend en wellicht demotiverend. Een derde argument zullen we in de volgende paragraaf uitwerken bij de behandeling van de relatie tussen testlengte en validiteit. We stellen hier reeds vast dat de validiteit van een testscore maar marginaal profiteert van testverlenging. Bij een lage aanvangsbetrouwbaarheid, $r_{XX'}$, heeft het vanuit het oogpunt van de validiteit dus nauwelijks zin om de test te verlengen. Hoe de validiteit van bijvoorbeeld een voorspelling dan wel verbeterd kan worden, komt in hoofdstuk 8 aan de orde.

Resumerend kan men vaststellen dat testverlenging vooral zin heeft als de aanvangsbetrouwbaarheid, $r_{XX'}$, niet al te laag is (bijv. 0.60 tot 0.80) en het aantal items in de test niet al te groot (hooguit tien tot twintig). Dit zijn overigens maar vuistregels. Sommige items, zoals eenvoudige analogieën en rekenopgaven, zijn gemakkelijk in groten getale te bedenken en door respondenten in korte tijd te beantwoorden. Het gevolg is dat een test uit een groot aantal items mag bestaan. Bij persoonlijkheidsvragenlijsten en attitudetests is dit veel lastiger en soms zelfs nauwelijks mogelijk.

Waarmee men, ongeacht de aard en complexiteit van het te meten begrip, rekening moet houden, is dat de Spearman-Brown-formule [6.25] en de variant [6.48] gebaseerd zijn op de vooronderstelling van parallelle metingen. In het rekenvoorbeeld geldt dat, gegeven de oorspronkelijke vijftien items, negentig items opgevat kunnen worden als zes parallelle testdelen, elk bestaande uit vijftien items. Ook kan de Spearman-Brown-formule worden gebruikt op het niveau van individuele items, zodat $r_{XX'}$ de betrouwbaarheid van een item voorstelt en verlengingsfactor K gelijk is aan het aantal items, k. Alle items moeten nu parallelle metingen zijn. Ten slotte kan $r_{XX'}$ nog de betrouwbaarheid van een menselijke beoordelaar voorstellen, die bijvoorbeeld een checklist invult. Factor K is dan het aantal 'parallelle' of inwisselbare beoordelaars. In alle voorbeelden geldt steeds dat parallellie een ideaal is waaraan empirisch niet voldaan kan worden. Naar aanleiding van het rekenvoorbeeld geldt dan ook dat $r_{KK} = 0.80$ empirisch alleen gehaald wordt als de zes testdelen daadwerkelijk parallel zijn. Bij praktische testconstructie zal blijken dat men, uitgaande van $r_{XX'} = 0.40$, meer dan negentig items nodig heeft om het streven van $r_{KK} = 0.80$ te halen.

6.4.3 BETROUWBAARHEID EN VALIDITEIT

De betrouwbaarheid van een testscore X legt beperkingen op aan de correlatie van X met andere variabelen, Y. Aangezien de validiteit van een test meestal wordt uitgedrukt in een of meer correlatiecoëfficiënten, zijn deze beperkingen dus ook van toepassing op de validiteit van de testscore. In de praktijk van het voorspellend gebruik van testscores wordt deze variabele Y meestal aangeduid met het criterium: datgene wat we willen voorspellen (bijv. succes op school of succes in beroep of functie).

We gaan nu na hoe hoog de correlatie van een testscore met een andere variabele maximaal kan zijn. Formule [6.45] laat zien dat de correlatie tussen de geobserveerde score X en de betrouwbare score T – een correlatie die in de praktijk natuurlijk niet te berekenen is omdat betrouwbare scores niet voorhanden zijn – gelijk is aan:

$$r(X, T) = \sqrt{r_{XX'}}. \qquad [6.45]$$

Deze grootheid heet de betrouwbaarheidsindex. Het belang van deze index is dat daarmee een bovengrens wordt aangegeven voor de correlatie van testscore X met een willekeurige andere variabele Y. Dit is als volgt in te zien. De hoogste correlatie van een variabele Y met X wordt bereikt indien de meting van Y vrij is van meetfouten: $Y = T_Y$, waarbij T_Y de betrouwbare score van Y aangeeft, en dus geldt $E_Y = 0$. Wanneer dan ook nog geldt dat $T_Y = T_X$ (dus test X en test Y meten hetzelfde), dan is duidelijk dat een hogere correlatie met X dan aangegeven in [6.45] onmogelijk is. Algemeen geldt dus voor een willekeurige variabele Y dat

$$r(X, Y) \leq \sqrt{r_{XX'}}. \qquad [6.49]$$

Uit [6.49] kan worden afgelezen dat een test met een lage betrouwbaarheid ook een geringe validiteit zal hebben (uitgedrukt in de correlatiecoëfficiënt). Een test met een hoge betrouwbaarheid zou daarentegen een hoge validiteit kunnen hebben, omdat de bovengrens voor deze validiteit hoog is. De werkelijk berekende validiteit kan echter laag zijn, want deze is geheel afhankelijk van de samenhang van de psychologische eigenschappen waarvan X en Y operationaliseringen zijn. De bovengrens in formule [6.49] geeft dus alleen aan wat de maximale correlatie van testscore X met andere variabelen kan zijn, maar niet wat de echte correlatie in een concreet geval is. Zo beschouwd is een hoge betrouwbaarheid een noodzakelijke maar niet voldoende voorwaarde voor een goede validiteit. Een getallenvoorbeeld: als $r_{XX'} = 0.8$, dan is volgens formule [6.45] de maximale correlatie met een andere variabele $\sqrt{0.8} \approx 0.89$, terwijl concreet gevonden validiteiten volgens formule [6.49] kleiner zullen zijn. Is de betrouwbaarheid 0.6, dan is de bovengrens 0.77 en zijn de gevonden waarden kleiner.

In paragraaf 6.4.2 werd al terloops opgemerkt dat de validiteitscoëfficiënt, $r(X,Y)$, nauwelijks profiteert van een toenemende testlengte en de daarmee toenemende betrouwbaarheid. Zonder bewijsvoering presenteren we de formule die bij testverlenging met parallelle testdelen het verband aangeeft tussen betrouwbaarheid, $r_{XX'}$, en validiteitscoëfficiënt, $r(X,Y)$. De betrouwbaarheid van de verlengde test geven we aan met r_{KK} en de validiteit van de verlengde test met $r_K(X,Y)$. De formule luidt:

$$r_K(X,Y) = r(X,Y) \sqrt{\frac{r_{KK}}{r_{XX'}}}. \qquad [6.50]$$

Uit de formule is als volgt duidelijk dat de validiteitswinst geringer is dan de betrouwbaarheidswinst. Stel dat $r_{XX'} = 0.60$, $r_{KK} = 0.80$ en $r(X,Y) = 0.30$, dan levert invullen van deze waarden in formule [6.50] de waarde $r_K(X,Y) = 0.35$. Een betrouwbaarheidswinst van 0.20 gaat in dit geval dus samen met een validiteitswinst van 0.05. Dat de validiteitswinst slechts weinig toeneemt bij testverlenging komt doordat de test door deze verlenging niet inhoudelijk verandert, waardoor bijvoorbeeld een criterium ineens beter voorspeld zou kunnen worden. Voor zover de validiteitscoëfficiënt toch toeneemt, is dat te danken aan het terugdringen van meetfouten die de samenhang van X en Y enigszins vertroebelen.

Uit formule [6.50] kan worden afgeleid wat er inzake de validiteit optimaal bereikbaar is, gegeven een aanvangsbetrouwbaarheid $r_{XX'}$ en een validiteit $r(X,Y)$. Indien de test maximaal betrouwbaar wordt gemaakt, geldt $r_{KK} = 1$. Invullen in formule [6.50] levert dan

$$r_K(X, Y) = \frac{r(X, Y)}{\sqrt{r_{XX'}}}.$$ [6.51]

Aangezien een betrouwbaarheid van 1 wordt bereikt door oneindig veel items te nemen, geldt in het linkerlid dat verlengingsfactor $K = \infty$. Vervolgens geldt dan dat $X = T_X$, omdat bij een perfecte betrouwbaarheid de geobserveerde testscore foutenvrij is. Het linkerlid van formule [6.51] kan dus gelezen worden als $r_\infty(T_X,Y)$. Formule [6.51] geeft dus antwoord op de vraag wat de maximale validiteit is bij testverlenging tot oneindig, gegeven de betrouwbaarheid van de test, $r_{XX'}$, en de validiteit, $r(X,Y)$.

De spiegeling van deze situatie is dat men de test onveranderd laat, maar de betrouwbaarheid van de variabele Y perfect maakt door testverlenging. Een aangepaste versie van formule [6.51] luidt dan

$$r_K(X, Y) = \frac{r(X, Y)}{\sqrt{r_{YY'}}},$$ [6.52]

met $K = \infty$ en $Y = T_Y$. Deze formule geeft antwoord op de vraag hoe goed we betrouwbare criteriumscores T_Y kunnen voorspellen met behulp van de geobserveerde testscore X, gegeven de betrouwbaarheid van het criterium en de validiteit.

Ten slotte kan men $r_K(X,Y)$ bepalen indien zowel X als Y door testverlenging perfect betrouwbaar zouden worden gemaakt. De bijbehorende formule staat bekend als de formule voor attenuatiecorrectie:

$$r(T_X, T_Y) = \frac{r(X, Y)}{\sqrt{r_{XX'}}\sqrt{r_{YY'}}}.$$ [6.53]

Aangezien de noemer kleiner is dan 1, is $r(T_X,T_Y)$ altijd groter dan de echte validiteit $r(X,Y)$. De correlatie tussen de betrouwbare scores (die geen meetfouten bevatten) is groter dan de correlatie tussen de observeerbare scores (die gelijk zijn aan de betrouwbare scores plus meetfouten). Daardoor denken onderzoekers wel eens dat hun test 'eigenlijk' veel beter voorspelt dan de gegevens – testscore X en criteriumscore Y – laten zien. Dit is een kwestie van 'wishful thinking'. De gevonden validiteitscoëfficiënt is gelijk aan $r(X,Y)$ en daar moet men van uitgaan bij praktisch gebruik van de test. Immers, bij werkelijke voorspellingen beschikt men over echte testscores X en echte criteriumscores Y, inclusief hun meetfouten.

De formule voor attenuatiecorrectie biedt overigens wel de mogelijkheid om na te gaan of twee variabelen al of niet hetzelfde meten. Na correctie voor onbetrouwbaarheid verwacht men in het eerste geval een hoge correlatie en in het tweede geval een lage. Zo gebruikt, biedt formule [6.53] een bijdrage aan het onderzoek naar de betekenis en de begripsvaliditeit van de testscore (zie hoofdstuk 8).

6.4.4 BETROUWBAARHEID VAN VERSCHILSCORES

In de psychodiagnostische praktijk wordt men vaak geconfronteerd met de vraag of een gevonden verschil tussen twee testscores van dezelfde persoon betrouwbaar is of dat het toegeschreven kan worden aan de onbetrouwbaarheid van een van de testscores of beide. De vraag is bijvoorbeeld of een therapie effect heeft gehad. Dit zou dan kunnen blijken uit een score voor impulsiviteit die na afloop van de therapie lager uitvalt dan ervoor. Een andere voorbeeld is dat men het contrast bestudeerd van bijvoorbeeld scores voor neuroticisme en agressie en op basis hiervan concludeert tot verschillende typologieën. Voor de differentiële voorspelling is de betrouwbaarheid van een gevonden verschil een essentiële voorwaarde.

We gaan uit van twee tests met testscores X_1 en X_2. De betrouwbaarheden van deze scores geven we aan met $r_{11'}$ en $r_{22'}$. De varianties van beide scores worden aangegeven met S_1^2 en S_2^2, en de covariantie met S_{12}. Ten slotte geven we de betrouwbaarheid van de verschillen $D_{12} = X_1 - X_2$ aan met $r_{DD'}$. Deze betrouwbaarheid is gelijk aan (zonder bewijs):

$$r_{DD'} = 1 - \frac{S_1^2(1 - r_{11'}) + S_2^2(1 - r_{22'})}{S_1^2 + S_2^2 - 2S_{12}}. \qquad [6.54]$$

Uit formule [6.54] kan worden afgeleid dat de betrouwbaarheid van het verschil D lager is naarmate de betrouwbaarheid van X_1 en X_2 afzonderlijk lager zijn. Dit komt doordat een geringe betrouwbaarheid een grote meetfout in zowel X_1 als X_2 impliceert, zodat bij de berekening van de verschilscores vooral meetfouten van elkaar worden afgetrokken. Wat overblijft is ook voor een groot deel toeval – als men meetfouten van elkaar aftrekt, ontstaat er niet ineens iets moois – dus meetfout. Dit zijn dan de verschilscores, D.

De betrouwbaarheid van verschilscores is eveneens gering als de samenhang (covariantie) van X_1 en X_2 sterk is. De verklaring is dat een hoge covariantie tussen X_1 en X_2 betekent dat hun betrouwbare scores veel op elkaar lijken; de tests meten in hoge mate hetzelfde. Als X_1 en X_2 dan van elkaar worden afgetrokken, worden ook die veel op elkaar lijkende betrouwbare scores van elkaar afgetrokken, met als gevolg dat het verschil D wederom vooral uit meetfouten bestaat.

Formule [6.54] heeft belangrijke gevolgen voor de diagnostiek. Vaak worden juist op grond van verschillen tussen testscores allerlei beslissingen genomen. Men kan denken aan het plaatsingsbeleid in bedrijf en organisatie, aan beroeps- en schoolkeuzeadviezen en aan het werk in de kliniek. Het eerste wat formule [6.54] ons leert, is dat men moet streven naar zo onafhankelijk mogelijke tests. Hoe lager hun testscores correleren, hoe beter. Het tweede is dat de testscores beide zo betrouwbaar mogelijk moeten zijn. Scoreverschillen zijn zeer verleidelijk waar het om interpretatie gaat. Een negatieve D-waarde betekent bijvoorbeeld achteruitgang ondanks behandeling en een positieve D-waarde vooruitgang. Men moet daarbij echter zeer voorzichtig zijn, vooral bij testscores die onderling samenhangen.

Een onderwerp waar we in dit verband ook op willen wijzen, is de veel gebruikte profilering van de testresultaten op een profielblad. Bij de DAT NL (De Wit & Compaan, 2005, pp. 31-35) is men zich bewust geweest van de problematiek van verschilscores, maar blijft de statistische onderbouwing ervan onduidelijk. In veel andere gevallen [zie bijv. de oorspronkelijke publicatie van Wechsler (1955b), de auteur van de WAIS] heeft men deze problematiek te weinig serieus genomen. Men verkrijgt dan bijvoorbeeld 'begaafdheidsprofielen', gebaseerd op vaak hoog correlerende testscores, en liefst maakt men ook nog gebruik van een grote schaal zodat de verschillen nog groter lijken dan ze in werkelijkheid zijn.

Profielanalyse brengt overigens niet alleen problemen met zich mee wat betreft betrouwbaarheid (voor een behandeling van andere problemen zie o.a. Cronbach & Gleser, 1953). De interpretatie, adviezen en beslissingen waartoe een profiel gemakkelijk uitnodigt, zijn vaak een dubieuze aangelegenheid. In veel gevallen zullen beslissingen gebaseerd op profielen dan ook van weinig waarde zijn doordat ze berusten op onbetrouwbare verschilscores.

In de loop der jaren zijn er diverse pogingen gedaan om de afstand van iemands scoreprofiel tot een of ander ideaal profiel in een index uit te drukken (bijv. Wiggins, 1973, hoofdstuk 3). Dit ideale profiel kan typisch zijn voor een belangrijk geachte diagnostische categorie, zoals de 'typische' neuroticus of de 'typische' hartpatiënt, maar ook kan het een 'gemiddeld profiel' in een populatie zijn. De index drukt uit in hoeverre iemand op basis van zijn profiel van het ideaal of het gemiddelde verwijderd is.

Latente-klassenanalyse is een recente, statistische ontwikkeling in de classificatie van mensen op basis van scoreprofielen op tests of items uit tests of vragenlijsten (bijv. Dayton, 1998; Hagenaars & McCutcheon, 2002; Heinen, 1996). Met behulp van deze methode wordt nagegaan in hoeverre in een groep van proefpersonen deelgroepen te onderscheiden zijn op basis van scoreprofielen (bijv. profielen van itemscores). Bij een gevonden optimaal aantal deelgroepen wordt per deelgroep een interpretatie gegeven van de specifieke kenmerken van die deelgroep. Hiervoor worden de p-waarden van de items gebruikt die per deelgroep worden geschat; deze zijn vergelijkbaar met de proporties van positieve antwoorden per item, zoals die in hoofdstuk 4 werden behandeld. Belangrijk is hier dat achteraf het aantal en de interpretatie van de deelgroepen wordt vastgesteld, vandaar dat deze deelgroepen wel *latente* klassen worden genoemd. Latent, omdat ze uit de gegevens worden berekend en niet al vooraf door de onderzoeker zijn gedefinieerd. Latente-klassenanalyse is in de testtheorie nog nieuw en de bruikbaarheid ervan, zoals de betrouwbaarheid en de validiteit van de classificatie van personen, moet nog blijken.

6.4.5 BETROUWBAARHEID EN SPREIDING VAN SCORES

Testkenmerken, zoals betrouwbaarheid en validiteit, die voor een test zijn vastgesteld binnen een specifieke populatie (bijv. een taaltest voor elfjarige en twaalfjarige leerlingen van de basisschool) geven alleen voor de meting binnen díé populatie een geldige aanwijzing van de kwaliteit. Past men de test toe binnen een andere populatie (bijv. alleen de groep van elfjarigen) dan gelden daar meestal een andere betrouwbaarheid en validiteit. We concentreren ons in deze paragraaf op de relatie tussen betrouwbaarheid en kenmerken van de verdeling van de testscores. De relatie tussen validiteit en de verdeling van de testscores komt in hoofdstuk 8 aan de orde.

We gaan hier in het bijzonder in op de relatie tussen de betrouwbaarheid enerzijds en de spreiding van betrouwbare scores en meetfouten anderzijds. Er bestaat een sterk positief verband tussen de variantie van de betrouwbare score T en de betrouwbaarheid $r_{XX'}$. Dat is als volgt in te zien. Ga uit van de definitie van de betrouwbaarheid in formule [6.15], splits de noemer, $S^2(X)$, in $S^2(T) + S^2(E)$ (formule [6.14]), en schrijf de betrouwbaarheid als

$$r_{XX'} = \frac{S^2(T)}{S^2(T) + S^2(E)}.$$ [6.55]

De meetfoutenvariantie, $S^2(E)$, is op te vatten als het gemiddelde van de gekwadrateerde standaardmeetfouten van individuele personen (zie formule [6.5]). Het bewijs hiervan laten we achterwege. We gaan ervan uit dat voor een gegeven test dit gemiddelde in diverse populaties maar weinig zal variëren, aangezien de nauwkeurigheid waarmee een individu wordt gemeten niet afhangt van de groep waartoe hij behoort. Concreet betekent dit dat we ervan uitgaan dat de variantie van de meetfout binnen de groep van elfjarigen en twaalfjarigen samen even groot is als binnen de groep van elfjarigen alleen. Wat wel sterk zal variëren is de variantie van de betrouwbare scores, $S^2(T)$. Dit is immers een groepskenmerk. Binnen de groep van elfjarigen is de variantie van taalvaardigheid T geringer dan binnen de groep van elfjarigen en twaalfjarigen samen, omdat in die samengestelde groep aanzienlijk meer hogere T-waarden vertegenwoordigd zijn. In formule [6.55] is te zien dat, indien bij vaste meetfoutenvariantie de variantie van T afneemt, dit eveneens geldt voor de betrouwbaarheid.

Bij de bovenstaande redenering maken we een kanttekening. Het betreft de vooronderstelling van een constante, of in ieder geval over populaties beschouwd weinig variërende, meetfoutenvariantie, $S^2(E)$. Al in paragraaf 6.2.1 constateerden we dat meetfouten voor personen die veel gissen op een kennistest met meerkeuze-items groter zijn dan voor personen die weinig gissen. In de in hoofdstuk 7 te behandelen item-responstheorie wordt zelfs expliciet uitgegaan van een over personen variërende nauwkeurigheid van de meting. Zo geldt dat, indien een rekentest voor iemand te moeilijk is, de meting van diens rekenvaardigheid uiterst onnauwkeurig zal geschieden, en dat de test derhalve niet geschikt is voor de meting van deze persoon. In hoofdstuk 7 gaan we verder in op deze problematiek.

Afgezien van deze kanttekening is het wel degelijk een bekend gegeven dat $r_{xx'}$ vaak afneemt bij een afnemende variantie van de betrouwbare score en daarmee een afnemende variantie van de testscore. Zo zal men voor een test een lagere betrouwbaarheid vinden in de afzonderlijke deelpopulaties van elfjarigen en twaalfjarigen dan in de gezamenlijke populatie. De les hieruit is dat men een test alleen dient toe te passen in de populatie waarvoor hij is ontwikkeld.

6.4.6 BETROUWBAARHEID VAN HETEROGENE TESTS

Voor het meten van complexe begrippen zoals intelligentie kan doorgaans niet met een enkele test worden volstaan, maar worden testbatterijen ontwikkeld die bestaan uit soms tien of meer deeltests. Deze deeltests vormen elk een operationalisering van een belangrijk aspect van intelligentie. Het streven om deze aspecten apart te meten is gebaseerd op het theoretische of het empirische gegeven dat zij min of meer onafhankelijke intelligentiekenmerken representeren. Deze onafhankelijkheid of hooguit zwakke samenhang komt tot uiting in lage correlaties of geringe covarianties tussen scores op deeltests. Een voorbeeld van een dergelijke test is de RAKIT (zie hoofdstuk 3). Het scorepatroon op de deeltests wordt gebruikt voor de diagnostiek van personen. Daarnaast wil men vaak ook een indicatie krijgen van iemands algemene intelligentieniveau, waarvoor de totaalscore op alle deeltests tezamen wordt genomen. Het lijkt voor de hand te liggen om voor dit doel alle items tezamen op te vatten als een test voor algemene intelligentie en dan bijvoorbeeld Cronbachs alfa te berekenen als ondergrens voor de betrouwbaarheid van de totaalscore op alle items. Vanwege de veelal structureel lage covarianties tussen de itemscores uit verschillende deeltests, is dit bij nader inzien geen zinvolle strategie. De paralleltest- of test-hertestmethoden komen in principe wel in aanmerking, maar door hun grote bewerkelijkheid in geval van een testbatterij is deze optie niet erg praktisch.

Een zinvolle methode is die van de gestratificeerde alfacoëfficiënt (Nunnally, 1978, p. 248). Stel, de testbatterij bestaat uit G deeltests. Laat g de index zijn voor de deeltest ($g = 1, ..., G$), dan geeft S_g^2 de variantie van de testscore op deeltest g en $r_{gg'}$ de betrouwbaarheid van deze deeltestscore. We geven de gestratificeerde alfacoëfficiënt (alfa$_{strat}$) zonder afleiding:

$$\text{alfa}_{strat} = 1 - \frac{\sum_{g=1}^{G} S_g^2 (1 - r_{gg'})}{S^2(X)}. \qquad [6.56]$$

In de teller staat de som van de gekwadrateerde standaardmeetfouten van de deeltests (zie formule [6.16]). De betrouwbaarheden van de deeltestscores kunnen worden geschat door middel van een van de methoden in paragraaf 6.3. Meestal zal dit de Cronbachs alfa zijn.

6.4.7 GENERALISEERBAARHEID VAN METINGEN

De definitie van onafhankelijke replicaties die we eerder in dit hoofdstuk hebben gebruikt, leidt niet tot een unieke betrouwbaarheid per test, die onder alle condities, dus ook in de tijd, geldig is. Indien een psychologische eigenschap veranderlijk is, zoals in het geval van depressiviteit, motivatie en, in extreme mate, humeur, leidt de test-hertestmethode tot systematisch andere resultaten dan de paralleltestmethode. Men zou kunnen zeggen dat de test-hertestmethode een indruk geeft van de generaliseerbaarheid van de meting in de tijd, terwijl de paralleltestmethode aangeeft in hoeverre metingen verkregen met de ene testversie generaliseerbaar zijn naar op hetzelfde moment verkregen meetwaarden van de andere parallelle testversie. Ook bij eigenschappen die men als stabiel beschouwt, dienen we te bedenken dat stabiliteit maar een relatief begrip is. Ook cognitieve vermogens ontwikkelen zich, en bij verschillende personen, vooral kinderen, gebeurt dit in verschillende mate. Iets dergelijks geldt voor de persoonlijkheid. De mate waarin iemand introvert is, ligt niet voor zijn hele leven vast, en de variatie verschilt per persoon. Stabiliteit betekent voor de meeste cognitieve vermogens en persoonlijkheidstrekken dus een grote maar geen perfecte mate van voorspelbaarheid. Zoals we zagen is die voorspelbaarheid voor sommige eigenschappen ronduit gering.

Door Cronbach e.a. (1972) is dit idee van generaliseerbaarheid van meetwaarden consequent doorgevoerd in hun generaliseerbaarheidstheorie (zie ook Brennan, 2001; De Gruijter & Van der Kamp, 1984; Shavelson & Webb, 1991; Wiggins, 1973). Cronbach e.a. (1972) gaan ervan uit dat de testgebruiker altijd een generalisering van de testresultaten beoogt, bijvoorbeeld in de tijd maar ook over vraagvormen, over soortgelijke, maar niet noodzakelijk parallelle, tests of met betrekking tot vraaginhoud. Het totaal van condities waarnaar men wenst te generaliseren, wordt het universum genoemd. In plaats van over de betrouwbare score spreken we nu over de universumscore; de gemiddelde testprestatie berekend over het universum van condities. Wanneer men bijvoorbeeld de resultaten van een studietoets testtheorie wil generaliseren over vraagvorm en vraaginhoud, dan is de universumscore de gemiddelde testscore berekend over bijvoorbeeld open en gesloten vragen over in principe alle mogelijke onderwerpen uit de testtheorie. Wil men een schatting maken van deze universumscore dan moeten alle condities ook daadwerkelijk in de testprocedure opgenomen zijn.

Afhankelijk van de definitie van het universum varieert de universumscore maar ook de betrouwbaarheid van de meting. Deze betrouwbaarheid wordt de generaliseerbaarheid genoemd. Zoals bij de test-hertestprocedure de instabiliteit van de psychologische eigenschap naast toevallige meetfouten bijdraagt aan de onbetrouwbaarheid van de meting, zo dragen in ons voorbeeld naast het toeval andere variantiebronnen bij aan een gebrek aan generaliseerbaarheid. Dergelijke invloeden behoren nu tot de foutenterm E, die in de generaliseerbaarheidstheorie dus niet alleen uit toevallige invloeden op de testprestatie bestaat. De samenstelling van deze foutenterm varieert met de definitie van het universum en daarmee varieert tevens de generaliseerbaarheidscoëfficiënt.

Verdere uitwerking van de generaliseerbaarheidstheorie veronderstelt een nogal uitgebreide kennis van vooral variantieanalyse. Vanwege de complexiteit en ook omdat deze theorie betrekkelijk weinig toegepast wordt bij testconstructie, zien we af van een meer uitgebreide behandeling.

6.5 Tot besluit

Verscheidene onderwerpen uit de klassieke testtheorie en de daarop gebaseerde betrouwbaarheidstheorie zijn in dit hoofdstuk aan de orde geweest. Andere onderwerpen hebben we niet behandeld. De voornaamste reden daarvoor is dat dit boek een inleidend karakter heeft, zodat de grondbeginselen van de testtheorie aan de orde komen. Wie meer wil weten, dient zich te richten op teksten die de klassieke testtheorie grondiger uitwerken. Het boek *Statistical theories of mental test scores* van Lord en Novick (1968) is bij uitstek het handboek voor de klassieke testtheorie. Wiskundig minder diepgaand maar didactisch sterk is het boek *Psychometric theory* van Nunnally (1978). Daarnaast noemen we boeken van Allen en Yen (1979), Crocker en Algina (1986) en Kline (1986) waarin de klassieke testtheorie uitgebreid wordt behandeld.

Een laatste opmerking betreft de plaats van het begrip betrouwbaarheid binnen de testtheorie en testconstructie. In dit hoofdstuk hebben we duidelijk gemaakt dat de betrouwbaarheid van een meting betrekking heeft op de herhaalbaarheid ervan. Wanneer een test in geval van een onafhankelijke replicatie een tweede maal aan dezelfde respondent wordt voorgelegd, is de betrouwbaarheidsvraag op te vatten als de vraag in hoeverre de waargenomen score naar verwachting anders uitvalt. Voorts gingen we uitgebreid in op het onderscheid tussen een systematische of betrouwbare meting enerzijds en een bedoelde of valide meting anderzijds. Duidelijk is geworden dat deze begrippen strikt moeten worden gescheiden. Een meting kan zeer nauwkeurig zijn, maar nauwkeurigheid garandeert niet dat de testscore een indicatie is van een bedoeld psychologisch begrip, noch dat met de testscore een bedoeld criterium voorspeld kan worden.

Er is dus geen sprake van dat betrouwbaarheid validiteit impliceert. Daarentegen is een onbetrouwbare testscore wel altijd ook invalide. Kennelijk is in dit laatste geval de operationalisering van het te meten begrip zo ongelukkig dat de testscore vooral uit meetfouten bestaat, en meetfouten correleren nergens mee.

Het uiteindelijke doel van een test ligt uiteraard in de gebruiksmogelijkheden. Het gaat dan meestal om het adequaat meten van een psychologische eigenschap ten behoeve van diagnostiek, of het zo goed mogelijk voorspellen van een criterium ten behoeve van advies, selectie of plaatsing. Bij het realiseren van deze doelen is betrouwbaarheid een noodzakelijke maar niet voldoende voorwaarde.

Opdrachten

1 Leg het gedachte-experiment uit waarop de klassieke testtheorie gebaseerd is.

2 Wat is het bezwaar tegen de term 'ware score'?

3 Wat wordt bedoeld met de opmerking dat meetfouten tautologisch gedefinieerd zijn?

4 Waarom is het in de praktijk van het testen niet zo waarschijnlijk dat iedereen met dezelfde nauwkeurigheid gemeten wordt?

5 Bewijs wiskundig dat formule [6.10], $r(E,X) > 0$, in het algemeen waar is.

6 Bewijs dat formule [6.10] onjuist is, in feite is $r(E,X)$ ongedefinieerd, als in een test alle meetfouten gelijk zijn aan nul.

7 Bewijs dat formule [6.12], $\bar{X} = \bar{T}$, waar is.

8 Gebruik de eigenschappen [6.8] en [6.12] om te bewijzen dat het klassieke testmodel geschreven kan worden in termen van afwijkingsscores, zoals in formule [6.13].

9 Gegeven zijn de scores van acht personen op een test. De betrouwbare scores zijn bekend (hypothetisch geval).

proefpersoon	T	E	X	t	e
1	9		9		
2	8		9		
3	7		6		
4	6		6		
5	6		6		
6	5		4		
7	4		5		
8	3		3		

a Bereken de meetfouten.
b Bereken de gemiddelden van T, E en X.

c Bereken de afwijkingsscores t, e en x.
d Ga na dat $S(T,E) = 0$.
e Geldt $S(X,E) = 0$? Verklaar het resultaat.
f Ga na dat $S_X^2 = S_T^2 + S_E^2$.

10 Leg uit wat wordt bedoeld met het onderscheid in:
   a systematische en toevallige scorecomponent;
   b bedoelde en onbedoelde scorecomponent.

11 Maak gebruik van de gegevens uit opdracht 9.
   a Bereken $r_{XX'}$.
   b Vermenigvuldig de meetfouten met een factor 2 en bereken nogmaals $r_{XX'}$.
   c Vermenigvuldig de betrouwbare scores met een factor 2 en bereken $r_{XX'}$.
   d Wat valt op bij de uitkomsten van de opgaven b en c?

12 Gegeven zijn de afwijkingsscores van acht personen op twee paralleltests X en X′, alsmede de betrouwbare scores op de eerste test in afwijkingsscorevorm.

proefpersoon	t	e	x	t′	e′	x′
1	3	0	3			4
2	2	1	3			2
3	1	−1	0			1
4	0	0	0			−1
5	0	0	0			−1
6	−1	−1	−2			−1
7	−2	1	−1			−2
8	−3	0	−3			−2

a Bereken de betrouwbare scores t′ en de meetfouten e′.
b Ga na dat $S(e', t) = S(e', t') = S(e', e) = S(e', x) = 0$ en tevens $S(e', x') > 0$.
c Ga na, door alle termen apart uit te rekenen, inclusief $r(X, X')$, dat:
$$r_{XX'} = \frac{S_t^2}{S_x^2} = \frac{S_{t'}^2}{S_{x'}^2}.$$

d Ga na dat $S_e^2 = S_{e'}^2$.

13 Bedenk voor een test voor woordenschat tweemaal vijf items, waarbij de twee vijftallen op inhoudelijke gronden zo goed mogelijk 'parallel' gekozen worden. Probeer dit ook te doen voor twee drietallen van items waarmee de houding ten opzichte van abortus wordt onderzocht. Beschrijf ook wat bij deze twee opdrachten opvalt.

14 Als dezelfde vragenlijst voor functioneren in de klas na een jaar voor de tweede maal aan dezelfde representatieve steekproef van kinderen wordt voorgelegd, levert de correlatie tussen de twee series testscores dan een schatting van de betrouwbaarheid op? Licht het antwoord toe.

15 Gegeven is de variantie-covariantiematrix van vier testitems:

	1	2	3	4
1	0.250	0.125	−0.125	0
2	0.125	0.250	0	0.125
3	−0.125	0	0.250	0
4	0	0.125	0	0.250

a Bereken de alfacoëfficiënt voor de som van de vier itemscores.
b Bereken alfa voor de somvariabele $X = X_1 + X_2 + X_4$.
c Hoe zijn de resultaten bij a en b te verklaren?

16 Leg uit wat een ondergrens voor de betrouwbaarheid is. Geef tevens aan wanneer zo'n ondergrens nuttig kan zijn.

17 Waarom is de term 'interne consistentie' misleidend?

18 Een aantal studenten is gezakt voor een tentamen. Zonder zich beter voorbereid te hebben dan de eerste keer, doen ze mee aan de herhaling. Toch slagen enkele studenten nu wel. Kan nu geconcludeerd worden dat de herhaling gemakkelijker was dan het eerste tentamen?

19 Laat in de lineaire-regressieformule [6.41] zien dat deze de vorm heeft van een lineaire functie ($Y = a + bX$) door aan te geven waaraan a en b gelijk zijn.

20 Beredeneer (geen bewijs gevraagd) dat bij lineaire regressie het gemiddelde residu, M_{res}, gelijk is aan 0.

21 Bij welke schattingsmethode voor de betrouwbare score, T, hoort de standaardmeetfout?

22 Gegeven is voor een studietoets met vijftig items van het goed/fout-type dat $r_{XX'} = 0.92$, $\bar{X} = 32.6$ en $S(X) = 4.1$.
   a Schat volgens de lineaire-regressiemethode de betrouwbare score van Martijn, die dertig items goed had.
   b Bepaal of Martijns score significant verschilt van de aftestgrens van 35. Neem hiervoor aan dat schattingsfouten normaal verdeeld zijn, en toets op 5%-significantieniveau.

23 Maak de volgende opgaven.
   a Bereken de standaardmeetfout van X bij de gegevens uit opdracht 9.
   b Bereken de standaardmeetfout van de testscores in de opdrachten 15a en 15b.
   c Bereken de 90%-betrouwbaarheidsintervallen bij de opgaven a en b.

24 Leg uit hoe de relatief grote onnauwkeurigheid van testscores gecompenseerd wordt door een grotere testlengte.

25 Een test met veertig items en een betrouwbaarheid gelijk aan 0.50 wordt met tien 'gelijkwaardige' items uitgebreid. Wat is de betrouwbaarheid van de verlengde test?

26 Ga uit van een test met een betrouwbaarheid van 0.25.
   a Bereken de betrouwbaarheid voor het geval de test wordt verlengd met respectievelijk een factor 2, 3, 4, 5 en 6.
   b Welke conclusie kan uit de waargenomen trend worden getrokken?

27 Stel, een test bestaat uit zestig items, met als gevolg dat de testtijd erg lang is. De test heeft een betrouwbaarheid van 0.95. Hoeveel items mag ik weglaten, zodanig dat de betrouwbaarheid niet geringer wordt dan 0.85?

28 Leg uit waarom een testscore X nooit hoger met een variabele kan correleren dan met de betrouwbare score T.

29 Waarom zijn verschilscores onbetrouwbaar? Van welke factoren is de betrouwbaarheid van verschilscores afhankelijk?

30 Leg uit waardoor een test in de populatie van tienjarige leerlingen onbetrouwbaarder is dan in de populatie van tien- en elfjarigen samen.

31 Waartoe dient de gestratificeerde alfacoëfficiënt?

32 Waarin verschilt de generaliseerbaarheidstheorie van de klassieke testtheorie?

7 Nieuwe ontwikkelingen in testtheorie en testconstructie

Sinds in de jaren zestig van de vorige eeuw de klassieke testtheorie tot een min of meer definitieve afronding kwam, is het accent in de testtheorie vooral komen te liggen op een klasse van modellen die wordt aangeduid met item-responstheorie. De fundamenten voor de item-responstheorie werden vooral gelegd door Lord (1952), Rasch (1960) en Birnbaum (1968). Daarnaast hebben vele onderzoekers bijdragen geleverd aan belangrijke ontwikkelingen in de moderne testtheorie. De genoemde drie hebben echter bijdragen geleverd die heden ten dage het gezicht van de testtheorie bepalen. De verzamelnaam item-responstheorie is van recenter datum en verenigt een klasse van verwante testmodellen, waaronder de modellen voorgesteld door Lord, Rasch en Birnbaum.

De testtheorie mag tegenwoordig dan gedomineerd worden door de item-responstheorie (zie bijv. Boomsma, Van Duijn & Snijders, 2001; Embretson & Reise, 2000; Van der Linden & Hambleton, 1997a; Traub & Lam, 1985), vele tests worden nog steeds geconstrueerd volgens de principes van de klassieke testtheorie (hoofdstuk 6). De klassieke benadering is zonder twijfel nuttig, hetgeen is gebleken uit de jarenlange ervaring die ermee is opgedaan bij de constructie van tests. Bovendien is de klassieke testtheorie gemakkelijk te begrijpen en leidt zij tot praktisch bruikbare resultaten die intuïtief aanspreken. Toch begint in de testconstructie, vooral in het grootschalig onderwijskundig meten maar ook in de psychologie, het gebruik van modellen uit de item-responstheorie terrein te winnen. De reden daarvoor ligt voor een belangrijk deel in de gebruiksmogelijkheden. In hoofdstuk 5 noemden we bijvoorbeeld reeds de mogelijkheid van adaptief testen per computer, waardoor een meer efficiënte manier van testen ontstaat, die leidt tot betrouwbare metingen met behulp van een relatief beperkt aantal items.

Een gunstige eigenschap van item-responsmodellen is dat zij meeteigenschappen hebben die onderdeel zijn van die modellen. Een voorbeeld is de schaal, die in sommige modellen ordinaal meetniveau en in andere intervalmeetniveau heeft (hoofdstuk 2). Via statistische methoden kan worden gecontroleerd of deze modellen een goede beschrijving geven van de scores van een groep proefpersonen op een verzameling items, ofwel de testgegevens. Indien blijkt dat een model een goede beschrijving geeft, dan volgt daaruit dat de meeteigenschappen van dit model ook in concrete, praktische toepassingen van de test gelden. Dit heet 'meten bij implicatie', een term die door Van der Linden (1994) als 'implicit measurement' werd geïntroduceerd. Een voorbeeld is het Rasch-model (paragraaf 7.2), waarin de schaal voor de meting van personen een verschilschaal is. Als het Rasch-model de testgegevens goed beschrijft, dan is de schaal van de test bij implicatie – dus, als logisch gevolg van het passen van model bij gegevens – een verschilschaal.

Het klassieke testmodel gaat daarentegen uit van meeteigenschappen die soms terecht en soms niet terecht worden verondersteld. Er kan echter maar ten dele worden gecontroleerd of in een concreet geval de vooronderstellingen van de theorie in overeenstemming zijn met empirisch verkregen testgegevens. Zo zagen we dat wel kan worden onderzocht of items of tests parallel zijn. Wat niet kan worden onderzocht is of de opsplitsing van testscores in een betrouwbaar deel en een meetfout eigenlijk wel realistisch is. Daardoor is niet goed vast te stellen of het klassieke testmodel wel een goede beschrijving geeft van testgegevens. Dit houdt ook in dat veronderstelde meeteigenschappen, zoals de intervalschaal voor de betrouwbare score, niet voor een concrete test kunnen worden 'aangetoond' via het onderzoek van de vraag of het model bij de testgegevens past. Die intervalschaal wordt dus verondersteld, maar niet door een passend model ondersteund. Torgerson (1958, p. 22) spreekt in dit geval van 'meten bij fiat'. Dit wil zeggen dat wordt aangenomen dat bepaalde eigenschappen geldig zijn, zonder dat dit kan worden aangetoond.

Een andere eigenschap van item-responsmodellen is populatie-onafhankelijk meten. Om te begrijpen wat dit is, bespreken we eerst de tegengestelde eigenschap, het populatie-afhankelijk meten. Meten in de klassieke testtheorie is populatie-afhankelijk. Dit betekent dat de betrouwbare score en dus ook de totaalscore – vaak het aantal goede antwoorden – afhankelijk zijn van het moeilijkheidsniveau van de gebruikte test. Immers, op een gemakkelijke test behaalt men naar verwachting een hogere totaalscore dan op een moeilijke test. Om iemands testprestatie te kunnen begrijpen, dient deze dus gerelateerd te worden aan het moeilijkheidsniveau van de test. Wanneer twee personen verschillende tests voor dezelfde eigenschap hebben gemaakt die van verschillend niveau waren, kan het dus lastig zijn hun testscores te vergelijken. Dit is vooral het geval als degene die de gemakkelijkste test heeft gemaakt een hogere score heeft dan degene die de moeilijkste test heeft gemaakt. Het probleem is hier dat het niveau van de proefpersoon niet gescheiden kan worden van het moeilijkheidsniveau van de test. Deze verstrengeling leidt ertoe dat in de klassieke context iedereen dezelfde test maakt, zodat het moeilijkheidsniveau van de test constant wordt gehouden en verschillen tussen geteste personen toegeschreven kunnen worden aan hun verschillen in niveau op de geteste eigenschap.

Onder populatie-onafhankelijkheid verstaan we nu het volgende. We stellen ons eerst voor dat we beschikken over een grote verzameling items, veel meer dan nodig zijn voor een enkele test, die alle dezelfde eigenschap meten. We veronderstellen vervolgens dat in eerder gedaan onderzoek reeds is vastgesteld dat de gegevens, die met deze items zijn verzameld in een representatieve steekproef van proefpersonen, met een item-responsmodel kunnen worden beschreven. Als we over een dergelijke grote itemverzameling beschikken, kunnen we daaruit dus naar believen tests voor de bedoelde eigenschap samenstellen. Deze tests kunnen bijvoorbeeld verschillen in moeilijkheidsniveau, terwijl ze wel dezelfde eigenschap meten. Zo is het niet moeilijk zich een gemakkelijke en een moeilijke test voor rekenvaardigheid voor te stellen, die beide zijn samengesteld uit een grote verzameling items voor rekenvaardigheid.
Voor het Rasch-model komt populatie-onafhankelijkheid erop neer dat iemands meetwaarde, verkregen met een gemakkelijke test, kan worden vergeleken met de meetwaarde van iemand die een moeilijkere test heeft gemaakt. Dit houdt in dat het in principe voor de vergelijking van de meetwaarden van de personen niet uitmaakt wat het niveau van de tests was. Men herkent hier de gedachte achter adaptief testen, besproken in paragraaf 5.3.

De mogelijkheid om na te gaan of het item-responsmodel past bij de testgegevens, en de daaruit voortvloeiende mogelijkheid om aan te tonen dat een test in een populatie over bepaalde meeteigenschappen beschikt, zoals intervalmeetniveau en populatie-onafhankelijkheid, is erg belangrijk. Immers, niet alleen wordt het gebruik van de test langs deze weg empirisch gefundeerd, maar ook als het model niet bij de testgegevens past levert dat nuttige informatie op. Zo kan bij een niet-passend model blijken dat enkele items niet in de test horen omdat zij iets anders meten dan is bedoeld, of dat de test in een deelgroep van de totale groep iets anders meet dan is bedoeld, of dat de operationalisering van het begrip via de test niet is geslaagd, of dat het begrip zelf, dus de achterliggende theorie, wellicht aanpassing behoeft. Nu is het niet zo dat de klassieke testtheorie hier niets aan zou kunnen bijdragen. We zullen later in dit hoofdstuk betogen dat ook de klassieke testtheorie nuttig is en zelfs enkele voordelen heeft ten opzichte van de item-responstheorie (paragraaf 7.5.2).

Naast theoretische voordelen biedt de item-responstheorie praktische toepassingen die met de klassieke testtheorie nog niet mogelijk waren. Het gaat hier dus niet alleen om een theoretische vernieuwing binnen de testtheorie, maar ook om een praktische verbreding, met consequenties die innovatief zijn in vergelijking met hetgeen mogelijk is met de klassieke testtheorie. Deze praktische consequenties komen in dit hoofdstuk aan bod. Eerst echter bespreken we de theoretische principes van de item-responstheorie.

7.1 Principes en begrippen van de item-responstheorie

We gaan vooral in op item-responsmodellen voor dichotoom gescoorde items. Dichotome itemscores geven bijvoorbeeld aan of het antwoord 'goed' of 'fout' is, of iemand het met een uitspraak eens is of niet, of dat iemand vindt dat een uitspraak wel of niet van toepassing is op hem, op iemand anders, of op een situatie. Het antwoord dat aangeeft dat iemand een relatief hoge positie inneemt op de schaal van de te meten eigenschap noemen we het positieve antwoord (itemscore gelijk aan 1; dus, $X_g = 1$), het andere antwoord duiden we aan met het negatieve antwoord ($X_g = 0$). Er bestaan verder vele item-responsmodellen voor items met drie of meer geordende scores (Andrich, 1978; Bock, 1997; Masters, 1982; Molenaar, 1997; Samejima, 1969, 1997), maar deze worden hier slechts kort behandeld. De reden hiervoor is dat dergelijke modellen veel complexer zijn dan modellen voor dichotome itemscores, en beter passen in een specialistisch boek over item-responstheorie (bijv. Embretson & Reise, 2000; Fischer & Molenaar, 1995; Van der Linden & Hambleton, 1997a).

De item-responstheorie maakt uitspraken mogelijk over de kans dat persoon i met meetwaarde θ_i een specifieke (positieve of negatieve) respons geeft op item g. Deze kans wordt behalve door de meetwaarde

θ_i bepaald door kenmerken van het item g, zoals de moeilijkheid δ_g en het discriminerend vermogen α_g. Deze itemeigenschappen komen verderop uitvoerig ter sprake. Het uitgangspunt is derhalve dat de kans op een specifiek antwoord wordt bepaald door eigenschappen van zowel personen als items. Deze eigenschappen van personen en items kunnen worden geschat uit de testgegevens. In statistische zin zijn het dus parameters.

Om te kunnen uitleggen wat wordt bedoeld met 'kans op een specifieke respons' roepen we het gedachte-experiment in herinnering waarin aan een persoon heel vaak hetzelfde item wordt aangeboden (hoofdstuk 6). Daarbij namen we aan dat de aanbiedingen kunnen worden opgevat als onafhankelijke replicaties. Per replicatie produceert de persoon een positieve respons of een negatieve respons. Over een groot aantal replicaties kunnen de proporties positieve en negatieve responsen worden bepaald. Deze proporties zijn te interpreteren als de kansen op, respectievelijk, een positieve en een negatieve respons bij aselecte trekking van een specifieke replicatie. De betekenis van bijvoorbeeld 'Jan geeft met een kans van 0.70 op item 15 het goede antwoord' is dus dat hij in 70% van de replicaties het goede antwoord geeft.

Deze interpretatie van het individuele kansbegrip sluit goed aan bij de behandeling van de klassieke testtheorie in hoofdstuk 6, maar er zijn ook andere interpretaties denkbaar. Hambleton en Swaminathan (1985, p. 27; zie ook Holland, 1990) stellen voor om de kans op een positief antwoord te associëren met de kans dat een aselect gekozen persoon uit de populatie van personen, die allen dezelfde meetwaarde θ hebben, het positieve antwoord op een vast item g geeft. Bij een ander item kan uiteraard een andere kans gelden. Een kans van 0.70 betekent dan dus dat 70% van de personen met dezelfde θ-waarde het positieve antwoord op item g geeft. Jan heeft in deze interpretatie van kansen dus een kans van 0 of 1 op het goede antwoord – van individuele fluctuaties over onafhankelijke replicaties is hier geen sprake – maar van de groep van personen met dezelfde θ-waarde als Jan geeft 70% het goede antwoord.

Het is in dit hoofdstuk niet nodig een keuze te maken voor een specifieke definitie van de kans op een positief antwoord en dat doen we dus ook niet.

Voor een vaste waarde van θ zijn de kansen op een positief en een negatief antwoord samen 1 – immers, andere uitkomsten zijn er niet. Als we dus de kans op een positief antwoord kennen, bijvoorbeeld

0.70, dan volgt daaruit dwingend dat de kans op een negatief antwoord 0.30 is. Daarom richten we ons in het volgende voornamelijk op de kans op een positief antwoord. Deze kans wordt ook wel succeskans genoemd. In de item-responstheorie wordt de succeskans opgevat als een functie van de te meten psychologische eigenschap. Wiskundig gezien is de succeskans een functie van de schaal waarop de meetwaarden θ liggen. Deze schaal kan worden opgevat als meetlat voor de psychologische eigenschap. De precieze vorm en locatie van deze functie worden bepaald door de kenmerken van het item, zoals de eerder genoemde moeilijkheid en het discriminerend vermogen. We duiden deze functie aan met item-responsfunctie. De item-responsfunctie geeft aan hoe de respons op een item gerelateerd is aan θ. Andere benamingen voor deze functie zijn item-karakteristieke functie of item-karakteristieke curve. In de oudere Engelstalige literatuur komt men de term 'trace line' veel tegen.

We volgen in dit hoofdstuk de notatie die we eerder in dit boek hebben gebruikt. De succeskans op item g als functie van de meetwaarde θ geven we aan met $P(X_g = 1|\theta)$. In figuur 7.1 geven we een voorbeeld van een item-responsfunctie. Over de vorm van deze functie maken we enkele opmerkingen.

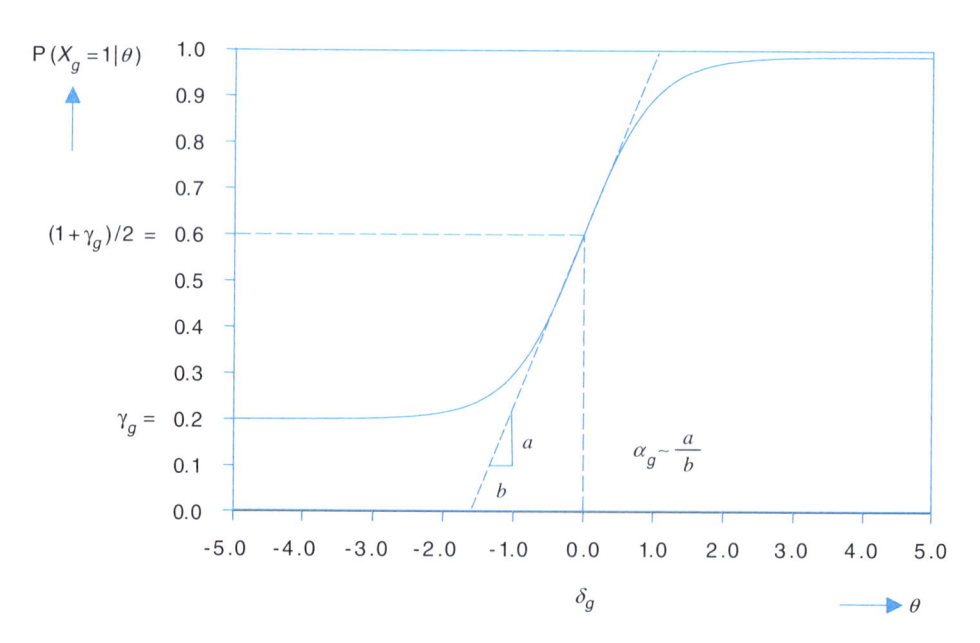

Figuur 7.1 *Voorbeeld van een item-responsfunctie.*

Ten eerste is de succeskans een monotoon niet-dalende functie van de schaal waarop de eigenschap wordt gemeten. Monotoon niet-dalend betekent dat de functie stijgt of (hier en daar) constant is. Laat de gemeten eigenschap bijvoorbeeld verbale intelligentie zijn; dat wordt gemeten met items van het type:

.... staat tot liefde als vijandigheid tot ....

1	kus	2	vijand	3	huwelijk	4	haat	5	geliefde
A	geest-verwant	B	recht	C	ruzie	D	passie	E	vriend-schap

Het eerste ontbrekende woord wordt gekozen uit de eerste rij, en het tweede ontbrekende woord uit de tweede rij, zodanig dat een correcte analogie wordt verkregen. De item-responsfunctie laat dan zien dat de succeskans op dit item groter is naarmate de verbale-intelligentiescore op de θ-schaal groter is. Evenzo geldt dat als de gemeten eigenschap de persoonlijkheidstrek dominantie is, een grotere dominantiescore op de θ-schaal correspondeert met een grotere kans dat iemand vindt dat een positief geformuleerde (zie hoofdstuk 4) dominantie-uitspraak op hem of haar van toepassing is, zoals bij het item:

Ik krijg in discussies over het algemeen wel mijn zin en dan doen we de dingen zoals ik ze had voorgesteld.
ja / nee

Hoewel deze verbanden tussen succeskans en eigenschap intuïtief aanspreken, worden zij op zich niet ondersteund door een psychologische theorie voor een monotoon verband zoals weergegeven in figuur 7.1. De rechtvaardiging moet derhalve empirisch van aard zijn (Lord, 1980a, pp. 14-19). In vele empirische toepassingen van de item-responstheorie blijkt dat voor een grote variëteit aan psychologische eigenschappen het verband, op kleine afwijkingen na, monotoon niet-dalend is voor de meeste items uit de onderzochte tests.

Ten tweede valt op dat de helling van de functie in figuur 7.1 varieert over de θ-schaal. Over grote intervallen van de schaal is de succeskans vrijwel constant laag of hoog. Verder is er een kritisch gebied waar de helling van de item-responsfunctie relatief steil is en waar de succeskans dus snel toeneemt. Personen met verschillende meetwaarden zijn binnen dit gebied wat hun succeskans op het item betreft goed te onderscheiden. Binnen de gebieden ter linker- en rechterzijde van het kritische gebied is dit niet goed mogelijk, zelfs niet wanneer personen sterk verschillende θ-waarden hebben. Gesteld dat een test rekenvaardigheid meet, dan kan het voorgaande als volgt worden begrepen. Om een specifieke rekenopgave, zoals

> Tel 11 en 14 bij elkaar op, trek de wortel uit het resultaat, en trek er ten slotte 4 vanaf. Wat is de uitkomst?

te kunnen oplossen is het nodig dat men een bepaald niveau van rekenvaardigheid haalt. In het voorbeeld is nodig dat men weet wat het trekken van een wortel uit een getal is. Beneden dit niveau (het kritische gebied) mist men deelvaardigheden – worteltrekken – die nodig zijn voor een juiste oplossing en maakt het dus voor de oplossing van dit specifieke item niet uit welke θ-waarde iemand heeft. Boven dit niveau beschikt men wel over de vereiste deelvaardigheden en is de exacte lokalisering van de persoon op de schaal voor de succeskans op het item evenmin van belang. In het kritische gebied zijn de benodigde deelvaardigheden volop in ontwikkeling en neemt de succeskans snel toe met het niveau van ontwikkeling.

Het zojuist gegeven voorbeeld is hypothetisch en men moet er beslist niet een theoretische bewijsvoering voor de vorm van de item-responsfunctie in lezen. Steun voor een item-responsfunctie met de typische vorm zoals weergegeven in figuur 7.1 moet ook in dit geval weer aan de empirie worden ontleend. Er bestaan diverse methoden waarmee men de empirisch waarneembare vorm van de item-responsfunctie kan vaststellen (Lord, 1970; Ramsay, 1991, 1997; Sijtsma & Molenaar, 2002). Uit dit onderzoek blijkt dat regelmatig verzamelingen van items kunnen worden geïdentificeerd waarop het antwoordgedrag kan worden beschreven met curven zoals die in figuur 7.1. We bespreken vervolgens drie kenmerken van items die de exacte vorm van de item-responsfunctie in een bepaalde klasse van item-responsmodellen bepalen.

Ten eerste valt in figuur 7.1 op dat personen met lage θ-waarden een succeskans hebben die duidelijk groter is dan 0. Dat is bijvoorbeeld plausibel in het geval van meerkeuze-items in prestatieniveautests (hoofdstuk 3). Personen die weinig weten kunnen blind gissen naar het goede antwoord. Bij een vijfkeuze-item is de giskans op een positief antwoord gelijk aan 0.2. Als het aantal alternatieven A is (hoofdstuk 5), dan is de giskans 1/A. In theorie is dit dus de kleinst mogelijke succeskans op het item. In de praktijk worden bij meerkeuze-items zowel lagere als hogere 'giskansen' gevonden. Zo kunnen personen met lage θ-waarden soms geneigd zijn te kiezen voor attractieve, maar foute antwoordmogelijkheden (zie ook hoofdstuk 5). Dit heeft een succeskans kleiner dan 1/A tot gevolg. Kansen kunnen ook hoger uitvallen doordat een of meer alternatieven erg onwaarschijnlijk zijn en door respondenten – ook zij die weinig weten – worden weggestreept voordat er wordt gegist. Dit resulteert in een succeskans groter dan 1/A.

De exacte 'giskans' hangt dus niet alleen af van het aantal alternatieven A, maar ook van inhoudelijke kenmerken van het item. Om deze reden spreken Hambleton en Swaminathan (1985, p. 38) van het pseudokansniveau en niet van de giskans. Bij items van het openvraagtype nadert het pseudokansniveau tot 0, omdat het daar vrijwel is uitgesloten dat men min of meer toevallig op het goede antwoord komt. Personen met lage meetwaarden hebben in dit geval een geringe succeskans, voor zeer lage θ-waarden naderend tot 0.

Het pseudokansniveau wordt aangegeven op de verticale as van de grafiek in figuur 7.1. Het is de kans dat op item g het goede antwoord wordt gegeven door mensen met een zeer lage meetwaarde, θ; deze wordt aangegeven met $P(X_g = 1|\theta) = \gamma_g$. Voor vijfkeuze-items verwachten we dat $\gamma = 0.2$, zoals in de figuur, maar in de praktijk kan deze waarde dus hoger of lager uitvallen, afhankelijk van de eigenaardigheden van het item. Het itemkenmerk γ_g wordt de pseudokansniveauparameter genoemd.

Ten tweede is in figuur 7.1 te zien dat de curve een specifieke locatie op de θ-schaal heeft. Deze locatie is doorgaans het punt op de schaal waarvoor de succeskans gelijk is aan $(1 + \gamma_g)/2$: dit is de kans die halverwege ligt tussen het pseudokansniveau γ_g en de maximale succeskans van 1. In figuur 7.1 is deze kans gelijk aan 0.6. Voor de openvraagvorm geldt $\gamma_g = 0$ en $(1 + \gamma_g)/2 = 0.5$. Het punt op de θ-schaal dat aldus wordt geassocieerd met deze succeskans wordt aangeduid als de locatieparameter, δ_g.

Wanneer de item-responsfunctie over de θ-schaal naar rechts verschuift, neemt voor iedere respondent de succeskans af. Het item is dan moeilijker geworden, wat tot uiting komt in een grotere waarde van δ. Daarom wordt deze parameter ook wel de moeilijkheidsparameter van het item genoemd.

Het derde itemkenmerk dat binnen de item-responstheorie van belang is, is de steilheid van de item-responsfunctie in het eerder genoemde kritische gebied. Naarmate de curve in dit gebied steiler is, wordt de verdeling van de personen op de θ-schaal scherper in tweeën gedeeld, met links van het kritische gebied het deel met lage succeskansen en rechts het deel met hoge succeskansen. Binnen het kritische gebied bevindt zich dan slechts een klein deel van de verdeling van de personen naar θ en zeer kleine veranderingen in θ hebben daar grote veranderingen in de succeskans tot gevolg. Het discriminerend vermogen van het item is, in technische zin, een functie van de richtingscoëfficiënt (a/b in figuur 7.1) van de raaklijn aan de item-responsfunctie in het punt (δ_g, $(1 + \gamma_g)/2$). Het symbool waarmee het discriminerend vermogen van item g wordt aangeduid is α_g, de discriminatieparameter. Naarmate de helling van de item-responsfunctie steiler is, discrimineert het item beter, wat tot uiting komt in een grotere waarde van de discriminatieparameter, α_g.

Zijn de itemkenmerken bekend, dan is het mogelijk om voor een specifieke meetwaarde θ de succeskans op het item te bepalen. Het schatten van de itemparameters α, δ en γ, en van de θ-waarde van een bepaald persoon, is een wiskundig-statistisch probleem dat buiten het bestek van dit boek valt. Hambleton en Swaminathan (1985, pp. 75-97, 125-150) geven een overzicht van methoden om dergelijke schattingen uit te voeren. Besprekingen van schattingsmethoden zijn verder te vinden bij Fischer (1974), Baker (1992), Fischer en Molenaar (1995), en Van der Linden en Hambleton (1997a).

7.2 Enkele modellen uit de item-responstheorie

Door verbijzondering van het algemene model zoals dat in paragraaf 7.1 werd besproken, kunnen diverse item-responsmodellen worden gedefinieerd. Conceptueel verschillen deze modellen maar weinig. Alle gaan uit van een monotoon niet-dalend verband tussen de succeskans op een item en de θ-schaal waarop de psychologische eigenschap wordt gemeten. Ze verschillen echter in de keuze van de wiskundige functie voor de item-responsfunctie. Verschillende modellen kunnen daardoor nogal uiteenlopende eigenschappen hebben en daardoor is het niet een kwestie van lood om oud ijzer welk model men gebruikt om een test te construeren.

Ieder item-responsmodel legt beperkingen op aan de reacties van respondenten op items. Daarbij is het ene model strenger dan het andere. Een strenger model dan dat waarvan de item-responsfunctie werd voorgesteld in figuur 7.1, laat bijvoorbeeld niet toe dat respondenten gissen naar het goede antwoord. Dit komt dan tot uiting in pseudokansniveauparameter $\gamma_g = 0$ voor alle items in de test. Ofwel, het model schrijft voor dat personen met lage θ-waarden een kans van 0 op het goede antwoord hebben. Of respondenten zich vervolgens ook zo gedragen is maar de vraag, maar het model gaat er wel van uit. Strengere modellen leggen dus meer beperkingen op aan het 'gedrag' en leggen dus meer structuur op aan de antwoorden van personen en daarmee aan de patronen van hun itemscores. Zwakkere modellen daarentegen – zwakker in termen van hun vooronderstellingen – laten het antwoordgedrag en de daarmee corresponderende gegevensstructuur meer vrijheid. Het gevolg hiervan is dat empirische testgegevens vaak beter in overeenstemming zijn met de zwakkere modellen dan met de strengere.

Volgt hieruit dat we beter met zwakkere modellen kunnen werken? Doen we dat inderdaad, dan betalen we wel een prijs. Die prijs is dat de resulterende test minder fraaie meeteigenschappen heeft. Wanneer een zwak model een passende beschrijving geeft van de testgegevens, dan volgt daar bijvoorbeeld meting op een ordinale schaal uit. Een strenger model past weliswaar vaak minder goed bij de gegevens, maar als het past impliceert het wel mooie meeteigenschappen, zoals meting op interval- of rationiveau. Er is dus sprake van een spanning tussen enerzijds de mate van praktische toepasbaarheid van een itemresponsmodel en anderzijds de kwaliteit van de daaruit resulterende meting. Ten aanzien van deze spanning spreekt Molenaar (1983; zie ook Coombs, 1964, p. 5) dan ook van het kopen van kennis met assumpties.

We bespreken in deze paragraaf enkele item-responsmodellen in de volgorde van streng naar minder streng of zwak. De termen streng en zwak refereren dus aan de mate waarin modellen restricties opleggen aan antwoordgedrag.

7.2.1 HET RASCH-MODEL

Formulering en meetniveau
Het Rasch-model (Rasch, 1960, 1966; zie ook Andrich, 1988; Fischer, 1974; Fischer & Molenaar, 1995) is het strengste van de hier te behandelen item-responsmodellen. In figuur 7.2 worden de item-responsfuncties weergegeven van twee items die aan het Rasch-model voldoen. De formule voor de item-responsfunctie van item g luidt

$$P(X_g = 1|\theta) = \frac{\exp(\theta - \delta_g)}{1 + \exp(\theta - \delta_g)}.$$ [7.1]

Hierin is exp(.) de exponentiële functie en δ_g de moeilijkheid van item g. De functie in formule [7.1] is een logistische functie met een itemparameter, reden waarom het Rasch-model ook wel het een-parameter logistische model wordt genoemd.

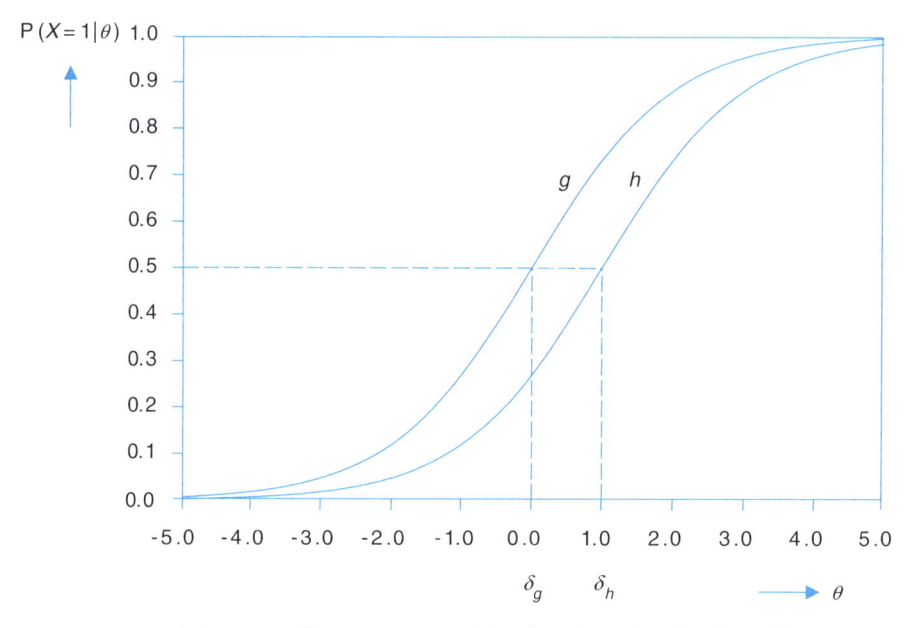

Figuur 7.2 *Twee item-responsfuncties volgens het Rasch-model.*

Door in formule [7.1] δ_g te vervangen door δ_h verkrijgt men de itemresponsfunctie van item h. Aangezien $\delta_h > \delta_g$, is item h het moeilijkste van de twee items. In figuur 7.2 blijkt dit niet alleen uit de locaties van de item-responsfuncties, maar eveneens uit de succeskansen die voor item h bij iedere θ-waarde kleiner zijn dan voor item g. De reden waarom het Rasch-model streng mag worden genoemd kan zowel uit figuur 7.2 als uit formule [7.1] worden begrepen.
Ten eerste is voor zeer kleine θ-waarden de succeskans vrijwel gelijk aan 0. Dit betekent dat voor deze lage schaalwaarden goede antwoorden die door gissen of anderszins tot stand zijn gekomen niet door het Rasch-model verklaard kunnen worden. De eerder genoemde pseudokansniveauparameter γ_g komt in het Rasch-model dus niet voor (zie formule [7.1]). Dit is een voorbeeld van een beperking die door een testmodel aan de testgegevens wordt opgelegd. Indien de testcon-

structeur reden heeft om te veronderstellen dat de items eigenschappen hebben die respondenten met lage θ-waarden uitnodigen om met een succeskans groter dan nul te gissen naar het positieve antwoord, dan is het Rasch-model niet geschikt om de testgegevens te analyseren. Dat zal bijvoorbeeld vaak het geval zijn bij meerkeuze-items uit prestatieniveautests. Denk bijvoorbeeld aan studietoetsen.

Ten tweede hebben alle items uit een test die aan het Rasch-model voldoet hetzelfde discriminerend vermogen. In het voorbeeld geldt $\alpha_g = \alpha_h = 1$, waarbij de waarde 1 arbitrair – door een adequate normering van de θ-schaal – is gekozen. Door deze keuze komt de discriminatieparameter in formule [7.1] niet voor.

Vooral dit tweede punt legt veel beperkingen op aan de structuur van testgegevens. Zo is het moeilijk voor te stellen dat alle mogelijke items die een beroep doen op de trek 'dominantie' in dezelfde mate onderscheid maken tussen personen. De ene uitspraak kan gedrag beschrijven dat minder typisch voor dominantie is dan de andere, en wel of niet instemmen met die eerste uitspraak zal dus minder scherp tussen respondenten onderscheiden dan de tweede uitspraak, maar beide kunnen zinvol deel uitmaken van een dominantievragenlijst. Het gevolg is dat slechts een deelverzameling van alle dominantie-items schaalbaar is volgens het Rasch-model. Een alternatief is dat diverse deelverzamelingen apart schaalbaar zijn, waarbij iedere deelverzameling gekenmerkt wordt door een specifiek niveau van discriminerend vermogen. Het is echter de vraag of het zinvol is op deze wijze onderscheid te maken in items die meer en minder goed discrimineren. Relevanter is de vraag of voor de beoogde toepassing van de test een dergelijk onderscheid noodzakelijk is en zo nee, of er niet beter een model kan worden gebruikt dat rekening houdt met variatie in discriminerend vermogen. We komen hier nog uitvoerig op terug.

Meting volgens het Rasch-model zoals geformuleerd in formule [7.1] vindt plaats op een schaal waarop translaties (verschuivingen) van de θ-waarden en de δ-waarden met dezelfde constante hoeveelheid zijn toegestaan. Schaaltransformaties zijn *toegestaan* wanneer zij geen invloed hebben op de succeskans volgens formule [7.1]; uitspraken over het antwoordgedrag van personen veranderen dus niet bij toegestane schaaltransformaties. Indien a een constant getal is, dan kunnen we de translatie van θ en δ schrijven als

$$\theta^* = \theta + a \quad \text{en} \quad \delta^* = \delta + a. \qquad [7.2]$$

Invullen in formule [7.1] van θ^* voor θ en δ_g^* voor δ_g laat zien dat de succeskans onveranderd blijft (zie opdracht 7). Schalen waarop transformaties van het type [7.2] zijn toegestaan noemen we verschilschalen (hoofdstuk 2).

Het Rasch-model zoals gegeven in formule [7.1] wordt soms op een andere manier geschreven. Dat kan door de parameters θ en δ_g als transformatie van twee andere parameters te schrijven,

$$\theta = \ln\xi \text{ en } \delta_g = \ln\varepsilon_g. \qquad [7.3]$$

waarbij ln(.) de natuurlijke logaritme aanduidt. We gaan er dus van uit dat θ en δ ten opzichte van ξ en ε op een logaritmische schaal worden gemeten. Dit betekent alleen maar dat de meetwaarden van respondenten en items veranderen, maar dat de onderlinge ordeningen van respectievelijk personen en items onveranderd blijft. Ook is de succeskans van Jan op item g gemeten op de θ-schaal precies dezelfde als op de ξ-schaal. De omzetting van parameters naar een andere schaal is dus alleen een wiskundige truc, die echter, zoals zal blijken, wel handig is.

Invullen van $\theta = \ln\xi$ en $\delta_g = \ln\varepsilon_g$ in formule [7.1] levert na enig rekenwerk (zie opdracht 9)

$$P(X_g = 1|\xi) = \frac{\xi}{\varepsilon_g + \xi}. \qquad [7.4]$$

Meting vindt nu plaats op de ξ-schaal en ε_g geeft op deze schaal de moeilijkheid van het item aan. Omdat volgens formule [7.3] de parameters θ en δ logaritmische transformaties zijn van respectievelijk ξ en ε, geldt dat, andersom, de laatste antilogaritmische (inverse) transformaties zijn van de eerste.

Zoals gezegd, voor de succeskansen op de items maakt het niet uit of men nu meet op een logaritmische of een antilogaritmische schaal. De formules [7.1] en [7.4] geven verschillende schrijfwijzen voor het Rasch-model, maar op verschillende schalen. We illustreren dit met een rekenvoorbeeld. Vullen we in formule [7.4] voor Jan in $\xi_{Jan} = 0.5$ en voor item g de moeilijkheid $\varepsilon_g = 1.5$, dan levert dat een succeskans gelijk aan 0.25. Deze waarde moeten we natuurlijk ook vinden wanneer Jan op de θ-schaal wordt gemeten (formule [7.1]). Met behulp van formule [7.3] berekenen we eerst θ en δ_g: $\theta = \ln(0.5) \approx -0.69$ en $\delta_g = \ln(1.5) \approx 0.41$. Deze waarden vullen we vervolgens in formule [7.1] in en het resultaat is opnieuw een succeskans van 0.25.

Het maakt in principe dus niet uit welke versie van het Rasch-model we gebruiken (zie ook Eggen & Kelderman, 1987; Fischer, 1974, pp. 193-203). Waarin zit dan het verschil? Dit zit in de schaaleigenschappen die afhankelijk zijn van de gekozen versie van het model. Laat b een positief constant getal zijn, dan geldt in formule [7.4] dat transformaties van het type

$$\xi^* = b\xi \quad \text{en} \quad \varepsilon^* = b\varepsilon \qquad [7.5]$$

zijn toegestaan. Alleen dergelijke schaaltransformaties laten de succeskans in formule [7.4] onveranderd. Schalen met toegestane transformaties van het type in formule [7.5] noemen we verhoudingsschalen of ratioschalen (hoofdstuk 2). Op de interpretatie en het gebruik van psychologische metingen op verschilschalen en ratioschalen komen we in paragraaf 7.3 terug.

De behandeling van de schaaleigenschappen van het Rasch-model vatten we als volgt samen. Van het model bestaan verscheidene formuleringen, zoals de formuleringen in de formules [7.1] en [7.4]. Vooral om rekentechnische redenen kiest men soms de ene, soms de andere formulering. Voor de succeskansen op de items maakt het niet uit welke keuze men maakt. De eigenschappen van de schaal waarop wordt gemeten zijn afhankelijk van de gekozen versie van het Rasch-model. Is eenmaal gekozen voor de versie in formule [7.1] dan meet men op een logaritmische schaal die verschiltransformaties van het type in formule [7.2] toelaat. Kiest men voor formule [7.4] dan vindt meting plaats op een antilogaritmische schaal met ratio-eigenschappen (zie formule [7.5]). Dat de schaaleigenschappen afhankelijk zijn van de formulering van het model maakt duidelijk dat men er niet een absolute betekenis aan moet toekennen. Zo kunnen we ook nog een formulering kiezen die intervalmeting toelaat; deze formulering laten we hier verder achterwege. De hele uiteenzetting maakt echter wel duidelijk dat het Rasch-model, afhankelijk van de gekozen formulering, meting toelaat waarbij afstanden tussen meetwaarden serieus kunnen worden genomen. Dit is een eigenschap die voor enkele toepassingen van tests zeer belangrijk is. Hierop komen we in paragraaf 7.3.1 en 7.4 terug.

Populatie-onafhankelijkheid
Een belangrijke eigenschap van meting volgens het Rasch-model is dat meetwaarden populatie-onafhankelijk zijn. Hiermee wordt het volgende bedoeld. Stel, het Rasch-model verklaart in de populatie van zes- tot twaalfjarige scholieren de gegevens die zijn verzameld met de items uit een itemdomein voor rekenvaardigheid. Deze populatie kan naar leeftijd worden onderscheiden in diverse deelpopulaties. Tussen leeftijdsgroepen bestaat uiteraard een verschil in niveau van reken-

vaardigheid. Uit het itemdomein stellen we nu verschillende tests samen, zodanig dat zij qua moeilijkheid zijn afgestemd op de rekenvaardigheidniveaus van de leeftijdsgroepen. Deze tests vatten we op als 'deelpopulaties' van items uit de gehele 'itempopulatie', ofwel het itemdomein.

Elke leeftijdsgroep krijgt een rekenvaardigheidtest voorgelegd die bij het niveau van de groep past. Het bijzondere van het Rasch-model is nu, dat we de θ-waarden van scholieren uit verschillende leeftijdsgroepen met elkaar kunnen vergelijken, ook al hebben zij tests van verschillend moeilijkheidsniveau gemaakt. Dat de achtjarige Jan een gemakkelijkere test heeft gemaakt dan de negenjarige Kees, stoort bij de vergelijking van hun θ-waarden niet. We spreken van populatie-onafhankelijke meting of vergelijking van personen, hetgeen inhoudt dat de θ-waarden onafhankelijk zijn van de moeilijkheden, δ, van de items in de gebruikte tests.

Wat zijn de consequenties van populatie-onafhankelijkheid? Als concreet voorbeeld beschouwen we twee even lange rekentests die zijn samengesteld op basis van hetzelfde itemdomein. De ene test is relatief gemakkelijk (test G), de andere test is relatief moeilijk (test M). Test G leggen we voor aan Jan en test M aan Kees. Stel, we kennen de klassieke betrouwbare scores van Jan en Kees en zouden weten dat $T_{Jan,G} > T_{Kees,M}$, dan zouden nog niet weten wie van de twee beter rekent. Immers, Jan zou hoger kunnen scoren dan Kees omdat zijn rekenvaardigheid groter is, zijn test gemakkelijker was, of om beide redenen. Als het Rasch-model de testgegevens verklaart, kent de resulterende meting op de θ-schaal dit probleem van interferentie van vaardigheid en itemmoeilijkheid niet. Dit komt doordat de wiskundige structuur van het Rasch-model zodanig is, dat de effecten van personen en items op de succeskansen onafhankelijk zijn en interacties geen rol spelen. Sterk vereenvoudigd voorgesteld betekent dit zoiets als dat de ordening van Jan en Kees naar succeskansen voor alle items gelijk is. De θ-waarden van Jan en Kees zijn dan onafhankelijk van het moeilijkheidsniveau van de gebruikte items: $\theta_{Jan,G} = \theta_{Jan}$ en $\theta_{Kees,M} = \theta_{Kees}$. Dit betekent dat als we vinden dat $\theta_{Jan} > \theta_{Kees}$, dat Jan dan beter rekent dan Kees. Als er bij de beantwoording van de items wel sprake is van een interactie van personen en items, zou het Rasch-model niet bij de gegevens passen. Dan zou er geen sprake zijn van populatie-onafhankelijkheid.

Meting met behulp van de klassieke betrouwbare score T en de schatting daarvan, de ruwe score X (hoofdstuk 6, formule [6.43]), is populatie-afhankelijk. De invloeden van de eigenschappen van de persoon en de items zijn niet te ontwarren, ook niet als er geen interacties werkzaam zijn: $X_{Jan,G} = 23$ en $X_{Kees,M} = 12$ zijn eenvoudig niet te vergelijken, terwijl onder het Rasch-model $\hat{\theta}_{Jan,G} = \hat{\theta}_{Jan} = 0.57$ en $\hat{\theta}_{Kees,M} = \hat{\theta}_{Kees} = 1.43$ wel degelijk aangeeft dat Kees een betere rekenprestatie heeft geleverd (het dakje op θ geeft aan dat θ geschat is). Het bijzondere van het Rasch-model is dus dat die invloeden van persoon en item op de testprestatie wel uit elkaar gehaald kunnen worden. Personen zijn dan vergelijkbaar, onafhankelijk van het moeilijkheidsniveau van de gebruikte items.

Omgekeerd geldt ook dat de moeilijkheden van items vergelijkbaar zijn, onafhankelijk van de personen die het item hebben gemaakt. De redenering hierbij verloopt langs dezelfde lijnen als die voor de populatie-onafhankelijkheid van personen. Neem bijvoorbeeld de bepaling van de moeilijkheid van item g. Volgens de klassieke methode wordt de moeilijkheid uitgedrukt in de p-waarde, de proportie van respondenten die het positieve antwoord geeft (hoofdstuk 4). Deze p-waarde hangt af van de groep die het item heeft beantwoord. Neem bijvoorbeeld twee deelpopulaties van respondenten, een met lage (L) en een met hoge (H) θ-waarden, dan geldt $p_{gL} < p_{gH}$. Op de θ-schaal geldt daarentegen $\delta_{gL} = \delta_{gH} = \delta_g$; dus, de moeilijkheid is onafhankelijk van het niveau van de groep van respondenten.

Het begrip populatie-onafhankelijkheid kan verder met enkele aanschouwelijke interpretaties worden verduidelijkt (Kelderman & Eggen, 1986). Neem bijvoorbeeld twee atleten (respondenten) die over latten (items) springen die op twee verschillende hoogten (moeilijkheden) zijn aangebracht. Stel, de eerste atleet springt in 2 van de 8 gevallen over de hoogste lat (het moeilijkste item), en de tweede in 1 van de 8 gevallen. Over de laagste lat (het gemakkelijkste item) springt de eerste atleet in 2 van de 4 gevallen en de tweede in 1 van de 4 gevallen. Ongeacht de hoogte van de lat is de verhouding van de vaardigheden van de eerste en de tweede atleet 2:1. In termen van het Rasch-model zouden we zeggen dat de verhouding van de meetwaarden van twee personen – gemeten op de ξ-schaal – onafhankelijk is van de moeilijkheid van de items. Is dit niet het geval, en is de vergelijking van personen afhankelijk van de gebruikte items, dan gaat men er doorgaans van uit dat per item bij de beantwoording twee of meer vaardigheden of eigenschappen in het spel zijn. In het atletiekvoorbeeld zou het wel erg vreemd zijn als de tweede atleet bij de lagere lat ineens betere prestaties leverde dan de eerste atleet. Dat zou alleen maar te verklaren zijn op basis van een invloed die naast vaardigheid een rol speelt. De tweede atleet had bijvoorbeeld bij het springen over de hoge lat last van een spierblessure, of de eerste atleet had last van een blessure bij het springen over de lagere lat.

Fischer (1974, pp. 219-220) bespreekt een empirisch voorbeeld van twee items, zeg, g en h, uit een woordentest die in de deelpopulaties van jongens en meisjes verschillende moeilijkhedenverhoudingen hebben; dus $\varepsilon_g/\varepsilon_h$ is verschillend voor jongens en meisjes. Daardoor is de meting van de items niet populatie-onafhankelijk en geldt voor deze specifieke items het Rasch-model dus niet in de populatie van jongens en meisjes tezamen. De auteur zoekt de verklaring voor de populatie-afhankelijkheid in een geslachtsgebonden bekendheid met de woorden, waardoor spellingsfouten in specifieke woorden meer in de ene dan in de andere deelpopulatie worden aangetroffen. Het gaat in het voorbeeld om de woorden hangar en arnica. In de populatie van jongens blijkt het eerste woord het gemakkelijkst, in de populatie van meisjes is het tweede woord het gemakkelijkst. In paragraaf 7.4.4 over vraagonzuiverheid komen we hierop terug.

De term populatie-onafhankelijkheid moet niet worden begrepen in de zin van 'geldig, ongeacht welke populatie men beschouwt'. Als is aangetoond dat het Rasch-model geldt voor een specifieke test in een populatie van zes- tot twaalfjarigen, dan geldt het ook in deelgroepen hieruit, zoals de groep van achtjarigen. Als echter alleen is aangetoond dat het Rasch-model geldt voor de gegevens van de populatie van achtjarigen, dan kan deze geldigheid niet zomaar worden gegeneraliseerd naar de populatie van negenjarigen. Dat laatste moet apart worden onderzocht. Wel geldt het model in de deelpopulaties van achtjarige jongens en achtjarige meisjes, alsmede alle andere deelpopulaties die gevormd kunnen worden uitgaande van de totale populatie van achtjarigen.

Een numeriek voorbeeld van geschatte parameters uit het Rasch-model

We sluiten deze paragraaf af met een voorbeeld van geschatte θ- en δ-parameters. Daarbij gaat het ons om de conclusies die we uit deze geschatte parameters kunnen trekken, maar niet om de wijze waarop zij geschat worden. Dit is een ingewikkeld procedé dat, zoals eerder gezegd, buiten het bestek van dit boek valt.

Voor een test voor verbale intelligentie die bestaat uit 32 items van het type verbale analogieën (een voorbeeld werd in paragraaf 7.1 gegeven) werden gegevens – scores gelijk aan 0 (fout antwoord) en 1 (goed antwoord) – verzameld in een steekproef van 989 proefpersonen

(Meijer, Sijtsma & Smid, 1990). Voor deze personen werden de θ-parameters geschat. Een eigenschap van het Rasch-model is, dat voor elke persoon met hetzelfde aantal items goed, X, dezelfde θ-waarde wordt geschat (om technische redenen doen personen met $X = 0$ en $X = 32$, dus alle items fout of goed, niet mee). Kortom, voor de schatting van θ volgens het Rasch-model hoeven we alleen maar te weten hoeveel items iemand goed heeft beantwoord, maar welke dat precies zijn doet er niet toe. Vandaar dat we in tabel 7.1 slechts 31 verschillende geschatte θ-waarden zien. Geschatte θ-waarden worden aangegeven met $\hat{\theta}$. Wat valt aan deze waarden nu op?

Ten eerste staan de θ-waarden op een andere schaal dan het aantal goed, X. Deze θ-schaal is vanwege zijn mogelijke decimale waarden en negatieve tekens lastig te interpreteren, want wat betekent nu een score van $\hat{\theta} = -1.34$ voor verbale analogieën? De hiermee corresponderende aantal-goedscore, $X = 8$, spreekt in elk geval intuïtief meer aan. Het nut van de θ-schaal ligt vooral in meetniveau en populatie-onafhankelijkheid, waarvan we verderop toepassingen zullen zien, maar voor rapportage van testprestaties is hij onhandig. Voor deze rapportage is het handiger om θ om te rekenen naar een bekende schaal, zoals die van het schoolrapport met scores lopend van 1 tot en met 10. Een andere mogelijkheid is om met ruwe scores (tabel 7.1, eerste kolom) of percentielen (tabel 7.1, laatste kolom) te werken. Ten tweede valt op dat θ-scores zowel positief als negatief kunnen zijn. Dit komt doordat de schattingsprocedure zodanig wordt uitgevoerd, dat het gemiddelde van de geschatte θ's gelijk is aan 0 (dit kan gecontroleerd worden in de tabel). Deze ingreep is nodig omdat de schaal geen absoluut nulpunt heeft, wat bij de schatting van de parameters technische problemen oplevert. Door de gemiddelde $\hat{\theta}$-waarde arbitrair gelijk aan 0 te kiezen, wordt dit probleem opgelost. Een andere oplossing was geweest dat de kleinste geschatte θ de waarde 0 had gekregen, waardoor alle andere $\hat{\theta}$-waarden positief waren geweest. Het belangrijkste is echter dat het teken van de θ-waarden in tabel 7.1 geen inhoudelijke betekenis heeft. Dus, $\hat{\theta} = -1.34$ voor verbale analogieën betekent dat de respondent onder het gemiddelde ligt. Ten derde valt op dat de standaardmeetfout per $\hat{\theta}$-waarde, in tegenstelling tot de standaardmeetfout van de klassieke testtheorie (formule [6.16]), varieert per $\hat{\theta}$-waarde (tabel, 7.1, derde kolom, wordt daar standaarddeviatie van $\hat{\theta}$ genoemd). Zo is duidelijk dat voor extreem lage en hoge $\hat{\theta}$-waarden de nauwkeurigheid het geringst is en in het midden van de schaal het grootst. De 90%-betrouwbaarheidsintervallen variëren dus ook met $\hat{\theta}$ (tabel, 7.1, vierde en vijfde kolom).

Tabel 7.1 Ruwe scores (X), geschatte θ ($\hat{\theta}$), standaarddeviatie van $\hat{\theta}$ (st.dev.), 90% betrouwbaarheidsinterval (betr.int.) van θ, aantal personen (freq.) met ruwe score, X, en percentielscores (perc.).

X	$\hat{\theta}$	st.dev.	90% betr.int		freq.	perc.
1	−4.00	1.05	−5.73;	−2.27	0	0
2	−3.21	.77	−4.48;	−1.94	1	0
3	−2.72	.65	−3.79;	−1.65	5	0
4	−2.35	.58	−3.30;	−1.40	8	1
5	−2.04	.53	−2.91;	−1.17	17	2
6	−1.78	.49	−2.60;	−.97	16	4
7	−1.55	.47	−2.32;	−.78	25	6
8	−1.34	.45	−2.08;	−.60	34	9
9	−1.15	.43	−1.86;	−.44	35	12
10	−.97	.42	−1.66;	−.27	35	16
11	−.80	.41	−1.47;	−.12	42	22
12	−.63	.40	−1.30;	.04	42	24
13	−.47	.40	−1.13;	.19	44	29
14	−.31	.39	−.96;	.34	50	33
15	−.16	.39	−.80;	.49	53	38
16	−.00	.39	−.65;	.65	52	44
17	.15	.39	−.50;	.80	45	49
18	.31	.40	−.34;	.96	45	53
19	.47	.40	−.19;	1.13	53	58
20	.63	.41	−.04;	1.30	53	64
21	.80	.41	.12;	1.48	59	69
22	.97	.42	.27;	1.67	56	75
23	1.15	.43	.44;	1.87	45	80
24	1.35	.45	.61;	2.09	42	85
25	1.56	.47	.79;	2.33	33	88
26	1.79	.49	.98;	2.61	33	92
27	2.05	.53	1.18;	2.92	26	95
28	2.35	.57	1.41;	3.30	21	97
29	2.72	.64	1.66;	3.78	10	99
30	3.20	.76	1.95;	4.46	4	99
31	3.98	1.04	2.26;	5.70	5	100

Ten vierde valt op dat deze betrouwbaarheidsintervallen in relatie tot de lengte van de schaal – ongeveer acht eenheden – behoorlijk lang zijn. De kortste beslaat nog altijd zo'n 1.3 eenheden, en waarden van twee eenheden of meer zijn heel gewoon. Geschatte meetwaarden dienen dus ver uiteen te liggen, wil er sprake zijn van een significant verschil. Dit constateerden we overigens ook al in hoofdstuk 6 in het kader van de geschatte betrouwbare score. Of men nu meet volgens de item-responstheorie of de klassieke testtheorie, per meetwaarde heeft men maar weinig observaties – hier 32 – om deze meetwaarde te schatten, en dit gebeurt dus noodzakelijkerwijs met een grote foutenmarge. Hiermee wordt opnieuw onderstreept dat tests en vragenlijsten maar beter uit grote aantallen items kunnen bestaan.

Wie meer over het Rasch-model wil weten, kan terecht in boeken over item-responstheorie: Lord (1980a), Hulin, Drasgow en Parsons (1983), Hambleton en Swaminathan (1985), Baker (1992) en Van der Linden en Hambleton (1997a). Een meer inleidend karakter heeft het boek van Embretson en Reise (2000). Gespecialiseerd in het Rasch-model zijn de boeken van Rasch (1960) zelf, Fischer (1974), Andrich (1988) en Fischer en Molenaar (1995). In Nederland zijn diverse proefschriften gewijd aan het Rasch-model: Van den Wollenberg (1979), Jansen (1983), Kelderman (1987), Engelen (1989), Glas, (1989), Zwinderman (1991) en Eggen (2004). Verder leveren diverse van de tijdschriften genoemd in hoofdstuk 1 een zeer uitvoerige literatuur over het Rasch-model.

7.2.2 MODELLEN MET RESPECTIEVELIJK TWEE EN DRIE ITEMPARAMETERS

Minder streng dan het Rasch-model is het Birnbaum-model (Birnbaum, 1968) met twee itemparameters en het model met drie itemparameters (Hambleton & Swaminathan, 1985; Lord, 1980a). Beide modellen zijn op te vatten als veralgemeniseringen van het Rasch-model of, omgekeerd, het Rasch-model als een speciaal geval van deze twee modellen. Dit houdt in dat, wanneer het Rasch-model een adequate verklaring geeft van de testgegevens, ook deze minder strenge modellen bruikbaar zijn voor de gegevens. Omgekeerd gaat deze redenering niet automatisch op. We behandelen eerst het strengere Birnbaum-model, en daarna met model met drie itemparameters.

Het Birnbaum-model

Formulering en meetniveau

In figuur 7.3 zijn van twee items die aan het Birnbaum-model voldoen de item-responsfuncties weergegeven. De formule voor de item-responsfunctie van item g is

$$P(X_g = 1|\theta) = \frac{\exp[\alpha_g(\theta - \delta_g)]}{1 + \exp[\alpha_g(\theta - \delta_g)]}, \alpha_g > 0. \qquad [7.6]$$

Hierin is α_g het discriminerend vermogen van item g. Omdat de functie in formule [7.6] een logistische functie is met twee itemparameters, wordt dit model ook wel het twee-parameter logistische model genoemd.

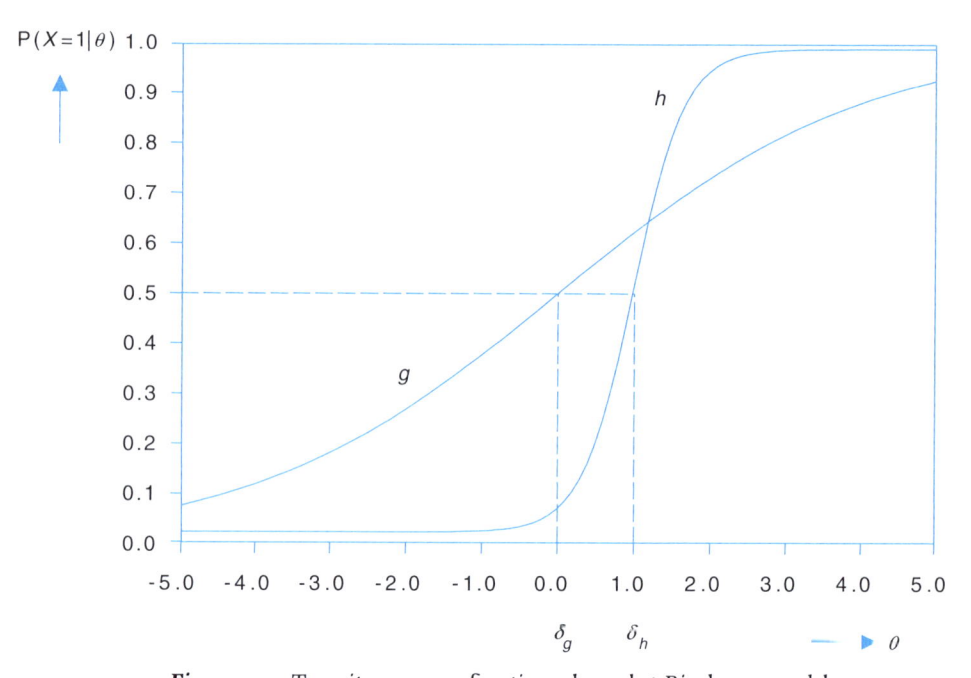

Figuur 7.3 *Twee item-responsfuncties volgens het Birnbaum-model.*

Anders dan het Rasch-model, laat het Birnbaum-model toe dat de items in een test verschillen in discriminerend vermogen. Zij hoeven in dit opzicht dus niet alle van dezelfde kwaliteit te zijn. Punten van overeenstemming met het Rasch-model zijn dat items mogen variëren in moeilijkheid en dat voor lage θ-waarden de succeskans op het item 0 nadert. Gegevens verkregen met items waarvoor geldt dat bij lage θ-waarden de succeskans groter is dan nul en waarbij het plausibel is dat personen zullen raden indien ze het antwoord niet weten, zijn derhalve evenmin geschikt om geanalyseerd te worden met behulp van het Birnbaum-model.

Aangetoond kan worden dat de volgende transformaties van persoons- en itemparameters geen invloed hebben op de succeskans volgens formule [7.6]. Laat a en b ($b > 0$) constante waarden zijn, dan definiëren we de transformaties

$$\theta^* = b\theta + a, \quad \delta^* = b\delta + a \quad \text{en} \quad \alpha^* = \frac{\alpha}{b}. \qquad [7.7]$$

Invullen van θ^*, δ^* en α^* in formule [7.6] laat zien dat de succeskans op de nieuwe schaal onveranderd blijft. De transformaties volgens formule [7.7] zijn derhalve toegestaan. De schaal heeft de eigenschappen van een intervalschaal, hetgeen inhoudt dat de eenheid en het nulpunt van meting arbitrair kunnen worden gekozen (zie hoofdstuk 2). Wat wel onveranderd blijft, is de verhouding van verschillen. Dus, voor Jan, Kees en Marleen geldt bijvoorbeeld

$$\frac{\theta_{Jan} - \theta_{Kees}}{\theta_{Jan} - \theta_{Marleen}} = \frac{\theta^*_{Jan} - \theta^*_{Kees}}{\theta^*_{Jan} - \theta^*_{Marleen}}.$$

Evenals bij meting volgens het Rasch-model (formule [7.1]) kunnen we dus concluderen dat meting plaatsvindt op een metrische schaal, waarop intervallen serieus worden genomen.

Populatie-onafhankelijkheid

Meting volgens het Birnbaum-model is, evenals meting volgens het Rasch-model, populatie-onafhankelijk. Daarbij doen zich echter wel problemen voor die we in het Rasch-model niet kennen. Zo kan worden aangetoond (Birnbaum, 1968, p. 429) dat de bepaling van de meetwaarde θ_i onafhankelijk is van de itemmoeilijkheden, de δ-parameters, maar afhankelijk van de discriminatieparameters, de α-parameters, van de door respondent i correct beantwoorde items. Zijn de α-parameters van de items uit het itemdomein echter bekend, dan kunnen deze parameters worden gebruikt om iemands θ-waarde te bepalen. De meetwaarde is dan onafhankelijk van de in de specifieke test gebruikte items. Anders gezegd, gegeven het discriminerend vermogen van de gebruikte items, kan θ bepaald worden en bij iedere test die uit het itemdomein wordt samengesteld, komt men tot dezelfde θ-waarde (op schattingsfouten na).

Een probleem is nu, dat de moeilijkheids- en de discriminatieparameters niet populatie-onafhankelijk bepaald kunnen worden. Dat de itemmoeilijkheden in het Birnbaum-model niet populatie-onafhankelijk kunnen worden bepaald, is in figuur 7.3 te zien. We kijken gemakshalve naar de succeskansen in plaats van de moeilijkheden, en zien dat links van het snijpunt van de item-responsfuncties item g in termen van de succeskansen het gemakkelijkst is, en rechts item h. De keuze van de specifieke deelpopulatie heeft dus consequenties voor de ordening van de succeskansen. Bij het Rasch-model is deze ordening populatie-onafhankelijk, maar in het Birnbaum-model varieert zij dus over deelpopulaties.

Wat wel populatie-onafhankelijk te bepalen valt, is het product van de itemkenmerken, $\alpha_g \delta_g$. Dit product heeft in de testtheorie echter geen praktische betekenis. Bovendien levert het ons niet de gewenste α-parameters, die nodig zijn om personen populatie-onafhankelijk te meten. De reden is dat we bij k items ook k van dergelijke producten hebben, zodat we – eenvoudig gesteld – k vergelijkingen hebben met $2k$ onbekenden. Zo'n stelsel van vergelijkingen valt niet op te lossen zonder aanvullende trucs.

Een bekende truc is te veronderstellen dat de verdeling van θ in de onderzochte populatie bijvoorbeeld normaal is. Hiervan uitgaande kan men het schattingsprobleem van de itemparameters dan zo herformuleren, dat men tot populatie-*afhankelijke* schattingen van zowel het discriminerend vermogen als de moeilijkheid van de items komt. De geschatte discriminatieparameters kunnen vervolgens worden gebruikt om de θ-waarden van de personen te bepalen.

Het voorgaande laat zien dat het kiezen van een minder streng testmodel gepaard gaat met een verlies aan meeteigenschappen. Door middel van het Birnbaum-model met twee itemparameters kunnen alleen de personen populatie-onafhankelijk worden gemeten, maar niet de items. In het Rasch-model is het laatste ook mogelijk. De vergelijking van de twee modellen geeft een goede illustratie van het principe dat men kennis koopt met assumpties.

Het drie-parameter logistische model

Formulering en meetniveau

We gaan ten slotte kort in op een model met drie itemparameters. In figuur 7.4 geven we de item-responsfuncties weer van twee items die aan de eisen van dit model voldoen. De item-responsfunctie van item g is te schrijven als

$$P(X_g = 1|\theta) = \gamma_g + (1 - \gamma_g)\frac{\exp[\alpha_g(\theta - \delta_g)]}{1 + \exp[\alpha_g(\theta - \delta_g)]}.\qquad [7.8]$$

De parameter γ_g geeft het pseudokansniveau van item g. Verschillende items uit dezelfde test mogen variëren op deze eigenschap. Verder mogen ze variëren in discriminerend vermogen en moeilijkheid. Dit model staat bekend als het drie-parameter logistische model.

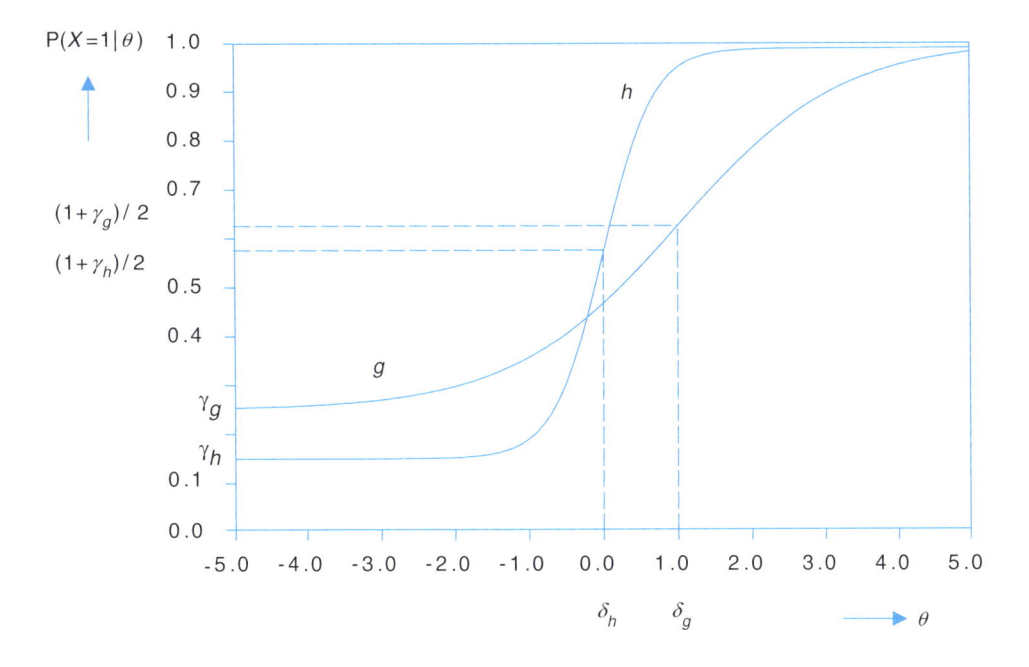

Figuur 7.4 *Twee item-responsfuncties volgens het drie-parameter logistische model.*

Het Rasch-model is als speciaal geval van formule [7.8] te verkrijgen door $\gamma = 0$ aan te nemen voor alle items in de test en verder door alle discriminatieparameters gelijk te kiezen en te normeren op 1 ($\alpha = 1$). Het Birnbaum-model met twee itemparameters resulteert door alleen $\gamma = 0$ te kiezen voor alle items.

Formule [7.8] is een verdere veralgemenisering ten opzichte van de vorige twee item-responsmodellen. Evenals volgens het Birnbaum-model, vindt meting hier plaats op een intervalschaal (zie formule [7.7]). Daarbij geldt dat $\gamma^* = \gamma$; dus de parameters voor het pseudo-kansniveau liggen vast.

Populatie-onafhankelijkheid
Meetwaarden van personen zijn in het drie-parameter logistische model populatie-onafhankelijk te bepalen indien de populatie-*afhankelijke* itemparameters bekend zijn. Deze populatie-afhankelijkheid laat onverlet dat men itemparameters kan schatten mits een bekende verdeling van θ is verondersteld. Ze zijn echter gebonden aan een vaste populatie van personen. Zijn de itemparameters bekend, dan kunnen de θ-waarden worden bepaald onafhankelijk van de gebruikte test, op voorwaarde dat de test afkomstig is uit een itemdomein waarbinnen de testgegevens kunnen worden beschreven met formule [7.8].

Verhandelingen over de logistische modellen met respectievelijk twee en drie itemparameters zijn te vinden bij Birnbaum (1968), Lord (1980a), Hulin e.a. (1983), Hambleton en Swaminathan (1985) en Embretson en Reise (2000). Kortere inleidingen treft men aan bij onder anderen Hambleton en Cook (1977), Lord (1977), en Van der Linden en Hambleton (1997b).

7.2.3 DE MODELLEN VOLGENS MOKKEN
Mokken (1971, 1997; Mokken & Lewis, 1982) heeft twee item-responsmodellen gepresenteerd die belangrijke verschillen vertonen met de eerder genoemde modellen. We bespreken eerst het minst restrictieve model, het model van monotone homogeniteit. Daarna gaan we in op het model van dubbele monotonie.

Het model van monotone homogeniteit

Formulering en meetniveau
Mokken (1971, pp. 115-116) gaat ervan uit dat over veel psychologische eigenschappen zo weinig kennis bestaat dat het gebruik van de relatief strenge Rasch- en Birnbaum-modellen en het drie-parameter logistische model niet gerechtvaardigd kan worden. Dit houdt bijvoorbeeld in dat de item-responsfunctie van het Rasch-model (formule [7.1]) te restrictief wordt gevonden omdat de items alleen kunnen variëren in moeilijkheid, terwijl items in werkelijkheid vaak ook op andere kenmerken zullen verschillen. De item-responsfuncties van de andere twee modellen (formules [7.6] en [7.8]) zijn weliswaar minder restrictief, maar leggen in deze visie nog steeds veel beperkingen op aan de testgegevens. Het drie-parameter logistische model (formule [7.8]) vereist bijvoorbeeld dat voor respondenten met hoge θ-waarden de kans op het goede antwoord naar 1 nadert, terwijl het denkbaar is dat sommige capaciteitsitems zo moeilijk zijn, dat ook deze respondenten

nog een redelijke kans hebben een fout antwoord te geven. Ook veronderstellen de drie modellen dat de item-responsfunctie eerst een lage, vrijwel constante waarde heeft, vervolgens een tijdje relatief snel stijgt, en daarna een constante waarde heeft dichtbij 1. Dit is vooral een technisch handige keuze, maar het is niet goed in te zien waarom het verloop van sommige functies niet enkele snellere stijgingen zou kennen met daartussen bijvoorbeeld enkele plateaus. Dit zou kunnen passen bij een cognitieve ontwikkeling die in diverse sprongen verloopt in plaats van in slechts één sprong (steile helling) of gradueel (flauwe helling).

Mokken stelt derhalve voor om uit te gaan van item-responsfuncties die wel monotoon niet-dalend zijn – dus stijgend en eventueel hier en daar een tijdje constant, maar nooit dalend – maar er verder geen beperkingen aan op te leggen. Verder moet het antwoordgedrag op alle items een afspiegeling zijn van dezelfde psychologische eigenschap die wordt gemeten op de θ-schaal. Het idee is dat met de toename van θ ook de kans toeneemt (of tijdelijk constant blijft) dat het positieve antwoord wordt gegeven, maar zonder verder restricties op te leggen aan hoe die toename precies verloopt. Dit is een veronderstelling die intuïtief aanspreekt. Immers, psychologische theorieën bieden enerzijds zelden uitgesproken veronderstellingen over hoe bepaald gedrag – tot uiting komend in de respons op een item – zich ontwikkelt als functie van een onderliggende eigenschap, dus waarom zouden we dan een specifieke vorm voor de item-responsfunctie veronderstellen? Anderzijds lijkt het redelijk om er wel van uit te gaan dat met een toenemende θ de kans op een positief antwoord ook toeneemt. Figuur 7.5 laat een vijftal monotoon niet-dalende item-responsfuncties zien die voldoen aan het model van monotone homogeniteit. De item-responsfunctie van item 1 haalt voor hoge θ-waarden niet de waarde 1, wat aangeeft dat dit item ook voor hoge θ-waarden niet triviaal is. Van item 2 is het verloop van de item-responsfunctie sprongsgewijs, wat duidt op het eerder genoemde ontwikkelingseffect. De overige drie item-responsfuncties laten minder gemakkelijk een specifieke interpretatie toe.

Overigens gebiedt de eerlijkheid te zeggen dat de psychologische theorievorming over vele eigenschappen ook de mogelijkheid van een lokale afname in de item-responsfunctie niet geheel uitsluit. Bij onze veronderstelling van monotonie is dus wel degelijk sprake van een restrictie op de testgegevens. Er is dan ook een alternatief item-responsmodel voorgesteld (Stout, 1990, 2002) dat aan de individuele item-responsfuncties geen eisen stelt, maar wel van het gemiddelde

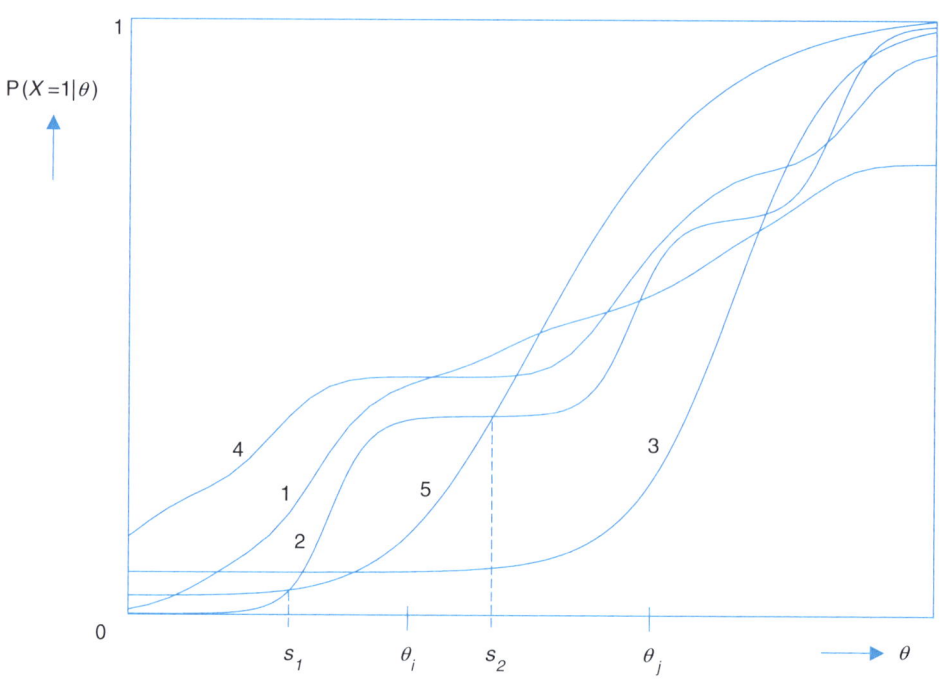

Figuur 7.5 *Vijf monotoon niet-dalende item-responsfuncties volgens het model van monotone homogeniteit.*

van deze functies eist dat deze monotoon stijgend is. De afwijkingen in de individuele item-responsfuncties mogen dus ook weer niet te gek worden. Ook laat dit model toe dat de items unieke eigenschappen meten in aanvulling op de dominante, bedoelde eigenschap, die door θ wordt gerepresenteerd. Die unieke eigenschappen mogen echter slechts een marginale invloed op de testprestatie hebben. We gaan vanwege de wiskundige finesses niet verder in op dit interessante model (zie, bijvoorbeeld, ook Stout e.a., 1996).

Het model van monotone homogeniteit kan dus worden gezien als een item-responsmodel dat relatief weinig restricties aan de testgegevens oplegt, terwijl er nog steeds interessante meeteigenschappen blijven gelden. Zo impliceert het model dat personen kunnen worden geordend op θ met behulp van hun totaalscores X, de som van de itemscores (Grayson, 1988; Hemker, Sijtsma, Molenaar & Junker, 1997). Dit is vooral erg handig, omdat een item-responsmodel gebaseerd op zwakke vooronderstellingen, zoals het model van monotone homogeniteit, niet toelaat dat θ numeriek wordt geschat, wat met behulp van het Rasch-model, het Birnbaum-model en het drie-parameter logistische model wél kan. Dat een bij de testgegevens passend model impliceert dat we personen met behulp van X op θ kunnen ordenen zonder dat we θ zelf kunnen schatten, is een fraaie meeteigenschap.

Gebruiken we het model van monotone homogeniteit om een test of vragenlijst te construeren en niet het Rasch-model, het Birnbaum-model of het drie-parameter logistische model, dan zijn we dus de eigenschappen van de verschilschaal en de intervalschaal kwijt. Wel blijft de ordinale schaal voor personen in tact. Aangezien diverse toepassingen van tests en vragenlijsten alleen een ordening van personen vragen, is een ordinale schaal in die gevallen voldoende. Voorbeelden zijn dat men in een sollicitatieprocedure alleen de vijf kandidaten met de hoogste testscores, X, wil selecteren, en in een onderwijssituatie de beste twintig kandidaten voor een dure vervolgcursus. Test- en vragenlijstconstructie kan dan plaatsvinden met behulp van het relatief zwakke model van monotone homogeniteit. Dit model leidt, vanwege de zwakke vooronderstellingen, tot het geringste verlies van items. Dit leidt doorgaans weer tot een hogere betrouwbaarheid van X (hoofdstuk 6).

In paragraaf 7.3.2 komen we terug op een eigenschap van item-responsmodellen, die inhoudt dat door een gelukkige keuze van een relatief klein aantal items lokaal op de θ-schaal erg nauwkeurig kan worden gemeten. Deze eigenschap ligt ten grondslag aan het adaptief testen, waarover we in hoofdstuk 5 al spraken.

Hoe zit het met de itemparameters in het model van monotone homogeniteit? Evenmin als θ geschat kan worden, kunnen de itemmoeilijkheden δ (of andere itemparameters) geschat worden. Wel kan, net als in de klassieke testtheorie, de p-waarde, de proportie van enen, van een item worden berekend. Hoe groter de p-waarde, hoe gemakkelijker (capaciteiten, prestaties) of populairder (persoonlijkheidstrekken, attitudes) het item.

Populatie-onafhankelijkheid

We zagen reeds dat in een test bestaande uit k items, waarvan de testgegevens kunnen worden verklaard met het model van monotone homogeniteit, personen met behulp van de testscore, X, kunnen worden geordend op θ. Dit is waar ongeacht de testlengte, k. Stel nu, dat we een willekeurig aantal items uit de test selecteren en ze tezamen opvatten als een nieuwe test. Elk van de items in deze nieuwe test heeft een monotone item-responsfunctie en meet dezelfde eigenschap als de andere items. Bereken nu voor elke persoon de testscore op deze nieuwe test, en noem deze testscore Y. Dan geldt dus nog steeds dat personen kunnen worden geordend op θ met behulp van de testscore, in dit geval Y. Welke items we nemen om Y te berekenen doet er in principe niet toe: als Jan een lagere θ-waarde heeft dan Kees, dan heeft hij naar verwachting zowel een lagere X-waarde als een lagere Y-waarde. De uitdrukking 'naar verwachting' betekent dat het hier gaat om een *theoretisch* resultaat dat waar is ongeacht het aantal items. In de *praktijk* geldt natuurlijk dat een kleiner aantal items leidt tot een geringere betrouwbaarheid (zie hoofdstuk 6), ook in item-responsmodellen. We komen daar aanstonds uitvoerig op terug.

De ordening van personen is dus populatie-onafhankelijk; elke selectie van items uit het itemdomein waarvoor het model van monotone homogeniteit geldt leidt in theorie tot dezelfde ordening van personen. Hoe zit het met de ordening van de items?
De itemmoeilijkheid, δ, kan onder het model van monotone homogeniteit niet worden geschat, evenmin als de persoonsparameter, θ. De p-waarde van een item kan altijd worden berekend, dus ongeacht het testmodel. Is onder het model van monotone homogeniteit de ordening van de items naar p-waarde misschien populatie-onafhankelijk? Dit is niet het geval. De reden is dat de item-responsfuncties elkaar snijden (zie figuur 7.5), zodat de ordening van de items afhankelijk is van de plaats van een θ-waarde op de schaal. Voor de overzichtelijkheid concentreren we ons op de items 2 en 5, en zien in figuur 7.5 dat hun ordening naar succeskans voor θ_i is:
$P(X_5 = 1|\theta_i) < P(X_2 = 1|\theta_i)$; en voor θ_j: $P(X_5 = 1|\theta_j) > P(X_2 = 1|\theta_j)$.
Meer in het algemeen onderscheiden we op de θ-schaal een aantal elkaar niet overlappende segmenten, waarbij de grenzen van de segmenten overeenkomen met de snijpunten van de item-responsfuncties. In figuur 7.5 snijden de item-responsfuncties van de items 2 en 5 elkaar twee keer, zodat op de θ-schaal drie segmenten kunnen worden onderscheiden; dit zijn de segmenten waarvoor respectievelijk $\theta < s_1$, $s_1 < \theta < s_2$, en $\theta > s_2$. In het linker en rechter segment hebben de items 2 en 5 dezelfde ordening, maar in het middensegment is die ordening omgekeerd.
Beschouwen we de ordening van alle vijf items gelijktijdig, dan kijken we dus naar vijf item-responsfuncties met meer snijpunten en dus meer segmenten op de θ-schaal. De ordening van de succeskansen varieert meestal per segment. Een enkele ordening van de items naar p-waarde kan dit niet weergeven, want of item g gemakkelijker is dan item h, hangt ervan af over welk segment van de θ-schaal we het

hebben. Overigens is de ordening van de items op basis van logistische item-responsfuncties uniek per segment. Bij het model van monotone homogeniteit hoeft dit niet zo te zijn, en verschilt ook het aantal segmenten van dat op basis van logistische item-responsfuncties.

Het model van dubbele monotonie

Formulering en meetniveau

Een model dat wel leidt tot populatie-onafhankelijke ordeningen van zowel personen als items is het model van dubbele monotonie. Dit model is een speciaal geval van het model van monotone homogeniteit. In beide modellen wordt verondersteld dat de item-responsfuncties monotoon niet-dalend zijn, maar in het model van dubbele monotonie mogen deze functies elkaar bovendien niet snijden. In figuur 7.6 worden vier van dergelijke item-responsfuncties getoond. De functies mogen elke denkbare vorm hebben, onder de voorwaarden dat ze niet-dalend zijn en elkaar niet snijden. Daarmee lijkt het model van dubbele monotonie wel wat op het Rasch-model – de item-responsfuncties onder dat model zijn ook stijgend en snijden elkaar niet – maar is toch wat vrijer omdat de specifieke item-responsfunctie in formule [7.1] niet wordt verondersteld.

Omdat het model van dubbele monotonie een speciaal geval is van het model van monotone homogeniteit, volgt logisch dat personen kunnen worden geordend op θ met behulp van hun testscores, X. We meten personen dus op een ordinale schaal. Aangetoond kan worden dat de p-waarden van de items op een ordinale schaal liggen. De ordening van de items naar afnemende p-waarde correspondeert met een toenemende moeilijkheid.

Populatie-onafhankelijkheid

Net als in het model van monotone homogeniteit, is in het model van dubbele monotonie de ordening van personen op de θ-schaal met behulp van de testscore, X, populatie-onafhankelijk.

Verder kan worden aangetoond dat ook de ordening van de items met behulp van hun p-waarden populatie-onafhankelijk is. Dit is te zien in figuur 7.6, waar voor elke waarde van θ de ordening van de succeskansen van de items gelijk is, op eventuele knopen na waar item-responsfuncties samenvallen. Bijvoorbeeld: voor θ_i zijn de kansen om de items 3 en 4 goed te maken gelijk, terwijl voor de meeste andere θ-waarden item 4 moeilijker is dan item 3. Nergens is item 4 echter gemakkelijker dan item 3. Aangetoond kan worden (wat we hier

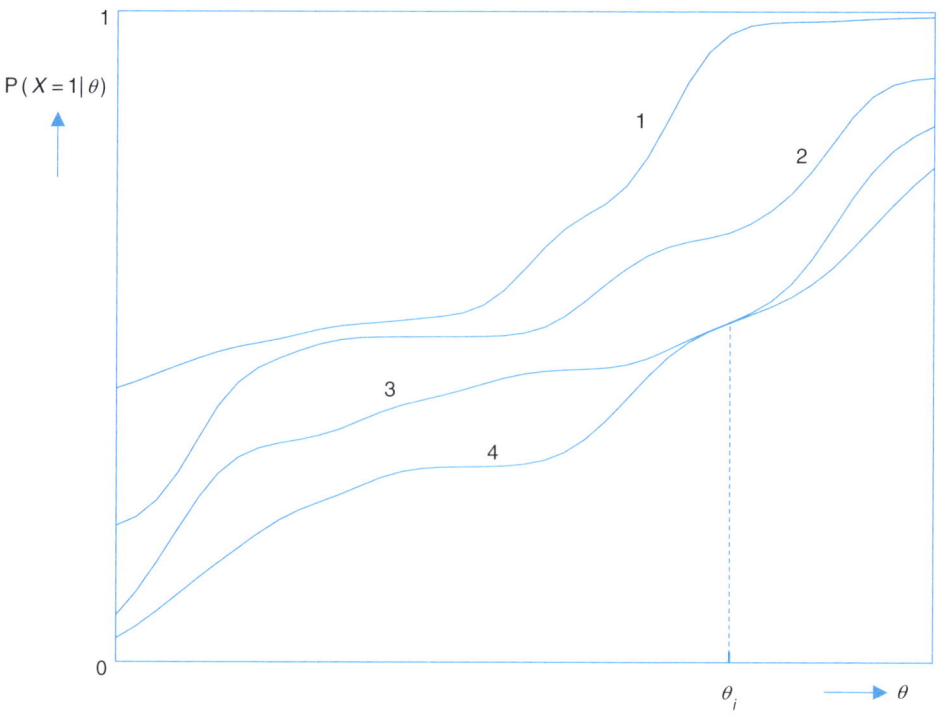

Figuur 7.6 Vier monotoon niet-dalende en niet-snijdende item-responsfuncties volgens het model van dubbele monotonie.

achterwege laten) dat de ordening van de items naar hun p-waarden overeenkomt, weer op eventuele knopen na, met de ordeningen van de items naar succeskans voor de individuele waarden op de θ-schaal. Past het model van dubbele monotonie dus bij de testgegevens, dan geeft de ordening van de items naar p-waarde ook de ordening van de items voor alle individuele respondenten.

In tegenstelling tot θ en δ zijn de testscores, X, en de p-waarden onderling niet vergelijkbaar. De vergelijking van bijvoorbeeld $X = 18$ met $p = 0.45$ is dus niet mogelijk. Wel weten we dat $X = 18$ een hogere θ-waarde aangeeft dan $X = 9$, en dat $p_g = 0.45$ hoort bij een moeilijker item dan $p_h = 0.82$. Personen kunnen dus wel met elkaar op een schaal worden vergeleken en items ook, maar personen en items kunnen niet onderling op dezelfde schaal worden vergeleken.

Uitgebreide besprekingen van de modellen volgens Mokken zijn te vinden bij Mokken (1971) en Sijtsma en Molenaar (2002); kortere inleidingen zijn te vinden bij Stokman en Van Schuur (1980), Mokken en

Lewis (1982), Niemöller en Van Schuur (1983), Sijtsma (1998), Junker (2001) en Van Schuur (2003).

Nu we aan het einde zijn gekomen van de behandeling van enkele belangrijke item-responsmodellen, is het goed nog even te wijzen op het speciale karakter van de persoonsvariabele θ. Dit karakter bestaat erin dat θ niet observeerbaar is zoals een itemscore of een ruwe score. Daarentegen is θ een zogenaamde latente variabele die in principe als onbekende uit een vergelijking wordt geschat waarvan de specifieke vorm wordt bepaald door de itemscores die werkelijk op de test zijn behaald. Deze speciale positie van θ heeft geleid tot diverse bespiegelingen over de theoretische status van latente variabelen, zoals die van Borsboom, Mellenbergh, en Van Heerden (2003). Een bespreking hiervan zou hier te ver voeren.

7.2.4 DE ONDERLINGE RELATIES VAN DE ITEM-RESPONSMODELLEN

Het Rasch-model is een speciaal geval van het Birnbaum-model, en dit model is een speciaal geval van het drie-parameter logistische model. Elk van deze drie modellen veronderstelt dat de items uit een itemdomein of een specifieke test dezelfde eigenschap meten, en elk veronderstelt een speciale formule (resp. de formules [7.1], [7.6], en [7.8]) waarmee wordt aangegeven wat het verband is tussen de kans op een positief antwoord op een item en de schaal (θ) waarop de psychologische eigenschap wordt gemeten. Deze formules verschillen weliswaar, maar hebben gemeen dat zij alle een monotoon stijgend verband aangeven. Het model van monotone homogeniteit veronderstelt ook dat dit verband monotoon is, maar zonder verdere restricties aan de vorm op te leggen. Dit maakt dat het Rasch-model, het Birnbaum-model en het drie-parameter logistische model speciale gevallen zijn van het model van monotone homogeniteit.

Van algemeen naar specifiek hebben we dus de volgorde: model van monotone homogeniteit – drie-parameter logistisch model – Birnbaum-model – Rasch-model. Testgegevens die met het algemenere model verklaard kunnen worden, hoeven niet automatisch verklaard te kunnen worden met het meer specifieke model. Het omgekeerde geldt wel.

Tot slot bepalen we de plaats van het model van dubbele monotonie in dit schema. Dit model is een speciaal geval van het model van monotone homogeniteit, want het voegt er een extra restrictie aan toe, het niet mogen snijden van de item-responsfuncties. Het Rasch-model is een speciaal geval van het model van dubbele monotonie, want het veronderstelt niet alleen dat de item-responsfuncties niet snijden, maar ook nog eens dat ze parallel zijn, zoals aangegeven in formule [7.1] en figuur 7.2. We hebben hier dus nog een volgorde van algemeen naar specifiek: model van monotone homogeniteit – model van dubbele monotonie – Rasch-model.

Het Birnbaum-model en het drie-parameter logistische model laten beide toe dat item-responsfuncties elkaar snijden, en dat is strijdig met het model van dubbele monotonie. Aangetoond kan worden dat als onder het Birnbaum-model de discriminatieparameters van twee items ongelijk zijn, hun item-responsfuncties elkaar snijden. Alleen in het speciale geval dat deze discriminatieparameters gelijk zijn, snijden de item-responsfuncties elkaar niet, en zou het Birnbaum-model met twee itemparameters een speciaal geval van het model van dubbele monotonie zijn. Maar in dat geval voldoen de items ook aan de definitie van het Rasch-model – gelijke discriminatieparameters – en zijn we dus aanbeland in het Rasch-model. Onder het drie-parameter logistische model is het wel mogelijk om voor een verzameling van items de pseudokansniveauparameters, de discriminatieparameters en de moeilijkheidsparameters zo te kiezen, dat hun item-responsfuncties elkaar niet snijden (Sijtsma & Meijer, 2001).

In figuur 7.7 wordt de relatie tussen de modellen door middel van een Venn-diagram aangegeven. Als een ellips (bijv. die van het drie-parameter logistische model) geheel binnen een andere ellips (bijv. van het model van monotone homogeniteit) ligt, dan geeft dit aan dat het drie-parameter logistische model een speciaal geval is van het model van monotone homogeniteit.

Overlappen de ellipsen elkaar gedeeltelijk maar hebben zij ook beide een uniek deel, zoals voor het drie-parameter logistische model en het model van dubbele monotonie het geval is, dan betekent dit dat er deelverzamelingen van items kunnen worden gekozen met itemparameters, zodanig dat beide modellen hiervan een beschrijving kunnen geven. Voor de deelverzamelingen van items die in een uniek deel van een ellips vallen, geldt dat alleen het model waar deze ellips bij hoort hiervan een beschrijving kan geven. In het gemeenschappelijke deel van de ellipsen van het drie-parameter logistische model en het model van dubbele monotonie bevinden zich alle items waarvan de item-responsfuncties logistisch zijn en waarvan de itemparameters zo gekozen zijn dat de functies niet snijden. In het unieke deel van de ellips van het drie-parameter logistische model zitten alle items met logistische item-responsfuncties die wel snijden. In het unieke deel van de ellips van het model van dubbele monotonie zitten alle item-responsfuncties die niet snijden en niet logistisch zijn.

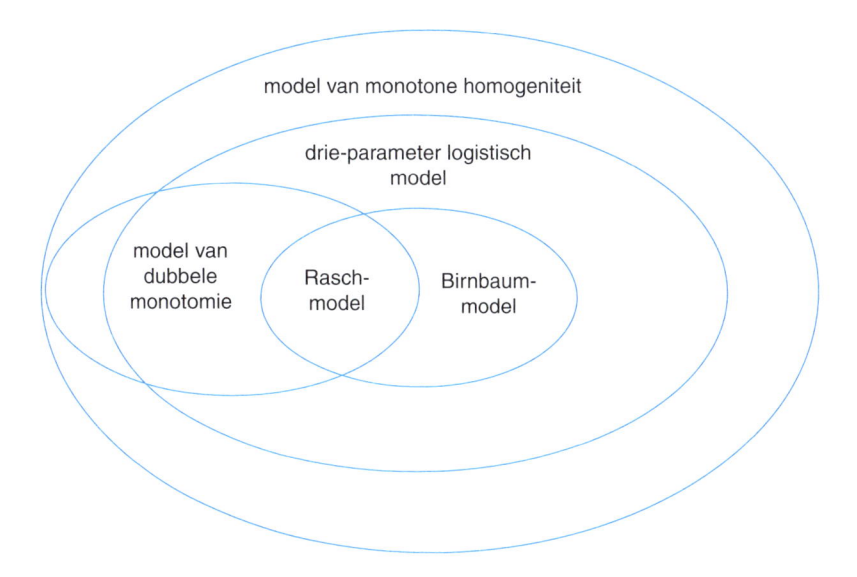

Figuur 7.7 *Venn-diagram voor de relatie tussen vijf item-responsmodellen.*

De modellen in figuur 7.7 worden onderling vergeleken en toegepast om de gegevens van tests te analyseren door, bijvoorbeeld, Meijer, Sijtsma en Smid (1990; verbale analogieën/intelligentie), De Koning, Sijtsma en Hamers (2002; inductief redeneren), en Meijer en Baneke (2004; depressie).

7.3 Meten met item-responsmodellen

De toepassing van de testtheorie op de testgegevens leidt tot het afbeelden van personen en, eventueel, items op een schaal. De itemresponstheorie heeft daarbij de volgende eigenschappen.
Ten eerste volgen de schaaleigenschappen uit het specifieke itemresponsmodel. We zagen in de inleiding van dit hoofdstuk al dat dit bekend staat als 'meten bij implicatie'. Aangezien kan worden onderzocht of een model een adequate verklaring geeft van de testgegevens, gelden bij een passend model de theoretisch afleidbare schaaleigenschappen ook in de praktijk. Deze eigenschappen hoeven dus niet te worden aangenomen zoals in de klassieke testtheorie en -praktijk gebruikelijk is, wat bekend staat als 'meten bij fiat'.
Ten tweede vindt meting volgens de modellen van Rasch en Birnbaum,

en het drie-parameter logistische model, plaats op een metrische schaal (interval-, verschil- en rationiveau). De modellen van Mokken impliceren ordeningen van meetwaarden.

Ten derde kunnen met behulp van de modellen van Rasch en Birnbaum, en het model met drie itemparameters, personen en items op dezelfde schaal worden afgebeeld. De modellen van Mokken laten, vanwege het ordinale karakter van de meting, alleen ordeningen van personen en items op aparte schalen toe.

Ten slotte is de meting volgens item-responsmodellen in specifieke gevallen populatie-onafhankelijk. In het Rasch-model is de meting van zowel personen als items populatie-onafhankelijk. In het Birnbaummodel en het model met drie itemparameters is alleen de meting van personen populatie-onafhankelijk. In het model van monotone homogeniteit is de ordening van personen populatie-onafhankelijk, en in het model van dubbele monotonie zijn zowel de ordeningen van personen als items populatie-onafhankelijk.

We houden ons in deze paragraaf verder met twee onderwerpen bezig. Eerst komt de meting van psychologische eigenschappen op metrische schalen aan de orde, gevolgd door een korte bespreking van het praktische gebruik van dergelijke metingen. Daarna bespreken we de nauwkeurigheid of betrouwbaarheid van metingen op de schaal van de item-responstheorie.

7.3.1 BETEKENIS EN GEBRUIK VAN METRISCHE SCHALEN

Het ter beschikking hebben van metingen op een intervalschaal, een verschilschaal of een ratioschaal is bijzonder handig bij de constructie van tests. Dit is een praktisch voordeel van dergelijke schalen. We gaan in paragraaf 7.4 uitgebreid in op testconstructie in het kader van de item-responstheorie. Eerst gaan we in op de vraag of er een psychologische interpretatie aan metrische schalen kan worden gegeven. Als voorbeeld beschouwen we meting op een ratioschaal. Stel, persoon i heeft een meetwaarde $\xi_i = 1$ en persoon j een meetwaarde $\xi_j = 2$. Mogen we dan concluderen dat persoon j tweemaal zoveel van de eigenschap bezit als persoon i? Als de test intelligentie of rigiditeit meet, is j dan tweemaal zo intelligent als i of dubbel zo rigide? Dergelijke interpretaties zijn, gezien de stand der kennis in de psychologische theorievorming, niet te verantwoorden. Immers, om over intelligentie en rigiditeit te spreken in termen van hoeveelheden moet men op basis van empirisch onderzoek wel zeer nauwkeurig en ondubbelzinnig weten waar dergelijke begrippen voor staan. Dat is niet het geval.

De vergelijking van personen op de ratioschaal kan wel worden geïnterpreteerd in termen van kansen op, respectievelijk, positieve en negatieve reacties op een item. We kiezen hiervoor de formulering van het Rasch-model in formule [7.4] en gebruiken verder het begrip 'odds'. Een goede Nederlandse vertaling voor deze term is er niet. Wat wordt bedoeld is de verhouding van de kans op een positief antwoord en de kans op een negatief antwoord op hetzelfde item voor een vaste meetwaarde, ξ. Geven we de odds van persoon i op item g aan als O_{ig}, dan geldt

$$O_{ig} = \frac{P(X_g = 1|\xi_i)}{P(X_g = 0|\xi_i)}.$$ [7.9]

De interpretatie van, bijvoorbeeld, $O_{ig} = 4$, is dat persoon i item g in vier gevallen (onafhankelijke replicaties; zie hoofdstuk 6) goed beantwoordt en in één geval fout. Een ander voorbeeld is dat $O_{ig} = 0.625$, hetgeen betekent dat vijf positieve antwoorden staan tegenover acht negatieve antwoorden.

Als we het Rasch-model (formule [7.4]) invullen in formule [7.9], vinden we dat $O_{ig} = \xi_i/\varepsilon_g$. Vergelijken we de odds van twee personen i en j, dan vinden we

$$\frac{O_{ig}}{O_{jg}} = \frac{\xi_i}{\xi_j}.$$ [7.10]

Deze vergelijking is dus alleen afhankelijk van de meetwaarden van de twee personen, maar onafhankelijk van het gebruikte item. Immers, de itemparameter ε_g komt in de vergelijking aan de rechterkant niet voor. De interpretatie van formule [7.10] luidt dat in het voorbeeld met $\xi_i = 1$ en $\xi_j = 2$, de ratio van de 'goed-fout'-verhouding op een willekeurig item gelijk is aan 0.5. De odds op een succes zijn voor persoon j dus tweemaal zo groot als voor persoon i. Dat is natuurlijk iets anders dan beweren dat j tweemaal zo intelligent of rigide is als i. Deze laatste interpretatie wordt niet door psychologische theorie ondersteund, de interpretatie in termen van odds is daarentegen afleidbaar uit het Rasch-model.

De conclusie is dat meting op een metrische schaal niet tot een directe psychologische interpretatie leidt. Strikt genomen is een interpretatie van meetwaarden op de ξ-schaal in termen van ordeningen, of wellicht een ordening van intervallen op de ξ-schaal, het enige wat op basis van kennis over psychologische eigenschappen kan worden verdedigd. Als we dan weten dat $\xi_i = 1$ en $\xi_j = 2$, dan kunnen we concluderen dat persoon j bijvoorbeeld een hogere intelligentie of grotere mate van rigiditeit heeft dan persoon i. Nemen we aan dat een derde persoon w een score $\xi_w = 0.5$ heeft en verder dat $\xi_i = 1$ en $\xi_j = 4$, dan zou de interpretatie kunnen luiden dat w en i maar weinig verschillen wat betreft intelligentie of rigiditeit, en dat j de personen w en i duidelijk overvleugelt.

Eggen en Kelderman (1987) laten zien hoe de meetwaarden op de ξ-schaal of de θ-schaal praktisch gebruikt kunnen worden. Zij bespreken diverse bewerkingen van de meetwaarden die ertoe dienen om de schaal van een handige interpretatie te voorzien. De eerste bewerking dient om de schaal te relateren aan een specifieke normgroep. De schaal krijgt dan een gemiddelde en een spreiding die karakteristiek zijn voor de normgroep, zodat een specifieke score direct is te interpreteren in het kader van de verdeling van scores binnen de normgroep. De tweede bewerking dient om meetwaarden te relateren aan een of meer referentiepunten die onafhankelijk zijn van een groep of een populatie en die een zinvolle inhoudelijke interpretatie mogelijk maken. Men kan denken aan een absolute aftestgrens op een vorderingentoets of aan een drempelwaarde die het minimale niveau voor deelname aan een cursus aangeeft. De relatering van meetwaarde aan een normgroep of aan een onafhankelijk referentiepunt is ook in paragraaf 5.4, waar het de omzetting van ruwe scores betrof, aan de orde geweest.

Naast de genoemde, bekende bewerkingen kan men natuurlijk ook nog denken aan een omzetting in percentielscores (zie hoofdstuk 5). Eggen en Kelderman bespreken verder nog de omzetting van meetwaarden in succeskansen, odds (zie de formules [7.9] en [7.10]) en daarvan afgeleide schaaltypen. Ten slotte noemen we nog de omzetting van de schaal uit de item-responstheorie in de schaal uit de klassieke testtheorie, ofwel, de omzetting van de θ-schaal naar de schaal van de betrouwbare score, T. Deze omzetting wordt gerechtvaardigd door de eigenschap van het model van monotone homogeniteit – waar alle andere hier besproken modellen speciale gevallen van zijn (figuur 7.7) – dat personen op de θ-schaal kunnen worden geordend met behulp van hun X-score. Verder laat Lord (1980a, p. 46) zien dat beide schalen een positieve, monotone relatie hebben, zodat de betrouwbare score T als volgt kan worden berekend:

$$T = \sum_{g=1}^{k} P(X_g = 1|\theta). \qquad [7.11]$$

In woorden: gegeven de meetwaarde θ van een specifieke persoon, alsmede de itemparameters van de k items uit een test, kunnen de succeskansen worden berekend (rechterkant van formule [7.11]). De som van deze kansen over items is gelijk aan de betrouwbare score. Een voordeel van de omzetting van de schaal volgens formule [7.11] is dat de ordening volgens T nu volgt uit de theorie en niet hoeft te worden aangenomen.

Een andere reden voor deze omzetting is dat testgebruikers wel bekend zijn met de schaal van de betrouwbare score, maar niet of nauwelijks met de θ-schaal (Eggen & Kelderman, 1987; Lord, 1983). Ofschoon dit juist is, kan dit ook gemakkelijk tot misverstanden leiden. Vertrouwdheid met een schaal kan leiden tot de gedachte dat betrouwbare of ruwe scores beter te interpreteren zouden zijn dan waarden op de θ-schaal. Men dient echter te bedenken dat als persoon i op een rekentest een ruwe score $X_i = 20$ (twintig goede antwoorden) heeft, persoon j een score $X_j = 40$ en persoon w een score $X_w = 60$, ook hieruit niet kan worden afgeleid dat j tweemaal zo goed rekent als i, of dat de verschillen in rekenvaardigheid tussen i en j enerzijds en j en w anderzijds, even groot zijn. Deze conclusie gold ook al voor de θ-schaal en de ξ-schaal. Bekendheid impliceert dus niet automatisch een grotere mate van bruikbaarheid of een groter nut. Het is zelfs zo dat de onbekende θ-schaal voor testconstructie geschikter is dan de T-schaal (zie paragraaf 7.4).

7.3.2 NAUWKEURIGHEID VAN DE METING

Of men nu meet volgens de klassieke testtheorie of volgens de itemresponstheorie, van belang is steeds dat scores van personen betrouwbaar van elkaar of van een normscore kunnen worden onderscheiden. In dit opzicht kan de item-responstheorie worden gezien als een verfijning van de klassieke testtheorie. Zoals we in hoofdstuk 6 al zagen, drukt de klassieke testpraktijk de nauwkeurigheid van de meting – de ruwe score X als schatting van de betrouwbare score T – uit in de standaardmeetfout (formule [6.16]). Daarbij wordt ervan uitgegaan dat deze standaardmeetfout voor elke score X op de schaal gebruikt kan worden. Dit veronderstelt dat elke score, X, een even nauwkeurige schatting is van iemands betrouwbare score, T. Al eerder zagen we (hoofdstuk 6) dat deze vooronderstelling niet plausibel is. Bijvoorbeeld, als een prestatieniveautest bestaat uit meerkeuze-kennisitems, is het plausibel dat personen met een gering kennisniveau meer gissen, en dat dit een grotere toevalscomponent in de testscore X veroorzaakt. Omdat de standaardmeetfout echter voor elke testprestatie dezelfde is, is er geen mogelijkheid de evident grotere onnauwkeurigheid van sommige testprestaties aan het licht te brengen. Het lijkt dus ten onrechte alsof alle testprestaties even nauwkeurig worden gemeten.

De item-responstheorie is een verfijning van de klassieke testtheorie omdat het ermee rekening houdt dat de test voor de ene waarde van $\hat{\theta}$ betrouwbaarder is dan voor de andere. De item-responstheorie biedt dus de mogelijkheid een lokale betrouwbaarheid te bepalen. In termen van de item-responstheorie zeggen we dat de test voor sommige θ-waarden informatiever is dan voor andere. Het gevolg is dat een test voor Jan geschikter, want betrouwbaarder, kan zijn dan voor Marieke.

Lokale betrouwbaarheid betekent het volgende. Als we aan Jan een kennistest voorleggen die voor hem relatief moeilijk is, dan is te verwachten dat hij de meeste items fout zal beantwoorden. Omgekeerd valt uit het grote aantal foute antwoorden dan alleen af te leiden dat de items te moeilijk waren voor Jan. De gebruikte test geeft dus alleen een bovengrens aan zijn kennisniveau, maar dit kennisniveau zelf is niet goed vast te stellen. Gevolg is dat we θ_{Jan} zeer onnauwkeurig schatten. Hetzelfde geldt als we een test voorleggen die relatief erg gemakkelijk is. In termen van de item-responstheorie zouden we zeggen dat beide tests voor de meting van θ_{Jan} weinig informatie bevatten. Het is alsof we een microscoop die is voorzien van een meetlat in micrometers (1 micrometer = 0.001 millimeter) gebruiken om iemands lichaamslengte te meten of een liniaal met eenheden in millimeters om eencellige organismen te meten: meetinstrument en te meten object passen niet bij elkaar.
Vervolgens leggen we aan Jan een kennistest voor met items die voor hem niet te moeilijk of te gemakkelijk zijn, maar goed bij zijn kennisniveau passen. Deze test is juist erg informatief, want het kennisniveau dat vereist is om de items goed te beantwoorden komt gemiddeld overeen met het kennisniveau van Jan. Hiermee wordt θ_{Jan} wel nauwkeurig geschat.
Voor ieder afzonderlijk item en voor de gehele test kan het informatiegehalte (of de lokale betrouwbaarheid) voor de schatting van θ worden bepaald. In figuur 7.8 zijn voor enkele items en voor de test die bestaat uit deze items de informatiefuncties weergegeven. Te zien is dat deze functies bij bepaalde waarden op de schaal hun maximum

hebben; daar meet het item of de test het nauwkeurigst. Als θ_{Jan} zich net op het maximum van de test bevindt, is deze test voor hem dus optimaal informatief. Algemeen geldt: hoe groter de waarden van de informatiefunctie, des te nauwkeuriger de meting. Zonder diep op technische zaken in te gaan, geven we voor het Rasch-model en het Birnbaum-model enkele bijzonderheden over de informatiefunctie.

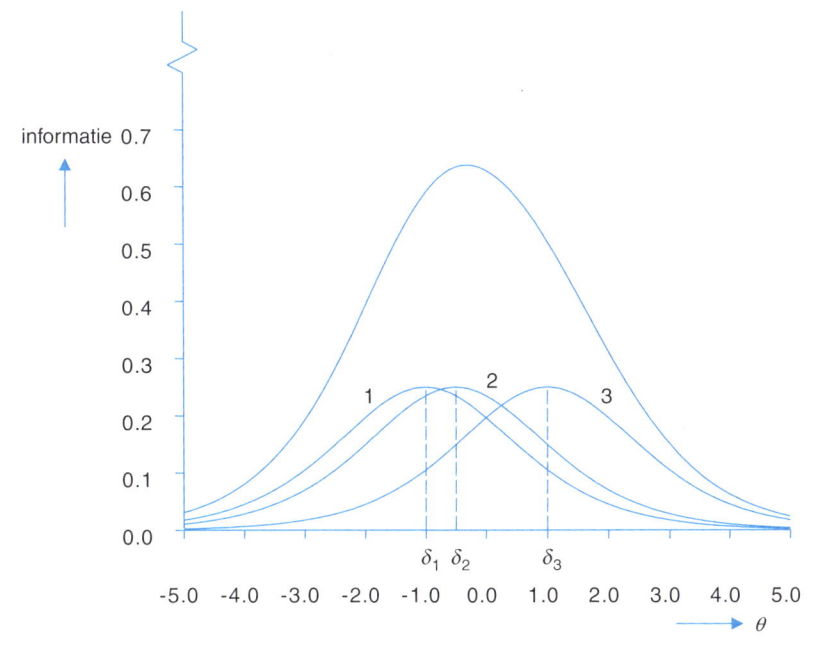

Figuur 7.8 *Drie iteminformatiefuncties ($\delta_1 = -1, \delta_2 = -.5$, en $\delta_3 = 1$) en de daarop gebaseerde testinformatie.*

We stellen (zonder bewijs) vast dat zowel onder het Rasch-model als het Birnbaum-model de items in de test een onafhankelijke bijdrage leveren aan de informatie van de gehele test (zie bijv. Hambleton & Swaminathan, 1985, pp. 115-120; Lord, 1980a, p. 71). We zijn in figuur 7.8 van dit principe uitgegaan. Daar is te zien dat de testinformatiefunctie de som is van de iteminformatiefuncties. Ieder item uit de test levert dus een onafhankelijke bijdrage aan de nauwkeurigheid van de meting van een persoon. Dit is heel handig bij testconstructie omdat items gebruikt kunnen worden als bouwstenen: de totale hoogte van een stapel stenen wordt bepaald door de dikte van elke afzonderlijke steen. Zo is het ook met de hoogte van de testinformatiefunctie en de bijdragen van de items.

Wil men dus op bepaalde plaatsen op de θ-schaal nauwkeurig meten, bijvoorbeeld, op de θ-waarde die overeenkomt met een gegeven normscore, zeg θ_{norm}, dan moet men items in de test opnemen die op de plaats van θ_{norm} hun maximale informatiewaarde hebben. In het Rasch-model en het Birnbaum-model heeft een item zijn maximale informatie voor de waarde van θ die samenvalt met de moeilijkheid, δ, van het item. In beide modellen is op die plaats de succeskans op het item gelijk aan een half. Men herkent hierin de principes die ten grondslag liggen aan adaptief testen (paragraaf 5.3): door aan de respondent items voor te leggen waarvan de moeilijkheid zo goed mogelijk overeenkomt met zijn niveau, wordt een zo nauwkeurig mogelijke meting verkregen.

Ook het model met drie itemparameters laat het gebruik van de informatiefunctie toe. Meer details daarover zijn te vinden bij Lord (1980a) en Hambleton en Swaminathan (1985). De modellen volgens Mokken kennen het gebruik van de informatiefunctie niet, omdat de voor de schatting van deze functie benodigde persoonsparameters (θ) en itemparameters (bijv. δ) niet beschikbaar zijn. Om deze reden gebruikt Mokken (1971, p. 142-47; zie ook Sijtsma & Molenaar, 1987) de klassieke betrouwbaarheid, maar met een aanpassing aan de itemresponstheorie.

7.4 Praktisch gebruik van de item-responstheorie

In deze paragraaf komen onderwerpen aan de orde die betrekking hebben op de toepassing van de item-responstheorie op het construeren van tests. Achtereenvolgens bespreken we de constructie van itembanken en in samenhang daarmee het equivaleren van testscores, testconstructie met behulp van een itembank, adaptief testen en, ten slotte, de diagnose van afwijkende items en personen.

7.4.1 DE ITEMBANK EN EQUIVALERING VAN SCORES EN KENMERKEN VAN ITEMS

De meeste tests die in de praktijk worden gebruikt zijn standaardtests. Dit geldt tevens voor tests en studietoetsen die in het onderwijs worden gebruikt om de voortgang en het prestatieniveau van leerlingen vast te stellen. In de context van de onderwijsevaluatie zijn er nogal wat bezwaren aan te geven tegen het gebruik van standaardtests en standaardtoetsen (Van der Linden, 1983).

Ten eerste zijn standaardtests niet altijd representatief voor een inhoudelijk kennis- of vaardigheidsdomein. Dit is het probleem van de inhoudsvaliditeit (zie hoofdstuk 8). Een bijkomend probleem is dat een respondent op iedere standaardtest uit een bepaald domein een andere betrouwbare score heeft. Dit komt vooral doordat het moeilijkheidsniveau van de tests nogal kan variëren, ook al zijn het bijvoorbeeld allemaal rekentests. Het gevolg is dat de prestaties op verschillende tests niet goed vergelijkbaar zijn. Eigenlijk zou men testprestaties met elkaar willen vergelijken ongeacht de specifieke test voor een gegeven domein van kennis of vaardigheden.

Ten tweede is er het probleem dat standaardtests het bestaan van standaardpopulaties veronderstellen. In de onderwijscontext bestaan dergelijke standaardpopulaties nauwelijks en als ze er al zijn, is hun meestal maar een kort bestaan gegund. Dit is het gevolg van veranderingen die in populaties ontstaan door verschillen in taalbeheersing of door veranderingen in het curriculum. Beide factoren hebben invloed op de te meten eigenschappen en daarmee op de kenmerken van schoolpopulaties. Respondenten met verschillende taalbeheersing of die verschillende curricula hebben doorlopen, zou men met verschillende testversies willen onderzoeken. Achteraf moeten de testprestaties van deze respondenten vergelijkbaar worden gemaakt.

Ten derde is er de individualisering van het leerproces, die vaak zal resulteren in uiteenlopende beheersingsniveaus van de studiestof. Niet iedereen is op een gegeven tijdstip even ver gevorderd en een standaardtest is in een dergelijke situatie niet het juiste middel om leerlingen te evalueren. Toch moeten de prestaties van verschillende leerlingen op een gegeven moment worden vergeleken en moeten beslissingen over de voortgang worden genomen die zijn gebaseerd op voor ieder gelijke criteria.

Andere bezwaren tegen de standaardtest doen zich voor wanneer men tracht veranderingen te meten of onderzoek wil doen naar ontwikkelingen in het onderwijsniveau op nationale schaal. Meten van verandering veronderstelt ten minste twee meetmomenten. Een probleem dat zich hierbij kan voordoen is dat respondenten zich bij een tweede meting met een standaardtest herinneren wat zij de eerste keer hebben geantwoord. Het gevolg is dat met de test onbedoeld geheugeneffecten worden gemeten. Een ander probleem is gelegen in vloereffecten en plafondeffecten. Een plafondeffect doet zich voor als ten gevolge van de te meten niveauveranderingen de test op het tweede meetmoment te gemakkelijk is geworden. Bijna iedereen behaalt dan de maximale score, maar het werkelijke niveau kan niet worden vastgesteld. Ook hier bestaat de behoefte aan verschillende tests voor dezelfde eigenschap maar van verschillend moeilijkheidsniveau, waarvan de testscores achteraf vergelijkbaar kunnen worden gemaakt.

Deze opsomming van bezwaren zou nog kunnen worden uitgebreid, maar de genoemde punten maken voldoende duidelijk dat er allerlei bezwaren kleven aan standaardtests in het onderwijskundig meten. De meeste bezwaren gelden ook buiten de onderwijscontext. Duidelijk is dat de standaardtest, gebaseerd op een klein aantal, steeds opnieuw gebruikte items, in de genoemde gevallen vervangen moet worden door een groot domein van items waaruit naar behoefte tests kunnen worden samengesteld. Zo'n domein wordt wel een itembank genoemd (zie ook hoofdstuk 5).

Itembanken komen in vele gedaanten en soorten voor. We definiëren een itembank als een relatief grote verzameling van gemakkelijk toegankelijke testvragen (Millman & Arter, 1984). 'Relatief groot' betekent dat het aantal items in de bank verscheidene malen groter is dan het aantal items waaruit een standaardtest is samengesteld. Onder 'gemakkelijke toegankelijkheid' wordt verstaan dat de items voorzien zijn van informatie waarmee ze eenvoudig uit de bank zijn te selecteren met het oog op hun opname in een test. De voordelen van itembanken komen vooral tot hun recht als de testprestaties voldoen aan de eisen van de item-responstheorie (Ariel, 2005; Choppin, 1976; Hambleton & Swaminathan, 1985, hfst. 12; Van der Linden, 1983; Parshall, Spray, Kalohn & Davey, 2002, hfst. 10; Wright & Bell, 1984). De combinatie van itembank en item-responstheorie wordt door Van der Linden (1983) aangeduid als het 'moderne complex' van theorie en toepassing van tests. Het moderne complex staat in tegenstelling tot het 'klassieke complex' van standaardtest en klassieke testtheorie.

De reden dat itembank en item-responstheorie hand in hand gaan is gelegen in de eigenschap van populatie-onafhankelijkheid van metingen. Hierdoor is het mogelijk om alle items uit een bank op dezelfde schaal af te beelden, mits de gegevens voor de gehele itembank kunnen worden beschreven met het gekozen item-responsmodel. Het afbeelden van een verzameling items op een schaal en het daarbij toekennen van meetwaarden wordt calibreren genoemd. Het afbeelden, op een gemeenschappelijke schaal, van gecalibreerde items die afkomstig zijn uit verschillende tests die alle hetzelfde psychologische begrip meten, wordt equivaleren van itemkenmerken genoemd. Binnen het raamwerk van de item-responstheorie is het equivaleren van itemkenmerken, zoals moeilijkheid en discriminerend vermogen, een eenvoudig oplosbaar probleem; zie bijvoorbeeld Lord (1980a), De Gruijter en Van der Kamp (1984) en Hambleton en Swaminathan (1985) voor kortere inleidingen, en Kolen en Brennan (1995) voor een uitvoerig overzicht.

Is eenmaal vastgesteld dat de itemscores op alle items in de bank beschreven kunnen worden met behulp van een gekozen item-responsmodel, en zijn de itemkenmerken geschat, dan maakt het in theorie niet uit welke items we een persoon voorleggen. Op basis van de scores op de items kan een populatie-onafhankelijke meetwaarde op de eerder besproken θ-schaal worden geschat. De nauwkeurigheid of de betrouwbaarheid van de schatting van θ is echter wel afhankelijk van de gebruikte items, want de waarde van de testinformatiefunctie hangt van de keuze van de items af. Wanneer we Jan dus te gemakkelijke items voorleggen, dan is de resulterende meting van θ_{Jan} onnauwkeuriger dan wanneer we hem items voorleggen die bij zijn niveau passen. In beide gevallen garandeert de eigenschap van populatie-onafhankelijkheid wel dat, ongeacht de keuze van de items, dezelfde meetwaarde θ_{Jan} wordt geschat. Ook in het geval van dezelfde persoon die verschillende tests voor dezelfde eigenschap heeft gemaakt spreekt men van de equivalering van testscores.

Het opbouwen van een itembank gaat in grote lijnen als volgt. Begonnen wordt met een doorgaans bescheiden aantal items die via een computer aan personen worden voorgelegd. Zo worden gegevens verzameld, die samen met de items in de computer worden opgeslagen. Op basis van deze gegevens kunnen allerlei berekeningen worden uitgevoerd. Uitgezocht kan worden of het item-responsmodel en de testgegevens bij elkaar passen, en bij een bevestigend antwoord kunnen item- en persoonskenmerken worden geschat. Naar aanleiding van deze berekeningen raakt meer bekend over de items in de bank. Slecht functionerende items kunnen worden verwijderd of veranderd. Ondertussen worden regelmatig nieuwe items aan de bank toegevoegd, die ook weer aan personen worden voorgelegd. Naar aanleiding van regelmatig uitgevoerde tussentijdse berekeningen raakt steeds meer bekend over de kwaliteit van de items in de bank en worden er tevens aanwijzingen verkregen over de vraag hoe de bank aan te passen en uit te breiden. Hoewel de hulp van een computer voor de constructie van een itembank niet een absolute noodzaak is, zal het duidelijk zijn dat vanuit het oogpunt van efficiëntie de drie-eenheid 'itembank – computer – item-responstheorie' te prefereren is.

Voor de constructie van tests en toetsen is het van groot belang hoe de items in de bank worden opgeslagen. Millman en Arter (1984) onderscheiden twee classificatiemethoden. Ten eerste kunnen items worden opgeslagen naar onderwerp of plaats in het curriculum. In het geval van een bank met rekenitems kan men bijvoorbeeld onderscheid maken tussen *optellen* en *vermenigvuldigen*, rekenen met getallen *onder* en *boven* honderd, en *abstracte* sommen en *redactiesommen*. Deze drie tweedelingen leveren in totaal acht verschillende combinaties of categorieën, waarbinnen de items kunnen worden geclassificeerd. Ten tweede is er de mogelijkheid om ieder item vergezeld door een of meer sleutelwoorden in de bank onder te brengen. In het genoemde voorbeeld van een itembank met rekenopgaven kan een item als '125 + 237 = ...' worden gekarakteriseerd met de sleutelwoorden 'optellen' (code 1), 'groot' (code 2) en 'abstract' (code 1). De totale code voor dit type item is dan '121'.

Het eerste systeem is minder flexibel dan het tweede. Immers, bij het eerste systeem begint men met het definiëren van de mogelijke categorieën en deelt daarna de items in, en bij het tweede geeft men items een code waarmee ze later kunnen worden teruggevonden. Past een nieuw item niet in een bestaande categorie in het eerste systeem, dan moet een nieuwe categorie worden gedefinieerd, wat ook consequenties kan hebben voor de bestaande categorieën. Zo kan men tot de conclusie komen dat men alle items opnieuw moet beoordelen en wellicht anders indelen. In het tweede systeem krijgt een nieuw item eenvoudig een langere code (met een extra cijfer om het nieuwe kenmerk te beschrijven) en hoeven er geen nieuwe categorieën te worden gedefinieerd. Zulke categorieën worden hier niet expliciet gebruikt. Het onderscheid correspondeert bijvoorbeeld met dat tussen een telefoonboek waarin abonnees naar district zijn gecategoriseerd en men iemand alleen kan vinden als zijn district bekend is, en een automatisch zoeksysteem op het internet waarin men iemand ook kan vinden door bijvoorbeeld naam en postcode in te voeren.

Het tweede systeem heeft dus een grotere flexibiliteit dan het eerste. Het aantal te gebruiken sleutelwoorden en hun coderingen is in principe onbeperkt, terwijl men met een klein aantal coderingen al een zeer nauwgezette karakteriscring van een item kan geven. Verder kunnen sleutelwoorden en hun codes naar believen worden toegevoegd zonder dat er veranderingen moeten worden aangebracht in de structuur van de bank. Door een combinatie van coderingen op te geven, roept men uit de itembank een vooraf opgegeven aantal items van een bepaald type op. Het eerste systeem kent deze voordelen niet.

De informatie waarmee items in de bank worden opgeslagen is uiteraard niet beperkt tot inhoudelijke kenmerken van het item. Ook technische informatie kan worden opgenomen, zoals per item zijn moeilijkheid, discriminerend vermogen en pseudokansniveau. In het geval van meerkeuze-items kan de antwoordfrequentie voor ieder alternatief worden geregistreerd. Verder kan informatie worden opgenomen over de mogelijke afwijking van het item van de eisen die worden gesteld door het gekozen item-responsmodel. Andere informatie betreft bijvoorbeeld kruisverwijzingen naar verwante items in de bank, het aantal malen dat het item in het verleden is bijgesteld, het aantal malen dat het item is gebruikt, de oorsprong van het item, en de populatie van respondenten waarvoor het item is bedoeld.

Is de itembank in eerste aanleg geconstrueerd, en is een goed functionerend systeem bedacht voor het opslaan en terugvinden van items, dan is het probleem, hoe uit een grote verzameling van items een test kan worden samengesteld die zo geschikt mogelijk is voor een beoogde toepassing. Met dit probleem houden we ons bezig in de volgende paragraaf.

7.4.2 TESTCONSTRUCTIE OP BASIS VAN EEN ITEMBANK

We gaan er in deze paragraaf van uit dat items zodanig worden geselecteerd dat een test ontstaat waarmee nauwkeurig kan worden gemeten. Een van de mooie eigenschappen van de item-responstheorie is dat we zelf, door een slimme keuze van de items, kunnen bepalen waar we op de schaal nauwkeurig meten en waar minder nauwkeurig. Zo moet een studietoets vooral nauwkeurig zijn rond de zak-slaaggrens, en dienen we dus items in de toets op te nemen die op die plaats op de schaal nauwkeurig meten. Andere toepassingen vereisen andere items.

Gegeven dat de test nauwkeurig moet meten, kunnen aan de te selecteren items en aan de uiteindelijke test aanvullende eisen worden opgelegd. Zo kan in verband met de toegestane testtijd aan het aantal te selecteren items een bovengrens worden gesteld. Verder kunnen eisen worden gesteld aan de samenstelling van de test wat betreft onderwerp. Gaat het om een rekentest dan eist men bijvoorbeeld dat de test bestaat uit minimaal vijf optelsommen en precies acht redactiesommen, en dat de helft van de sommen gebruik maakt van getallen onder honderd.

Vervolgens worden de restricties met betrekking tot zowel de te selecteren items als de uiteindelijke test gecombineerd met de eis dat de test zo nauwkeurig mogelijk moet meten. Dit kan erin resulteren dat het soms erg ingewikkeld is om uit een itembank een deelverzameling van items samen te stellen die aan alle eisen tegelijk voldoet. Daarbij moet er rekening mee worden gehouden dat de vele eisen elkaar kunnen tegenspreken, zodat het zelfs onmogelijk kan zijn een test samen te stellen. Indien men bijvoorbeeld eist dat de test minimaal vijf maar niet meer dan zeven optelsommen en precies tien redactiesommen bevat, en dat de helft van de sommen gebruik maakt van getallen onder honderd, terwijl redactiesommen altijd getallen boven honderd betreffen, dan is deze combinatie onmogelijk. Vaak zal het echter gebeuren dat bij een grote itembank het aantal mogelijke deelverzamelingen van items die in aanmerking zouden kunnen komen veel te groot is om alle afzonderlijk in het licht van de geformuleerde eisen te kunnen beoordelen. We zullen nu eerst het probleem van de itemselectie uit een itembank iets nauwkeuriger formuleren. Vervolgens bespreken we enkele oplossingen van het probleem van de itemselectie.

We kiezen als voorbeeld de constructie van een test waarmee een populatie van respondenten zo nauwkeurig mogelijk in twee groepen moet worden verdeeld, zoals een studietoets of het schriftelijke rijvaardigheidsexamen. Laat θ_0 een vooraf vastgestelde grensscore zijn. Deze grensscore wordt ook wel aftestgrens of cesuur genoemd. Dan is het probleem dus om zo nauwkeurig mogelijk vast te stellen wie slaagt ($\hat{\theta} \geq \theta_0$) en wie zakt ($\hat{\theta} < \theta_0$); ofwel, de geschatte waarde van θ dient in de buurt van de aftestgrens zo nauwkeurig mogelijk te worden geschat. Nuanceringen binnen deze twee categorieën van testresultaten zijn minder belangrijk. Natuurlijk willen studenten weten of ze een 7 of een 8 op het tentamen hebben, maar het belangrijkste is of men geslaagd is. Dit betekent dus dat de te construeren test in de eerste plaats nauwkeurig moet meten op en rond de waarde θ_0, terwijl waarden van θ die verder van θ_0 verwijderd zijn minder nauwkeurig mogen worden gemeten.

De waarden van de informatiefunctie moeten op en rond θ_0 dus groot zijn. De testconstructeur dient zelf te bepalen welke nauwkeurigheid acceptabel is, dus wat de minimumwaarde van de informatiefunctie op en rond θ_0 moet zijn. Dit minimum kan bijvoorbeeld gerelateerd zijn aan het aantal te verwachten foutieve beslissingen omtrent zakken of slagen (zie ook hoofdstuk 9). De na te streven testinformatiefunctie is te zien in figuur 7.9. Deze functie wordt de doelinformatiefunctie (Lord, 1977) genoemd. De functiewaarden geven de minima weer die voor de testconstructeur nog acceptabel zijn. De testconstructeur selecteert nu items uit de itembank, zodanig dat de testinformatiefunctie van deze items in zijn geheel boven de doelinformatiefunctie ligt. Het resultaat kan bijvoorbeeld de getreepte curve in figuur 7.9 zijn.

In figuur 7.9 valt op dat de doelinformatiecurve ook voor de verder van θ_0 af liggende θ-waarden positieve waarden heeft. Gegeven de doelstelling van nauwkeurige meting op het punt θ_0 lijkt dit niet nodig. Daar staat tegenover dat doorgaans aan alle personen een toetspres-

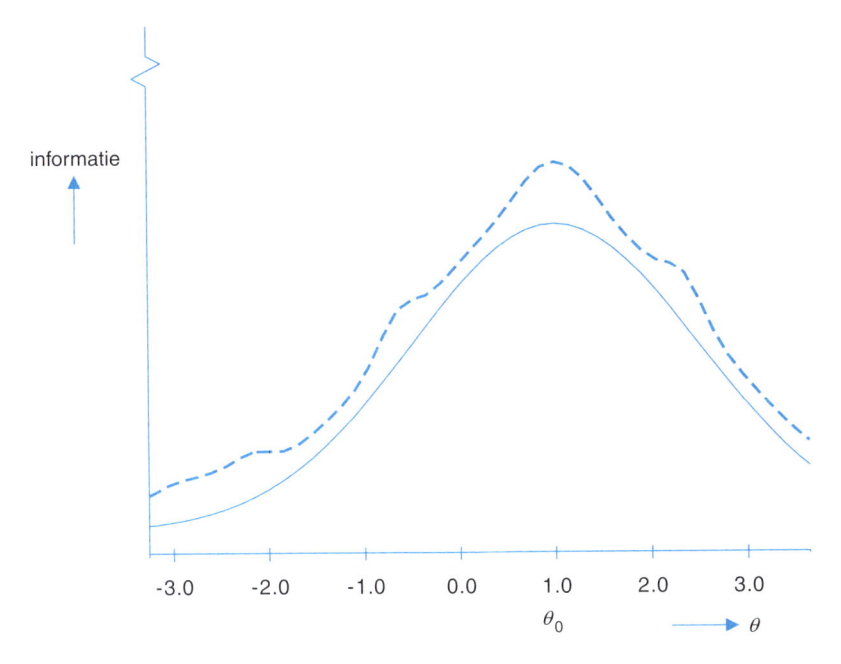

Figuur 7.9 *Doelinformatiefunctie (ononderbroken curve) voor een test die nauwkeurig moet meten in $\theta_0 = 1.0$, en gerealiseerde testinformatiefunctie (gestreepte curve).*

tatie gerapporteerd dient te worden, en dat het onbevredigend wordt gevonden als dit alleen maar 'voldoende' of 'onvoldoende' zou zijn. Om deze reden kan men besluiten ook items in de test op te nemen die de nauwkeurigheid van de test ter weerszijden van θ_0 vergroten. Dan kan ook daar met enige nauwkeurigheid worden gemeten, zodat een genuanceerdere testprestatie kan worden gerapporteerd. Overigens kent deze uitbreiding zijn beperkingen, omdat er veel items nodig zijn om overal nauwkeurig te meten en de testtijd al snel onaanvaardbaar lang kan worden. Om redenen van efficiëntie dient men dus keuzes te maken.

We zagen al in paragraaf 7.3.2 dat onder bepaalde condities de bijdragen van individuele items aan de testinformatie bij elkaar mogen worden opgeteld. Dit houdt in dat de som van de iteminformatiefuncties gelijk is aan de testinformatiefunctie. Itemselectie komt dus op het volgende neer. Gegeven de eisen die men aan de items en de uiteindelijke test wil stellen wordt, uit efficiëntieoverwegingen, de kleinst mogelijke deelverzameling van items uit de itembank geselecteerd waarvan de testinformatiefunctie voor alle waarden van θ ten minste even groot is als de doelinformatiefunctie.

Verschillende methoden voor deze itemselectie worden besproken door Hambleton en Swaminathan (1985, pp. 225-253), Theunissen (1985), en Van der Linden (1998, 2005). Bij wijze van voorbeeld noemen we het probleem van het 'gelijktijdig' construeren van twee of meer tests op basis van een itembank (Boekkooi-Timminga, 1987). Dit is aan de orde bij de constructie van parallelle tests of als men door middel van een korte test een eerste schatting maakt van iemands θ-waarde, en vervolgens aan hem een tweede test voorlegt die aan dat niveau is aangepast. In dit laatste geval worden de tests dus direct na elkaar geconstrueerd, wat als nadeel heeft dat een item dat wordt geselecteerd voor de eerste test wellicht beter had gepast in de volgende test.

Men kan de doelinformatiefunctie van een test ook gebruiken om de test te veranderen in een gewenste richting. Neem bijvoorbeeld een bestaande test die is bedoeld om nauwkeurig te meten over een groot bereik van de schaal. Uit de vorm van de testinformatiefunctie kan blijken dat de meting aan de hoge kant van de schaal aanzienlijk onbetrouwbaarder is dan aan de lage kant en in het midden. Deze lokale onnauwkeurigheid kan worden verholpen door items uit de itembank te selecteren die juist aan de hoge kant van de schaal nauwkeurig meten (zie ook Lord, 1980a, pp. 101-104). Dit zijn vooral relatief moeilijke items.

7.4.3 ADAPTIEVE TESTS

In hoofdstuk 5 gingen we in de context van het testen per computer al in op adaptief testen, ook wel testen op maat genoemd. Dit komt erop neer dat iedere respondent een test krijgt voorgelegd die zo goed mogelijk op zijn of haar niveau is toegesneden. Om zoveel individuele tests te kunnen samenstellen is een grote itembank nodig. In deze itembank moeten, naast andere informatie over de items, in ieder geval de itemparameters zijn opgeslagen. Samen met de tussentijdse schattingen van de persoonsparameter, θ, zijn deze itemparameters nodig om op basis van iemands scores op de tot dusver gemaakte items het volgende item te selecteren.

Om zinvolle schattingen van θ te kunnen verkrijgen is het nodig, dat de scores op de items waaruit de adaptieve test wordt samengesteld kunnen worden beschreven met een item-responsmodel (zie bijv. Fischer & Pendl, 1980; Van der Linden & Glas, 2000; en Wainer, 1990).

Een onderzoek naar het passen van een item-responsmodel bij de gegevens moet dus voorafgaan aan de opname van de items in de bank. Hierbij kunnen zich diverse problemen voordoen, die vooral te maken hebben met de strenge eisen die item-responsmodellen stellen aan de gegevens en de praktische vereisten die voortkomen uit de beoogde toepassing van de testprocedure. Zo gaan testconstructeurs er doorgaans van uit dat de test inhoudelijk breed moet zijn samengesteld. De bedoeling is dat alle aspecten van de te meten eigenschap door de items gedekt worden, zodat de test valide is (hoofdstuk 8). Item-responsmodellen veronderstellen echter dat alle items hetzelfde meten, en dat betekent dat maar één aspect van de bedoelde eigenschap aan bod kan komen. Deze en andere problemen worden besproken door Lord (1980b) en Green e.a. (1984).

Stel nu dat een respondent al enkele items heeft beantwoord en dat de computer al een eerste schatting van diens θ-waarde heeft gemaakt. De keuze van het volgende item sluit dan aan bij deze schatting, en is mede afhankelijk van het gekozen item-responsmodel. Werkt men volgens het Rasch-model (formule [7.1]), dan wordt uit de itembank het item gekozen waarvan de moeilijkheid het dichtst bij de geschatte waarde van θ ligt. Van alle items in de bank levert dit item op deze plaats op de schaal de grootste bijdrage aan de testinformatiefunctie en daarmee aan de nauwkeurigheid van de meting van deze respondent. Ook bij gebruik van het Birnbaum-model (formule [7.6]) worden items gekozen waarvan de moeilijkheid zo dicht mogelijk bij de geschatte θ-waarde ligt. De hoogte van de informatiefunctie op ieder niveau is daar echter ook nog afhankelijk van het discriminerend vermogen. De uiteindelijke keuze betreft het meest discriminerende item uit de bank waarvan de moeilijkheid zo dicht mogelijk bij de geschatte θ ligt. Wanneer het drie-parameter logistische model (formule [7.8]) wordt gebruikt, is het meest geschikte volgende item afhankelijk van een combinatie van de drie itemkenmerken, dus ook van het pseudo-kansniveau. De exacte relaties zijn tamelijk ingewikkeld en we laten ze hier derhalve achterwege.

De adaptieve testprocedure kan worden vereenvoudigd door steeds twee of meer items aan te bieden voordat weer berekeningen worden uitgevoerd. Lord (1980a) bespreekt diverse varianten. De eenvoudigste procedure is 'two-stage testing'. In het eerste stadium krijgen alle respondenten dezelfde korte test van middelmatige moeilijkheid voorgelegd. Voor het tweede stadium liggen diverse tests van uiteenlopend moeilijkheidsniveau klaar. Welke test een respondent dan krijgt voorgelegd, hangt af van diens prestatie op de eerste test. Deze methode kan handig zijn wanneer men respondenten bijvoorbeeld aan een van drie categorieën wil toewijzen, bijvoorbeeld een laag, een middelmatig en een hoog prestatieniveau. De nauwkeurigheid van de meting kan gunstig worden beïnvloed door eerst een schifting uit te voeren met behulp van de voortest, waarna in de tweede fase veel nauwkeuriger wordt gemeten.

Tussen two-stage testing en adaptief testen zijn vele varianten van 'multi-stage testing' mogelijk (Lord, 1980a). Opgemerkt moet worden dat zowel two-stage testing als elk van deze varianten tot minder nauwkeurige metingen leiden dan de item-voor-item aanpak waarbij evenveel items worden geselecteerd en het volgende item steeds het meest informatieve item is, gegeven de schatting van θ op dat moment. Tegenover een geringere nauwkeurigheid staat onder andere dat two-stage testing met weinig hulpmiddelen kan worden uitgevoerd. Een mogelijkheid is dat de testleider zelf de eerste, korte test nakijkt en op basis van het resultaat de tweede test uitkiest en aan de respondent voorlegt.

Adaptief testen kent enkele grote voordelen ten opzichte van testen met behulp van een standaardtest:
1 Per respondent wordt een nauwkeurige meting verricht. Bij standaardtests krijgt iedereen dezelfde test voorgelegd en worden sommige en soms vele respondenten onnauwkeurig gemeten. Ten onrechte gaan testconstructeurs er vaak van uit dat de betrouwbaarheid en de standaardmeetfout, berekend volgens de klassieke testtheorie (hoofdstuk 6), op elk individu toepasbaar zijn, maar de testinformatiefunctie laat zien dat deze veronderstelling doorgaans onjuist is.
2 Respondenten worden geconfronteerd met tests die op hun niveau zijn afgestemd. Dit voorkomt concentratieverlies door te veel gemakkelijke items of frustratie door te veel moeilijke items. Beide effecten hebben naar verwachting een negatieve invloed op de testprestatie.
3 De adaptieve testprocedure is geautomatiseerd en daardoor objectief. De testleider heeft geen gelegenheid om onbedoeld respondenten te helpen (of te ontmoedigen) en scoringsfouten zijn uitgesloten.
4 De testtijd is relatief kort, waardoor meer respondenten in dezelfde tijd kunnen worden onderzocht of dezelfde hoeveelheid tijd kan worden besteed aan meer tests.
5 Door de volledige automatisering kan een snelle terugkoppeling van resultaten aan de respondent plaatsvinden.

6 Testprestaties die zijn verkregen door middel van verschillende tests kunnen met elkaar worden vergeleken. Dit is het gevolg van de eigenschap van populatie-onafhankelijk meten, die het mogelijk maakt om θ-waarden die zijn verkregen met verschillende tests via equivalering op dezelfde schaal af te beelden.

Ondanks deze voordelen bestaan er ook redenen om het enthousiasme over testconstructie op basis van itembanken (bijv. adaptief testen) voorlopig enigszins te temperen. We noemen er drie.

1 Item-responsmodellen leggen vele restricties op aan de testgegevens. De meeteigenschappen van de item-responsmodellen zijn echter nodig om binnen dit kader adaptief te kunnen testen. Als de gegevens niet aan de eisen van een item-responsmodel voldoen, dan kan met het betreffende type item of voor de onderzochte psychologische eigenschap geen adaptieve testversie worden geconstrueerd.

2 Er zijn hoge kosten gemoeid met de ontwikkeling van een itembank en een daaraan gekoppeld adaptief testsysteem. Dit maakt dat adaptief testen vooral voordelig is in grootschalige toepassingen waarbij grote belangen op het spel staan. Gedacht kan worden aan toetsen in het onderwijs. Het CITO heeft reeds enkele adaptieve toetssystemen in gebruik.

3 Niet de empirische en financiële beperkingen, maar vooral het terrein van de operationalisering van psychologische begrippen en de constructie van items zijn, naar onze mening, de achilleshiel van testconstructie op basis van een itembank. Theorieën omtrent psychologische eigenschappen zijn vaak onvoldoende scherp en eenduidig geformuleerd, en het gevolg is dat operationaliseringen hieruit niet moeiteloos volgen. Items die geacht worden een beroep te doen op dezelfde psychologische eigenschap doen dat in feite op verschillende eigenschappen. Empirische toetsing laat dan zien dat het item-responsmodel niet past bij de verzameling items als geheel. De meting van personen en items is derhalve niet populatie-onafhankelijk en daarmee vervallen de voordelen die worden geboden door het 'moderne complex'. Het behoeft geen betoog dat men bij de constructie van een itembank niet gauw te veel energie besteedt aan de operationalisering van het te meten begrip en aan de constructie van de items.

Het laatste probleem komt in een andere gedaante ook voor bij het onderwijskundig toetsen, waar itembanken vooral het vereiste domein van kennis en inzicht representeren. Dit domein is op zichzelf genomen heterogeen van samenstelling. Een voorbeeld zou een itembank kunnen zijn voor het vak testtheorie, dat gebaseerd is op dit boek. De item-responsmodellen die worden gebruikt om een adaptief testsysteem te laten functioneren, veronderstellen echter dat alle items dezelfde eigenschap meten. Hierop is de equivalering van itemkenmerken en persoonsscores gebaseerd. Deze eendimensionaliteit laat zich echter niet gemakkelijk combineren met de heterogeniteit van de meeste itembanken. Het probleem is dus niet het grote aantal items dat voor een itembank vereist is, maar het feit dat deze items uit de aard van de te meten eigenschappen of de samenstelling van het kennis- en inzichtdomein inhoudelijk heterogener zijn dan item-responsmodellen veronderstellen.

Een probleem met het aantal items doet zich vooral voor bij persoonlijkheids- en attitudemeting. Voor de meting van een trek als dominantie is het vaak al moeilijk genoeg om een klein aantal items te construeren die in voldoende mate verschillen, zodat de respondent niet het idee krijgt dat hem steeds hetzelfde item in iets andere bewoordingen wordt voorgelegd. Dit geldt ook bij de meting van attitudes, zoals de attitude tegenover de vaderfiguur of het ideale zelf, of in een sociologische of politicologische context de attitude ten aanzien van een onderwerp als abortus of de doodstraf. Bij dit soort eigenschappen is het zo goed als uitgesloten dat men itembanken van voldoende omvang construeert, zodat adaptief testen hier nauwelijks een optie is.

Ten slotte blijft de vraag over hoe erg het is dat het item-responsmodel niet altijd past bij de gegevens – het eerste kritiekpunt ten aanzien van adaptief testen. Om te beginnen is er altijd wel enige discrepantie tussen een statistisch model en empirische gegevens. Het is dus van belang te weten hoe groot deze discrepantie mag zijn, teneinde ernstige fouten in conclusies en beslissingen over personen te vermijden. Hier is weinig over bekend. De mate waarin discrepantie is toegestaan, is echter van groot belang voor de levensvatbaarheid van het 'moderne complex'.

7.4.4 VRAAGONZUIVERHEID

Tests worden soms gebruikt in populaties waarvoor ze niet bedoeld zijn. De vraag is dan in hoeverre dit gebruik toch nog gerechtvaardigd is. Het is bijvoorbeeld mogelijk dat een test in een andere populatie minder betrouwbaar of juist betrouwbaarder meet – denk aan dergelijke effecten ten gevolge van beperking van de variatiebreedte (hoofdstuk 6) – en eveneens kan de validiteit van de test in verschil-

lende populaties variëren. Als de testprestaties van personen uit verschillende populaties met elkaar worden vergeleken, kan dit verschil in betrouwbaarheid of validiteit maken dat er sprake is van bevoordeling of benadeling van de een ten opzichte van de ander. Het onderzoek dat zich op itemniveau met deze problematiek bezighoudt, wordt onderzoek naar vraagonzuiverheid (Mellenbergh, 1985) of vraagpartijdigheid (Kok, 1988) genoemd. De Engelstalige term is 'item bias' (zie bijv. Lord, 1980a). Vanwege de evaluatieve ondertoon in het woord 'bias' spreekt men wel neutraal van 'differential item functioning' (bijv. Thissen, Steinberg & Wainer, 1988).
De volgende twee voorbeelden illustreren de problematiek van vraagonzuiverheid.

Als eerste nemen we een rekentest die bestaat uit redactiesommen. Dit zijn sommen die zijn ingebed in een beschrijving van een levensechte, praktische situatie. De bedoeling van deze test is het meten van praktische rekenvaardigheid. Wanneer de situaties in enkele sommen betrekking hebben op technische onderwerpen, bijvoorbeeld treinen of auto's, dan is het mogelijk dat meisjes alleen al door de keuze van deze traditionele 'jongensonderwerpen' in het nadeel zijn. Het gevolg is dat sommige items niet alleen rekenvaardigheid meten – wat ook de bedoeling was – maar ook kennis van of bekendheid met technische onderwerpen – wat niet de bedoeling was. Ten tweede nemen we opnieuw een test voor praktische rekenvaardigheid, waarbij de redactiesommen in het Nederlands zijn geformuleerd, en ook wordt voorgelegd aan leerlingen van buitenlandse afkomst. Door de formulering in het Nederlands kunnen zulke kinderen in het nadeel zijn, bijvoorbeeld omdat zij nog niet zo lang in Nederland wonen of omdat de voertaal thuis geen Nederlands is. De items meten nu naast praktische rekenvaardigheid onbedoeld ook nog kennis van het Nederlands.

Beide voorbeelden laten zien dat sommige items meer in het nadeel zijn van de ene groep dan van de andere. De oorzaak van deze partijdigheid is dat sommige items niet alleen een beroep doen op de bedoelde eigenschap – praktische rekenvaardigheid – maar ook op onbedoelde eigenschappen – respectievelijk, technische kennis en taalvaardigheid in het Nederlands – waarop de leden van de verschillende populaties systematisch verschillen. Partijdigheid van items is ongewenst omdat tussen leden van verschillende populaties verschillen in testscores ontstaan die gedeeltelijk moeten worden toegeschreven aan variatie op eigenschappen die men niet bedoelt te meten. Zo is het niet de bedoeling dat een test voor praktische rekenvaardigheid jongens en meisjes tevens onderscheidt op affiniteit met technische onderwerpen, en evenmin dat leerlingen van Nederlandse en buitenlandse afkomst tevens worden onderscheiden op taalvaardigheid.

Het onderscheid tussen bedoelde en onbedoelde eigenschappen is hier cruciaal. Het is bijvoorbeeld mogelijk dat tussen twee groepen een verschil in praktische rekenvaardigheid bestaat. Een test voor deze eigenschap zou dit aan het licht moeten brengen. Als er beslissingen over personen moeten worden genomen op basis van hun praktische rekenvaardigheid, dan is dit wat de test moet meten, maar voor deze beslissing irrelevante eigenschappen waar de groepen ook op verschillen, mogen geen rol spelen. Is kennis van technische onderwerpen of taalvaardigheid voor sommige beslissingen toch een relevante eigenschap, dan is het wenselijk dat deze eigenschap door middel van een aparte test wordt gemeten. Zo wordt expliciet inzichtelijk gemaakt waarop beslissingen zijn gebaseerd.

Vraagonzuiverheid wordt in de item-responstheorie als volgt gedefinieerd. We beschouwen twee populaties van respondenten. Meestal vertegenwoordigt een van deze populaties een meerderheidsgroep en de andere een minderheidsgroep. Er is sprake van een goed functionerend of zuiver item als de item-responsfunctie van een item in beide groepen identiek is (Lord, 1980a, p. 212; Mellenbergh, 1985; Thissen e.a., 1988). Het item is in dit geval zuiver, want personen uit verschillende groepen maar met dezelfde θ-waarde hebben dezelfde kans het item goed te beantwoorden. Verschillen de item-responsfuncties van een item in beide populaties, dus hebben personen met dezelfde θ-waarde verschillende kansen om het item goed te beantwoorden, dan is dit een aanwijzing voor vraagonzuiverheid. Immers, verschillende succeskansen bij dezelfde θ-waarde kan alleen maar betekenen dat er andere factoren in het spel zijn die de testprestatie mede bepalen, maar waar geen rekening mee is gehouden. De personen verschillen kennelijk op de andere, onbekende eigenschap(pen), en dat veroorzaakt de verschillende succeskansen. Vraagonzuiverheid is dus een kwestie van verborgen meerdimensionaliteit.

Voor het onderzoek naar vraagonzuiverheid zijn diverse methoden voorgesteld (Hessen, 2003; Holland & Wainer, 1993). Sommige hiervan vergelijken de itemkenmerken. Als de item-responsfunctie van een item in twee groepen identiek is, dan zijn moeilijkheid, discriminerend vermogen en pseudokansniveau in beide groepen gelijk. Onder de nulhypothese van vraagzuiverheid geldt derhalve dat, gegeven een item g en twee groepen, R (van 'Reference'; dit is meestal de meerderheidsgroep) en F (van 'Focal'; dit is meestal de minderheidsgroep): $\delta_{gR} = \delta_{gF}$, $\alpha_{gR} = \alpha_{gF}$ en $\gamma_{gR} = \gamma_{gF}$. Lord (1980a, pp. 218-223) bespreekt een methode waarmee de nulhypothese van gelijke moeilijkheid en gelijk discriminerend vermogen kan worden getoetst tegen het alternatief van ongelijkheid. Thissen e.a. (1988) bespreken een methode waarmee ook de nulhypothese van gelijk pseudokansniveau kan worden getoetst tegen het alternatief van ongelijkheid.

Uit dit onderzoek kan blijken dat de item-responsfuncties verschillen in moeilijkheid, maar gelijk zijn in discriminerend vermogen en pseudokansniveau. Dit betekent dat de item-responsfuncties alleen verschillen in locatie op de θ-schaal, ofwel, de item-responsfunctie van de ene groep, bijvoorbeeld groep R, ligt boven die van groep F (figuur 7.10A). De succeskansen van personen uit groep R zijn dan altijd groter zijn die van personen uit groep F. De richting van de partijdigheid is dus steeds dezelfde en daardoor tegen alle leden van een specifieke groep gericht. In dit voorbeeld is dat groep F.

Een andere mogelijkheid is dat het discriminerend vermogen van de items in beide groepen verschilt, waardoor de item-responsfuncties elkaar snijden (figuur 7.10B). Links van het snijpunt is de ene groep in het nadeel, rechts van het snijpunt de andere groep. Een inhoudelijk voorbeeld is het volgende. We leggen een test voor geografische kennis van Nederland voor aan groepen leerlingen van Marokkaanse (zeg, groep R) en Turkse (groep F) komaf. Veronderstel dat de Marokkaanse leerlingen allen ongeveer sinds drie jaren in Nederland verblijven, terwijl de verblijfsduur van de Turkse leerlingen zeer sterk uiteenloopt, van enkele maanden tot ruim tien jaar. Het is aannemelijk dat in de Turkse groep de geografische kennis van Nederland sterk positief zal samenhangen met verblijfsduur. Wanneer nu leerlingen uit de beide groepen worden vergeleken, dan zal voor de lagere niveaus van geografische kennis gelden dat Turkse leerlingen vanwege hun korte verblijfsduur in het nadeel zijn. Op de hogere niveaus zijn zij daarentegen in het voordeel ten opzichte van de Marokkaanse groep. Verblijfsduur is weliswaar geen psychologische eigenschap, maar geeft hier een heldere verklaring van partijdigheid die niet steeds tegen dezelfde groep werkt.

Andere methoden berekenen het oppervlak tussen de twee item-responsfuncties (Raju, 1988): hoe groter dit oppervlak, des te sterker de onzuiverheid. Kok (1988, pp. 22-26) geeft een overzicht van diverse oppervlaktematen voor vraagonzuiverheid. Methoden die gebruik maken van oppervlaktematen zijn in hoge mate vergelijkbaar met methoden die itemkenmerken vergelijken (Thissen e.a., 1988). Weer andere methoden gaan expliciet na of de kansen op een goed ant-

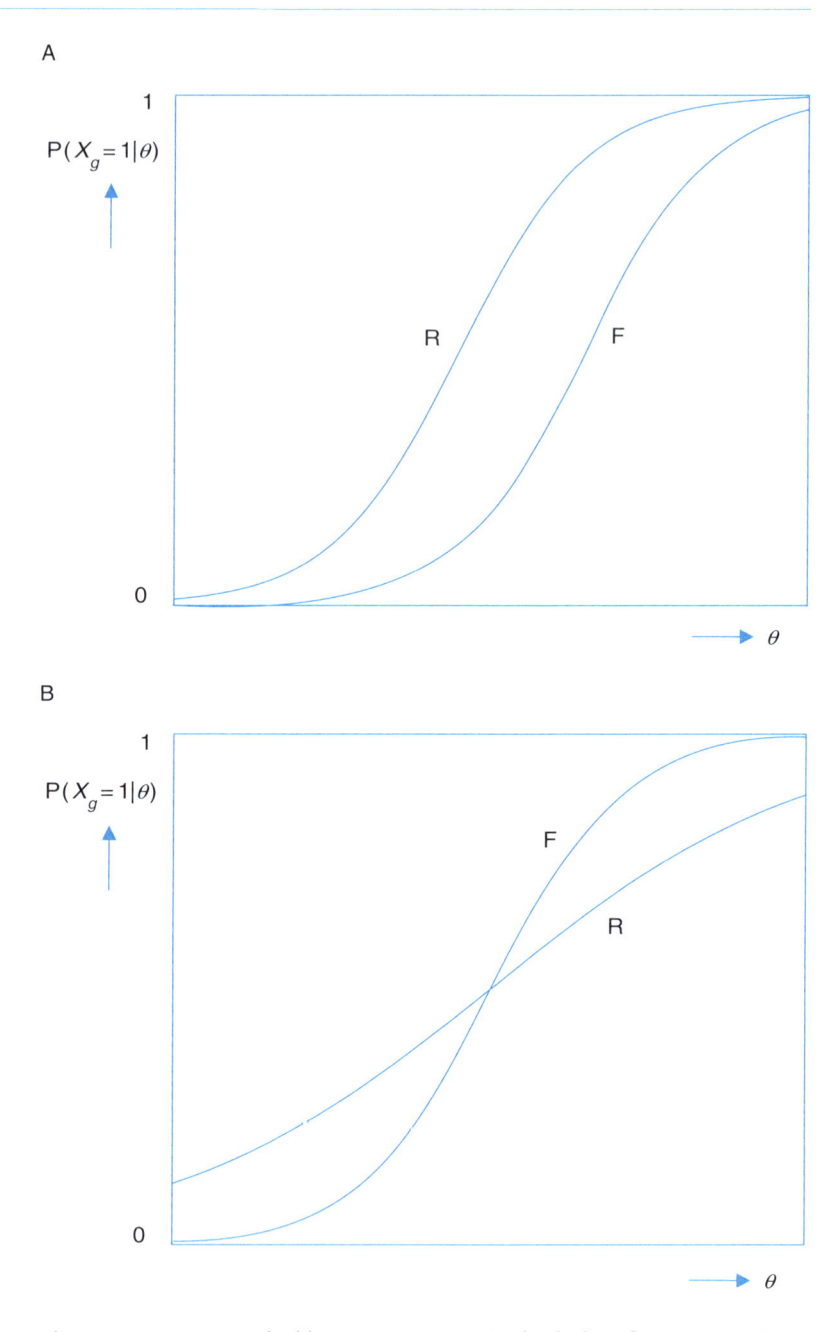

Figuur 7.10 Twee voorbeelden van vraagonzuiverheid: de 'reference'-groep is over de gehele schaal in het voordeel ten opzicht van de 'focal' group (A) of alleen voor de lagere schaalwaarden (B).

woord per θ-waarde gelijk zijn (zuiverheid) of niet (onzuiverheid), en combineren deze informatie per item voor alle θ-waarden (Holland & Thayer, 1988).

Het onderzoek naar vraagonzuiverheid is niet het exclusieve domein van de item-responstheorie. Methoden die niet direct gebaseerd zijn op de item-responstheorie zijn voorgesteld door Van der Flier, Mellenbergh, Adèr en Wijn (1984) en Holland en Thayer (1988). Een nadere behandeling van dergelijke methoden valt buiten het bestek van dit boek.

Het lastigste deel van het onderzoek naar vraagonzuiverheid is het geven van een inhoudelijke verklaring voor statistisch gebleken onzuiverheid. Kok (1988, p. 165 e.v.; zie ook Roussos & Stout, 1996) bespreekt drie strategieën voor het onderzoek naar de verklaring van onzuiverheid.

De eerste strategie behelst de inspectie van partijdige items naar opvallende kenmerken. Het betreft hier een ad-hocstrategie. Nadat uit statistisch onderzoek is gebleken dat er sprake is van partijdigheid, wordt getracht om in de onzuivere items eigenaardigheden te vinden waardoor deze zich onderscheiden van de overige items. Op basis van gevonden verschillen worden hypothesen geformuleerd over de oorzaak van de partijdigheid. Zonder verder onderzoek kan deze strategie gemakkelijk tot pure speculatie leiden. Neem als voorbeeld een rekentoets waarin enkele items zijn opgenomen, waarbij moet worden aangegeven welk getal uit een gegeven rij van getallen het dichtst bij een ander getal ligt. Uit onderzoek blijkt dat deze items partijdig tegen meisjes zijn. Een hieruit voortvloeiende vraag zou volgens Kok (1988, p. 170) zijn of meisjes meer moeite hebben met het schatten van grootheden dan jongens. Het is duidelijk dat deze veronderstelling zonder verder onderzoek blijft steken in speculatie.

Bij de tweede strategie wordt een verband gelegd tussen eigenschappen van personen enerzijds en kritische kenmerken van partijdige items in vergelijking met onpartijdige items anderzijds. Een voorbeeld van een dergelijke eigenschap is beheersing van de Nederlandse taal in groepen van Nederlandse, Marokkaanse en Turkse leerlingen. Kok (1988, p. 176 e.v.) onderzocht de samenhang tussen het al dan niet partijdig zijn van items en het al dan niet taalgebonden karakter van deze items. De conclusie uit dit onderzoek was dat toetsvragen die veel informatie bevatten en uit veel woorden bestaan, voor Turkse en

Marokkaanse kinderen relatief moeilijk zijn. Het nadeel van dergelijk correlationeel onderzoek is dat de onderzoeker, ondanks gevonden relaties, niet met zekerheid kan vaststellen of het, bijvoorbeeld, verschillen in taalbeheersing zijn die verantwoordelijk zijn voor verschillen tussen groepen.

De derde strategie is het experimentele onderzoek naar de oorzaken van vraagonzuiverheid. Kok (1988, p. 190 e.v.) beschrijft een onderzoek waarin items uit een rekentoets werden gemanipuleerd door moeilijke woorden te vervangen door gemakkelijker woorden. Aldus ontstonden twee toetsversies, waarbij naar verwachting de gewijzigde versie minder partijdig ten opzichte van Turkse en Marokkaanse leerlingen zou zijn dan de ongewijzigde versie.

Het geven van een inhoudelijk-psychologische verklaring van statistisch gebleken vraagonzuiverheid is noodzakelijk, wil men niet blijven steken in een volstrekt technische aanpak waarbij het begrip van het functioneren van een test achterblijft en men niet verder komt dan de constatering dat er iets met de test aan de hand is.

7.4.5 AFWIJKENDE PATRONEN VAN ITEMSCORES

Soms wijken enkele individuen af van de andere uit dezelfde populatie doordat zij een patroon van itemscores produceren dat niet plausibel is gegeven hun θ-waarde en de itemkenmerken. Het patroon van de scores op de k items is dan in strijd met de verwachting op basis van het item-responsmodel. In deze situatie concluderen we dat de θ-waarde niet alle informatie over het individu bevat en dat extra informatie is te verkrijgen uit het patroon van de itemscores. Afwijkende patronen van itemscores zijn bijvoorbeeld in de volgende situaties te verwachten.

Een eerste situatie betreft afwijkend gedrag op studietoetsen. Vooral bij de moeilijker meerkeuze-items is het plausibel dat personen die zich slecht of helemaal niet hebben voorbereid regelmatig naar het goede antwoord zullen gissen. Bij A antwoordalternatieven is de blinde giskans gelijk aan 1/A, en diverse items zullen door blind gissen toch correct worden beantwoord. Verder lijkt het aannemelijk dat slecht voorbereide personen ook regelmatig een gemakkelijker item fout zullen beantwoorden. Het resultaat is een patroon van itemscores waarin naar verwachting goede en foute antwoorden gelijkmatig over gemakkelijke en moeilijke items zijn verdeeld. Item-responsmodellen voorspellen juist dat het percentage goede antwoorden afneemt naar-

mate de items moeilijker worden. Het gevonden patroon van itemscores is in strijd met deze verwachting. Het herkennen van het scorepatroon als afwijkend levert in dit geval dus extra informatie op over de testprestatie van de respondent.
Een andere oorzaak van afwijkende patronen van itemscores op studietoetsen wordt gevormd door bedrog of fraude. Een persoon met een matig kennisniveau kan in de verleiding komen om de antwoorden op de moeilijke items van een slimme buurman op het tentamen over te nemen. Ofschoon deze persoon regelmatig faalt op gemakkelijke en middelmatig moeilijke items, zal zijn scorepatroon naar verwachting worden gekenmerkt door opvallend veel goede antwoorden op de moeilijke items. Gegeven de scores op de overige items, zijn deze antwoorden volgens een item-responsmodel onverwacht en is het patroon derhalve niet plausibel. Ook in deze situatie zou een index voor afwijkendheid van patronen van itemscores de onderzoeker op het spoor kunnen zetten van afwijkend testgedrag.

Een tweede situatie waarin afwijkende patronen een rol spelen wordt besproken door Van der Flier (1980, p. 128, e.v.). Van der Flier onderzocht scorepatronen op twee verbale redeneertests in de populaties van Tanzaniaanse en Kenyaanse leerlingen. De tests waren gesteld in het Kiswahili. De verwachting was dat de Kenyaanse leerlingen door hun geringere beheersing van deze taal te lage testscores zouden behalen. Dit bleek inderdaad het geval. Met behulp van de combinatie van scores voor afwijkendheid van patronen van itemscores en de testscores was een betere voorspelling van examencijfers mogelijk dan met de testscores alleen. Ook in deze situatie blijkt dus dat het zinnig kan zijn om de patronen van itemscores te onderzoeken op hun mate van afwijkendheid, gegeven de verwachtingen gebaseerd op een testmodel. Op basis van hun testscores alleen zouden de examenprestaties van sommige Kenyaanse leerlingen worden onderschat.

Een derde situatie betreft het onderzoek naar deelvaardigheden die voor de oplossing van een probleem onontbeerlijk zijn, maar door de leerling onvoldoende worden beheerst. Het maken van een bepaald type denkfout leidt naar verwachting tot een specifiek, herkenbaar patroon van itemscores dat afwijkt van de patronen die men bij voldoende beheersing van de deelvaardigheid zou verwachten. Tatsuoka en Tatsuoka (1983) bespreken een onderzoek naar afwijkende patronen van itemscores op een rekentest voor optellingen van twee getallen waarvan ten minste één negatief is. Indices voor afwijkendheid stellen de onderzoeker in staat om specifieke typen fouten op te sporen. Een voorbeeld van een fout is het verwarren van haken ( ) met tekens voor absolute waarden van getallen | |. Het gebruik van indices voor afwijkendheid betreft in dit voorbeeld een vorm van psychodiagnostiek waarbij men op basis van het afwijken van patronen van itemscores denkfouten in het oplossingsproces probeert op te sporen. Een consequentie van gebleken deficiënties zou extra onderwijs kunnen zijn.

Een vierde en laatste voorbeeldsituatie ontlenen we aan Hulin e.a. (1983, p. 112). Zij bespreken het patroon van itemscores van een respondent met een behoorlijke vaardigheid, maar weinig ervaring met het invullen van antwoorden op een formulier voor automatische scoring. Gemakkelijke en moeilijke items zijn willekeurig over de test verdeeld. Nadat de respondent de eerste helft van de items heeft beantwoord, besluit hij een bijzonder lastig item over te slaan. Hij vergeet echter het betreffende vakje op het antwoordformulier open te laten en vult de antwoorden op de volgende items derhalve steeds een vakje te vroeg in. De eerste helft van het scorepatroon bevat nu vele goede antwoorden op zowel gemakkelijke als moeilijke items, maar de tweede helft bevat daarentegen vele foute antwoorden. De schatting van de θ-waarde valt nu te laag uit en nadere inspectie van het scorepatroon brengt aan het licht dat deze θ-waarde onvoldoende informatie bevat over de testprestatie.

Zowel binnen als buiten de context van de item-responstheorie zijn verscheidene methoden voorgesteld om het afwijken van scorepatronen te onderzoeken. Een uitvoerig overzicht wordt gegeven door Meijer en Sijtsma (2001) en een vergelijkend onderzoek van 36 methoden wordt besproken door Karabatsos (2003). Meijer (2003) vergelijkt diverse methoden op hun geschiktheid voor het vinden van verschillende vormen van afwijkendheid in het patroon van de itemscores uit een intelligentietest. Methoden die niet direct op de item-responstheorie steunen zijn bijvoorbeeld te vinden bij Van der Flier (1980) en Tatsuoka en Tatsuoka (1982). Bijna alle methoden hebben gemeen dat de kans op een patroon van itemscores wordt berekend gegeven iemands meetwaarde en de kenmerken van alle items in de test, en dat die kans vervolgens wordt vergeleken met de verwachte kans onder een specifiek item-responsmodel of een ander testmodel. Is de discrepantie groot, dan is het gevonden patroon van itemscores onwaarschijnlijk, dus afwijkend van de verwachting. Het gemeenschappelijke principe van veel van de gebruikte methoden is dat als het vaak gebeurt dat items met grote succeskansen fout worden beant-

woord en items met kleine succeskansen goed, de methode aangeeft
dat het resulterende patroon van itemscores afwijkend is.

Een recente aanpak (Emons, Sijtsma & Meijer, 2005) gaat uit van de
persoon-responsfunctie, het spiegelbeeld van de item-responsfunctie.
Enkele voorbeelden van deze functie zijn te zien in figuur 7.11. De
persoon-responsfunctie geeft de kans dat een persoon met een gegeven θ-waarde een goed antwoord geeft (itemscore X = 1; verticale
as) als functie van de moeilijkheid van items die een gegeven psychologische eigenschap meten (δ; horizontale as). Moeilijkheid wordt,
zoals gebruikelijk, aangegeven met δ, en de kans met $P_\theta(X=1|\delta)$. Het
subscript θ geeft hier aan dat deze kans bij één θ-waarde hoort. Daarin
verschilt deze kans van de item-responsfunctie, $P(X_g = 1|\theta)$, die bij
een gegeven item hoort.

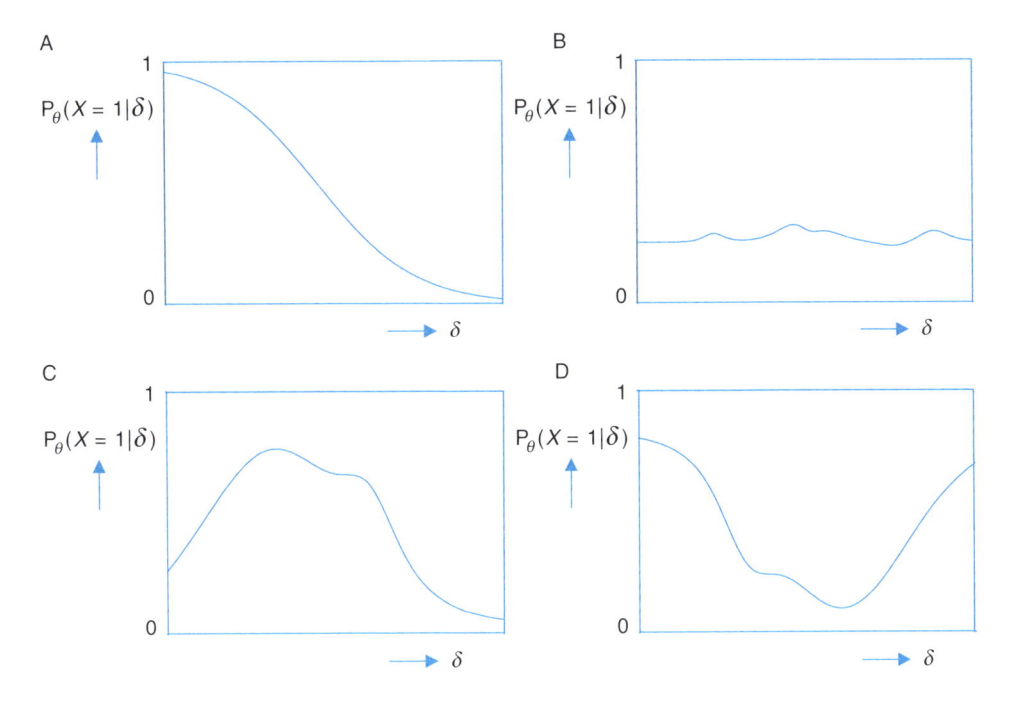

Figuur 7.11 *Vier voorbeelden van persoon-responsfuncties: dalend, zoals
verwacht (A); vlak en laag, zoals bij blind gissen op vrijwel alle items (B); relatief
laag in het begin, zoals bij testangst (C); en relatief hoog aan het einde, zoals bij
bedrog of 'item exposure' (D).*

Als de item-responsfuncties van de k items in de test elkaar niet
snijden, zoals in het Rasch-model en het model van dubbele monotonie van Mokken, neemt de persoon-responsfunctie monotoon af –

strikt genomen mag deze functie niet stijgen en mag zij dus ook (gedeeltelijk) horizontaal lopen – als de items moeilijker worden (figuur 7.11A). Dat betekent dat iemands kans op een goed antwoord afneemt – strikt genomen, niet kan toenemen – als de items moeilijker worden. Afwijkingen van deze trend geven aan dat de persoon zich anders gedraagt dan verwacht. Enkele voorbeelden zijn de volgende.

Figuur 7.11B laat een persoon-responsfunctie zien die over de hele linie vrijwel horizontaal loopt. Dit betekent dat de succeskans voor deze persoon niet afhankelijk is van de moeilijkheid van de items (hier ongeveer 0.25). Stel dat het gaat om een studietoets bestaande uit items met vier keuze-opties, dan is dit een sterke aanwijzing dat er blind is gegist op vrijwel alle items. De respondent in kwestie heeft zich kennelijk niet voorbereid op de toets.

Figuur 7.11C toont een functie die aangeeft dat de gemakkelijke items voor deze persoon relatief moeilijk waren. Stel nu dat de items in de test werden aangeboden in oplopende moeilijkheidsgraad. Dan is het dus opvallend dat deze respondent in het begin op juist de gemakkelijkste items faalde. Als er sprake is van een test op basis waarvan een belangrijke beslissing over de respondent wordt genomen, dan zou dit erop kunnen duiden dat de respondent in het begin erg zenuwachtig was en daardoor niet in staat zich voldoende te concentreren. Aanvullende informatie zou aan het licht kunnen brengen dat deze respondent lijdt aan testangst.

Figuur 7.11D toont een persoon-responsfunctie die, na een aanvankelijke daling, bij de moeilijkste items stijgt. Hier doet zich dus het merkwaardige verschijnsel voor dat de betreffende respondent de moeilijke items met dezelfde kans goed maakt als de gemakkelijke items, terwijl de matig moeilijke items juist een kleinere succeskans hebben. Dit zou kunnen wijzen op bedrog. De respondent heeft de antwoorden op de moeilijkste items van het tentamen, waarbij hij zich het meest onzeker voelde, overgenomen van een slimmere buurman. Een andere mogelijkheid is dat de respondent de moeilijkste items al kende. Dit probleem komt vaak voor bij veelgebruikte tests en toetsen voor belangrijke beslissingen; het staat bekend als 'item exposure'.

Emons e.a. (2004, 2005) bespreken diverse mogelijkheden om afwijkingen van de verwachte daling van de persoon-responsfunctie statistisch te toetsen. Zo kan worden vastgesteld of de gevonden lokale stijging significant is of moet worden toegeschreven aan een toevalligheid die wordt veroorzaakt door het kansproces dat ten grondslag ligt aan het beantwoorden van de items. Ook bespreken deze auteurs de wenselijkheid om zo veel mogelijk aanvullende informatie bij beslissingen over afwijkendheid te betrekken. Hier ligt een overeenkomst met het onderzoek naar vraagonzuiverheid: statistisch gebleken afwijkendheid dient inhoudelijk-psychologisch te worden verklaard. Het onderzoek concentreert zich nu op personen en niet op items. Nagegaan moet worden of de persoon of de deelgroep van personen met afwijkende patronen van itemscores wellicht op relevant geachte kenmerken verschilt van de overige personen. Hierbij kunnen ouder psychologisch testonderzoek, het onderwijsdossier van de geteste persoon, relevante achtergrondvariabelen en een aanvullend gesprek een rol spelen. Evenals in het onderzoek naar de verklaring van vraagonzuiverheid kan dit soort analyses variëren van pure speculatie tot een gecontroleerd experiment.

Ten slotte wijzen wij erop dat onderzoek naar afwijkende patronen van itemscores kan worden opgevat als het complement van onderzoek naar vraagonzuiverheid. Onder de nulhypothese van zuiverheid van de vraag gaan we ervan uit dat personen uit verschillende groepen, maar met dezelfde θ-waarde, dezelfde succeskans op een gegeven item hebben. Onder de nulhypothese van conformiteit (geen afwijkendheid) van patronen van itemscores verwachten we dat personen uit dezelfde populatie en met dezelfde θ-waarde, patronen van itemscores genereren die, gegeven deze θ-waarde, plausibel zijn. Verwerping van deze nulhypothesen impliceert, respectievelijk, dat het item onzuiver is en de persoon afwijkend. Onzuivere items kunnen waarschijnlijk het beste uit de test worden verwijderd en eventueel worden vervangen door zuivere items. Afwijkende personen verdienen daarentegen een nadere behandeling of een herwaardering van hun testprestatie zoals tot uitdrukking gebracht op de θ-schaal. Die herwaardering zou in het geval van bedrog een onvoldoende toetsprestatie kunnen zijn, bij testangst zou een andere test onder aangepaste omstandigheden die de testangst reduceren kunnen worden overwogen, en bij het onvoldoende beheersen van deelvaardigheden aanvullend onderwijs om die deelvaardigheden te verbeteren.

7.5 Tot besluit enkele speciale onderwerpen

In deze laatste paragraaf gaan we in op enkele speciale onderwerpen. Dit zijn achtereenvolgens item-responsmodellen voor polytome items, de vergelijking van de item-responstheorie met de klassieke testtheorie, en het gebruik van de item-responstheorie voor het onderzoek naar psychologische theorieën.

7.5.1 ITEM-RESPONSTHEORIE VOOR POLYTOOM GESCOORDE ITEMS

Bekende voorbeelden van polytoom gescoorde items zijn rating-scale items. Dergelijke items zijn vaak te vinden in persoonlijkheidsvragenlijsten. Hoofdstuk 4 geeft diverse voorbeelden van rating-scale items. We herhalen het item voor introversie:

Ik ben in gezelschappen maar weinig aan het woord

van toepassing ☐ ☐ ☐ ☐ ☐ niet van toepassing

Polytoom gescoorde items hebben drie of meer geordende antwoordcategorieën. Deze ordening refereert aan de eigenschap die de test meet: een antwoord in een hogere categorie geeft aan dat de respondent een hogere positie op de schaal van de eigenschap inneemt. Dit komt tot uiting in een hogere itemscore. In het voorbeelditem is de uitspraak kenmerkend voor introversie. Iemand die zegt dat deze uitspraak maximaal op hem van toepassing is, geeft dus aan dat hij in sterke mate introvert is. Dit komt overeen met een kruisje in het vakje dat het meest naar links staat en het aantal 'introversiepunten' is bijvoorbeeld 4. Naarmate het kruisje verder naar rechts staat, geeft de respondent dus aan dat hij minder introvert is en worden er minder punten toegekend: respectievelijk, 3, 2, 1, 0. In hoofdstuk 4 werd er al op gewezen dat de formulering van het item bepaalt in welke richting de scoring verloopt.

Item-responsmodellen voor dergelijke geordende, polytome scores definiëren een responsfunctie voor elke score die op een item mogelijk is. Laat X_g weer de variabele voor de score op item g zijn, zodat voor polytome items $X_g = 0, \ldots, m$. In het introversievoorbeeld was $m = 4$. Laat verder de score in het algemeen genoteerd worden als x_g. Dan kunnen we de responsfunctie noteren als $P(X_g = x_g|\theta)$. In het voorbeeld heeft x_g vijf verschillende waarden, en dus zijn er voor item g maar liefst vijf verschillende responsfuncties nodig om het kansproces te beschrijven voor het tot stand komen van de scores op een item: dit zijn respectievelijk $P(X_g = 0|\theta)$, $P(X_g = 1|\theta)$, $P(X_g = 2|\theta)$, $P(X_g = 3|\theta)$ en $P(X_g = 4|\theta)$. De kans op een specifieke itemscore wordt dus voor iedere score apart gemodelleerd.

Figuur 7.12 geeft een voorbeeld van vijf responsfuncties die tezamen de kansen op de vijf scores op item g beschrijven. Opvallend is dat de kans op de laagste score, $X_g = 0$, groot is voor respondenten met lage θ-waarden en vervolgens afneemt als θ toeneemt. Die afname komt doordat bij een toenemende θ de kans op hogere itemscores juist toeneemt. Dus, als bijvoorbeeld iemands introversieniveau toeneemt, neemt de kans op hogere itemscores toe. Zo zien we dat er een locatie op de θ-schaal is waarvoor de kans op score 1 het grootst is, een hogere locatie waarvoor de kans op score 2 het grootst is, en een nog hogere locatie waarvoor de kans op score 3 het grootst is. De kans op de hoogste score, $X_g = 4$, neemt monotoon toe en is dus het grootst voor de hogere θ-waarden. Wat verder opvalt, is dat elke itemscore bij elke θ-waarde een positieve kans heeft, maar dat die kansen verschillen, zodat per θ-waarde meestal één score het meest waarschijnlijk is.

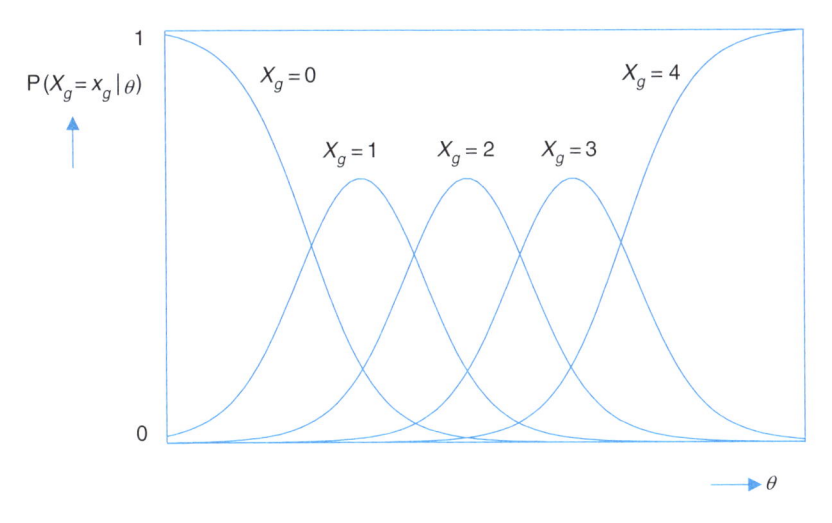

Figuur 7.12 *Responsfuncties van een item met vijf geordende antwoordcategorieën.*

Vergelijk nu figuur 7.12 met bijvoorbeeld figuur 7.3 voor item-responsfuncties in het Birnbaum-model voor dichotoom gescoorde items. Voor de beschrijving van de totstandkoming van dichotome scores hebben we aan een responsfunctie per item voldoende, maar bij items met vijf geordende scores hebben we vijf functies nodig (eigenlijk vier, omdat de som van de vijf kansen per θ-waarde gelijk is aan 1, waardoor de berekening van één kans overbodig is). Dit verschil geeft in een notendop aan waarom item-responsmodellen voor polytome items zoveel ingewikkelder zijn dan modellen voor dichotome items.

Het gevolg is dat ook het bepalen van het passen van een model bij de gegevens en het schatten van de itemkenmerken lastiger zijn. Omdat ze zoveel ingewikkelder zijn dan modellen voor dichotome items behandelen we de modellen voor polytome items hier verder niet, maar dat neemt niet weg dat ze belangrijk zijn.

Interessante referenties zijn hier Masters en Wright (1997) voor een polytoom item-responsmodel dat in het verlengde ligt van het Raschmodel, Samejima (1997) voor een model dat aansluit bij het Birnbaummodel met twee itemkenmerken, en Molenaar (1997) voor polytome versies van de modellen van Mokken. Hemker e.a. (1997) en Hemker, Van der Ark en Sijtsma (2001) bespreken meeteigenschappen en onderlinge relaties van vrijwel alle bekende polytome item-responsmodellen. Voor dit laatste onderwerp worden ook uitstekende overzichten geboden door Thissen en Steinberg (1986) en Mellenbergh (1995).

7.5.2 VERGELIJKING KLASSIEKE TESTTHEORIE EN ITEM-RESPONSTHEORIE

De item-responstheorie is pas in de jaren zeventig en tachtig van de vorige eeuw tot ontwikkeling gekomen nadat de klassieke testtheorie min of meer was afgerond. Door diverse auteurs (bijv. Fischer, 1974; Lumsden, 1976; Samejima, 1977) worden klassieke testtheorie en item-responstheorie gezien als elkaars tegenvoeters, waarbij de eerste door de opkomst van de laatste eigenlijk overbodig is geworden. Anderen (bijv. Hulin e.a., 1983; Lord, 1980a) wijzen erop dat de twee theorieën elkaar eerder aanvullen dan uitsluiten.

Belangrijke voordelen van de item-responstheorie zijn de volgende:

1 Item-responsmodellen kunnen als nulhypothese op de testgegevens worden getoetst. Past een model bij de gegevens – dus, wordt de nulhypothese, het model, niet verworpen – dan gelden bij implicatie de eigenschappen van het model voor de gegevens. We weten dan bijvoorbeeld dat alle items in de test dezelfde eigenschap meten, en dat personen worden gemeten op een ordinale of intervalschaal.
2 Personen en (in sommige modellen) items worden populatie-onafhankelijk gemeten. Dit maakt het mogelijk om de testprestaties van personen die met verschillende tests voor dezelfde eigenschap zijn gemeten op dezelfde schaal af te beelden.
3 De betrouwbaarheid van de meting varieert over de schaal, waardoor aan het licht komt dat de ene persoon met de test nauwkeuriger kan worden gemeten dan de andere. Wat zodoende kan blijken is dat de test geschikter is voor de ene persoon dan voor de andere.

In de klassieke testtheorie kan het passen van het model op de gegevens niet goed worden onderzocht, zijn metingen populatie-afhankelijk en wordt de betrouwbaarheid overal op de schaal even groot verondersteld

Door de genoemde eigenschappen van de item-responstheorie komen, althans theoretisch en vaak ook praktisch, allerlei nieuwe en geavanceerde toepassingen binnen bereik. We hebben in dit hoofdstuk een opsomming gegeven van de meest interessante hiervan: de equivalering van meetwaarden, de constructie van tests op basis van een itembank, adaptieve testprocedures, het onderzoek naar vraagonzuiverheid en het onderzoek naar afwijkende scorepatronen. Ook in de context van de klassieke testtheorie worden equivalering, vraagonzuiverheid en afwijkendheid van scorepatronen onderzocht. Het instrumentarium van de item-responstheorie is echter verfijnder dan dat van de klassieke testtheorie en de methoden die hierop zijn gebaseerd leiden doorgaans tot betere resultaten.

De voordelen van de klassieke testtheorie zijn eerder praktisch van aard:

1 De klassieke testtheorie is eenvoudiger dan de item-responstheorie en daardoor wellicht beter toegankelijk.
2 Weliswaar kan niet direct worden getoetst of de klassieke testtheorie bij de gegevens past, toch is het maar de vraag of de validiteit van tests die volgens deze methode zijn geconstrueerd zoveel minder is dan die van tests geconstrueerd volgens een itemresponsmodel.
3 De klassieke testtheorie 'werkt' bij de testconstructie bijna altijd, doordat van elke verzameling items de item-restcorrelaties (dit zijn de correlaties van een item met de totaalscore op de overige $k - 1$ items) kunnen worden gebruikt om eventueel items weg te laten en van de resterende verzameling de betrouwbaarheid kan worden bepaald. Ook zijn eigenschappen als een toenemende betrouwbaarheid bij een toenemend aantal items erg gunstig.

Toepassing van de strengere item-responsmodellen leidt nogal eens tot de verwerping van grote aantallen items waardoor van de oorspronkelijk geplande test niet veel overblijft. Aangetekend moet worden dat de meeste vooronderstellingen van de klassieke testtheorie zich niet lenen voor empirische controle, waardoor het lijkt alsof het model bij de gegevens past, terwijl men dat eigenlijk niet weet. Ook laten testconstructeurs wel eens na om de wel controleerbare vooronderstellingen zoals parallellie empirisch te onderzoeken (zie hoofdstuk 6). De item-responstheorie leidt bij de meeste modellen tot empirisch controleerbare uitspraken en stelt zich daarmee kwetsbaarder op dan de klassieke testtheorie. Een goede illustratie is de vooronderstelling dat de test slechts één eigenschap meet, hetgeen voor diverse item-responsmodellen empirisch controleerbaar is. De klassieke testtheorie doet in het geheel geen uitspraken over het aantal eigenschappen dat ten grondslag ligt aan de testprestatie. Het logische gevolg is dat item-responsmodellen op dit punt wel onderuit kunnen gaan en de klassieke testtheorie niet.

De eenvoud van de klassieke testtheorie is de belangrijkste verklaring waarom psychologen hun tests en vragenlijsten nog steeds met behulp van deze methode construeren en niet door gebruik te maken van de item-responstheorie (zie Evers e.a. (2000a, b) voor een vrijwel volledig overzicht van tests en vragenlijsten die in Nederland en België worden gebruikt). Deze situatie staat in schril contrast met het grootschalig onderwijskundig meten, zoals verricht door het CITO te Arnhem, dat gebaseerd is op het gebruik van de item-responstheorie. Ook in het onderwijskundig meten in de Verenigde Staten neemt de item-responstheorie als statistische analysemethode een centrale plaats in. In het psychologisch meten is daar eveneens een tendens gaande naar een toenemend gebruik van de item-responstheorie. Daarbij heeft zeker een rol gespeeld dat belanghebbenden in de Verenigde Staten eerder geneigd zijn om via de rechter de beste behandeling en dus de beste test te eisen. Dit heeft testconstructeurs gedwongen om hun tests 'op het scherp van de snede', dus met de beste methoden die voorhanden zijn, te construeren. Los van de vraag of men een dergelijke situatie in Nederland zou wensen, is hiermee wel duidelijk dat men onder druk der omstandigheden vanzelf kiest voor de optimale methode van testconstructie.

Overigens laat de praktijk van het CITO zien dat justitiële druk niet nodig is om de beste methoden voor optimaal meten te laten benutten. Daarvoor volstaan de grote belangen van een correcte beslissing voor de leerling, de ouders en de school. Kennelijk wordt op vele terreinen van de psychologie in Nederland een soortgelijke druk van belanghebbenden nog onvoldoende gevoeld.

7.5.3 ROL VAN ITEM-RESPONSTHEORIE IN PSYCHOLOGISCHE THEORIEVORMING

Bij de bespreking van vraagonzuiverheid en afwijkendheid van patronen van itemscores werd al duidelijk dat deze onderwerpen naast een psychometrische tevens een psychologische aanpak vereisen. Is statistisch gebleken dat er sprake is van onzuiverheid of afwijkendheid, dan is een psychologische verklaring nodig om deze resultaten te kunnen begrijpen. Minstens zo nadrukkelijk met de psychologische theorievorming verbonden is een benadering binnen de psychometrie waarin niet alleen wordt getracht om testprestaties om te zetten in meetwaarden, maar waarin ook een psychologische verklaring wordt gezocht voor de totstandkoming van de testprestatie. Met deze benadering wordt het cognitieve oplossingsproces bestudeerd dat leidt tot de testprestatie. Langs deze weg kan inzicht worden verkregen in de vraag hoe testprestaties tot stand komen en welke deelvaardigheden moeilijkheden kunnen opleveren bij het oplossen van problemen. De aanzet tot dergelijk onderzoek is gegeven door Scheiblechner (1972) en Fischer (1974). We verwijzen verder naar Spada (1976), Fischer en Formann (1982) en Embretson (1985). Empirische toepassingen zijn te vinden bij Spada (1976), Embretson (1985), Van de Vijver (1988), Van Maanen, Been en Sijtsma (1989), Sijtsma en Verweij (1999) en in De Boeck en Wilson (2004).

Het zijn naar onze mening juist de 'psychologische' onderwerpen uit de item-responstheorie, zoals onderzoek naar vraagonzuiverheid, afwijkendheid van patronen van itemscores en cognitieve oplossingsprocessen, die de acceptatie van deze theorie bij testconstructeurs en testgebruikers zullen bevorderen.

Opdrachten

1 Wat is meten bij implicatie? Tegen welk type meten wordt 'meten bij implicatie' afgezet?

2 Wat is een populatie-onafhankelijke meting? Laat de klassieke testtheorie dit type meting toe? Waarom (niet)?

3 Beschrijf hoe de item-responsfunctie in figuur 7.1 verandert als respectievelijk de moeilijkheid δ toeneemt, het discriminerend vermogen α afneemt, en het pseudokansniveau γ toeneemt.

4 Waarom wordt gesproken van pseudokansniveauparameter en niet van gisparameter?

5 Bespreek de rol van de itemparameters δ, α en γ in het Rasch-model.

6 Van welk type testgegevens zou het Rasch-model een goede beschrijving kunnen geven?

7 Laat zien dat invullen in formule [7.1] van θ^* voor θ en δ_g^* voor δ_g (formule [7.2]) geen invloed heeft op de succeskans van het Rasch-model.

8 Laat zien dat lineaire transformaties van het type $\theta^* = b\theta + a$ en $\delta^* = b\delta + a$, waarin b en a constante getallen zijn, de succeskans op het item veranderen, en dus in het Rasch-model niet zijn toegestaan.

9 Laat zien dat invullen van $\theta = \ln \xi$ en $\varepsilon_g = \ln \varepsilon_g$ in formule [7.1] de vorm van het Rasch-model in formule [7.4] oplevert.

10 Laat zien dat invullen van $\xi^* = b\xi$ en $\varepsilon^* = b\varepsilon$ in formule [7.4] van het Rasch-model de succeskans niet beïnvloedt.

11 Kies zelf getalswaarden voor de persoonsparameter, ξ, en de itemmoeilijkheid, ε, en bereken de bijbehorende succeskans in het Rasch-model. Laat vervolgens zien dat omzetting naar de parameters θ en δ dezelfde succeskans oplevert.

12 Beantwoord de volgende vragen over item-responsmodellen:
   a Stel, de moeilijkheidsparameter $\delta = 1$, de discriminatieparameter $\alpha = 1.5$, en de gisparameter $\gamma = 0.25$. Bereken voor het drie-parameter logistische model de kans op een score 1 voor respectievelijk $\theta = -3, -2.5, -2, \ldots, 3$.
   b Teken de item-responsfunctie die hoort bij de gegevens in opdracht a.
   c Laat bij opdracht a de gisparameter 0 zijn. Teken nu de bijbehorende item-responsfunctie.
   d Bij welk model hoort de item-responsfunctie in opdracht c?
   e Laat in aanvulling op opdracht c de discriminatieparameter 1 zijn en teken de bijbehorende item-responsfunctie.
   f Om welk model gaat het in opdracht e?

13 Controleer in tabel 7.1 dat het gemiddelde van de geschatte θ-waarden (ongeveer) gelijk is aan 0. Is dit toeval? Zo nee, waaraan ligt dat?

14 Geef aan wat het belangrijkste verschil is tussen de modellen van Mokken (model van monotone homogeniteit en model van dubbele monotonie) enerzijds en het Rasch-model, het Birn-

baum-model en het drie-parameter logistische model anderzijds.

15 Is de meting van personen in het model van monotone homogeniteit populatie-onafhankelijk? Leg uit hoe dat zit.

16 Op welk ander item-responsmodel lijkt het model van dubbele monotonie nog het meest? Licht dit nader toe.

17 Welke schaal wordt in de Mokken-modellen gebruikt om personen te meten?

18 Wat is het belangrijkste verschil tussen de modellen van monotone homogeniteit en dubbele monotonie?

19 Waarin verschilt in de klassieke testtheorie en de item-responstheorie de bepaling van de betrouwbaarheid of de nauwkeurigheid van de meting?

20 Wat is het meetniveau van de persoonsscores in
   a het Rasch-model?
   b het Birnbaum-model?
   c het Mokken-model van monotone homogeniteit?
   d de klassieke testtheorie?

21 De θ-schaal is volgens de auteurs van dit boek vooral handig voor allerlei toepassingen van de item-responstheorie, zoals adaptief testen. Leg uit waarom dit zo is.

22 De auteurs hebben daarentegen twijfels over de mogelijkheid om de meting op de θ-schaal te interpreteren in termen van hoeveelheden of afstanden. Licht deze twijfel nader toe.

23 Wel is een interpretatie van de θ-schaal mogelijk in termen van 'odds'.
   a Leg uit wat hieronder wordt verstaan.
   b Geef eveneens een voorbeeld van de vergelijking van twee personen in termen van de 'odds'.

24 Wat is het calibreren van een schaal?

25 Wat is equivaleren van schalen?

26 Hoe wordt de informatiefunctie gebruikt bij adaptief testen?

27 Stel, we maken een test voor algemene intelligentie, die over de gehele schaal betrouwbaar moet meten.
   a Hoe ziet voor deze test de doelinformatiefunctie eruit?
   b Welke items dienen we te selecteren om deze doelinformatiefunctie te realiseren?

28 Noem voor- en nadelen van adaptief testen.

29 Wanneer is een item in twee deelgroepen zuiver? Dus wanneer is er geen sprake van item bias of differential item functioning?

30 Stel, de items van een test worden in volgorde van oplopende moeilijkheid gepresenteerd. Licht toe hoe men aan een patroon van 0/1 itemscores op de k items van een test zou kunnen zien dat iemand
   a heeft gegist op alle items;
   b heeft afgekeken bij de moeilijkste items;
   c leed aan testangst in het begin van de test;
   d last heeft gehad van concentratieverlies gaandeweg de test.

31 Hoe ziet bij elk van de vier gevallen in de vorige opdracht de persoons-responsfunctie er ongeveer uit?

32 Waarin ligt het verschil tussen de afleiding van de meetniveaus in de item-responstheorie en de klassieke testtheorie?

33 Voer de volgende opdrachten uit/geef antwoord op de vraag.
   a Geef een beschrijving van het begrip populatie-onafhankelijkheid.
   b Zijn metingen volgens de klassieke testtheorie populatie-onafhankelijk?
   c Noem enkele toepassingen van tests waarvoor populatie-onafhankelijkheid een handige eigenschap is.

34 Noem zowel voor de klassieke testtheorie als de item-responstheorie enkele voor- en nadelen. Maak een kruistabel waarin de voor- en nadelen staan opgesomd.

	voordelen	nadelen
klassieke testtheorie		
item-responstheorie		

Validiteit en betekenis 8

Hoofdstuk 6 besloot met de stelling dat de betrouwbaarheid van een test een noodzakelijke maar niet voldoende voorwaarde is voor een goede validiteit. Dit houdt in dat voor een goede validiteit een hoge betrouwbaarheid nodig is maar, omgekeerd, dat een betrouwbare test niet per se ook valide is. Om de stelling te kunnen begrijpen is het goed eerst in herinnering te roepen dat het bij betrouwbaarheid gaat om de vraag in hoeverre een testscore herhaalbaar is onder gelijkblijvende condities. Een hoge betrouwbaarheid wordt bereikt als de herhaalbaarheid goed is, wat eveneens betekent dat de meetfout in testscore X klein is. Een test is valide als hij aan zijn doel beantwoordt. Een van de doelen van iedere test is dat hij een bepaalde psychologische eigenschap correct representeert, dus in overeenstemming is met de theorie over deze eigenschap (zie ook hoofdstuk 2). Een test kan ook nog andere doelen hebben, maar die laten we voorlopig even achterwege. Wat betekent de bovengenoemde stelling nu?

Met het eerste deel van de stelling – betrouwbaarheid is een noodzakelijke voorwaarde voor validiteit – wordt dus gezegd dat alleen een betrouwbare test ook nog valide kan zijn. Daarmee wordt uitgesloten dat een laag betrouwbare testscore valide zou kunnen zijn. Een dergelijke testscore geeft vooral meetfouten weer en kan de bedoelde psychologische eigenschap dus hooguit zwak representeren. Het tweede deel van de stelling – betrouwbaarheid is niet een voldoende voorwaarde voor validiteit – zegt dat een betrouwbare test niet automatisch ook valide is. Dit komt doordat een betrouwbare test onbedoeld iets anders kan meten dan de bedoeling was. Een test bijvoorbeeld die bedoeld was als rekentest kan een dusdanig sterk beroep doen op verbaal begrip dat hij eigenlijk ook verbale vaardigheid meet. Ook al gebeurt dit met een hoge betrouwbaarheid, de test meet toch (gedeeltelijk) iets anders dan werd bedoeld.

In de praktijk van de testconstructie zal de onderzoeker streven naar een test die zowel betrouwbaar als valide is. Daartoe kiest hij de items zodanig, bij voorkeur door theorie gestuurd, dat zij de beoogde psychologische eigenschap zo goed mogelijk dekken, terwijl hun kwaliteit en hun aantal een hoog betrouwbare testscore X garanderen. Of deze dubbele doelstelling is gehaald, dient voor betrouwbaarheid en validiteit apart te worden onderzocht. Dit hoofdstuk gaat speciaal over de validiteit van tests.

In vier paragrafen geven we een analyse van de begrippen validiteit en betekenis. Ten eerste bespreken we onze eigen opvatting van het begrip validiteit. Ten tweede geven we een systematische behandeling van enkele soorten validiteit die in de literatuur zijn besproken. Ten derde komt de validiteit aan de orde die betrekking heeft op testgebruik dat de voorspelling van een criterium beoogt. Ten vierde bespreken we de validiteit die is gericht op de bevestiging van hypothesen in het kader van de betekenisanalyse van een test.

8.1   Het begrip validiteit

Het begrip validiteit heeft nooit een eenduidige betekenis gehad. Dit heeft ertoe geleid dat men de term te pas en te onpas, en in vele, vaak niet nader aangeduide betekenissen dooreen gebruikt. Ebel (1961) noemt betekenissen als juistheid, nuttigheid, accuraatheid in het gebruik, interpreteerbaarheid, al of niet gecorrigeerd voorspellend vermogen, en waarde bij beslissingen. Gelukkig is er ondanks de veelheid aan opvattingen en definities wel degelijk een gemeenschappelijk basisprincipe te ontdekken dat aan al deze omschrijvingen van validiteit ten grondslag ligt.

Probleem bij al die afzonderlijke opvattingen van 'validiteit' is dat men het begrip vaak koppelt aan een specifiek doel van het testgebruik. In een algemene omschrijving van het begrip validiteit zullen we daarom streven naar een meer algemene typering, die dergelijke specifieke doelen van het testgebruik overstijgt. De validiteit van een test omschrijven wij als *de mate waarin de test aan zijn doel beantwoordt.*

Uit deze algemene definitie volgt dat de validiteit niet gezien kan worden als een eigenschap van de test zonder meer. Men kan niet zinvol zeggen dat een bepaalde test niet valide is en een andere test wel. Telkens dient immers de bedoeling van de test in ogenschouw te worden genomen. Het is mogelijk dat een test voor het ene doel zeer valide is en voor een ander doel beslist niet, of voor de ene beslissing wel en voor een andere beslissing niet.

Nu ligt aan alle doelen bij het testgebruik een gemeenschappelijk kenmerk ten grondslag, zodat we toch van een algemeen begrip 'validiteit' kunnen spreken. In hoofdstuk 2 hebben we reeds uiteengezet dat het bij testen nooit om het testgedrag zelf gaat. Steeds gaan we ervan uit dat dit testgedrag ons iets kan zeggen over ander gedrag dat buiten dit specifieke testgedrag ligt. Voorbeelden zijn gedragingen die óók representatief zijn voor de door de test gemeten eigenschap, maar die niet door de specifieke verzameling van items in die test werden opgeroepen: een rekentest kan niet alle deelaspecten van het rekenbegrip testen. Voorbeelden zijn ook gedragingen die juist representatief zijn voor andere eigenschappen of prestaties, die men met behulp van de testscore zou willen voorspellen: de geschiktheid voor bedrijfsleider willen voorspellen met een test voor algemene kennis. Het begrip validiteit heeft betrekking op de vraag of die sprong van het testgedrag naar iets anders verantwoord is. Het proces van het verzamelen van evidentie voor deze rechtvaardiging is het valideringsproces, en de mate waarin die rechtvaardiging is gevonden wordt aangegeven met de term validiteit.

Het valideringsproces en het validiteitsbegrip zijn niet exclusief aan de psychologische test gebonden (bijv. Cronbach, 1971; De Groot, 1961; Guion, 1980). De vraag naar de validiteit kan gesteld worden met betrekking tot ieder proces van concluderen tot andere dan waargenomen feiten of gebeurtenissen. In de geneeskunde is het bijvoorbeeld de vraag in hoeverre iemands bloeddruk iets zegt over de kans dat hij of zij een hartkwaal ontwikkelt. Niet die bloeddruk zelf – zeg maar, het testgedrag – is van belang, maar de mate waarin het iets zegt over andere verschijnselen. Zo is het ook met testprestaties. Niet de intelligentiescore van Jan is van belang – behalve dan dat Jan het misschien interessant vindt (of wellicht bedreigend) om die te weten – maar de vraag in hoeverre die ons iets zegt over zijn leervermogen, of zijn geschiktheid voor een bepaalde functie of vervolgopleiding. Validiteit wordt dus gekoppeld aan het doel van het testen. Op basis hiervan onderscheiden we twee mogelijkheden.

De test als voorspeller van ander gedrag
Ten eerste kan het doel van het testen primair de voorspelling van bepaald gedrag of een prestatie buiten de testsituatie zijn. Daarbij hoeft men het begrip voorspelling niet te beperken tot de toekomst. Voorspelling vatten we op in de zin van het doen van een uitspraak over feiten waarvoor we geen directe evidentie hebben, maar waarover we een conclusie formuleren op basis van de kennis van gegevens waarvan we veronderstellen dat ze met die feiten samenhangen. Die

feiten kunnen in de toekomst liggen (bijv.: Wim zal een diploma van opleiding A halen), het heden (bijv.: de onderzochte lijdt aan een endogene depressie) of zelfs in het verleden (bijv.: dit meisje moet in haar relatie met haar ouders een sterk traumatische beleving hebben gehad). We spreken van predictie (toekomst), paradictie (heden) en postdictie (verleden). Dit onderscheid is echter meer van praktisch dan van theoretisch belang. Wij geven er de voorkeur aan om de term predictie methodologisch te gebruiken in de zin van het doen van een uitspraak over niet waargenomen gedrag buiten de testsituatie. Het tijdsaspect, in de zin van 'forecasting', zoals bij het voorspellen van het weer, speelt dan geen rol.

Enige relativering over de mogelijkheid van correcte voorspellingen met een test is hier op haar plaats. Eerst noemen we weer de geneeskunde. Als het inderdaad waar is dat de bloeddruk iets zegt over de kans dat iemand een hartkwaal ontwikkelt, dan is een solide meetprocedure voor de bloeddruk noodzakelijk. Nu lijken de handelingen die een arts uitvoert voor deze meting misschien heel eenvoudig, maar de ontwikkeling van de 'test' was verre van eenvoudig, ja zelfs ingewikkeld. Ook bij het meten van intelligentie dient de test een zinvolle operationalisering te zijn van het intelligentiebegrip, wil er op een zinvolle wijze gebruik van kunnen worden gemaakt voor de voorspelling van bijvoorbeeld later schoolsucces. Het zal duidelijk zijn dat ook voor het vaststellen van het object van de voorspelling (het criterium), respectievelijk een hartkwaal en schoolsucces, adequate meetprocedures dienen te worden ontwikkeld.

Kortom, ook al bestaat er een aantoonbare relatie tussen de begrippen intelligentie en schoolsucces, wanneer de test niet een zinvolle operationalisering is van intelligentie en ook schoolsucces niet goed is geoperationaliseerd – men legt bijvoorbeeld veel nadruk op sociale vaardigheden en maar weinig op cognitieve – dan heeft de voorspelling weinig kans van slagen. Alleen wanneer zowel de test als het te voorspellen gedrag uitingen zijn van eigenschappen waartussen een aantoonbare relatie bestaat, kan de test een adequate voorspelling opleveren. Een blinde acceptatie van een voorspellende test – een predictor – en de relatie daarvan met gedrag buiten de test – een criterium – is dan ook niet realistisch (Angoff, 1988; Guion, 1980; Messick, 1980, 1988). Wij komen hier in paragraaf 8.3.5 op terug.

De test als operationalisering van een psychologisch begrip
Ten tweede kan het bij het testen expliciet gaan om het theoretische begrip zelf, waarmee men een verklaring kan geven van het testge-

drag. Hier gaat het primair om de vraag naar de capaciteit, persoonlijkheidstrek of attitude die verantwoordelijk geacht mag worden voor de testscore of het testresultaat. Voor een zinvol antwoord op deze vraag zal men, zoals gezegd in hoofdstuk 2, gebruik moeten maken van hypothetische begrippen. Het doel bij dit tweede soort testonderzoek is dus in eerste instantie de meting van die begrippen.

Ook bij deze tweede doelstelling is enige relativering vereist. Wanneer de psychologische betekenis van de testprestatie wordt onderzocht, dan worden daarbij ook relaties met operationaliseringen van andere psychologische begrippen in de beschouwing betrokken. Een dergelijk ander begrip kan ook een te voorspellen criterium zijn. Ook al is het onderzoek nu niet gericht op de voorspelbaarheid van ander gedrag en staat het bepalen van de betekenis van het testgedrag in termen van psychologische principes voorop, toch levert dergelijk onderzoek onmiskenbaar informatie op over het voorspellend vermogen van de test. Immers, als er een relatie is tussen intelligentie en schoolprestaties, dan zeggen schoolprestaties ook iets over intelligentie. Een specifieke 'intelligentietest', die geen samenhang blijkt te vertonen met schoolprestaties, meet dus misschien helemaal geen intelligentie.
Als er, theoretisch gezien, een relatie tussen intelligentie en schoolprestatie mag worden verondersteld, kan men daarvan gebruik maken om van een nieuwe test vast te stellen of deze wel intelligentie meet en niet iets anders. In dergelijk onderzoek kan men natuurlijk het beste meer variabelen en relaties met intelligentie betrekken, zodat de evidentie voor wat de test meet overtuigender is.

Predictieve validiteit en begripsvaliditeit
Parallel aan deze onderscheiding in doelen – voorspellen van criteriumgedrag en meten van een eigenschap – loopt een onderscheiding in twee soorten validiteit, die in de paragrafen 8.3 en 8.4 afzonderlijk worden besproken. De eerste soort, die ter sprake komt bij het voorspellend gebruik, wordt *predictieve validiteit* genoemd. De tweede soort, die in het kader van het meten van de eigenschap van belang is, heet *begripsvaliditeit*.
Alle gebruik van de psychologische test is onder te brengen bij een van deze twee doelstellingen, en daarom vallen alle variëteiten in het validiteitsbegrip binnen een van deze beide soorten validiteit. De toelating tot een cursus, de selectie voor een baan, de beroepsadvisering, de classificatie in klinische categorieën en de differentiële predictie voor verschillende functies binnen dezelfde organisatie, sluiten aan bij

het eerste doel. De centrale vraag is hier, in hoeverre de test daadwerkelijk een juiste voorspelling mogelijk maakt. Bij de theoretische analyse van begrippen, het experiment ter toetsing van theorieën, maar ook de poging om de onderzochte in psychologische termen te begrijpen en bijvoorbeeld te beschrijven, staat vooral de te meten eigenschap centraal. Bij deze doelstellingen geldt dus de vraag in hoeverre de test het bedoelde psychologische begrip dekt.

Overigens is een al te dwingend onderscheid tussen toepassingen van tests niet vol te houden, want in het laatste geval – het beschrijven van de onderzochte – is nauwelijks in te zien waarom dit zou gebeuren als men er niet een ander, buiten de test gelegen doel mee zou dienen. Om de geneeskunde weer aan te halen, men zal een patiënt nooit 'zomaar' diagnosticeren. Altijd zal een doorverwijzing naar een vervolgbehandeling worden beoogd, of eenvoudig een voorspelling over hoe de ziekte zich zal ontwikkelen en wanneer de patiënt uit het ziekenhuis kan worden ontslagen. In een klinisch psychologische omgeving vindt het testen plaats in verband met de diagnose van een psychisch probleem of het vaststellen van het effect van een therapie. Testen als activiteit op zich heeft geen zin.

Begripsvaliditeit en predictieve validiteit hebben dus diverse aanrakingsvlakken. Sommige auteurs (bijv. Messick, 1980, 1988) gaan zelfs zover dat zij het onderscheid principieel niet nodig vinden. Men kan dan beargumenteren dat predictieve validering een specifieke vorm van begripsvalidering is. Hierboven gaven we het voorbeeld van het gebruik van de voorspelling van schoolsucces voor de begripsvalidering van de intelligentietest. De relatie tussen de predictor en het criterium, alsmede de operationalisering van de onderliggende begrippen, vormen dan een onderdeel van het theoretische netwerk van het door de test geoperationaliseerde begrip. Een inhoudsloze, mechanische voorspelling is op zichzelf genomen zinloos; de vraag naar de betekenis van de testprestatie zal zich altijd voordoen.

Ook al is het onderscheid dus niet principieel nodig, we behandelen de categorieën begripsvaliditeit en predictieve validiteit toch afzonderlijk. De reden hiervoor is dat vooral in de context van het onderwijs (toelating, keuze van onderwijsniveau) en de personeelspsychologie (selectie en plaatsing) op grote schaal gebruik wordt gemaakt van het voorspellend vermogen van tests. Met het vaststellen van deze voorspellende kracht komen methodologische overwegingen en principes aan de orde die minder kenmerkend zijn voor het proces van begripsvalidering. Hierna komt dan ook de predictieve validiteit in een aparte paragraaf aan de orde en wordt de begripsvaliditeit gezamenlijk met de betekenisanalyse behandeld.

Verhandelingen over het validiteitsbegrip vindt men bijvoorbeeld bij Messick (1980, 1988), Anastasi (1986), Angoff (1988), Cronbach (1988), Guion (1998) en Borsboom e.a. (2004).

8.2 Enkele andere onderscheidingen in validiteit

Er bestaan tientallen soorten validiteit in de toonaangevende, voornamelijk Amerikaanse, testliteratuur. We noemen enkele belangrijke soorten en laten zien hoe zij zich verhouden tot de twee hoofdtypen, predictieve validiteit en begripsvaliditeit. Vele onderscheidingen introduceren, begripsmatig gezien, niets nieuws. Hoogstens laten ze een wat fijnere differentiatie zien binnen de twee hoofdcategorieën. Overigens kan verdere differentiatie, met name voor sommige praktische doeleinden, wel degelijk zinvol en nuttig zijn.

8.2.1 VIER BELANGRIJKE SOORTEN VALIDITEIT

We noemen vier soorten validiteit die in systematische vorm voor het eerst werden voorgesteld in de publicatie van de American Psychological Association (1954), en die in zeer vele, later verschenen handboeken zijn overgenomen.

Predictive validity

De 'predictive validity' wordt vastgesteld door na te gaan in welke mate de voorspellingen, gedaan op basis van de testprestatie, worden bevestigd door gegevens of observaties verzameld op een later tijdstip. Deze toepassing komt veel voor, bijvoorbeeld bij schoolkeuze, verdeling van een groep kandidaten over verschillende functies of de keuze van een therapie.

Predictive validity lijkt veel op de eerder genoemde predictieve validiteit. Het verschil is echter de opvatting inzake het begrip 'predictief', bij ons methodologisch en bij het begrip predictive validity temporeel voorspellend opgevat. Daardoor is ons begrip predictieve validiteit breder, want niet gebonden aan een toekomstig criterium, maar ook aan de voorspelling van ieder extern criterium in het heden of het verleden.

Concurrent validity

De 'concurrent validity' wordt beoordeeld door na te gaan hoezeer de testresultaten corresponderen met gelijktijdig beschikbare criteriumgegevens. Het verschil met predictive validity ligt uitsluitend in het moment van verzamelen van de criteriumgegevens. Ook deze vorm van validering komt vrij veel voor, zoals het valideren van een test door de testresultaten van werknemers of leerlingen te vergelijken met gelijktijdige prestatiebeoordelingen, die respectievelijk door een baas of een leraar zijn uitgevoerd.

Praktisch gezien is het onderscheid tussen predictive validity en concurrent validity waardevol, aangezien men vaak, vanwege de onmogelijkheid om op een toekomstig criterium te wachten, zijn toevlucht moet nemen tot een gelijktijdig criterium. Hoewel het dan niet anders kan, is het gevaar wel groot dat men de resultaten zonder meer generaliseert naar een 'predictive' kader, terwijl men dat niet heeft onderzocht. Concurrent validity kan dus wel informatief zijn, en is vaak de enige informatie over de validiteit die men kan krijgen, maar de betekenis is toch vaak beperkt als de voorspelling gericht is op een toekomstig criterium.

Content validity

Van de 'content validity', de inhoudsvaliditeit, wordt een schatting verkregen door te beoordelen hoezeer de inhoud van de test een geheel van situaties, kennisinhouden of vaardigheden representeert, waaruit met betrekking tot de onderzochte persoon conclusies moeten worden getrokken. De vraag kan gesteld worden in hoeverre de items uit de test representatief zijn voor het domein van alle mogelijke items met betrekking tot het geheel van situaties, kennisinhouden of vaardigheden die in de test zouden kunnen worden opgenomen (zie ook hoofdstuk 2). Inhoudsvaliditeit is een begrip dat vooral van toepassing is op het terrein van het onderwijskundig meten, waarbij geen conclusies worden getrokken over achterliggende processen, maar over het geheel van taken of kennisinhouden waaruit de test een steekproef vormt.

In hoeverre mag men uit een proefwerk Franse grammatica conclusies trekken over het gehele kennisdomein van de Franse grammatica? In hoeverre mag men uit een praktijkproef lassen (dit wordt een 'work sample test' genoemd) generaliseren naar algemene vaardigheid in lassen? Dit zijn vragen naar de inhoudsvaliditeit van de test. De inhoudsvaliditeit is dus een indicatie van de mate waarin test of toets het domein van mogelijke items representeert.

Vaak wordt de inhoudsvaliditeit vastgesteld door deskundigen te vragen om de representativiteit van de gekozen items te beoordelen. Daarbij kan ook de vraag worden gesteld of het geheel van situaties of vaardigheden zelf correct is gedefinieerd. In deze definitie wordt bijvoorbeeld vastgelegd welke onderwerpen of vaardigheden in het ermee corresponderende itemdomein moeten worden opgenomen, en wat het gewicht is van de diverse onderdelen. Een dergelijke definitie is niet objectief en absoluut, maar een beoordeling door deskundigen. Daarom is het goed, na te gaan in hoeverre verschillende deskundigen het eigenlijk met elkaar eens zijn. Dit onderwerp kwam als interbeoordelaarsbetrouwbaarheid ook in hoofdstuk 2 reeds ter sprake.

Een belangrijk bezwaar tegen het begrip inhoudsvaliditeit is dat empirisch onderzoek, waarin gebruik wordt gemaakt van gegevens anders dan afkomstig van vergelijkbare toetsen, vaak ontbreekt. De reden is dat het domein van alle mogelijke vragen doorgaans denkbeeldig is, en hooguit bestaat in de vorm van een definitie en een groot, maar toch beperkt aantal items. Deze items vormen vaak de verzameling van eerder gebruikte toetsen, zodat het itemdomein niet veel meer is dan een groot aantal toetsen die ieder voor zich niet gevalideerd zijn. Validering van een nieuwe toets aan de oude toetsen krijgt zo het karakter van een cirkelredenering: 'mijn toets is valide want hij is vergelijkbaar met toetsen uit voorgaande jaren'.
Het vaststellen van inhoudsvaliditeit is dus vooral een kwestie van oordelen, waarbij de subjectiviteit van deze oordelen enigszins kan worden gecontroleerd door van diverse, onafhankelijk van elkaar werkende beoordelaars gebruik te maken. Toch komt inhoudsvaliditeit in de buurt van de straks te bespreken 'face validity', doordat een zwaar appèl op het subjectieve oordeel wordt gedaan.

Een formele definitie van inhoudsvaliditeit zou kunnen zijn: de sterkte van de samenhang tussen de testscore en de totaalscore op het gehele itemdomein. De laatste score is in de praktijk, zoals we zagen, niet beschikbaar en men zou dientengevolge zijn toevlucht moeten nemen tot de score op een representatieve steekproef van items uit het itemdomein. In feite komt deze definitie neer op het bepalen van de samenhang tussen de scores op twee tests die verondersteld worden equivalent te zijn. Als dat daadwerkelijk zo is in de zin dat beide tests parallel zijn (zie hoofdstuk 6), dan is de correlatie tussen de testscores een schatting van de betrouwbaarheid van de afzonderlijke tests. De vraag is vervolgens of deze betrouwbaarheidsschatting ook op te vatten is als schatting van de inhoudsvaliditeit. Dat is alleen maar vast te stellen door, wederom, een subjectieve beoordeling van de representativiteit van beide tests voor het itemdomein. Het is immers heel wel mogelijk dat geen van beide tests representatief is (Nunnally, 1978, p. 94): een goede betrouwbaarheid impliceert nog geen goede (inhouds)validiteit.

We nemen het voorbeeld van de studietoets over het boek *Testtheorie*. Een toets die overwegend vragen bevat over het hoofdstuk 'Validiteit en betekenis' heeft een geringe inhoudsvaliditeit voor het vak testtheorie. De correlatie met een tweede, inhoudelijk vergelijkbare toets mag dan misschien wel hoog zijn, maar de inhoudsvaliditeit van beide toetsen is gering. Dat laatste blijkt uit een beoordeling van beide toetsen ten opzichte van de inhoud van het gehele boek.

Natuurlijk kan men over studietoetsen wel degelijk via empirisch onderzoek belangrijke informatie verzamelen. Dit is in feite ook gewenst en noodzakelijk. Gedacht kan worden aan correlaties van toetsscores met intelligentietestscores, en met scores op andere toetsen. Ook kan experimenteel onderzoek worden gedaan, waarbij dezelfde toets onder diverse instructies en vraagvormen (bijv. meerkeuzevragen en open-antwoordvragen) aan studenten kan worden voorgelegd. Daarmee worden de grenzen van de inhoudsvaliditeit echter overschreden, omdat het onderzoek inmiddels de processen achter het testgedrag betreft. Dit is onderzoek naar de begripsvaliditeit.

Construct validity
De term 'construct validity' werd door Cronbach en Meehl (1955) uitgewerkt in een voor de testpsychologie historisch zeer belangrijk artikel. Tot dan werd zeer veel nadruk gelegd op het voorspellen van criteria met behulp van tests, waardoor er van een echt wetenschappelijke gedachtegang nauwelijks meer sprake was. Daardoor verwerd de testtheorie steeds meer tot testtechnologie: het blinde gebruik van tests voor voorspelling zonder begrip van de vraag waarom sommige voorspellingen wel en andere niet succesvol zijn. Ook was het begrip construct validity een succesvolle bundeling van diverse eerder gedane, min of meer op zichzelf staande, pogingen om een wetenschappelijke testinterpretatie te redden.

De construct validity wordt geëvalueerd door te onderzoeken welke psychologische eigenschappen door de test worden gemeten. Deze eigenschappen betreffen hypothetische 'constructs', waarvan men veronderstelt dat ze gereflecteerd worden in de testprestatie. 'Construct validation' bestaat uit drie onderdelen (Cronbach, 1961, p. 121). Ten eerste het uitvinden welke eigenschappen een verklaring zouden kunnen geven van de testprestatie. Dit is een activiteit van psychologische verbeeldingskracht gebaseerd op observatie en logische bestudering van de test. Ten tweede het afleiden van toetsbare hypothesen uit de theorie die het 'construct' verklaart. Dit is een logische operatie. Ten derde het uitvoeren van een empirisch onderzoek om deze hypothesen te toetsen. Dit is een methodologisch proces.

Construct validity komt in de buurt van wat wij betekenisanalyse noemen. Betekenisanalyse impliceert voor een belangrijk deel exploratief onderzoek. Betekenisanalyse bevat ook onderzoek naar de begripsvaliditeit, maar is breder. De creativiteit, de verbeeldingskracht en de kennis van psychologische theorieën die bij de betekenisanalyse te pas komen, zijn generiek van aard en liggen ten grondslag aan het ontwikkelen van theorieën over psychologische verschijnselen in het algemeen. Van begripsvalidering is pas sprake, indien vragen naar de betekenis van de test alleen beantwoord kunnen worden door een gericht, confirmatief onderzoek naar de relatie tussen de testscore en andere operationaliseringen van hetzelfde beoogde begrip, en naar relaties met andere verwante begrippen. De definitie van begripsvaliditeit is dus enger dan die van construct validity. De exploratieve vraag naar wat de test eigenlijk meet, valt buiten de grenzen van de begripsvalidering en wordt verderop in dit hoofdstuk apart onder het hoofd 'betekenisanalyse' besproken.

8.2.2 ANDERE ONDERSCHEIDINGEN IN HET BEGRIP VALIDITEIT

In de loop der jaren is een groot aantal, aan begripsvaliditeit verwante vormen van validiteit geïntroduceerd. De meeste hebben vooral historische betekenis en daarom laten we de bespreking ervan achterwege. Wel gaan we kort in op enkele vormen van validiteit die nog regelmatig in de vakliteratuur worden aangetroffen: synthetische validiteit, soortgenootvaliditeit ('congruent validity'), indrukvaliditeit ('face validity') en incrementele validiteit. De eerste twee zijn op te vatten als specifieke varianten van begripsvaliditeit, de laatste twee zijn eraan verwant.

Synthetische validiteit
De synthetische validiteit is vooral van belang voor praktische toepassingen van tests in de selectie- en beroepskeuzepsychologie (Lawshe, 1952). Deze vorm van validiteit richt zich op identificeerbare en op zichzelf zinvolle onderdelen van het criteriumgedrag in plaats van op het complexe criterium als geheel. Bijvoorbeeld: men kan zich in plaats van op een globaal criterium, zoals leidinggeven, ook richten op elementen hieruit, zoals organisatie-, taak- en doelgerichtheid en vriendelijkheid in de omgang met mensen. Deze elementen kunnen ook onderdeel zijn van andere, overigens verschillende criteriumsi-

tuaties. De synthetische validiteit richt zich dus vooral op functie-elementen die een component kunnen zijn van verschillende functies, in plaats van op de functie of de taak als geheel.

Op deze wijze wordt het probleem opgelost dat men voor de validering van een test tegen een complexe en vaak unieke functie over veel te weinig proefpersonen kan beschikken om het valideringsonderzoek te verrichten. De functie-elementen komen ook in andere functies voor en de steekproef kan op deze wijze worden vergroot. Uit de afzonderlijk voorspelde elementen wordt vervolgens de voorspelling van de hele functie 'gesynthetiseerd'. Hoewel het criterium het doel blijft, is toch een stap gedaan in de richting van de begripsvalidering en de betekenisanalyse, aangezien hier de vraag belangrijk is welk psychologisch fenomeen (in dit geval prestaties met betrekking tot functie-elementen) door de test wordt gemeten.

Congruent validity

Het begrip 'congruent validity', in het Nederlands 'soortgenootvaliditeit' genoemd (De Groot, 1961, p. 275), geeft de mate aan waarin een test correleert met een andere test waarvan wordt aangenomen dat die dezelfde eigenschap meet. Van deze vorm van validering is bijvoorbeeld sprake wanneer men een nieuw geconstrueerde test voor technisch inzicht vergelijkt met een reeds bestaande en als zodanig erkende test. Het is dan doorgaans niet de bedoeling die andere testprestaties te voorspellen, maar vast te stellen in hoeverre de nieuwe test inderdaad 'technisch inzicht' meet. Het gaat hier dus in feite om een onderdeel van het proces van begripsvalidering.

Face validity

'Face validity' of indrukvaliditeit houdt in dat, gemeten naar de subjectieve indruk van de leek of ook de psycholoog zelf, de relatie tussen test en criterium of de betekenis van de test zonder meer duidelijk lijkt. Vooralsnog hoeft deze indruk niet door empirisch onderzoek gesteund te worden. Bij nader onderzoek kan blijken dat de test niet alleen ogenschijnlijk, maar ook daadwerkelijk samenhangt met het criterium of de bedoelde eigenschap meet, maar men spreekt van indrukvaliditeit zolang hiervoor nog geen empirische bevestiging is gevonden, vooral omdat dit vanwege de ogenschijnlijke evidentie niet noodzakelijk lijkt.

Indrukvaliditeit is niet altijd een nuttige, en soms zelfs een vrij gevaarlijke eigenschap van een test. Zeer veel tests zijn jarenlang in gebruik geweest alleen omdat ze indrukvaliditeit bezaten; deze ogenschijnlijke evidentie vormde zelfs een obstakel voor een werkelijk validiteitsonderzoek. Immers, na verloop van tijd ging iedereen vanzelf geloven dat de test valide was en waarom dan 'opnieuw' validiteitsonderzoek gedaan? Indien dan eindelijk toch zo'n onderzoek wordt verricht, blijkt tot schrik van velen dat er geen enkele of een zeer geringe validiteit kan worden vastgesteld. Een goed voorbeeld wordt gegeven door Boeke (1962), die liet zien hoe bij het gebruik van de Bourdon-Wiersma-test voor de bepaling van epilepsie (Evers e.a., 2000a), dat gedurende meer dan een halve eeuw had plaatsgevonden op basis van ogenschijnlijke validiteit, in feite steeds werd uitgegaan van een fictie. Niet ten onrechte wordt in plaats van 'face validity' dan ook wel eens de term 'faith validity' gebruikt.

Een en ander impliceert niet dat een test geen indrukvaliditeit mag bezitten. Integendeel, indien een test aantoonbaar voldoende predictieve of begripsvaliditeit heeft, is het zelfs wenselijk dat dit voor iedereen ook wel duidelijk is. Voor de onderzochte kan het motiverend zijn om bij het maken van een dergelijke test ook voor het gevoel iets zinnigs te doen.

Het begrip indrukvaliditeit lijkt op het begrip 'transparantheid' van een testprocedure (De Groot, 1970). Deze transparantheid kan worden gezien als een conditie voor de 'acceptatie' van een test waarmee, naast betrouwbaarheid, validiteit en nuttigheid voor beslissingen (hoofdstuk 9), een nieuw gezichtspunt wordt toegevoegd aan de evaluatie van tests. Wel is 'transparantheid' eerder een wenselijke dan een noodzakelijke eigenschap, en daarin verschilt deze eigenschap van betrouwbaarheid, validiteit en nuttigheid. De reden is dat beslissingen over personen het meest gebaat zijn bij een juist oordeel, zelfs als dit oordeel is verkregen met een test waarvan de leek de finesses niet snapt. Dit oordeel zal eerder kunnen worden gegarandeerd door goed empirisch onderzoek dan door een voor de onderzochte doorzichtige onderzoeksprocedure. Vergelijk ook hier de situatie weer met een medische diagnose, waarvan een leek niet altijd het fijne begrijpt, maar zonder twijfel de vruchten plukt als het gebaseerd is op goed wetenschappelijk onderzoek.

Incremental validity

'Incremental validity' (Sechrest, 1963) betreft de verbetering van de voorspelling met behulp van een test ten opzichte van voorspellingen die kunnen worden gedaan op basis van veelal reeds aanwezige informatie. Voorbeelden van zulke informatie zijn levensloopgeschiedenis en vooropleidingen. Het gaat hier om de vraag of, gezien een verhoging van de validiteit, het gebruik van de test naast de reeds in gebruik zijnde informatie gerechtvaardigd is. Met het begrip 'incremental validity' zijn we aanbeland op het terrein van de predictieve validiteit.

8.3 Predictieve validiteit

Bij de bepaling van de predictieve validiteit van een test wordt uitgegaan van een gegeven criterium. De centrale vraag is dan hoe goed dit criterium valt te voorspellen. Daarbij kan, zoals gezegd, dit criterium in de toekomst, in het heden of in het verleden liggen. Normaal gesproken beschikt men niet over de criteriuminformatie – immers, dan was de test niet meer nodig – maar dient de test juist om deze informatie te schatten. Wil men de predictieve validiteit van een test bepalen, dan is het dus nodig om in een representatieve steekproef uit de beoogde populatie zowel testgegevens als criteriumgegevens te verzamelen, en vervolgens de relatie tussen test en criterium vast te stellen. Het basismodel is daarbij het volgende.
Op basis van het genoemde empirisch onderzoek in een representatieve steekproef wordt de relatie onderzocht tussen de testprestaties en de later verzamelde criteriumprestaties. Een concreet voorbeeld is de voorspelling van de prestatie in vervolgonderwijs – het criterium – met behulp van de score op de CITO Eindtoets Basisonderwijs – de predictor. In een representatieve steekproef van basisschoolleerlingen verzamelen we eerst de toetsscores, en bijvoorbeeld een jaar later de prestaties van diezelfde leerlingen in het voortgezet onderwijs.

De puntenwolk in figuur 8.1 geeft een hypothetisch voorbeeld van een relatie die in een steekproef is gevonden tussen de toetsscore, X (horizontale as), en de criteriumscore, Y (verticale as). Een relatie is het eenvoudigst als zij lineair is, dus als alle combinaties van punten (x, y), op een rechte lijn liggen. De vergelijking van een rechte lijn is

$Y = a + bX.$

De constante waarde a geeft het snijpunt met de Y-as aan en b de richtingscoëfficiënt van de rechte lijn. Het is gebruikelijk om te veronderstellen dat een gevonden puntenwolk als in figuur 8.1 zinvol benaderd kan worden door een rechte lijn. Niet alleen is zo'n lineaire benadering eenvoudig, ook maakt zij de toepassing van de product-momentcorrelatie en allerlei eenvoudige en nuttige statistische modellen mogelijk.
Voor het bepalen van de lineaire benadering wordt regressieanalyse gebruikt (zie ook hoofdstuk 6, paragraaf 6.4.1; en verder o.a. Fox, 1997; Nunnally, 1978; Stevens, 1992; Tabachnick & Fidell, 2001).

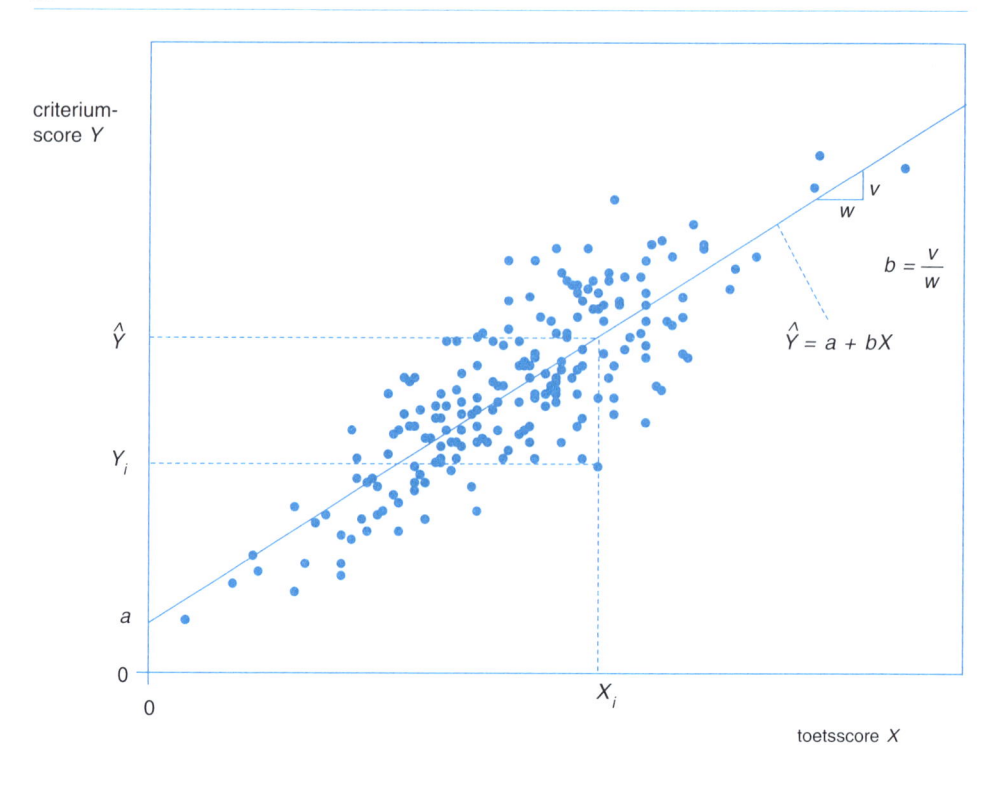

Figuur 8.1 *Best passende rechte lijn door een puntenwolk voor de scores op een toets (X) en een criteriumvariabele (Y)*

Hiermee bepalen we de rechte lijn die het beste past bij de puntenwolk, in de zin dat de gemiddelde gekwadrateerde verticale afstand van alle punten tot deze lijn het kleinste is. Met behulp van regressieanalyse vinden we de bijpassende waarden van a en b. We vervangen nu de gevonden puntenwolk door de lineaire benadering,

$$\hat{Y} = a + bX.$$

Hierin is X de bekende testscore en $\hat{Y}$ de schatting van Y via de regressievergelijking.

In een latere toepassing van de toets hebben we op dat moment nog geen weet van de criteriumprestatie van een te onderzoeken leerling. Wel kunnen we zijn toetsprestatie bepalen en, op basis van de regressierechte, zijn meest waarschijnlijke criteriumscore schatten. Dit gebeurt door de toetsprestatie, X, in te vullen in het regressiemodel, waarna een schatting van Y volgt (figuur 8.1). Dit basismodel is eenvoudig, maar er zitten vele haken en ogen aan, zoals we in de loop van deze paragraaf zullen zien.

8.3.1 NADERE BEPALING VAN HET CRITERIUMBEGRIP

Hoe moet men zich een criterium concreet voorstellen? We onderscheiden drie typen (Thorndike, 1949): uiteindelijk ('ultimate') criterium, tussentijds ('intermediate') criterium en onmiddellijk ('immediate') criterium. Met uiteindelijk criterium wordt het alomvattende, uiteindelijke doel van een concrete procedure bedoeld. Zo zal het uiteindelijk criterium bij de selectie van medische studenten betrekking hebben op hun totale, professionele bijdrage aan de medische zorg. Het uiteindelijk criterium bij de selectie van uitvoerende werknemers in een onderneming zal gericht zijn op de functievervulling en de bijdrage aan de doelstellingen van de organisatie gedurende de gehele loopbaan binnen de onderneming. Het zou ideaal zijn als kon worden vastgesteld in welke mate een test deze doelstellingen kan voorspellen, maar het zal duidelijk zijn dat dit zeer abstracte criterium zelden of nooit beschikbaar is. Derhalve kiest men vaak een tussentijds criterium, bijvoorbeeld in plaats van de latere beroepsprestaties de prestaties op het eindexamen van de opleiding, of een meer onmiddellijk criterium, bijvoorbeeld het in totaal behaalde aantal studiepunten na het eerste jaar.

Bij deze driedeling spelen twee problemen een rol. Ten eerste een probleem aangaande tijd; het uiteindelijk criterium ligt in de tijd ver verwijderd van het tijdstip van testen, terwijl het tussentijds en het onmiddellijk criterium dichterbij liggen. Ten tweede de vraag in hoeverre het criterium beschikbaar is (duurt het niet veel te lang? is het niet veel te veelomvattend?), kan worden geoperationaliseerd (is het abstracte criterium wel meetbaar te maken zonder het te veel 'uit te kleden'?) of kan worden gekwantificeerd (is iemands rol in de medische zorg of iemands bijdrage aan een organisatie nog zinvol in getallen uit te drukken?). Deze twee dimensies, de tijd en het abstractieniveau van de doelstelling, worden vaak onvoldoende gescheiden. Wij proberen in het volgende een betere scheiding aan te brengen.

Om te beginnen onderscheiden we het uiteindelijke doel van de organisatie of het instituut waarvoor de voorspelling plaatsvindt. In de geestelijke gezondheidszorg is dit wellicht de geestelijke gezondheid van de patiënten, in het onderwijs de optimale ontwikkeling van de aanleg van de leerlingen, en in het bedrijfsleven het voortbestaan of de groei van het bedrijf. Deze doelstellingen vallen direct af te leiden uit de bestaansreden van het instituut waarbinnen het voorspellend testgebruik plaatsvindt. Opgemerkt dient te worden dat dit doel als zodanig niet-psychologisch van aard is.

Meer concreet zichtbaar is het conceptuele criterium (Astin, 1964). Dit is een concretisering van het uiteindelijke organisatiedoel in termen van zichtbare resultaten. Het conceptuele criterium vertegenwoordigt het laagste niveau van abstractie in de hiërarchie van relevante doelstellingen. Bij de zojuist genoemde uiteindelijke doeleinden zou men zich als conceptuele criteria kunnen voorstellen, respectievelijk, de sociale aangepastheid of redzaamheid van de cliënt, vaardigheden en kennis van de diverse schoolvakken van de scholier, en de arbeidsprestaties van de werknemer.

Van dit conceptuele criterium wordt vervolgens een criteriummaat afgeleid. Deze criteriummaten zijn expliciete, ondubbelzinnige uitspraken of scores, die betrekking hebben op criteriumgedrag of criteriumprestaties. Dit bedoelden we tot nu toe impliciet met de term 'criterium'. Het criteriumgedrag of de criteriumprestatie is waarneembaar en registreerbaar, en is relevant voor het conceptuele criterium. Ten aanzien van het conceptuele criterium 'sociale aangepastheid' zou men als criteriumgedrag zelfbeoordeling, beoordeling door de behandelend psychiater, of acceptatie door de groepsleden kunnen kiezen. Dit criteriumgedrag is vervolgens te operationaliseren tot criteriummaat als de score op een psychiatrische beoordelingschaal voor sociale aanpassing of het aantal malen dat de patiënt in een sociogram wordt gekozen. Wat de schoolopleiding betreft kan het conceptuele criterium 'mate van vaardigheid en kennis' bijvoorbeeld worden geconcretiseerd in het criteriumgedrag 'schoolprestaties van de leerlingen'. Deze schoolprestaties kunnen op hun beurt worden geoperationaliseerd als rapportcijfers, eindexamencijfers of het aantal doublures tijdens de opleiding.

Vaak zijn criteriummaten kwantitatieve operationaliseringen van het criteriumgedrag. In hoeverre deze operationalisering geslaagd is, is op zich weer een validiteitsvraag, in dit geval inzake het criterium. Daarbij moet ook de vraag worden gesteld welke criteriummaat het meest relevant is. Belangrijk is dus dat de meting van een criterium aan dezelfde eisen van betrouwbaarheid en validiteit moet voldoen als de test waarmee dit criterium wordt voorspeld.

Een onbetrouwbare criteriumscore leidt, evenals een onbetrouwbare testscore, gegarandeerd tot een lage predictieve validiteit. Het is dus zonder meer wenselijk om te streven naar betrouwbare metingen, zowel voor de test als het criterium, ook al wordt hiermee niet automatisch een goede validiteit verkregen. De validiteit zelf wordt bepaald door de relatie tussen predictorscores (testscores) en criteriumscores vast te stellen. Wij hebben bezwaren tegen de soms gevolgde procedure waarbij deze scores eerst worden gecorrigeerd voor onbetrouwbaarheid om daarna de relatie tussen de gecorrigeerde scores te nemen als indicatie van de validiteit (de voor attenuatie gecorrigeerde correlatie; zie hoofdstuk 6). De reden is dat men in de praktijk immers de ongecorrigeerde en feilbare testscores gebruikt om de eveneens feilbare criteriumscores te voorspellen. De voor onbetrouwbaarheid gecorrigeerde validiteit geeft doorgaans een sterk geflatteerd beeld van de werkelijke validiteit.

De relatie tussen criteriumgedrag (of criteriumscores) en het erachterliggende conceptuele criterium (en zeker het uiteindelijke doel) is niet voor empirisch onderzoek toegankelijk. Het conceptuele criterium heeft nog steeds betrekking op doelstellingen en idealen van de organisatie, ook al zijn deze minder abstract dan het uiteindelijke doel. De relatie tussen het conceptuele criterium en het meer concrete criteriumgedrag blijft echter een kwestie van meer of minder relevantie, dat rationeel beoordeeld dient te worden. Bijvoorbeeld, of het aantal jaren dat men over een universitaire studie doet een betere of een slechtere benadering is van het conceptuele criterium 'goed studeren' dan examenprestaties, is een kwestie van rationeel oordelen. Pas nadat het criteriumgedrag is gekozen en de criteriummaat is vastgesteld, kan de predictieve validiteit van de testprocedure worden bepaald. De vraag is dan in welke mate de predictor (de test) deze gekozen criteriumvariabele kan voorspellen.

In de praktijk zal men vaak ook willen weten wat de relatie is tussen een veelal gekozen 'dichtbij' gelegen criterium (bijv. een opleidingscriterium) en een prestatiecriterium op een later tijdstip – dus de relatie tussen twee criteriummaten. In feite vergelijkt men dan de relatie tussen twee conceptuele criteria, voor zover ze in de gekozen maten operationeel zijn gemaakt. Het blijkt nogal eens dat die relatie zwak is (zie Ghiselli, 1955, 1966), en is het een kwestie van beleid wat het beste als conceptueel criterium genomen kan worden, de vraag of de kandidaten door de opleiding komen, of de vraag hoe goed zij later in hun functie zullen zijn. Ter verdediging van het eerste criterium kan worden ingebracht dat het voltooien van een opleiding in ieder geval een voorwaarde is om voor het tweede criterium, de functievervulling, in aanmerking te komen. Uiteraard is dit opnieuw een kwestie van standpunt bepalen, niet van empirisch onderzoek.

Wie is eigenlijk verantwoordelijk voor de keuze van het conceptuele criterium? Men zou kunnen verdedigen dat het uiteindelijk de verantwoordelijkheid is van de opdrachtgever van de psycholoog. De psycholoog kan echter wel een belangrijke adviserende rol spelen. Hij kan algemene onderzoekservaring en gegevens over relaties tussen predictoren en typen criteria, of tussen verschillende soorten van conceptuele criteria inbrengen. Ook kan hij helpen de opdrachtgever zich bewust te doen zijn van de vaak impliciete keuzes inzake het doel van selectie, en de vaststelling van de criteria. Voorts kleven aan de keuze van het criterium voor de psycholoog soms professioneel-ethische bezwaren, die onderkend en met de opdrachtgever besproken dienen te worden (zie ook paragraaf 8.3.5).

Een probleem bij de keuze van criteriumgedragingen is, dat de betrouwbaarheid van de maten hiervoor vaak omgekeerd evenredig is aan hun relevantie. Bijvoorbeeld, het aantal dagen ziekteverzuim is heel betrouwbaar vast te stellen, maar is misschien niet zo relevant als maat voor arbeidsmotivatie. Een subjectieve beoordeling door een meerdere lijkt aanmerkelijk relevanter te zijn, maar vaak weer zo onnavolgbaar – ook voor die meerdere zelf – tot stand gekomen dat de betrouwbaarheid weer erg twijfelachtig wordt. Men moet dus trachten criteriummaten te vinden die nog zó betrouwbaar zijn dat ze de test niet op voorhand invalideren, maar niet zó irrelevant dat ze het conceptuele criterium niet meer weerspiegelen. Voor een uitdagende visie in dit verband verwijzen we naar Hofstee (1985; zie ook Sijtsma, Algera & Altink, 1987).

8.3.2 OPZET VAN EEN TEST OF TESTBATTERIJ MET PREDICTIEVE VALIDITEIT

Wij behandelen nu op globale wijze hoe het proces van het kiezen van tests, de samenstelling van een testbatterij en de bepaling van de predictieve validiteit verloopt. Daarbij onderscheiden we zes fasen. Voor uitgebreide verhandelingen refereren we aan Wiggins (1973), Roe (1983), Guion (1998), en Schmitt en Chan (1998).

Fase 1: Operationalisering van het criterium
De eerste fase bestaat uit het operationeel maken van het criteriumgedrag in een zo exact mogelijke criteriummaat. Hieraan is in de vorige paragraaf al aandacht besteed.

Fase 2: Keuze en constructie van tests
De tweede fase bestaat uit de keuze van mogelijk geschikte tests of – indien er geen tests beschikbaar zijn – de keuze of de constructie van mogelijk geschikte items, waaruit een of meer tests kunnen worden

samengesteld. Deze keuze kan in meer of mindere mate gebaseerd zijn op een psychologische analyse van het criteriumgedrag en van de eisen die daarin gesteld worden. Naarmate de keuze meer geschiedt op basis van een dergelijke taakanalyse, is de kans groter dat de gekozen of geconstrueerde tests of items goed functioneren. Er bestaat op dit punt nogal wat variatie: de wijze van testconstructie is afhankelijk van omstandigheden, mogelijkheden tot verwerking (denk aan het testen met behulp van de computer) en de theoretische aanpak van de onderzoeker. Het ene criterium is inzichtelijker en beter analyseerbaar is dan het andere. De keuze van tests of de constructie van items en tests is in het ene geval dus eenvoudiger dan in het andere geval.

Fase 3: Proefafneming van bestaande of nieuwe tests

De derde fase wordt gevormd door proefafnemingen van de bestaande of de nieuw te construeren tests op diverse groepen proefpersonen uit de populatie waarvoor de testprocedure wordt ontworpen. Bij een bestaande test is een proefafneming alleen nodig als de testprocedure plaatsvindt in een populatie die afwijkt van de populatie waarvoor de test oorspronkelijk is geconstrueerd. Ook al heeft de test in de oorspronkelijke populatie een goede betrouwbaarheid en validiteit, dan is het toch maar de vraag of dit in een nieuwe populatie ook geldt. Vandaar dat dit dient te worden onderzocht. Dit onderzoek kan dus gevolgen hebben voor de bruikbaarheid van de test. Wellicht dienen items uit de test te worden verwijderd en nieuwe te worden toegevoegd.

Populatie en steekproef

Een steekproef waarop items en tests op hun testtechnische merites worden beoordeeld, dient een zo getrouw mogelijke afspiegeling te zijn van de populatie waarvoor de test uiteindelijk zal worden gebruikt. Aangezien betrouwbaarheid en validiteit wel gevoelig zijn voor variatie in de spreiding maar niet voor variatie in het gemiddelde van de testscores, zijn afwijkingen tussen steekproef en populatie qua gemiddelde minder erg dan qua spreiding.

Representativiteit van de steekproef kan beter worden gegarandeerd indien men vooraf rekening houdt met de samenstelling van de populatie naar voor de test belangrijke demografische en persoonlijke variabelen. Indien een populatie bijvoorbeeld 30% 50-plussers bevat en de indeling naar 50-plus en 50-min een relevant onderscheid voor de te meten eigenschap is, is het aan te raden om voorafgaand aan de trekking eerst expliciet onderscheid te maken tussen mensen die respectievelijk ouder en jonger dan 50 jaar zijn en vervolgens aselect 70% 'jongeren' en 30% 'ouderen' te trekken. Een steekproef die op deze wijze tot stand komt, heet een gestratificeerde steekproef (zie ook hoofdstuk 4). Andere relevante variabelen kunnen zijn opleidingsniveau, geslacht en sociaal-economische status. Het gaat er hier om dat de variabelen waarop men voorselecteert, relevant zijn voor de eigenschap die met de test wordt gemeten. Als bijvoorbeeld bekend is dat er tussen mannen en vrouwen geen verschil bestaat in verbale intelligentie, heeft het verder geen zin bij de steekproeftrekking voor een proefafneming van een verbale-intelligentietest rekening te houden met de juiste representatie van deze groepen.

Men kan natuurlijk volhouden dat stratificeren – het vooraf indelen van de populatie in relevante deelgroepen – niet nodig is als men een grote steekproef aselect uit de populatie kan trekken. Immers, alleen bij kleine steekproeven loopt men serieus het risico dat deelgroepen over- of ondergerepresenteerd zijn. Op zich is dit argument juist, maar het gaat er wel van uit dat alle personen uit de populatie vrij beschikbaar zijn voor de steekproeftrekking, zodat iedereen dezelfde kans heeft om in de steekproef te komen. Deze gelijke kans is een voorwaarde voor een aselecte steekproef. Vaak zijn echter sommige deelgroepen minder gemakkelijk te bereiken dan andere. Men kan denken aan bejaarden, heel jonge kinderen, gehandicapten, zieken, plattelandsbewoners en mensen die niet onder hun eigen naam ergens wonen. Indien dit kenmerken zijn die van belang zijn voor de samenstelling van de steekproef, dient er dus expliciet rekening mee te worden gehouden bij de trekking.

Er komen vele tests op de markt waarvan de betrouwbaarheids- en validiteitsgegevens zijn ontleend aan een niet-representatieve steekproef (Evers e.a., 2000a). Ook worden vele tests onderzocht op een gemakkelijk voorhanden steekproef, bijvoorbeeld studenten psychologie. Zolang de generalisatie naar andere groepen geen probleem is, is dat natuurlijk niet erg. Het probleem is echter dat bijvoorbeeld een dergelijke studentengroep heel vaak niet representatief is voor de populatie waarvoor de test is bedoeld. Men hoeft alleen maar te denken aan de gemiddeld hoge intelligentie van deze groep, hun relatief grote interesse in psychologie, hun lage leeftijd, en de overrepresentatie van vrouwen. Meer in het algemeen zijn steekproeven vaak niet representatief wat leeftijd betreft en worden daarmee de voor vele psychologische eigenschappen belangrijke ontwikkelingsaspecten genegeerd. Het zonder nader onderzoek gebruiken van tests, die zijn onderzocht op dergelijke selecte groepen, binnen de beoogde populatie, is dus niet zonder risico.

Tot slot maken we onderscheid tussen het vooronderzoek en het hoofdonderzoek (zie ook hoofdstuk 4). Het vooronderzoek dient als grove zeef om na te gaan of de proefpersonen begrijpen wat er van hen wordt verlangd, of de items niet veel te moeilijk of juist te gemakkelijk zijn, en of de testtijd realistisch is. Dit zijn zaken die vooraf vaak moeilijk zijn te schatten. Vooral bij jonge kinderen en allerlei patiëntengroepen is het maar de vraag of er niet al snel, om overigens zeer diverse redenen, te veel van hen wordt gevraagd. In het vooronderzoek kan men toe met een kleine proefgroep, die intensief wordt ondervraagd en die ook niet representatief hoeft te zijn. Ten behoeve van de constructie van een test voor zeven- tot twaalfjarigen is het handig het vooronderzoek juist op de twee extreme leeftijdsgroepen uit te voeren. Het hoofdonderzoek dient om de definitieve test te construeren en behoeft juist wel een, liefst grote, representatieve steekproef.

Itemanalyse
Indien de tests nog moeten worden geconstrueerd, en men voor het vooronderzoek een kleinere maar representatieve steekproef gebruikt, dan kan het vooronderzoek behalve voor de zojuist genoemde doelen ook voor het verzamelen van informatie voor een itemanalyse worden gebruikt. In deze itemanalyse kunnen diverse aspecten van de testitems worden geëvalueerd, zoals de moeilijkheidsgraad en de correlatie van elk item met de totaalscore op de overige items, de itemrestcorrelatie (hoofdstuk 6).
Extreem moeilijke of gemakkelijke items zijn alleen gewenst als de test in de populatie de gehele schaal van de eigenschap dient te bestrijken, en ook voor 'extreme' personen items dient te bevatten die bij hun niveau passen (vergelijk het adaptief testen; zie de hoofdstukken 5 en 7). Ook zagen we in hoofdstuk 4 hoe in het vooronderzoek de moeilijkheid van de items – meestal de gemiddelde itemscore in de groep – en de verdeling van de itemscores bij meerkeuze-items en polytome items informatie kunnen leveren over het functioneren van de items. In het algemeen worden items echter niet alleen op basis van hun moeilijkheid in een test opgenomen, omdat dit het risico inhoudt dat er een test ontstaat die inhoudelijk heterogeen is of waarvan de score onbetrouwbaar is. De reden hiervoor is dat de moeilijkheid van een item op zich niets te maken heeft met wat het item meet of hoe betrouwbaar het item dit doet. Een homogene test verkrijgt men door bijvoorbeeld factoranalyse (paragraaf 8.4.2) uit te voeren op de scores

van de k kandidaatitems voor de test. Met factoranalyse worden items die onderling hoog correleren in groepen 'bij elkaar genomen'; deze items meten bijvoorbeeld dezelfde eigenschap.

Een andere mogelijkheid is dat de onderzoeker zelf items rechtstreeks in dezelfde test selecteert op basis van hun onderlinge correlaties. Dit komt op hetzelfde neer als het selecteren van de items met hoge item-restcorrelaties. Een hoge correlatie betekent dat een item veel gemeen heeft met de andere items en dus op basis van de gemeten eigenschap samen met de andere items in dezelfde test past. In hoofdstuk 6 zagen we verder dat een bijkomend, en zeer groot voordeel van het selecteren van items op basis van item-restcorrelaties is, dat hiermee een relatief betrouwbare testscore wordt verkregen. Dit is vooral goed te zien aan Cronbachs alfa (formule [6.37]), die een ondergrens voor de betrouwbaarheid markeert.

Vaak tracht men reeds een voorlopige indruk van de validiteit te krijgen. Hiervoor moeten natuurlijk voor de proefgroep criteriumscores beschikbaar zijn zoals in de eerste fase gedefinieerd. Op basis van de in deze derde fase verzamelde gegevens wordt de test in zijn definitieve vorm samengesteld.

Fase 4: Validatie van de testprocedure

Het valideringsonderzoek: voetangels en klemmen

In de vierde fase heeft dan de daadwerkelijke validatie van de test plaats. In een kliniek, waar het vaak gaat om een vergelijking met een gelijktijdig criterium ('concurrent validity'), zoals een psychiatrische diagnose of een score op een soortgelijke test, zal dit niet veel tijd vergen. In de school- en beroepskeuze en de personeelsselectie, waar het om een in de toekomst liggend criterium gaat, is dit onderzoek veel moeilijker praktisch uitvoerbaar, aangezien er soms jaren zouden moeten liggen tussen het moment van het testen en het moment waarop het criteriumgedrag wordt beoordeeld. Zie bijvoorbeeld een studie naar de voorspelbaarheid van de 'high school'-examenscores op basis van vier jaar eerder verzamelde testscores in Kenya (Bali e.a., 1984). Vaak ziet de onderzoeker zich dan ook gedwongen om het onderzoek uit te voeren op een groep proefpersonen waarvan de criteriumscores reeds beschikbaar of gemakkelijk en snel te verzamelen zijn. In plaats van de voorspelling met een toekomstig criterium wordt dus gekozen voor de opzet met een gelijktijdig beschikbaar criterium. Daarbij hoopt men de gegevens te kunnen generaliseren naar het bedoelde voorspellingsmodel.

Deze hoop is evenwel niet altijd terecht. In een experimentele situatie hebben onderzochten niet altijd dezelfde motivatie en inzet als in de situatie van een echte sollicitatie of een echt toelatingsexamen. Bovendien is het de vraag of de onderzochten bij de entree in het bedrijf of de school wel dezelfde eigenschappen en (vooral) attitudes en motivatie zouden hebben gehad als bij de experimentele testafneming. Het is derhalve mogelijk dat samenhangen die in dergelijk experimenteel onderzoek worden gevonden niet gegeneraliseerd mogen worden naar de realiteit van de voorspelsituatie.

Ook aan het ideale onderzoek, waarin kandidaten bij de entree met de te valideren tests worden onderzocht en vervolgens wordt gewacht tot er criteriumgegevens beschikbaar komen, zijn bezwaren verbonden. Zo is er de lange duur van het onderzoek, waardoor het erg kostbaar is. Ook is het de vraag van hoeveel proefpersonen uiteindelijk de criteriumscores ter beschikking komen. Immers, van de onderzochte groep worden velen afgewezen en ook verdwijnen uit de geselecteerde groep diverse personen doordat zij voortijdig de opleiding of het bedrijf verlaten. In de bovengenoemde Kenya-studie (Bali e.a., 1984, p. 71) deden van de 571 geteste kinderen er uiteindelijk 145 eindexamen, zodat de predictieve validiteiten slechts op een kwart van de oorspronkelijk geteste groep konden worden vastgesteld. Degenen die worden afgewezen (op basis van hun lage testscore) of afhaken in de opleiding zijn vaak minder geschikt, hetgeen zou zijn gebleken uit hun vaak eveneens lagere criteriumscores. Degenen die na selectie (op hun hogere testscore) verdwijnen doordat zij bijvoorbeeld promotie maken of naar een nieuwe functie of een andere organisatie doorstromen, zijn vaak de zeer geschikte kandidaten. Zij zouden naar verwachting een gemiddeld hoge criteriumscore gehad hebben. Het gevolg is variatiebeperking ('restriction of range'; zie hoofdstuk 6, waar het effect hiervan op de betrouwbaarheid werd besproken) op zowel de predictor- als op de criteriumvariabele. Hierdoor verschilt de uiteindelijke groep dus (soms sterk) van de aanvankelijke onderzoeksgroep. Als gevolg van variatiebeperking zullen zowel betrouwbaarheid als validiteit te laag worden geschat. Roe (1983, pp. 527-538) presenteert een overzicht van correctiemethoden waarmee de validiteit in de oorspronkelijke, niet-geselecteerde onderzoeksgroep kan worden 'teruggeschat' (zie ook Jansen, 1984).
Een laatste probleem bij de ideale opzet van het valideringsonderzoek is dat de testuitslagen mogelijk bij een latere beoordelaar – bijvoorbeeld een leidinggevende van de beoordeelden – bekend raken. Als deze beoordelaar zijn oordelen door deze kennis laat beïnvloeden ('volgens de test was Jan al een twijfelgeval en dat zie ik in zijn werk

terug') en zijn oordelen worden als criteriummaat in het valideringsonderzoek gebruikt, dan is duidelijk dat testscore en criteriumscore niet meer onafhankelijk zijn vastgesteld. Dit verschijnsel heet contaminatie van het criterium. Als hiervan sprake is, valt de correlatie tussen test- en criteriumscore kunstmatig hoog uit omdat de beoordelaar zelf de criteriumscores – min of meer onbewust – in overeenstemming brengt met de testscores die als voorspeller dienden.

Vaststellen van de validiteit

De zojuist genoemde correlatie tussen testscore en criteriumscore is een aanduiding van de validiteit en wordt derhalve de validiteitscoëfficiënt genoemd. Door hiervoor de product-momentcorrelatie (zie de appendix) te nemen, wordt voetstoots aangenomen dat het verband tussen predictor en criterium goed door een rechte lijn kan worden benaderd; zie figuur 8.1. Vaak klopt dit wel, maar het is niet altijd een correcte vooronderstelling. Twee bekende uitzonderingen zijn de kromlijnige relatie (figuur 8.2) en de heteroscedastische relatie (figuur 8.3). Toepassing van de product-momentcorrelatie op de (x,y-)scores op respectievelijk test en criterium levert in beide gevallen een lage waarde op terwijl er wel degelijk een interessante relatie tussen beide variabelen bestaat. Dit betekent dat de correlatie hier geen goede indruk van de relatie geeft. We leggen dit nu nader uit.

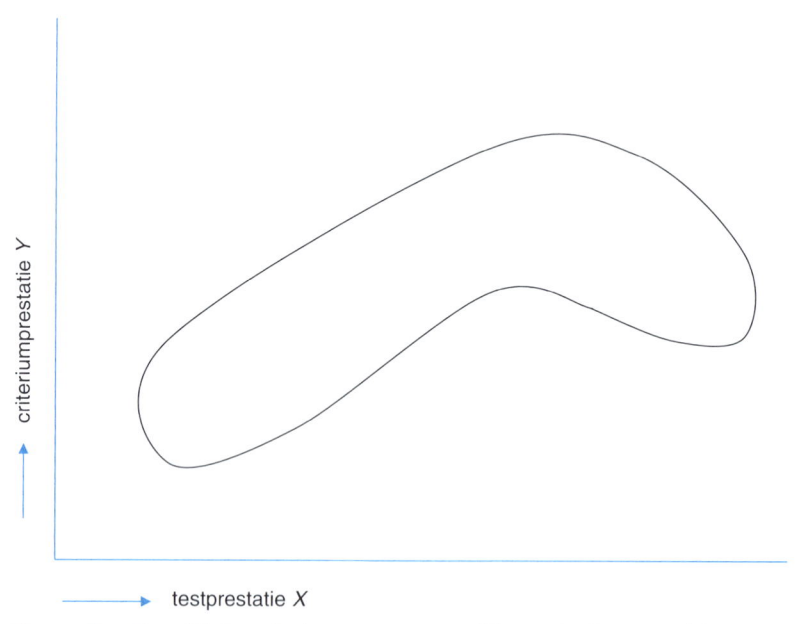

Figuur 8.2 *Kromlijnige relatie tussen testscore (X) en criteriumscore (Y).*

criteriumprestatie Y →

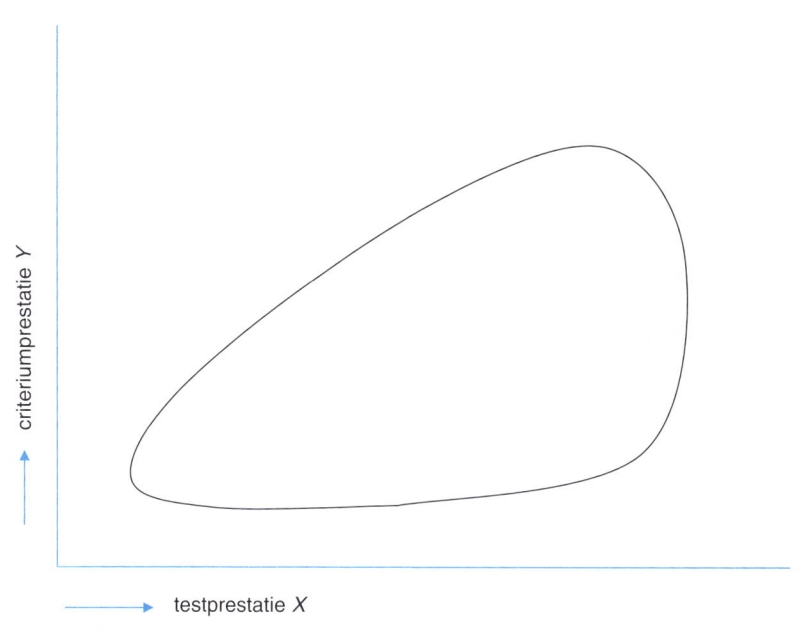

→ testprestatie X

Figuur 8.3 *Heteroscedastische relatie tussen testscore (X) en criteriumscore (Y).*

In figuur 8.2 zien we dat een lage testscore (horizontale as; X) gepaard gaat met een lage criteriumscore (verticale as; Y), een hogere testscore met een hogere criteriumscore, maar een zeer hoge testscore weer met een lagere criteriumscore. Een voorbeeld is een mogelijke relatie tussen motivatie (X) en prestatie (Y). Afwezigheid van motivatie geeft een slechte prestatie, een hoger niveau van motivatie geeft een betere prestatie, maar een te sterke motivatie roept zoveel spanning op dat het weer een negatief effect heeft op de prestatie. In dit geval is de product-momentcorrelatie laag omdat deze alleen maar aangeeft in hoeverre een rechte lijn het verband kan representeren, en is gebruik van een correlatiemaat die onafhankelijk is van de vorm van de exacte relatie meer aangewezen. Een dergelijke maat is bijvoorbeeld de correlatieratio, η (zie Nunnally, 1978, pp. 146-150).

Figuur 8.3 laat zien dat er wel een verband bestaat tussen de lagere waarden van twee andere variabelen X en Y, maar niet voor de hogere waarden. Het is zelfs zo dat, naarmate X toeneemt, de spreiding van mogelijke waarden van Y toeneemt. Dit betekent dat er, naarmate X hoger wordt, steeds minder informatie over de waarde van Y beschikbaar komt: bij zeer hoge waarden van X zijn bijna alle waarden van Y mogelijk. Een voorbeeld is een mogelijk verband van intelligentie (X) met studieprestatie (Y). Een geringe intelligentie leidt tot slechte studieprestaties, maar een hogere intelligentie biedt geen garantie voor betere prestaties. Dan spelen zaken mee als motivatie, zelfdiscipline en leergierigheid. Voor dit soort heteroscedastische verbanden – verbanden die niet voor alle waarden van X even sterk zijn – bestaat een correlatiecoëfficiënt, θ, die de gemiddelde relatie over de verschillende niveaus van de testscore weergeeft (zie Guion, 1998, pp. 330-333). Relaties die wel overal even sterk zijn – gegeven X is de spreiding van Y overal gelijk – worden homoscedastische relaties genoemd. De figuren 8.1 en 8.2 geven hiervan voorbeelden, althans bij benadering, want voor lage en hoge waarden van X is de spreiding van Y wat kleiner dan voor de andere waarden. Vele relaties zijn niet perfect homoscedastisch. Hieruit volgt dat de relatie van X met Y altijd nauwgezet onderzocht dient te worden en dat het kritiekloos gebruik van de product-momentcorrelatie onverstandig is.

Tests kunnen voor voorspelling soms nuttig zijn als 'suppressor'variabele. Overigens komt het in de praktijk niet veel voor dat een test deze rol heeft. Suppressorvariabelen spreken door hun merkwaardige rol wel tot de verbeelding, en om deze reden besteden we er aandacht aan. We gaan in het voorbeeld uit van lineaire relaties en productmomentcorrelaties.
Stel, we hebben twee testscores X_1 en X_2 en een criteriumscore Y. We nemen aan dat X_1 en Y positief correleren en X_2 en Y nul. De twee testscores correleren positief. Samengevat: $r(X_1,Y) > 0, r(X_2,Y) = 0$, en $r(X_1,X_2) > 0$. Als we afgaan op de beide validiteitscoëfficiënten lijkt het alsof X_1 wel nuttig is voor de voorspelling van Y en X_2 niet. Vanwege de positieve correlatie tussen beide testscores is deze laatste conclusie echter niet correct. Kennelijk is het zo dat X_2 met een 'deel van X_1' correleert, dat zelf niet met Y correleert. Wanneer we nu met behulp van X_2 dit deel uit X_1 verwijderen – we gaan niet in op de technische finesses van deze correctie – dan blijft een voor X_2 gecorrigeerde variabele X_1' over die sterker met Y correleert dan de ongecorrigeerde X_1. Zo maakt X_2 het mogelijk dat X_1 beter functioneert als voorspeller van Y. In technische termen is X_2 een suppressor, omdat hij het niet-relevante deel van X_1 bij de voorspelling van Y onderdrukt. In een statistisch voorspellingsmodel ziet dit er ruwweg als volgt uit:

$$\hat{Y} = a + b_1X_1 - b_2X_2;$$

criterium Y wordt voorspeld (deze voorspelling geven we aan met $\hat{Y}$) door testscores X_1 een positief gewicht b_1 te geven, en er een deel (bepaald door gewicht b_2) van X_2 van af te trekken, namelijk het deel dat nul correleert met Y. De gewichten worden bepaald met behulp van regressieanalyse, maar hoe dat precies in z'n werk gaat laten we hier achterwege.

Een voorbeeld van een suppressorvariabele is taalvaardigheid (X_2) die een rol speelt in een toets voor rekenvaardigheid (X_1), die deel uitmaakt van een testbatterij waarmee geschiktheid voor een technisch beroep (Y) wordt voorspeld. Veronderstel dat taalvaardigheid zelf voor dit technische beroep niet van belang is, maar rekenvaardigheid wel. Voor deze rekenvaardigheid wordt gebruik gemaakt van rekenproblemen, die zijn ingebed in een praktisch en relevant technisch probleem. Beschouwen we kandidaten met dezelfde rekenvaardigheid, dan zijn kandidaten met een betere taalvaardigheid in het voordeel omdat zij de problemen beter begrijpen. Door de scores op de rekentoets (X_1) te corrigeren voor taalvaardigheid (X_2), die op zich irrelevant is voor de voorspelling van de geschiktheid voor het technische beroep (Y), kan een betere voorspelling worden verkregen.

Testscores kunnen ook functioneren als moderatorvariabelen. Dit is een variabele die zelf niet of nauwelijks hoeft te correleren met een criteriumscore Y, maar die wel de relatie van andere variabelen met Y beïnvloedt. Een testscore correleert bijvoorbeeld wel voor mannen met Y, maar niet voor vrouwen, en dus is de correlatie voor een gemengde populatie matig. Sekse is dan een moderatorvariabele met betrekking tot de correlatie tussen test en criterium. Indien men er geen rekening mee houdt, lijkt de correlatie tussen test X en criterium Y matig, maar in de afzonderlijke groepen van mannen en vrouwen ligt die relatie geheel anders.

Een voorbeeld van een testscore als moderatorvariabele is het verband tussen interesse (X) en schoolprestaties (Y) dat slechts werd gevonden voor dwangmatige studenten (Frederiksen & Melville, 1954). Hier is de score op een schaal voor dwangmatigheid de moderatorvariabele. Een ander voorbeeld is de rol van motivatie (de moderator) in de relatie tussen intelligentiescores (X) en schoolprestaties (Y). Wel vaker varieert de relatie tussen twee variabelen over groepen. Die groepen kunnen mannen en vrouwen of leeftijdsgroepen zijn, maar dus ook groepen die verschillen op psychologische variabelen zoals dwangmatigheid en motivatie, die door middel van tests worden gemeten. In valideringsonderzoek kan het zeer de moeite waard zijn met moderatoren rekening te houden. Niet alleen verduidelijken zij de relatie tussen test en criterium, zij maken ook duidelijk dat tests soms maar in een beperkt aantal deelgroepen uit een populatie bruikbaar zijn om een criterium te voorspellen.

Een enigszins ander geval is dat twee variabelen apart met een criteriumvariabele Y correleren, en bovendien nog een *interactie-effect* op Y hebben. Dit houdt in dat, als de beide variabelen tegelijkertijd een hoge score te zien geven, de correlatie met het criterium daardoor nog extra wordt verhoogd. Saunders (1956), die als eerste hieraan een uitvoerige publicatie wijdde, noemt dit 'moderated regression'. De belangrijke vraag is hoe men die moderatorvariabelen opspoort. Ghiselli (1956a, 1960) beschrijft een methode waarbij de schaal voor 'prediction of predictability' wordt gebaseerd op de afstand van voorspelde criteriumscores ($\hat{Y}$) en geobserveerde criteriumscores (Y); zie ook Wiggins (1973, pp. 61-74). Abrahams en Ralf (1972) geven een overzicht en een kritische bespreking van deze en andere methoden.

Fase 5: Samenstelling van de predictorbatterij

De tests waarvoor een goede validiteit is gevonden, worden vervolgens gecombineerd in een maximaal voorspellende testbatterij. Een veelgebruikte statistische methode is multipele of meervoudige regressieanalyse (Fox, 1997; Nunnally, 1978; Stevens, 1992; Tabachnick & Fidell, 2001). In het regressiemodel worden testscores gewogen en vervolgens opgeteld tot een voorspelling van criteriumscore Y: bij m tests met scores X_g en gewichten b_g (g is nu een loopindex voor testscores en niet voor itemscores, zoals in voorgaande hoofdstukken) kan het meervoudige regressiemodel worden weergegeven als

$$\hat{Y} = a + b_1X_1 + b_2X_2 + \ldots + b_mX_m.$$

Een gewicht – ook wel regressiegewicht genoemd – is relatief groot als de test hoog correleert met criterium Y en laag met de andere tests; dus als de unieke bijdrage van de test aan de voorspelling van Y relatief groot is. Ideaal is derhalve een batterij van tests die onderling laag correleren – dus weinig overlap vertonen – en alle hoog met Y correleren, dus alle een uniek aspect van Y verklaren. Hieruit volgt dat het zinloos is om tests in een batterij op te nemen die ongeveer hetzelfde meten. De daaruit voortvloeiende redundantie wordt in het regressiemodel afgestraft met lage gewichten voor diverse van deze tests. Ze geven dus geen extra bijdrage aan de voorspelling van Y.

Het succes van de gehele testbatterij voor de voorspelling van Y wordt uitgedrukt in de multipele correlatie. Dit is de correlatie van de totaalscore gebaseerd op de hele testbatterij – de gewogen voorspelling van Y, in het regressiemodel aangegeven met $\hat{Y}$ – met het geobserveerde criterium, Y. Er bestaan ook andere methoden voor de combinatie van predictoren. Voor een eerste inleiding in de hiervoor benodigde multivariate analyse, zoals profielanalyse, discriminantanalyse en multidimensionale schaaltechnieken, verwijzen we naar Tatsuoka (1971) en Nunnally (1978). Zie ook Van der Kloot (1997) voor een gespecialiseerd overzicht van multidimensionale schaaltechnieken.

Fase 6: Kruisvalidering

Kruisvalidering of 'cross validation' houdt in dat het statistische voorspellingsmodel – hier het regressiemodel – dat is gevonden op basis van de steekproefgegevens, wordt gecontroleerd op een nieuwe, representatieve steekproef van proefpersonen, afkomstig uit dezelfde populatie als de eerste steekproef. Nagegaan wordt dan of de geschatte regressiegewichten in beide steekproeven voldoende op elkaar lijken en of de multipele correlaties ongeveer gelijk zijn. De reden voor deze controle is de volgende.

Een uiteindelijk gekozen regressiemodel, waarin behalve tests ook andere voorspellers zoals diploma's en eindexamencijfers, referenties, maar ook demografische variabelen kunnen zijn opgenomen, komt vaak tot stand na veel 'trial and error'. Voorspellers die weinig blijken bij te dragen aan de voorspelling van het criterium worden weggelaten, andere voorspellers worden alsnog in het model opgenomen, en het uiteindelijk gekozen model is vaak het resultaat van het proberen van een groot aantal varianten. Naarmate de onderzoeksteekproef kleiner is, leunt dit proberen sterker op de toevallige samenstelling van deze steekproef en worden beslissingen over tussentijdse wijziging van het model genomen op basis van steeds onnauwkeuriger geschatte regressiegewichten. Als gevolg daarvan worden er natuurlijk behalve goede ook foute beslissingen genomen en als men veel modellen probeert, stapelen die fouten zich op. Naar de mate waarin dit gebeurt, treedt er meer kanskapitalisatie op. Bij een sterke mate van kanskapitalisatie past het gevonden regressiemodel heel goed – eigenlijk te goed – bij deze ene, toevallige steekproef, maar niet meer bij de populatie waaruit de steekproef is getrokken.

Eigenlijk moet de onderzoeker dus voorkomen dat hij zo veel modellen probeert. Dit kan het beste door zo veel mogelijk uit te gaan van een theorie over de te bestuderen verschijnselen. Als een dergelijke theorie niet voorhanden is, kan een rationele analyse helpen om op voorhand een groot aantal varianten van modellen uit te sluiten. Zo kan men waarschijnlijk op basis van hun inhoud redelijk goed beoordelen of tests sterk overlappen en bij voorspelling in hoge mate redundant zijn. Blijft staan dat men met name bij een kleine steekproef dient te controleren in welke mate het uiteindelijk gekozen regressiemodel door toevallige eigenaardigheden van die steekproef – ook wel steekproeffouten genoemd – tot stand is gekomen.

Men kan als volgt een indruk krijgen van de mate waarin kanskapitalisatie zich heeft voorgedaan. Een mogelijkheid is om een nieuwe steekproef uit de populatie te trekken, die even groot is als de eerste steekproef. Dit is een dure en tijdrovende aangelegenheid en in de praktijk dus onhandig. Een andere mogelijkheid is om de steekproef die men al heeft, mits deze toch groot genoeg is, aselect te splitsen in twee, even grote deelsteekproeven. Men probeert dan kansrijke voorspellingsmodellen in de ene deelsteekproef en doet de kruisvalidering van het uiteindelijke gekozen model in de andere deelsteekproef. Dit komt erop neer dat het op basis van de eerste steekproef gekozen definitieve regressiemodel in de tweede steekproef wordt gebruikt om daar voor elke proefpersoon een schatting te maken van diens criteriumscore, $\hat{Y}$. Deze schatting wordt vervolgens gecorreleerd met de geobserveerde criteriumscore, Y, zodat voor deze tweede steekproef een multipele correlatie wordt verkregen, maar op basis van het model uit de eerste steekproef. Deze correlatie wordt vergeleken met de multipele correlatie die in de eerste steekproef is verkregen. Als kanskapitalisatie nu een geringe rol heeft gespeeld – er is bij de schatting van het model dus maar weinig invloed van de toevalligheden van de eerste steekproef – dan zullen deze twee correlaties niet veel verschillen. Een groot verschil duidt er echter op dat het model buiten de oorspronkelijke steekproef niet goed bruikbaar is. Daarmee is de validering dus min of meer mislukt.

Kruisvalidering is van groot belang in vrijwel elk onderzoek waarin een effect of een relatie wordt geschat, en is dus zeker geen unieke eis voor testconstructie- en valideringsonderzoek. Het is daarom des te opmerkelijker – en verontrustender – dat het zo weinig gebeurt. Overigens is de vraag of het uiteindelijk aanvaarde voorspellingsmodel ook daadwerkelijk leidt tot betere beslissingen over leerlingen of werknemers of een betere toewijzing van patiënten aan therapieën, belangrijker dan een succesvolle kruisvalidering. Duidelijk is wel dat een robuust model – een model dat bij kruisvalidering overeind blijft en dus algemeen in de populatie toepasbaar is – meer kans maakt om tot juiste beslissingen te leiden. Beslissen met tests komt in hoofdstuk 9 aan de orde.

8.3.3 DIFFERENTIATIE IN HET CRITERIUMONDERZOEK

Ook al zijn de regels voor testconstructie en validering goed in acht genomen, dan nog zijn de resultaten van het empirisch valideringsonderzoek over het algemeen niet zo rooskleurig. Meestal zijn de validiteitscoëfficiënten van selectieprocedures, gebaseerd op onderzoek in de Verenigde Staten en Nederland, niet hoger dan 0.3 of 0.4 (Ghiselli, 1955, 1966; Thorndike & Hagen, 1959). Ook in de Nederlandse klinische psychodiagnostiek (Barendregt, 1961) en de problematiek van de schoolkeuze (Bos, 1974) is de validiteit van de tests vaak maar matig. In de psychologie van selectie in school en bedrijfsleven is het veelal niet anders. Soms worden wel eens redelijke correlaties gevonden tegen belangrijke criteria (Bali e.a., 1984; Drenth, Van der Flier & Omari, 1983; Van der Flier, Keers & Drenth, 1976; Van der Giessen, 1957), maar vaak zijn ook hier de correlaties laag. Bovendien komt het nogal eens voor dat de correlaties bij een kruisvalidering tot een aanzienlijk lager niveau terugvallen (Willems, 1964). Uit het uitvoerige overzicht van de tests en vragenlijsten die in Nederland in omloop zijn (Evers e.a., 2000a) blijkt eveneens dat de validiteit voor het merendeel te wensen overlaat.

Tests met een geringe validiteit kunnen soms toch nog een zinvolle bijdrage aan de beslissing leveren en een test met een behoorlijke validiteit heeft soms maar weinig effect. Dit hangt ervan af of er voorafgaand aan de voorspelling al relevante informatie beschikbaar was, anders dan verkregen door middel van de test. Zo kunnen eerdere schoolprestaties het gebruik van een intelligentietest voor de voorspelling van later schoolsucces min of meer overbodig maken, ondanks de hoge correlatie van de intelligentietestscores met dit schoolcriterium. Indien deze test samen met een maat voor schoolprestaties in een testbatterij wordt opgenomen, terwijl die test dezelfde soort factoren meet als eerdere schoolprestaties, dan zal die test maar weinig extra informatie toevoegen aan wat op basis van die schoolprestaties al bekend is. Juist tests die op zich minder valide zijn dan intelligentietests, maar die een beroep doen op unieke eigenschappen zoals kritische zin en studiemotivatie, kunnen in deze situatie een extra bijdrage aan de voorspelling leveren. In hoofdstuk 9 gaan we verder in op validiteit en de waarde van een test voor het nemen van beslissingen.

Waarom zijn veel validiteitscoëfficiënten zo laag? We noemen vijf redenen.

1 Geringe betrouwbaarheid van het criterium

Vaak wordt – terecht – veel aandacht besteed aan het maken van een betrouwbare test of testbatterij, maar voor de constructie van een betrouwbare criteriummaat bestaat meestal minder aandacht. De gebruikelijke schoolcijfers, bedrijfsbeoordelingen en psychiatrische classificaties zijn vaak onvoldoende betrouwbaar. Het lijkt wel alsof men criteriummaten beschouwt als onveranderlijk gegeven. Het probleem is vervolgens dat men met een betrouwbare predictor een criteriumscore probeert te voorspellen die vooral uit meetfouten bestaat. De constructie van een criteriummaat dient met dezelfde zorgvuldigheid te geschieden als de constructie van een predictormaat.

2 Miskenning van een niet-lineaire relatie tussen predictor en criterium

Het is verleidelijk om aan te nemen dat de relatie tussen predictor en criterium rechtlijnig is en bovendien overal even sterk (figuur 8.1). Dit maakt de toepassing van standaard-statistische methoden mogelijk, terwijl de product-momentcorrelatie gebruikt kan worden om de sterkte van de relatie weer te geven. Voordat de beslissing tot de aanname van lineariteit en homoscedasticiteit van de relatie wordt genomen, moet echter eerst worden onderzocht of deze eigenschappen de relatie wel recht doen. Het eenvoudigste kan dit door middel van visuele inspectie van de 'scatter plot', die de puntenwolk voor predictorscores en criteriumscores in de steekproef weergeeft (figuur 8.1). Bij duidelijke afwijkingen geeft de product-momentcorrelatie een onderschatting van de sterkte van de relatie en leiden regressieformules tot ernstige vertekening in de voorspelling van criteriumscores. Beter is het om bijvoorbeeld per waarde van de predictorvariabele X uit de bijbehorende verdeling van criteriumvariabele Y de meest waarschijnlijke waarde als voorspelling te nemen voor nieuwe gevallen. Andere alternatieven vallen buiten het inleidende bestek van dit boek (zie bijv. Wiggins, 1973).

3 Negeren van de complexe samenstelling van groepen

Vaak zijn steekproeven een samenstelling van deelgroepen met speciale kenmerken (zie paragraaf 8.3.2). De relatie tussen predictor en criterium kan dan verschillen voor deze deelgroepen. Indien deze variatie wordt genegeerd door te doen alsof er voor de gehele groep één algemeen geldig voorspellingsmodel bestaat, kunnen ernstige voorspellingsfouten worden gemaakt. Het is dus van belang de juiste covariaten of moderatorvariabelen te vinden.

Heterogeniteit van de populatie kan zich ook nog op een andere wijze

voordoen. Zo kan in twee deelgroepen de sterkte van het verband gelijk zijn, terwijl voor dezelfde predictorscore X de gemiddelde criteriumscore in de ene groep hoger is dan in de andere (zie figuur 8.4A). Groepslidmaatschap geeft hier dus wel degelijk informatie over de geschiktheid voor bijvoorbeeld een vervolgopleiding, terwijl hetzelfde voorspellingsmodel voor de gecombineerde groep dit zou verdoezelen. Twee aparte voorspellingsmodellen zijn hier dus noodzakelijk.
Figuur 8.4B laat twee groepen zien die verschillen in hun gemiddelde waarde op de predictorvariabele X, terwijl in beide groepen bij dezelfde X-waarde ook dezelfde Y-waarde hoort. Voor de voorspelling van Y is alleen de waarde van X belangrijk, terwijl groepslidmaatschap er niet toe doet. Hier kan dus met één voorspellingsmodel voor de gehele groep worden volstaan.

In het algemeen gaat het bij deze problematiek dus steeds om de vraag of kan worden uitgegaan van één voorspellingsmodel voor alle groepen of dat er per relevante groep een apart model nodig is. Dit is een tamelijk ingewikkeld probleem, dat valt te onderzoeken met regressiemodellen voor geneste gegevens – testscores en criteriumscores zijn 'genest' in groepen, wat een afhankelijkheid zou kunnen opleveren – die bekend staan onder de naam multiniveaumodellen. Eenvoudige inleidingen die hierop ingaan zijn die van Kreft en De Leeuw (1998) en Hox (2002); meer geavanceerd zijn de publicaties van Snijders en Bosker (1999) en Raudenbush en Bryk (2002).

4 *Negeren van de variabele betekenis van het criterium in verschillende organisaties*

Hetzelfde criterium kan in verschillende organisaties geheel verschillende betekenissen hebben, terwijl de naam suggereert dat het om hetzelfde zou gaan. Zo kan hetzelfde type functie in verschillende organisaties verschillend worden vervuld. Gedacht kan worden aan de functies van secretaresse, verkoopmanager, hulpverlener, verpleger en docent. Het is bijvoorbeeld gemakkelijk voor te stellen dat aan een verpleger in een verzorgingshuis andere eisen worden gesteld dan aan een verpleger in een ziekenhuis. Ook is docent aan een universiteit een andere functie dan docent aan een middelbare school. Aangezien een criterium als beroepssucces voor gelijksoortige functies varieert over organisaties, dienen voorspellingsmodellen zowel uiteenlopende predictoren als uiteenlopende criteriummaten te bevatten.

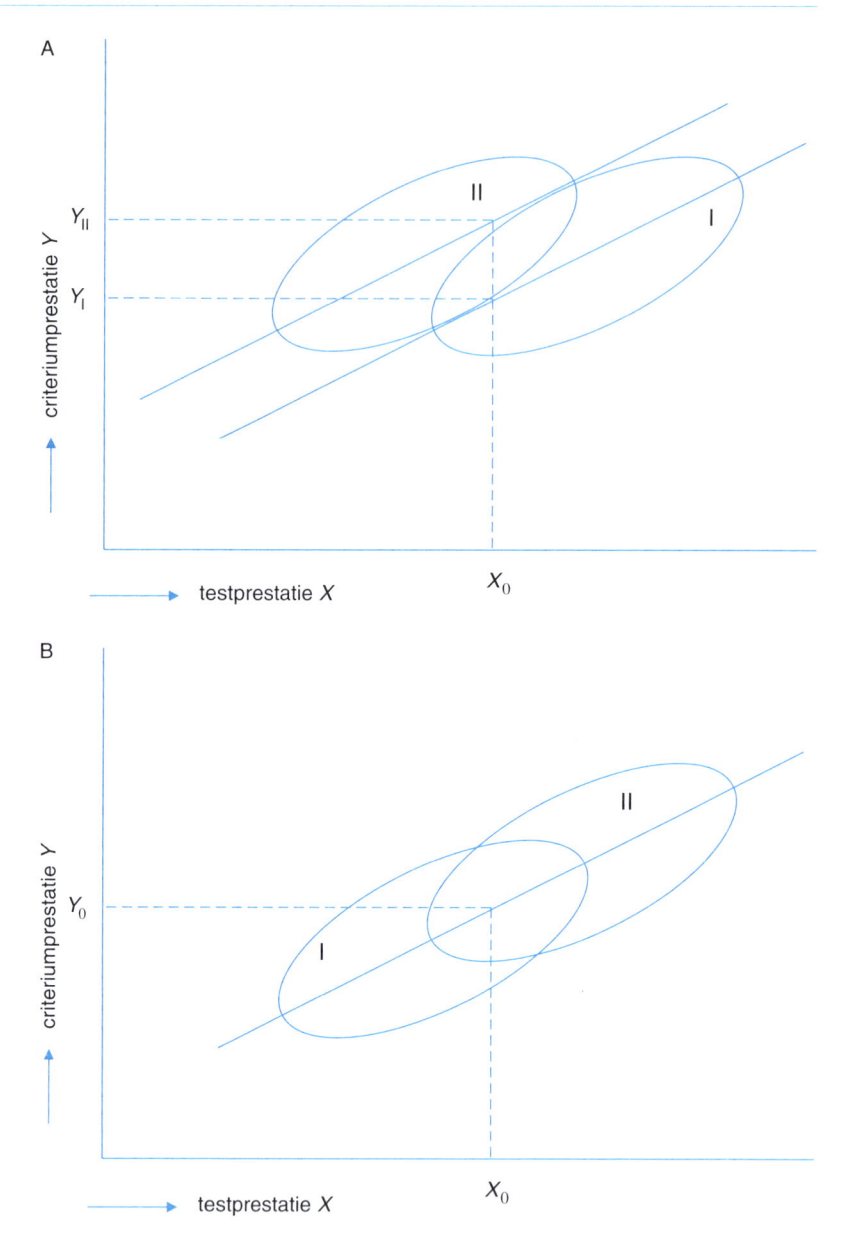

Figuur 8.4 *Twee groepen met verschillende (A) en gelijke (B) regressierechten.*

5 Onterechte vereenvoudiging van het criterium

Vaak wordt uitgegaan van een te eenvoudig beeld van het criterium. Een meer gedifferentieerde benadering is dan nodig om tot betere voorspellingen te komen. We noemen hiervoor twee mogelijkheden. Ten eerste wordt gevarieerd en complex criteriumgedrag nogal eens samengevat in een globale criteriummaat. Daardoor gaat elke nuance verloren en wordt een goede voorspelling van het criterium lastig. De achtergrond van dit gebrek aan nuance is dat conceptuele criteria uitgaan van globale typeringen, zoals een 'succesvolle leerling', een 'goede werknemer' of een 'aangepaste cliënt', waarbij men gemakkelijk over het hoofd ziet dat succesvol, goed en aangepast complexe begrippen zijn. Deze begrippen dienen op zorgvuldige wijze te worden geoperationaliseerd en meetbaar te worden gemaakt. Een secretaresse kan goed functioneren omdat ze vlug en accuraat tikt, zelf goede brieven schrijft, vriendelijk is tegen cliënten, informatie overzichtelijk documenteert, zaken goed organiseert, enzovoort. Er zijn diverse criteriummaten nodig om deze eigenschappen te representeren. Deze maten kunnen eventueel worden gecombineerd, zoals dat ook gebeurt met predictorscores. In een globale beoordeling gaan deze nuances gemakkelijk verloren.

Ten tweede is criteriumgedrag, zoals we reeds eerder hebben opgemerkt, aan het moment van de vaststelling en meting gebonden en niet zonder meer generaliseerbaar in de tijd. De eenvoudigste reden hiervoor is dat mensen in de loop der tijd leren en zich ontwikkelen. Een testprestatie tijdens een opleidingsperiode zal minder goed correleren met prestaties in de daadwerkelijke uitoefening van de functie dan met de eindbeoordeling in de opleiding, en nog weer minder goed met de uitoefening van de functie na een promotie. Het is dus van belang dat naast de inhoud ook het moment van meting van het criterium in ogenschouw wordt genomen. Een ander aspect van dit tijdgebonden karakter van het criterium is de mogelijkheid dat men zich niet richt op een momentopname, maar op de veranderingen die optreden tussen twee of meer momentopnamen. Er wordt dan een dynamisch in plaats van een statisch criterium voorspeld: niet het niveau van de criteriumprestatie, maar de mate van verandering (groei, verbetering) tussen twee gekozen tijdstippen wordt dan voorspeld.

8.3.4 VALIDITEITSGENERALISATIE

Stel dat geschiktheid voor programmeur wordt voorspeld uit de scores op een test voor inductief redeneren, met een validiteit gelijk aan .42, en dat geschiktheid voor adviseur bij een helpdesk voor problemen met computers wordt voorspeld uit de scores op een test voor abstract redeneervermogen, met een validiteit van .35. Gebruikelijk is om beide voorspellingssituaties als uniek te beschouwen en voor beide apart de validiteit te onderzoeken, zoals hier dus ook is gebeurd. De validiteit dient derhalve ook weer te worden onderzocht wanneer men de test voor inductief redeneren in het vervolg zou willen gebruiken om de geschiktheid voor de helpdeskfunctie te voorspellen. In de context van deze paragraaf stellen we echter de vraag in hoeverre tests en functies inwisselbaar zijn, dus in hoeverre we hier met dezelfde voorspellingssituatie te maken hebben. Wordt deze vraag bevestigend beantwoord, dan gaan we ervan uit dat er geen nieuw validiteitsonderzoek nodig is en veronderstellen we dat de test voor inductief redeneren ook valide is voor de helpdeskfunctie.

Van oudsher en ook nu vaak nog gaat men ervan uit dat de predictieve validiteit varieert over wisselende combinaties van voorspellende test en te voorspellen criterium. Wanneer een test wordt gebruikt in een nieuwe voorspellingssituatie, is dus een nieuw valideringsonderzoek nodig om de mate van geschiktheid van de test voor dit nieuwe doel vast te stellen. De verwachting is dat de predictieve validiteit sterk zal variëren over verschillende criteria, zoals uiteenlopende functies, uitgeoefend in verschillende organisaties, door personen uit populaties die zich onderscheiden in vooropleiding, leeftijd en andere, voor de voorspelling relevante kenmerken.

De opvatting dat de predictieve validiteit in hoge mate situatiespecifiek is, heeft aanleiding gegeven tot duizenden valideringsonderzoeken. In deze onderzoeken wordt steeds nagegaan of een bepaalde test geschikt is voor een specifiek voorspellingsdoel (zie voor een overzicht Roe, 1983, pp. 563-568). In een onderzoeksveld dat zo verbrokkeld is, en dat bestaat uit een zeer groot aantal van elkaar losstaande onderzoekingen in, naar verondersteld, unieke situaties, waarvan de resultaten dan ook nog vaak in niet-gepubliceerde bedrijfsrapporten terechtkomen, worden slechts moeizaam generaliseerbare valideringsresultaten verkregen. De vragen die naar aanleiding hiervan gesteld kunnen worden zijn, in hoeverre predictieve validiteit daadwerkelijk zo situatiespecifiek is en voorts, in hoeverre gebleken validiteit kan worden gegeneraliseerd (Lawshe, 1952) naar nieuwe voorspellingssituaties.

Schmidt en Hunter (1977; zie ook Hunter & Schmidt, 1990) stellen een methode voor waarmee deze twee vragen kunnen worden onderzocht. We geven hiervan een summiere beschrijving.

Voor de beantwoording van de vraag naar situatiespecificiteit wordt eerst een verzameling gevormd van enerzijds tests waarvan wordt verondersteld dat zij ongeveer dezelfde eigenschap meten, en anderzijds functies die uit een bredere verzameling van gelijksoortige functies afkomstig zijn. In het voorbeeld ging het om tests waarmee formele redeneercapaciteiten werden gemeten en om functies die in de sfeer van de ICT lagen. Voor alle combinaties van een specifieke test en gedragingen in een specifieke functie worden vervolgens de beschikbare validiteitscoëfficiënten verzameld. Dit gebeurt op basis van de beschikbare vakliteratuur. Daarna worden deze validiteitscoëfficiënten – doorgaans product-momentcorrelaties – opgevat als de waarden van een variabele en wordt van deze waarden de standaarddeviatie bepaald. Deze standaarddeviatie geeft de variatie in gevonden validiteitscoëfficiënten van een bepaald type tests over praktische toepassingen.

Er wordt nu van uitgegaan dat deze variatie deels het gevolg is van methodologische fouten en niet van inhoudelijke verschillen in tests en te voorspellen criteria. De crux van het eerste deel van de methode is nu dat deze standaarddeviatie wordt gecorrigeerd voor deze veronderstelde methodologische fouten. De belangrijkste fouten zijn steekproeffouten, onbetrouwbaarheid van predictoren en criteria en beperking van de variatiebreedte ('restriction of range'). Als gevolg van steekproeffouten – toevallige fluctuaties in de samenstelling van de steekproef door aselecte trekking – worden validiteitscoëfficiënten te hoog of te laag geschat, en dit effect is doorgaans sterker naarmate de steekproef kleiner is. Belangrijk is hier dat validiteit meestal wordt onderzocht in kleine steekproeven doordat men voor de meeste functies slechts kleine aantallen personen heeft getest en van nog minder personen ook nog criteriumgegevens beschikbaar heeft. Onbetrouwbaarheid in test- en criteriumscores betekent grote meetfouten waardoor correlaties – validiteitscoëfficiënten – te laag worden geschat. Beperking van de variatiebreedte, als gevolg van het afwijzen van ongeschikt geachte kandidaten en het later uit de organisatie vertrekken van juist de meest geschikte kandidaten, leidt eveneens tot een onderschatting van de validiteitscoëfficiënt. Volgens Schmidt, Hunter en Caplan (1981) is de invloed van kleine steekproeven op de verdeling van de validiteitscoëfficiënten groter dan die van effecten van meetfouten in predictor- en criteriumscores en van variatiebeperking.

Door nu te corrigeren voor dit soort effecten, wordt een meer realistische schatting van de validiteitscoëfficiënt verkregen. Wanneer na de correctie de resulterende standaarddeviatie van de validiteitscoëfficiënten gelijk is aan nul, dan betekent dit dat de validiteit van de test(s) niet verschilt over selectiesituaties en dat de hypothese van situatiespecificiteit, die impliceert dat in elke voorspellingssituatie opnieuw de validiteit dient te worden bepaald, kan worden verworpen.

De vraag is nu of de waargenomen spreiding van de validiteitscoëfficiënten inderdaad kan worden verklaard vanuit de spreiding die wordt veroorzaakt door de drie genoemde methodologische fouten. Een belangrijke conclusie uit onderzoek dat hiernaar is gedaan is dat validiteitscoëfficiënten in veel gevallen niet of maar weinig situatiespecifiek zijn en dat generalisatie mogelijk is over organisaties, geografische gebieden, functies en tijdvakken (Schmidt, 1988).

Voor de beantwoording van de vraag in hoeverre gebleken validiteit kan worden gegeneraliseerd naar nieuwe voorspellingssituaties, wordt een schatting gemaakt van de, wederom voor methodologische fouten gecorrigeerde, *effectiviteit*. Deze effectiviteit kan worden opgevat als de representatieve validiteit binnen een specifieke categorie van tests en functies. Mocht de standaarddeviatie van de validiteitscoëfficiënten na correctie voor fouten niet gelijk zijn aan nul – er is in dat geval dus wel sprake van situatiespecificiteit – dan wordt een betrouwbaarheidsinterval berekend waarvan het tiende percentiel doorgaans wordt beschouwd als een ondergrens voor de validiteit binnen een bepaalde categorie van tests en functies. Op basis van zowel de effectiviteit als deze ondergrens kunnen uitspraken worden gedaan over te verwachten validiteiten in toekomstige selectiesituaties die tot de onderzochte categorie van tests en functies kunnen worden gerekend. Wordt er bijvoorbeeld gevonden dat de effectiviteit 0.10 is en de ondergrens –0.10, dan is validiteitsgeneralisatie zeer discutabel; is de effectiviteit daarentegen 0.40 en de ondergrens 0.35, dan is met grote zekerheid generalisatie mogelijk naar toekomstige, gelijksoortige voorspellingssituaties. Voorbeelden van dergelijke concrete uitspraken vindt men bij Schmidt e.a. (1981).
Schmidt (1988) concludeert op basis van het empirische onderzoek naar validiteitsgeneralisatie dat de effectiviteit groot genoeg en de resterende variantie klein genoeg is om in 90 à 95% van de nieuwe toepassingen een positieve validiteit te verwachten. Voor tests voor cognitieve vaardigheden gaat hij er zelfs van uit dat de gecorrigeerde standaarddeviatie nul is – geen situatiespecificiteit – en dat de validiteit derhalve constant is over situaties.

De ideeën van Schmidt en Hunter hebben naast veel weerklank ook veel kritiek ondervonden (zie bijv. Sackett, Schmitt, Tenopyr, Kehoe & Zedeck, 1985; Schmidt, Hunter, Pearlman & Hirsh, 1985; verder ook Algera, Jansen, Roe & Vijn, 1984; Greuter, 1988; Jansen, Roe, Vijn & Algera, 1986). In Nederland vond een discussie plaats tussen Hofstee (1982, 1983a) die de benadering door Schmidt en Hunter verdedigt, en Roe, Algera, Jansen en Vijn (1983a, b) die deze benadering op tal van punten bestrijden. We wijden een korte bespreking aan enkele punten van kritiek zoals door Jansen e.a. (1986) naar voren gebracht.
De kritiek richt zich niet zozeer op de mogelijkheid van validiteits-

generalisatie, maar meer op de door Schmidt en Hunter voorgestelde methoden om dit te onderzoeken. Zo zijn er bezwaren tegen de regels die werden gebruikt voor toewijzing van tests, functies en bijbehorende validiteiten aan homogene categorieën, tegen het onderzoek naar de situatiespecificiteit van validiteit, en tegen de bepaling en het gebruik van de effectiviteit en de ondergrens van het betrouwbaarheidsinterval. We noemen twee belangrijke bezwaren.

Het eerste betreft de criteria die in validiteitsonderzoek worden gebruikt om het functioneren in een baan of een training te beoordelen. Veelal worden ingewikkelde criteria zoals beroepssucces of trainingssucces op een veel te sterk vereenvoudigde manier gemeten. Ook zijn de criteriumscores meestal gebaseerd op de oordelen van superieuren, die vooral de globale, subjectieve oordelen over de beoordeelde zouden reflecteren. Beide factoren leiden tot te lage validiteiten (zie ook paragraaf 8.3.3). Omdat de validiteiten meestal te laag uitvallen, is er automatisch een te geringe spreiding. Deze kritiek komt er dus op neer dat het gebruik van slecht geoperationaliseerde criteria leidt tot te lage validiteiten met te weinig spreiding. Men vindt dan wat men hoopt te vinden, maar dit is volgens de critici het gevolg van slecht uitgevoerde individuele validiteitsstudies. Daarmee suggereren de critici dus dat als in deze studies de criteria wel goed waren gemeten, er veel meer spreiding in validiteitscoëfficiënten zou zijn gevonden, waardoor men minder snel de mogelijkheid van situatiespecificiteit zou kunnen verwerpen.

Het tweede bezwaar betreft de correctie van de standaarddeviatie van de validiteitscoëfficiënten, die vaak te groot zou zijn. Zo blijken de drie genoemde methodologische fouten – steekproeffouten, onbetrouwbaarheid van predictoren en criteria en beperking van de variatiebreedte – soms meer dan 100% van de variantie te verklaren, met uitschieters tot over 200%. Men zou ook nog kunnen corrigeren voor andere, hier niet genoemde fouten, en dan zou de correctie nog meer overdreven zijn. Het gevolg hiervan is dat de overblijvende variantie van de validiteitscoëfficiënten te klein uitvalt, hetgeen weer in het voordeel is van de hypothese van situatieonafhankelijkheid.

Tegen deze en andere bezwaren zijn door anderen weer tegenargumenten ingebracht. Deze behandelen we hier verder niet – dat zou te ver voeren. Uiteindelijk geldt in dit soort discussies dat men elkaar via empirisch onderzoek moet proberen te overtuigen. Voorstanders zouden bijvoorbeeld betere operationaliseringen van criteria in hun onderzoek kunnen betrekken en tegenstanders zouden betere correctiemethoden voor de variantie van validiteitscoëfficiënten kunnen ontwerpen.

8.3.5 BEPERKINGEN VAN PREDICTIEVE VALIDITEIT

Het onderzoek naar de predictieve validiteit houdt zich bezig met de selectie van de voor de voorspelling beste predictoren. Wat de beste predictoren zijn, kan bijvoorbeeld worden vastgesteld op basis van regressieanalyse. We zagen al dat predictoren die hoog correleren met het criterium en laag met andere predictoren, en daarmee dus een unieke bijdrage aan de voorspelling leveren, een zwaar gewicht krijgen. Een belangrijke vraag is of deze statistische selectie van predictoren ook altijd leidt tot inzicht in de vraag waarom een testbatterij het criterium goed voorspelt.

Oppervlakkig gezien lijkt dit inzicht niet zo belangrijk. Immers, de beste voorspelling telt, en hoe dit gebeurt doet er dan niet toe. We zullen echter duidelijk maken dat eenzijdige aandacht voor de voorspelbaarheid van een bepaald criterium zonder zich af te vragen waarom, wetenschappelijk gezien onvruchtbaar is. In dit verband merkte Loevinger (1957) reeds op dat de bijdrage van dergelijke mechanistisch verkregen 'kennis' zonder begrip van de achterliggende psychologische principes aan de psychologische theorievorming even groot is als die van de kennis van de meest geschikte methode om een ei te koken aan de theoretische scheikunde.

Soms zijn verbanden van tests met criteria erg doorzichtig. Dit is bijvoorbeeld het geval als een numerieke test wordt gevalideerd tegen het criterium 'rekenprestaties' of een test voor woordenschat tegen het criterium 'tekstbegrip'. Soms echter worden relaties gevonden die zich volledig aan het oog onttrekken. Waarom een test voor technisch inzicht met een niet-technische arbeidsprestatie correleert, waarom de meest eigenaardige vragen in een biografische vragenlijst met een criterium voor 'managementsucces' correleren (Social Science Research Division, Standard Oil Comp NJ, 1961), en waarom in een interessetest zowel het antwoord 'ja' als het antwoord 'nee' op de vraag of men graag een roman zou schrijven een gewicht van nul krijgt, maar het antwoord 'neutraal' een positief gewicht bij de voorspelling van interesse in de techniek (Strong, 1959), gaat het directe inzicht te boven.

Cronbach en Meehl (1955) voerden het begrip 'construct validity' in om de testpsychologie te redden uit het slop van inhoudsloze correlatierekening. Begripsvalidering met het oog op de wetenschappelijke onderbouwing van het meten met behulp van tests is een onmisbaar onderdeel van testconstructie. Wat men hier doet is: door middel van empirisch onderzoek achterhalen wat de test precies meet. We stelden al eerder in dit hoofdstuk dat de relatie tussen de test en het criterium een onderdeel vormt van dit onderzoek. Deze wetenschappelijke onderbouwing is ook voor de psycholoog in de praktijk van groot belang. Redenen hiervoor zijn de volgende.

Ten eerste leidt, zoals gezegd, het blind toepassen van een test ter voorspelling van een criterium, zonder zich af te vragen waarom de voorspelling 'werkt', niet tot noodzakelijk inzicht. Een kritische en nieuwsgierige houding is een voorwaarde voor verder onderzoek dat de predictieve validiteit kan verbeteren.

Ten tweede impliceert het blind afgaan op de grootste correlaties, dat men eigenlijk alle mogelijke predictoren zou moeten onderzoeken op hun geschiktheid voor de voorspelling van het criterium. Praktisch gezien is dit natuurlijk onbegonnen werk, omdat men de proefpersonen niet vele uren lang tests kan voorleggen waarvan vooraf al duidelijk is dat de meeste het nooit tot voorspeller in het voorspellingsmodel zullen brengen. Dit is natuurlijk een karikatuur, en in de praktijk wordt door onderzoekers wel degelijk een keuze gemaakt voor een beperkt aantal tests waarvan men vermoedt dat ze geschikt zijn. Dit vermoeden is gebaseerd op een meer of minder expliciete inhoudelijke analyse van het criterium en de test, waarmee dan tevens de vragen naar de betekenis en de begripsvaliditeit zijn gesteld.

Ten derde kan er sprake zijn van een unieke of zeldzame situatie, waarvoor niet of nauwelijks een criterium valt vast te stellen. Gedacht kan worden aan zeldzame of nieuwe functies, waarmee nog geen ervaring is opgedaan. In een dergelijke situatie bestaat er weinig houvast voor voorspellingen op basis van het testonderzoek. Indien een psycholoog echter wel inzicht heeft in de psychologische betekenis van het testgedrag zelf, kunnen er in ieder geval wel enkele hypothesen worden geformuleerd over de mogelijke samenhang met belangrijke aspecten van de functie. Daarbij wordt dus gebruik gemaakt van de theoretische inzichten in de aan de testprestatie ten grondslag liggende eigenschap. Door deze inzichten te benutten zijn psychologische uitspraken over de onderzochte mogelijk.

Ten vierde kan de psycholoog die zonder theorie te werk gaat in de knel komen bij de vraag de onderzochte te beschrijven (vergelijk de 'motiverende beschrijving', besproken door Van Strien, 1966, pp. 277-278). Dit verzoek kan komen van buiten de psychologie (bijv. een rapportage aan ouders, een psychiater of een rechter) of van de kant van een collega-psycholoog. De psycholoog die zich heeft beziggehouden met de betekenis en verklaring van het testgedrag kan bij deze beide typen vragen de betekenis van de gebruikte test expliciet maken en gebruiken voor een beschrijving in termen van psychologische eigenschappen.

Ten vijfde bieden de betekenisanalyse en de begripsvaliditeit een mogelijkheid om het 'sacrosancte' criterium van zijn voetstuk te halen en te analyseren. In hoofdstuk 2 werd reeds opgemerkt dat een correlatie tussen test en criterium evenveel zegt over het criterium als over de test. Vooral als men nauwkeurig weet wat een test meet, geeft onderzoek naar de relatie van de test met een gegeven criterium veel informatie over de aard en betekenis van dit criterium. Bijvoorbeeld: als een test voor de persoonlijkheidstrek 'autoritarianisme' een goede voorspeller is van een managementfunctie, dan is dit wellicht aanleiding om deze functie eens nader onder de loep te nemen.

Een strikt empiristische opvatting van voorspellen, waarbij het lood om oud ijzer is wat de test precies meet zolang hij maar goed voorspelt, leidt nooit tot verder inzicht in de vraag wat het criterium precies meet. Het door ons eerder genoemde voorbeeld van de analyse van opleidingsdoelen vanuit de met deze criteria wel en niet correlerende tests (zie paragraaf 2.4.3) vormt in dit verband een goede illustratie. Ook het testontwikkelingswerk voor ontwikkelingslanden (Drenth, 1975, 1988b) maakt via valideringsonderzoek van tests en predictoren met een bekende betekenis een analyse van de onderwijsdoelstellingen mogelijk; deze worden immers weerspiegeld in de schoolprestaties, ofwel, de criteria.

De conclusie is dat de predictieve validiteit een onmisbaar begrip is voor de praktijk van het voorspellend testgebruik, maar dat een test pas een werkelijk nuttige functie krijgt, zowel in wetenschappelijk als in praktisch opzicht, als met deze empirische correlaties tevens een begripsanalyse gepaard gaat.

8.4 Betekenis en begripsvaliditeit

We bespreken deze twee met elkaar samenhangende begrippen in afzonderlijke paragrafen.

8.4.1 BEGRIPSVALIDERING

Aan begripsvalidering gaat meestal een proces van betekenisanalyse vooraf, reden waarom we toch eerst iets over dit proces zeggen voordat we ingaan op begripsvalidering. De betekenisanalyse komt uitvoeriger aan de orde in paragraaf 8.4.2.

In de betekenisanalyse worden dezelfde fasen doorlopen als in de theorievorming en de toetsing van theorieën in algemene zin. De beantwoording van de vraag wat een test of de items zouden kunnen betekenen, kent eerst een creatieve fase. In deze fase wordt geprobeerd een theorie te vinden of op te stellen die het testgedrag kan verklaren. Deze verklaring van het testgedrag is hypothetisch, dus voorlopig. Om de theorie te bevestigen – het proces van begripsvalidering – dient een concrete voorspelling te worden geformuleerd. Indien de toetsing van deze voorspelling tot een positief resultaat leidt, is dit een versterking van de theorie. Een negatief resultaat is een verzwakking van de theorie. Om dergelijke conclusies mogelijk te maken, moet de voorspelling concreet en ondubbelzinnig zijn. Voorbeelden zijn: 'testprestatie X correleert positief met schoolprestatie Y', 'testprestatie X vertoont een positieve relatie met beoordeling Z', en 'testprestatie X wordt beter onder conditie K'.

De volgende punten zijn van belang. Ten eerste is deze eerste fase creatief, er wordt gezocht naar plausibele verklaringen. Hierbij zijn de procedure en de methode niet voorgeschreven en bindend. Ten tweede moet de voorspelling ondubbelzinnig te onderzoeken zijn, zodat de uitslag van het onderzoek naar de relatie tussen test en criterium niet voor discussie toegankelijk is. Ten derde kan nooit definitief worden bewezen of een test al of niet een bepaalde theoretische betekenis heeft. De voorspelling als zodanig kan hoogstens de theoretische verklaring verstevigen of verzwakken. Ten vierde is het hierbij evenzeer van belang alternatieve hypothesen te kunnen verwerpen als de oorspronkelijke hypothese te kunnen accepteren.
Het gaat in de betekenisanalyse dus om het vinden van een theorie of een theoretisch begrip als verklaring voor het testgedrag, terwijl het bij begripsvalidering gaat om het empirisch bevestigen van deze verklaring. Bij de bespreking van begripsvalidering kan het onderscheid tussen trekvalidering en nomologische validering nuttig zijn (Campbell, 1960). Bij trekvalidering is de vraag aan de orde in hoeverre testgedrag verklaard kan worden met behulp van een persoonlijkheidstrek of een geschiktheid. Daarbij gaat het niet noodzakelijk om een theorie. Bij de nomologische validering is dit laatste wel het geval, en wordt het testgedrag verklaard uit een psychologische theorie.
Als voorbeeld van zowel trekvalidering als nomologische validering van een test noemt Campbell (1960) de validering van de Taylor Manifest Anxiety Scale (TMAS). Trekvalidering hiervan vond plaats met behulp van psychiatrische beoordelingen van het angstniveau bij patiënten als criterium. Nomologische validering vond plaats door het

testgedrag op de TMAS te relateren aan de Hull-Spence-leertheorie (Jessor & Hammond, 1957). Hiermee werd een ruimer theoretisch kader geïntroduceerd, waarbinnen een groot aantal begrippen en relaties tussen die begrippen voorkomen, die in het ideale geval alle empirisch gefundeerd zijn. Dit complex van begrippen en relaties is een voorbeeld van een nomologisch netwerk. Het voordeel van inbedding van testgedrag in een nomologisch netwerk is dat de betekenis van de aldus gevalideerde test in meer algemene psychologische termen kan worden begrepen.

De mogelijkheid om testgedrag te relateren aan een nomologisch netwerk is groter naarmate de psychologie als wetenschap verder vordert en er meer van dergelijke nomologische netwerken ontstaan. Een voorbeeld van deze aanpak is de constructie van een test voor transitief redeneren (Bouwmeester, 2005), die was gebaseerd op elementen van drie verschillende theorieën over deze eigenschap (zie ook de hoofdstukken 2 en 3). Op basis hiervan werd geconcludeerd dat voor het kunnen oplossen van transitieve redeneerproblemen ten eerste de vorm van belang is waarin de relevante informatie wordt aangeboden (twee manieren), vervolgens het type taak (vier typen), en ten slotte de inhoud van een taak (twee inhouden). Combinatie van de respectievelijk twee, vier en twee niveaus leidde tot zestien items, en analyse van de verzamelde testgegevens met behulp van onder andere item-responsmodellen (hoofdstuk 7) leidde tot sterke aanwijzingen dat de test inderdaad transitief redeneren meet. Andere voorbeelden van deze aanpak zijn te vinden in het testconstructieonderzoek naar cognitieve ontwikkeling door middel van balanstaken (Jansen & Van der Maas, 1997; Van Maanen, Been & Sijtsma, 1989) en perceptuele classificatie (Raijmakers, Jansen & Van der Maas, 2004). De systematische constructie van items op basis van een volledig gekruist ontwerp, waarin alle combinaties van de eigenschappen die voor de oplossing van een bepaald type probleem relevant zijn in de gebruikte items gerepresenteerd worden, heeft raakvlakken met een benadering die in de sociologie bekend staat als facettheorie, en die daar wordt gebruikt voor het systematisch in kaart brengen van bijvoorbeeld attitudes (Shye, Elizur & Hoffman, 1994).

De realiteit gebiedt te zeggen dat nomologische validering nog lang geen gemeengoed is, en dat testgedrag doorgaans wordt gevalideerd in termen van trekvaliditeit. Een recent voorstel (Borsboom e.a., 2004) gaat er zelfs van uit dat wat hier trekvaliditeit wordt genoemd voldoende is om de validiteit van een test vast te stellen. Deze aanpak wordt vooral voor het domein van cognitieve eigenschappen gesteund door een aantal overtuigende empirische voorbeelden. In tegenstelling tot deze auteurs staan wij echter niet afwijzend tegenover nomologische validering. Borsboom e.a. (2004) baseren hun afwijzing op de op zichzelf juiste constatering dat zulk onderzoek vele problemen en tekortkomingen kent, waaronder een gebrek aan voldoende specificatie van te verwachten correlatiestructuren tussen de testscore en andere variabelen. Alleen maar veronderstellen dat een positieve correlatie bestaat tussen variabelen X en Y, wat in praktisch valideringsonderzoek vaak gebeurt, is zo ongespecificeerd en weinig cruciaal dat er volgens deze auteurs geen overtuigende argumentatie uit kan volgen voor wat de test meet, dus de validiteit van de test. Andere argumenten laten we hier kortheidshalve achterwege.

Wij zijn van mening dat het verschil tussen trekvaliditeit en nomologische validiteit eerder gradueel dan principieel is. Vaak ontbreekt een voldoende gedetailleerde en door onderzoek ondersteunde theorie over een eigenschap, zodat testconstructie een wat exploratiever karakter heeft. Men stelt dan vooral achteraf, dus nadat de gegevens verzameld en geanalyseerd zijn, vast dat een test inderdaad 'neiging tot agressie' meet. Wel is het moeilijk voor te stellen dat de onderzoeker niet of nauwelijks theoretische noties had over het begrip agressie toen hij zijn test samenstelde en voordat hij de gegevens verzamelde, dus dat de test maar een probeersel was. Vaak zijn dergelijke noties weer ontleend aan eerder gedaan empirisch onderzoek, zij het dat nog niet het gehele nomologisch netwerk is onderzocht. Naar het begrip 'agressie' is veel onderzoek gedaan. Zulk onderzoek behelst altijd relaties van agressief gedrag met andere gedragsvariabelen en situationele condities. De resultaten van dit onderzoek kunnen worden gebruikt om het testgedrag beter te begrijpen, ook al is de test zelf nog niet in het kader van het, nog onvolledige, nomologische netwerk rond het begrip agressie onderzocht. Ook speelt een rol dat theorieën vrijwel nooit 'af' zijn, maar voortdurend onderhevig aan ontwikkeling, wijziging of nadere toespitsing. De validering van de test kan een bijdrage leveren aan de verdere theorievorming en toetsing van een gegeven begrip. Door toetsing van de theorie beoordelen we de test, en door evaluatie van de test beoordelen en vormen we de theorie.

Tests spelen in psychologische theorievorming vaak zelfs een dominante rol. Daarbij is het goed zich te realiseren dat de test meetgegevens oplevert, waarmee hypothesen over relaties tussen begrippen getoetst kunnen worden. Op deze wijze kan een test een centrale rol gaan spelen in de ontwikkeling van een nomologisch netwerk. Een goed voorbeeld daarvan is de Standford-Binet-test voor intelligentie, die dankzij de grote hoeveelheden verzamelde onderzoeksgegevens sterk heeft bijgedragen aan wat men onder intelligentie verstaat. De wijze van meting bepaalt dus mede de definitie van het begrip in het bredere kader van het nomologisch netwerk.

Deze ontwikkeling is overigens goed te begrijpen in een vakgebied waarin theorievorming soms nog in de kinderschoenen staat. Er is nog niet zoveel vaste grond, dus trekt men zich noodgedwongen aan de eigen laarzen uit het moeras. Diverse classificaties van persoonlijkheidstrekken, zoals de in hoofdstuk 3 genoemde 'Big Five' persoonlijkheidstrekken (De Raad & Perugini, 2002), zijn primair gebaseerd op de analyse van testgegevens en van daaruit verder theoretisch ingekaderd door correlationeel en experimenteel onderzoek. Deze benadering is niet geheel 'empiristisch', dus uitsluitend gebaseerd op analyse van testgegevens en daarmee dus 'theorieloos', maar sluit wel degelijk aan bij bestaande wetenschappelijke of voorwetenschappelijke noties over de betreffende eigenschappen. Bovendien creëert deze benadering op den duur haar eigen theorie.
We noemden al de Stanford-Binet-test en de definitie van intelligentie als datgene wat deze test meet. Oorspronkelijk was men wel degelijk op zoek naar iets 'buiten de test', een soort gemeenschappelijke notie bij leraren en opvoedkundigen over datgene waarin intelligente en niet-intelligente kinderen zich onderscheiden. Beoordelingen, cijfers en rapporten waren indicaties van dit begrip, en met behulp van de test probeerde men deze notie aanvankelijk zo goed mogelijk te weerspiegelen. Het externe begrip intelligentie bleek evenwel zo moeilijk grijpbaar, dat de rollen werden omgedraaid en de testprestatie maatstaf werd, toen men hiervoor eenmaal een test had ontwikkeld die – door allerlei testtechnische en methodologische verfijningen – datzelfde begrip op een veel betrouwbaarder wijze kon meten dan oorspronkelijk door middel van de lekenoordelen mogelijk was. Zo gaat het maar al te vaak. De testontwikkelaar begint dus niet zomaar in een vacuüm maar sluit zich wel degelijk aan bij bestaande noties. Op een gegeven moment is de test de beste operationalisering van die noties, en gaat hij als het ware een eigen leven leiden.

Is eenmaal een trek of een nomologisch netwerk gekozen als potentiële verklaring van het testgedrag, dan start de fase van de *begripsvalidering*. In deze fase dienen voorspellingen te worden geformuleerd om te toetsen of de vermoedens over de test juist zijn. De uitkomsten van de empirische toetsing leveren dan de basis voor de conclusies over de juistheid van deze potentiële verklaring.

We onderscheiden twee soorten voorspellingen. Voorspellingen kunnen dienen om de oorspronkelijke hypothese te bevestigen, maar ook om alternatieve hypothesen te verwerpen. De eerste soort voorspelling wordt wel *confirmerende* validering genoemd, en de tweede soort *discriminante* validering.

Als voorbeeld van de tot nu toe ontwikkelde gedachtegang bespreken we de begripsvalidering van de Amsterdamse Biografische Vragenlijst (ABV; Wilde, 1962) ter bepaling van verschillende aspecten van neurotische labiliteit. Uit de theorie van de neurotische labiliteit werden diverse hypothesen afgeleid, die werden geconcretiseerd tot voorspellingen (Wilde, 1962, p. 117). De voornaamste hiervan noemen we.

- De 'neuroticisme'-scores zijn hoger dan de gemiddelde landelijke scores bij: personen die psychiatrische hulp inroepen, personen die bij gerechtelijk vonnis ter beschikking van de regering zijn gesteld, alcoholici, personen met een hoog arbeidsverzuim, en patiënten die lijden aan psychosomatische ziekten.
- De 'neuroticisme'-scores zijn lager dan de gemiddelde landelijke scores bij: aspirant-officieren met een relatief gunstige stabiliteitsbeoordeling, en fabrieksdirecteuren die maatschappelijk succesvol kunnen worden geacht.
- De 'neuroticisme'-scores zijn lager bij in een instelling opgenomen psychotici dan bij in een instelling opgenomen neurotici.
- De 'neuroticisme'-scores correleren positief met de scores op diverse andere tests waarvan verondersteld mag worden dat ze neuroticisme meten.

Dit zijn alle voorbeelden van voorspellingen in een confirmerend kader, want als ze uitkomen, bevestigen ze de theoretische verwachting dat de ABV neuroticisme meet. Dit kon in dit concrete geval voor een groot deel inderdaad geconstateerd worden.

In dezelfde publicatie kan ook een voorbeeld van discriminante validering worden gevonden (Wilde, 1962, p. 98). Indien de onderzoeker erin slaagt om diverse alternatieve verklaringen uit te sluiten, is dit een versterking van de hypothese dat de test neuroticisme meet. Een van deze alternatieven is intelligentie. Er werden voorspellingen afgeleid uit de alternatieve theorie dat het testgedrag gerelateerd zou zijn aan intelligentieprestaties; concreet, dat de test positief zou correleren met intelligentietests. Geen van deze voorspellingen werd empirisch bevestigd. Dit betekende dat deze alternatieve theorie zeer zwak kwam te staan; dit gaf de oorspronkelijke theorie, die inhoudt dat de test neuroticisme meet, op zijn beurt weer steun in de rug.

In dit voorbeeld was er sprake van begripsvalidering door middel van correlationeel onderzoek. Experimenteel onderzoek kan een alternatief zijn. Zo kunnen proefpersonen op basis van testprestaties in verschillende groepen worden ingedeeld, teneinde onder gecontroleerde omstandigheden te onderzoeken of deze groepen op een verwachte wijze verschillend reageren op een afhankelijk variabele die relevant is voor het met de test gemeten begrip. Als bijvoorbeeld wordt verondersteld dat een test aandacht en concentratie meet, dan kunnen de testprestaties worden gebruikt om experimentele en controlegroepen te vormen. Deze groepen kunnen worden onderworpen aan een opdracht die aandacht en concentratie vereist. De afhankelijke variabele is bijvoorbeeld het aantal, binnen een vaste tijd correct uitgevoerde taken. Als de groepsindeling op basis van de testscores inderdaad gebeurde op basis van verschillende niveaus van aandacht en concentratie, dan is de verwachting dat in het experiment significante verschillen tussen groepen worden gevonden. Worden deze verschillen niet gevonden, dan is dit een aanwijzing dat de test geen aandacht en concentratie meet. Wederom hebben we dus een voorbeeld van (positieve en negatieve) confirmerende validiteit.

De begripsvalidering vindt dus volgens strikte methodologisch spelregels plaats, in tegenstelling tot het proces van het opwerpen van ideeën en hypothesen inzake de testbetekenis en alternatieve betekenissen. Hieraan is de volgende paragraaf gewijd.

8.4.2 BETEKENISANALYSE: OP ZOEK NAAR DE BETEKENIS

Meestal heeft een onderzoeker op zijn minst vage vermoedens en verwachtingen omtrent de te meten eigenschap die aan de constructie van de items ten grondslag hebben gelegen. Deze vermoedens en verwachtingen vormen de basis voor de theorievorming over het testgedrag. Soms werkt de onderzoeker zelfs vanuit duidelijke en expliciete theoretische uitgangspunten. Dan is de volgende stap in het onderzoek van de test de begripsvalidering (zie de vorige paragraaf). We beschrijven in deze paragraaf de betekenisanalyse echter alsof de onderzoeker nog helemaal niets weet over het testgedrag, zodat het proces beter kan worden verduidelijkt. Overigens is er geen standaardmethode voorgeschreven. Wel doen we twee suggesties voor het analyseren van het testgedrag, het structuuronderzoek en het relatieonderzoek.

Structuuronderzoek

Hoe kan een analyse van de structuurkenmerken van de test leiden tot een hypothetisch inzicht in de betekenis van het testgedrag? Er zijn twee mogelijkheden.

Ten eerste noemen we de psychologische analyse van de inhoud van de items. Men kan de opgaven zelf trachten op te lossen. Men kan proberen greep te krijgen op het oplossingsproces door proefpersonen hardop te laten denken, door ze achteraf of tijdens het proces te interviewen, of door ze te observeren tijdens het beantwoorden van de vragen. Men kan ook de literatuur over de gekozen of aanverwante items bestuderen.

Deze manier van werken leidt tot iets wat veel lijkt op indrukvaliditeit ('face validity'). Het verschil met indrukvaliditeit is echter dat uit deze analyse slechts veronderstellingen voortkomen en geen definitieve vaststellingen. Indien een veronderstelling onjuist is, dan blijkt dit wel in de toetsingsfase. Deze toetsing is nodig omdat er nogal eens uit naar voren komt dat tests iets anders meten dan aanvankelijk werd gedacht. Zo kan blijken dat een test die volgens de psychologische analyse 'praktische intelligentie' zou meten, in feite 'technische ervaring' meet, en een test die 'interesse in vliegen' zou meten, op basis van nader onderzoek vooral 'verbale intelligentie' blijkt te meten (Guilford, 1946).

Ten tweede noemen we de analyse van de formele kenmerken van de test. Gedacht kan worden aan het verschil tussen keuzeantwoorden en vrije antwoorden, aan de mate waarin de test een snelheidskarakter heeft of de bedoeling van de test voor de onderzochte te doorzien valt. Ook geeft de correlatie tussen de testscores op twee verschillende tijdstippen informatie over de stabiliteit van de testprestatie en daarmee over de eigenschap die de test zou meten. Zo zal bij de meeste cognitieve vermogens een hoge mate van stabiliteit, dus een hoge correlatie worden verwacht.

Relatieonderzoek

Relatieonderzoek ter ondersteuning van de testbetekenis, dus als bron van ideeën of hypothesen, kent vier vormen.

1 Spreiding en normen

De onderzoeker kan gegevens over de *spreiding* en de *normen* verzamelen en in verschillende groepen bestuderen. Dit soort informatie levert vaak bruikbare indicaties op van wat de test meet. Bijvoorbeeld: wanneer testscores wel spreiding vertonen onder HTS-studenten en niet onder HEAO-studenten, of strengere normen voor studenten letteren dan voor studenten natuurkunde, dan is dat zinvolle informatie.

2 Experimenteel onderzoek

Een bron voor suggesties over de betekenis van het testgedrag is ook *experimenteel onderzoek*. Men kan de test bijvoorbeeld voorleggen onder meer of minder strenge tijdcondities en nagaan wat de effecten hiervan zijn op de testprestatie. Men kan de test in een sollicitatiesituatie en in een experimentele, of zelfs anonieme situatie voorleggen en nagaan welke verschillen er optreden. Men kan ook het effect van verschillende instructies op de testprestaties nagaan.

3 Factoranalyse

De statistische techniek die bekend staat als *factoranalyse* wordt vaak gebruikt als een explorerende methode om de informatie die in een groot aantal variabelen is vervat, samen te vatten in een geringer aantal nieuw te construeren variabelen, die dan factoren worden genoemd. De bedoeling is dus samenvatting van informatie. Hierbij gaat onvermijdelijk informatie verloren, maar men streeft ernaar dit verlies zo veel mogelijk te beperken. De zin van deze samenvatting is dat zo een vereenvoudiging van de gegevens wordt verkregen en een grotere mate van inzichtelijkheid. Het grote aantal items waaruit een test doorgaans bestaat, kan bijvoorbeeld aan een factoranalyse worden onderworpen, met als doel deelgroepjes van items te vormen, waardoor inzicht in de structuur van de gehele verzameling items wordt verkregen. Dit inzicht kan dan leiden tot hypothesen over de eigenschappen die aan de antwoorden of reacties ten grondslag liggen. Ook kunnen de testscores op de deeltests van een intelligentietestbatterij aan een factoranalyse worden onderworpen. Hieruit kan bijvoorbeeld blijken dat een algemene eigenschap of een gering aantal van zulke eigenschappen aan de diverse deeltestprestaties ten grondslag ligt, en dit kan de basis zijn voor nadere validering.

Een factor is een gewogen som van itemscores of testscores. De gewichten worden zodanig bepaald, dat de gewogen somscore – dit is de factorscore – zo veel mogelijk inzicht verschaft in de afzonderlijke items of tests. De bepaling van deze gewichten kan op diverse manieren tot stand komen, en vereist meer kennis van de statistiek dan in dit boek verondersteld wordt. We gaan dus verder niet in op de technische finesses, maar bespreken de algemene eigenschappen van factoranalyse in relatie tot het onderzoek naar de testbetekenis. We gaan ervan uit dat een groot aantal scores op bijvoorbeeld diverse tests beschikbaar is, en dat we de vragen willen beantwoorden wat deze tests gemeen hebben en ook waarin ze verschillen. Factoranalyse gaat uit van de tabel met correlaties of covarianties tussen de testscores. Indien deze correlaties ongeveer nul zijn, dan zijn de testprestaties vrijwel alle onafhankelijk van elkaar. De tests meten dus elk een andere eigenschap en hebben weinig gemeen. In dit geval kan een kleiner aantal factoren de testprestaties niet samenvatten. Dit betekent dat elke test unieke informatie over een individu bevat. Zou men dus toch tests uit het psychologisch onderzoek weglaten, dan verliest men relatief veel informatie.

Het andere extreme geval is dat alle correlaties tussen de tests maximaal of heel hoog zouden zijn. Dit kan alleen maar als de tests in psychologische zin veel 'overlap' vertonen, dus dezelfde eigenschap meten. Dan kan een enkele factor de structuur in de gegevens verklaren. Een voorbeeld is dat alle tests rekenvaardigheid meten. Een factor die de structuur in de testgegevens kan verklaren kan dan worden geïnterpreteerd als een rekenvaardigheidfactor. In deze extreme situatie zou men de testbatterij ook kunnen vervangen door een enkele, willekeurig gekozen test uit de batterij. Het enige wat dan verandert, is dat nu een kleiner aantal items – immers, we gebruiken nog maar één test – wordt gebruikt om rekenvaardigheid te meten. Daardoor wordt wel de betrouwbaarheid van de meting geringer, maar er wordt nog steeds rekenvaardigheid gemeten.

De werkelijkheid ligt tussen deze twee uitersten in. Correlaties tussen tests zijn vaak groter dan nul maar meestal aanzienlijk kleiner dan één. Bovendien lopen deze correlaties in grootte sterk uiteen, maar het gebeurt ook dikwijls dat de correlaties tussen gelijksoortige tests weinig verschillen. Het aantal factoren dat de tests bevredigend kan beschrijven is dan nogal eens behoorlijk kleiner dan het aantal tests, maar het komt zelden voor dat slechts één factor alle tests kan vertegenwoordigen.

Deze beschrijving van factoren en de wijze waarop zij gerelateerd zijn aan individuele tests zouden de lezer kunnen herinneren aan onze beschrijving van meervoudige regressieanalyse ter voorspelling van een criterium. Ook daar werden testscores met verschillende gewichten bij elkaar opgeteld, wat resulteerde in een optimale voorspelling, en speelde de correlatie tussen de tests een rol bij de keuze van de gewichten. Bij regressieanalyse worden de gewichten echter zodanig gekozen dat het criterium zo goed mogelijk wordt voorspeld, terwijl bij factoranalyse de gewichten zodanig worden gekozen dat de informatie in de testscores zo goed mogelijk wordt samengevat. Wiskundig zijn dit verschillende problemen, die tot verschillende gewichten leiden.

Meestal worden drie soorten factoren onderscheiden, al naar gelang ze meer of minder tests representeren. Dit zijn *algemene* factoren, waarmee vrijwel alle tests minder of meer samenhangen, *groepsfacto*ren die meestal een kleiner gedeelte van de tests vertegenwoordigen, en *specifieke* factoren die gekoppeld zijn aan één test of slechts enkele items eruit.

Factoranalyse van een verzameling testscores biedt een handige methode voor de exploratie van de betekenis van de tests. Nagegaan kan worden met welke factoren een test relatief hoog correleert en met welke factoren laag. Op basis van de psychologische interpretatie van de factoren kan de betekenis van het testgedrag worden verduidelijkt. We noemen de RAKIT (Bleichrodt e.a., 1987; zie ook hoofdstuk 3), die uit twaalf deeltests bestaat, als voorbeeld. Op de gegevens hiervan werd een factoranalyse uitgevoerd, wat resulteerde in twee factoren, die we aanduiden met F_I en F_{II}. Zoals gezegd zijn dit gewogen somvariabelen op basis van de twaalf testscores, en elk van deze testscores wordt, nadat de factorscores zijn berekend, gecorreleerd met deze twee factorscores. Zo kan worden nagegaan of tests hoog correleren met dezelfde factor. Is dit het geval, dan horen deze tests bij elkaar, in de zin dat zij voor een belangrijk deel dezelfde psychologische betekenis hebben. Gevonden werd dat met F_I de volgende deeltests een correlatie hadden van ten minste 0.4: Figuur Herkennen (correlatie van 0.5), Exclusie (0.6), Doolhoven (0.4), Analogieën (0.5), Kwantiteit (0.6), Schijven (0.6) en Verbale Figuren (0.6); en met F_{II}: Geheugenspan (0.4), Woordbetekenis (0.5), Analogieën (0.4), en Namen Leren (0.6). Op basis van deze correlaties werd geconcludeerd dat F_I performale intelligentie ('fluid intelligence') meet en F_{II} verbale intelligentie ('crystallized intelligence'). Deze interpretatie werd ontleend aan de gemeenschappelijke betekenis van de deeltests die alle hoog correleren met dezelfde factor, maar ook aan het contrast met de deeltests die met de andere factor hoog correleren.

In de praktijk van de testconstructie en het testgebruik is factoranalyse een uiterst bruikbare methode gebleken, maar de betekenis en de waarde ervan worden soms toch wat overtrokken. Het resultaat van factoranalyse is afhankelijk van voorwaarden en uitgangspunten waarvan we er enkele noemen:

a *De soort en de hoeveelheid van de variabelen die men in de analyse opneemt.*

Uit een factoranalyse kan nooit iets 'tevoorschijn komen' wat men er van tevoren niet heeft ingestopt. Als men een test in relatie tot andere tests onderzoekt, dan vormen de andere testscores gezamenlijk het referentiekader waarmee de onderzochte test wordt vergeleken. Men drukt de testbetekenis uit in termen van de betekenis van de andere tests. Door de keuze van de tests worden de mogelijkheden tot verklaring van de testbetekenis dus tegelijkertijd beperkt.

b *De steekproef waarop de analyse is uitgevoerd*. Naarmate de steekproef met betrekking tot de te meten eigenschappen meer variatie vertoont, worden hogere correlaties tussen de testscores gevonden, want spreiding hangt positief samen met correlatie. Een mogelijkheid is dan dat het contrast tussen relatief hoge en relatief lage correlaties toeneemt. Het resultaat van factoranalyse wordt in hoge mate door dit contrast bepaald. Een structuur van factoren wordt daardoor scherper. Ook kan de structuur van de correlaties van de tests met de factoren veranderen over leeftijdsgroepen. Dit kan het gevolg zijn van psychologische veranderingen die zijn opgetreden, en die weerspiegeld worden in de structuur van de gegevens.

c *Enkele wiskundige en technische vooronderstellingen, die vaak een sterk arbitrair karakter hebben*. Het aantal factoren dat men identificeert, de vraag of men naar onafhankelijke of niet-onafhankelijke factoren streeft, de minimale hoeveelheid informatie die men per factor nastreeft en andere keuzes die men maakt, hebben direct invloed op het resultaat en komen voort uit soms expliciete, maar vaak ook impliciete vooronderstellingen. Bijvoorbeeld: het aantal factoren dat men berekent, is mede afhankelijk van de hoeveelheid statistische informatie uit de testscores die ermee wordt samengevat. Sommige onderzoekers zijn hier nogal streng – alleen als een factor meer informatie verklaart dan een vastgestelde ondergrens wordt hij serieus genomen. Anderen vinden het juist heel belangrijk dat factoren een onderlinge correlatie vertonen die een realistisch verband weergeeft – zo zouden de performale en verbale factoren in het voorbeeld van de RAKIT zodanig geconstrueerd moeten worden dat zij een correlatie hebben die vaker gevonden wordt tussen performale en verbale tests. Omdat factoren constructies van de onderzoeker zijn, zijn dergelijke keuzes arbitrair en dienen zij expliciet te worden gemaakt.

d *De interpretatie van de resultaten van factoranalyse*. Deze komt neer op een weloverwogen naamgeving van factoren op basis van niet veel meer dan een subjectieve inhoudsanalyse van de tests zelf. Immers, een factor is een gewogen som van de testscores, en de tests met hun gewichten geven dus de betekenis aan de factor. De redenering die eerder werd ontwikkeld met betrekking tot de testbetekenis is derhalve eveneens van toepassing op factoren. Hetzelfde proces zou de theoretische betekenis van factoren moeten bepalen. Dit gebeurt evenwel zeer zelden, en de interpretatie van factoren is nogal eens nattevingerwerk.

Het klakkeloos toepassen van factoranalyse is niet zonder gevaar. Kritiek op de methode komt in de meeste gevallen dan ook neer op het verwijt dat de onderzoeker zich van de vooronderstellingen en beperkingen te weinig bewust is. Wanneer men rekening houdt met de beperkingen, kan factoranalyse echter een zeer belangrijk hulpmiddel zijn om inzicht te krijgen in de psychologische betekenis van tests. Voor meer informatie over factoranalyse verwijzen we naar eenvoudige inleidingen als die van Meerling (1988), Stevens (1992), Knippenberg en Siero (1994), De Heus, Van der Leeden en Gazendam (1995), en Tabachnik en Fidell (2001). Gespecialiseerd zijn boeken van Mulaik (1972), Harman (1976), Nunnally (1978) en Gorsuch (1983).

4 Wat kan de test voorspellen?

Een belangrijk aanknopingspunt voor de vraag wat de test meet is gelegen in het onderzoek van wat de test kan *voorspellen*. Indien een test tussen groepen patiënten differentieert, sommige schoolprestaties wel en andere niet voorspelt of onderscheid kan maken tussen mensen die in een bepaald beroep goede of slechte prestaties leveren, dan ligt hierin belangrijke informatie besloten voor de betekenis van de test. Kortom, er is een wisselwerking tussen betekenisanalyse en predictieve validiteit. In paragraaf 8.3 hebben we besproken dat de predictieve validiteit niet buiten de betekenisanalyse kan en hier blijkt dat de voorspellingen aanleiding geven tot zinvolle veronderstellingen over de testbetekenis.

Zowel het structuuronderzoek als het relatieonderzoek dragen bij tot een voorlopige formulering van een antwoord op de betekenisvraag. Verbeelding en een systematische analyse dienen hierbij gecombineerd te worden, de eerste om ideeën en hypothesen te formuleren en de tweede om hierbij een efficiënte weg te bewandelen. Wetenschappelijk gezien staat het de onderzoeker vrij welke hypothese dan ook te creëren, maar het is een kwestie van efficiëntie om te komen tot zo plausibel mogelijke veronderstellingen, om te vermijden dat men in de toetsingsfase niets anders doet dan hypothesen verwerpen.

8.4.3 ALTERNATIEVE VERKLARINGEN

Begripsvalidering vindt zowel plaats door een bevestiging van de oorspronkelijke hypothese als het verwerpen van concurrerende hypothesen die alternatieve verklaringen voor het testgedrag geven. Dit komt er vaak op neer dat de test die wordt verondersteld eigenschap A te meten, geen relatie mag vertonen met tests of variabelen die eigenschap B meten, waarvan wordt verondersteld dat deze niet met eigenschap A samenhangt. Wanneer men probeert aan te tonen dat een test intelligentie meet, mag deze geen correlatie vertonen met kleurenblindheid, fysieke kracht, evenwichtigheid en interesses. Vanuit dit gezichtspunt bezien kan een lage correlatie tussen een test en ruimtelijk inzicht even belangrijk en bemoedigend zijn als een hoge correlatie tussen dezelfde test en leesvaardigheid. Hierin ligt dus een verschil met predictieve validiteit, waarbij een lage correlatie in het algemeen ongewenst is (suppressorvariabelen vormen een uitzondering).

De waarde van het verwerpen van alternatieve verklaringen is niet steeds even groot. Ten eerste hangt dit af van de precisie van de experimentele opzet. Door een onjuiste of slordige opzet kan ten onrechte een alternatieve verklaring worden verworpen. Omdat dit de onderzoeker in de kaart speelt – men wil immers aantonen dat de test eigenschap A meet, en heeft dus een belang om alternatieven uit te sluiten – is discipline in het onderzoek geboden om ook die alternatieve hypothesen een eerlijke kans te geven.
Ten tweede hangt de waarde af van de plausibiliteit van de alternatieve verklaring. Hier speelt in het bijzonder de wisselwerking tussen test en inhoudelijke theorie een rol. Als bijvoorbeeld blijkt dat de test behalve eigenschap B, de bedoelde eigenschap, ook eigenschap C meet – de test heeft in dit opzicht dus geen discriminante validiteit – dan kunnen we concluderen dat de test niet goed aan zijn doel beantwoordt. Deze conclusie is des te krachtiger indien er meer bekend is over deze eigenschappen, en het duidelijk is dat het inderdaad gaat om twee verschillende eigenschappen.
Een voorbeeld is de test voor kritisch denken (Watson & Glaser, 1964), die bijzonder hoog correleert met gewone intelligentietests. Het is een technisch goede test, maar het probleem is dat de theorie over kritisch denken voor een groot deel samenvalt met die van de klassieke intelligentie. Een ander voorbeeld wordt gevormd door de vele tests voor creativiteit, die sterk samenhangen met intelligentie. In feite gaat het ook hier onbedoeld om tests voor aspecten van de intelligentie.
Het opwerpen van deze alternatieve verklaringen is eveneens een cre-

atief proces. Dit neemt niet weg dat er enkele alternatieven zijn waarvan het verstandig is ze vrijwel altijd – dus als een soort routine – te controleren. We noemen enkele mogelijkheden.

Samenhang met intelligentie

Ten eerste is het verstandig zowel tests voor prestatieniveau als tests voor gedragswijze te correleren met een intelligentietest, die wat de formele kenmerken betreft zo veel mogelijk op de onderzochte test lijkt. We verwijzen naar het eerder genoemde onderzoek over begripsvalidering van de ABV (Wilde, 1962). Een ander voorbeeld betreft de F-scale, een schaal voor het meten van autoritaire instellingen (zie Adorno e.a., 1950). Hiertegen is een belangrijk bezwaar dat deze sterk negatief samenhangt met intelligentie en dat de negatieve correlatie die deze schaal heeft met etnocentrisme, sociale klasse en conformiteit allang ook voor intelligentietests was aangetoond (zie Campbell, 1960).

Sociale wenselijkheid als onbedoelde eigenschap

Ten tweede kan men bij het zoeken naar plausibele alternatieve verklaringen denken aan de sociale wenselijkheid, die vooral bij persoonlijkheidsvragenlijsten een probleem kan vormen. Onder sociale wenselijkheid wordt verstaan de mate waarin de respondenten zich over het algemeen bij de beantwoording van testvragen laten leiden door wat zij sociaal wenselijk achten, en niet zozeer door wat ze zouden moeten antwoorden wanneer ze zo 'eerlijk' mogelijk zouden zijn. Wanneer een test in sterke mate sociale wenselijkheid meet, kan worden gesteld dat de test niet goed functioneert.

Onderscheid kan worden gemaakt in individuele en algemene sociale wenselijkheid. Bij *individuele sociale wenselijkheid* is sprake van een per individu variërende opvatting over wat sociaal wenselijke antwoorden zijn, en het in deze lijn beantwoorden van de vragen. Men kan dit verschijnsel onderzoeken door de proefpersonen te vragen niet alleen de vragenlijst over de bedoelde eigenschap in te vullen, maar ook per vraag aan te geven hoe sociaal wenselijk een antwoord volgens hen is. De correlatie tussen beide reeksen gegevens geeft dan de mate aan waarin dit verschijnsel bij de beantwoording van de items een rol speelt. Ook de mate waarin antwoorden in een niet-anonieme en een wel anonieme testsituatie uiteenlopen is een indicatie van de ernst van dit verschijnsel. Deze individuele vorm van sociale wenselijkheid is ook wel 'test attitude' of 'test-taking attitude' genoemd. Overigens gaat het hier om een lastig te registreren fenomeen, omdat iemands opvattingen over wat sociaal wenselijke meningen en ervaringen zijn kunnen samenvallen met deze meningen en ervaringen zelf. Als dit het geval is, kan men verdedigen dat de bruikbaarheid van de testscore niet wordt aangetast. Lastig is natuurlijk om dit fenomeen per geval in kaart te brengen, en onderscheid te maken tussen personen voor wie dit wel en anderen voor wie dit niet geldt.

In *algemene sociale wenselijkheid* komt een algemeen aanvaarde opvatting over wat sociaal wenselijke antwoorden zijn naar voren. Men kan dit type sociale wenselijkheid onderzoeken door een aparte groep proefpersonen de sociale wenselijkheid van de antwoorden te laten beoordelen en op basis hiervan een algemene sociale-wenselijkheidssleutel construeren. Met behulp van deze sleutel kan elke proefpersoon op elk item een score worden toegekend voor de mate waarin dit antwoord sociaal wenselijk is. Op basis hiervan kan een totaalscore voor sociale wenselijkheid worden berekend, net zoals een testscore wordt berekend. De testscores voor de bedoelde eigenschap kunnen eventueel voor deze score voor sociale wenselijkheid worden gecorrigeerd.

Ofschoon algemene sociale wenselijkheid een veel voorkomend fenomeen is, hebben de meeste goede vragenlijsten toch een bruikbare correlatie met externe criteria. De verklaring is dat de mate waarin de onderzochte al dan niet meegaat met de sociaal wenselijke tendens om bepaalde antwoorden te kiezen, diagnostisch van belang kan zijn. Kortom, de neiging tot het geven van sociaal wenselijke antwoorden kan voor de voorspelling van allerlei ander gedrag relevant zijn, en daardoor zijn de vragenlijsten toch praktisch bruikbaar.

Niettemin kan het gewenst zijn de gevoeligheid van een test voor sociale wenselijkheid te reduceren. Als dit lukt, weet men zeker dat men van het fenomeen geen last heeft en blijven lastige interpretatiekwesties de psycholoog bespaard. In het algemeen wordt reductie van sociale wenselijkheid bevorderd door een grotere subtiliteit van de opzet van de vragenlijst en de procedure van afneming. Deze subtiliteit betreft de formulering van de items en de testinstructie, de wijze waarop de test wordt voorgelegd, de keuze van de titel van de test, een bepaalde testvorm (bijv. de 'forced-choice'-vorm; zie hoofdstuk 4) of een correctie achteraf. Voor de technische details van een dergelijke correctie verwijzen we naar Van Esbroeck (1982).

Antwoordtendenties

Bij het opwerpen van alternatieve verklaringen voor het testgedrag dient zeker gedacht te worden aan de mogelijkheid dat het testgedrag vaak wordt beïnvloed door antwoordtendenties ('response sets'). Een antwoordtendentie is een neiging tot een consistent keuzepatroon in het antwoordgedrag op tests, los van de inhoud van de vragen, en kan op betrouwbare wijze differentiëren tussen respondenten. Dergelijke antwoordtendenties kunnen ten grondslag liggen aan testgedrag zowel bij capaciteitentests als persoonlijkheidsvragenlijsten. Ter illustratie noemen we enkele bekende antwoordtendenties.

Instemtendentie

Onder de instemtendentie ('acquiescence-set') verstaan we het overmatig instemmen met de richting van de vraag. Deze tendentie doet zich bijvoorbeeld voor als respondenten de neiging hebben om het met uitspraken in vragenlijsten systematisch vaker eens dan oneens te zijn. Bij de tendentie tot ontkennen is juist het omgekeerde het geval.

Positievoorkeur

Positievoorkeur houdt in dat sommige posities bij de antwoordmogelijkheden worden geprefereerd boven andere. Zo komt voorkeur voor de neutrale middenpositie van antwoordschalen van attitude- en persoonlijkheidsvragen veel voor. Ook bestaat er soms een voorkeur voor posities die een extreem positief of een extreem negatief standpunt tot uitdrukking brengen. Bekend is ook de voorkeur voor het derde antwoord bij vierkeuzevragen in kennistoetsen.

Semantische interpretatie

Antwoordtendenties kunnen ook gebaseerd zijn op bepaalde semantische interpretaties van de keuze- of beoordelingscategorieën. Bij een keuze uit de antwoordmogelijkheden 'altijd', 'vaak', 'soms', 'zelden' en 'nooit' is er nogal wat variatie in individuele interpretatie van deze verbale aanduidingen van frequentie (zie ook hoofdstuk 4). De een zal bij een bepaalde frequentie van voorkomen van het gevraagde verschijnsel de categorie 'soms' kiezen, maar een ander kiest bij dezelfde frequentie 'zelden'.

Sequentietendentie

Hieronder verstaan we de tendentie tot het kiezen van een bepaalde verdeling over de keuzemogelijkheden, of tot bepaalde regels in de opeenvolging van de gemaakte keuzes. We denken aan de respondent die ernaar streeft de 'ja-' en de 'nee'-antwoorden ongeveer even vaak te kiezen, of die naar een min of meer symmetrische verdeling streeft bij een keuze uit verschillende categorieën. Een ander wil niet te veel dezelfde antwoorden achtereen kiezen en zal de neiging hebben een gegeven antwoordenreeks op basis van sequentieoverwegingen te doorbreken.

Snelheidtendentie versus precisietendentie

De tendentie om snelheid of precisie te benadrukken resulteert in uiteenlopende testprestaties. Personen kunnen van nature of door een eigen interpretatie van de instructie geneigd zijn de nadruk te leggen op snelheid en kwantiteit of op juistheid en precisie van de prestaties. Vooral bij snelheidstests betekent dit een belangrijke bron van verschillen in testprestaties.

Uitvoerigheidtendentie

De tendentie tot uitvoerigheid ('inclusiveness') komt vooral voor bij vrije-antwoordentests en tests waarbij het aantal te geven antwoorden of oplossingen aan de proefpersoon wordt overgelaten maar wel belangrijk is. Een goed voorbeeld is de Rorschach-test, waarin het aantal antwoorden als zodanig een belangrijk diagnostisch middel heet te zijn. Dit verschijnsel doet zich eveneens voor bij studietoetsen met open vragen (essayvragen), waarbij de ene respondent zich uitput in het laten zien wat hij allemaal weet, terwijl de ander zich beperkt tot korte, bondige antwoorden (zie ook hoofdstuk 4). De neiging om erg uitvoerig te antwoorden brengt het gevaar met zich mee dat antwoord wordt gegeven op vragen die niet zijn gesteld, of dat behalve het juiste antwoord ook reacties worden opgeschreven die niet gevraagd zijn en die ook nog eens onjuist zijn. In dit voorbeeld werkt de tendentie tot uitvoerigheid dus in het nadeel van de respondent.

Gistendentie

De tendentie tot gissen varieert eveneens over personen. We hebben reeds gezien (hoofdstuk 5) dat raden, zelfs indien ervoor gecorrigeerd wordt, over het algemeen toch tot een verhoging van de testscore leidt.

Voorkeur voor formele kenmerken

De tendentie om af te gaan op bepaalde formele kenmerken van de keuzemogelijkheden uit zich bijvoorbeeld in de neiging de langste optie te kiezen, of in de voorkeur voor opties met vreemde, technische of wetenschappelijke termen. Dergelijke, waarschijnlijk vrij subtiel liggende tendenties vragen om voorzichtigheid bij de constructie en de interpretatie van meerkeuze-items.

Antwoordtendenties worden gezien als wijzen van antwoorden die vooral door de vorm van de vraag tot stand komen. Aangezien sociale wenselijkheid bij uitstek door de inhoud van de vraag wordt bepaald, valt dit niet onder de definitie van antwoordtendentie. Hoewel sommige antwoordtendenties zich op onnavolgbare wijze per test of zelfs per item kunnen voordoen, valt er pas rekening mee te houden indien ze een zekere mate van waarneembare consistentie vertonen. Er zijn vele pogingen gedaan om op betrouwbare wijze tussen mensen te differentiëren met het oog op bepaalde antwoordtendenties (zie bijv. Bishop, 1987; Greenleaf, 1992; Van Herk, Poortinga & Verhallen, 2004; Jackson & Messick, 1958; McGee, 1967; Mischel, 1968; Smith, 2004). Sommige vragenlijsten zijn zelfs speciaal voor het meten van een bepaalde antwoordtendentie geconstrueerd, andere worden op basis van een antwoordtendentie 'gescoord' waarbij die score dan wordt gebruikt voor voorspellingsdoeleinden. In het algemeen leveren dit soort vragenlijsten weinig meer op dan globale en stereotiepe gedragsindicaties. Het laat zich aanzien dat 'response styles' maar matig samenhangen met onafhankelijk gemeten criteria. Dit houdt niet in dat ze op individueel niveau niet realistisch zouden zijn, maar wel dat ze op populatieniveau niet veel betekenisvolle variantie verklaren.

Vele tests bieden aan het optreden van een of meer antwoordtendenties ruimschoots gelegenheid. Dit betekent dat ze mede de betekenis van de test kunnen bepalen. Bij een betekenisanalyse zal men er goed aan doen aan deze alternatieve mogelijkheden aandacht te schenken. Scores voor antwoordtendenties kunnen gebruikt worden om de testscores te corrigeren. Ook kan bij de constructie van de items en de test met deze, toch vaak, storende, tendenties rekening worden gehouden.

8.5 Nogmaals betrouwbaarheid en validiteit

We komen hier terug op het onderscheid tussen de begrippen betrouwbaarheid en validiteit. Uitvoerig is her en der in dit boek aan de orde geweest dat deze begrippen theoretisch goed moeten worden gescheiden.

De betrouwbaarheidsschatting resulteert in een betrouwbaarheidsinterval voor de betrouwbare testscore uit de klassieke testtheorie (hoofdstuk 6) en de persoonsparameter uit de item-responstheorie (hoofdstuk 7). Dit interval geeft een indicatie van de nauwkeurigheid van de meting. Los van de nauwkeurigheid staat de vraag wat de test meet. Een test kan intelligentie, neuroticisme of houding ten aanzien van abortus meten, en deze meting kan met verschillende graden van betrouwbaarheid plaatsvinden.

Een lage betrouwbaarheid houdt in dat de test wel de eigenschap meet, maar dit doet met veel ruis. In deze zin is een dergelijke test nauwelijks valide te noemen, want individuele verschillen in testscores zijn dan vooral het gevolg van meetfouten en maar voor een klein deel van systematische verschillen in de bedoelde eigenschap. Een grote meetfout betekent ook dat de test laag correleert met andere variabelen. De predictieve validiteit van een dergelijke test kan dan ook niet anders dan gering zijn.

Als analogie noemen we de gewichtsbepaling van personen door middel van een slordig geconstrueerde en afgestelde weegschaal. Stel dat bij herhaaldelijk meten van dezelfde persoon verschillende meetwaarden worden gevonden. Deze meetwaarden geven wel een aanduiding van het gewicht, maar variërend binnen zekere grenzen. Als gevolg van deze variatie kunnen voorspellingen op basis van het gewicht vaker onjuist zijn. De ene keer zou men een patiënt bijvoorbeeld een ander dieet voorschrijven dan de andere keer, terwijl toch zijn echte gewicht gelijk is gebleven. Hiervoor is de onbetrouwbaarheid van het meetinstrument verantwoordelijk. Maar nog steeds wordt het gewicht geschat, en niet lichaamslengte of -temperatuur.

In dit kader is het verhelderend een bekende, door Campbell en Fiske (1959) voorgestelde methode voor de evaluatie van tests in de context van het onderzoek naar betrouwbaarheid en validiteit te bespreken. Deze methode geeft een helder beeld van zowel het onderscheid in betrouwbaarheid en validiteit als het verschil tussen confirmerende en discriminante validiteit. Zowel het ene als het andere onderscheid wordt voorts in verband gebracht met dat in methodevariantie en trekvariantie.

Campbell en Fiske (1959) voeren een pleidooi voor evaluatie van tests met behulp van de 'multitrek-multimethodebenadering', die resulteert in een 'multitrek-multimethodematrix'. Belangrijk is hier het idee dat een test voor een bepaalde eigenschap zou kunnen worden vervangen door een andere test die dezelfde eigenschap pretendeert te meten. Dit lukt doorgaans niet perfect, waardoor de variatie in de testresultaten voor een deel is toe te schrijven aan variatie van de onderzochte groep op de bedoelde eigenschap, maar ook aan de specifieke eigenschappen (bijv. andere items, andere instructie) van de verschillende meetinstrumenten. Iedere test is in deze opvatting een 'trek-methode-eenheid', en de variantie van de testscore wordt bepaald door zowel variantie in de gemeten trek (de eigenschap) als variantie in de methode (de test).

Bij deze benadering wordt dan geschat in hoeverre de variantie van de testscore wordt bepaald door de variantie in de bedoelde trek en juist niet door zowel de variantie ten gevolge van de gebruikte methode als de variantie in de niet-bedoelde trekken. Om dit vast te stellen, dient de evaluatieprocedure van de test de meting van diverse trekken en het meten met verschillende methoden te omvatten. De multitrek-multimethodematrix bevat de correlaties die op deze wijze uit alle combinaties van methoden en trekken ontstaan.

Figuur 8.5 geeft een schematisch overzicht van deze multitrek-multimethodematrix. Het gaat hierbij om drie verschillende trekken en drie verschillende methoden. We nemen als voorbeeld de persoonlijkheidstrekken ambitie (A), aanpassing (B) en extraversie (C), te bepalen met de methoden zelfbeschrijving (I), beoordeling door onderwijzers (II) en een observatietest (III).

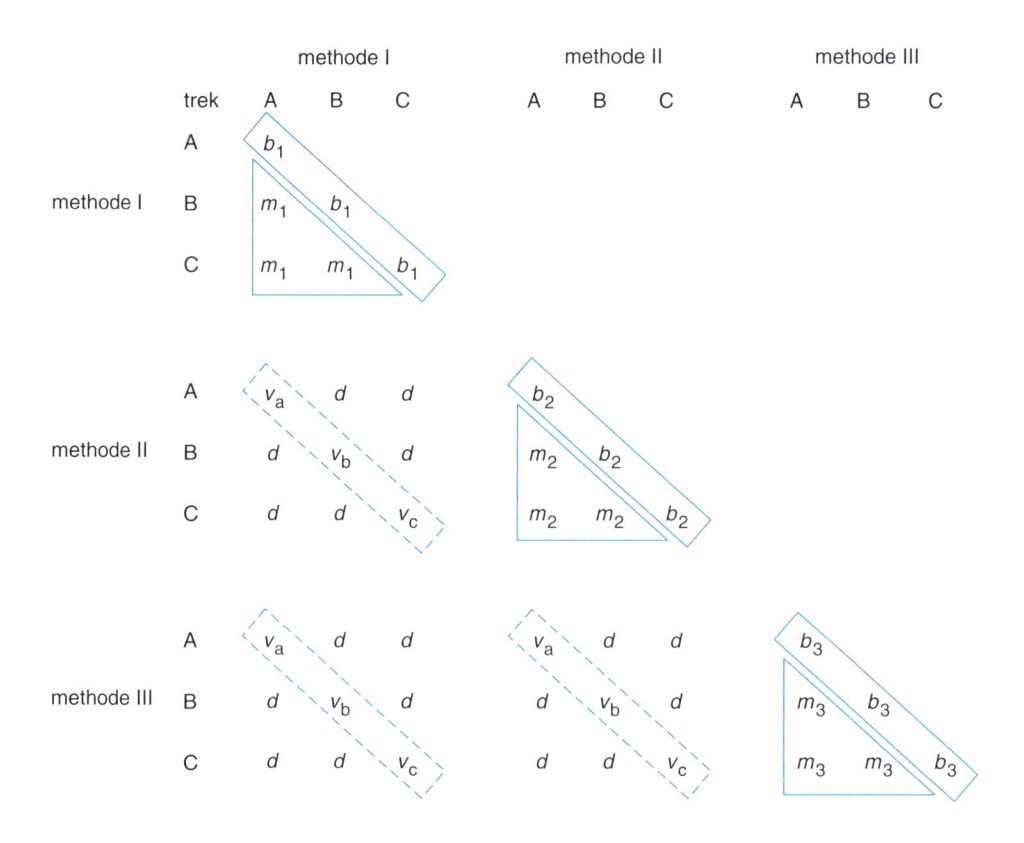

Figuur 8.5 Multitrek-multimethodematrix voor drie trekken (A, B en C) en drie methoden (I, II en III).

In de matrix zijn diverse categorieën van correlaties te onderscheiden. Op de centrale diagonaal (de b-waarden) staan de correlaties voor dezelfde trekken en dezelfde methoden (monotrek-monomethode-overlap). Dit is wat we eerder definieerden als de betrouwbaarheid. Op de met stippellijnen aangegeven diagonalen (de v-waarden) staan de correlaties voor dezelfde trekken maar gemeten met verschillende methoden (monotrek-heteromethode-overlap). Dit is de confirmerende validiteit.

In de omlijnde driehoeken (de m-waarden) zijn de correlaties voor dezelfde methode en verschillende trekken (heterotrek-monomethode-overlap) vermeld. Dit zou men kunnen zien als een indicatie van de methodevariantie.

De overige driehoeken (de d-waarden) bevatten de correlaties voor verschillende trekken en verschillende methoden (heterotrek-heteromethode-overlap).

Met betrekking tot de validiteit zijn vier overwegingen van belang. Ten eerste moeten de v-waarden significant van nul verschillen, en verder ook voldoende hoog zijn om het verder werken met de tests te rechtvaardigen (confirmerende validiteit). Ten tweede moeten de v-waarden hoger zijn dan de d-waarden. Dat houdt immers in dat de validiteit van een variabele hoger is dan de correlatie tussen die variabele en iedere andere variabele die noch wat betreft de inhoud noch wat betreft de methode iets met de variabele in kwestie gemeen heeft. Ten derde moeten de v-waarden hoger zijn dan de m-waarden. Dit betekent dat twee onafhankelijke maten van dezelfde trek hoger moeten correleren dan twee verschillende trekken die met dezelfde methode zijn gemeten. Ten vierde moeten zowel in de m-driehoeken als de d-driehoeken ongeveer gelijke patronen van correlaties gevonden worden.

De laatste drie verwachtingen vormen de basis voor een eventueel vast te stellen discriminante validiteit. Ze geven aan dat de test, los van de vraag of de v-waarden hoog genoeg zijn, niet met andere trekken ongewenst hoog correleert, en dat de methode als zodanig niet voor de hoge v-waarden verantwoordelijk is.

De benadering volgens Campbell en Fiske laat bijvoorbeeld zien dat de test-hertestmethode (hoofdstuk 6) strikt genomen kan worden ingedeeld in de categorie van dezelfde metingen (methoden) van dezelfde eigenschap (trek). De correlatie tussen de resultaten van deze metingen (b-waarden) zegt dan iets over de herhaalbaarheid van de meting van de eigenschap. Iets dergelijks geldt ook voor paralleltests: de correlatie tussen twee paralleltests is een b-waarde. In de praktijk kan het echter gebeuren dat twee als parallelversies bedoelde tests wel erg sterk van de eis van parallellie afwijken. In dat geval hebben we te maken met een meting van dezelfde trek door middel van verschillende tests en de correlatie is nu een v-waarde; een indicatie van de confirmerende validiteit.

Met de multitrek-multimethodebenadering wordt een model geboden om in één ontwerp enerzijds de betrouwbaarheid en anderzijds zowel de confirmerende als de discriminante validiteit van een test te onderzoeken.

Opdrachten

1 Leg uit waarom niet in absolute zin gesproken kan worden van de validiteit van een test.

2 Dienen medische procedures ook een valideringsonderzoek te ondergaan? Beargumenteer uw antwoord.

3 Hoe zou men predictieve validering kunnen opvatten als onderdeel van begripsvalidering?

4 Waarom geven de auteurs van dit boek toch de voorkeur aan een gescheiden behandeling van predictieve validiteit en begripsvaliditeit?

5 Wat is inhoudsvaliditeit?

6 Noem een zwak punt van inhoudsvalidering.

7 Wat hebben de auteurs van dit boek eigenlijk tegen op al die specifieke vormen van validiteit?

8 Voorspellingen met behulp van tests zijn vaak gebaseerd op een lineair regressiemodel. Leg uit hoe men voor een concreet geval aan zo'n model komt.

9 Leg uit wat het effect is van de betrouwbaarheid van een criterium op de voorspelling van dit criterium met een test.

10 Bespreek het probleem dat een te voorspellen criterium verschillende graden van abstractie kan hebben, en hoe het komt dat de beter voorspelbare aspecten van een criterium vaak ook de minder relevante zijn.

11 Bedenk wat het uiteindelijke criterium bij voorspelling met de CITO Eindtoets Basisonderwijs zou kunnen zijn. Doe eveneens voorstellen voor een tussentijds en een onmiddellijk criterium.

12 Met welk doel trekt men een gestratificeerde steekproef?

13 Het komt nogal eens voor dat tests worden gevalideerd op gemakkelijk voorhanden zijnde steekproeven, zoals psychologiestudenten. Wanneer is dit geen probleem voor de validiteit?

14 Noem twee redenen waarom items meestal niet op basis van hun moeilijkheid in een test of vragenlijst zouden moeten worden geselecteerd.

15 Welke items dient men in een test of vragenlijst te selecteren om een testscore met een hoge betrouwbaarheid te verkrijgen?

16 In welke situatie zoekt men vooral zijn toevlucht tot 'concurrent validity' ter vervanging van predictieve validiteit?

17 Wat zijn in een onderzoek ter bepaling van de predictieve validiteit meestal de oorzaken van de geringere representativiteit van de steekproef die tot 'restriction of range' leiden?

18 Wat is contaminatie van het criterium? Geef een voorbeeld. Welke invloed heeft dit verschijnsel op de validiteit van een selectieprocedure?

19 Voordat men de correlatie tussen een testscore en een criteriumscore bepaalt, dient eerst de 'scatter plot' van de empirisch gevonden relatie te worden bestudeerd. Waarom is dit nodig?

20 Wat is een heteroscedastische relatie? Is de product-momentcorrelatie geschikt om deze relatie te beschrijven? Beargumenteer uw antwoord.

21 Wat is een suppressorvariabele? Geef een ander inhoudelijk voorbeeld dan wat in dit hoofdstuk wordt genoemd.

22 Wat is een moderatorvariabele? Geef ook hier een inhoudelijk voorbeeld, anders dan in dit hoofdstuk wordt gegeven.

23 Beschrijf voor de predictoren die uiteindelijk in een meervoudig regressiemodel worden opgenomen de onderlinge correlaties en de correlaties met het criterium.

24 Beschrijf voor een meervoudig regressiemodel het proces van kruisvalidering. Waarvoor dient dit proces?

25 Noem de vijf mogelijke oorzaken van doorgaans lage validiteitscoëfficiënten.

26 Welk doel streeft men met validiteitsgeneralisering na?

27 Waarom zien de auteurs weinig heil in het blind selecteren, dus alleen op basis van correlaties (of andere statistische gegevens), van de beste voorspellende tests in een voorspellingsmodel ten behoeve van een bepaald criterium?

28 Wat is het doel van de betekenisanalyse van een test of een testprocedure?

29 Wat is een nomologisch netwerk? Welke rol spelen tests hierin?

30 Welke rol spelen confirmerende validiteit en discriminante validiteit bij het onderzoek van hypothesen?

31 Welke twee vormen van structuuronderzoek dragen bij aan het inzicht in de betekenis van een test?

32 Met welk doel wordt explorerende factoranalyse in het onderzoek naar de testbetekenis toegepast? Welk doel dient de factoranalyse van de itemscores van een enkele test? En welk doel dient de factoranalyse van de testscores van de deeltests van een testbatterij, bijvoorbeeld voor de meting van intelligentie?

33 Hoe wordt de betekenis van factoren vastgesteld?

34 Hoeveel factoren verwacht u te vinden als alle items of tests nul correleren? Een als ze alle één correleren? En als de testbatterij waarop de factoranalyse wordt gedaan bedoeld is om de Big Five van persoonlijkheidstrekken te meten?

35 Leg uit hoe het onderzoek naar de predictieve validiteit van een test kan bijdragen aan de vaststelling van zijn betekenis.

36 Het verwerpen van alternatieve hypothesen ter verklaring van wat een test meet kan een zinvolle bijdrage zijn aan de constructvali-

dering, maar niet elke alternatieve hypothese levert een even grote bijdrage. Leg uit hoe dit zit.

37 Bij welke typen tests kan sociale wenselijkheid een bedreiging vormen voor de validiteit?

38 Wat zijn antwoordtendenties? Noem enkele voorbeelden.

39 Wat is de multitrek-multimethodematrix? Hoe geeft deze matrix informatie over zowel betrouwbaarheid als validiteit?

De bijdrage van de test in het beslissingsproces

9

De wetenschappelijke waarde van een test wordt bepaald door het wetenschappelijke belang van de eigenschap die door de test wordt gemeten. De praktische waarde van een test kan daarentegen het beste worden beoordeeld tegen de achtergrond van de beslissingen die met de test worden genomen. Voorbeelden van dergelijke beslissingen zijn de toelating of afwijzing voor een functie of een opleiding, het slagen of zakken voor een tentamen, en het stellen van een diagnose en op basis hiervan beslissen tot een behandeling. Om de bijdrage van een test aan dergelijke beslissingen te kunnen beoordelen, is het nodig om het samenstel van kansen op succes in opleidingen of functies waarop de beslissing is gericht en van waarderingen van dat succes in ogenschouw te nemen. Deze kansen en waarderingen variëren sterk met de eigenschappen van de beslissingssituatie.

Wat wordt bedoeld met de bijdrage van een test aan een beslissing of een beoordeling? In algemene zin gezegd gaat het om de verbetering in vergelijking met de situatie zonder test. Een mooi voorbeeld kan worden ontleend aan het gebruik van de reeds diverse malen eerder genoemde CITO Eindtoets Basisonderwijs, waartegen in sommige regionen van het onderwijs en bij sommige ouders van leerlingen weerstand bestaat. Die weerstand houdt vaak in dat men van mening is dat de test een vertekend beeld geeft van de werkelijke capaciteiten van de leerling en deze dus geen recht doet. De consequentie die daaraan kan worden verbonden is dat de school de CITO-toets niet (meer) gebruikt. Wat men dan vervolgens zou moeten vragen, is in hoeverre het schooladvies anders zou uitvallen bij het achterwege laten van de CITO-toets. Tegenstanders van de toets lijken immers te verwachten dat het niet gebruiken ervan of het gebruiken van een alternatieve vorm van beoordelen leidt tot een groter aantal juiste schooladviezen. Wat men dus zou willen weten is hoeveel juiste schooladviezen worden gegeven op basis van het gebruik van de CITO-toets, of een alternatieve vorm van beoordelen waarvan de CITO-toets geen deel uitmaakt, en wellicht ook in vergelijking met een situatie waarin noch de CITO-toets wordt gebruikt noch in vervanging is voorzien.

Deze laatste situatie weerspiegelt geenszins de kansverdeling bij aselecte toewijzing van leerlingen aan schooltypen. Immers, ook als noch de CITO-toets noch een vervangende testprocedure wordt gebruikt, baseren scholen hun advies wel degelijk op oordelen over de geschiktheid van leerlingen, en die oordelen zijn meestal op hun beurt gebaseerd op door de school geregistreerde prestaties en gedragingen van de leerling. Er wordt dus altijd beoordeeld en op basis daarvan beslist, en in dit hoofdstuk wordt de vraag gesteld wat een test hieraan kan toevoegen.

Cronbach en Gleser (1957; zie ook Meehl & Rosen, 1955) waarschuwden al tegen versimpelingen als het vergelijken van een beslissing gebaseerd op een test met een aselecte toewijzing van individuen, omdat dit tot een oneerlijke evaluatie – vaak een overschatting – van de bijdrage van tests aan de voorspelling zou leiden. Zij stellen dat het reëler is de situatie met test te vergelijken met de a-prioristrategie, hetgeen inhoudt het totaal aan voorspellingsmogelijkheden minus de test. Zoals gezegd, is dit niet hetzelfde als aselect toewijzen van individuen. Veelal blijkt op basis van reeds beschikbare informatie een redelijke voorspelling mogelijk te zijn. Bij personeelsselectie kan bijvoorbeeld worden gedacht aan relevante werkervaring, prestaties in eerder werk, diploma's en referenties.

Voor het bepalen van de bijdrage van een test mag men dus niet louter afgaan op de correlatie met het criterium, maar na te gaan hoezeer de correlatie in vergelijking met het 'a-priorinivo' wordt verhoogd door toevoeging van de testinformatie. In de Engelstalige literatuur wordt dit aangeduid met 'incremental validity'. Uit de behandeling van modellen voor de predictieve validiteit (hoofdstuk 8) is duidelijk geworden dat voor een test een sterke onafhankelijkheid van de reeds beschikbare informatie vaak belangrijker is dan een hoge correlatie met het criterium zonder meer. Zo zal in sommige gevallen een algemene intelligentietest, ondanks zijn hoge correlatie met het criterium, minder extra bijdragen aan de voorspelling dan een lager correlerende specifieke test. Een specifieke test kan een aspect van het criterium bestrijken dat niet reeds door vooropleiding of voorgaande prestaties wordt gedekt en derhalve de voorspelling verbeteren, terwijl de algemene intelligentietest en de reeds bekende informatie elkaar voor een groot deel overlappen.

Overigens kan ook het aselect selecteren van individuen in sommige gevallen wel degelijk een reële mogelijkheid zijn en kan aanvullende informatie, zoals van tests afkomstig, deze selectie nauwelijks nog verbeteren. Men kan denken aan zeer eenvoudige functies, waarvoor nauwelijks eisen worden gesteld en die dus door bijna iedereen met succes zijn te vervullen. In dit geval is een aselecte aanname van het benodigde aantal kandidaten al afdoende: de 'antecedent probability' of de 'base rate' – het percentage geschikte personen in de populatie – is zeer groot. Hoe men bij beslissingen op een verstandige manier met deze 'base rate' rekening kan houden, vooral als deze minder extreem is dan in dit voorbeeld, is een van de onderwerpen die in dit hoofdstuk nader aan de orde komen.

Belangrijke publicaties over het beslissen op basis van testscores zijn die van Cronbach en Gleser (1957, 1965), *Psychological Tests and Personnel Decisions*, en van Dunnette (1966) en Rulon, Tiedeman, Tatsuoka en Langmuir (1967). Van recenter datum zijn de boeken van Anderson en Herriot (1997), Schmitt en Chan (1998), Campbell en Knapp (2001), Evers, Anderson en Voskuijl (2005), en Smith en Smith (2005). In Nederland is de rol van de test in het kader van beslissingen bestudeerd door Van Naerssen (1962,1965), Wiegersma (1963), Hofstee (1983b), Roe (1983), Drenth en Van der Flier (1985) en Van der Linden (1985).

De praktische waarde van een test kan slechts beoordeeld worden in de context van het specifieke beslissingsproces zelf. We gaan nu eerst in op de soorten beslissingen over mensen. Vervolgens worden de in de testpsychologie meest voorkomende beslissingen besproken. Ten slotte gaan we in op de beslissingsprocedure bij een 'open vraag'.

9.1 Taxonomie van beslissingen

Een beslissing over mensen bevat altijd de volgende drie elementen: een individu (of meer individuen) waarvoor de beslissing geldt, twee of meer behandelingen ('treatments') waartussen men in het kader van de beslissing moet kiezen, en ten slotte de informatie die dient als basis voor de beslissing. Het woord behandeling moet ruim worden opgevat; ook training, schoolopleiding en aanstelling in een functie vallen eronder. Verder kan het gebeuren dat de informatie ontoereikend wordt geacht voor een definitieve beslissing, en dat men besluit om aanvullend onderzoek te doen op basis waarvan de eindbeslissing, in de vorm van een keuze voor een van de 'treatments', wél kan worden genomen.

Indien er regels worden gevolgd, noemt men het samenstel van deze beslissingsregels de beslissingsstrategie. In figuur 9.1 wordt schematisch een beslissingsstrategie weergegeven. De kringloop 'verder onderzoek-tests-informatie-informatieverwerking' kan diverse malen worden herhaald alvorens een definitief besluit valt.

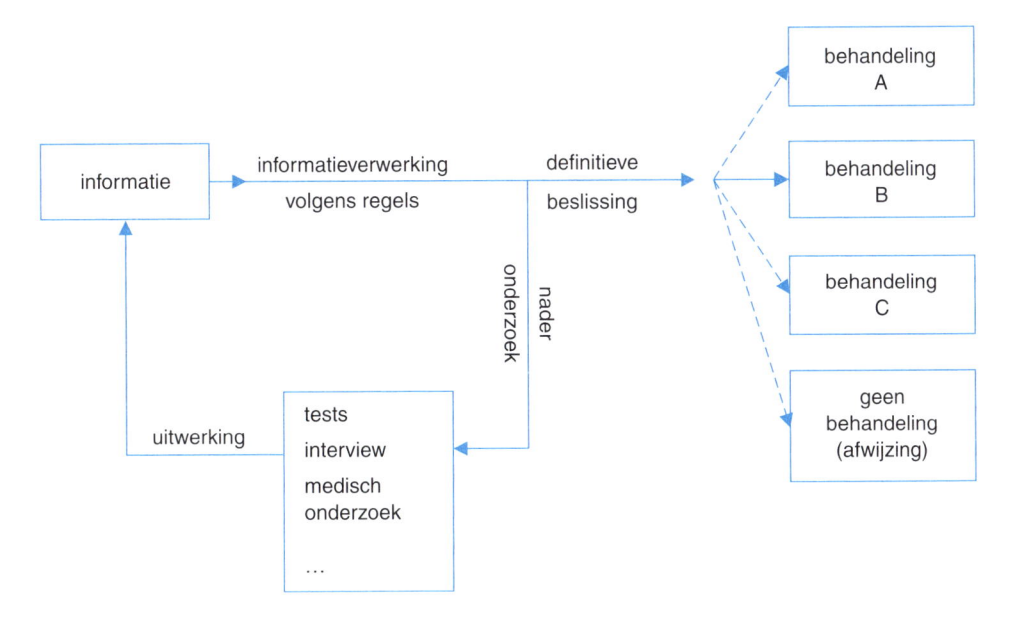

Figuur 9.1 *Schematische voorstelling van een beslissingsstrategie.*

Een beslissingsstrategie kan expliciet zijn en consequent worden gevolgd, soms is ze vaag en onduidelijk en wordt ze bij lange na niet consequent toegepast. Vaak is er dan ook discrepantie tussen een normatieve strategie, waarbij bijvoorbeeld kandidaten met bepaalde kwaliteiten en condities moeten worden toegelaten en anderen niet, en een empirische, dat wil zeggen feitelijk gevolgde strategie. In de praktijk wordt op basis van extra informatie, invallen, intuïtieve ideeën of gewoon slordigheid en inconsequenties maar al te vaak van de ideale 'blauwdruk' afgeweken.

We bespreken nu enkele indelingsprincipes met betrekking tot beslissingen over mensen.
1 Een eerste belangrijke onderscheiding is die tussen individuele en institutionele beslissingen.

- Bij individuele beslissingen wordt volledig gedacht vanuit het individu dat de beslissing moet nemen of waarvoor de beslissing geldt. De beslissing is eenmalig. Het rendement van de beslissing varieert per individu omdat per individu de waarde van de uitkomst van de beslissing varieert. Het resultaat van de beslissing moet dan ook beoordeeld worden tegen de achtergrond van de eigen, persoonlijke waarden en voorkeuren van het individu. Voorbeelden van individuele beslissingen zijn beroepskeuze, schoolkeuze en keuze van een studiepakket.
- Bij institutionele beslissingen daarentegen wordt een groot aantal gelijksoortige beslissingen genomen. Ook hier speelt een waardesysteem een rol, maar nu is het een voor alle beslissingen geldend systeem, behorend tot het instituut of de organisatie ten behoeve waarvan de beslissingen moeten worden genomen. Het gaat hier om een vaste serie beslissingsregels voor uiteenlopende gevallen. We spreken van een institutionele beslissingsstrategie. Voorbeelden van institutionele beslissingen zijn een toelatingsprocedure voor een school, plaatsing bij een bedrijf, het examen voor een rijbewijs en keuze van een therapie in een kliniek. Het totale rendement van deze beslissingsstrategie wordt bepaald door het gemiddelde rendement van de afzonderlijke beslissingen; meestal is het de bedoeling dit rendement te maximaliseren of het verlies te minimaliseren (zie De Gruijter, 1982; Van der Linden & Mellenbergh, 1977). Het is niet zinvol om van 'gemiddeld rendement' te spreken in het kader van een individueel beslissingsproces, waar het immers om een eenmalige gebeurtenis gaat.

2 Een tweede onderscheiding heeft betrekking op de onderlinge relatie van de te kiezen alternatieven; deze heeft invloed op de aard van de te kiezen informatiebron, in dit geval de test.
- De alternatieven kunnen kwantitatief van elkaar verschillen, maar wel in één dimensie of in elkaars verlengde liggen. Men kan denken aan verschillende schooltypen die uitsluitend wat betreft niveau en niet wat betreft aard van elkaar verschillen, of aan een opleiding die in respectievelijk twee, één of een half jaar kan worden voltooid. Aangezien het hier uitsluitend een niveauverschil betreft, kan men in principe dezelfde informatie gebruiken voor de voorspelling van succes binnen die verschillende alternatieven. Men kan volstaan met het variëren van de strengheid van de normen. Informatie die op deze wijze 'op één dimensie' kan worden geschaald noemen we *univariaat*.
- Andere beslissingen worden genomen op basis van *multivariate*

informatie. Daarbij gaat het om keuzealternatieven die qua aard, en niet uitsluitend qua niveau, verschillend zijn. De keuze tussen een opleiding tot piloot of tot stuurman op een koopvaardijschip, de keuze tussen een studie in de psychologie of de economie, de classificatie van een patiënt als neurotisch of organisch gestoord, de plaatsing als ICT-deskundige of als assistent-personeelschef hebben alle betrekking op alternatieven waarbij niet een kwantitatief verschil van een of meer eigenschappen in het geding is die door univariate informatie te bepalen valt, maar waarbij het gaat om een andere structuur, een andere samenstelling van eigenschappen. De testinformatie die we hier nodig hebben heeft ook een dergelijk multivariaat karakter, zoals profielscores, verschilscores, en scorepatronen. Waar het bij dit soort kwalitatief verschillende alternatieven om gaat, is de mogelijkheid tot differentiële voorspelling. Differentiële voorspelling is gebaseerd op multivariate analyse; vandaar de term 'multivariate informatie'.

3 Binnen de beslissingen op basis van univariate informatie kunnen we verder onderscheid maken tussen beslissingen waarbij het gaat om een (negatieve of positieve) keuze voor één enkel treatment, of een keuze tussen verschillende alternatieven. Het gebruik van de univariate informatie is in het eerste geval gericht op de tweedeling 'niet-wel', en in het tweede geval op het indelen in twee of meer 'klassen'.

Op basis van deze drie indelingsprincipes komen we tot een taxonomie van beslissingen, zoals aangegeven in figuur 9.2. Daarbij kunnen nog enkele nadere differentiaties worden gemaakt.

1 De twee soorten beslissingen, 'plaatsing in qua niveau verschillende alternatieven' en 'selectie', kunnen soms in één model worden gecombineerd, wanneer een van de plaatsingsmogelijkheden een algehele afwijzing voor het instituut of de organisatie is. Deze combinatie doet zich in de praktijk van het bedrijfs- en schoolpsychologisch werk veel voor.

2 Binnen de categorie van plaatsingsbeslissingen is het belangrijk of men rekening moet houden met beperkingen van aantallen kandidaten. Soms is het aantal kandidaten dat men kan plaatsen in de verschillende treatments onbeperkt, zoals in de situatie waarin het aanbod geringer is dan de vraag of in gevallen waarin iedere gekwalificeerde kandidaat welkom is. Soms zijn er beperkingen verbonden aan een of meer plaatsingsmogelijkheden, bijvoorbeeld door een groot aantal sollicitanten, door een beperkt aantal vacatures, of doordat de verhouding van de gewenste aantallen plaat-

singen niet parallel loopt aan die van het aantal plaatsingsmogelijkheden. Een voorbeeld van deze laatste discrepantie is de studiekeuze in het wetenschappelijk onderwijs waarin voor sommige studies een 'numerus fixus' bestaat. Een verdere complicatie doet zich voor als een gegeven aantal plaatsingen vereist is. Bijvoorbeeld: als vacatures ernstige gevolgen kunnen hebben voor de bedrijfsvoering dienen functies hoe dan ook te worden bezet. In zo'n geval gaat het om beslissingen waarbij de geschiktheden van de verschillende kandidaten met betrekking tot de verschillende treatments onderling moeten worden afgewogen.

3 Een nader onderscheid bij plaatsingsbeslissingen is die tussen variabele en vaste treatments. Bij vaste treatments gaat men uit van een of meer van tevoren vastgelegde behandelingen, waartussen men een keuze kan doen. Bij variabele treatments bestaat er een mogelijkheid om, bijvoorbeeld, de opleiding of behandeling zelf weer bij te stellen zodat ze optimaal past bij het individu. Zo kan men plaatsing realiseren voor gegeven opleidingen A, B of C (vast treatment), maar men kan binnen die opleidingen ook nog aan het individu aangepaste opleidingsmethoden of variërende tempo's aanbieden (variabel treatment).

4 Een laatste onderscheiding betreft de vraag of de beslissingen in een enkele fase worden genomen ('single-stage' of 'non-sequential decisions') of in verschillende fasen verloopt ('sequential decisions'). Een eenvoudig voorbeeld van deze tweede mogelijkheid is de voorselectie. In een eerste onderzoek worden kandidaten uitgezocht die voor een nader onderzoek in aanmerking komen. In dit nadere onderzoek worden dan definitieve beslissingen genomen. Er zijn vele vormen van sequentieel testen onderscheidbaar. We komen hierop terug in paragraaf 9.2.3.

Na deze inleidende opmerkingen over het beslissingsmodel en de indeling van beslissingen, werken we nu de meest voorkomende typen van beslissingen over individuen waarbij tests worden gebruikt, wat nader uit.

9.2 Enkelvoudig selectie- c.q. afwijzingsmodel

Van enkelvoudige selectie is sprake indien individuen worden onderzocht met het oog op een enkel criterium, waarbij er slechts twee mogelijkheden zijn: onderzochte voldoet niet of onderzochte voldoet wel aan de eisen. Het gaat hier om het klassieke geschiktheidsonderzoek, waarbij al of niet opnemen in een organisatie of toelaten tot een school of opleiding in het geding is. Eigenlijk gaat het hierbij steeds

	institutionele beslissingen	individuele beslissingen
dichotomie niet/wel	selectie	ja/nee-keuze
klassen	plaatsing (niveauverschillen)	niveaukeuze
	plaatsing (kwalitatieve verschillen)	soortkeuze

univariate informatie (dichotomie niet/wel, klassen)

multivariate informatie

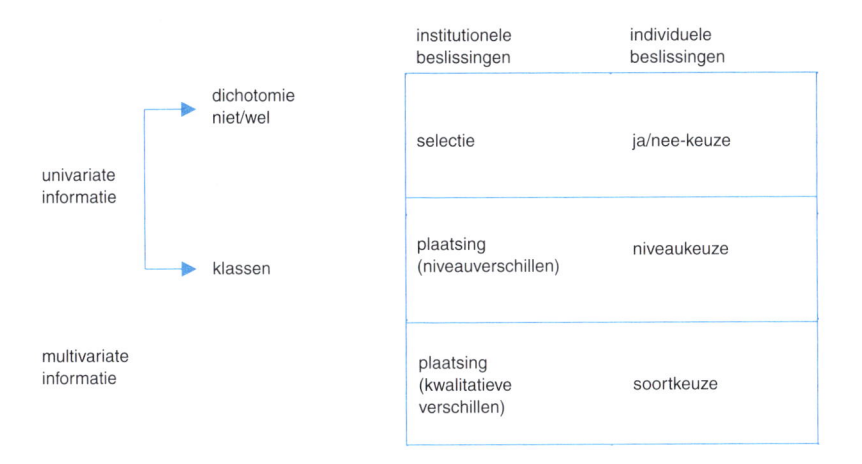

Figuur 9.2 *Taxonomie van beslissingen.*

om het weren van zo veel mogelijk ongeschikte kandidaten, reden waarom ook wel wordt gesproken van een afwijzingsmodel in plaats van een selectiemodel (Horst, 1962).

Het gaat hier om institutionele beslissingen, waarbij gebruik wordt gemaakt van univariate informatie. Dit hoeft niet te betekenen dat men altijd gebruik maakt van één enkele test. Neemt men diverse tests af, dan worden de scores op deze tests wel gecombineerd tot een enkele predictorvariabele.

9.2.1 HET GEBRUIK VAN EEN ENKELE TEST

De eerste vraag bij het afwijzingsmodel is hoe hoog de correlatie met een criterium ten minste moet zijn, wil de test in het selectieproces een zinvolle functie hebben. Daarbij stellen we om te beginnen vast dat de effectiviteit van de selectie in ieder geval afhangt van meer factoren dan van de validiteit van de test alleen. Reeds eerder is opgemerkt dat in sommige omstandigheden een lagere correlatie toch nuttig kan zijn, terwijl in andere omstandigheden zelfs een hoge correlatie weinig waarde heeft.

We illustreren deze gedachtegang met behulp van figuur 9.3, waarin voor 100 proefpersonen de relatie tussen een testscore (X) en een criteriumscore (Y) is weergegeven. Dergelijke resultaten komen – in het ideale geval – uit empirisch onderzoek naar de relatie tussen test- en criteriumprestaties binnen een groep die is getest en vervolgens in haar geheel is aangenomen, zodat later criteriumgegevens verzameld kunnen worden en de verdeling kan worden bestudeerd. Deze verdeling vormt de basis voor nieuwe beslissingen als alleen de testprestatie bekend is (zie ook hoofdstuk 8). De zwarte verticale lijn (tussen X = 5 en X = 6) geeft de kritische testscore of de aftestgrens aan: daarboven wordt men aangenomen, daar beneden afgewezen. De zwarte horizontale lijn (tussen Y = 50 en Y = 60) geeft de kritische criteriumscore aan. De scores daarboven worden als voldoende, en daar beneden als onvoldoende beoordeeld.

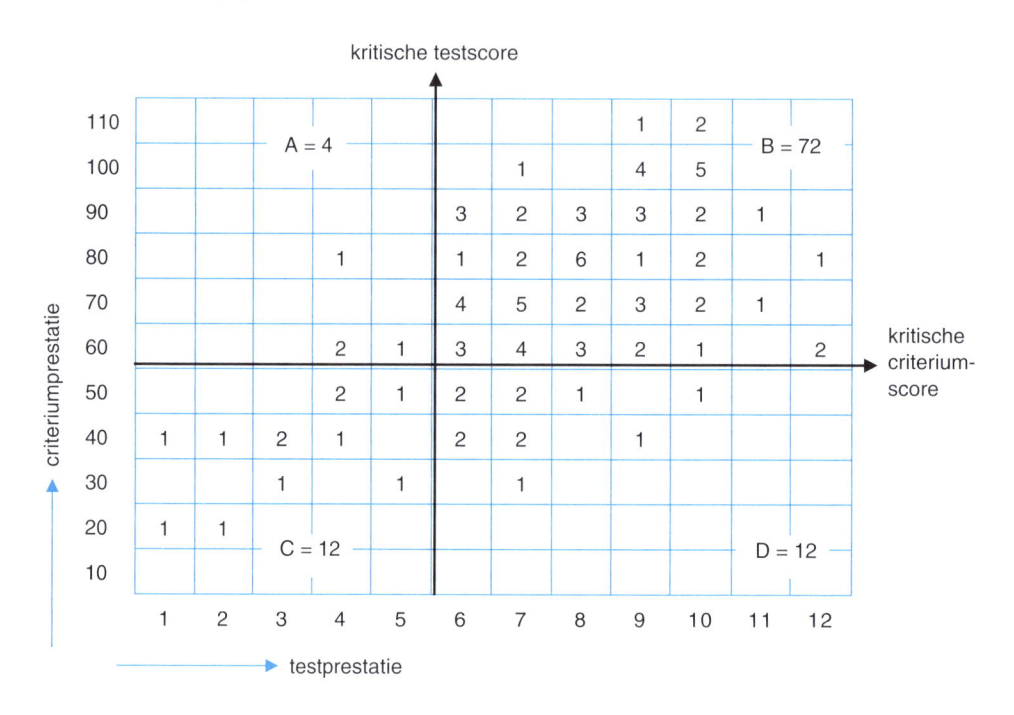

Figuur 9.3 *Resultaten van selectie bij gegeven kritische test- en criteriumscores en gegeven validiteit voor een groep van 100 personen.*

In figuur 9.3 staan in de cellen de aantallen personen met een specifieke combinatie van scores op X en Y; men ziet, bijvoorbeeld, dat twee personen zowel scores X = 8 als Y = 70 hebben. Met behulp van de horizontale en verticale zwarte lijnen worden vier categorieën individuen onderscheiden. De aantallen in deze categorieën zijn: A (= 4), dit zijn de personen die ten onrechte zijn afgewezen; B (= 72), de personen die terecht zijn aangenomen; C (= 12), de personen die terecht zijn afgewezen; en D (= 12), de personen die ten onrechte zijn aangenomen. De categorieën C en B zijn de treffers en de categorieën A en D de missers. Aangezien A en B na selectie beide geschikt (ook wel genoemd positief) bleken te zijn, kan men individuen in B positieve treffers, en in A positieve missers noemen. Analoog kunnen personen in categorie C negatieve treffers en in D negatieve missers genoemd worden.

In de Engelstalige literatuur wordt categorie A aangeduid met 'false positives', een wat verwarrende term uit de medische diagnostiek. Men gaat er daarbij van uit dat een lage testscore erop wijst dat de onderzochte 'positief' is (dus, het ziektebeeld vertoont, de hersenbeschadiging heeft). In het geval A is dat dan een foute 'positieve' melding, want onderzochte is niet ziek, vertoont de stoornis niet, enzovoort. In hetzelfde spraakgebruik is de Engelse term voor D 'misses'; de test heeft gefaald het ziektebeeld aan het licht te brengen.

De selectieratio (Taylor & Russell, 1939) is het percentage kandidaten dat wordt aangenomen. Gegeven de notatie van figuur 9.3 luidt de formule:

$$selectieratio = \frac{B + D}{A + B + C + D}.$$

Op basis van figuur 9.3 levert invullen een selectieratio gelijk aan 0.84. De 'antecedent probability' of 'base rate', ook wel de toevalskans genoemd (Wiegersma, 1963), is het percentage geschikte kandidaten wanneer men niet zou selecteren maar volgens toeval (of allen) zou aannemen. De formule is:

$$toevalskans = \frac{A + B}{A + B + C + D}.$$

In figuur 9.3 is de toevalskans gelijk aan 0.76. De succesratio is het percentage succesvolle kandidaten binnen de aangenomen groep:

$$succesratio = \frac{B}{B + D}.$$

In figuur 9.3 is de succesratio gelijk aan 0.86.

Uit de figuur kunnen we dus afleiden dat de toevalskans gelijk is aan 0.76. Dit betekent dat indien kandidaten aselect zouden worden toegelaten, naar verwachting 76% van de kandidaten in de aangenomen groep succesvol is. Na invoering van de selectieprocedure ligt dit percentage echter hoger, wat blijkt uit de succesratio van 0.86. Ten opzichte van aselect kiezen van kandidaten is dit dus een duidelijke verbetering.

Een belangrijke vraag is waarvan de succesratio, die een indicatie is van de effectiviteit van de selectie, afhankelijk is. We gebruiken figuur 9.4 om het antwoord te geven.

1 De succesratio is afhankelijk van de correlatie van de test met het criterium, dus, de validiteit van de test. Hoe hoger de correlatie, hoe voller de kwadranten B en C zullen zijn en hoe leger A en D. Dit heeft tot gevolg dat de succesratio B/(B + D) ook steeds groter wordt (zie figuur 9.4.1).
2 De succesratio wordt beïnvloed door de toevalskans. Indien de som A + B in verhouding tot het totaal groter zou worden, dan zou dit ook het geval zijn met de verhouding van B en (B + D). De toevalskans is enerzijds afhankelijk van de kwaliteit van het aanbod – bij grotere kwaliteit zou de hele puntenwolk naar rechtsboven verschuiven; zie figuur 9.4.2 – anderzijds van de strengheid van de beoordeling van de criteriumprestaties, dus de plaats van de horizontale lijn (zie figuur 9.4.3).
3 De succesratio wordt beïnvloed door de selectieratio. Hoe meer personen worden afgewezen (hoe meer de verticale lijn naar rechts wordt verplaatst), hoe groter de breuk B/(B + D) wordt (zie figuur 9.4.4).

Voor de praktijk van het beslissen en ook voor de evaluatie van de bijdrage van de test aan de uiteindelijke waarde van de beslissing hebben de genoemde relaties enkele belangrijke repercussies.
1 Een klacht dat zelfs bij een psychologische selectie toch nog ongeschikte kandidaten worden aangenomen, hoeft niet aan de test te wijten te zijn. Het kan evenzeer liggen aan de kwaliteit van het aanbod, tot uiting komend in een lage toevalskans, of aan de geringe kwantiteit van het aanbod, waardoor slechts zeer weinigen mogen worden afgewezen. Een dergelijke situatie doet zich vooral voor als de arbeidsmarkt overspannen is of bij een geringe belangstelling voor bepaalde vormen van onderwijs of opleidingen.
2 In het beslissingsproces spelen ook oordelen en waardebepalingen een rol, waarvoor noch de test noch de testpsycholoog zelf verantwoordelijk is. De hier bedoelde waarde- of utiliteitsbepalingen behoren tot het beleid van de opdrachtgever, zoals een manager of een schoolleiding. Hierbij is de horizontale lijn in figuur 9.4 in het geding, die bepaalt wat voldoende en wat onvoldoende is.
Ook speelt een rol in het beslissingsproces hoeveel kandidaten moeten worden aangenomen, gegeven het niveau van het aanbod en het in feite benodigde aantal. Evenens speelt mee naar welke succesratio men streeft, of hoeveel risico men wil lopen om een ongeschikte persoon aan te nemen, dit ook gezien tegen de achtergrond van de ernst van onvervulde vacatures. Dit is eveneens een zaak die tot de verantwoordelijkheid van de opdrachtgever behoort,

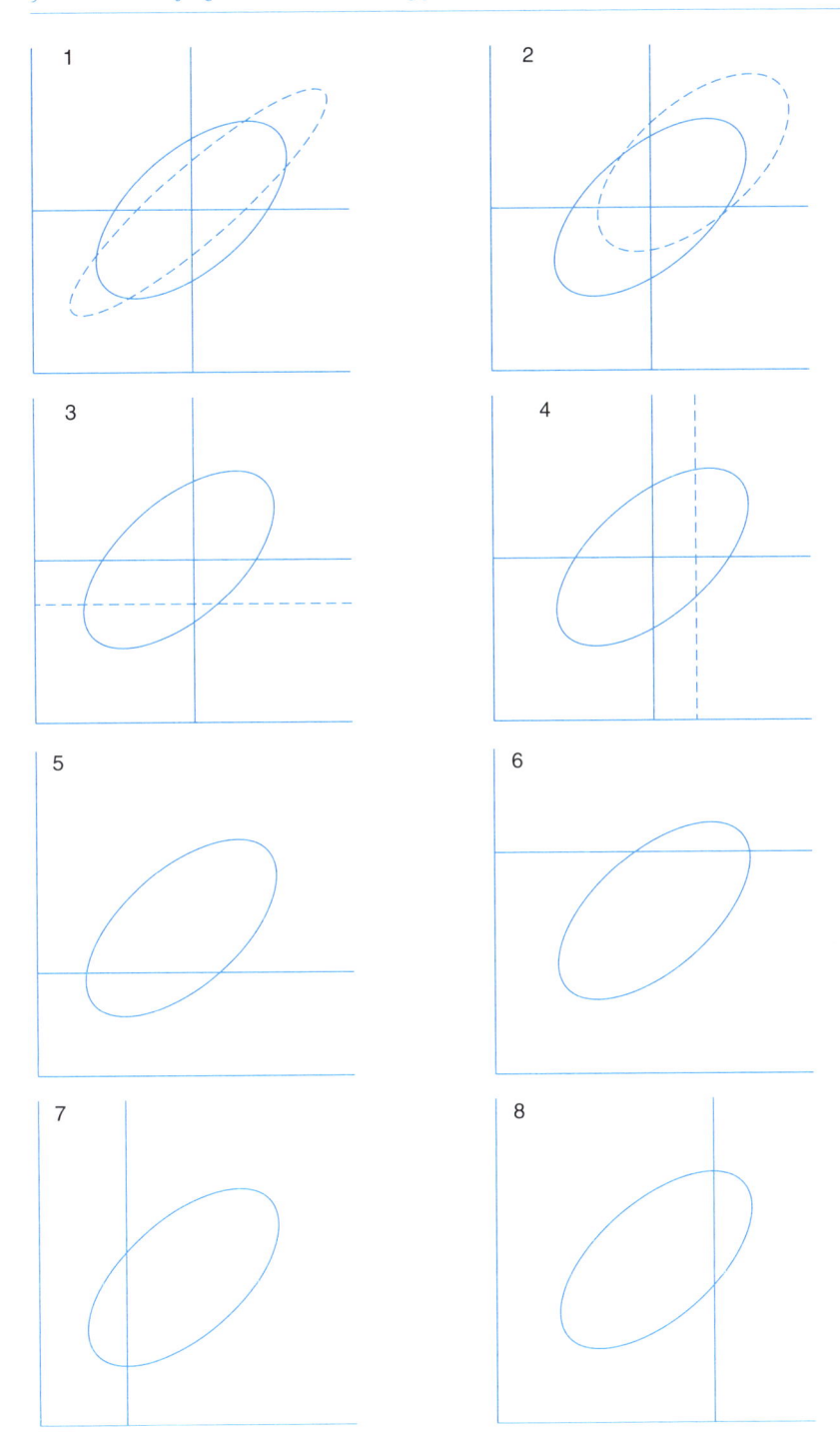

Figuur 9.4 Relatie toevalskans, validiteit en selectieratio bij verschillende waarden voor deze drie grootheden.

al kan de psycholoog wel een helpende hand bieden door voor te lichten over de aard en de ernst van de risico's.

Verder dient bij iedere beslissing het belang van de verhouding van twee categorieën tegen elkaar te worden afgewogen. Door de selectieratio te variëren, varieert men tevens de verhouding tussen de groep van positieve en negatieve missers; hoe minder positieve, hoe meer negatieve missers, en omgekeerd. Ook hierbij gaat het om een waardeoordeel met betrekking tot de wenselijkheid van de diverse beslissingsuitkomsten dat buiten de competentiesfeer van het psychologisch testonderzoek ligt. Wij komen hierop nog terug.

3 Een gegeven validiteit heeft niet steeds dezelfde waarde voor de beslissing. In het geval dat de toevalskans $(A + B)/(A + B + C + D)$ dicht bij 1 ligt (figuur 9.4.5), heeft het vrijwel geen zin om te testen, zelfs niet met een zeer valide test, omdat de succesratio toch weinig kan worden verhoogd en selectie met de test bovendien zal leiden tot het afwijzen van een relatief groot aantal geschikte kandidaten (kwadrant A). Omgekeerd geldt dat wanneer de aanmeldingsgroep maar relatief weinig geschikte kandidaten bevat (figuur 9.4.6), een test met een betrekkelijk lage validiteit toch reeds een grote bijdrage kan leveren door veel ongeschikte kandidaten af te wijzen ten koste van slechts een gering aantal ten onrechte afgewezen kandidaten.

4 Bij een zeer hoge waarde van de selectieratio, waarbij weinig kandidaten kunnen worden afgekeurd (figuur 9.4.7), is bij constant blijven van de toevalskans een veel hogere validiteit nodig om een bepaald effect te sorteren dan wanneer een strenge selectie mogelijk is en slechts een klein percentage hoeft te worden aangenomen (zie figuur 9.4.8).

Om de succesratio te kunnen bepalen bij een gegeven toevalskans, validiteit en selectieratio, en eveneens om een van deze laatste drie factoren te kunnen bepalen bij het bekend zijn van beide andere factoren en de gewenste succesratio, kunnen de tabellen van Taylor en Russell (1939) worden gebruikt. Tabel 9.1 geeft de succesratio's bij een toevalskans van 0.60. Verticaal is de validiteit en horizontaal de selectieratio uitgezet. Men ziet dat bij een gegeven vaste toevalskans van 0.60 en een selectieratio van 0.10, een validiteit van 0.15 reeds een succesratio van 0.70 oplevert, terwijl een dergelijke succesratio bij een selectieratio van 0.80 pas door een validiteit van 0.65 wordt bereikt.

5 Een apart probleem vormt de relatie tussen positieve en negatieve missers. We hebben gezien dat door een verschuiving van de aftestgrens naar rechts de succesratio hoger wordt, doordat het aantal negatieve missers (D) vermindert. Door een dergelijke manipu-

Tabel 9.1 Succesratio bij het gebruik van een test bij gegeven validiteit en selectieratio, bij een toevalskans van 0.60. Naar Taylor & Russell, 1939, p. 576, met toestemming van de APA.

validi-teit	selectieratio										
	.05	.10	.20	.30	.40	.50	.60	.70	.80	.90	.95
.00	.60	.60	.60	.60	.60	.60	.60	.60	.60	.60	.60
.05	.64	.63	.63	.62	.62	.62	.61	.61	.61	.60	.60
.10	.68	.67	.65	.64	.64	.63	.63	.62	.61	.61	.60
.15	.71	.70	.68	.67	.66	.65	.64	.63	.62	.61	.61
.20	.75	.73	.71	.69	.67	.66	.65	.64	.63	.62	.61
.25	.78	.76	.73	.71	.69	.68	.66	.65	.63	.62	.61
.30	.82	.79	.76	.73	.71	.69	.68	.66	.64	.62	.61
.35	.85	.82	.78	.75	.73	.71	.69	.67	.65	.63	.62
.40	.88	.85	.81	.78	.75	.73	.70	.68	.66	.63	.62
.45	.90	.87	.83	.80	.77	.74	.72	.69	.66	.64	.62
.50	.93	.90	.86	.82	.79	.76	.73	.70	.67	.64	.62
.55	.95	.92	.88	.84	.81	.78	.75	.71	.68	.64	.62
.60	.96	.94	.90	.87	.83	.80	.76	.73	.69	.65	.63
.65	.98	.96	.92	.89	.85	.82	.78	.74	.70	.65	.63
.70	.99	.97	.94	.91	.87	.84	.80	.75	.71	.66	.63
.75	.99	.99	.96	.93	.90	.86	.81	.77	.71	.66	.63
.80	1.00	.99	.98	.95	.92	.88	.83	.78	.72	.66	.63
.85	1.00	1.00	.99	.97	.95	.91	.86	.80	.73	.66	.63
.90	1.00	1.00	1.00	.99	.97	.94	.88	.82	.74	.67	.63
.95	1.00	1.00	1.00	1.00	.99	.97	.92	.84	.75	.67	.63
1.00	1.00	1.00	1.00	1.00	1.00	1.00	1.00	.86	.75	.67	.63

latie wordt echter in de regel tevens het aantal positieve missers (A) groter. Een strengere selectie heeft dus tot gevolg dat steeds méér kandidaten worden afgewezen die niettemin geschikt zouden zijn gebleken. Het is een kwestie van beleid waar men die aftestgrens legt. Dit zal mede afhangen van de ernst of de utiliteit van het verhogen van het aantal negatieve of positieve missers. De volgende overwegingen zijn van belang:

- Afgezien van het vraag- en aanbodprobleem zijn er situaties waarin een negatieve misser ernstige gevolgen heeft. Gedacht kan worden aan het toelaten van een ongeschikte kandidaat tot een zeer dure opleiding, bijvoorbeeld tot piloot. In een dergelijke situatie zal men liever wat meer positieve missers op de koop toe nemen.
- In andere situaties dient de groep positieve missers zo klein mogelijk gehouden te worden, bijvoorbeeld wanneer het gaat om een moeilijk vast te stellen en niet zo vaak voorkomende, maar zeer belangrijke eigenschap, zoals wetenschappelijke creativiteit in een researchfunctie. In een dergelijke situatie zal men graag

enkele minder creatieve kandidaten meer aanstellen om de kans op het selecteren van die ene briljante onderzoeker zo groot mogelijk te houden (zoiets blijkt uiteraard pas achteraf, en is geen doelbewust beleid).
- Men kan zich ook een situatie voorstellen waarin zowel de groep positieve als de groep negatieve missers zo klein mogelijk wordt gehouden, omdat beide fouten ernstig zijn. Een voorbeeld is de overgang van de vijfde naar de zesde klas vwo. Enerzijds moet men verhinderen dat kandidaten met een kleine kans op het behalen van het eindexamen tot de zesde klas worden toegelaten, anderzijds zal men moeten vermijden kandidaten met toch een behoorlijk grote kans om het einddiploma te halen te laten doubleren. In het soort gevallen waarin beide fouten zo veel mogelijk moeten worden vermeden, kan men in de puntenwolk bij een bepaalde positie van de horizontale lijn de verticale lijn zodanig kiezen dat de som (A + D) zo klein mogelijk is.

Het verschuiven van de aftestgrens op de predictorvariabele brengt dus een vermindering van het aantal missers van het ene type teweeg, terwijl tegelijk het aantal missers van het andere type wordt vergroot. Het vaststellen van een optimale kritische testscore of aftestgrens is lastig, ook als de utiliteit van de diverse beslissings-uitkomsten bekend is. Veel onderzoek is gericht op het vinden van de optimale aftestgrens als functie van de totale opbrengst of utiliteit van de selectieprocedure (zie bijv. De Gruijter, 1982; Van der Linden, 1980; Van der Linden & Mellenbergh, 1977).

Gesteld kan worden dat een aftestgrens optimaal is als de daarbij behorende opbrengst of utiliteit van de selectieprocedure maximaal is of, omgekeerd, als het verlies van de procedure minimaal is. Deze totale utiliteit is doorgaans afhankelijk van de utiliteiten van de afzonderlijke selectie-uitkomsten en van de kansen binnen een bepaalde populatie op de afzonderlijke selectie-uitkomsten (zie ook Roe, 1983, pp. 239-264). Door deze utiliteiten uit te drukken in wiskundige functies van de criteriumvariabele (zie bijv. Van der Linden, 1980) en tevens een verdeling te kiezen voor de kansen op de diverse uitkomsten, ontstaat een wiskundig probleem waaruit de optimale aftestgrens is te berekenen. Vanwege de complexiteit van deze problematiek gaan we verder niet in op de details en volstaan we met het noemen van enkele belangrijke referenties: Van der Linden en Mellenbergh (1977), Mellenbergh en Van der Linden (1979), Van der Linden (1980 ,1984, 1985), Vijn en Molenaar (1981), Vrijhof, Mellenbergh en Van den Brink (1983), en De Gruijter en Hambleton (1984).

6 Tot slot noemen we het probleem van selectie bij een zeer lage toevalskans, zoals vaak het geval is in de klinische psychologie. Daar is de kans dat een bepaalde psychopathologische abnormaliteit voorkomt relatief gering. Zoals we al zagen, heeft een lage toevalskans gevolgen voor de bijdrage van de test in het beslissingsproces. Meehl en Rosen (1955) toonden aan dat, in geval van een lage 'base rate', het gebruik van tests met een matige validiteit het aantal foutieve beslissingen zelfs kan vergroten. Zij stellen dat men zich bij het in gebruik nemen van een test in een beslissingssituatie, eerst de vraag moet stellen of de onderzoeksresultaten op basis waarvan de test is gekozen, betrekking hebben op dezelfde 'base rate' als die in de concrete beslissingssituatie van toepassing is. Als dit niet zo is, dan is de vraag of bij deze veranderde 'base rate' de beslissingsstrategie wel effectiever wordt door invoering van de test.

Een beslissingssituatie met een lage toevalskans komt ook buiten de klinische psychologie vaak voor. Mogen studenten worden afgewezen voor het mastersexamen op basis van magere stageresultaten? Het absolute aantal brokkenmakende afgestudeerde psychologen, ingenieurs, artsen, is zo gering, en de toevalskans derhalve zo laag, dat zelfs bij een veel meer valide voorspeller dan stageresultaten er toch altijd te veel ten onrechte afgewezen kandidaten zouden blijven. Ook is wel getracht door middel van psychologisch onderzoek de potentiële ongelukkenmakers ('accident prone' individuen) te identificeren, en deze dan eventueel uit het bedrijf of uit een functie of uit het verkeer te weren. Ook hier is sprake van een zeer lage toevalskans. Het aantal ongelukken zelf is meestal relatief zo gering dat men zelfs bij valide tests toch altijd, bij welke selectieratio dan ook, absoluut gezien veel meer mensen zou weren die nooit een ongeluk zouden veroorzaken dan mensen die dit wel zouden doen.

De gedachtegang van Taylor en Russell heeft een belangrijke verbreding gegeven aan de evaluatie van de waarde van de test in selectiebeslissingen. Het is duidelijk dat de absolute waarde van de validiteit van een test op zich weinig betekenis heeft. Ook met andere factoren, zoals toevalskans en selectieratio, moet rekening worden gehouden.

Ten slotte brengen we de utiliteit van een testprocedure in verband met de eerder genoemde begrippen. Van welke factoren is de nuttigheid of de utiliteit van een testprocedure bij een gegeven toevalskans afhankelijk? We gaan voor het gemak uit van een situatie waarin een hogere criteriumscore wordt gewaardeerd met een hogere utiliteit. Een speciaal geval is dat er ten aanzien van de utiliteit maar twee criteriumintervallen van belang zijn, beneden en boven de kritische criteriumscore. Daarmee corresponderen dan twee utiliteitswaarden. We vervangen nu de criteriumscores, Y, door de corresponderende utiliteitsscores, U, en berekenen de correlatie tussen de predictor X en de utiliteit U: r_{XU}. Wanneer de relatie tussen Y en U positief lineair is, dan geldt dat $r_{XU} = r_{XY}$. Cronbach en Gleser (1965, p. 37) drukken de netto-utiliteit per onderzochte als volgt in een formule uit:

$$\Delta U = S_U r_{XU} \xi(X') - C, \quad [9.1]$$

waarin:

ΔU = netto utiliteitswinst per onderzochte;
S_U = standaarddeviatie van de utiliteit in de ongeselecteerde populatie;
r_{XU} = correlatie tussen predictor en utiliteit in de ongeselecteerde populatie;
$\xi(X')$ = ordinaat (waarde op verticale as, dus een kans) van de normaalverdeling van X bij aftestgrens X' (bij gegeven selectieratio);
C = gemiddelde kosten van de procedure per onderzochte.

De exacte vooronderstellingen waarop deze formule is gebaseerd, worden besproken in Cronbach en Gleser (1965, appendix I).

Formule [9.1] is gebaseerd op de lineaire regressie van de utiliteit, U, op de predictor, X, waarbij de helling van de regressielijn wordt bepaald door de coëfficiënt $S_U r_{XU}$. We gaan nu na hoe de netto-utiliteit wordt beïnvloed door de vier factoren rechts van het gelijkheidsteken in formule [9.1].

1 De standaarddeviatie in de utiliteitsscores, S_U (en vanwege de positieve lineaire relatie, de spreiding van de criteriumscores), heeft betrekking op de vraag of een betere of slechtere prestatie veel of weinig uitmaakt voor de organisatie of het instituut. Indien een geringe toename in de criteriumprestatie voor de organisatie toch van grote waarde is, zal de nuttigheid van het testonderzoek eveneens groot zijn. In een dergelijke situatie kan men ook met een minder valide test nog een behoorlijke utiliteitstoename bereiken.

2 De correlatie tussen test en utiliteit, r_{XU}, en tussen test en criterium is volgens formule [9.1] lineair gerelateerd aan het nuttige effect van de test. In de tabellen van Taylor en Russell vindt men overigens deze lineaire toename niet terug. De reden hiervan is dat zij uitgaan

van het vaak niet reële geval dat iedereen die aan de minimumeisen voldoet voor de organisatie van evenveel waarde is. Meestal zal er echter ook bij hen die een prestatie boven de kritische criteriumscore leveren nog een toename in nuttigheid voor de organisatie zijn bij een verder toenemende criteriumprestatie. Brogden (1949) liet zien dat de bijdrage van de test aan de utiliteit recht evenredig is met zijn validiteit. Dit betekent dus dat een test met een correlatie van 0.60 tweemaal zoveel nuttig effect heeft als een test met een correlatie van 0.30, mits de overige omstandigheden gelijk blijven. Cronbach en Gleser (1965, hfst. 4) behandelen tevens situaties waarin de relatie tussen nuttig effect en validiteit niet-lineair is.

3 De selectieratio is van invloed op de utiliteit. Bij een gegeven aantal kandidaten is de nuttigheid van het testonderzoek per persoon maximaal, indien de ordinaat – de 'hoogte' – onder de normaalcurve maximaal is. Dit is het geval bij een selectieratio van 0.50. Bij extreme waarden van de selectieratio, waarbij men zeer velen moet afwijzen of bijna iedereen moet aannemen, kan de utiliteit negatief worden, omdat het nuttige effect van het testen niet opweegt tegen het totaal aan testkosten.

4 Bij een gegeven spreiding in criteriumscores, een gegeven validiteit en een gegeven selectieratio, kan men uit formule [9.1] berekenen of de kosten van het testprogramma opwegen tegen het uiteindelijke rendement van de selectieprocedure.

9.2.2   HET GELIJKTIJDIG GEBRUIK VAN DIVERSE TESTS

Zelden volstaat één enkele test om een criterium met voldoende zekerheid te voorspellen. Vooral als het criterium heterogeen van aard is, wat vaak het geval is, is een goede voorspelling vrijwel nooit met een enkele test te realiseren. Meestal zal een zo hoog mogelijke validiteit bereikt worden door een verzameling van tests, die tezamen een testbatterij vormen. Zoals we eerder zagen, bestaat de best voorspellende testbatterij voor een heterogeen criterium uit een serie tests die alle zo hoog mogelijk correleren met de criteriumprestatie, maar onderling een zo laag mogelijke correlatie vertonen. Hoog correlerende tests zouden elkaar inhoudelijk overlappen en derhalve geen onafhankelijke bijdrage leveren die de validiteit zou kunnen doen stijgen. In het extreme geval, wanneer de tests alle maximaal samenhangen, zou men met een enkele test kunnen volstaan (zie ook hoofdstuk 8).

Op welke wijze moeten nu de gegevens van de afzonderlijke tests worden gecombineerd om zo goed mogelijke selectieresultaten te realiseren?

Zowel bij een gefixeerde selectieratio (dus: het percentage te selecteren kandidaten ligt vast) als bij een gefixeerde succesratio (dus: aangenomen kandidaten moeten minstens een kans P op succes hebben) kunnen de gewenste beslissingen op twee manieren worden bereikt. Ten eerste kan dit via een statistisch proces van wegen van testscores en eventueel berekenen van succeskansen, en ten tweede via een intuïtief, niet-statistisch proces van weging en voorspelling. Bij deze intuïtieve weging gaat het bovendien vaak om een van situatie tot situatie fluctuerende combinatie van gegevens; het proces is minder geformaliseerd, men volgt minder een vaste strategie dan bij de statistische procedure. Het gaat hier om de controverse tussen actuarische en intuïtieve voorspelling (Meehl, 1954). Een evaluatie van het vele onderzoek op dit terrein bevestigt de oorspronkelijke conclusie van Meehl dat de statistische methode superieur is aan de intuïtieve methode (Van Dam, 1996). Dit betekent dat voor de rangschikking van een groep personen naar geschiktheid of voor de bepaling van iemands kans op succes een statistische combinatie van testgegevens nauwkeuriger is dan een intuïtief weegproces. De actuarische verwerking leidt tot betere resultaten, dus tot minder foute beslissingen.

Dit resultaat is als volgt te begrijpen. In een intuïtieve combinatie van objectieve gegevens, zoals verzameld via testonderzoek, ter voorspelling van een eveneens objectief vastgesteld criterium, spelen allerlei vooroordelen, stereotypen en ongeverifieerde veronderstellingen een rol naast ervaring en kennis van de vakliteratuur. Men bepaalt vaak 'op het gevoel' de diverse weegfactoren, waarbij dit bovendien vaak inconsequent geschiedt. Op deze wijze worden sommige testscores te zwaar gewogen, andere te licht, en ontstaan van moment tot moment en van geval tot geval fluctuaties en tegenstrijdigheden. Men zou kunnen zeggen dat het maximale resultaat dat via dit intuïtieve proces te bereiken is, wordt gevormd door die keuze en gewichtstoekenning waartoe men via het zorgvuldige statistische afweegproces zou concluderen. Bij een open vraag, bij een niet-voorspellende, maar descriptieve vraagstelling en bij niet-objectieve variabelen ligt het probleem genuanceerder. Een uitputtende behandeling van deze gevallen valt buiten het bestek van dit boek. Een uitvoerige bespreking van de statistische en de klinisch-intuïtieve manier van voorspellen treft men bijvoorbeeld aan bij Wiggins (1973), Roe (1983) en Guion (1998). In paragraaf 9.5 komen we op een deel van deze problematiek terug.

Niet in alle gevallen is de gewogen samenstelling van testscores de meest aangewezen methode voor het bepalen van de geschiktheid.

Sommige omstandigheden vereisen de procedure van de veelvoudige minimumscore ('multiple cut-off procedure'). Hierbij wordt voor iedere test afzonderlijk een kritische score vastgesteld, beneden welke geen kandidaten mogen worden aangenomen. Iedere kandidaat die testscores heeft hoger dan of gelijk aan de minimumtestscores wordt aangenomen.

Deze eenvoudige methode gaat ervan uit dat aan alle testprestaties een minimumeis moet worden gesteld, zonder de mogelijkheid van compensatie. De testcombinatie volgens de procedure van de veelvoudige minimumscore heet conjunctief, en die volgens de gewogen samenstelling compensatorisch. Ook is een combinatie van beide methoden denkbaar. Dan is binnen vastgestelde minimumgrenzen de relatie compensatorisch. Figuur 9.5 geeft een weergave van deze drie situaties in het eenvoudige geval van twee tests met scores, X_1 en X_2. In situatie 9.5a worden kandidaten met lage scores op twee tests (rechts onder en links boven) afgewezen die in situatie 9.5b zouden zijn aangenomen doordat ze op de andere test hoog scoren. Omgekeerd zijn er kandidaten (in de driehoek) die, hoewel zij aan de minimumeisen zowel ten aanzien van X_1 als X_2 voldoen, toch een zo geringe totaalprestatie leveren dat ze bij de gewogen samenstelling niet worden aangenomen. Situatie 9.5c geeft een combinatie van de twee andere modellen.

De mogelijkheid van compensatie is in veel gevallen realistisch. Bovendien is er het voordeel dat extra informatie wordt verkregen in aanvulling op aannemen of afwijzen, doordat de gewogen totaalscore ook de mogelijkheid biedt tot verdere differentiatie binnen de groep geselecteerden. Soms is de methode van de veelvoudige minimumscore echter beter op zijn plaats, bijvoorbeeld wanneer het inderdaad gaat om 'alles of niets'-eisen. Gedacht kan worden aan motorische kwaliteiten bij sommige sportprestaties, aan gezichtsscherpte bij piloten of aan de kennis van statistiek voor het met succes volgen van colleges testtheorie.

9.2.3 SELECTIE IN EEN OF MEER FASEN

Tot dusver hebben we de selectieprocedure behandeld waarbij alle kandidaten aan hetzelfde testonderzoek worden onderworpen, waarna op basis daarvan wordt beslist over aannemen of afwijzen. Soms is het efficiënter om niet eenmaal, maar trapsgewijs, in verschillende fasen, te testen. In feite gebeurt dit vrijwel altijd wanneer geselecteerd moet worden uit een groot aantal sollicitanten. Op basis van overwegingen zoals vooropleiding, biografische gegevens, leeftijd, referenties of (soms zelfs formele) aspecten van de sollicitatiebrief, wordt uit

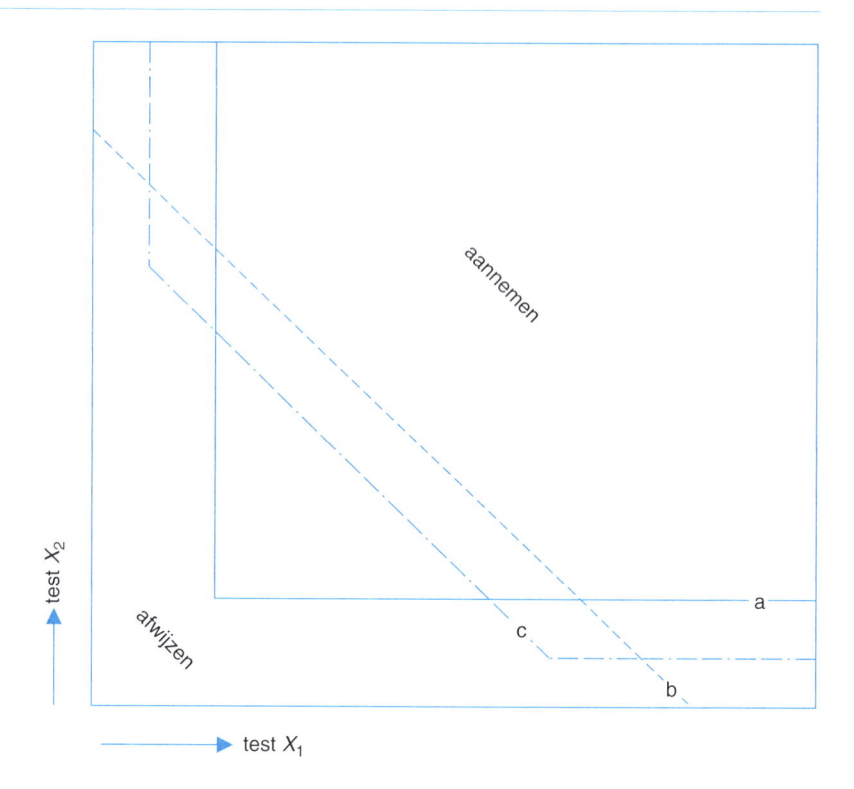

Figuur 9.5 *Conjunctieve (a) en compensatorische (b) relatie van testscores, en een combinatie van beide (c).*

deze groep sollicitanten een kleiner aantal gekozen voor verder onderzoek.

De basis waarop deze voorselectie plaatsvindt dient valide te zijn met betrekking tot de criteriumprestatie. Niet van alle methoden die in voorselecties worden gebruikt is deze validiteit aangetoond (bijv. sollicitatiebrieven) en soms is zij discutabel (bijv. referenties) of zonder meer verwerpelijk (bijv. grafologie). De eis van validiteit klemt te meer wanneer men zich niet kan veroorloven belangrijke kanshebbers in de voorselectie te 'verspelen'. Anders ligt het wanneer we te maken hebben met op beleid gebaseerde minimumscores, zoals het geval waarin mensen ouder dan een bepaalde leeftijd of kandidaten zonder diploma niet in aanmerking komen.

Vaak kan een voorselectie worden gerealiseerd door middel van een korte testprocedure. De gebruikte test kan ook nuttig zijn als hij minder betrouwbaar en valide is dan de procedure die in een definitief selectieonderzoek wordt gebruikt. Voldoende is immers dat de toevalskans in de groep die voor een langdurig en kostbaar onderzoek in aanmerking komt, door de voorselectie toeneemt. Dan heeft, vooral bij een groot aanbod, reeds een matig valide test een nuttig effect.

De sequentiële beslissingsmodellen kunnen ook gecompliceerder zijn, zoals met het volgende voorbeeld wordt geïllustreerd. Voor toelating tot een bedrijf wordt een groot aantal kandidaten onderzocht. Bij een eerste snelle 'screening' wordt een aantal geïdentificeerd dat zonder bezwaar kan worden aangenomen en een aantal dat niet in aanmerking komt. De overigen worden onderworpen aan een eerste voortgezet onderzoek, waarbij dezelfde indeling in 'aangenomen', 'afgewezen' en 'voortgezet onderzoek' mogelijk is. Een tweede voortgezet onderzoek richt zich dan op de overgebleven groep. Dit proces kan zich nog enkele malen herhalen totdat iedereen met voldoende zekerheid is ingedeeld. Het voordeel van deze procedure is tijdwinst. Reeds na een kort onderzoek is voor sommige kandidaten de kans op succes al zo voorspelbaar, dat meer onderzoek weinig extra zekerheid oplevert. Voor anderen geldt dit niet. Voor hen is voortgezet onderzoek dan ook nuttig. Wat betreft de intentie heeft deze trapsgewijze procedure wel iets van adaptief testen (hoofdstukken 5 en 7).
Trapsgewijze selectie is in de meeste gevallen superieur aan eenmalige selectie, aangezien meestal veel tijd en geld bespaard kunnen worden zonder dat er meer foutieve beslissingen vallen. Cronbach en Gleser (1965) lieten voorts zien dat bij trapsgewijze selectie verschillende strategieën mogelijk zijn, waarbij ook het nuttige effect, afhankelijk van de situatie waarin de selectie plaatsvindt, kan variëren.

Vooral als het onderzoek vele personen betreft en ook in die gevallen waarin het onderzoek kostbaar, moeilijk of vervelend voor de betrokkene is, kan een dergelijke sequentiële beslissingsstrategie een goede oplossing zijn. Een ander toepassingsgebied is de klinische diagnostiek. Als voorbeeld reproduceren we in figuur 9.6 een schematisch overzicht van een door Kleinmuntz (1970) uitgezochte serie van sequentiële beslissingsregels op basis van een klinische test, de MMPI. Deze test bestaat uit 566 vragen en heeft 15 subschalen; men kan op deze subschalen scoren van 0 tot 100, en in het algemeen is een extreme score op een schaal (bijv. kleiner dan 30 of groter dan 70) een negatieve indicatie.
Het programma begint met van iedere schaal vijf items te nemen (basic set) en te berekenen of de score van de respondent boven of beneden een kritische grens valt. Voor de kritische schalen wordt vervolgens systematisch verder geëxploreerd of de respondent inderdaad in de 'abnormale' zone valt door telkens items uit die schaal toe

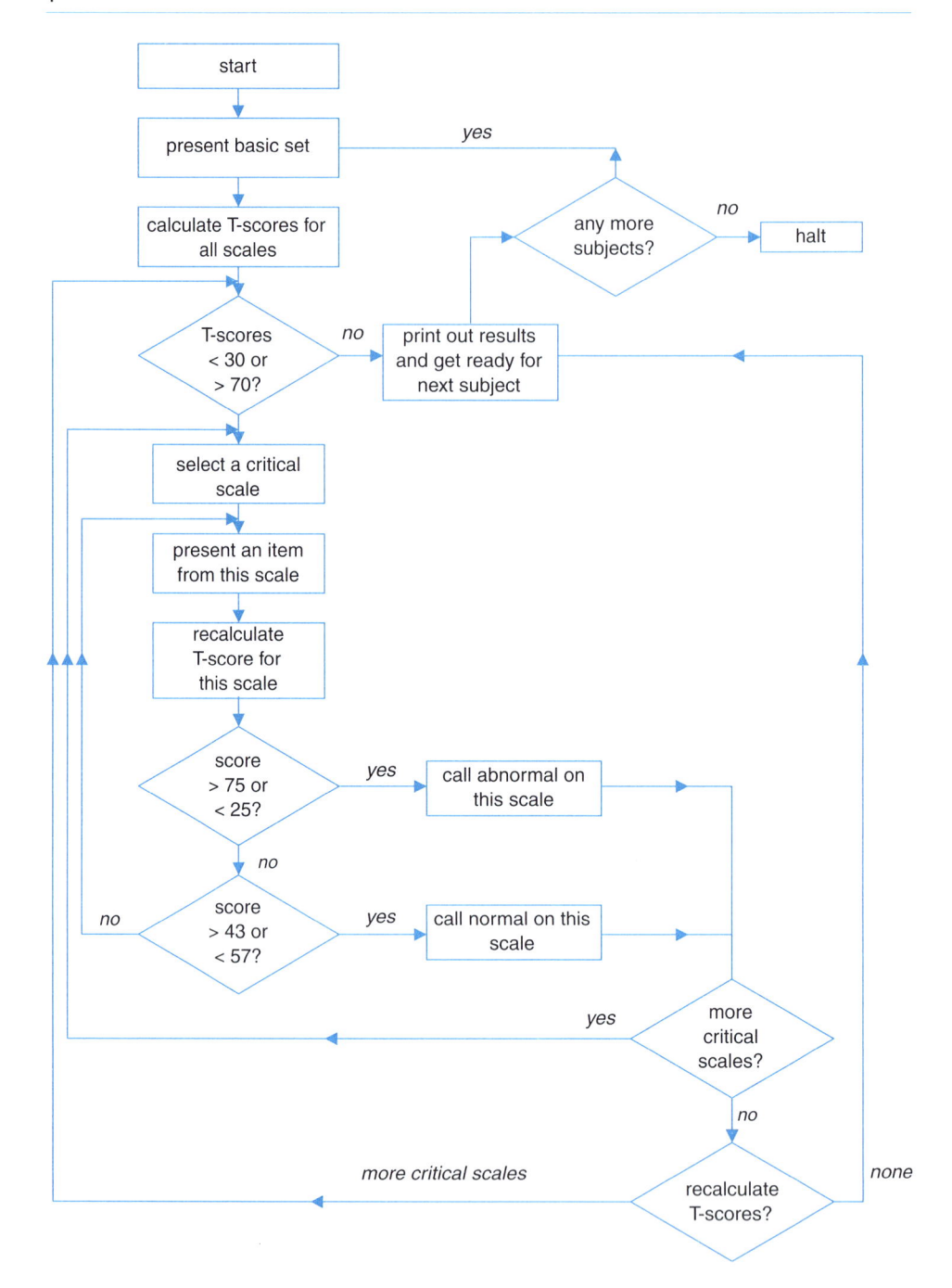

Figuur 9.6 Schematische 'flow chart' van een beslissingsprogramma. Uit Kleinmuntz (1970), met toestemming van Holt, Rinehart & Winston Inc., New York.

te voegen en steeds opnieuw de score op die schaal te berekenen. Dit gebeurt tot voldoende zekerheid is verkregen over de classificatie van de onderzochte.

Het zal duidelijk zijn dat deze procedure een grote besparing aan onderzoekstijd oplevert. Doordat bovendien deze empirisch gefundeerde serie van beslissingsregels op een systematische wijze is uitgewerkt, is de procedure geschikt voor programmering en voor besturing door de computer. De vele en gecompliceerde berekeningen, nodig alvorens een volgende beslissing kan worden genomen, worden dan eveneens door de computer uitgevoerd. Het hele testprogramma, inclusief de sequentiële beslissingen, wordt op deze wijze door de computer automatisch afgewerkt. We verwijzen in dit verband tevens naar de hoofdstukken 5 en 7, waar het gebruik van de computer bij psychologisch testen uitgebreid aan de orde is gesteld.

9.3 Plaatsingsbeslissingen

Wanneer een keuze moet worden gemaakt uit diverse alternatieven, is een ander beslissingsmodel vereist dan dat wat tot dusver is besproken voor selectie, resulterend in aannemen of afwijzen. Zowel in de personeelspsychologie als de klinische psychologie en de schoolpsychologie doen zich dergelijke vragen herhaaldelijk voor, en waarschijnlijk vaker dan pure selectievragen.

Ook hier kan onderscheid worden gemaakt tussen alternatieven die verschillen in niveau en aard. De formele gedachtegang is bij beide vormen van plaatsing goed vergelijkbaar. Het belangrijkste verschil ligt in de aard van de informatie, die in het ene geval univariaat en in het andere geval multivariaat dient te zijn.

9.3.1 PLAATSING EN NIVEAUVERSCHILLEN

Beslissen is een proces waarbij waarden moeten worden toegekend aan zaken die niet kwantitatief te vergelijken zijn. Voorkeur uitspreken voor een ijverige, maar niet geliefde medewerker boven een minder productieve, maar wel populaire medewerker, vereist een beslissing. Hierbij komen waardebepalingen en vergelijkingen tussen op zichzelf niet kwantitatief vergelijkbare grootheden aan de orde. Daarentegen leidt de constatering dat een van twee onderzochte kandidaten een IQ van 110 heeft en de ander een IQ van 130 tot de conclusie dat de tweede kandidaat intelligenter is maar hier gaat het niet om een beslissing. De besliskunde is de leer die zich bezighoudt met het proces van het nemen van beslissingen. De besliskunde veronderstelt de beschikbaarheid van een waardesysteem; dit vraagt een persoonlijke stellingname van de beslisser. Wat de psycholoog in deze beslissingssituatie doet is enerzijds de kansen op het behalen van de verschillende resultaten van beslissingen bepalen en expliciteren, en anderzijds ervoor zorgen dat de beslisser zich rekenschap geeft van de prioriteiten in zijn waardesysteem en de adequate waardering van de uitkomsten. Op basis van deze twee elementen – kansen en waarderingen – wordt dan de meest adequate beslissing of beslissingsstrategie gekozen.

De besliskunde is even relevant voor institutionele als voor individuele beslissingen. Het enige verschil is dat bij institutioneel beslissen de waarde van uitkomsten van beslissingen door de organisatie wordt bepaald en constant is voor vele beslissingen, en dat bij individuele beslissingen de waarde door het individu wordt bepaald en dus over individuen kan variëren.

Nemen we als voorbeeld van een institutioneel beslissingsproces de keuze tussen twee alternatieven: de plaatsing in opleiding A, van hoger niveau, bijvoorbeeld een officiersopleiding, of in opleiding B, van een wat lager niveau, bijvoorbeeld een onderofficiersopleiding. Met behulp van dit voorbeeld zijn de principes van de plaatsingsbeslissingen goed te illustreren.

Ten eerste dient bekend te zijn wat de kans is die de onderzochte heeft om de opleidingen tot respectievelijk officier en onderofficier te volbrengen. Deze kans wordt bepaald door de samenhang tussen test en criterium. Uitgaande van de testscore kan men een schatting maken van de kans die de onderzochte heeft om aan de criteriumeisen te voldoen. Dit kan geschieden met behulp van bijvoorbeeld een regressievergelijking, of met behulp van zogenaamde verwachtingstabellen (zie bijv. Lawshe & Balma, 1966). Het verwachte beslissingsrendement in beide alternatieven hangt dus samen met de kansen op succes, voorspeld door de test of de testbatterij. Ten tweede moet een waardering van het voltooien van een officiersopleiding (A) en een onderofficiersopleiding (B) in rekening worden gebracht, evenals de waarde van een onvoltooide officiers- en onderofficiersopleiding.

Volgens het besliskundige model moeten deze verschillende waarderingen onderling vergelijkbaar worden gemaakt. Dit stuit bij betrokkenen vaak op onwil. Er worden vragen gesteld als 'hoe kun je de waarde van een havo-diploma en een vwo-diploma met elkaar vergelijken?', 'hoe kun je de voordelen en de nadelen van een langdurige psychotherapie naast die van een korte, maar forse medische ingreep plaatsen?' en 'hoe kun je iemand die heel hard werkt vergelijken met iemand die voldoende produceert maar vooral zorgt voor een goede sfeer?' Dit soort vragen houdt vaak verzet in tegen het feit op zich dat er beslissingen moeten vallen. Daar is echter niet aan te ontkomen. Bij het nemen van beslissingen gaat het erom dat dit niet gebeurt op een niet-rationele, impliciete en inconsistente wijze, maar volgens een rationeel, expliciet en analyseerbaar proces, waar verrassingen en inconsequenties zo veel mogelijk uit worden geweerd.

Het toekennen van deze waarderingen aan uitkomsten van plaatsing is een lastig proces, maar alleen met behulp van deze waarderingen en de eerder genoemde kansen kan een goede plaatsingsbeslissing worden genomen. Laat de kans op het halen van opleiding A worden aangegeven met $P(A)$ en de kans op het niet halen ervan met $P(-A)$. Verder geven we de waardering van het halen van opleiding aan met $W(A)$ en de waardering van het niet-halen ervan met $W(-A)$. Soms kunnen dergelijke waarderingen in geld worden uitgedrukt, zoals verdiend of misgelopen salaris of, algemener, winst of verlies. Het verwachte rendement van de plaatsingsbeslissing A, aangegeven met $E(rendement)$ (E van 'expectation'), is nu per individu

$$E(rendement) = P(A) \times W(A) + P(-A) \times W(-A).$$

Stel, we vragen ons nu af of Jan beter kan worden toegelaten tot opleiding A tot officier of tot opleiding B tot onderofficier. Neem nu aan dat de kans op het voltooien van de officiersopleiding voor Jan gelijk is aan 0.7 $[= P(A)]$; de kans op falen is dan 0.3 $[= P(-A)]$. De waarde van een voltooide opleiding is voor de landmacht, zeg, 100.000 euro $[= W(A)]$ en de waarde – eigenlijk, schade – van falen is 50.000 euro [merk op dat $W(-A) = -50.000$]. Dan is het verwachte rendement ingeval Jan wordt toegelaten tot de officiersopleiding, 55.000 euro. Op identieke wijze kan voor de onderofficiersopleiding worden uitgerekend wat de verwachte opbrengst voor de landmacht is als Jan hier wordt toegelaten. Wanneer men verder niet aan restricties of eisen is gebonden, wordt Jan toegelaten tot de opleiding waarvan het verwachte rendement voor de landmacht het hoogst is.

In figuur 9.7 worden enkele relaties getoond tussen het beslissingsrendement en de testprestatie. In figuur 9.7.1 nemen de rendementen voor de opleidingen A en B even snel toe maar heeft opleiding A altijd een hoger rendement dan opleiding B, ongeacht de testprestatie. Er dient dus altijd voor opleiding A gekozen te worden. In figuur 9.7.2 bestaat voor beide opleidingen bij een toenemende testprestatie een identieke toename in rendement en bovendien compenseren de kansen en waarden elkaar zodanig, dat het rendement voor beide keuzemogelijkheden steeds gelijk is. De situaties in de figuren 9.7.1 en 9.7.2

hebben gemeen dat de keuze voor de opleidingen A of B onafhankelijk is van de testscore. In het eerste geval kiest men vanuit rendementsoverwegingen altijd opleiding A, in het tweede geval doet de keuze er niet toe.

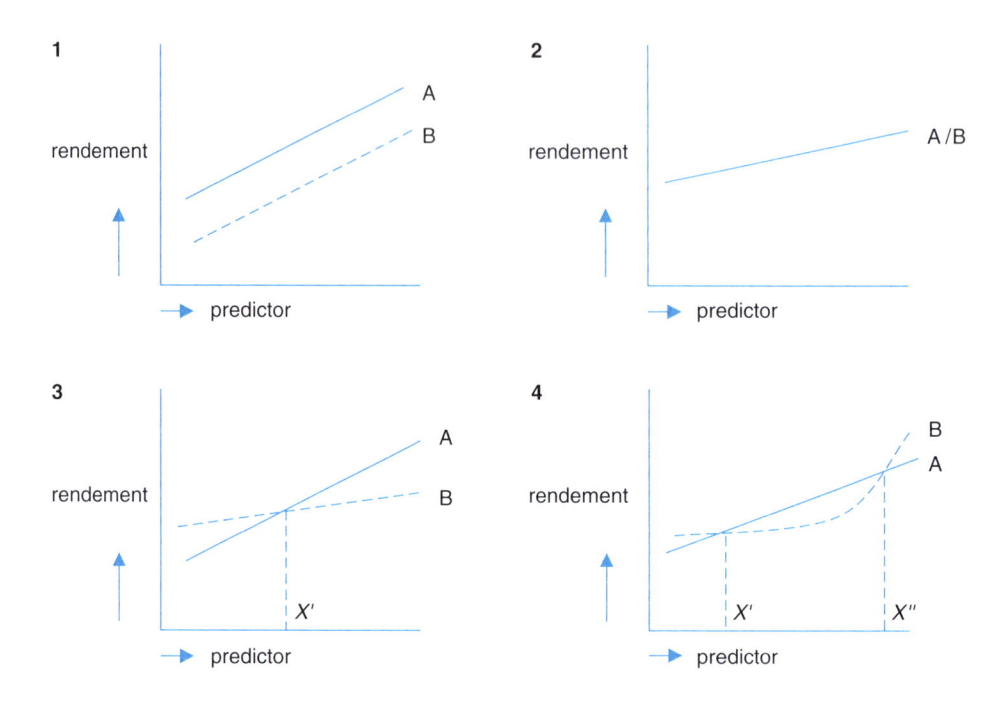

Figuur 9.7 *Verschillende vormen van relaties tussen rendement en predictor voor verschillende keuzemogelijkheden A en B (1: parallellie; 2: samenvallen; 3 en 4: kruisen).*

In figuur 9.7.3 snijden de rendementsfuncties elkaar en heeft het wel degelijk zin de testscore te bepalen en daarop de beslissing te baseren. Indien de testscore in figuur 9.7.3 beneden de waarde X' valt, dient men tot de keuze van opleiding B te besluiten, indien de score boven de waarde X' valt, tot de keuze van A. Het beeld kan nog ingewikkelder zijn, wanneer bijvoorbeeld een of beide functies niet rechtlijnig zijn. In figuur 9.7.4 is de ene functie lineair en de andere niet-lineair. Beneden de score X' en boven de score X'' levert plaatsing in opleiding B het meeste rendement op, maar tussen X' en X'' is de plaatsing in opleiding A het meest rendabel.

We hebben tot nu toe plaatsingsbeslissingen behandeld waarbij geen beperkingen of eisen met betrekking tot aantallen kandidaten gelden.

Ieder individu wordt zodanig geplaatst dat hij of zij het meeste 'rendement' voor de organisatie oplevert. Dit is alleen realistisch als in iedere plaatsingsmogelijkheid een onbeperkt aantal kandidaten kan worden opgenomen. Vaak is dit niet mogelijk en is er een beperkt aantal plaatsen per functie: er kan maar een beperkt aantal leerlingen worden toegelaten tot verschillende schooltypen; slechts voor een beperkt aantal patiënten kan een tijdrovende therapie worden toegepast; enzovoort. Voor bedrijven en overheid komt daar nog vaak de extra complicerende factor bij dat sommige functies per se vervuld moeten worden, omdat het openlaten van vacatures ernstige gevolgen zou kunnen hebben.

Als voorbeeld nemen we de verdeling van leerlingen over de opleidingsniveaus in een technische bedrijfsopleiding. Door de restricties voor de plaatsingsmogelijkheden en de eisen ten aanzien van aantallen per opleiding is een dusdanige indeling dat ieder de opleiding krijgt waarin hij voor het bedrijf maximaal rendement oplevert niet haalbaar. Deze beperking, gevoegd bij het feit dat het waardesysteem van de organisatie bij de evaluatie van de opleidingen niet telkens identiek is aan het waardesysteem van de individuele leerling, kan een belangrijke bron van ontevredenheid zijn. Deze bron is overigens moeilijk weg te nemen, aangezien ze inherent is aan het institutionele beslissingsproces met een beperkt en vereist aantal plaatsingen.

In de praktijk wordt dit soort van beslissingen vaak 'op het gevoel' genomen. Men volgt eigenlijk meer een ad-hocstrategie dan een exacte, consequente procedure. Vaak is het echter wel degelijk mogelijk volgens een meer exacte en rationele procedure te werk te gaan. Daarbij moet worden uitgegaan van het streven het totale rendement voor de organisatie te maximaliseren of het totale verlies te minimaliseren. Ook al is het, bijvoorbeeld door te kleine aantallen personen of door te weinig exacte informatie, niet altijd mogelijk de vaak ingewikkelde wiskundige formules te gebruiken, toch is het vanuit het gezichtspunt van rationeel en fair handelen gewenst de hieraan ten grondslag liggende gedachtegang zo veel mogelijk te volgen.

9.3.2 PLAATSING EN KWALITATIEVE VERSCHILLEN

Veel van wat hiervóór is gezegd over plaatsingsbeslissingen in qua niveau verschillende treatments geldt ook voor de plaatsing waarbij kwalitatieve verschillen in het geding zijn. Ook hier geldt de eis enerzijds de kansen op succes in de verschillende functies te bepalen en anderzijds de waarde van het goed vervullen van die functies vast te stellen. Het verwachte rendement van een kandidaat in een functie is dan weer afhankelijk van het product van deze beide grootheden. Neem bijvoorbeeld twee sterk verschillende opleidingen, een managementopleiding en een opleiding tot technisch tekenaar. Kenmerkend is dat bij deze opleidingen niet zozeer sprake is van een niveauverschil, maar dat ze vooral inhoudelijk verschillend zijn en dus ook verschillende voorkennis en vaardigheden van de kandidaten vragen. Een belangrijk verschil met plaatsing waarbij het om kwantitatieve verschillen gaat, betreft de aard van de informatie die men voor de bepaling van kansen moet gebruiken, in casu de aard van de test of de testbatterij. Centraal staat nu de mogelijkheid tot differentiële voorspelling en daarvoor is een heel ander soort test of testbatterij nodig. Op basis van de testprestaties moet een schatting kunnen worden gemaakt van de kansen voor beide opleidingen, en dit moet zodanig plaatsvinden dat de testprestaties zo sterk mogelijk tussen beide opleidingen differentiëren. Dat betekent dat een hoge correlatie van de test met de criteria voor beide opleidingen niet voldoende is. De testbatterij moet zich nu dus niet richten op wat de criteria verenigt, maar op wat hen scheidt. Zo zal een test voor algemeen technisch inzicht niet bruikbaar zijn voor plaatsing in verschillende technische functies van hetzelfde niveau. Evenmin zal een schaal voor neuroticisme nut hebben bij de differentiatie tussen kwalitatief verschillende vormen van neurose. Ook zal een test voor algemene intelligentie niet bruikbaar zijn bij de indeling als technisch tekenaar of als middenmanager, ook al correleert die intelligentietest op zichzelf redelijk hoog met beide criteria. Het opnemen van een algemene intelligentietest in de testbatterij verbetert op zich wel de voorspelbaarheid van kansen in beide opleidingen, maar voor een differentiatie tussen beide opleidingen is een dergelijke testbatterij niet geschikt.

Wat wel nodig is, is een testbatterij bestaande uit tests waarbij telkens een bepaalde configuratie van scores op de deeltests optimaal voorspelt voor één van de alternatieven. Het eenvoudigst wordt dit gerealiseerd wanneer sommige tests hoog correleren met het ene criterium en met het andere niet, en wanneer de andere tests weer hoog correleren met het tweede criterium en met het eerste niet.
Voor het bepalen van de waarde van de test heeft deze eis te moeten kiezen tussen kwalitatief onderscheiden keuzemogelijkheden belangrijke gevolgen. Bij selectie op één criterium en bij plaatsing ten aanzien van qua niveau verschillende mogelijkheden is – bij het accepteren van bepaalde vooronderstellingen – de bijdrage van de test evenredig aan de validiteit (zie paragraaf 9.2.1). Bij de differentiële voor-

spelling is voor een test niet alleen de correlatie met de afzonderlijke criteria, maar ook de differentiële validiteit van belang. Deze differentiële validiteit is de correlatie tussen de predictorscore X en het verschil van twee criteriumscores $Y_1 - Y_2$. Zonder bewijsvoering geven we de formule:

$$r(X, Y_1 - Y_2) = \frac{S(Y_1)r(X, Y_1) - S(Y_2)r(X, Y_2)}{S(Y_1 - Y_2)}. \qquad [9.2]$$

Om de relatie tussen de voorspellende variabele, X, en de verschilscore op de twee criteriumvariabelen te begrijpen, is het voldoende om naar de twee afzonderlijke correlaties tussen X en Y_1 en X en Y_2 te kijken, en de spreiding van de variabelen voor het gemak te negeren. Veronderstel derhalve dat de standaarddeviaties van Y_1 en Y_2 en ook de standaarddeviatie in de noemer alle drie constant zijn, dan is de teller groter naarmate het verschil tussen de correlaties $r(X,Y_1)$ en $r(X,Y_2)$ groter is; dus, als de validiteiten van testscore X met de twee criteria verder uiteenlopen. Testscore X heeft dan dus een hogere differentiële validiteit.

In termen van het te volgen model is de situatie hier goed vergelijkbaar met beslissingen die uitgaan van univariate informatie, zeker wanneer er geen restricties en eisen zijn met betrekking tot aantallen in de diverse plaatsingsmogelijkheden te plaatsen personen. Wanneer er wel allerlei restricties en eisen zijn, wordt het probleem snel complex en kan men meestal niet met een eenvoudig model volstaan. De totale plaatsingsstrategie om n individuen over n posities in M verschillende plaatsingen te verdelen, met als doel het bereiken van een maximum aan rendement, is in dit geval nogal ingewikkeld.

Ook dergelijke, op zich ingewikkelde, beslissingen worden in de praktijk vaak irrationeel en op het gevoel genomen. Soms lijkt de procedure op wat Ghiselli (1956b) noemt de 'cut and fit method'. Eerst worden de meest bekwame kandidaten in de best bij hen passende functies geplaatst en daarna worden de minder bekwame kandidaten min of meer aselect of naar een of andere vuistregel over de open gebleven functies verdeeld. Ook hiervoor zijn echter besliskundig-wiskundige oplossingen gegeven. De ingewikkeldheid van het model maakt echter dat deze benadering (Cronbach & Gleser, 1965, hfst. 9) niet altijd even gemakkelijk uitvoerbaar is.

Om een eenvoudige illustratie te geven van de schijnbaar onlogische beslissingen die zich bij plaatsingsproblemen kunnen voordoen, stellen we het geval dat we twee kandidaten, Jan en Kees, in twee vacatures C en D moeten plaatsen. Stel, Jan heeft een kans van 0.4 op succes in C en een kans van 0.9 op succes in D; en Kees heeft een kans van 0.3 op succes in C en een kans van 0.1 op succes in D. Nu kan het wel degelijk verdedigbaar zijn dat niet Jan in D en Kees in C geplaatst wordt, dus beiden in de functie waar ze de grootste kans van slagen hebben, maar dat Jan in C en Kees in D wordt geplaatst. Deze situatie zal zich voordoen in het geval dat succes in functie C zo veel waardevoller is voor de organisatie dan succes in functie D, dat het kansverschil van 0.1 op succes in C ten gunste van Jan toch zwaarder weegt dan het kansverschil van 0.8 op succes in D ten nadele van Kees. Anders gesteld: functie C is zo belangrijk en het belang van functie D valt daarbij zo in het niet dat in C zonder meer de persoon met de grootste succeskans moet worden geplaatst. In concreto kan men denken aan een moeilijke en risicovolle functie C en een routinematige functie D.

In de praktijk van het wervings- en aannemingsbeleid doet zich soms ook nog de mogelijkheid voor om een bepaalde plaats enige tijd vacant te houden, indien men over informatie beschikt – ervaringen opgedaan in voorgaande jaren, een prognose van de werkgelegenheid – dat er binnen enige tijd meer en betere kandidaten kunnen worden verwacht. Men zal in zo'n geval de ernst van de tijdelijke vacature moeten afwegen tegen de kansen om over enige tijd over betere kandidaten te kunnen beschikken.

9.4 Individuele beslissingen

Veel van het psychologisch advieswerk vindt plaats in een institutioneel kader. De psycholoog treedt dan op als adviseur bij 'manpower'-problemen. Dat zich hierbij allerlei sociale en ethische problemen kunnen voordoen, komt in hoofdstuk 10 aan de orde. Een ander deel van de taak van de psycholoog bestaat uit het helpen bij het nemen van individuele beslissingen. Beroepskeuze, schoolkeuze, keuze van een therapie en het kiezen van een opvoedingsmethode of een pedagogische benadering, kunnen alle betrekking hebben op beslissingen die individueel van aard zijn. Het gaat hier om beslissingen die worden genomen voor of door individuen met een eigen persoonlijk waardesysteem, waardoor deze beslissingen veelal een uniek en eigensoortig karakter hebben.
Om een voorbeeld te noemen: voor iemand die theologie of klassieke talen wil gaan studeren, zal het behalen van een gymnasiumdiploma van meer waarde zijn dan voor iemand die geneeskunde of economie

heeft gekozen. Dit betekent dat in het eerste geval, ook bij een geringere kans op het halen van een gymnasiumdiploma, toch eerder tot de keuze van het gymnasium zal worden besloten dan in het tweede, waarin ook een atheneumdiploma volstaat. Dit voorbeeld maakt duidelijk dat we bij individuele beslissingen ook met kansen en waarderingen te maken hebben. Het verschil met institutionele beslissingen is dus dat de evaluatie van de resultaten van beslissingen een individuele en ook over individuen variërende zaak is.

Ook bij individuele beslissingen kan de keuze kwantitatief en kwalitatief verschillende alternatieven betreffen. Het onderscheid stelt, evenals bij institutionele beslissingen, voornamelijk eisen aan de aard van de informatie. In geval van kwalitatief verschillende alternatieven dient de informatie die de basis van de beslissing vormt een hoge differentiële validiteit te bezitten. Verder kan ook bij individuele beslissingen een rationeel beslissingsmodel worden gebruikt. Wij illustreren de individuele beslissing met behulp van drie vereenvoudigde beslissingssituaties.
In het eerste voorbeeld veronderstellen we dat een individu wordt geplaatst voor een beslissing of hij een functie E zal accepteren of niet. Uit het psychologisch onderzoek is gebleken dat zijn kans om in deze functie te slagen 0.60 is; de kans op falen is dan 0.40. Voor het nemen van de beslissing is daarnaast een afweging nodig van de waarde van succes in de functie en de ernst van het falen in de functie. Het op dezelfde schaal tot uitdrukking brengen van op zichzelf moeilijk vergelijkbare zaken is ook bij individuele beslissingen vaak niet gemakkelijk, maar even noodzakelijk. Stel, men komt uiteindelijk tot de conclusie dat het falen in de functie driemaal zo ernstig is als het hebben van succes in de functie waardevol is. Men kan dan het beslissingsproces geformaliseerd zien in de volgende berekening:

$$E(rendement) = 0.60 \times 1 + 0.40 \times (-3) = -0.60.$$

Het verwachte rendement voor het individu van de beslissing om functie E te accepteren is negatief, ofwel, hij kan beter beslissen deze functie niet te accepteren. Een andere persoon, die functie E zoveel sterker ambieert dat de waarde van succes in E tweemaal zo groot wordt geschat als het psychologische en economische 'verlies' bij het falen in E kan, zelfs bij een nog geringere kans op succes in E, bijvoorbeeld 0.45, toch terecht beslissen de functie te aanvaarden. In zijn geval wordt de berekening namelijk

$$E(rendement) = 0.45 \times 2 + 0.55 \times (-1) = 0.35.$$

Een tweede voorbeeld betreft een kwalitatieve keuze tussen een technische opleiding F en een commerciële opleiding G. Stel dat via het testonderzoek is vastgesteld dat de kans die een persoon heeft op slagen in F gelijk is aan 0.80, en de kans op slagen in G 0.60. De afweging van de consequenties van de keuzes heeft voorts geleid tot het toekennen van de waarde 10 voor opleiding F en de waarde 15 voor opleiding G. Wij gaan er vervolgens van uit dat de negatieve waarde bij het niet-halen in beide gevallen te verwaarlozen is. Wat men nog wel in rekening zou kunnen brengen zijn de moeite, inspanning, tijd en kosten die moeten worden geïnvesteerd om beide opleidingen te volgen. Deze kostenfactor dient te worden gewaardeerd in termen die vergelijkbaar zijn met die waarin de waarde van het voltooien van de opleidingen wordt uitgedrukt. Dit wordt duidelijk uit het geval dat de kostenfactor groter is dan de waarde van het diploma; in dat geval begint men er zelfs niet aan met een kans op succes van 1.00. Stel dat de afweging van de kosten in ons voorbeeld een waarde van 2 heeft opgeleverd voor opleiding F en een waarde van 4 voor opleiding G. Dan kan men de juiste beslissing vaststellen volgens de volgende berekeningen: voor opleiding F

$$E(rendement) = 0.80 \times 10 - 2 = 6;$$

en voor opleiding G

$$E(rendement) = 0.60 \times 15 - 4 = 5.$$

Opleiding F heeft het grootste verwachte rendement en is de beste keuze.

Een derde voorbeeld ontlenen we aan de praktijk van de schoolkeuze. Hierbij worden niet alleen de alternatieven van het respectievelijk halen en niet-halen van een diploma in de overwegingen betrokken, maar ook de mogelijkheid dat slechts enkele klassen met succes worden doorlopen. Stel dat het testonderzoek de volgende kansen uitwijst:

Havo-diploma 0.20, slechts 3 klassen havo 0.30, en hoogstens 1 klas 0.50;
VMBO-diploma 0.10, slechts 3 klassen 0.20, en hoogstens 1 klas 0.70.

De waardering van de verschillende mogelijkheden levert de volgende relatieve waarden:

Havo-diploma 15; 3 klassen havo 5; 1 klas havo 2;
vmbo-diploma 10; 3 klassen 2; 1 klas 1.

Wanneer de kostenfactor – hard werken, tijd, geld – te verwaarlozen is, omdat de persoon goed gemotiveerd is en er verder geen financiële problemen zijn, dan zijn de verwachte rendementen als volgt: voor havo

$$E(rendement) = 0.20 \times 15 + 0.30 \times 5 + 0.50 \times 2 = 5.5;$$

en voor vmbo

$$E(rendement) = 0.10 \times 10 + 0.20 \times 2 + 0.70 \times 1 = 2.1.$$

De keuze voor havo is in dit geval de beste.

Ten eerste merken we bij deze drie vereenvoudigde voorbeelden op dat de exacte kansbepaling meestal niet zo eenvoudig is als hier gesuggereerd. Ten tweede merken we nogmaals op dat de waardering van de diverse uitkomsten allesbehalve eenvoudig is. Een psycholoog kan hierbij overigens wel een helpende hand bieden. Ten derde moeten binnen een keuze veelal meer mogelijkheden, variaties en 'schadeposten' worden verdisconteerd dan in deze voorbeelden zijn verwerkt. Wat de voorbeelden laten zien is dat ook het individuele beslissingsproces elementen bevat die te analyseren en te expliciteren zijn, en dat met behulp van een rationele aanpak, zoals hier wordt voorgesteld, de mogelijkheden en moeilijkheden duidelijker worden onderkend en gelokaliseerd.

Zo wordt duidelijk wat de competentie van de psycholoog is en wat die van de verantwoordelijke 'beslisser'. Eveneens wordt duidelijk waarover 'te praten' valt en wat empirisch wetenschappelijk gefundeerd is en niet ter discussie staat. Tevens wordt duidelijk welke plaats de testinformatie inneemt in het hele beslissingsproces. De test draagt slechts objectieve informatie aan waardoor de beslissing beter wordt onderbouwd en dus ook tot betere resultaten kan leiden.

9.5 Open vraag

Tot nu toe hebben wij ons beperkt tot beslissingen op basis van één of een beperkt aantal criteria. Bij het open-vraagprobleem is sprake van een zeer groot aantal mogelijkheden. Voorbeelden zijn de vraag aan de kinderpsycholoog 'wat zou er met Marietje aan de hand zijn?', de vraag aan de beroepskeuzepsycholoog 'welk beroep of welke opleiding zal ik kiezen?' en de vraag aan de klinisch psycholoog 'wilt u deze patiënt eens onderzoeken op indicaties van mogelijke psychopathologie?' Hoe moeten deze vragen worden aangepakt, hoe verloopt daarbij het beslissingsproces en wat voor tests zijn hiervoor geschikt? Voordat we deze vragen beantwoorden, wijzen we eerst op het belang van de vraag- en probleemanalyse. Vaak zal bij een nader onderzoek blijken, dat het bij de 'open' vraag in feite toch om een gerichte keuzevraag gaat. Ook kan bij de vraaganalyse blijken dat in het betreffende geval helemaal geen psychologisch testonderzoek nodig is, maar dat men in feite slechts pedagogische adviezen, counseling of een algemeen psychologische verklaring van afwijkend gedrag wenst. Soms is de vraag algemeen omdat de problemen nog onvoldoende zijn doordacht, of omdat er een onredelijke verwachting bestaat dat een psychologisch testonderzoek niet zozeer antwoorden zal geven, als wel relevante vragen zal genereren.

Voor de beantwoording kan men de persoon het beste in fasen testen. In de eerste fase kan het grote aantal mogelijkheden worden gereduceerd tot een meer beperkte keuze of tot een gerichte veronderstelling. In de tweede fase kan met betrekking tot dit beperkte aantal mogelijkheden worden beslist of kan de veronderstelling als hypothese worden getoetst. Voor de eerste fase hebben we een test nodig die een groot aantal mogelijkheden tegelijk kan bestrijken, zij het dat dit niet zo betrouwbaar hoeft te gebeuren. In de tweede fase hebben we een instrument nodig dat wel betrouwbaar meet, omdat hierin beslissingen worden genomen. Dit instrument is dan vanzelfsprekend tegelijk veel gerichter.

Cronbach en Gleser (1965) hebben deze twee typen tests nader omschreven in termen van informatietheorie. Zij gebruiken de termen bandwijdte ('bandwidth') en zuiverheid ('fidelity'). Een test kan deze kenmerken niet tegelijk bezitten: een grote bandwijdte gaat ten koste van de zuiverheid en vice versa. Een vergelijking wordt getrokken met de wijze van informatie overbrengen in de telegrafie. Indien men langs één kanaal vele boodschappen tegelijk tracht door te geven, dan zullen deze afzonderlijk erg onzuiver doorkomen, maar hoort men wel veel tegelijk. Wanneer slechts één informatie-element wordt doorgezonden, hoort men kwantitatief minder, maar wat overkomt hoort men duidelijk.

Toegepast op een test betekenen deze termen het volgende. Bij het testen wordt steeds getracht een compromis te vinden tussen de veelheid aan informatie (bandwijdte) en de nauwkeurigheid van de informatie (zuiverheid). Bij een definitieve conclusie of keuze dient de

zekerheid maximaal te zijn, en dat kan pas bij een beperkte en gerichte vraagstelling. Bij hypothesevorming of inperking van de keuzemogelijkheden (eerste fase) dient juist de breedte, het bereik van de test op de voorgrond te staan, en wel des te meer naarmate de vraag minder gericht is. Een differentiële testbatterij voor geschiktheid heeft reeds een grotere bandwijdte dan een enkele, wel zeer zuivere, selectietest. Voldoende zuiverheid is echter niet meer te handhaven indien de reikwijdte van de test veel groter moet worden.
Geringe bandwijdte en grote zuiverheid hebben tests die volgens de klassieke testbenadering ideaal geacht worden. Voorbeelden zijn de intelligentietest en de tests voor specifieke vaardigheden of persoonlijkheidstrekken met een goede begrips- en predictieve validiteit en een hoge betrouwbaarheid. Diagnostische methoden als het ongestructureerde interview, het autobiografische opstel, alsmede typische open-vraaginstrumenten als observatietests en projectietests en de kwalitatieve analyse van op zichzelf objectieve tests, zijn alle voorbeelden van tests met een grote bandwijdte en een geringe zuiverheid.

Om de zuiverheid van brede-bandtests, zoals projectietests, toch te verbeteren, zijn wel de volgende maatregelen voorgesteld. Ten eerste zijn een goede standaardisering van de procedure van afnemen en het gebruik van een voldoende objectief verwerkingssysteem nodig voor testgegevens van goede kwaliteit. Ten tweede dient de test voldoende items te bevatten om een behoorlijke spreiding in testprestaties op te leveren. Ten derde moeten voor verschillende relevante populaties specifieke normgegevens beschikbaar zijn. Ten vierde moeten beoordeelde kenmerken een omschreven plaats krijgen in een theorie over een psychologisch 'construct', zodat duidelijk is welke psychologische betekenis aan die kenmerken mag worden toegekend. Een poging om aan deze eisen te beantwoorden heeft voor brede-bandtests belangrijke gevolgen, die erop neerkomen dat hun betrouwbaarheid en validiteit toenemen, maar de bandwijdte tegelijkertijd sterk afneemt. Daarmee zou wel eens het paard achter de wagen kunnen worden gespannen, want de bedoeling van deze tests was immers *veel* dingen te kunnen 'zien' in plaats van enkele zuiver.

Bij een open vraag is de brede-bandtechniek aangewezen en zelfs onmisbaar. Met een intelligentiescore of neuroticismescore zouden we niet veel kunnen aanvangen. Bij brede-bandbenaderingen hebben we echter altijd te maken met ideeën, mogelijkheden, hypothesen en alternatieven. Het gebruik van een brede-bandtechniek dient altijd gevolgd te worden door een tweede, gericht toetsingsonderzoek, indien men een definitieve uitspraak wil doen.

Voor de keuze en ook het gebruik van de specifieke brede-bandtest voor exploratieve doeleinden zijn niet zulke duidelijke regels te geven als voor een selectie- of plaatsingsbeslissing. Bij het opwerpen van hypothesen zijn de resultaten namelijk evenzeer afhankelijk van de ervaring, creativiteit en intuïtie van de psycholoog als van de test. Dit wil natuurlijk niet zeggen dat iedere willekeurige projectietest of iedere brede-bandtechniek even goed en efficiënt is. Zo men dergelijke tests al zou willen gebruiken, is het wellicht goed bij het subjectief gebruik van bijvoorbeeld projectietests rekening te houden met de volgende richtlijnen.

Ten eerste dient bij het ontwikkelen van hypothesen zo veel mogelijk te worden aangesloten bij resultaten die in de literatuur of dankzij eigen ervaring in vergelijkbare situaties zijn gevonden. Bij het ontbreken van literatuurgegevens lijkt het verstandig in elk geval zelf 'boek te houden', zodat men na enige tijd althans over een gedocumenteerde eigen ervaring kan beschikken.

Ten tweede wordt in de hypothesevorming altijd gebruik gemaakt van impliciete en expliciete theorieën. Soms gaat het om empirische resultaten, soms om ervaring, soms om een analogieredenering, soms om een bestaande theorie die in het onderhavige geval van toepassing lijkt, of een ad hoc ontworpen theoretisch model. Afgezien dient te worden van allerlei duistere en metafysische theorieën, en van wel 'face valide', maar vaak iedere redelijke grond ontberende symboliek. Gedacht kan worden aan de speculatieve generalisatie naar persoonlijkheidseigenschappen, die in de grafologische literatuur en praktijk hoogtij viert (zie bijv. de kritiek van Jansen, 1963). Andere voorbeelden zijn het kritiekloos toeschrijven van kenmerken van een getekend poppetje aan de tekenaar (zie Levy, 1950), het zonder meer overplanten van impressionistische kwaliteiten van 'fingerpainting' naar de persoonlijkheid van de proefpersoon (Kadis, 1950) en de toepassing van een iedere empirische grond missende Pulveriaanse Ruimtesymboliek in de Boomtest (Koch, 1949).

Ten derde dient men af te zien van het gebruik van projectietests (althans in de vorm en volgens de verwerkingstechniek die in de handleiding wordt gepresenteerd) die zo naïef geconstrueerd zijn en waarvan de testtechnische kwaliteiten zo gebrekkig zijn, dat goede resultaten niet of nauwelijks verwacht kunnen worden [bijv. de Szonditest (Szondi, 1947), de Wartegg-tekentest (Wartegg, 1953), de Pfistertest (Pfister, 1951) en de Kleurentest van Lüscher (1949)].

Brede-bandprocedures kunnen weliswaar niet voor definitieve beslissingen gebruikt worden, maar kunnen wel in het eerste stadium van een onderzoek ter beantwoording van open vragen een belangrijke bijdrage leveren.

9.6 Tot besluit

In de context van beslissingen over personen wordt de praktische waarde van de psychologische test ondergeschikt gemaakt aan het belang en de waarde van deze beslissingen. Er wordt hier een meer gedifferentieerde evaluatie geboden van de bijdrage van de test dan in de klassieke psychometrische benadering, waarin alleen de betrouwbaarheid en de validiteit als belangrijke criteria werden beschouwd. De item-responstheorie is vooral gericht op het calibreren van eendimensionale schalen en het betrouwbaar meten van individuen. Betrouwbaarheid, eendimensionaliteit van de meting, en validiteit zijn ook in een besliskundige context van groot belang, maar de waarde van de test wordt hier niet met deze kwaliteiten vereenzelvigd. Zo zijn er omstandigheden waarin een test met een geringere validiteit even nuttig kan zijn als een meer valide test in een andere situatie. Er zijn zelfs omstandigheden waarin een grote zuiverheid minder gewenst is, omdat juist de breedte van het terrein dat de test bestrijkt groot moet zijn. We hebben in dit hoofdstuk gezien dat de waarde van de test afhankelijk is van de praktische context waarin de vraag om advies aan de testpsycholoog ontstaat; een bewijs hoe 'praktisch' de testtheorie is.

Opdrachten

1. Wat bepaalt de wetenschappelijke waarde van een test? En wat de praktische waarde?

2. Wat wordt bedoeld met de bijdrage van een test aan een beslissing of een beoordeling?

3. Kan een a-prioristrategie voor het nemen van beslissingen samenvallen met selectie op basis van de base rate? Leg uit hoe dit zit.

4. Geef aan wat de verschillen zijn tussen individuele en institutionele beslissingen.

5   In welke type selectiesituatie volstaat univariate informatie?

6   Waar in figuur 9.2 passen respectievelijk (a) de selectie van een leraar voor een basisschool, (b) de keuze of iemand wel of niet een psychologiestudie zal volgen, (c) de keuze voor VMBO, havo of VWO, en (d) de beslissing of iemand in een ICT-bedrijf verkoper of programmeur wordt?

7   In figuur 9.3 staat een frequentietabel van testprestaties (X) bij criteriumprestaties (Y). Op basis hiervan kan de correlatie tussen X en Y worden berekend.
    a   Geef aan hoe dit moet met behulp van het veelgebruikte computerprogramma SPSS. Dus:
        • eerst hoe de datamatrix ten behoeve van SPSS dient te worden samengesteld op basis van de tabel (schrijf de eerste tien regels van deze datamatrix op),
        • vervolgens hoe de data in SPSS ingelezen moeten worden, en
        • ten slotte welke procedure in SPSS aangeklikt moet worden om de gevraagde correlatie te berekenen.
        Bedenk bij dit alles dat iemand anders de correlatie op basis van de gegeven beschrijving moet kunnen uitrekenen.
    b   Leg uit hoe de berekeningen met de hand moeten worden gedaan. Welke formule kan worden gebruikt (hiervoor kunt u bijvoorbeeld een statistiekboek raadplegen), en welke deelberekeningen dienen te worden uitgevoerd?

8   Gebruik de Taylor-Russell-tabel voor toevalskans = 0.60 bij de volgende opgaven.
    a   Wat is de selectieratio bij een validiteit van 0.35 en een succesratio van 0.70? Geeft de tabel de exacte oplossing? Zo niet, hoe kan het antwoord dan worden gevonden?
    b   Als we 20 kandidaten hebben, hoeveel zouden we er dan moeten aannemen als er verder geen praktische beperkingen zijn op het aantal aan te nemen kandidaten?
    c   Bij opdracht b kunnen we nog zelf bepalen hoeveel kandidaten we gaan aannemen, maar vaak wil een bedrijf één kandidaat hebben, namelijk de beste, en verder niemand. Wat is bij de bovenstaande gegevens de kans dat dit een geschikte kandidaat is?
    d   Hoe kan worden verklaard dat bij een validiteit van 0 de succesratio 0.60 is voor alle selectieratio's?
    e   En hoe kan worden verklaard dat bij een validiteit van 1 de

succesratio's lange tijd 1 zijn (tot selectieratio = 0.60) en daarna afnemen richting 0.60 (de laagste waarde die wordt gerapporteerd is 0.63)?

9 Leg uit wat wordt verstaan onder de controverse van de actuarische en de intuïtieve methode van voorspellen.

10 Wanneer is een selectieprocedure
a compensatorisch?
b conjunctief?

11 Leg uit waarin de overeenkomst ligt tussen een trapsgewijze selectieprocedure en adaptief testen.

12 We bestuderen een institutionele beslissingsprocedure. Gegeven is een tabel als in figuur 9.3, maar met alleen randtotalen per kwadrant en dus *zonder celfrequenties*. De getallen in de tabel (cursief afgedrukt) staan voor de waarde (het nut, de utiliteit) van de betreffende uitkomst per persoon (dus, in cel (1,1) betekent het getal 10 dat een positieve treffer 10 nutseenheden waard is):

		testprestatie		
		0	1	
criteriumprestatie	1	*5*	*10*	84
	0	*−5*	*−10*	16
		24	76	100

De vraag die opgelost dient te worden, is wat het rendement van de procedure is bij aselect aannemen van 84 kandidaten (dat wil zeggen, bij een validiteit van 0; we negeren dus de testscores en nemen zomaar 84 kandidaten aan).
a Wat zijn bij aselecte toelating de frequenties per kwadrant, gegeven de randtotalen van de tabel?
b Controleer met behulp van de φ-coëfficiënt dat de validiteit in het geval van aselect aannemen inderdaad 0 is. NB De φ-coëfficiënt is de product-momentcorrelatie tussen twee dichotome variabelen, en is gelijk aan

$$\varphi = \frac{b \times c - a \times d}{\sqrt{(a+b)(c+d)(a+c)(b+d)}}.$$

Hierin is b het aantal personen met twee keer een score 1, c het aantal personen met twee keer een score 0, a het aantal met een score 1 op de rijvariabele en score 0 op de kolomvariabele, en d het aantal met een score 0 op de rijvariabele en een score 1 op de kolomvariabele.

c Wat is het rendement van de procedure bij validiteit 0?
d Stel dat we de 84 kandidaten met de hoogste testscores aannemen en dat dit een rendement van 680 nutseenheden oplevert. Wat is dan het nettorendement van deze procedure ten opzichte van aselect toelaten? Dus, wat is de winst door het gebruik van de test?

13 Bewijs wiskundig dat formule [9.2] voor de correlatie van een variabele met een verschilvariabele correct is.

14 Aan het einde van paragraaf 9.4 merken de auteurs op dat duidelijk is geworden (a) wat de competentie van de psycholoog is en wat die van de verantwoordelijke 'beslisser', (b) waarover in een beslissingsprocedure 'te praten' valt en wat wetenschappelijk is aangetoond en niet ter discussie staat, en (c) welke plaats de testinformatie inneemt in het hele beslissingsproces. Leg uit hoe dit bij elk van deze drie punten precies zit.

15 Een test met een grote bandwijdte kan geen grote zuiverheid hebben en vice versa. Wat wordt met deze uitspraak bedoeld?

16 Noem enkele voorbeelden van tests met een grote zuiverheid.

17 Noem ook een voorbeeld van een test met een grote bandwijdte.

18 Noem enkele maatregelen die nodig zijn om de zuiverheid van tests met een brede bandwijdte te bevorderen.

19 Waarvoor zijn tests met een brede bandwijdte vooral geschikt?

10 Ethiek van het testen

Jaarlijks worden in Nederland vele honderdduizenden mensen getest. Dit kan plaatsvinden als onderdeel van een psychologisch onderzoek, maar ook ten behoeve van voorspelling of diagnostiek in het kader van onderwijs. De test speelt een belangrijke rol bij het nemen van beslissingen over mensen. Vooral in het vorige hoofdstuk is hierop uitvoerig ingegaan en is duidelijk geworden dat de test weliswaar geen verantwoordelijkheid van de beslisser kan overnemen, maar dat hij wel een factor van betekenis vormt in het beslissingsproces.

Vaak wordt het gewicht van de test in dit proces overschat. Soms denkt (en vreest) men dat een psycholoog met een test 'door iemand heenkijkt' en alle geheimenissen van de onderzochte kan doorgronden. Ook als de verwachtingen minder hoog zijn gespannen, dringen zich bij een discussie en meningsvorming over de test en het testgebruik toch gemakkelijk allerlei emotionele standpunten, positief of negatief, op. Dit is begrijpelijk, want het gaat uiteindelijk meestal om beslissingen over mensen, en dan vaak om beslissingen die voor de betrokkenen verstrekkende gevolgen hebben.

De publieke opinie oordeelt niet onverdeeld gunstig over de psychologische tests en het gebruik ervan. Artikelen en ingezonden brieven in de pers over dit onderwerp zijn bepaald niet altijd lovend. In discussies en publieke uitspraken bespeurt men vaak een mengeling van vrees, scepsis en achterdocht. Deze negatieve reacties bevatten soms terechte punten van kritiek, maar dikwijls zijn het eenzijdige en misplaatste generalisaties. Belangrijk is op te merken dat vrijwel altijd ten onrechte geen onderscheid wordt gemaakt tussen testgebruik in de praktijk en principiële mogelijkheden en kwaliteiten van tests. De suggestie van sommigen om tests dan maar niet meer te gebruiken is te vergelijken met een voorstel om auto's te verbieden omdat er ongelukken mee kunnen gebeuren.

Ook wordt wel als 'remedie' gepropageerd om sollicitanten via inzage en oefening in het beantwoorden van tests en vragenlijsten die bij de selectie gebruikt worden meer kans te geven te worden aangenomen. Dit achten wij verwerpelijk. Velen die als gevolg van deze training een geflatteerde score krijgen, worden van de wal in de sloot geholpen, omdat de kans groot is dat zij worden aangenomen in een functie waarvoor zij niet zijn gekwalificeerd en waarin zij vroeger of later zullen vastlopen. Ook is duidelijk dat het oefenen van sollicitanten in het beantwoorden van testvragen of tests de opdrachtgever (bijv. een bedrijf, de overheid, het onderwijs) misleidt. De testscore verbetert, maar niet de geschiktheid van de sollicitant voor de functie of de opleiding.

Dit oefenen van de testopgaven zelf – een corrumpering van het testonderzoek – dient te worden onderscheiden van het goed informeren van de onderzochte door middel van toelichting en voorbeeldopgaven en van het maken van oefenopgaven die vaak aan het begin van een testsessie aan onderzochten worden aangeboden. Deze oefenopgaven hebben tot doel de onderzochte te laten wennen aan het type opdrachten dat verwacht kan worden en tevens aan de doorgaans spannende testsituatie zelf. Doel is hier nadrukkelijk het bevorderen van de standaardisatie van de testsituatie (hoofdstuk 2).

De druk vanuit de samenleving op testconstructeurs en testinstanties om hieraan steeds meer aandacht te besteden lijkt toe te nemen. Een treffend voorbeeld is het verschijnen van een 'kennismakings-dvd' (CITOgroep, 2004), vergezeld van een opgavenboekje, ter voorbereiding op het maken van de CITO Eindtoets Basisonderwijs. Al is de wens tot verregaande standaardisatie ('leerlingen mogen niet verrast worden door een toetsvorm die ze nog niet goed kennen') op zich toe te juichen, ook rijst de vraag in hoeverre dit soort ontwikkelingen niet tevens een miskenning inhoudt van het belang van de test als registrerend meetinstrument van iemands potentieel, met inbegrip van de verrassing en het onbekende dat zich ook in het dagelijks leven voordoet. Al dit oefenen wekt de indruk dat een overschatting van dit potentieel niet zou worden betreurd. Dit is inherent aan situaties waarin belangen in het spel zijn, maar het kan ook betekenen dat de test zijn doel voorbijschiet en aan voorspellende kracht inboet. Het is nog onbekend of dit daadwerkelijk zo is.

Terug naar de kritiek op de test. Ook al is sommige kritiek niet erg overtuigend, het zou uiterst onverstandig zijn de bezwaren en kritische geluiden te negeren. Ten eerste bevat de kritiek ook veel waars. Ten tweede is de weerstand tegen het testen een realiteit, waarmee rekening gehouden moet worden. Ten derde hebben de psychologie en de psycholoog het er voor een deel zelf naar gemaakt, door te veel met hun tests te pretenderen (bijv. de mogelijkheid van accurate metingen, onbetwistbare predicties en vaststaande differentiële diagnoses), door misconcepties te doen ontstaan (bijv. dat een intelligentietest een aangeboren, vaststaande en onveranderbare eigenschap meet, en dat persoonlijkheidstests steeds stabiele, dominante en algemene karakteristieken aan het licht brengen), door aanleiding te geven tot misbruik van testgegevens (door geen vertrouwelijkheid te waarborgen, en onvoldoende openheid te betrachten ten aanzien van de doelstelling van het onderzoek), en door te weinig aandacht aan publiciteit en informatie te besteden, waardoor maar al te gemakkelijk een magisch of bedreigend beeld kon ontstaan.

Het zou echter onjuist zijn te beweren dat de psychologen zich nooit druk hebben gemaakt over de praktische en ethische consequenties van hun doen en laten. Er bestaat sinds 1961 een code voor psychologen, vastgelegd in de NIP-ethiek, die nog in 1998 is aangepast, en er bestaat een Algemene Standaard Testgebruik (AST-NIP) die in 2004 is opgesteld. Beide zijn te vinden op de website van het NIP. Ook zijn er beschouwingen en conferenties gewijd aan dit probleem, vooral na Kouwers geruchtmakende rede over gewetensproblemen van de toegepaste psychologie (Kouwer, 1955). Vele brochures, artikelen en hoofdstukken in de wetenschappelijke literatuur handelen over deze problematiek (Drenth, 1967, 1972; Hofstee, 1983b; Roe, 1983; Van Strien, 1976). De problemen die zich op dit vlak voordoen zijn echter ingewikkeld en lastig. Alvorens we op enkele specifieke bezwaren ingaan, maken we enkele opmerkingen over de attitude ten opzichte van het testen in het algemeen.

Soms kan de oorzaak van een negatieve houding van een persoon gelegen zijn in een negatieve ervaring met testonderzoek, waardoor de weg tot een opleiding, een baan of promotie voor hem werd afgesneden. Net als de scheidsrechter in de kleedkamer van de verliezende partij, kan in zo'n geval ook de test fungeren als zondebok voor frustraties. Toch lijkt dit mee te vallen. Onderzoekingen van Brim (1965) en Fiske (1965) wijzen uit dat eigen ervaringen geen grote rol spelen bij het ontstaan van attitudes ten opzichte van testgebruik. Een dieper liggende en minder persoonlijke oorzaak van een deel van de kritiek zou kunnen liggen in een algemeen onbehagen over de toenemende bureaucratisering en vertechnisering van de maatschappij, die de mens zelf weinig controle zou overlaten. Zo kan de vrees voor manipulatie ontstaan, ook door psychologische middelen (Amrine, 1965). Men keert zich vervolgens tegen de symptomen van de maatschappelijke veranderingen: verkeersdrukte, lawaai van vliegtuigen, complexiteit van het belastingformulier, en psychologische tests. De test zou vrijheid ontnemen, zelfstandigheid beknotten en het privéleven binnendringen.

Los van irrationele angsten voor het testen, blijft de vraag overeind of het testen niet onpersoonlijke, rigide en mechanistische processen van evaluatie aanmoedigt (Ebel, 1963) en of predictie niet te gauw leidt tot controle en determinatie van het menselijk gedrag (Schlien, 1958; Turnbull, 1966). Inderdaad is de mogelijkheid van formele, onpersoonlijke evaluatieprocessen bij het testgebruik in beslissingen niet denkbeeldig. Vooral in institutioneel verband (hoofdstuk 9) is het gevaar van het nemen van 'bureaucratische' beslissingen over mensen reëel. Alleen is het niet een probleem dat wordt opgeworpen of versterkt door het testonderzoek, maar dat inherent is aan het institutionele beslissingsproces als zodanig, en dat derhalve moeilijk te vermijden is indien men het nemen van beslissingen in institutioneel kader geoorloofd en legitiem acht. Wij komen hier nog op terug.

We richten ons nu op de meer specifieke bezwaren tegen het testen. Een deel van de bezwaren is als levensbeschouwelijk te karakteriseren, een ander deel is meer beleidsmatig en politiek (paragraaf 10.1), een derde categorie ligt op het technisch-methodologische vlak (paragraaf 10.2), en ten slotte zijn er de strikt ethische bezwaren (paragraaf 10.3).

10.1 Levensbeschouwelijke en menselijke bezwaren

Uniciteit van de mens en de onmogelijkheid dit te meten

Een principieel bezwaar van levensbeschouwelijke aard is dat de mens in feite niet 'te meten' is met instrumenten als tests, dat het wezen van de mens met testonderzoek nooit te vatten is, en dat een test zelfs aan het unieke en meest essentiële van de mens voorbijgaat. Ook al gaan achter dit bezwaar, dat in vele toonaarden en formuleringen kan worden gehoord, vele filosofische en antropologische problemen schuil, toch zijn wij er in dit kader betrekkelijk kort over. De reden is dat de test hier een pretentie in de schoenen wordt geschoven die hij niet voert en nooit zal kunnen voeren.

Afgezien van de vraag of het mogelijk is met een test of een vragenlijst iets van het wezenlijke of essentiële van de mens te vatten, is dit voor het testonderzoek ook niet nodig. In dit boek is uitvoerig betoogd dat het bij het testen gaat om onderzoek van waarneembaar gedrag, dat wordt geclassificeerd en gekwantificeerd en met soortgelijk gedrag van vele anderen vergeleken. Op basis van deze vergelijking wordt een uitspraak gedaan over een capaciteit of een trek of over waarschijnlijk of mogelijk toekomstig gedrag van de onderzochte.

De vooronderstelling daarbij is dat mensen allerlei eigenschappen gemeen hebben en ook qua gedrag op bepaalde punten met elkaar vergelijkbaar zijn. Bijvoorbeeld: Jan lijkt wat betreft leiderschapsgedrag meer op Martijn dan op Peter. Daarmee is natuurlijk niét gezegd dat Jan en Martijn ook op alle andere eigenschappen vergelijkbaar zouden zijn en dat dus uit een testonderzoek naar leiderschap zou volgen dat zij in algemene zin replica's van elkaar zijn. Als nu verder via empirisch onderzoek is vastgesteld dat er een verband bestaat tussen de testscore voor een bepaald aspect van leiderschap en het functioneren in een leidinggevende functie, dan zal voor zowel Jan als Martijn op basis van hun vergelijkbare testscores een andere voorspelling voor hun gedrag als leider volgen dan voor Peter. Dat ook andere eigenschappen bij die voorspelling een rol zullen moeten spelen, aangezien het hier gaat om een complex criterium, kwam in hoofdstuk 8 uitvoerig aan de orde. Voor de onbetwistbare uniciteit van ieder mens is in deze gedachtegang geen ruimte, maar het principe van die uniciteit wordt hiermee allerminst ontkend.

Rollen van psycholoog en onderzochte

Verwant aan deze principiële kwestie is die van de praktische, menselijke benadering van de onderzochte. De vraag kan worden gesteld of het testen de mensen niet tot onpersoonlijke objecten reduceert en of de menselijke waardigheid bij de superieure machtsrol van de testpsycholoog, of bij de soms frustrerende, soms misleidende, soms infantiel aandoende testopdrachten wel voldoende wordt gehonoreerd.

Dit bezwaar heeft deels betrekking op de entourage en de introductie van het onderzoek en de houding van de testpsycholoog ten opzichte van de onderzochte. Het gaat hier om een belangrijk punt, dat vraagt om een duidelijke bezinning op deze situatie en de rollen van onderzochte en onderzoeker. Er moet bij een testonderzoek een persoonlijke introductie zijn. Ook moet er duidelijkheid zijn over het doel van het onderzoek. Verder moet buiten het testonderzoek zelf gelegenheid zijn voor een ontmoeting en een gesprek, waarin geen machtsverhoudingen bestaan. Men moet tests kiezen die voldoende uitdagend zijn, in die zin dat zij een adequate moeilijkheidsgraad hebben en daarnaast zo mogelijk de motivatie en het gevoel van waardigheid bevorderen. De in de hoofdstukken 5 en 7 behandelde adaptieve testprocedures, waarbij tijdens het testen de moeilijkheid van de aangeboden items steeds aan de tot dan bekende meetwaarde wordt aangepast, voldoen bij uitstek aan deze eisen. Maar ook als dergelijke dure testprocedures niet beschikbaar zijn, dient de test zodanig te zijn samengesteld dat hij goed bij de onderzochte groep past. Een goede 'face validity' kan met het oog hierop nuttig zijn.

Het genoemde bezwaar heeft echter voor een ander deel betrekking op het dieper liggende probleem van het getest worden als zodanig. Er kan verzet zijn tegen de ondergeschikte rol van bijvoorbeeld sollicitant en tegen de afhankelijkheidspositie bij het onderzoek, waarbij iemand anders het initiatief heeft en de ontmoeting beheerst en controleert. Het is echter de vraag of dit verwijt wel de test betreft, of hierin niet veeleer een verzet doorklinkt tegen de institutionele beslissingssituatie als zodanig, tegen het feit dat een ander prioriteiten bepaalt, belangen afweegt en gegevens verzamelt, en dat de onderzochte in een kwetsbare, afhankelijke en machteloze positie verkeert (zie ook Top, 1973). Inderdaad kan institutionele selectie waarde- of belangenconflicten met zich meebrengen. In hoofdstuk 9 werd duidelijk dat de waarden van de organisatie en die van het individu met elkaar kunnen botsen. Het gaat overigens niet op dat bij een selectiebeslissing, zoals een afwijzing, altijd één van de partijen wordt geschaad. Het afkeuren van een ongeschikte kandidaat is niet alleen gewenst voor de organisatie maar kan ook voor de kandidaat in kwestie betekenen dat hij wordt afgehouden van een functie waaraan hij zich zou vertillen.
Het is echter te gemakkelijk om dit te generaliseren en een bevoogdende houding tegenover onderzochten aan te nemen. Ten eerste is geschiktheid voor een functie een relatief begrip: men is meer of minder geschikt, maar bij afwijzing niet altijd volledig ongeschikt. Ten tweede is de beslissing tot aannemen of afwijzen ook afhankelijk van de kwantiteit en kwaliteit van het totale aanbod van kandidaten (hoofdstuk 9). Een afwijzing betekent dus lang niet altijd dat de kandidaat niet geschikt zou zijn. Men kan tegenwerpen dat bij het aannemen van een iets minder geschikte kandidaat de belangen van de afgewezen, betere sollicitant worden geschaad. Dat is juist, maar daar heeft de betrokkene meestal geen boodschap aan.

Hier is het waar de psycholoog in moeilijkheden kan komen. In de oorspronkelijke NIP-ethiek uit 1961 wordt gesteld dat de primaire zorg van de psycholoog dient te zijn: het welzijn en de belangen van de cliënt (de onderzochte). De praktijk leert ons echter dat de psycholoog de prioriteiten soms anders legt. De psycholoog identificeert zich

immers ook met het instituut dat hem of haar in dienst heeft genomen of als adviseur heeft gevraagd. Dat leidt dan tot een discrepantie of in ieder geval een conflict tussen de 'leer' en het 'leven'.
Uitwegen uit dit dilemma zijn de volgende. Er zijn psychologen die de knoop doorhakken en de leer aan het leven aanpassen. Zij vinden dat het psycholoog-zijn geen speciale verantwoordelijkheden met zich meebrengt. Men identificeert zich met de organisatie of het instituut waar men in dienst is. Dat kan een vakbond, een bedrijf, een werkgeversorganisatie of een consumentenbond zijn, al naar gelang de persoonlijke voorkeur van de betrokkene. Er bestaat dus volgens hen niet zoiets als een specifieke professionele verantwoordelijkheid voor de individuele mens als object van onderzoek en advies.
Een even eenzijdige oplossing bieden degenen die verdedigen dat de belangen van het individu altijd dienen te prevaleren, en dat doelstellingen en waarden van een instituut of organisatie altijd aan deze individuele waarden ondergeschikt dienen te worden gemaakt. Sommigen gaan daarbij zó ver dat ze vinden dat de psycholoog altijd vuile handen maakt als hij zich met een instituut of organisatie identificeert. Voor institutionele selectie en plaatsing is in deze laatste gedachtegang geen ruimte: dit dient immers slechts het bedrijfsbelang en wel (vaak) ten koste van het belang van het individu.

Een principiële verwerping van selectie zou zich moeten baseren op een of meer van de volgende premissen:
- er zijn geen verschillen in, respectievelijk, vakbekwaamheid en geschiktheid om zich deze vakbekwaamheid eigen te maken;
- het is onjuist een keuze te maken uit sollicitanten op basis van vakbekwaamheid en aanleg tot goede prestaties;
- het bestaan van een geformaliseerd, vastliggend normensysteem voor de beoordeling van een arbeidsprestatie is niet acceptabel.

Ook al zijn de huidige verschillen in prestatievermogen wellicht niet gebaseerd op een eerlijk maatschappelijk systeem dat aan alle mensen gelijke kansen op opleiding biedt, wel stellen we vast dat een ontkenning van individuele verschillen wetenschappelijk onhoudbaar is (eerste premisse). De derde premisse is eveneens moeilijk vol te houden, tenzij men bereid is het grote risico te lopen dat de organisatie in chaos of willekeur vervalt. Nogmaals, hoe die normen worden vastgesteld, is een andere vraag. Het gaat hier om het bestaan en de geldigheid van dergelijke normen. Blijft over het argument dat men een betere sollicitant niet zou mogen verkiezen boven een minder goede (tweede premisse). Dit standpunt is verdedigd in kringen waarin men verzet aantekende tegen differentiatie en selectie op basis van wat dan ook, of het nu ging om geld, aristocratie, prestige, erfelijke aanleg of testprestaties. Bij een beperkt aantal plaatsingsmogelijkheden is het enige alternatief voor een weloverwogen selectieprocedure derhalve 'selectie' door middel van loting.

Hierop valt het volgende commentaar te geven. Ten eerste is het de vraag of het zonder meer toekennen van gelijke kansen aan iedereen, of het nu luie, onbekwame of ijverige, geschikte kandidaten zijn, ethisch gezien wel zo'n ideale situatie is, ook voor hen die niet bepaald bewonderaars zijn van de prestatiemoraal in onze huidige maatschappij. Ten tweede is loting in plaats van selectie van degenen die de meeste kans hebben om te slagen, veelal in strijd met het streven naar optimale benutting van meestal beperkte middelen. Een commissie van de American Psychological Association (APA, 1969, p. 637) stelde bij een van haar adviezen met betrekking tot testgebruik en mogelijke discriminatie reeds dat 'full manpower usage and full conservation of human resources are essential ingredients of a healthy society, and [that] without them demoralization and economic insecurity are certain'. Vooral bij beperkte middelen in ontwikkelingslanden (zie Drenth, 1975) is dit argument valide. Ten derde is de kans dat een werkgever een advies om te loten overneemt vrijwel nihil. Als testonderzoek niet mogelijk is, zal men terugvallen op alternatieve methoden, zoals gesprekken met de personeelschef, referenties, of impressie en beoordeling door de toekomstige chef na een korte ontmoeting. Dit zijn alle methoden waarvan empirisch onderzoek inmiddels genoegzaam heeft uitgewezen dat hun voorspellend vermogen geringer is dan dat van objectief testonderzoek. We zwijgen dan nog maar van de selectie op basis van familiestatus, protectie, geld of de willekeur van grafologie. Door niet iets beters aan te bieden heeft de psycholoog aan deze moeilijk verdedigbare praktijken dan mede schuld.

De benadering voorgesteld in de herziene NIP-ethiek (NIP, 1976) biedt een evenwichtiger oplossing voor de hier besproken problematiek. Een belangrijk element daarin is de verbreding van het begrip 'cliënt'. De gedachte is dat men tracht te denken in termen van een cliëntsysteem, waartoe zowel de onderzochte als het instituut behoren. De psycholoog stelt zich in dienst van beide partijen. Het gaat om een poging een optimale 'match' tot stand te brengen waarmee beide partijen kunnen instemmen. Voor beide partijen is voldoende informatie noodzakelijk: voor de sollicitant informatie over functie-eisen en mogelijkheden voor beloning en promotie in de organisatie, voor de organisatie informatie over de capaciteiten en behoeften van het individu.

Beide partijen hebben dan ook recht op vertrouwelijke behandeling, informatie over de beslissingsprocedures en openheid inzake de overwegingen bij de beslissingen. De beslissing zelf kan het beste bereikt worden in een proces van gemeenschappelijke exploratie, waarin het voor beide partijen duidelijk wordt wat hun behoeften en verlangens zijn, en wat daarvan kan worden gerealiseerd (zie De Wolff & Van den Bosch, 1980).

10.2 Technische en methodologische bezwaren

Voor vele technische en methodologische bezwaren geldt het eerder genoemde probleem dat daarbij onvoldoende scherp onderscheid wordt gemaakt tussen praktisch slecht functionerende tests en het principe van de test als zodanig. Het bestaan van goede tests mag uiteraard niet leiden tot een kritiekloze acceptatie van alle tests die op de markt verschijnen, maar omgekeerd mag het bestaan van slechte tests niet tot de conclusie leiden dat goed testgebruik niet mogelijk is. De kritiek op en de twijfel over de mogelijkheid om op grond van een test met voldoende zekerheid iets zinnigs over een mens te kunnen zeggen, of iets van diens toekomstige gedrag en prestaties te kunnen voorspellen, is juist voor zover het gaat om primitieve en gebrekkige tests, maar onjuist indien het gaat om goede en verantwoord geconstrueerde tests en onderzoeksmethoden. Het zijn dus vaktechnische argumenten die men tegen deze algemeen methodologische kritiek in stelling moet brengen.

Psychometrische kwaliteit van tests

Voor vele tests, waaronder ook vele in gebruik zijnde tests, geldt helaas dat ze de toets der kritiek niet kunnen doorstaan. Voor nogal wat testmethoden is in onderzoek aangetoond dat de betrouwbaarheid onvoldoende is, maar nog vaker is de begripsvaliditeit of predictieve validiteit ontoereikend, onvoldoende onderzocht, of gewoon onbekend. Strikt genomen is het dan onverantwoord om de test te gebruiken voor het nemen van beslissingen over personen. Ook komt het vaak voor dat normtabellen ontbreken, verouderd of inadequaat zijn omdat de normpopulatie afwijkt van de groep waarbinnen de test wordt gebruikt. Ook in die gevallen is testgebruik ten behoeve van individuele beslissingen onverantwoord.

Op basis van de gegevens van de COTAN (Evers e.a., 2000a, p. 22) over 457 in Nederland in omloop zijnde tests kan worden vastgesteld dat 33% een onvoldoende scoort voor 'betrouwbaarheid', 35% voor 'begripsvaliditeit', 67% voor 'predictieve validiteit', en 59% voor 'normen'. Bij de vorige beoordelingsronde (Evers, Van Vliet-Mulder & Ter Laak, 1992) waren deze percentages, respectievelijk, 38, 50 (gecombineerd voor begripsvaliditeit en predictieve validiteit) en 66. Er is dus sprake van een lichte verbetering in de kwaliteit van in omloop zijnde tests in Nederland. Deze trend is al langere tijd gaande (Evers e.a., 2000a, p. 22).

Sijtsma (1993) combineerde op basis van COTAN-gegevens in 1992 (376 beoordeelde tests) de categorieën 'validiteit' (begrip en predictief samen) en 'normen' – zijns inziens de twee belangrijkste categorieën waarin het bovendien het lastigst is een voldoende te behalen – en stelde vast dat maar 21% van de tests een voldoende in beide behaalde. Dit zijn gelukkig toch nog 78 tests. Dezelfde exercitie voor de gegevens in 2000 is iets lastiger, omdat 'validiteit' is onderscheiden naar 'begripsvaliditeit' en 'predictieve validiteit'. Als we ervan uitgaan dat een test beide soorten van validiteit aantoonbaar dient te bezitten – immers, goed voorspellen maar niet weten waarmee en weten wat men meet maar niet of men ermee kan voorspellen, zijn twee condities waaronder het meetinstrument nog niet klaar is voor gebruik – dan komen we op 16%, ofwel 71 tests, die een voldoende hebben voor zowel 'normen' als 'begripsvaliditeit' alsook 'predictieve validiteit'. Accepteren we een voldoende in slechts een van de twee validiteitscategorieën, dan komen we op 28% (129 tests).
Men dient bij deze percentages verder te bedenken dat er in Nederland allerlei tests in omloop zijn die zo dubieus zijn dat ze niet eens door de COTAN worden beoordeeld. Natuurlijk mag gehoopt worden dat de goede tests vaker worden gebruikt dan de minder goede en dubieuze, zodat het percentage verantwoorde testafnemingen groter is dan het percentage verantwoorde tests. Verder merken we op dat ook in de fase van 'voorselectie', waarbij nog geen definitieve beslissingen tot in dienst nemen zullen vallen, het gebruik van deze als 'onvoldoende' beoordeelde tests ongeoorloofd is. Het mogen dan geen definitieve beslissingen tot in dienst nemen zijn, definitieve afwijzingsbeslissingen zijn het voor velen wel degelijk.

Het NIP stelt zich via het AST-NIP op het standpunt dat tests – algemener geformuleerd, psychodiagnostische instrumenten waaronder begrepen ook observatie- en assessmentprocedures – alleen voor advies kunnen worden gebruikt indien de theoretische herkomst, betrouwbaarheid, validiteit en normering ten minste voldoende zijn, volgens de criteria van de COTAN. Mocht een psycholoog toch een test willen gebruiken die op ten minste een van deze punten onvoldoende scoort of nog niet is onderzocht, dan dient hij dit afdoende te kunnen beargumenteren. Zo niet, en het gaat om een psycholoog die bij het NIP is aangesloten, dan kunnen opdrachtgevers of cliënten verhaal halen bij het College van Toezicht van het NIP.

Voor vele methoden is dan wel (nog) niet aangetoond dat de betrouwbaarheid en validiteit ontoereikend zijn, maar het omgekeerde evenmin. Vele tests verkeren nog in een experimenteel stadium of zijn alleen nog maar vertaald: dat een test het goed doet in Amerika, is geen garantie dat voor de vertaling in Nederland hetzelfde geldt. Ook ten aanzien van deze categorie dient men vooralsnog afwijzend te staan tegenover daadwerkelijk gebruik in selectie of plaatsing: 'een test is onbruikbaar tot het tegendeel blijkt' lijkt een veilig en met het oog op de belangrijke consequenties niet overdreven voorzichtig standpunt. Wij zijn dus nog iets terughoudender dan het NIP, dat hier nog wat ruimte laat aan de kracht van argumenten van de psycholoog. Overigens is men wel degelijk van mening dat de psycholoog deze argumenten bijvoorbeeld via eigen onderzoek stevig dient te onderbouwen.

Met het bovenstaande bedoelen we overigens niet dat bij gebruik van een test geen fouten gemaakt mogen worden. Liever niet natuurlijk, maar de eis van perfectie is in de praktijk niet haalbaar. Indien een test het aantal juiste beslissingen doet toenemen ten opzichte van de situatie waarin hij niet gebruikt zou worden (en de kosten niet prohibitief zijn en ethische normen in acht worden genomen), is testgebruik in principe verantwoord.

Tegenover de technische bezwaren worden dus empirische argumenten aangevoerd. Onderzoek zal moeten uitmaken of de kritiek gerechtvaardigd is of niet. Empirische resultaten hebben het laatste woord en niet meer of minder plausibele opinies of oordelen, die uiteindelijk slechts kunnen terugvallen op de vruchten van 'armchair psychology'.

Dit geldt ook voor andere, meer incidentele bezwaren, waarvan misschien wel de meest gehoorde zijn die tegen het gebruik van meerkeuze-items (multiple-choice items; hoofdstuk 4), een itemvorm die in de moderne testconstructie geheel geaccepteerd is geraakt. Al eerder wezen we erop (hoofdstuk 5) dat empirisch onderzoek heeft uitgewezen dat de kritiek dat het hierbij op zijn slechtst louter gaat om simpele weetjes en op zijn best om verstandig gokken, niet juist is. Met meerkeuze-items zijn in beginsel dezelfde mentale processen meetbaar als met de open vragen, met dit verschil dat de eerste objectiever en betrouwbaarder zijn. Dat de betere en intelligentere proefpersonen omdat ze dieper nadenken, soms minder gauw het goede alternatief zouden kiezen, is een bezwaar waarop alleen een empirisch antwoord te geven valt. Als dat het geval is, dan blijkt dat vanzelf uit itemanalyse, hetgeen dan leidt tot wijziging of vervanging van het item.

Stereotypen-bestendigend karakter van tests

Er is ten slotte nog een methodologisch bezwaar dat zich niet zozeer richt op de technische kwaliteiten van de test, maar meer op de gekozen tests als zodanig. Dit bezwaar zou zich vooral voordoen bij het gebruik van tests als selectie-instrumenten. De tests zouden door hun beperkte en behoudende karakter de ondernemende, creatieve en exceptionele kandidaat weren, en de fantasie- en initiatiefloze conformist belonen. Gross (1962) drukt het zo uit: met behulp van de tests is men op zoek naar de 'square average acultural conservative loyal American'. Ook zou het gebruik van tests, geijkt en gevalideerd tegen bijvoorbeeld de bestaande managementstijl en -prestaties, leiden tot homogenisering en bevriezing van een bestaande ondernemingsstijl. Het is belangrijk op te merken dat het hier niet gaat om kritiek op de test, maar op het gekozen criterium. Indien men een conformist wil hebben, dan zal dat in het criterium tot uiting komen, en dan zal de voor dat criterium gevalideerde test inderdaad deze conformist opleveren. Indien men eenmaal de huidige succesvolle manager of ondernemer als na te streven voorbeeld heeft gekozen (waarover zij opgemerkt dat deze meestal een behoorlijk dynamische carrière heeft doorgemaakt en dat men daarom bepaald niet met een rigide, initiatiefloos en conformistisch criterium te maken heeft), probeert men ook in het vervolg dit soort mensen te selecteren, en de test helpt slechts dit doel te verwezenlijken.

Wij willen hiermee niet beweren dat iedere, of de gebruikelijke, criteriumkeuze en doelstellingsformulering in het kader van selectie juist is en kritiekloos dient te worden geaccepteerd. Het is echter onjuist het probleem bij de test neer te leggen. Men zou zelfs kunnen zeggen dat het testonderzoek bij een kritische criteriumanalyse juist bijzonder behulpzaam kan zijn. Uit het onderzoek van de sterk en zwak voorspellende testscores kan vaak blijken dát zich een homogeniserings- en conformeringsproces aan het voltrekken is, en dat de creatieve kandidaat of de kandidaat met het begaafde, maar vanuit het criterium gezien exceptionele profiel niet aan bod dreigt te komen.

10.3 Misbruik

Ten slotte bespreken wij de problemen en bezwaren die een meer specifiek ethisch karakter hebben en te maken hebben met misbruik of onaanvaardbare condities of consequenties. Achtereenvolgens kunnen de volgende bezwaren worden genoemd:
- schending van vertrouwen;
- misleiding;
- binnendringen in het privéleven;
- discriminatie.

10.3.1 SCHENDING VAN VERTROUWEN

Het probleem van de schending van vertrouwen wordt gezien als een van de belangrijkste bronnen van ongenoegen met betrekking tot tests. De vraag is dus of de testresultaten wel voldoende binnenskamers blijven.

Nu moet men hierbij in de eerste plaats onderscheid maken tussen een wetenschappelijk onderzoek, waarin proefpersonen meestal anoniem zijn, en een praktische onderzoekssituatie waarin iemand getest wordt ten behoeve van hemzelf of ten behoeve van een organisatie (zie ook de AST-NIP). In het eerste geval hoeft er geen probleem te bestaan. De psycholoog is alleen geïnteresseerd in de verschijnselen en hun samenhang en niet in de persoon zelf. Er dient slechts te worden gewaakt voor de anonimiteit van de proefpersoon bij publicatie van de onderzoeksresultaten.

In het tweede geval ligt het probleem van het vertrouwen gevoeliger, vooral als de psycholoog advies moet uitbrengen aan een derde (opdrachtgevende instantie). In deze situatie zijn er twee gevaren.

Het eerste gevaar is dat niet-psychologen inzage krijgen in testgegevens of antwoorden op vragen in vragenlijsten. Aangezien dit niet alleen een schending van verkregen vertrouwen betekent maar ook kan leiden tot misinterpretatie en misbruik, dient een dergelijke inzage door niet-psychologen te worden voorkomen. De AST-NIP voorziet hierin door te stellen dat aan de opdrachtgever alleen de bewerkte testuitslagen worden verstrekt, terwijl de ruwe testgegevens – antwoorden op items, gegevens uit observatieformulieren en dergelijke – in het dossier blijven en alleen aan de psycholoog en de cliënt, op diens verzoek, bekend zijn.

Een tweede gevaar bestaat erin dat er geen garantie bestaat dat alleen de opdrachtgever het rapport leest en het, tenzij expliciet vermeld, niet ook voor allerlei andere doeleinden gebruikt. Men kan denken aan de mogelijkheid dat de opdrachtgever op basis van een verstrekt rapport besluit de kandidaat voor andere functies of, later, voor promotie te beoordelen. Het rapport ligt er tóch en kan wellicht ook voor deze andere doelen dienen, zo is de redenering. In de AST-NIP is de richtlijn opgenomen dat het rapport niet voor andere doelen dan het oorspronkelijke mag worden gebruikt, en voorts dat de onderzochte op elk moment de vrijheid heeft het onderzoek te laten stoppen, en ook toestemming dient te geven alvorens een rapport wordt doorgezonden.

Iets anders ligt het bij het verstrekken van informatie aan collega-psychologen. Soms kan het wenselijk zijn om gegevens van een eerder onderzoek te raadplegen. Bij institutionele beslissingen is dan wel de toestemming van de betrokkenen nodig om de informatie aan een collega-psycholoog ter beschikking te stellen.

Een andere zaak is de geheimhouding voor de onderzochte zelf. Ook hier bestaat het gevaar van misinterpretatie en ongewenste effecten, indien de resultaten zonder voldoende toelichting en begeleiding aan de cliënt worden gepresenteerd. Volgens de AST-NIP heeft de cliënt recht op een nabespreking van het onderzoek, hetgeen altijd meer moet zijn dan een simpele inzage in het uitgebrachte rapport. De cliënt heeft voorts het recht op inzage in het rapport vóórdat het naar de opdrachtgever gaat, op een eventuele blokkering van het rapport, op aanvulling, correctie en eventuele verwijdering van door hem verstrekte gegevens, op een afschrift van het rapport nadat het is uitgebracht en, zoals gezien, op inzage in en afschrift van het onderzoeksdossier. De opdrachtgever, bijvoorbeeld een bedrijf, wordt vooraf op de hoogte gesteld van deze rechten van de cliënt, en de psycholoog kan, indien blokkering gewenst is, zonder verdere uitleg de opdrachtgever hiervan in kennis stellen. Slechts een rechterlijke uitspraak kan de psycholoog verplichten om een rapport aan derden te openbaren en daarmee het recht van de onderzochte op blokkeren herroepen.

10.3.2 MISLEIDING

Het probleem van misleiding geldt het sterkst bij de indirecte tests (hoofdstuk 3), waarbij het erom gaat dat de onderzochte niet in de gaten heeft wat de test meet, zodat hij zich niet kan wapenen. Maar daarbij blijft het niet. Ook tests waaraan allerlei kwalitatieve interpretaties over het gedrag of de prestatiewijze worden ontleend, maken gebruik van het feit dat de onderzochte zich in argeloosheid niet verdedigt.

Evenmin als bij het vorige punt rijzen hier in het geval van wetenschappelijk onderzoek problemen. Het gaat dan om groepsresultaten – gemiddelde testprestaties en correlaties van testscores met criteriumscores – en niet om individuele diagnostiek. Zolang de anonimiteit bij rapportage wordt gewaarborgd, aan de proefpersoon geen blijvende schade wordt toegebracht en, waar mogelijk, de proefpersonen vrijwillig meedoen en het doel van het onderzoek hun, in ieder geval achteraf, duidelijk wordt toegelicht, is het onderzoek verantwoord. Ook bij therapieën en in de sfeer van het individuele advieswerk, waarbij de cliënt tevens opdrachtgever is, stuit men bij dit punt niet op moeilijkheden. Het enige in geding zijnde belang is immers dat van de cliënt.

Waar echter een mogelijk conflict tussen belangen opduikt, kunnen moeilijkheden ontstaan. We denken weer aan de selectie- en plaatsingsbeslissingen. Heeft men evenwel het principe van selectie aanvaard (zie onder 10.2), dan lijkt het probleem zich op te lossen. Naar ons oordeel is dan de beste methode aangewezen en dat is de meest valide methode. De Groot (1970) heeft ooit verdedigd dat de test 'transparant' dient te zijn, een begrip dat nauw verwant is aan 'niet-misleidend', maar wij vinden een goede validiteit belangrijker. Wel dient de cliënt in overeenstemming met de NIP-ethiek goed te worden voorgelicht, maar het is overdreven te verwachten dat een leek alle finesses van een testprocedure doorgrondt, en ongewenst het gebruik van tests te beperken tot die procedures die voor iedereen een open boek zijn.

10.3.3 BINNENDRINGEN IN HET PRIVÉLEVEN

Het via tests binnendringen in iemands privéleven, in iemands persoonlijkheid, in de wereld van vaak intieme privégedachten en -wensen, is wel gezien als een aantasting van het recht op 'privacy'. Hoe moeten we dit probleem nu begrijpen?

Een belangrijk argument ter relativering van de ernst van de uitspraak dat de test het recht op 'privacy' aantast, is dat het binnendringen in iemands privéleven niet los kan worden gezien van de bedoeling ervan. Men kan zelfs stellen dat er geen sprake is van binnendringen in iemands privéleven als men niet werkelijk geïnteresseerd is in wat men hoort of ziet. In strikte zin geldt dit laatste voor het testen. Zo wees Hathaway (1964) erop dat bijvoorbeeld in de MMPI het ten eerste niet gaat om de waarheid van de antwoorden (als dat zo zou zijn, zou deze test hopeloos tekortschieten) en ten tweede de antwoorden op onpersoonlijke wijze worden verwerkt. Bij de machinale verwerking komt aan het lezen van de antwoorden zelfs geen mens te pas. Slechts de bewerkte scores zijn voor de psycholoog beschikbaar.

Vervolgens dient men in deze discussie de omvang van het probleem niet te overschatten. In een strenge controle van 109 vragenlijsten met een totaal van 5300 items bleken slechts 10 items vanuit dit oogpunt onacceptabel (Conrad, 1967).

In principe is het met een test binnendringen van het privéleven echter wel degelijk mogelijk. Dit geldt zelfs niet alleen voor persoonlijkheidstests en -vragenlijsten, maar voor iedere test, dus ook capaciteiten- en kennistests. Dit binnendringen in de privéwereld is evenwel niet beperkt tot tests. In zekere zin doen het belastingformulier, het verzoek om een curriculum vitae en een interview afgenomen door de personeelschef hetzelfde. Bij alle vormen van informatie inwinnen is er sprake van binnendringen in het privéleven, waarbij de mate waarin dit gebeurt kan variëren van het vragen naar iemands adres tot het stellen van zeer intieme vragen, zoals in een psychoanalytische anamnese. Het heeft dus weinig zin om absolute privacy te eisen.

Voorts valt te verdedigen dat een mens inderdaad recht op 'privacy' heeft, maar dat het belang van de bescherming van dit recht dient te worden afgewogen tegen andere belangen.

Ten eerste kan worden gewezen op het evenzeer belangrijke recht op kennis. Nog steeds geldt wat Bennett (1967, p. 374) in dit verband stelde: 'The contemporary concern over privacy parallels a pervasive need to communicate; the individual's right to secrecy is counterbalanced by the public's right to knowledge'. Dit geldt ook voor wetenschappelijke kennis. Het is van belang wetenschappelijk inzicht te verkrijgen in het menselijk gedrag en de menselijke motieven. Onze gezamenlijke verantwoordelijkheid om onszelf en onze wereld te kennen moet even serieus worden genomen als ons recht op 'privacy', aldus Katzell (1966).

Ten tweede noemen we de wenselijkheid of soms de noodzaak sommige personen uit (bepaalde sectoren van) de maatschappij weren. Een beschaafde maatschappij, aldus Vernon (1963), heeft het recht op enige controle over de vrijheid van de leden. Young (1966) wijst op de inconsequentie bij hen die zowel ageren tegen het schenden van de privacy van een kind door een psychopaat als tegen het schenden van de privacy door psychologen, en die proberen juist instrumenten te construeren om psychopaten tijdig te identificeren. Ook in de strijd tegen terrorisme prevaleert in bepaalde gevallen de veiligheid van de burger boven de 'privacy' van een verdachte. Dit zijn situaties waarin bijvoorbeeld een rechterlijke beslissing de vertrouwelijkheid van het dossier teniet kan doen.

Ten derde moet het recht op privacy worden afgewogen tegen de wenselijkheid om in een maatschappij optimale benutting van kwaliteiten, capaciteiten en kennis te bereiken. Ook hiervoor is informatie nodig en kan van mensen worden gevraagd toegang te verlenen tot privégegevens.

Privacy kan dus niet tot elke prijs worden gegarandeerd. Het belang van vele anderen of van de maatschappij als geheel kan meer gewicht in de schaal leggen. Iedere radicale benadering van het probleem van binnendringen van het privéleven schiet tekort. Het lijkt wenselijk een evenwicht te vinden bij het afwegen van de verschillende uiteenlopende belangen.

10.3.4 DISCRIMINATIE

De discussie over de vraag of de psychologische test tot discriminatie van (allochtone) minderheidsgroepen bijdraagt of deze juist terugdringt, stamt in Nederland uit de jaren tachtig van de vorige eeuw (Altink-van den Berg, 1988; Altink & Thijs, 1984; Drenth, 1983, 1987; Van der Flier, 1980; Hofstee, 1990; Hofstee e.a., 1990; Poortinga, 1982; Resing, Bleichrodt & Drenth, 1986; Verouden, Ross, Stef & Scheele, 1987). Deze discussie heeft zich ook daarna in ons land levendig voortgezet (bijv. Van den Berg, 2001; Bleichrodt & Van de Vijver, 2001). In de Verenigde Staten liep deze discussie reeds sinds de jaren zestig. Ten eerste zijn de klachten inzake discriminatie dat tests niet goed zijn gestandaardiseerd voor minderheidsgroepen. De instructie wordt bijvoorbeeld niet begrepen, de kandidaten zijn niet gewend aan het testproces of zij zijn niet vertrouwd met het werken onder tijdscondities. Ten tweede zijn de bezwaren gericht op de inhoud van de test. Tests zouden capaciteiten, prestaties en vooral kennisaspecten meten, die bevoorrechte groepen beter hebben kunnen ontwikkelen of verwerven. Ook worden er vooral in persoonlijkheidstests en biografische vragenlijsten vragen gesteld, die gekenmerkt kunnen worden als verkapte vragen naar ras of nationale origine. Ten derde worden tests en testcombinaties gebruikt die gebaseerd zijn op valideringsonderzoek op beperkte (weer: meestal blanke midden)groepen, waarvan de resultaten dan gegeneraliseerd worden naar andere populaties. Een regressievergelijking gebaseerd op de blanke studentenpopulatie kan discriminerend zijn jegens andere groeperingen, zoals een zwarte populatie, indien deze tests niet voor die andere groeperingen zijn onderzocht en gevalideerd.

Deze bezwaren hebben alle betrekking op de vraag naar 'fairness', of het spiegelbeeld 'bias' in testgebruik (Cleary, 1968; Cole, 1981). Dit onderwerp is vooral binnen de Amerikaanse selectiepsychologie sterk in discussie geweest. De ideologie van de gelijke kansen, formeel ondersteund door het in werking treden van de Civil Rights Act in 1964, plaatste dit probleem in het centrum van de belangstelling. Ook trof men in de Verenigde Staten altijd al relatief grote etnische en culturele minderheden aan, waarvan in ieder geval tot voor kort de 'kansen' in opleiding en beroepsleven allerminst gelijk waren aan die van de blanke meerderheid.

Verdedigers van het testonderzoek stellen dat de test juist objectief registrerend is (Anastasi, 1967; Yamamoto, 1966). Het zijn juist de sociale en economische omstandigheden die oneerlijk zijn en die bepaalde groepen gelijke kansen in opleiding en aanstelling ontzeggen. De test stelt slechts objectief vast wat iemand kan en kent. Discriminatie zit hem niet in de vaststelling dat mensen verschillende bagage meevoeren, maar in de opvatting dat mensen ongelijke waarde hebben en dus geen gelijke kansen verdienen. Met behulp van de test zou zelfs discriminatie op basis van huidskleur of ras worden tegengegaan, omdat de beoordeling nu daadwerkelijk op iemands capaciteiten wordt gebaseerd. Het is in dit verband dan ook niet vreemd dat de minderheidsgroepen zelf juist om deze redenen het testgebruik positiever waardeerden (Brim, 1965).

De stelling dat een test als zodanig nooit discriminerend kan zijn is verdedigbaar. Een test brengt alleen iets aan het licht, levert een score of een scoreprofiel op. Wat wel discriminerend kan zijn is ten eerste een bepaalde interpretatie van de testscore of het profiel, en ten tweede een bepaald gebruik van de test. We lichten dit nader toe.
Van een discriminerende *testinterpretatie* is sprake indien men aan verschillen tussen populaties in bijvoorbeeld intelligentietestscores zonder meer de interpretatie verbindt van verschillen in aangeboren intelligentiepotentieel. Dit aangeboren potentieel, of 'Intelligentie A' zoals Vernon (1969) dit noemde, kan niet zuiver, dus los van omgevingsinvloeden, gemeten worden. Bij concrete metingen van de intelligentie, althans met behulp van psychologische tests, is het resultaat altijd een indicatie van wat Vernon aanduidde met 'Intelligentie B', het fenotypische aspect van cognitieve vermogens; dus de resultante van de interactie tussen genetische aanleg enerzijds en omgevingsinvloeden en leerervaringen anderzijds.
Wel is duidelijk dat de ene soort intelligentietest qua betekenis dichter bij Intelligentie A gesitueerd kan worden dan de andere; anders ge-

zegd, de ene test verwijst meer naar de genetisch bepaalde component dan de andere. Dat betekent ook dat sommige tests voor cultureel-vergelijkend onderzoek geschikter zijn dan andere. Tests als de WAIS of de Stanford-Binet zijn door vorm en inhoud zozeer door de cultuur bepaald dat deze voor cultureel-vergelijkend onderzoek onbruikbaar zijn. Vertalingen tasten de mogelijkheid tot vergelijking weer om andere redenen aan. Alle tests zijn dus meer of minder cultuurgebonden, waaronder hun bruikbaarheid voor interculturele vergelijking te lijden heeft. Echte cultuurvrije tests bestaan niet, zoals eerder (hoofdstuk 3) werd betoogd.

De mogelijkheid van discriminatie in het testgebruik doet zich vooral voor op het terrein van de selectie. De redenering hierbij is dat door gebruik te maken van tests minderheidsgroepen die gemiddeld lager scoren op de test minder kans krijgen door de selectie te komen. Deze gedachtegang gaan we nader analyseren. Met betrekking tot selectie is er met het oog op het probleem van discriminatie een tweetal strategieën te onderscheiden: die van maximalisering van de doelmatigheid, en die van maximalisering van gelijke kansen. We zullen nagaan in welke mate bij deze strategieën van discriminatie sprake is of kan zijn.

Strategie van de maximalisering van de doelmatigheid
De eerste strategie is gericht op maximalisering van de doelmatigheid. Dit houdt in dat personen met de grootste kansen op succes in de functie worden geselecteerd. Dit wordt bereikt door de validiteit van de procedure te maximaliseren.

Wanneer is er bij deze strategie sprake van discriminatie? Niet wanneer een gegeven score op de selectietest voor alle onderzochten, ongeacht de groep waartoe ze behoren, overeenkomt met eenzelfde score op de prestatie in de functie. Deze situatie wordt weergegeven in figuur 8.4B (p. 362). Aangezien het verband tussen testprestatie en criteriumprestatie in beide groepen identiek is en er alleen sprake is van gemiddelde niveauverschillen op beide variabelen, kan er niet van discriminatie gesproken worden. Wel is van discriminatie sprake indien in de ene groep een bepaalde testscore met een systematisch hogere criteriumscore correspondeert dan in de andere groep en hiermee bij de selectie geen rekening wordt gehouden. Statistisch gesproken doet zich dit geval voor als de regressielijnen niet samenvallen en elkaar niet snijden (figuur 8.4A, p. 362). Beargumenteerd kan worden dat men in een geval als weergegeven in figuur 8.4A discrimineert tegen de leden van groep II: bij een gegeven aftestgrens X_0 horen in deze groep gemiddeld hogere criteriumprestaties dan in groep I. Personen uit deze groep met criteriumscores tussen Y_I en Y_{II} worden afgewezen, terwijl personen uit groep I met dezelfde criteriumprestaties nog wel worden aangenomen.

Van belang is dat het begrip discriminatie hier wordt gebruikt om aan te geven dat dezelfde aftestgrens op de selectietest voor de ene (gediscrimineerde) groep overeenkomt met een hogere criteriumscore dan voor de andere (bevoorrechte) groep. In zo'n geval zullen verschillende aftestgrenzen voor de verschillende groepen moeten worden gehanteerd, wil men discriminatie tegengaan. Op deze manier is het begrip discriminatie psychometrisch gedefinieerd en lijkt het probleem ook langs psychometrische weg opgelost. Maar zo eenvoudig ligt het niet. Er zitten op zijn minst nog twee adders onder het gras.
Ten eerste lijkt een deel van het probleem verschoven te zijn naar het criterium. Het gaat immers om de vraag of een test correleert met het criterium (latere prestaties in opleiding of functie), maar als deze criteriumprestatie een oneerlijke weergave is van iemands kunnen, bijvoorbeeld door bevooroordeelde beoordelingen of omdat allochtonen door een cultuur- of taalhandicap minder kans hebben een goede leer- of werkprestatie te leveren, zal het criterium een vertekening bevatten, die zich noodzakelijkerwijs ook in de met het criterium correlerende tests zal nestelen. Deze vorm van discriminatie zal dus via een 'zuivering' of een 'eerlijker' inhoud van het criterium moeten worden opgeheven.
Ten tweede stelt de maximalisering van de validiteit ons ook nog voor andere vragen. In het voorspellingsmodel opnemen van variabelen als sekse, sociaal-economische klasse, etnische groepering of regio kan op zichzelf de validiteit verbeteren. Maar dat zou toch directe, zij het binnen dit maximaliseringsmodel gelegitimeerde, discriminatie betekenen? Ook kunnen 'neutrale' predictoren zoals motivatie, attitudes, kennis of taalbeheersing aan de ene kant de validiteit verhogen, maar aan de andere kant tevens gecorreleerd zijn met de juist genoemde variabelen, zodat er dan sprake is van 'indirecte' discriminatie.

Binnen het model van de maximalisering van de doelmatigheid zijn in dit verband nog twee benaderingen te onderscheiden.
Ten eerste die van het *ongekwalificeerde individualisme*. In deze benadering wordt alles wat de validiteit verhoogt opgenomen, hetzij als predictor, hetzij als moderator. Naast de meer gebruikelijke testscores (prestatie, kennis, persoonlijkheid) geldt dat ook voor biografische gegevens, inclusief variabelen als sekse en etnische groepering. De legitimatie ligt besloten in het doel: het selecteren van de meest ge-

schikte personen, ofwel de personen met de grootste kans op succes in de functie. Als het behoren tot een allochtone groep kansen op succes vermindert, dan dient men dit volgens deze opvatting in het voorspellingsmodel te verdisconteren: in het meervoudige regressiemodel krijgt deze predictor dan een negatief gewicht.

In de tweede benadering, het *gekwalificeerde individualisme*, wordt de directe discriminatie van vrouwen, minderheden of sociaal-economisch zwakkeren, inherent in het ongekwalificeerde individualisme, niet acceptabel geacht. Dit soort demografische of sociologische variabelen mag in deze benadering geen directe rol spelen in de selectie, noch als predictor, noch als moderator, ook al zouden ze de voorspelbaarheid van de criteriumprestaties verhogen. Op a-priorigronden wordt vastgesteld welke sociale of demografische groepen niet gediscrimineerd mogen worden, en het al of niet behoren tot deze groepen mag niet als een (dichotome) variabele in de voorspellingsformule worden opgenomen.

Directe discriminatie wordt aldus vermeden. Men probeert wel de validiteit te maximaliseren, maar niet door direct discriminerende predictoren toe te laten. Overigens wordt indirecte discriminatie niet geëlimineerd. Valide predictoren, die op hun beurt een correlatie vertonen met de juist genoemde variabelen sekse, etnische groep en sociaal-economische klasse, worden wel in de regressieformule opgenomen.

Strategie van de maximalisering van gelijke kansen

Naast maximalisering van de doelmatigheid kan de selectiestrategie in de tweede plaats zijn gericht op maximalisering of verhoging van gelijke kansen om te worden aangenomen.

De meest extreme strategie is hier het in dienst nemen of toelaten op basis van loting. Volgens deze procedure hebben alle kandidaten gelijke kansen. Het is duidelijk dat de doelmatigheid hierbij het kind van de rekening is.

Vervolgens kunnen verschillende strategieën genoemd worden die nog wel uitgaan van een zekere doelmatigheid, maar die er tegelijkertijd naar streven de gelijke kansen om te worden aangenomen voor diverse groepen te bevorderen.

Ten eerste kan het principe van *gewogen loting* worden genoemd, zoals toegepast bij toelating tot geneeskundestudies in Nederland. Het idee is hier dat een hoger gemiddeld cijfer op het eindexamen vwo een grotere kans geeft om te worden toegelaten. Deze en andere vormen van weging bij de loting zijn evenzoveel concessies aan het gelijkekansenprincipe.

Ten tweede noemen we het *gecorrigeerde individualisme*. Bij deze strategie worden alle predictoren gecorrigeerd voor hun samenhang met de mogelijk discriminerende variabelen. Deze correctie resulteert in residuscores (ofwel, 'restscores') op de predictoren die nul correleren met de discriminerende variabelen. Gedacht kan worden aan de scores op een test voor logisch redeneren die worden gecorrigeerd voor hun samenhang met scores op een test voor Nederlandse woordenschat. Het resultaat is een residuscore voor logisch redeneren die onafhankelijk is van de kennis van Nederlandse woorden (het technische procedé laten we verder achterwege). Deze residuscore kan nu worden gebruikt voor de selectie van kandidaten voor een technische functie waarvoor die woordenschat niet echt relevant lijkt. Op deze wijze kunnen voorspellingsmodellen worden samengesteld waarin alleen residuscores als voorspellers worden gebruikt en kunnen de valide voorspellers van hun discriminerende werking worden gezuiverd. Dit kan natuurlijk ten koste gaan van de validiteit en daarmee van de doelmatigheid, bijvoorbeeld als voor de technische functie woordenschat wel degelijk meespeelt.

Ten derde is er de suggestie om uiteindelijk van iedere categorie waarvan is bepaald dat discriminatie moet worden tegengegaan (vrouwen, minderheden) een *bepaald percentage* aan te nemen (bekend als het quotasysteem); bijvoorbeeld naar rato van de verhoudingen in de zich aanmeldende groep of naar rato van de in het verleden gebleken percentages succesvolle kandidaten. Dit is het voorstel gedaan door Thorndike (1971b) en Cole (1973). Ook de invoering van deze wijze van selecteren kan gaan ten koste van de doelmatigheid.

Het zal duidelijk zijn dat de doeleinden van maximale doelmatigheid (validiteit) en maximaal gelijke kansen vaak met elkaar in strijd zijn. Er is dus geen perfecte, objectieve oplossing voor het probleem van discriminatie bij selectie waarin men toch de voorkeur wil geven aan de kandidaten die een grotere kans op een succesvolle criteriumprestatie hebben. Men moet wel uitgaan van subjectieve beslissingen omtrent het relatieve belang van beide doelen. De beslisser moet aangeven hoeveel hij aan validiteit wil opofferen om meer gelijke kansen te creëren (Darlington, 1976; Gross & Su, 1975; Petersen & Novick, 1976).

Onze conclusie is dat het onjuist is de test als zodanig te beschuldigen van discriminatie. Het is altijd de interpretatie of het gebruik van de testgegevens dat aanleiding kan geven tot discriminatie. Voorts bestaat bij selectie, waarbij het de bedoeling is degenen te selecteren die de beste kansen hebben op later succes, altijd de mogelijkheid dat vertegenwoordigers van de minderheidsgroepen en allochtonen een geringere kans hebben om te worden aangenomen dan vertegenwoordigers van de meerderheidsgroepen en de autochtone bevolking. Deze kans is inherent aan het eerder genoemde selectiedoel. Wil men in een dergelijke situatie de minderheidsgroepen een grotere kans bieden, dan zal dat in de meeste gevallen gaan ten koste van de doelmatigheid. Het is uiteindelijk een beleidsbeslissing welk evenwicht tussen gelijke kansen en doelmatigheid in de gegeven omstandigheden en binnen de economische en politieke randvoorwaarden de voorkeur verdient.

10.4 Tot besluit

In dit laatste hoofdstuk hebben we ons bewogen op het grensgebied van wetenschap en praktijk. Dit is een gebied vol voetangels en klemmen, waar zeer omzichtig moet worden geopereerd, temeer waar het vaak om zo centrale vragen gaat als de carrière, de arbeidsvreugde en het levensgeluk van mensen. Misschien is een belangrijke winst van deze reflectie wel een gedwongen bezinning op de vraag voor welke soort problemen en vraagstellingen een empirisch wetenschappelijke oplossing geboden is, en welke vragen slechts zijn te benaderen vanuit een levensbeschouwelijke en ethische stellingname.

Opdrachten

1. Welk onderscheid verzuimen critici van tests, die hun commentaren en reacties vaak via kranten, radio en televisie leveren, meestal te maken?

2. Waarvoor dient het oefenen van enkele proefopgaven voorafgaand aan de daadwerkelijke testafneming?

3. De auteurs nemen een toenemend verlangen bij het publiek waar om vooraf te kunnen 'oefenen' voor tests en toetsen, maar zij zijn hier ook een beetje sceptisch over. Leg uit welk gevaar zij zien.

4. Volgens sommige critici kunnen tests het unieke van een individu niet te pakken krijgen. De auteurs zijn het hiermee eens, maar leggen vervolgens uit dat de test dit ook niet pretendeert. Licht hun standpunt nader toe.

5 In welke zin kunnen adaptieve testprocedures ertoe bijdragen dat onderzochten zich serieus behandeld voelen?

6 Het verzet tegen de afhankelijkheidspositie waarin onderzochten zich geplaatst voelen hangt samen met de institutionele beslissingssituatie. Licht deze bewering nader toe.

7 Een afwijzing voor een functie kan gunstig zijn voor de kandidaat. Leg uit waarom dit zo is, maar leg ook uit waarom deze redenering enige relativering behoeft.

8 Men kan van mening zijn dat iedereen dezelfde kansen zou moeten hebben op een functie, dus dat selectie door middel van loting de aangewezen methode zou zijn. Wat zijn de bezwaren die hiertegen kunnen worden ingebracht?

9 Hoe dient volgens de ethiek van het NIP een psycholoog zich te verhouden tot opdrachtgever en onderzochte?

10 Hoe ontwikkelt de gemiddelde kwaliteit van de Nederlandse test zich door de jaren heen?

11 Er zijn nogal wat tests in omloop waarvan de kwaliteit op onderdelen ontoereikend is. Men zou zulke tests echter toch verantwoord kunnen inzetten voor selectiedoeleinden, maar dan alleen om voorlopige beslissingen te nemen. Hoe staan de auteurs hier tegenover? En hoe het NIP?

12 Er bestaat nog altijd enige weerstand tegen het gebruik van meerkeuze-items. Hoe dient men dergelijke kritiek te pareren?

13 Tests zouden in de hand werken dat voor functies bepaalde stereotypen worden geselecteerd. Volgens de auteurs ligt het probleem eerder bij het criterium. Licht dit nader toe.

14 De resultaten van een psychologisch onderzoek worden in een dossier vastgelegd, maar de opdrachtgever heeft geen recht op inzage in dit dossier. Leg uit wat hier de reden van is, en geef aan wat de opdrachtgever dan wel te zien krijgt.

15 Hoe staan de auteurs tegenover de eis dat een testprocedure voor de onderzochte transparant dient te zijn? Licht toe waar de cliënt volgens hen wel recht op heeft.

16 Is het realistisch om te eisen dat men met een test niet iemands privéleven mag binnendringen?

17 Op welke drie manieren kan discriminatie – veelal tegen minderheidsgroepen – binnendringen bij het gebruik van tests?

18 Leg uit hoe men tot de stelling kwam dat minderheden vaak positiever tegenover testen stonden dan meerderheden.

19 Wat wordt bedoeld met selectie die de doelmatigheid tracht te maximaliseren?

20 Leg uit hoe een hogere validiteit kan leiden tot een hogere doelmatigheid.

21 Als voor de meerderheidsgroep en de minderheidsgroep hetzelfde regressiemodel geldt, maar de groepen verschillen in gemiddelde score op voorspeller en criterium, is er geen sprake van discriminatie van een van beide groepen. Leg dit uit.

22 In psychometrische zin is er sprake van discriminatie als de leden van de ene groep aan hogere criteriumeisen dienen te voldoen dan de leden van de andere groep. Men zou hiervoor kunnen corrigeren door per groep verschillende aftestgrenzen te gebruiken. Leg uit dat dit het probleem van discriminatie niet oplost.

23 Wat is ongekwalificeerd individualisme?

24 Leg uit dat gekwalificeerd individualisme discriminatie uiteindelijk ook niet echt tegengaat.

25 Wat houdt selectie onder maximalisering van gelijke kansen in?

26 Leg uit dat de doeleinden van maximale doelmatigheid (maximale validiteit) en maximaal gelijke kansen met elkaar in strijd zijn.

27 Selectie is ook een kwestie van beleid of politiek, zo men wil. Licht nader toe hoe dit speelt bij het gebruik van tests.

Appendix

Eenvoudige statistische begrippen

In deze appendix bespreken we enkele statistische begrippen, die voor een goed begrip van diverse technische passages in dit boek nuttig zijn. Overigens pretenderen we geen volledigheid, noch een korte 'cursus' statistiek voor de sociale en de gedragswetenschappen. Deze appendix kan hooguit het geheugen opfrissen.

We maken in dit boek veelal geen onderscheid tussen steekproef en populatie, althans niet in de behandelde psychometrische begrippen. De reden is om de eenvoud in de toch al vaak lastige materie zo veel mogelijk te bewaren.

Het aantal items in een test geven we aan met k. Items geven we aan met indices g en h, waarbij $g, h, = 1, \ldots, k$. Scores op items geven we aan met toevalsvariabelen X_g en X_h. Dichotome items hebben doorgaans scores $X_g = 0, 1$ en polytome items scores $X_g = 0, \ldots, m$, zodat het aantal geordende antwoordcategorieën van die items met $m + 1$ wordt aangegeven. De notatie m komt overigens niet veel voor in dit boek.

De ruwe testscore of gewoon de ruwe score geven we aan met X. Dit is de ongewogen som van de k itemscores in de test:

$$X = \sum_{g=1}^{k} X_g. \tag{A.1}$$

Personen geven we aan met index i; we gaan er steeds van uit dat we de beschikking hebben over de scores van n personen, zodat $i = 1, \ldots, n$.

Dit is meestal een steekproef. De scores van persoon i op item g geven we aan met X_{ig} en de ruwe score met X_i.

Centrale tendentie

Het gemiddelde van een variabele, zoals de ruwe score, is

$$\bar{X} = \frac{1}{n} \sum_{i=1}^{n} X_i. \qquad [A.2]$$

Dit gemiddelde geeft de centrale tendentie van een verdeling van ruwe scores aan, dus een soort van geneigdheid van de onderzochte groep. De ene groep is geneigd hoger op de test te scoren – beter te presteren – dan de andere, en dat wordt weerspiegeld in de groepsgemiddelden. Een tweede maat voor centrale tendentie is de mediaan. Indien van alle n personen de ruwe scores worden geordend van klein naar groot, dan is de mediaan de middelste van deze scores. Bijvoorbeeld: de mediaan is de 45e score van 89 (n) geordende scores – er komen in de ordening 44 scores voor en 44 scores na de mediaan. Bij een even aantal scores, bijvoorbeeld n = 90, nemen we het gemiddelde van de twee middelste scores, dus van de 45e en de 46e. De derde maat is de modus. Dit is de waarde van X die het meeste voorkomt in de groep. In een kleine steekproef komen diverse scores meestal in dezelfde, geringe mate voor. De modus is dan niet zinvol, omdat er dan diverse scores met dezelfde frequentie zijn en bovendien de frequentie per score onnauwkeurig is. De modus kan derhalve het beste alleen worden bepaald voor grote steekproeven.

De mediaan en de modus zijn niet gevoelig voor uitschieters. Het gemiddelde is dat veel meer. De mediaan wordt wel gebruikt om de centrale tendentie aan te geven wanneer een verdeling scheef is. Bij normaalverdelingen vallen gemiddelde, mediaan en modus samen. In dit boek gebruiken we bijna uitsluitend het gemiddelde. De mediaan en de modus treft men vooral aan bij de normering en de interpretatie van testprestaties.

Dichotome variabelen – met scores 0 en 1 – hebben een gemiddelde dat heel eenvoudig is. Bedenk eerst dat we de som moeten uitrekenen van n nullen en enen. Dit levert het aantal enen in de steekproef, aangeduid met n_1, waarna deling door n de proportie enen oplevert. Voor een denkbeeldige steekproef van enen en nullen hebben we dan:

$$\bar{X} = \frac{1}{n}\sum_{i=1}^{n} X_g = \frac{1}{n}(1 + 1 + 1 + 0 + 1 + 0 + 0 + \ldots + 1) =$$
$$= \frac{n_1}{n} = p_g.$$
[A.3]

In de testtheorie staat dit itemgemiddelde bekend als de p-waarde van een item. De proportie nullen wordt dan aangegeven met q, en de relatie met de p-waarde is

$$q_g = 1 - p_g.$$
[A.4]

Spreiding

Vaak is het nuttig te weten hoe ver een score verwijderd ligt van het gemiddelde van de verdeling. Ten eerste kan dit worden uitgedrukt in de afwijkingsscore of de deviatiescore, aangegeven met x; die is gedefinieerd als

$$x = X - \bar{X}.$$

Deze afwijkingsscore kan zowel negatieve als positieve waarden aannemen. Het gemiddelde van de afwijkingsscores in de groep waarvoor ze berekend zijn, dus met gebruikmaking van het groepsgemiddelde, is per definitie 0. Door gebruik te maken van de eigenschap van somtekens, dat $\sum(X+Y) = \sum X + \sum Y$, volgt dit uit

$$\bar{x} = \frac{1}{n}\sum_{i=1}^{n} x_i = \frac{1}{n}\sum_{i=1}^{n}(X_i - \bar{X}) = \frac{1}{n}\sum_{i=1}^{n} X_i - \frac{1}{n}\sum_{i=1}^{n}\bar{X} = \bar{X} - \bar{X} = 0.$$

De spreiding in n testscores wordt gegeven door de variantie – hier de steekproefvariantie, aangeduid met $S^2(X)$ en soms met S_X^2. Dit is de gemiddelde, gekwadrateerde afwijkingsscore in de groep (vraag: waarom niet de gemiddelde afwijkingsscore?):

$$S^2(X) = \frac{1}{n}\sum_{i=1}^{n} x_i^2.$$
[A.5]

Voordat we verder gaan, toch even een uitstapje naar de populatie. Veel mensen raken in de war van de zogenaamde n-weging en (n − 1)-weging van de variantie. De eerste gebruiken we om de spreiding van de scores in een specifieke groep te beschrijven, de tweede als we de groep zien als een representatieve steekproef van een nader omschreven populatie, waarvan we de variantie willen schatten. De (n − 1)-weging is een wiskundige truc die ervoor zorgt dat de steekproefvariantie een zuivere schatter is van de populatievariantie; dus, dat het gemiddelde van heel veel van dergelijke schattingen precies op de populatievariantie uitkomt. De n-weging zou dan een onderschatting opleveren.

Omdat de variantie iets zegt over spreiding in termen van gekwadrateerde eenheden en dit lastig te interpreteren is, neemt men voor de interpretatie vaak de standaardeviatie:

$$S(X) = \sqrt{\frac{1}{n}\sum_{i=1}^{n} x_i^2}.$$ [A.6]

Voor dichotome items krijgen we weer sterk vereenvoudigde formules:

$$S^2(X_g) = p_g q_g,$$ [A.7]

en

$$S(X_g) = \sqrt{p_g q_g}.$$ [A.8]

Transformaties

Twee transformaties van de ruwe scores zijn in het bijzonder interessant, de afwijkingsscore of deviatiescore, en de z-score of standaardscore. We herhalen de definitie van de afwijkingsscore:

$$x = X - \bar{X}.$$ [A.9]

De twee belangrijkste eigenschappen zijn: $\bar{x} = 0$ en $S_x^2 = S_X^2$. De eerste eigenschap kwamen we al tegen, de tweede zegt dat de variantie van n afwijkingsscores gelijk is aan die van de oorspronkelijke n ruwe scores waaruit ze zijn berekend. We vermijden hier een overdaad aan wiskundige bewijsvoering. Wel is zonder wiskunde in te zien dat als van alle scores het gemiddelde wordt afgetrokken, de verdeling alleen verschuift, maar dat de spreiding gelijk blijft.

Twee variabelen (X en Y) in afwijkingsscorevorm (x en y) hebben beide een gemiddelde gelijk aan 0 ($\bar{x} = \bar{y} = 0$), maar verschillende varianties ($S_x^2 \neq S_y^2$). Die varianties kunnen ook nog worden gelijkgesteld, door de afwijkingsscores te delen door hun standaarddeviaties. Conform de meeste statistiekboeken delen we echter door S_X en niet door S_x (hoewel ze gelijk zijn: $S_X = S_x$). Voor variabele X krijgen we dan

$$z_X = \frac{X - \bar{X}}{S_X}.$$ [A.10]

De z-score geeft de afwijking van score X van het groepsgemiddelde $\bar{X}$ uitgedrukt in standaarddeviaties van de verdeling van X. De twee belangrijke eigenschappen van z-scores zijn: $\bar{z} = 0$ en $S_z^2 = 1$. Twee variabelen in z-scorevorm hebben dus beide gemiddelde 0 en variantie 1. Verschillen en overeenkomsten in de interpretatie van afwijkingsscores en z-scores zijn de volgende. Stel dat $x_{Jan} = -7$, dan weten we dat de ruwe score van Jan 7 punten onder het groepsgemiddelde ligt. We weten niet of dit veel is, want daarvoor zouden we moeten weten wat de spreiding van de ruwe scores in de hele groep is. Stel, de standaarddeviatie is 3.5, dan is $z_{Jan} = -2$. Als de ruwe scores normaal verdeeld zijn, dan is in een tabel voor de normaalverdeling te vinden dat ongeveer 97.5% van de groep een hogere score heeft dan Jan, en dat is veel. Als de standaarddeviatie echter 14 zou zijn, dan was $z_{Jan} = -0.5$, en dus had ongeveer 69% een hogere score. De score van Jan was dan nog steeds aan de lage kant, maar niet meer dramatisch. Afwijkingsscores en z-scores laten beide zien aan welke kant van het groepsgemiddelde een score ligt, maar de laatste geeft de afstand in standaarddeviaties en is dus informatiever.

Samenhang

De samenhang tussen twee variabelen, X en Y, wordt uitgedrukt in hun covariantie, de mate waarin zij samen variëren. De covariantie is het gemiddelde product van de afwijkingsscores in de groep:

$$S(X, Y) = \frac{1}{n} \sum_{i=1}^{n} x_i y_i. \qquad [A.11]$$

De covariantie geeft de richting van het verband, maar niet de sterkte. Een positieve covariantie betekent dat positieve scores op x en y in het algemeen met elkaar samengaan en evenzo negatieve scores. Een negatieve covariantie betekent dat er een tendens is dat positieve scores op x samengaan met negatieve scores op y, en negatieve scores op x met positieve op y. Een covariantie van 4.3 tussen twee variabelen geeft echter niet per se een sterker positief verband aan dan een covariantie van .9 tussen twee andere variabelen. Dit komt doordat de variantie van X en Y doorspeelt in hun covariantie: een grote variantie van een of beide variabelen betekent veel grote afwijkingsscores en dus grote producten xy in de formule voor de covariantie.

De invloed van de spreiding van de variabelen kan worden uitgeschakeld door de variabelen te standaardiseren en de covariantie te berekenen tussen hun z-scoreversies:

$$S(z_X, z_Y) = \frac{1}{n}\sum_{i=1}^{n} z_{X_i} z_{Y_i}.$$

Aangetoond kan worden dat dit precies de product-momentcorrelatie is, want:

$$\frac{1}{n}\sum_{i=1}^{n} z_{X_i} z_{Y_i} = \frac{1}{n}\sum_{i=1}^{n} \frac{x_i}{S_X} \frac{y_i}{S_Y},$$

en omdat de constante waarden $1/S_X$ en $1/S_Y$ voor het somteken mogen worden gezet, krijgen we

$$\frac{1}{S_X S_Y} \frac{1}{n}\sum_{i=1}^{n} x_i y_i = \frac{S_{XY}}{S_X S_Y} = r_{XY}.$$

De correlatie is dus de covariantie tussen de z-scoreversies van twee variabelen. De correlatie is ongevoelig voor de variantie van de variabelen, en heeft vaste onder- en bovengrenzen:

$$-1 \leq r_{XY} \leq 1. \qquad [A.12]$$

Nu weten we dus dat een correlatie van .8 een sterk positief verband aangeeft en een correlatie van $-.2$ een zwak negatief verband. Overigens kunnen die extreme waarden alleen worden gehaald als de verdelingen van X en Y precies identiek zijn. Als bijvoorbeeld de ene variabele normaal verdeeld is en de andere scheef, dan worden die extreme waarden niet meer gehaald. We laten dit onderwerp verder rusten. Heel belangrijk om te weten is dat de correlatie de sterkte van het lineaire verband tussen twee variabelen aangeeft, dus de mate waarin het verband kan worden beschreven door een lineaire functie. Wie hierover meer wil weten, kan bijvoorbeeld terecht in de hoofdstukken waar de regressieanalyse wordt behandeld (zie de hoofdstukken 6 en 8). Ook kunnen twee variabelen een perfect verband hebben, maar als dit bijvoorbeeld een kwadratisch verband is, is de correlatie toch 0.

Lineaire transformaties

In de testtheorie worden ruwe scores vaak omgezet in andere scores. We zagen al afwijkingsscores en z-scores, en een ander voorbeeld zijn de IQ-scores (hoofdstuk 5). Dit zijn alle transformaties van het type

$$Y = a + bX \qquad [A.13]$$

waarin a en b constante getallen zijn. Deze omzetting van X in Y is lineair; we noemen dit een lineaire transformatie. Een grafiek van deze functie geeft, bij specifieke keuzes voor a en b, daadwerkelijk een rechte lijn te zien. De lezer kan zelf nagaan dat de omzetting van de ruwe score in afwijkingsscores gebeurt via een lineaire transformatie met $a = -\bar{X}$ en $b = 1$. De omzetting van X naar z_X gaat via $a = -\bar{X}/S_X$ en $b = 1/S_X$.

In het algemeen gelden de volgende formules voor de lineaire transformatie, $Y = a + bX$:

Gemiddelde:

$$\bar{Y} = a + b\bar{X}. \quad [A.14]$$

Dus: het gemiddelde van X ondergaat dezelfde transformatie als de afzonderlijke scores.

Variantie:

$$S^2(Y) = b^2 S^2(X). \quad [A.15]$$

De variantie van Y verschilt een factor b^2 van de variantie van X. De constante a heeft geen invloed op de variantie van Y.

Standaarddeviatie:

$$S(Y) = |b|S(X). \quad [A.16]$$

De standaarddeviatie van Y verschilt een factor $|b|$ van de standaarddeviatie van X.

Covariantie: Laat $Y_1 = a + bX_1$ en $Y_2 = c + dX_2$ (Y_2 en X_2 zijn variabelen, en c en d zijn constanten); dan is

$$S(Y_1, Y_2) = bdS(X_1, X_2). \quad [A.17]$$

Net als bij de variantie spelen de optelconstanten, a en c, geen rol. Verder kan worden opgemerkt dat als bijvoorbeeld b positief is en d negatief, de covariantie dan van teken verandert.

Correlatie:

$$r(Y_1, Y_2) = r(X_1, X_2) \text{ als } bd > 0, \text{ en}$$
$$r(Y_1, Y_2) = -r(X_1, X_2) \text{ als } bd < 0. \quad [A.18]$$

Dus: alleen het teken van het product bd heeft invloed op de correlatie, namelijk op het teken ervan.

Lineaire combinaties

Een lineaire combinatie is een som van variabelen, al dan niet gewogen. Laat de som aangeduid worden met X en de te sommeren variabelen met X_g, $g = 1, \ldots, k$. In onze notatie is X de ruwe score en

zijn de andere variabelen de k itemscores. Met name in hoofdstuk 6 over de betrouwbaarheid en aanverwante onderwerpen, spelen lineaire combinaties een belangrijke rol. Het is derhalve belangrijk te weten hoe, in dit geval, het gemiddelde en de variantie van de somscore en de te sommeren variabelen zich tot elkaar verhouden. We behandelen alleen het geval van de ongewogen variabelen of, in ons geval, itemscores – dus itemscores met alle het gewicht 1.
Gemiddelde:

$$\bar{X} = \sum_{g=1}^{k} \bar{X}_g. \qquad [A.19]$$

Dus: het gemiddelde van een somvariabele is de som van de gemiddelden van de afzonderlijke, gesommeerde variabelen.
Variantie: we gebruiken de dubbele som $\sum \sum_{g \neq h}$ om aan te geven dat we optellen over alle paren van verschillende variabelen, X_g en X_h, zodat $g \neq h$; dus, paren met twee keer dezelfde variabele doen niet mee. Wel de paren (1,2), (1,3), ..., (1,k); (2,1), (2,3), ..., (2,k); ...; (k,1), (k,2), ..., (k − 1,k). Dit zijn in totaal k(k − 1) paren. De variantie van X schrijven we dan als:

$$S^2(X) = \sum_{g=1}^{k} S^2(X_g) + \sum \sum_{g \neq h} S(X_g, X_h). \qquad [A.20]$$

De variantie van een somvariabele is de som van de varianties van de afzonderlijke variabelen in de som plus de som van alle covarianties tussen deze variabelen.
Covariantie: tot slot geven we de covariantie van twee somvariabelen. We kiezen voor het gemak twee eenvoudige somvariabelen, $X = X_1 + X_2$ en $Y = Y_1 + Y_2$. De covariantie van X en Y is

$$S(X,Y) = S(X_1,Y_1) + S(X_1,Y_2) + S(X_2,Y_1) + S(X_2,Y_2). \qquad [A.21]$$

Dus, de covariantie van twee somvariabelen is gelijk aan de som van de covarianties van de variabelen waaruit de twee sommen zijn opgebouwd.

Opdrachten

1 Gegeven zijn de testscores, X, van vijf personen: $X = 12, 10, 14, 11, 13$.
   a Bereken voor elke persoon de afwijkingsscore, x, en de standaardscore, z_X.

b Bereken de gemiddelden van x en z_X in deze groep van vijf personen.
c Bereken de standaarddeviaties van x en z_X in deze groep.

2 Stel, een tentamen statistiek bestaat uit 40 meerkeuze-items van het goed/fout-type.
a Wat is de variatiebreedte van de ruwe score?
b Als de cesuur (zak/slaag-grens) 28 is, heeft iemand met een tentamencijfer 7 dan een ruwe score lager dan 28?

3 Beantwoord de volgende vragen.
a Laat in een figuur zien dat de frequentieverdeling van de afwijkingsscores ten opzichte van de verdeling van de ruwe scores is verschoven.
b Over welke afstand is de verdeling verschoven?
c Laat tevens in de figuur zien dat het gemiddelde van de verdeling der afwijkingsscores 0 is.

4 Lever het bewijs voor de volgende wiskundige stellingen.
a Het gemiddelde van een variabele in afwijkingsscorevorm is 0.
b De variantie van een variabele in afwijkingsscorevorm is gelijk aan de variantie van de ruwe score.

5 Beantwoord de volgende vragen.
a Als ik weet dat iemands ruwe score gelijk is aan 37, wat weet ik dan over zijn positie in de groep?
b Als iemands afwijkingsscore gelijk is aan 14, wat weet ik dan over zijn positie in de groep?

6 Laat in een figuur zien wat er gebeurt met de frequentieverdeling van de ruwe scores als er standaardscores van gemaakt worden.

7 Lever wiskundige bewijzen van de volgende stellingen.
a Standaardscores hebben een gemiddelde 0.
b Standaardscores hebben een variantie 1.

8 Stel, iemand heeft op een test een z-score van -1.3.
a Welke informatie biedt dit over zijn positie in de groep?
b Als de scores in de onderzochte groep normaal verdeeld zijn, hoeveel procent van de respondenten heeft dan een hogere testscore dan deze persoon? (hint: maak gebruik van uw statistiekboek).

c Als de scores niet normaal verdeeld zijn (en we weten verder niet hoe de verdeling er wel uit ziet), wat kan men dan zeggen over het percentage respondenten met een score hoger dan $z = 0$?

9 Welke score is het meest informatief over iemands positie in de groep, de percentielscore of de standaardscore? Beargumenteer uw antwoord.

10 In de onderstaande tabel is de temperatuur in zes koelkasten van verschillende merken weergegeven in respectievelijk graden Fahrenheit (X) en graden Celsius (Y). Gegeven is:

$$Y = \frac{5}{9}(X - 32).$$

koelkast	X	x	Y	y
1	55.4	14.4	13.0	
2	30.2	−10.8	−1.0	
3	35.6	−5.4	2.0	
4	33.8	−7.2	1.0	
5	50.0	9.0	10.0	
6	41.0	0.0	5.0	

a Bereken het gemiddelde en de standaarddeviatie van X en Y.
b Vul de afwijkingsscores, y, in de tabel in.
c Ziet u een snelle manier om gemiddelde en standaarddeviatie van Y te berekenen als u die van X reeds kent?

11 Gegeven zijn de scores van zes personen op drie tests:

persoon	X_1	X_2	X_3
1	1	3	5
2	0	8	10
3	1	9	10
4	0	11	8
5	1	14	10
6	0	15	11

a   Bereken de gemiddelden en de standaarddeviaties van de drie variabelen.
b   Bereken de z-scores voor de tweede en de derde variabele.
c   Bereken de correlatie tussen X_2 en X_3.
d   Bereken gemiddelde en variantie van de getransformeerde variabele $Y = 3 + 2X_2$.
e   Ziet u bij opgave d een eenvoudiger oplossing die veel rekenwerk bespaart? Welke oplossing is dat?

12 Als van een dichotoom gescoord item met 0/1-scoring de p-waarde bekend is, is daarmee ook de variantie bekend.
a   Als $p = 0.3$, wat is dan de variantie van het item?
b   Als de variantie van het item 0.24 is, wat is dan de p-waarde?
c   Laat algemeen zien (dus, niet met getallen, maar met een formule) dat als we de variantie kennen, daarmee het gemiddelde – dus, de p-waarde – niet uniek vastligt.

13 Gegeven zijn de scores van tien personen op vier dichotome items:

persoon	X_1	X_2	X_3	X_4
1	1	1	0	0
2	0	1	1	0
3	1	1	1	1
4	1	1	1	1
5	0	0	0	0
6	0	0	1	0
7	1	1	1	0
8	1	0	1	0
9	0	0	1	0
10	0	0	0	0

a   Bereken de p-waarden van de items.
b   Bereken de standaarddeviaties van de items.
c   Bereken alle afwijkingsscores en standaardscores.
d   Bereken de correlaties tussen de items 1 en 2, 1 en 3, en 1 en 4. Gebruik telkens twee formules.
e   Bereken de correlatie tussen item 1 en de totaalscore op de andere drie items, die we aangeven met $R_{(-1)}$, en tevens de correlatie van item 4 met de restscore, $R_{(-4)}$.

14 Gegeven is een tabel met de scores van zes personen op drie tests:

persoon	X_1	X_2	X_3
1	10	4	10
2	8	10	1
3	8	10	7
4	4	−2	1
5	4	4	−11
6	2	−2	−2

a Bereken de afwijkingsscoreversies van de drie variabelen.
b Bereken alle varianties en covarianties van de drie variabelen, en zet ze in een tabel met drie rijen en drie kolommen, die respectievelijk met de eerste, de tweede en de derde variabele corresponderen. Deze tabel is de variantie-covariantiematrix.
c Bereken de somvariabele, $X = X_1 + X_2 + X_3$, en bereken op twee manieren het gemiddelde en de variantie van X.
d Bereken direct uit de variantie-covariantiematrix: $S^2(X_1 + X_2)$, $S^2(X_1 + X_3)$ en $S^2(X_2 + X_3)$.

15 Wat geldt voor de covarianties tussen de items als iedereen op de test dezelfde ruwe score (aantal goed) heeft?

Literatuur

Abrahams, N.M., & Ralf, E.F. (1972). Pratfalls in moderator research. *Journal of Applied Psychology, 56*, 245-251.

Adkins, D. (1961). *Test construction*. Columbus, OH: Merrill Books.

Adorno, T.W., Frenkel-Brunswik, E., Levinson, D.J., & Sanford, R.M. (1950). *The authoritarian personality*. New York: Harper.

Aiken, L.R. (1971). *Psychological and educational testing*. Boston, MA: Allyn & Bacon.

Algera, J.A., Jansen, P.W.G., Roe, R.A., & Vijn, P. (1984). Validity generalization: Some critical remarks on the Schmidt-Hunter procedure. *Journal of Occupational Psychology, 57*, 197-210.

Allen, M.J., & Yen, W.M. (1979). *Introduction to measurement theory*. Belmont, CA: Wadsworth.

Altink-van den Berg, W.M.M. (1988). *Selectie voor hoger onderwijs in ontwikkelingslanden*. Dissertatie. Amsterdam, Vrije Universiteit.

Altink, W.M.M., & Thijs, G.D. (1984). The issue of equity: research on selection processes for educational programmes in developing countries. *Institute of Development Studies Bulletin, 15*, 74-80.

American Psychological Association (APA) (1954). Technical recommendations for psychological tests and diagnostic techniques. *Suppl. Psychological Bulletin, 51*.

American Psychological Association (APA) (1969). Job testing and the disadvantaged. *American Psychologist, 24*, 637-650.

Amrine, M. (1965). The 1965 congressional inquiry into testing: A commentary. *American Psychologist, 20*, 858.

Anastasi, A. (1961, 1988). *Psychological testing*. New York: MacMillan.

Anastasi, A. (1967). Psychology, psychologists, and psychological testing. *American Psychologist, 22*, 297-306.

Anastasi, A. (1986). Evolving concepts of test validation. *Annual Review of Psychology, 37*, 1-15.

Anderson, N., & Herriot, P. (1997). *International handbook of selection and assessment*. Chichester: Wiley.

Andrich, D. (1978). A rating formulation for ordered response categories. *Psychometrika, 43*, 561-573.

Andrich, D. (1988). *Rasch models for measurement*. Newbury Park, CA: Sage.

Angoff, W.H. (1988). Validity: An evolving concept. In H. Wainer & H.I. Braun (red.), *Test validity* (pp. 19-32). Hillsdale, NJ: Erlbaum.

Ariel, A. (2005). *Contributions to test-item bank design and management.* Dissertatie. Enschede, Universiteit Twente.
Astin, A.W. (1964). Criterion-oriented research. *Educational and Psychological Measurement, 24,* 807-829.
Baker, F.B. (1984). Technology and testing: State of the art and trends for the future. *Journal of Educational Measurement, 21,* 399-406.
Baker, F.B. (1992). *Item response theory. Parameter estimation techniques.* New York: Marcel Dekker (nieuwe editie: F.B. Baker & S.-H. Kim, 2004).
Bakx, A.W.E.A., Sijtsma, K., Sanden, J.M.M. van der, & Taconis, R. (2002). Development and evaluation of a student-centered multimedia self-assessment instrument for social-communicative competence. *Instructional Science, 30,* 335-359.
Bali, S.K., Drenth, P.J.D., Flier, H. van der, & Young, W.C.E. (1984). *Contribution of aptitude tests to the prediction of school performance in Kenya: a longitudinal study.* Lisse: Swets & Zeitlinger.
Ballard, P.B. (1920). *Mental tests.* London: Hodder & Stoughton.
Ballard, P.B. (1924). *The new examiner.* London: University of London Press.
Barendregt, J.T. (1961). *Research in psychodiagnostics.* Den Haag: Mouton.
Bartram, D., & Bayliss, R. (1984). Automated testing: Past, present and future. *Journal of Occupational Psychology, 57,* 221-237.
Baumgarten, F. (1928). *Die Berufeignungsprüfungen: Theory und Praxis.* München: Barth Verlag.
Bender, L. (1938). *A visual motor gestalt test and its clinical use. Res. Mon. No. 3.* New York: American Orthopsychiatric Association.
Bennett, C.C. (1967). What price privacy. *American Psychologist, 22,* 371-376.
Berg, R.H. van den (2001). *Psychologisch onderzoek in een multiculturele samenleving.* Dissertatie. Amsterdam, Vrije Universiteit.
Berge, J.M.F. ten, Snijders, T.A.B., & Zegers, F.E. (1981). Computational aspects of the greatest lower bound to the reliability and constrained minimum trace factor analysis. *Psychometrika, 46,* 201-213.
Berge, J.M.F. ten, & Zegers, F.E. (1978). A series of lower bounds to the reliability of a test. *Psychometrika, 43,* 575-579.
Berry, J.W., Poortinga, Y.H., Segal, M.H., & Dasen, P.R. (1992). *Cross-cultural psychology: Research and applications.* New York: Cambridge University Press.
Binet, A., & Simon, Th.A. (1905). Méthodes nouvelles pour le diagnostic du niveau intellectuel des anormaux. *L'Année Psychologique, 11,* 191-244.
Birnbaum, A. (1968). Some latent trait models and their use in inferring an examinee's ability. In F.M. Lord & M.R. Novick (1968). *Statistical theories of mental test scores* (pp. 396-479). Reading, MA: Addison-Wesley.
Bishop, G.F. (1987). Experiments with the middle response alternative in survey questions. *Public Opinion Quarterly, 51,* 220-232.
Biskin, B.H., & Kolotkin, R.L. (1977). Effects of computerized adminstration on scores on the Minnesota Multiphasic Personality Inventory. *Applied Psychological Measurement, 1,* 543-549.
Bleichrodt, N. (1989). *Intelligentiemeting ten behoeve van het onderwijs in Indonesië.* Dissertatie. Amsterdam, Vrije Universiteit.
Bleichrodt, N., Drenth, P.J.D., Resing, W.C.M., & Zaal, J.N. (1984). *Revisie Amsterdamse Kinder Intelligentie Test. Instructie, normen, psychometrische gegevens.* Lisse: Swets & Zeitlinger.

Bleichrodt, N., Drenth, P.J.D., Resing, W.C.M., & Zaal, J.N. (1987). *Revisie Amsterdamse Kinder Intelligentie Test. Handleiding*. Lisse: Swets & Zeitlinger.

Bleichrodt, N., & Vijver, A.J.R. van de (2001). *Diagnostiek bij allochtonen; mogelijkheden en beperkingen van psychologische tests*. Lisse: Swets & Zeitlinger.

Block, J. (1961). *The Q-sort method in personality assessment and psychiatric research*. Springfield, IL: Charles C. Thomas.

Bloom, B.S. (1956). *Taxonomy of educational objectives*. New York: McKay.

Bobertag, O. (1911). *Ueber Intelligenzprüfungen nach der Methode von Binet und Simon*. Leipzig: Barth.

Bock, R.D. (1997). The nominal categories model. In W.J. van der Linden & R.K. Hambleton (red.), *Handbook of modern item response theory* (pp. 33-49). New York: Springer.

Boeck, P. de, & Wilson, M. (2004). *Explanatory item response models. A generalized linear and nonlinear approach*. New York: Springer.

Boeke, P.E. (1962). *Psychodiagnostische problemen van de epilepsie*. Assen: Van Gorcum.

Boekkooi-Timminga, E. (1987). Simultaneous test construction by zero-one programming. *Methodika, 1*, 101-112.

Boomsma, A., Duijn, M.A.J. van, & Snijders, T.A.B. (2001). *Essays on item response theory*. New York: Springer.

Boring, E.G. (1945). The use of operational definitions in science. *Psychological Review, 52*, 243-245.

Borsboom, D. (2005). *Measuring the mind. Conceptual issues in contemporary psychometrics*. Cambridge UK: Cambridge University Press.

Borsboom, D., Mellenbergh, G.J., & Heerden, J. van (2003). The theoretical status of latent variables. *Psychological Review, 110*, 203-219.

Borsboom, D., Mellenbergh, G.J., & Heerden, J. van (2004). The concept of validity. *Psychological Review, 111*, 1061-1071.

Bos, D.J. (1974). *Schoolkeuze adviezen: Resultaten controle van 5 jaar. Dissertatie*. Amsterdam, Universiteit van Amsterdam. Den Haag: Mouton.

Both, F.J. (1967). *Manuele vaardigheid: een oriëntatie*. Groningen: Wolters.

Bouma, J.M. (1988). *Perceptual asymmetries and hemispheric specialization. Dissertatie*. Amsterdam: Free University Press.

Bouwmeester, S. (2005). *Latent variable modeling of cognitive processes in transitive reasoning. Dissertatie*. Tilburg, Universiteit van Tilburg.

Bouwmeester, S., & Sijtsma, K. (2004). Measuring the ability of transitive reasoning, using product and strategy information. *Psychometrika, 69*, 123-146.

Bouwmeester, S., Sijtsma, K., & Vermunt, J.K. (2004). Latent class regression analysis for describing cognitive developmental phenomena: An application to transitive reasoning. *European Journal of Developmental Psychology, 1*, 67-86.

Boxtel, H.W. van, Snijders, J.Th., & Welten, V.J. (1980). *Voorlopige verantwoording en handleiding. Vorm III ISI-Reeks*. Groningen/Lisse: Wolters-Noordhoff/Swets & Zeitlinger.

Brainerd, C.J., & Kingma, J. (1984). Do children have to remember to reason? A fuzzy-trace theory of transitivity development. *Developmental Review, 4*, 311-377.

Brainerd, C.J., & Reyna, V.F. (1990). Gist is the grist: Fuzzy-trace theory and the new intuitionism. *Developmental Review, 10*, 3-47.

Brennan, R.L. (2001). *Generalizability theory*. New York: Springer.

Brim, O.G. (1965). American attitudes towards attitude tests. *American Psychologist, 20*, 125-130.

Brink, W.P. van den, & Mellenbergh, G.J. (1998). *Testleer en testconstructie*. Amsterdam: Boom.

Brogden, H.E. (1949). A new coefficient: application to biserial correlation and to estimation of selective efficiency. *Psychometrika, 14*, 169-182.

Bühler, Ch., & Hetzer, H. (1932). *Kleinkindertests*. Leipzig: Barth.

Buiten, B. (1970). *Biografische vragenlijsten*. Dissertatie. Groningen, Rijksuniversiteit Groningen.

Burke, H.R. (1958). Raven's progressive matrices: A review and critical evaluation. *Journal of Genetical Psychology, 93*, 199-228.

Burt, C. (1921). *Mental and scholastic tests*. London: London University Press.

Campbell, D.T. (1957). A typology of tests, projective and otherwise. *Journal of Consulting Psychology, 21*, 207-217.

Campbell, D.T. (1960). Recommendations for APA tests regarding construct, trait or discriminant validity. *American Psychologist, 15*, 546-553.

Campbell, D.T., & Fiske, D.W. (1959). Convergent and discriminant validation by the multitrait-multimethod matrix. *Psychological Bulletin, 56*, 81-105.

Campbell, J.P., & Knapp, D.J. (2001). *Exploring the limits in personnel selection and classification*. Mahwah, NJ: Erlbaum.

Cattell, J. McKeen, J. (1890). Mental tests and measurements. *Mind, 15*, 373-380.

Cattell, R.B. (1956-1957). *Sixteen personality factors questionnaire*. Yonkers-on-Hudson, NY: World Book.

Choppin, B.H. (1976). Recent developments in item banking: a review. In D.N.M. de Gruijter & L.J.Th. van der Kamp (red.), *Advances in psychological and educational measurement* (pp. 233-245). New York: Wiley.

CITOgroep (2004). *Thuis in de Citotoets. Een goede kennismaking voor thuis* (uitgave op dvd). Arnhem: CITOgroep.

Claparède, E. (1924). *Comment diagnostiquer les aptitudes chez les écoliers*. Paris: Presses Universitaires de France.

Cleary, T.A. (1968). Test bias: Prediction of grades of Negro and white students in integrated colleges. *Journal of Educational Measurement, 5*, 115-124.

Cole, N.S. (1973). Bias in selection. *Journal of Educational Measurement, 10*, 237-255.

Cole, N.S. (1981). Bias in testing. *American Psychologist, 36*, 1067-1077.

Conrad, H.S. (1967). Clearance of questionnaires with respect to invasion of privacy, public sensitiveness, ethical standards, etc. *American Psychologist, 22*, 356-359.

Coombs, C.H. (1964). *A theory of data*. Ann Arbor, MI: Mathesis Press.

Costa, P.T., Jr., & McCrae, R.R. (1992). *Revised NEO Personality Inventory (NEO PI-RTM) and NEO Five-Factor Inventory (NEO-FFI) professional manual*. Odessa, FL: Psychological Assessment Recources.

Crocker, L., & Algina, J. (1986). *Introduction to classical and modern test theory*. New York: Holt, Rinehart & Winston.

Cronbach, L.J. (1951). Coefficient alpha and the internal structure of tests. *Psychometrika, 16*, 297-334.

Cronbach, L.J. (1961, 1984). *Essentials of psychological testing*. New York: Harper & Row.

Cronbach, L.J. (1964). *Educational psychology*. New York: Harcourt, Brace & World.

Cronbach, L.J. (1971). Test validation. In R.L. Thorndike (red.), *Educational Measurement* (pp. 443-507). Washington DC: American Council on Education.

Cronbach, L.J. (1988). Five perspectives on the validity argument. In H. Wainer & H.I. Braun (red.), *Test validity* (pp. 3-17). Hillsdale, NJ: Erlbaum.

Cronbach, L.J., & Gleser, G.C. (1953). Assessing similarity profiles. *Psychological Bulletin, 50,* 456-473.

Cronbach, L.J., & Gleser, G.C. (1957, 1965). *Psychological tests and personnel decisions.* Urbana, IL: University of Illinois Press.

Cronbach, L.J., Gleser, G.C., Nanda, H., & Rajaratnam, N. (1972). *The dependability of behavioral measurements: Theory of generalizability for scores and profiles.* New York: Wiley.

Cronbach, L.J., & Meehl, P.E. (1955). Construct validity in psychological tests. *Psychological Bulletin, 52,* 281-302.

Dague, P. (1972). Development, application and interpretation of tests for use in French-speaking black Africa and Madagascar. In L.J. Cronbach & P.J.D. Drenth (red.), *Mental tests and cultural adaptation* (pp. 63-74). Den Haag: Mouton.

Dam, K. van (1996). *Dansende beren. Beoordelingsprocessen bij personeelsselectie.* Dissertatie. Amsterdam, Universiteit van Amsterdam.

Darlington, R.B. (1976). A defence of rational personnel selection, and two new methods. *Journal of Educational Measurement, 13,* 43-52.

Dayton, C.M. (1998). *Latent class scaling analysis.* Thousand Oaks, CA: Sage.

Defares, P.B., Kema, G.N., & Werff, J.J. van der (1962). Intelligentie, tempo en nauwkeurigheid in de GALO-test. *Paedagogische Studiën, 39,* 1-17.

Dehue, T. (1990). *De regels van het vak. Nederlandse psychologen en hun methodologie 1900-1985.* Amsterdam: Van Gennep.

Dekker, M.J.A. (1987). *Intelligentie van visueel gehandicapte kinderen in de leeftijd van 6 tot 15 jaar.* Dissertatie. Amsterdam: VU Uitgeverij.

Dekker, M.J.A., Drenth, P.J.D., & Zaal, J.N. (1989). *Handleiding Intelligentietest voor Visueel Gehandicapte Kinderen in de leeftijd van 6 tot 15 jaar* (drie delen). Zeist: Vereniging Bartiméus.

Delft, D. van (2005). *Heike Kamerlingh Onnes. Een biografie.* Amsterdam: Uitgeverij Bert Bakker.

DiBello, L.V., Stout, W.F., & Roussos, L.A. (1995). Unified cognitive/psychometric diagnostic assessment likelihood-based classification techniques. In P.D. Nichols, S.F. Chipman & R.L. Brennan (red.), *Cognitively diagnostic assessment* (pp. 361-389). Hillsdale, NJ: Erlbaum.

Doornen, L.J.P. van (1988). *Physiological stress reactivity.* Dissertatie. Amsterdam, Vrije Universiteit.

Draney, K.L., Pirolli, P., & Wilson, M. (1995). A measurement model for a complex cognitive skill. In P.D. Nichols, S.F. Chipman & R.L. Brennan (red.), *Cognitively diagnostic assessment* (pp. 103-125). Hillsdale, NJ: Erlbaum.

Drenth, P.J.D. (1965a). *De psychologische test.* Arnhem: Van Loghum Slaterus.

Drenth, P.J.D. (1965b). *Test voor niet-verbale abstractie.* Amsterdam: Swets & Zeitlinger.

Drenth, P.J.D. (1967). *Protesten contra testen.* Amsterdam: Swets & Zeitlinger.

Drenth, P.J.D. (1972). Implications of testing for individual and society. In L.J. Cronbach & P.J.D. Drenth (red.), *Mental tests and cultural adaptation* (pp. 23-35). Den Haag: Mouton.

Drenth, P.J.D. (1975). Tests for developing countries; rationale and objectives. *Nederlands Tijdschrift voor de Psychologie, 30,* 5-22.

Drenth, P.J.D. (1977). The use of intelligence tests in developing countries. In Y.H. Poortinga (red.), *Basic problems in cross cultural psychology* (pp. 249-258). Amsterdam: Swets & Zeitlinger.

Drenth, P.J.D. (1983). *Cultuur en intelligentie: een psychometrische optiek*. Amsterdam: KNAW/Noord Hollandse Uitgeversmaatschappij.

Drenth, P.J.D. (1987). Intelligence tests in education, evaluation and selection. In C. Kagicibasi (red.), *Growth and progress in cross-cultural psychology* (pp. 293-301). Lisse: Swets & Zeitlinger.

Drenth, P.J.D. (1988a). Psychologische selectie en discriminatie. *Gedrag en Organisatie*, 1, 18-26.

Drenth, P.J.D. (1988b). Intelligentie-onderzoek in het onderwijs: ervaringen in ontwikkelingslanden. In W.K.B. Hofstee & G.A. Lang (red.), *Nederlands psychologisch onderzoek, deel II* (pp. 9-24). Lisse: Swets & Zeitlinger.

Drenth, P.J.D. (1989). Personeelsbeoordeling. In P.J.D. Drenth, Hk. Thierry & Ch.J. de Wolff (red.), *Nieuw handboek arbeids- en organisatiepsychologie* (Stud. Ed., pp. 353-401). Deventer: Van Loghum Slaterus.

Drenth, P.J.D., & Flier, H. van der (1985). Beoordelen en testen in de psychologie. In J.F. Orlebeke, P.J.D. Drenth, R.H.C. Jansen & C. Sanders (red.), *Compendium van de psychologie (deel 5)* (pp. 255-293). Muiderberg: Coutinho.

Drenth, P.J.D., Flier, H. van der, & Omari, I.M. (1983). Educational selection in Tanzania. *Evaluation in Education*, 7, 93-217.

Drenth, P.J.D., & Hoolwerf, G. (1970). *Numerieke Aanleg Test (NAT '70)*. Amsterdam: Swets & Zeitlinger.

Drenth, P.J.D., & Hoolwerf, G. (1977). *Hernormering Testserie Hoger Niveau*. Amsterdam: Swets & Zeitlinger.

Drenth, P.J.D., & Kranendonk, L.A. (1973). *Schaal voor interpersoonlijke waarden*. Amsterdam: Swets & Zeitlinger.

Drenth, P.J.D., & Wieringen, P.C.W. van (1969). *Verbale Aanleg Testserie 1969 (VAT '69)*. Amsterdam: Swets & Zeitlinger.

Drenth, P.J.D., Wieringen, P.C.W. van, & Hoolwerf, G. (2001). *Drenth Testserie Hoog Niveau (DITH)*. Lisse: Swets Test Publishers.

Drever, J., & Collins, M. (1936). *Performance tests of intelligence: A series of non-linguistic tests for deaf and normal children*. Edinburgh: Oliver and Boyd.

Du Bois, Ph.H. (1970). *A history of psychological testing*. Boston, MA: Allyn & Bacon.

Dunnette, M.D. (1966). *Personnel selection and placement*. London: Tavistock.

Ebel, R.L. (1961). Must all tests be valid? *American Psychologist*, 16, 640-646.

Ebel, R.L. (1963). The social consequences of educational testing. *Proceedings of the 1963 Invitational Conference on Testing Problems* (pp. 130-143). Princeton, NJ: Educational Testing Service.

Ebel, R.L. (1965). *Measuring educational achievement*. Englewood Cliffs, NJ: Prentice-Hall.

Edwards, A.L. (1957). *Techniques of attitude scale construction*. New York: Appleton-Century-Crofts.

Eggen, T.J.H.M. (2004). *Contributions to the theory and practice of computerized adaptive testing*. Dissertatie. Enschede, Universiteit Twente.

Eggen, T.J.H.M., & Kelderman, H. (1987). Rapportage van parameters uit het Raschmodel. *Tijdschrift voor Onderwijsresearch*, 12, 121-132.

Eggen, T.J.H.M., & Sanders, P.F. (1993). *Psychometrie in de praktijk*. Arnhem: CITO-groep.

Embretson, S.E. (red.) (1985). *Test design*. Orlando, FL: Academic Press.

Embretson, S.E., & Reise, S.P. (2000). *Item response theory for psychologists*. Mahwah, NJ: Erlbaum.

Emons, W.H.M., Sijtsma, K., & Meijer, R.R. (2004). Testing hypotheses about the person-response function in person-fit analysis. *Multivariate Behavioral Research*, 39, 1-35.

Emons, W.H.M., Sijtsma, K., & Meijer, R.R. (2005). Global, local and graphical person-fit analysis using person response functions. *Psychological Methods*, 10, 101-119.

Engel, J.F., Blackwell, R.D., & Miniard P. (1990). *Consumer behavior*. Orlando, FL: The Dryden Press.

Engelen, R.J.H. (1989). *Parameter estimation in the logistic item response model*. Dissertatie. Enschede, Universiteit Twente.

Esbroeck, R. van (1982). *Analyse van 'faking-gedrag' van adolescenten in beroepenvragenlijsten*. Brussel, Vrije Universiteit.

Evers, A. (1992). *Handleiding Amsterdamse Beroepen Interessen Vragenlijst, ABIV 92*. Lisse: Swets & Zeitlinger.

Evers, A., Anderson, N., & Voskuijl, O. (2005). *The Blackwell handbook of personnel selection*. Oxford: Blackwell Publishing.

Evers, A., & Lucassen, W. (1991). *Handleiding DAT '83. Differentiële Aanleg Testserie*. Lisse: Swets & Zeitlinger.

Evers, A., Lucassen, W., & Wiegersma, S. (1999). *Beroepen Interessen Test BIT, versie 1997. Handleiding*. Lisse: Swets & Zeitlinger.

Evers, A., Vliet-Mulder, J.C. van, & Groot, C.J. (2000a). *Documentatie van tests en testresearch in Nederland. Deel I: Testbeschrijvingen*. Assen: Van Gorcum.

Evers, A., Vliet-Mulder, J.C. van, & Groot, C.J. (2000b). *Documentatie van tests en testresearch in Nederland. Deel II: Testresearch*. Assen: Van Gorcum.

Evers, A., Vliet-Mulder, J.C. van, & Laak, J. ter (1992). *Documentatie van tests en testresearch in Nederland*. Assen: Van Gorcum.

Feij, J.A. (1974). An investigation into the meaning of the achievement motivation test: I: questionnaire correlates. *Nederlands Tijdschrift voor de Psychologie*, 29, 171-190.

Feij, J.A. (1978). *Temperament: onderzoek naar de betekenis van extraversie, emotionaliteit, impulsiviteit en spanningsbehoefte*. Dissertatie. Amsterdam, Vrije Universiteit.

Finkle, R.B. (1976). Managerial assessment centers. In M.D. Dunnette (red.), *Handbook of industrial and organization psychology* (pp. 861-888). Chicago, IL: Rand McNally.

Fischer, G.H. (1974). *Einführung in die Theorie psychologischer Tests*. Bern (CH): Huber.

Fischer, G.H., & Formann, A.K. (1982). Some applications of logistic latent trait models with linear constraints on the parameters. *Applied Psychological Measurement*, 6, 397-416.

Fischer, G.H., & Molenaar, I.W. (1995). *Rasch models. Foundations, recent developments, and applications*. New York: Springer.

Fischer, G.H., & Pendl, P. (1980). Individual testing on the basis of the dichotomous Rasch model. In L.J.Th. van der Kamp, W.F. Langerak & D.N.M. de Gruijter (red.), *Psychometrics for educational debates* (pp. 171-188). New York: Wiley.

Fiske, D.W. (1965). The subject looks at psychological tests. *Proceedings of the 1964 Invitational Conference on Testing Problems*. Princeton, NJ: Educational Testing Service.

Fleishman, E.A. (1953). Testing for psychomotor abilities by means of apparatus tests. *Psychological Bulletin*, 50, 241-262.

Fleishman, E.A. (1954). Dimensional analysis of psychomotor abilities. *Journal of Experimental Psychology*, 48, 437-454.

Fleishman, E.A. (1956). Psychomotor selection tests: research and application in the UAF. *Personnel Psychology*, 9, 449-468.
Flier, H. van der (1972). Evaluating environmental influences on test scores. In L.J. Cronbach & P.J.D. Drenth (red.), *Mental tests and cultural adaptation* (pp. 447-452). Den Haag: Mouton.
Flier, H. van der (1980). *Vergelijkbaarheid van individuele testprestaties*. Lisse: Swets & Zeitlinger.
Flier, H. van der, & Boomsma-Suerink, J.L. (1994). *Handboek GATB B 1002-B* (2e druk). Separate uitgave Normen GATB B 1002-B. Utrecht: Stichting GATB Research.
Flier, H. van der, Keers, W., & Drenth, P.J.D. (1976). *Applikatie Programmeurs Test*. Amsterdam: Swets & Zeitlinger.
Flier, H. van der, Mellenbergh, G.J., Adèr, H.J., & Wijn, M. (1984). An iterative item bias detection method. *Journal of Educational Measurement*, 21, 131-145.
Fokkema, S.D., & Dirkzwager, A. (1962). De vertaling en bewerking van de DAT voor Nederland. *Nederlands Tijdschrift voor de Psychologie*, 17, 121-148.
Fokkema, S.D., & Dirkzwager, A. (1968). *Handleiding voor de Differentiële Aanleg Test*. Lisse: Swets & Zeitlinger.
Fox, J. (1997). *Applied regression analysis, linear models, and related methods*. Thousand Oaks, CA: Sage.
Frederiksen, N., & Melville, S.D. (1954). Differential predictability in the use of test scores. *Educational and Psychological Measurement*, 14, 647-656.
French, J.W. (1954). *Kit of selected tests for reference aptitude and achievement factors*. Princeton, NJ: University of Princeton.
Frijda, N.H. (1967). *Gelaat en karakter*. Haarlem: De Toorts.
GALO Handleiding (herziene versie) (1981). Groningen: Noordelijk Instituut voor Toegepaste Psychologie en Bedrijfswetenschappen.
Geer, J.P. van de (1961). *De mening van de psycholoog*. Haarlem: De Toorts.
Ghiselli, E.E. (1955, 1966). *The validity of occupational aptitude tests*. New York: Wiley.
Ghiselli, E.E. (1956a). Differentiation of individuals in terms of their predictability. *Journal of Applied Psychology*, 40, 374-377.
Ghiselli, E.E. (1956b). The placement of workers: a concept and problems. *Personnel Psychology*, 9, 1-16.
Ghiselli, E.E. (1960). The prediction of predictability. *Educational and Psychological Measurement*, 20, 3-8.
Giessen, R.W. van der (1957). *Enkele aspecten van het probleem der predictie in de psychologie, speciaal met het oog op de selectie van militair personeel*. Amsterdam: Swets & Zeitlinger.
Glas, C.A.W. (1989). *Estimating and testing Rasch models*. Dissertatie. Enschede, Universiteit Twente.
Goldberg, L.R. (1990). An alternative 'description of personality': The Big-Five factor structure. *Journal of Personality and Social Psychology*, 59, 1216-1229.
Goldstein, K., & Scheerer, M. (1945). *Goldstein-Scheerer Tests*. New York: Psychological Corporation.
Gorsuch, R.L. (1983). *Factor analysis* (2nd edition). Hillsdale, NJ: Erlbaum.
Goslinga, C.J. (1933). *Het boek der Richteren: Korte verklaring der Heilige Schrift*. Kampen: Kok.
Grayson, D.A. (1988). Two-group classification in latent trait theory: Scores with monotone likelihood ratio. *Psychometrika*, 53, 383-392.

Green, B.F. (1988). Construct validity of computer-based tests. In H. Wainer & H.I. Braun (red.), *Test validity* (pp. 77-86). Hillsdale, NJ: Erlbaum.

Green, B.F., Bock, R.D., Humphreys, L.G., Linn, R.L., & Reckase, M.D. (1984). Technical guidelines for assessing computerized adpative tests. *Journal of Educational Measurement, 21,* 347-360.

Greenleaf, E.A. (1992). Measuring extreme response style. *Public Opinion Quarterly, 56,* 328-351.

Greuter, M.A.M. (1988). *Personeelsselectie in perspectief.* Haarlem: Thesis.

Groot, A.D. de (1961). *Methodologie.* Den Haag: Mouton.

Groot, A.D. de (1966). *Vijven en zessen.* Groningen: Wolters.

Groot, A.D. de, e.a. (1967). *Amsterdamse schooltoetsen.* Groningen: Wolters.

Groot, A.D. de (1970). Some badly needed nonstatistical concepts in applied psychometrics. *Nederlands Tijdschrift voor de Psychologie, 25,* 360-376.

Groot, A.D. de, & Naerssen, R.F. van (1977). *Studietoetsen. Construeren. Afnemen. Analyseren. Deel I en II.* Den Haag: Mouton.

Gross, M.L. (1962). *The brain watchers.* New York: Random House.

Gross, A.L., & Su Wen-Huey (1975). Defining a 'fair' or 'unbiased' selection model: a question of utilities. *Journal of Applied Psychology, 60,* 345-351.

Gruijter, D.N.M. de (1982). *Tentamineren en beslissen.* 's-Gravenhage: Stichting voor Onderzoek van het Onderwijs SVO, SVO reeks 63.

Gruijter, D.N.M. de, & Hambleton, R.K. (1984). On problems encountered using decision theory to set cutoff scores. *Applied Psychological Measurement, 8,* 1-8.

Gruijter, D.N.M. de, & Kamp, L.J.Th. van der (1984). *Statistical models in psychological and educational testing.* Lisse: Swets & Zeitlinger.

Guilford, J.P. (1936, 1954). *Psychometric methods.* New York: McGraw-Hill.

Guilford, J.P. (1946). New standards for test evaluation. *Educational and Psychological Measurement, 6,* 427-437.

Guilford, J.P. (1967). *The nature of human intelligence.* New York: McGraw-Hill.

Guilford, J.P., & Zimmerman, W.S. (1949). *The Guilford-Zimmerman Temperament Survey.* Beverley Hills CA: Sheridan Psychological Services.

Guion, R.M. (1965). *Personnel testing.* New York: McGraw-Hill.

Guion, R.M. (1980). On trinitarian doctrines of validity. *Professional Psychology, 11,* 385-398.

Guion, R.M. (1998). *Assessment, measurement, and prediction for personnel decisions.* Mahwah, NJ: Erlbaum.

Gulliksen, H. (1950). *Theory of mental tests.* New York: Wiley.

Guttman, L. (1945). A basis for analyzing test-retest reliability. *Psychometrika, 10,* 255-282.

Guttman, L. (1950). The basis for scalogram analysis. In S.A. Stouffer, L. Guttman, E.A. Suchman, P.F. Lazarsfeld, S.A. Star & J.A. Clausen (red.), *Measurement and prediction* (pp. 60-90). Princeton, NJ: Princeton University Press.

Haassen, P.P. van, Bruyn, E.E.J. de, Pijl, Y.J., Poortinga, Y.J., Lutje-Spelberg, H.C., Steene, G. van der, Coetsier, P., Spoelders-Claes, R., & Stinissen, J. (1986). *WISC-R, Nederlandse uitgave; scoring en normen.* Lisse: Swets & Zeitlinger.

Hagenaars, J.A., & McCutcheon, A.L. (2002). *Applied latent class analysis.* Cambridge, UK: Cambridge University Press.

Haladyna, T.M. (1994). *Developing and validating multiple-choice test items.* Hillsdale, NJ: Erlbaum.

Hambleton, R.K., & Cook, L.L. (1977). Latent trait models and their use in the analysis of educational test data. *Journal of Educational Measurement, 14*, 75-96.

Hambleton, R.K., & Swaminathan, H. (1985). *Item response theory. Principles and applications.* Boston: Kluwer/Nijhoff Publishing.

Hamers, J.H.M., & Resing, W.C.M. (1993). Learning potential assessment: Introduction. In J.H.M. Hamers, K. Sijtsma & A.J.J.M. Ruijssenaars (red.), *Learning potential assessment. Theoretical, methodological and practical issues* (pp. 23-41). Amsterdam/Lisse: Swets & Zeitlinger.

Hamers, J.H.M., Sijtsma, K., & Ruijssenaars, A.J.J.M. (1993). *Learning potential assessment. Theoretical, methodological and practical issues.* Amsterdam/Lisse: Swets & Zeitlinger.

Harman, H.H. (1976). *Modern factor analysis.* Chicago, IL: University of Chicago Press.

Hathaway, S.R. (1964). MMPI professional use by professional people. *American Psychologist, 19,* 204-210.

Hathaway, S.R., & McKinley, J.C. (1951). *The Minnesota Multiphasic Personality Inventory.* New York: Psychological Corporation.

Heck, G.L.M. van (1981). *Anxiety: the profile of a trait.* Dissertatie. Tilburg, Katholieke Hogeschool.

Heijden, P.G.M. van der, & Sijtsma, K. (1996). Fifty years of measurement and scaling in the Dutch social sciences. *Statistica Neerlandica, 50,* 111-135.

Heinen, T. (1996). *Latent class and discrete latent trait models. Similarities and differences.* Thousand Oaks, CA: Sage.

Hemker, B.T., Ark, L.A. van der, & Sijtsma, K. (2001). On measurement properties of continuation ratio models. *Psychometrika, 66,* 487-506.

Hemker, B.T., Sijtsma, K., Molenaar, I.W., & Junker, B.W. (1997). Stochastic ordering using the latent trait and the sum score in polytomous IRT models. *Psychometrika, 62,* 331-347.

Herk, H. van, Poortinga, Y.H., & Verhallen, T.M.M. (2004). Response styles in rating scales. Evidence of method bias in data from six EU countries. *Journal of Cross-Cultural Psychology, 35,* 346-360.

Hermans, H.J.M. (1976). *Handleiding bij de Prestatie Motivatie Test, PMT (herziene uitgave).* Amsterdam: Swets & Zeitlinger.

Hessen, D.J. (2003). *Differential item functioning. Types of DIF and observed score based detection methods.* Dissertatie. Amsterdam, Universiteit van Amsterdam.

Hettema, P.J. (1966). *Stijlkenmerken in de waarneming.* Dissertatie. Nijmegen, Katholieke Universiteit Nijmegen.

Hetzer, H. (1937). *Psychologische Untersuchung der Konstitution des Kindes.* Leipzig: Barth.

Heus, P. de, Leeden, R. van der, & Gazendam, B. (1995). *Toegepaste data-analyse. Technieken voor niet-experimenteel onderzoek in de sociale wetenschappen.* Utrecht: Lemma.

Hoekstra, H.A., Ormel, J., & Fruyt, F. (1996). *NEO PI-R – NEO FFI. Big Five Persoonlijkheidsvragenlijsten. Handleiding.* Lisse: Swets & Zeitlinger.

Hofer, P.J., & Green, B.F. (1985). The challenge of competence and creativity in computerized psychological testing. *Journal of Consulting and Clinical Psychology, 53,* 826-838.

Hoffman, K.I., & Lundberg, G.D. (1976). A comparison of computer-monitored group tests with paper-and-pencil tests. *Educational and Psychological Measurement, 36,* 791-809.

Hofstee, W.K.B. (1966). [Boekbespreking van: P.J.D. Drenth, *De psychologische test*]. *Nederlands Tijdschrift voor de Psychologie, 21*, 462-468.

Hofstee, W.K.B. (1969). Individuele verschillen en averechtse toepassing. *Nederlands Tijdschrift voor de Psychologie, 24*, 482-493.

Hofstee, W.K.B. (1982). De methodische deskundigheid van de psycholoog. *De Psycholoog, 17*, 697-707.

Hofstee, W.K.B. (1983a). Validiteitsgeneralisatie en -specificiteit: antwoord op Roe e.a. *De Psycholoog, 18*, 402-409.

Hofstee, W.K.B. (1983b). *Selectie*. Utrecht: Het Spectrum.

Hofstee, W.K.B. (1985). Liever klinisch? Grenzen aan het objectiviteitsbeginsel bij beoordeling en selectie. *Nederlands Tijdschrift voor de Psychologie, 40*, 459-473.

Hofstee, W.K.B. (1990) Toepasbaarheid van psychologische tests bij allochtonen. *De Psycholoog, 25*, 291-294.

Hofstee, W.K.B., Campbell, W.H., Eppink, A., Evers, A., Joe, R.C., Koppel, J.M.H. van de, Zweers, H., Choenni, C.E.S., & Zwan, T.J. van der (1990). *Toepasbaarheid van psychologische tests bij allochtonen* (LBR-reeks, nr. 11). Rotterdam: Landelijk Bureau Racismebestrijding.

Hofstee, W.K.B., Raad, B. de, & Goldberg, L.R. (1992). Integration of the Big Five and circumplex approaches to trait structure. *Journal of Personality and Social Psychology, 63*, 146-163.

Hoijtink, H. (1990). PARELLA, *Measurement of latent traits by proximity items*. Leiden: DSWO Press.

Holland, P.W. (1990). On the sampling theory foundations of item response theory models. *Psychometrika, 55*, 577-601.

Holland, P.W., & Thayer, D.T. (1988). Differential item performance and the Mantel-Haenszel procedure. In H. Wainer & H.I. Braun (red.), *Test validity* (pp. 129-145). Hillsdale, NJ: Erlbaum.

Holland, P.W., & Wainer, H. (1993). *Differential item functioning*. Hillsdale, NJ: Erlbaum.

Holtzman, W.H. (1958). *The Inkblot Test*. Austin, TX: University of Texas.

Holzinger, K.J., & Harman, H.H. (1941). *Factor analysis*. Chicago, IL: University of Chicago Press.

Hoorn, W. van, Meijer, J., & Oostdam, R. (2003). *Nederlandse Differentiatie Testserie. Handleiding*. London: Harcourt.

Horst, P. (1962). The logic of personnel selection and classification. In R.M. Gagné (red.), *Psychological principles in system development* (pp. 231-271). New York: Holt, Rinehart & Winston.

Hox, J. (2002). *Multilevel analysis. Techniques and applications*. Mahwah, NJ: Erlbaum.

Hulin, C.L., Drasgow, F., & Parsons, C.K. (1983). *Item response theory*. Homewood, IL: Dow-Jones-Irwin.

Hunt, E., & Pellegrino, J. (1985). Using interactive computing to expand intelligence testing: A critique and prospectus. *Intelligence, 9*, 207-236.

Hunter, J.E., & Schmidt, F.L. (1990). *Methods of meta-analysis. Correcting error and bias in research findings*. Newbury Park, CA: Sage.

Jackson, P.H., & Agunwamba, C.C. (1977). Lower bounds for the reliability of the total score on a test composed of non-homogeneous items: I: algebraic lower bounds. *Psychometrika, 42*, 567-578.

Jackson, D.N., & Messick, S. (1958). Content and style in personality assessment. *Psychological Bulletin, 55*, 243-252.

Janda, L.H. (1998). *Psychological testing: theory and applications*. Needham Heights, MA: Allyn & Bacon.

Jansen, A. (1963). *De toetsing van grafologische uitspraken*. Dissertatie. Amsterdam, Universiteit van Amsterdam.

Jansen, B.R.J., & Maas, H.L.J. van der (1997). Statistical test of the rule assessment methodology by latent class analysis. *Developmental Review, 17*, 321-357.

Jansen, P.G.W. (1983). *Rasch analysis of attitudinal data*. Dissertatie. Nijmegen, Katholieke Universiteit Nijmegen.

Jansen, P.G.W. (1984). Een nieuwe correctie voor 'restriction of range'. *Tijdschrift voor Onderwijsresearch, 9*, 180-182.

Jansen, P.G.W. (1991). *Het beoordelen van managers. Effectiviteit van assessment center methoden bij selectie en ontwikkeling van managers*. Baarn: Uitgeverij H. Nelissen.

Jansen, P.G.W., Roe, R.A., Vijn, P., & Algera, J.A. (1986). *Validity generalization revisited*. Delft: Delft University Press.

Jessor, R., & Hammond, K.R. (1957). Construct validity and the Taylor Manifest Anxiety Scale. *Psychological Bulletin, 54*, 161-170.

Junker, B.W. (2001). On the interplay between nonparametric and parametric IRT, with some thoughts about the future. In A. Boomsma, M.A.J. van Duijn & T.A.B. Snijders (red.), *Essays on item response theory* (pp. 247-276). New York: Springer.

Junker, B.W., & Sijtsma, K. (2001). Cognitive assessment models with few assumptions, and connections with nonparametric item response theory. *Applied Psychological Measurement, 25*, 258-272.

Kadis, A.L. (1950). Finger painting as a projective technique. In L.E. Abt & L. Bellak (red.), *Projective psychology* (pp. 403-431). New York: Grove Press.

Kampen, D. van (1977). Eysenck's psychoticisme construct gemeten volgens de vragenlijstmethode. *Nederlands Tijdschrift voor de Psychologie, 32*, 111-122.

Karabatsos, G. (2003). Comparing the aberrant response detection performance of thirty-six person-fit statistics. *Applied Measurement in Education, 16*, 277-298.

Katzell, R.A. (1966). *Involuntary psychological testing in employment settings*. APA Meeting, New York.

Kelderman, H. (1987). *Quasi-loglinear models for test and item analysis*. Dissertatie. Enschede, Universiteit Twente.

Kelderman, H., & Eggen, T.J.H.M. (1986). Eenvoudige aanschouwelijke interpretaties van het Raschmodel. In G.R. Buning, T.J.H.M. Eggen, H. Kelderman & W.J. van der Linden (red.), *Het gebruik van het Raschmodel voor een decentraal toetsservicesysteem* (Rapport 86-3). Enschede, Universiteit Twente, Toegepaste Onderwijskunde.

Kelly, G.A. (1963). *A theory of personality*. New York: Norton.

Kelly, T.L. (1923). *Statistical methods*. New York: MacMillan.

Kelly, T.L. (1928). *Crossroads in the mind of man: a study of differentiable mental abilities*. Stanford, CA: Stanford University Press.

Kleinmuntz, B. (1970). Clinical information processing by computer. In Th.N. Newcomb (red.), *New directions in psychology* (pp. 123-210). New York: Holt, Rinehart & Winston.

Kline, P. (1986). *A handbook of test construction: Introduction to psychometric design*. London: Methuen.

Kloot, W.A. van der (1997). *Meerdimensionele schaaltechnieken voor gelijkenis- en keuzedata. Ruimtelijke modellen voor psychologie, marktonderzoek en andere wetenschappen*. Utrecht: Lemma.

Knippenberg, A. van, & Siero, F.W. (1994). *Multivariate analyse. Beknopte inleiding en toepassingen.* Houten: Bohn Stafleu Van Loghum.

Koch, K. (1949). *Der Baumtest.* Bern: Huber.

Kok, F.G. (1988). *Vraagpartijdigheid.* Dissertatie. Amsterdam, Universiteit van Amsterdam.

Kolen, M.J., & Brennan, R.L. (1995). *Test equating. Methods and practices.* New York: Springer.

Koning, E. de, Sijtsma, K., & Hamers, J.H.M. (2002). Comparing four IRT models when analyzing two tests for inductive reasoning. *Applied Psychological Measurement, 26,* 302-320.

Koning, R.J. (1983). Automatisering van psychologisch onderzoek. *De Psycholoog, 18,* 225-237.

Kouwer, B.J. (1955). *Gewetensproblemen van de toegepaste psychologie.* Groningen: Wolters.

Kouwer, B.J. (1957). *Tests in de psychologische practijk.* Utrecht: Bijleveld.

Kouwer, B.J. (1963). *Het spel van de persoonlijkheid.* Utrecht: Bijleveld.

Kouwer, B.J., & Kema, G.N. (1957-1958). *Groninger Afsluitingsonderzoek Lager Onderwijs.* Groningen: Wolters.

Krantz, D.H., Luce, R.D., Suppes, P., & Tversky, A. (1971). *Foundations of measurement, vol. I: Additive and polynomial representations.* New York: Academic Press (in totaal 3 delen).

Kreft, I., & Leeuw, J. de (1998). *Introducing multilevel modeling.* Thousand Oaks, CA: Sage.

Kubinger, K.D. (red.) (1988). *Moderne Testtheorie.* Weinheim: Beltz Verlag.

Kuder, G.F., & Richardson, M.W. (1937). The theory of estimation of test reliability. *Psychometrika, 2,* 151-160.

Lawshe, C.H. (1952). Employee selection. *Personnel Selection, 5,* 31-34.

Lawshe, C.H., & Balma, M.J. (1948, 1966). *Principles of personnel testing.* New York: McGraw-Hill.

Lazarsfeld, P.F. (1950). The logical and mathematical foundation of latent structure analysis. In S.A. Stouffer, L. Guttman, E.A. Suchman, P.F. Lazarsfeld, S.A. Star & J.A. Clausen (red.), *Measurement and prediction* (pp. 362-412). Princeton, NJ: Princeton University Press.

Leest, P. van (1997). *Persoonlijkheidsmeting bij allochtonen.* Lisse: Swets & Zeitlinger.

Lennep, D.J. van (1948). *Four Picture Test.* Utrecht: Nederlandse Stichting voor Psychotechniek.

Lennep, J.E. van (1958). *Beleving en verbeelding in het tekenen.* Amsterdam: Swets & Zeitlinger.

Levy, S. (1950) Figure drawing as a projective test. In L.E. Abt & L. Bellak (red.), *Projective psychology* (pp. 257-297). New York: Grove Press.

Licht, R. (1988). *Event-related potential asymmetries and word reading in children.* Dissertatie. Amsterdam, Vrije Universiteit.

Lienert, G.A. (1961). *Testaufbau und Testanalyse.* Weinheim: Beltz.

Lievens, S. (1975). *Thematische apperceptie test voor de pubescentie.* Lisse: Swets & Zeitlinger.

Likert, R.A. (1932). A technique for the measurement of attitudes. *Archives of Psychology, 140,* 149-158.

Linden, W.J. van der (1980). Decision models for use with criterion-referenced tests. *Applied Psychological Measurement, 4,* 469-492.

Linden, W.J. van der (1983). *Van standaardtest naar itembank.* Oratie. Enschede, Universiteit Twente.

Linden, W.J. van der (1984). Some thoughts on the use of decision theory to set cutoff scores: comment on De Gruijter and Hambleton. *Applied Psychological Measurement, 8,* 9-17.

Linden, W.J. van der (1985). Het besliskundig gebruik van testscores. *Nederlands Tijdschrift voor de Psychologie, 40,* 400-411.

Linden, W.J. van der (1994). Fundamental measurement and the fundamentals of Rasch measurement. In M. Wilson (red.), *Objective measurement: Theory into practice* (Vol. 2, pp. 3-24). Norwood, NJ: Ablex.

Linden, W.J. van der (1998, red.). Optimal test assembly. *Applied Psychological Measurement, 22,* 195-302 (speciaal nummer).

Linden, W.J. van der (2005). *Linear models for optimal test design.* New York: Springer.

Linden, W.J. van der, & Glas, C.A.W. (2000). *Computerized adaptive testing. Theory and practice.* Dordrecht: Kluwer Academic Publishers.

Linden, W.J. van der, & Hambleton, R.K. (1997a). *Handbook of modern item response theory.* New York: Springer.

Linden, W.J. van der, & Hambleton, R.K. (1997b). Item response theory: Brief history, common models, and extensions. In W.J. van der Linden & R.K. Hambleton (red.), *Handbook of modern item response theory* (pp. 1-28). New York: Springer.

Linden, W.J. van der, & Mellenbergh, G.J. (1977). Optimal cutting scores using a linear loss function. *Applied Psychological Measurement, 1,* 593-599.

Lindquist, E.F. (red.) (1951). *Educational measurement,* Part 2. Washington, DC: American Council on Education.

Linschoten, J.S. (1964). *Idolen van de psycholoog.* Utrecht: Bijleveld.

Loevinger, J. (1957). Objective tests as instruments of psychological theory. *Psychological Reports, 3,* 635-694.

Lord, F.M. (1952). A theory of test scores. *Psychometric Monograph no. 7,* Psychometric Society.

Lord, F.M. (1970). Item characteristic curves estimated without knowledge of their mathematical form. A confrontation of Birnbaum's logistic model. *Psychometrika, 35,* 43-50.

Lord, F.M. (1977). Practical applications of item characteristic curve theory. *Journal of Educational Measurement, 14,* 117-138.

Lord, F.M. (1980a). *Applications of item response theory to practical testing problems.* Hillsdale, NJ: Erlbaum.

Lord, F.M. (1980b). Some how and which for practical tailored testing. In L.J.Th. van der Kamp, W.F. Langerak & D.N.M. de Gruijter (red.), *Psychometrics for educational debates* (pp. 189-205). New York: Wiley.

Lord, F.M. (1983). Unbiased estimators of ability parameters, of their variance, and of their parallel-forms reliability. *Psychometrika, 48,* 233-245.

Lord, F.M., & Novick, M.R. (1968). *Statistical theories of mental test scores.* Reading, MA: Addison-Wesley.

Lumsden, J. (1976). Test theory. *Annual Review of Psychology, 27,* 251-280.

Lüscher, M. (1949). *Psychologie des Farben.* Basel: Test Verlag.

Luteijn, F., & Ploeg, F.A.E. van der (1983). *Handleiding GIT.* Lisse: Swets & Zeitlinger.

Maanen, L. van, Been, P.H., & Sijtsma, K. (1989). Problem solving strategies and the Linear Logistic Test Model. In E.E.Ch.I. Roskam (red.), *Mathematical psychology in progress* (pp. 267-287). New York/Berlin: Springer.

Masters, G.N. (1982). A Rasch model for partial credit scoring. *Psychometrika*, 47, 149-174.

Masters, G.N., & Wright, B.D. (1997). The partial credit model. In W.J. van der Linden & R.K. Hambleton (red.), *Handbook of modern item response theory* (pp. 101-121). New York: Springer.

McArthur, D.L., & Choppin, B.H. (1984). Computerized diagnostic testing. *Journal of Educational Measurement*, 21, 391-397.

McGee, R.K. (1967). Response set in relation to personality: an orientation. In I.A. Berg (red.), *Response set in personality assessment* (pp. 1-31). Chicago, IL: Aldine.

Mead, A.D., & Drasgow, F. (1993). Equivalence of computerized and paper-and-pencil cognitive ability tests: A meta-analysis. *Psychological Bulletin*, 114, 449-458.

Meehl, P.E. (1954). *Clinical versus statistical prediction*. Minneapolis, MN: University of Minnesota Press.

Meehl, P.E., & Rosen, A. (1955). Antecedent probability and the efficiency of psychometric signs, patterns and cutting scores. *Psychological Bulletin*, 52, 194-216.

Meerling (1988). *Methoden en technieken van psychologisch onderzoek. Deel 2 Data-analyse en psychometrie*. Meppel: Boom.

Meier, N.Ch. (1929-1963). *Meier Art Tests*. New York: Psychological Corporation.

Meijer, R.R. (2003). Diagnosing item score patterns on a test using item response theory-based person-fit statistics. *Psychological Methods*, 8, 72-87.

Meijer, R.R., & Baneke, J.J. (2004). Analyzing psychopathology items: A case for nonparametric item response theory modeling. *Psychological Methods*, 9, 354-368.

Meijer, R.R., & Nering, M.L. (1999). Computerized adaptive testing. *Applied Psychological Measurement*, 23, 187-278 (speciaal nummer).

Meijer, R.R., & Sijtsma, K. (2001). Methodology review: Evaluating person fit. *Applied Psychological Measurement*, 25, 107-135.

Meijer, R.R., Sijtsma, K., & Smid, N.G. (1990). Theoretical and empirical comparison of the Mokken and the Rasch approach to IRT. *Applied Psychological Measurement*, 14, 283-298.

Meili, R. (1951). *Lehrbuch der psychologischen Diagnostik*. Bern: Huber.

Mellenbergh, G.J. (1971). *Studies in studietoetsen*. Dissertatie. Amsterdam: Psychologisch Laboratorium, Universiteit van Amsterdam.

Mellenbergh, G.J. (1985). Vraagonzuiverheid: definitie, detectie en onderzoek. *Nederlands Tijdschrift voor de Psychologie*, 40, 425-435.

Mellenbergh, G.J. (1995). Conceptual notes on models for discrete polytomous item responses. *Applied Psychological Measurement*, 19, 91-100.

Mellenbergh, G.J., & Linden, W.J. van der (1979). The internal and external optimality of decisions based on tests. *Applied Psychological Measurement*, 3, 257-273.

Messick, S. (1980). Test validity and the ethics of assessment. *American Psychologist*, 35, 1012-1027.

Messick, S. (1988). The once and future issues of validity: Assessing the meaning and consequences of measurement. In H. Wainer & H.I. Braun (red.), *Test validity* (pp. 33-45). Hillsdale, NJ: Erlbaum.

Michell, J. (1990). *An introduction to the logic of psychological measurement*. Hillsdale, NJ: Erlbaum.

Millman, J., & Arter, J.A. (1984). Issues in item banking. *Journal of Educational Measurement*, 21, 315-330.
Mischel, W. (1968). *Personality and assessment*. New York: Wiley.
Mokken, R.J. (1971). *A theory and procedure of scale analysis*. Den Haag/Berlin: Mouton/De Gruyter.
Mokken, R.J. (1997). Nonparametric models for dichotomous responses. In W.J. van der Linden & R.K. Hambleton (red.), *Handbook of modern item response theory* (pp. 351-367). New York: Springer.
Mokken, R.J., & Lewis, C. (1982). A nonparametric approach to the analysis of dichotomous item responses. *Applied Psychological Measurement*, 6, 417-430.
Molenaar, I.W. (1983). Rasch, Mokken en schoolbeleving. In S. Lindenberg & F.N. Stokman (red.), *Modellen in de sociologie* (pp. 195-213). Deventer: Van Loghum Slaterus.
Molenaar, I.W. (1997). Nonparametric models for polytomous items. In W.J. van der Linden & R.K. Hambleton (red.), *Handbook of modern item response theory* (pp. 369-380). New York: Springer.
Morgan, C.D., & Murray, H.A. (1935). A method for investigating fantasies: The Thematic Apperception Test. *Archives of Neurology and Psychiatry*, 34, 289-306.
Mulaik, S.A. (1972). *The foundations of factor analysis*. New York: McGraw-Hill.
Mulder, J.L. (1997). *Het meten van verbale lange termijn geheugenstoornissen bij neurologische en psychiatrische patiënten*. Dissertatie. Amsterdam, Universiteit van Amsterdam.
Münsterberg, H. (1914). *Grundzüge der Psychotechniek*. Leipzig: Barth.
Murphy, K.R., & Davidshofer, C.O. (1998). *Psychological testing. Principles and applications*. Upper Saddle River, NJ: Prentice Hall.
Murray, H.A. (1935, 1943). *Thematic Apperception Test*. Cambridge, MA: Harvard University Press.
Naerssen, R.F. van (1962). *Selectie van chauffeurs: onderzoekingen ten behoeve van de selectie van chauffeurs bij de Koninklijke Landmacht*. Groningen: Wolters.
Naerssen, R.F. van (1965). Application of the decision-theoretical approach to the selection of drivers. In L.J. Cronbach & G.C. Gleser (red.), *Psychological tests and personnel decisions* (pp. 273-290). Urbana, IL: University of Illinois Press.
Niemöller, K., & Schuur, W.H. van (1983). Stochastic models for unidimensional scaling: Mokken and Rasch. In D. McKay, N. Schofield & P. Whiteley (red.), *Data analysis and the social sciences* (pp. 120-170). London: Francis Pinter Publ.
Nijenhuis, J. te (1997). *Comparability of test scores for immigrants and majority group members in The Netherlands*. Dissertatie. Amsterdam, Vrije Universiteit.
NIP (1976). *Beroepsethiek voor psychologen*. Amsterdam: Nederlands Instituut van Psychologen.
Nitko, A.J., & Hsu, T.C. (1984). A comprehensive microcomputer system for classroom testing. *Journal of Educational Measurement*, 21, 377-390.
Novick, M.R. (1966). The axioms and principal results of classical test theory. *Journal of Mathematical Psychology*, 3, 1-18.
Novick, M.R., & Lewis, C. (1967). Coefficient alpha and the reliability of composite measurements. *Psychometrika*, 32, 1-13.
Nunnally, J.C. (1972). *Educational measurement and evaluation*. New York: McGraw-Hill.
Nunnally, J.C. (1978)/Nunnally, J.C. & Bernstein, I.R. (1994). *Psychometric theory*. New York: McGraw-Hill.

Oppenheim, A.N. (1966). *Questionnaire design and attitude measurement*. London: Heinemann.

Ord, J.G. (1968). *The Pacific Design Construction Test and Manual*. Melbourne: Australian Council on Educational Research.

Orlebeke, J.F. (1988). Motivatie. In J.F. Orlebeke, P.J.D. Drenth, R.H.C. Janssen & C. Sanders (red.), *Compendium van de psychologie* (deel 4) (pp. 131-149). Muiderberg: Coutinho.

Ortar, G. (1972). Some principles for adaptation of psychological tests. In L.J. Cronbach & P.J.D. Drenth (red.), *Mental tests and cultural adaptation* (pp. 111-120). Den Haag: Mouton.

Osgood, C.E., Suci, G.J., & Tannenbaum, P.H. (1957). *The measurement of meaning*. Urbana-Champaign, IL: University of Illinois Press.

Owers, W.H. (1976). Background data. In M.D. Dunnette (red.), *Handbook of industrial and organization psychology* (pp. 13-49). Chicago, IL: Rand McNally.

Parshall, C.G., Davey, T., & Pashley, P.J. (2000). Innovative item types for computerized testing. In W.J. van der Linden & C.A.W. Glas (red.), *Computerized adaptive testing. Theory and practice* (pp. 129-148). Dordrecht, The Netherlands: Kluwer Academic Publishers.

Parshall, C.G., Spray, J.A., Kalohn, J.C., Davey, T. (2002). *Practical considerations in computer-based testing*. New York: Springer.

Petersen, N.S., & Novick, M.R. (1976). An evaluation of some models for culture-fair selection. *Journal of Educational Measurement, 13*, 3-29.

Pfister, M. (1951). *Farbpyramidentest*. Bern: Huber.

Piaget, J., Inhelder, B., & Szeminska, A. (1948). *La géométrie spontanée de l'enfant*. Paris: Presses Universitaires de France.

Pieters, J.P.M., & Ven, A.H.G.S. van der (1982). Precision, speed and distraction. *Applied Psychological Measurement, 6*, 93-109.

Pintner, R., & Paterson, D.G. (1917, 1927). *Pintner-Paterson Scale of Performance Tests*. New York: Appleton.

Poortinga, Y.H. (1982). Cross-culturele psychologie en minderhedenonderzoek. *De Psycholoog, 17*, 708-720.

Porteus, S.D. (1933). *The Maze Test and Mental Differences*. Vineland, NJ: Smith.

Post, W.J. (1992). *Nonparametric unfolding models. A latent structure approach*. Leiden: DSWO Press.

Raad, B. de, & Perugini, M. (red.) (2002). *Big Five assessment*. Seattle, WA: Hogrefe & Huber Publishers.

Raijmakers, M.E.J., Jansen, B.R.J., & Maas, H.L.J van der (2004). Rules and development in triad classification task performance. *Developmental Review, 24*, 289-321.

Raju, N.S. (1988). The area between two item characteristic curves. *Psychometrika, 53*, 495-502.

Ramsay, J.O. (1991). Kernel smoothing approaches to nonparametric item characteristic curve estimation. *Psychometrika, 56*, 611-630.

Ramsay, J.O. (1997). A functional approach to modeling test data. In W.J. van der Linden & R.K. Hambleton (red.), *Handbook of modern item response theory* (pp. 381-394). New York: Springer.

Rasch, G. (1960). *Probabilistic models for some intelligence and attainment tests*. Copenhagen, Denmark: Nielsen & Lydiche.

Rasch, G. (1966). An item analysis which takes individual differences into account. *British Journal of Mathematical and Statistical Psychology*, 18, 49-57.
Raudenbush, S.W., & Bryk, A.S. (2002). *Hierarchical linear models. Applications and data analysis methods*. Thousand Oaks, CA: Sage.
Raven, J.C. (1938). *Progressive matrices*. London UK: H.K. Lewis.
Raven, J.C., Court, J.H., & Raven, J. (1979). *Manual for Raven's Progressive Matrices and Vocabulary Scales. Section I General Overview*. London: H.K. Lewis.
Resing, W.C.M. (1990). *Intelligentie en leerpotentieel; een onderzoek naar leerpotentieel van jonge kinderen uit het basis- en speciaal onderwijs*. Lisse: Swets & Zeitlinger.
Resing, W.C.M., Bleichrodt, N., & Drenth, P.J.D. (1986). Het gebruik van de RAKIT bij allochtoon etnische groepen. *Nederlands Tijdschrift voor de Psychologie*, 41, 179-188.
Resing, W.C.M., & Drenth, P.J.D. (2001). *Intelligentie: Weten en meten*. Amsterdam: Uitgeverij Nieuwezijds.
Roe, R.A. (1983). *Grondslagen der personeelsselectie*. Assen: Van Gorcum.
Roe, R.A., Algera, J.A., Jansen, P.G.W., & Vijn, P. (1983a). Ernst met methodologische deskundigheid. *De Psycholoog*, 18, 202-206.
Roe, R.A., Algera, J.A., Jansen, P.G.W., & Vijn, P. (1983b). De olifant en de nieuwe kleren van de keizer: een antwoord aan Hofstee. *De Psycholoog*, 18, 503-512
Roid, G.H., & Haladyna, T.M. (1982). *A technology for test-item writing*. New York: Academic Press.
Rorschach, H. (1921). *Psychodiagnostik*. Bern: Huber.
Rosenzweig, S. (1945). The picture association method and its application in a study of reactions to frustrations. *Journal of Personality*, 14, 3-23.
Rost, J. (1988). *Quantitative und qualitative probabilistische Testtheorie*. Bern: Huber.
Rost, J. (1996). *Testtheorie. Testkonstruktion*. Bern: Huber.
Rotter, J.B. (1951). Word association and sentence completion methods. In H.H. Anderson & G.L. Anderson (red.), *An introduction to projective techniques* (pp. 279-311). New York: Prentice-Hall.
Roussos, L., & Stout, W. (1996). A multidimensionality-based DIF analysis paradigm. *Applied Psychological Measurement*, 20, 355-371.
Rudinger, G., Chaselon, F., Zimmermann, E.J., & Henning, H.J. (1985). *Qualitative Daten*. München: Urban & Schwarzenberg.
Rulon, P.J., Tiedeman, D.V., Tatsuoka, M.M., & Langmuir, C.R. (1967). *Multivariate statistics for personnel classification*. New York: Wiley.
Sackett, P.R., Schmitt, N., Tenopyr, M.L., Kehoe, J., & Zedeck, S. (1985). Commentary on forty questions about validity generalization and meta-analysis. *Personnel Selection*, 38, 697-798.
Samejima, F. (1969). Estimation of latent trait ability using a response pattern of graded scores. *Psychometric Monograph*, no. 17, Psychometric Society.
Samejima, F. (1977). Weakly parallel tests in latent trait theory with some criticisms of classical test theory. *Psychometrika*, 42, 193-198.
Samejima, F. (1997). Graded response model. In W.J. van der Linden & R.K. Hambleton (red.), *Handbook of modern item response theory* (pp. 85-100). New York: Springer.
Sandbergen, G. (1973). *Zekerheidsaanduiding in het meten van studieprestaties*. Dissertatie. Amsterdam, Universiteit van Amsterdam.
Saunders, S.B. (1956). *The clinical interaction, with special reference to the Rorschach*. New York: Harper.

Scheiblechner, H. (1972). Das Lernen und Lösen komplexer Denkaufgaben. *Zeitschrift für experimentelle und angewandte Psychologie, 19*, 476-506.

Schlien, J.M. (1958). Mental testing and modern society. *The Humanist, 18*, 356-364.

Schmidt, F.L. (1988). Validity generalization and the future of criterion-related validity. In H. Wainer & H.I. Braun (red.), *Test validity* (pp. 173-189). Hillsdale, NJ: Erlbaum.

Schmidt, F.L., & Hunter, J.E. (1977). Development of a general solution to the problem of validity generalization. *Journal of Applied Psychology, 62*, 529-540.

Schmidt, F.L., Hunter, J.E., & Caplan, J.R. (1981). Validity generalization results for two job groups in the petroleum industry. *Journal of Applied Psychology, 66*, 261-273.

Schmidt, F.L., Hunter, J.E., Pearlman, K., & Hirsh, H.R. (1985). Forty questions about validity generalization and meta-analysis. *Personnel Selection, 38*, 697-798.

Schmitt, N., & Chan, D. (1998). *Personnel selection. A theoretical approach.* Thousand Oaks, CA: Sage.

Schuur, W.H. van (2003). Mokken scale analysis: between the Guttman scale and parametric item response theory. *Political Analysis, 11*, 139-163.

Sechrest, L. (1963). Incremental validity: a recommendation. *Educational and Psychological Measurement, 23*, 153-158.

Shavelson, R.J., & Webb, N.M. (1991). *Generalizability theory. A primer.* Thousand Oaks, CA: Sage.

Shye, S., Elizur, D., & Hoffman, M. (1994). *Introduction to facet theory. Content design and intrinsic data analysis in behavioral research.* Thousand Oaks, CA: Sage.

Siegel, S. (1956). *Nonparametric statistics for the behavioral sciences.* Tokyo: McGraw-Hill Kogakusha, LTD (new version by S. Siegel & N.J. Castellan Jr., 1988).

Sijtsma, K. (1983). Rasch-homogeniteit empirisch onderzocht. *Tijdschrift voor Onderwijsresearch, 8*, 104-121.

Sijtsma, K. (1993). Kaf en koren onder Nederlandse tests. Recensie van 'Documentatie van tests en testresearch in Nederland'. *De Psycholoog, 28*, 502-503.

Sijtsma, K. (1998). Methodology Review: Nonparametric IRT approaches to the analysis of dichotomous item scores. *Applied Psychological Measurement, 22*, 3-31.

Sijtsma, K., Algera, J.A., & Altink, W.M.M. (1987). Een stap terug? *Nederlands Tijdschrift voor de Psychologie, 42*, 250-253.

Sijtsma, K, & Meijer, R.R. (2001). The person response function as a tool in person-fit research. *Psychometrika, 66*, 191-207.

Sijtsma, K., & Molenaar, I.W. (1987). Reliability of test scores in nonparametric item response theory. *Psychometrika, 52*, 79-97.

Sijtsma, K., & Molenaar, I.W. (2002). *Introduction to nonparametric item response theory.* Thousand Oaks, CA: Sage.

Sijtsma, K., & Verweij, A.C. (1999). Knowledge of solution strategies and IRT modeling of items for transitive reasoning. *Applied Psychological Measurement, 23*, 55-68.

Smith, P.B. (2004). Acquiescent response bias as an aspect of cultural communication style. *Journal of Cross-Cultural psychology, 35*, 50-61.

Smith, M., & Smith, P. (2005). *Testing people at work: Competencies in psychometric testing.* Oxford, UK: BPS Blackwell.

Snijders, J.Th., & Snijders-Oomen, N. (1958). *Niet-verbaal inteligentieonderzoek van horenden en doofstommen: Snijders-Oomen niet-verbale intelligentieschaal SON.* Groningen: Wolters.

Snijders, J.Th., Tellegen, P.J., & Laros, J.A. (1988). Snijders-Oomen niet-verbale intelligentietest SON-R 5½-17. Verantwoording en handleiding. Groningen: Wolters-Noordhoff.

Snijders, J.Th., & Verhage, F. (1962). Voorlopige handleiding bij de Groninger Intelligentie Test. Amsterdam: Swets & Zeitlinger.

Snijders, T.A.B., & Bosker, R.J. (1999). Multilevel analysis. An introduction to basic and advanced multilevel modeling. Thousand Oaks, CA: Sage.

Snijders-Oomen, A.W.M. (1943). Intelligentie onderzoek van doofstomme kinderen. Nijmegen: Berkhout.

Social Science Research Division, Standard Oil Comp NJ (1961). The early identification of management potential. New York: SONJ (internal report).

Spada, H. (1976). Modelle des Denkens und Lernens. Bern: Huber.

Spearman, C. (1904). 'General intelligence,' objectively determined and measured. American Journal of Psychology, 15, 201-293.

Spearman, C. (1910). Correlation calculated from faulty data. British Journal of Psychology, 3, 271-195.

Spearman, C.E. (1927). The abilities of man, their nature and measurement. New York: Macmillan.

Spitz, J.C. (1968). Statistiek voor psychologen, pedagogen, sociologen. Amsterdam: Noord-Hollandsche uitgevers mij.

Staabs, G. von (1951). Der Scenotest. Zürich: Hirzel.

Stern, W. (1911). Die differentielle Psychologie in ihren methodischen Grundlagen. Leipzig: Barth.

Stevens, J. (1992). Applied multivariate statistics for the social sciences. Hillsdale, NJ: Erlbaum.

Stevens, S.S. (1951). Handbook of experimental psychology. New York: Wiley.

Steyer, R., & Eid, M. (2001). Messen und Testen. Berlin: Springer

Stigler, S.M. (1986). The history of statistics. The measurement of uncertainty before 1900. Cambridge MA: Harvard University Press.

Stinissen, J., Willems, P.J., Coetsier, P., & Hulsman, W.L.L. (1970). WAIS, Nederlandstalige bewerking. Handleiding. Amsterdam: Swets & Zeitlinger.

Stokman, F.N., & Schuur, W.H. van (1980). Basic scaling. Quality & Quantity, 14, 5-30.

Stouffer, S.A., Guttman, L., Suchman, E.A., Lazarsfeld, P.F., Star, S.A., & Clausen, J.A. (red.) (1950). Measurement and prediction. Princeton, NJ: Princeton University Press.

Stout, W.F. (1990). A new item response theory modeling approach with applications to unidimensionality assessment and ability estimation. Psychometrika, 55, 293-325.

Stout, W.F. (2002). Psychometrics: From practice to theory and back. Psychometrika, 67, 485-518

Stout, W.F., Habing, B., Douglas, J., Kim, H., Roussos, L., & Zhang, J. (1996). Conditional covariance based nonparametric multidimensionality assessment. Applied Psychological Measurement, 20, 331-354.

Strien, J.W. van (1988). Handedness and hemispheric laterality. Dissertatie. Amsterdam: Vrije Universiteit.

Strien, P.J. van (1966). Kennis en communicatie. Utrecht: Bijleveld.

Strien, P.J. van (1976). Personeelsselectie in discussie. Meppel: Boom.

Strong, E.K. (1927-1959). *Strong Vocational Interest Blank for Men and Women*. Stanford University: Stanford University Press.

Sudman, S., & Bradburn, N.M. (1982). *Asking questions. A practical guide to questionnaire design*. San Francisco, CA: Jossey-Bass.

Suppes, P., & Zinnes, J.L. (1963). Basic measurement theory. In R.D. Luce, R.R. Bush & E. Galanter (red.), *Handbook of Mathematical Psychology* (pp. 1-76). New York: Wiley.

Szondi, L. (1947). *Experimentelle Triebdiagnostik*. Bern: Huber.

Tabachnick, B.G., & Fidell, L.S. (2001). *Using multivariate statistics (4th edition)*. Boston, MA: Allyn and Bacon.

Tatsuoka, K.K., (1995). Architecture of knowledge structures and cognitive diagnosis: A statistical pattern recognition and classification approach. In P.D. Nichols, S.F. Chipman, & R.L. Brennan (red.), *Cognitively diagnostic assessment* (pp. 327-359). Hillsdale, NJ: Erlbaum.

Tatsuoka, K.K., & Tatsuoka, M.M. (1982). Detection of aberrant response patterns and their effect on dimensionality. *Journal of Educational Statistics, 7*, 215-131.

Tatsuoka, K.K., & Tatsuoka, M.M. (1983). Spotting erroneous rules of operation by the individual consistency index. *Journal of Educational Measurement, 20*, 221-230.

Tatsuoka, M.M. (1971). *Multivariate analysis*. New York: Wiley.

Taylor, H.C., & Russell, J.T. (1939). The relationship of validity coefficients to the practical effectiveness of tests in selection. Discussion and tables. *Journal of Applied Psychology, 23*, 565-578.

Tellegen, P.J., Zegers, F.E., & Liebrand, W.B.G. (1999). *Testserie Hoger Niveau Adaptieve Computerversie*. Lisse: Swets & Zeitlinger.

Terman, L.M. (1916). *The measurement of intelligence*. Boston, MA: Houghton Mifflin.

Terman, L.M. (1960). *The Stanford-Binet Intelligence Scale*. Boston, MA: Houghton-Mifflin.

Theunissen, T.J.J.M. (1985). Binary programming and test design. *Psychometrika, 50*, 411-420.

Thissen, D., & Steinberg, L. (1986). A taxonomy of item response models. *Psychometrika, 51*, 567-577.

Thissen, D., Steinberg, L., & Wainer, H. (1988). Use of item response theory in the study of group differences in trace lines. In H. Wainer & H.I. Braun (red.), *Test validity* (pp. 147-169). Hillsdale, NJ: Erlbaum.

Thomson, G.H. (1938, 1951). *The factorial analysis of human ability*. Boston, MA: Houghton Mifflin.

Thorndike, R.L. (1949). *Personnel selection*. New York: Wiley.

Thorndike, R.L. (red.) (1971a). *Educational measurement*. Washington DC: American Council on Education.

Thorndike, R.L. (1971b). Concepts of culture-fairness. *Journal of Educational Measurement, 8*, 63-70.

Thorndike, R.L., & Hagen, E. (1959). *Ten thousand careers*. New York: Wiley.

Thurstone, L.L. (1931). Multiple factor analysis. *Psychological Review, 38*, 406-427.

Thurstone, L.L. (1935). *The vectors of mind*. Chicago, IL: University of Chicago Press.

Thurstone, L.L. (1938). Primary mental abilities. *Psychometric Monograph, 1*.

Top, W. (1973). Naar de bliksem met de psychotechniek. *De Vakbeweging, 64*, 1.

Torgerson, W.S. (1958). *Theory and methods of scaling*. New York: Wiley.

Trabasso, T., Riley, C.A., & Wilson, E.G. (1975). The representation of linear order and spatial strategies in reasoning: A developmental study. In R.J. Falmagne (red.), *Reasoning: representation and process in children and adults* (pp. 201-229). Hillsdale, NJ: Erlbaum.

Traub, R.E., & Lam, Y.R. (1985). Latent structure and item sampling models for testing. *Annual Review of Psychology, 36*, 19-48.

Turnbull, W.W. (1966). Testing for guidance and selection. In C.I. Chase & H. Glenn Ludlov (red.), *Readings in educational and psychological measurement* (pp. 299-311). Boston, MA: Houghton Mifflin.

Ven, A.H.G.S. van der (1971). Time-limit tests. A critical evaluation. *Nederlands Tijdschrift voor de Psychologie, 26*, 580-591.

Ven, A.H.G.S. van der (1976). An error score model for time-limit tests. *Tijdschrift voor Onderwijsresearch, 1*, 215-226.

Vernon, Ph.E. (1950). *The structure of human abilities.* New York: Wiley.

Vernon, Ph.E. (1963). *Personality assessment: A critical survey.* London: Methuen.

Vernon, Ph.E. (1969). *Intelligence and cultural environment.* London: Methuen.

Verouden, G., Ross, F., Stef, A., & Scheele, J. (1987). *Psychologische selectie van etnische minderheden.* Amsterdam: GG & GD.

Verweij, A.C. (1994). *Scaling transitive inference in 7-12 year old children.* Dissertatie. Amsterdam, Vrije Universiteit.

Vijn, P., & Molenaar, I.W. (1981). Robustness regions for dichotomous decisions. *Journal of Educational Statistics, 6*, 205-235.

Vijver, F.J.R. van de (1987). Het gebruik van computer-ondersteunde tests in de diagnostische praktijk. *De Psycholoog, 22*, 10-15.

Vijver, F.J.R. van de (1988). Systematizing the item content in test design. In R. Langeheine & J. Rost (red.), *Latent trait and latent class models* (pp. 291-307). New York: Plenum Press.

Vijver, F.J.R. van de, & Harsveld, M. (1994). The incomplete equivalence of the paper-and-pencil and computerized versions of the General Aptitude Test Battery. *Journal of Applied Psychology, 79*, 852-859.

Visser, R.S.H. (1973). Een nieuwe systematische indeling van tests. *Gedrag, 1*, 225-239.

Vrijhof, B.J., Mellenbergh, G.J., & Brink, W.P. van den (1983). Assessing and studying utility functions in psychometric decision theory. *Applied Psychological Measurement, 7*, 341-357.

Wainer, H. (1990). *Computerized adaptive testing: A primer.* Hillsdale, NJ: Erlbaum.

Wartegg, E. (1953). *Schichtdiagnostik. Der Zeichentest (WZT).* Göttingen: Verlag für Psychologie.

Watson, G., & Glaser, E.M. (1964). *Critical thinking appraisal.* New York: Psychological Corporation.

Wechsler, D. (1949). *Wechsler Intelligence Scale for Children.* New York: Psychological Corporation.

Wechsler, D. (1955a). *Wechsler Adult Intelligence Scale.* New York: Psychological Corporation.

Wechsler, D. (1955b). *The measurement of adult intelligence.* Baltimore, MD: Williams & Wilkins.

Weeren, P. van (1965). *De Nederlandse Onderwijs-Differentiatie Test.* Groningen: Wolters.

Weiss, D.J. (1985). Adaptive testing by computer. *Journal of Consulting and Clinical Psychology, 53*, 774-789.

Weiss, D.J., & Kingsbury, G.G. (1984). Application of computerized adaptive testing to educational problems. *Journal of Educational Measurement*, 21, 361-375.

Wiegersma, S. (1963). *Selectieproblemen.* Amsterdam: Swets & Zeitlinger/ NIPG.

Wiggins, J.S. (1973). *Personality and prediction: Principles of personality assessment.* Reading, MA: Addison-Wesley.

Wilde, G.J.S. (1962). *Neurotische labiliteit gemeten volgens de vragenlijstmethode.* Amsterdam: Van Rossen.

Willems, P.J. (1964). Een proefschrift beproefd. *Nederlands Tijdschrift voor de Psychologie*, 19, 124-135.

Willink, B. (1998). *De tweede Gouden Eeuw. Nederland en de Nobelprijzen voor natuurwetenschappen 1870-1940.* Amsterdam: Uitgeverij Bert Bakker.

Wit, J. de, & Compaan, E. (2005). *Differentiële Aanleg Test DAT NL, handleiding A.* London: Harcourt.

Witkin, H.A. (1949). *Perception and personality.* New York: Harper.

Wolff, Ch.J. de, & Bosch, G. van den (1980). Personeelsaanname. In P.J.D. Drenth, Hk. Thierry, P.J. Willems & Ch.J. de Wolff (red.), *Handboek arbeids- en organisatiepsychologie* (pp. 2.7.1-2.7.25). Deventer: Van Loghum Slaterus.

Wollenberg, A.L. van den (1979). *The Rasch model and time-limit tests.* Dissertatie. Nijmegen, Katholieke Universiteit Nijmegen.

Wollenberg, A.L. van den (1983). Measuring subjects on a joint scale by means of time-limit tests. *Tijdschrift voor Onderwijsresearch*, 8, 145-156.

Wollenberg, A.L. van den (1985). Speed and precision in intelligence tests: Facts or artifacts? *Tijdschrift voor Onderwijsresearch*, 10, 69-81.

Wright, B.D., & Bell, S.R. (1984). Item banks: What, why, how. *Journal of Educational Measurement*, 21, 331-345.

Yamamoto, K. (1966). Psychological testing: invasion of privacy? *Educational Leadership*, 23, 363-368.

Young, F.A. (1966). *Involuntary psychological testing in basic research.* Symposion APA Involuntary Psychological Testing, New York.

Zaal, J.N. (1998). Assessment center methods. In P.J.D. Drenth, Hk. Thierry, & Ch.J. de Wolff (red.), *Handbook of work and organizational psychology* (pp. 89-122) (2nd edition). Hove: Psychology Press.

Zeeuw, J. de (1971). *Algemene psychodiagnostiek I.* Amsterdam: Swets & Zeitlinger.

Zeeuw, J. de, Dekker, R., & Resing, W.C.M. (2004). *Algemene psychodiagnostiek I. Testmethoden.* Leiden: PITS.

Zegers, F.E., & Berge, J.M.F. ten (1982). Necessary and sufficient conditions for parallelism of tests in classical test theory. *Tijdschrift voor Onderwijsresearch*, 7, 76-79.

Zwinderman, A.H. (1991). *Studies of estimating and testing Rasch models.* Dissertatie. Nijmegen, Katholieke Universiteit Nijmegen.

Register

A
absolute norm 175
actuarische en intuïtieve voorspelling 414
actuarische methode van voorspellen 27
adaptief testen 169, 302
aftestgrens 404
afwijkende patronen van itemscores 312
afwijkingsscore 464
alfacoëfficiënt 215
Algemene Standaard Testgebruik (AST-NIP) 439
Amsterdamse KinderIntelligentieTest (RAKIT) 96
antecedent probability 398, 405
antwoordtendenties 385
AST-NIP *zie* Algemene Standaard Testgebruik
attenuatiecorrectie 240
averechtse diagnostiek 71

B
bandwijdte ('bandwidth') 430
base rate 398, 405
begripsvalidering 370
begripsvaliditeit 332
beoordeling
 –, van groepen 70
 –, van individuen 68
 –, van invloed van situaties en methoden 71
 –, van kwaliteit items in vooronderzoek 136
betekenisanalyse 338, 376
betrouwbaarheid 190, 328
 –, acceptabele waarden 202
 –, definitie 202
 –, en spreiding van scores 243
 –, en testlengte 235
 –, en validiteit 238
 –, kenmerk van test 50
 –, van heterogene tests 244
 –, van verschilscores 241
betrouwbaarheidsindex 238
betrouwbare score 194, 290
bewerkte normen 172
bewerkte scores 172
bezwaren tegen testen
 –, levensbeschouwelijke en menselijke 440 *zie* uniciteit van de mens
 –, technische en methodologische 445
Big Five persoonlijkheidsstructuur 103
Binet-Simon-test 16, 21
biografische vragenlijsten 91
Birnbaum-model 273, 274, 285, 303
brede-bandtests 431

C
calibreren 296
Centraal Instituut voor ToetsOntwikkeling (CITO) 29, 34
 –, Eindtoets Basisonderwijs 174
checklist 152
CITO *zie* Centraal Instituut voor Toets-Ontwikkeling
Cohens kappa 48
collectieve algemene intelligentietest 80
Commissie Testaangelegenheden Nederland (COTAN) 33, 445
compensatorisch 415
computertests

–, adaptief testen 169
–, technologische bijdragen 162
–, wetenschappelijke bijdragen 166
conceptueel criterium 344
concurrent validity 334
confirmerende validering 375
confirmerende validiteit 391
congruent validity 339
conjunctief 415
construct validity 337
constructie van items 116
contaminatie van het criterium 352
content validity 335
COTAN zie Commissie Testaangelegenheden Nederland
covariantie van variabelen 466
criterion-referenced measurement 175
criteriumgedrag 344
criteriummaat 344
criteriumprestatie 344
Cronbachs alfa 215
cultuurvrije tests 110

D

Deviatie-IQ 185
deviatiescore 464
diagnostisch toetsen per computer 164
dichotoom item 133, 462
differential item functioning 307
differentiële validiteit 425
directe tests 112
discriminante validering 375
discriminante validiteit 391
discriminatie in het testgebruik 453
discriminatieparameter 262
discriminerende testinterpretatie 454
doelinformatiefunctie 300
drie-parameter logistische model 276, 285, 303

E

educational measurement, invloed op testtheorie 31
Educational Testing Service (ETS) 29
een-parameter logistische model 264
efficiëntie, kenmerk van test 41
enkelvoudige algemene niveautests 78
equivalering van scores en kenmerken van items 294
essayvorm van items 119
ethiek van het testen 437

ETS zie Educational Testing Service
experimentele psychologie, invloed op testtheorie 17

F

face validity 339
factoranalyse 378
false positives 405
fenomenologische of intuïtieve methode 27
fysiologische methoden van testen 89

G

gedrag in testsituatie
–, van de proefleider 150
–, van de proefpersoon 148
gemiddelde van een variabele 463
generaliseerbaarheid van metingen 245
generaliseerbaarheidstheorie 246
genetica, invloed op testtheorie 18
genormaliseerde standaardscores 184
geprecodeerde vraagvorm 119
gesloten vraagvorm 119, 121
gestratificeerde alfacoëfficiënt 245
gewogen loting 457
giscorrectie van scores 159
giskans op goede antwoord 260
groepsobservatietests 88
groepstest 23, 106

H

herhaalbaarheid van metingen 190
heteroscedastische relatie 352
historische ontwikkeling van het testen 15
homoscedastische relatie 354
hypothetische begrippen 64, 66

I

identificatie van de te meten eigenschap 62
incremental validity 340
indirecte tests 112
individualisme
–, gecorrigeerd 458
–, gekwalificeerd 457
individuele beslissingen 400, 426
individuele intelligentietest voor volwassenen 79
individuele observatietests 88
individuele ontwikkelingstest 79

individuele test 23, 106
informatiefunctie 293, 300
inhoudsvaliditeit 335
institutioneel beslissingsproces 420
institutionele beslissingen 400
intelligentiequotiënt (IQ) 176
intelligentietest 16, 20, 78
interbeoordelaarsbetrouwbaarheid 46, 49
interessetests 90
interne-consistentiemethode 215
Interuniversitair Onderzoeksinstituut voor Psychometrie en Sociometrie (IOPS) 35
intervalschaal 54, 275, 288
IOPS *zie* Interuniversitair Onderzoeksinstituut voor Psychometrie en Sociometrie
ipsatieve scores 69
itembank 162, 294
iteminformatiefuncties 293
item-karakteristieke curve 258
item-karakteristieke functie 258
item-responsfunctie 258
item-responstheorie 170, 253
 –, voor polytoom gescoorde items 318
items
 –, voor prestatieniveautests 125
 –, voor tests voor gedragswijze 129
itemscores 133

K
kans op een specifieke respons 257
kanskapitalisatie 357
klassieke testtheorie 170, 194
KR20 222
kritische testscore 404
kruisvalidering 357
kwalitatieve prestatietests 93
kwantificering
 –, van antwoorden 131
 –, van reacties 64, 116

L
lambda$_2$-coëfficiënt 225
latente-klassenanalyse 242
leerpotentieeltests 82
Likert-items 129
lineaire combinaties van variabelen 468
lineaire regressie 227

lineaire transformaties van variabelen 467
lokale betrouwbaarheid 292

M
Maximalisering
 –, van doelmatigheid 455
 –, van gelijke kansen 457
mediaan 463
meerkeuzevraagvorm 119
meetfout 194
meetniveau 53
mentale leeftijd 21
meten
 –, bij fiat 254, 287
 –, bij implicatie 254, 287
metrische schalen 288
misbruik van tests
 –, binnendringen in het privéleven 451 *zie ook* recht op privacy
 –, discriminatie 453
 –, misleiding 450
 –, schending van vertrouwen 449
model
 –, van dubbele monotomie 283, 285
 –, van monotone homogeniteit 278, 285
modellen volgens Mokken 278
moderatorvariabelen 355
modus 463
moeilijkheidsparameter 261
morfologische methoden van testen 89
motivatie van de onderzochte 149
mucoëfficiënten 226
multipele of meervoudige regressie-analyse 356
multiple-choicevraagvorm 119
multi-stage testing 303
multitrek-multimethodebenadering 389
multivariate informatie 400

N
nadere bepaling van het criterium 343
negatieve missers 405
negatieve treffers 405
NEO – meting van de Big-Five persoonlijkheidsstructuur 103
NIP 446
niveautest 107
 –, voor gedragswijze 94
nominale schaal 54

nomologisch netwerk 66, 372
nomologische validering 371
normen
    –, gebaseerd op gemiddelde en sprei-
        ding 182
    –, gebaseerd op rangorde 179
    –, vergelijking met absolute standaard
        175
    –, verhoudingsnormen 176
normering 44
    –, kenmerk van test 43
norm-referenced measurement 175

O
objectiviteit
    –, als onafhankelijkheid van de speci-
        fieke beoordelaar 46
    –, kenmerk van test 46
observatietest 26, 87
odds van persoon i op item g 289
onderdelen van een test 38
onderwijskundig meten, invloed op test-
    theorie 31
ongekwalificeerd individualisme 456
open vraag 120, 429
open vraagvorm of opdracht 119
operationalisering van de eigenschap 63,
    64
operationalisme 59
opvattingen over meten 57, 59
ordinale schaal 54, 281, 283

P
parallelle tests 206
parallelvormmethode 206
percentielscores 179
persoonlijkheidskenmerken 103
persoonlijkheidstest 26
persoonlijkheidsvragenlijsten 26, 91
persoon-responsfunctie 315
plaatsing van personen
    –, en kwalitatieve verschillen 423
    –, en niveauverschillen 419
plaatsingsbeslissingen 419
plafondeffecten 295
polytome items 134, 462
populatie-onafhankelijkheid 275, 267,
    278, 281, 283
positieve missers 404
positieve treffers 404
predictieve validiteit 332, 341, 346

predictive validity 334
product-momentcorrelatie 467
projectietest 26, 95, 431
pseudokansniveauparameter 261
psychiatrie, invloed op testtheorie 16
psychometrische kwaliteit van bestaande
    tests 445
p-waarde van het item 138

Q
Q-technique of Q-sort 93

R
RAKIT *zie* Amsterdamse KinderIntelli-
    gentieTest 96
rangorde, vaststellen van 44
Rasch-model 263, 285, 303
rating scale-item 122
ratio scale 56
ratioschaal 288
recht op privacy 452 *zie ook* misbruik van
    tests, binnendringen in het privéleven
    451
relatie
    –, heteroscedastische 352
    –, homoscedastische 354
relatieonderzoek van testscores 377
representational measurement 59, 66
Role Construct Repertoire 92
ruwe score 173, 462

S
schaaltheorie, invloed op testtheorie 31
schaaltransformaties, toegestaan 265
schoolvorderingentests 28, 34
scoring
    –, van antwoorden 151
    –, van reacties op geprecodeerde items
        153
    –, van reacties op items met open-
        vraagvorm 152
selectie- en diagnostische tests 28
selectiepsychologie 30
selectieratio 405
semantische differentiaal 92
sequentiële beslissingsmodellen 417
snelheidstest 107
sociale wenselijkheid 384
somato-fysiologische methoden van tes-
    ten 88
soortgenootvaliditeit 339

Spearman-Brown-formule 213, 224, 235
speciale niveautests 83
splitsingsmethode 212
standaarddeviatie van een variabele 465
standaardisatie
 –, kenmerk van test 42
 –, van het gedrag van de testleider 150
standaardmeetfout 197, 231, 291
 –, van persoon i 197
 –, van testscore 203
standaardschattingsfout 232
standaardscore 465
 –, of z-score 182
standaardtest 170
stanines 185
stereotypen-bestendigend karakter van tests 448
structuuronderzoek van testscores 377
succeskans 258
succesratio 405
suppressorvariabele 354
surplus-betekenis van hypothetische begrippen 64
synthetische validiteit 338

T
testangst 149
testbatterijen
 –, voor geschiktheden 82
 –, voor intelligentiefactoren 81
testconstructie op basis van een itembank 299
testen
 –, op maat 302
 –, per computer 161 *zie* computertests
testervaring 147
testformulieren 39
testhandleiding 39
test-hertestmethode 210
testinformatiefunctie 293
testmateriaal 38
test
 –, definitie 67
 –, voor gedragswijze 86
 –, voor prestatieniveau 78
 –, voor speciale geschiktheden 84
 –, voor speciale intelligentiefactoren 83
 –, voor speciale niet-intelligentiefactoren 84

testscores op intervalniveau 56
test-wiseness 147
toegestane operaties op schaalwaarden 53
toegestane schaaltransformaties 55, 265
toevalscorrectie 156
toevalskans 405
trace line 258
transparantheid 340
trapsgewijze selectie 417
trekvalidering 371
T-scores 185
twee-parameter logistische model 274
two-stage testing 303

U
uniciteit van de mens 440 *zie* bezwaren tegen testen
univariate informatie 400
utiliteit van een testprocedure 411

V
validiteit 328, 408
 –, kenmerk van test 52
validiteitsgeneralisatie 363
variantie van een variabele 464
veelvoudige algemene niveautests 81
veelvoudige minimumscore 414
vergelijking klassieke testtheorie en item-responstheorie 320
verhoudingsnormen 176
verhoudingsschaal 56
verschilschaal 266, 288
verwachte beslissingsrendement 420
verwachte rendement 427
vloereffecten 295
vorderingentests 85
vraagonzuiverheid 306, 317
vraagpartijdigheid 307

W
waarde- en attitudetests 91
weging
 –, van items 135
 –, van itemscores 160

Z
zelfbeoordelingen 90
z-score 465
zuiverheid ('fidelity') 430